한류로 신학하기

국립중앙도서관 출판시도서목록(CIP)

> 한류로 신학하기 : 한류와 K-Christianity / 엮어쏨: 한국
> 문화신학회. -- 서울 : 동연, 2013
> 816 p. ; 153×224 cm
>
> ISBN 978-89-6447-200-2 93200 : ₩29000
>
> 기독교[基督教]
> 한국 문화[韓國文化]
>
> 235.8215-KDC5
> 261-DDC21   CIP2013007321

한류로 신학하기
: 한류와 K-Christianity

2013년 5월 23일 초판 1쇄 인쇄
2013년 5월 30일 초판 1쇄 발행

엮어쏨 | 한국문화신학회
펴낸이 | 김영호
기 획 | 정진용 편 집 | 강민호
디자인 | 이도윤 관 리 | 전영수
펴낸곳 | 도서출판 동연
등 록 | 제1-1383호(1992. 6. 12)
주 소 | 서울시 마포구 월드컵로 163-3, 2층
전 화 | (02)335-2630
전 송 | (02)335-2640
이메일 | yh4321@gmail.com

Copyright ⓒ 한국문화신학회, 2013

ISBN 978-89-6447-200-2 93200

한류(韓流)로 신학하기

: 한류와 K-Christianity

한국문화신학회 엮어씀

동연

『한류로 신학하기: 한류와 K-Christianity』를 펴내며

무엇보다 2년여 작업 끝에 한국 문화 신학회가 800여 쪽에 이르는 대작,『한류로 신학하기: 한류와 K-Christianity』를 학계와 교회 현장에 내놓을 수 있게 된 것을 하느님 앞에 크게 감사한다. 돌이켜 보면 망망했고 지난한 세월이었으나 한걸음씩 걸음 하여 오늘에 이르게 되었으니 지난 발자국마다 은총이었음을 고백치 않을 수 없다. 조직신학회 회장직을 마치고 평온히 지낼 무렵 선배 교수님들의 강권으로 다시 문화신학회 책임을 맡으면서 걱정하던 일이 아련히 떠오른다. 본 학회 회원들의 전폭적 지지와 몇몇 교회의 관심과 후원이 없었더라면 감당할 수 없는 일이었고, 오늘의 결과를 이룰 수 없었을 것이기에 오로지 '고맙다'는 것 외에 달리 할 말이 없는 듯하다.

유동식, 심일섭, 김경재, 이계준 그리고 김광식 박사님으로 이어지는 한국 문화신학회의 계보를 이으면서 본인은 무엇보다 본 학회의 향방과 과제를 심각히 고민해야만 했다. 주지하듯 신학대학은 수없이 많으나 문화신학이란 분과가 확산되지 못한 탓에 공히 문화신학자로 호칭呼稱될 수 있는 분들은 거의 없는 상황이었다. 논의 과정에서 그간 문화신학계의 관심이 오로지 전통종교 및 그 문화와 복음 간의 해후에 있었던 것이 밝혀졌다. 따라서 향후 문화신학은 과거 전통과의 대화뿐 아니라 현재 이 땅에서 일어나는 문화현상에 주목할 필요와 과제를 갖게 되었다. 한국문화는 지난 세월 완료된 것이 아니라 지금도 지속적으로 생기生起하고 있는 까닭이다. 바로 이런 문제의식이 세계가 주목하는 '한류'와 접할 수 있도록 신학적 계기를 부여했다. 해마다 10억 명에 이르는 전 세계 사람들- 심지어 이슬람권인 아랍지역을 포함하여 -이 K-Pop이나 드라마를 즐기며 어떤 소설은 영역되어 100만권 이상이나 팔리는 상황을 주목치 않을 수 없었던 것이다. 싸이의 인기가 하늘을 찌르는 실상도 이 때 충분히 경험하였고, 한류에 대해 관심을 표명한 신학자들 수가 의외로 적지 않음을 발견한 것도 큰 수확이자 기쁨이었다.

하지만 우리에게 들려온 소식 중에는 한류 수용국들에서 제기된 반反한류, 험險한류에 관한 내용도 많았다. 이를 우려하는 국내외 문화비평가들의 한류 비판도 당시 거세게 일어나는 중이었다. 자본주의와 결탁된 국가 주도의 한류 산업에 대한 수용국들의 비판을 소개하고 한류의 지속성을 위한 문화 전략(담론)에 대한 글들이 쏟아져 나온 것이다. 한류 속에 담지된 우리 문화의 우수성을 홍보하는 민족주의 성향의 책자도 부지기수였다. 여하튼 우리의 과제 수행을 위해 접했던 한류 관련 책들의 권수를 헤아린다면 충분히 100여권은 될 듯싶다. 이런 정황에서 본 학회는 한류와의 신학적 접목을 위해 두 가지 사안, 즉 먼저는 정의 문제를 고려해야 되었고, 민족주의와도 명백히 거리를 두어야만 했다. 더구나 한류 연구를 통해 기독교 선교의 방향까지 가늠하고자 했던 터라 부정적 요소를 극복하지 않을 수 없었던 것이다.

이런 방향성를 갖고 학회 회원들은 오늘 이 순간까지 십여 차례 공동토론회, 심포지움, 개별 발제 등의 형식을 통해 의견을 나눴고 비판을 경청하였다. 때로는 중국 상하이에서 한류 열풍을 몸으로 실감하며 토론하였고, 남아공 지역의 현지 선교사들로부터 한류에 관한 현지인들의 견해를 전해 듣기도 했다. 또한 불교, 유교, 동학 그리고 민속종교에서 한류를 어찌 생각하는 지도 배우고자 했다.

　이점에서 본 책은 크게 세 가지 점에서 의미를 지닌다. 첫째로는 『한류로 신학하기, 한류와 K-Christianity』가 학회원들 간의 공동(집단)지성의 산물이란 사실이다. 본 책에 실린 21편의 글들은 지금껏 그래왔듯 골방에서 홀로 집필한 것이 아니라 함께 모여 자료를 같이 읽고 토론하며 비평하는 가운데 회원들의 중지가 모여 이뤄진 옥고들인 까닭이다. 이점에서 우리는 책의 내용 뿐 아니라 구성 및 집필 과정에서부터 회원들 모두가 함께 했던 순간순간들을 자랑스럽게 생각한다. 둘째로 본 책은 시중에 회자되는 한류이론의 아류亞流가 되지 않기 위해 지난한 신학적 노력을 경주한 산물이란 사실이다. 물론 한류 연구가들로부터 덕을 입었으나 우리는 한류에 대해 회자되는 양 극단적 시각을 지양했기 때문이다. 한류의 근원적 뿌리를 인정하되 자본주의적 비판 역시 아우르는 문화신학적 관점을 제시했던 것이다. 셋째로 『한류로 신학하기: 한류와 K-Christianity』라는 책 제목이 적시하듯 한류를 기독교적, 나아가 선교적 관점에서 조망한 최초의 책이란 사실이다. 물론 본 책은 선교를 협의俠義로 생각하지 않았다. 한류비평가들이 동북아 평화를 위한 한류의 문화적 기여를 요구했듯이 기독교 선교 역시 한류와 공시적으로 접목되어 문화담론으로 역할 하기를 기대한 것이다. 이런 맥락에서 한류와 기독교, 한류의 지속성과 선교는 같이 생각될 주제라는 것이 본 책의 잠정적 결론일 것이다.

　이 자리를 빌어 광림교회 김정석 목사님을 비롯한 여러 교역자들, 교우들께 문화신학회 회장으로서 고마운 마음을 전하고 싶다. 본 과제를 위해 필자는 무작위로 대략 10개 교회에 도움을 요청했었다. 20여 명의 신학자들과 2년 남짓한 기간 동안 기독교적 시각에서의 한류 연구를 하기 위한 물적 토대가 필요했던 탓이다. 어느 곳에서도 응답이 없었으나 광림교회에서 수차례 회의를 통해 조건 없이 본 연구에 필요한 토대를 마련해 주었다. 그곳에서 부목사로 일하고 있는 제자들이 후원할 것을 적극 지지해 주었다니 참으로 감사한 일이다. 바라기는 본 책이 한류에 대한 신학적 연구서로서 뿐 아니라 한류韓流의 시대에 기독교 선교의 방향성을 가늠하는 책자로 활용되길 소망한다. 조만간 2017년 종교개혁 500주년에 이를 것이다. 두 번째 종교개혁이 절실히 요구되는 현실에서 그것이 한류 열풍, 한류의 지속성을 통해 이 땅에서 일어나길 바라면서 본 책을 세상과 교계에 내 놓는다. 그간 모질게 학회를 이끌었던 탓에 불편함이 많았을 터인데 이런 결과를 내준 학회원들에게 머리 숙인다. 특히 손발이 되어준 손호현 총무, 박일준 서기에게 진 빚이 너무도 많아 말로 표현할 수 없다. 출판을 맡아준 동연의 김영호 사장님에게 누가 되는 책이 되지 않기를 바라며 고마움을 전한다. 다시 한번 하느님께 감사드리며 본 책과 더불어 문화신학회가 발전하기를 기도드린다.

2013년 5월 14일 새벽에

문화신학회장 이정배 씀

머 리 말

이 책은 두 대륙, 두 지각판이 서로 치열하게 밀고 부대끼며 거대한 산맥을 이룬 만남에 대한 이야기다. 우리는 '한류'의 신바람 나는 문화현상과 '기독교'의 깊은 종교적 영성이 만나 솟아오른 봉우리들을 각각 살펴고자 한다. 이것들은 다시 5개의 중심적 줄기를 이루고 있다. 1부 "한류의 뿌리와 종교성"은 한류와 한민족의 종교적 영성이 어떻게 뿌리에서 이어지는가를 성찰하는 글들이다. 2부 "K-Pop과 춤추는 하나님"은 싸이의 <강남스타일>로 대변되는 춤의 몸짓과 대중음악이 기독교 신앙에 던지는 질문들에 대한 성찰이다. 3부 "한국적 시선과 여성의 눈짓"은 드라마와 영화 그리고 여성의 눈으로 바라본 한류에 대한 생각이다. 4부 "선교와 한류, 그리고 선교의 한류"는 한류와 기독교의 선교가 어떤 유사성과 배울 점을 서로 가지는지를 고찰한다. 마지막으로 5부 "한류의 공간과 미디어 대중문화"는 한류의 전달매체와 문화적 공간이 보여주는 부드러운 힘으로서의 선교의 필요성에 집중하고 있다. 필자는 독자들을 위해 이러한 5개의 산맥 줄기, 21개의 봉우리를 마치 파노라마처럼 간략하게 스케치하고자 한다.

1. 이정배의 글 "한류(韓流)와 'K-Christianity': 한류와 한국적 기독교 (토착화), 그 상관성을 묻다"는 한류와 같은 기독교, 즉 기독교의 한류의 가능성에 대해 질문한다. 사실 한국 기독교는 이미 토착화 신학이라는 이름으로 한민족의 문화에 뿌리내리고자 시도하였으며, 한류 열풍을 계기로 이러한 토착화 과정이 한층 더 긍정적으로 진행될 수 있다는 것이다. 이정배는 한류의 핵심개념을 혼종성에서 발견한다. 그는 이러한 문화적 혼종성을 한국적 통섭通涉론의 근간으로 알려진 '함含'과 '접接'의 시각에서 분석하고 있다. 역사적으로 '함'과 '접'의 논리는 동학 속에서 작용하였지만, 일본 제국주의와 동서 이데올로기의 틈바구니에서 불행히도 희생양이 되었다는 것이다. 하지만 오늘날 21세기 문화의 시대에 이러한 미완의 과제는 한류 현상을 통해 새로운 가능성을 보여주고 있으며, 기독교는 이를 단지 문화상품이 아니라 세계평화를 위한 한민족의 문화적 생명력으로 성찰해야 한다고 제언한다.

2. 김경재의 글 "한류에 대한 문화신학적 조명 - 인간다운 삶의 통전적 관계성, 창조적 역동성, 초월적 영성을 중심으로"은 폴 틸리히, 함석헌, 현영학, 유동식 같은 사상가들을 통해 한류의 뿌리를 한민족의 집단무의식에 자리하는 민족 심성의 원형적 특성이라고 조명하고 있다. 그는 '자기통전 운동'으로서의 인격, '자기창조 운동'으로서의 문화, '자기초월 운동'으로서의 종교라는 폴 틸리히의 생명의 3가지 특성을 치우침 없이 창발적인 예술로 승화시킨 결과가 한류라고 본다. 또한 고난은 생명을 정화시키고 더 높은 차원으로 승화시키는 계기라고 본 함석헌을 따라서, 한류가 단지 문화상품에 그치지 않고 본래적이고 지속적인 생명의 문화가 되기 위해서는 고난을 터부시하는 현대 문명의 위기에 대한 비판이 되어야 한다고 본다. 현영학이 탈춤을 신학의 주제로 승화시켰던 것처럼, 김경재

도 한류가 심각하고 비극적인 현실의 삶 안에서의 일종의 비판적 자기초월의 놀이라는 혜안을 제시한다. 마지막으로 그는 한민족의 문화적 영성이 '한·멋·삶'의 풍류도라는 것을 밝힌 유동식에 바탕하여, 노동과 물질에 노예가 되지 않는 우리 민족의 예술적 영성과 '멋'이 한류로 꽃피게 되었다고 분석한다.

3. 박일준의 글 "한류와 주체성: 사이의 몸짓과 혼종의 기술"은 한류를 가능케 한 주체적 원동력이 어떤 변하지 않는 문화적 실체라기보다는 혼종의 기술이라고 주장한다. 곧 한국문화와 한류가 한반도의 고립된 '우리'만이 아니라, 이 지구촌 시대를 아우르는 타자들의 음성을 듣고 체화시킨 결과라는 것이다. 그렇기에 한류를 가능케 한 것은 바로 '우리'와 '타자' 중 어느 한 주체에 놓여 있는 것이 아니라, 바로 이 둘 '사이'의 빈 공간을 창조적으로 메워나간 혼종의 기술(art of hybridity)이라는 것이다. 따라서 우리는 한류를 통해 민족적 고유성의 우수성에 대한 아전인수격의 논리를 발전시키기보다는 한류의 수용주체들이 엮어가는 상호관계성의 문화에 보다 집중해야 한다는 것이다.

4. 김명희의 글 "선교, 한류에서 배우다 - 한류의 뿌리 '풍류도'를 중심으로"는 한류가 세계화의 신화를 이룰 수 있었던 원동력을 바로 한국고유의 영성인 풍류도라고 주장한다. 바로 풍류도가 한류의 뿌리로서, 원효(元曉, 617-686)의 『대승기신론 소·별기大乘起信論疏別記』는 이러한 한민족의 고유한 심성의 세 측면을 체·상·용의 원리로 설명한다는 것이다. 그녀는 풍류도의 체體로서의 '포용성'과 상相으로서의 '창조성', 그리고 용用으로서의 '적응성'이 한류의 세계화를 이끌어낸 원동력이 되었다고 분석한다. 나아가 선교도 한류처럼 거부감이 없고 배타적이지 않으며 강요하지 않는 방식으로 새롭게 성찰되어야 한다고 주장한다.

5. 심광섭의 "대중문화의 신학 - K-Pop을 중심으로"는 과연 대중문화의 신학이 가능한가를 질문한다. 기독교가 종종 문화를 선교의 도구로서만 바라보는 소극적이고 부정적인 자세를 보이는 것에 대해 비판하며, 기독교의 하나님은 인간에게 단지 생물학적 번성의 사명뿐 아니라 문화와 예술의 창조적 사명까지 부여한 예술가 하나님이라고 주장한다. 근대적 인간 이해가 '생각하는 인간'(Homo Sapiens), '노동하는 인간'(Homo Faber)에 집중하였다면, 그는 이제 '놀이하는 인간'(Homo Ludens)의 중심성을 주목해야 한다고 본다. 바로 예수 자신이 '춤꾼들의 스승'이며 십자가상에서조차 춤을 추었던 존재라는 것이다.

6. 손호현의 글 "춤추는 하나님과 한류"는 만물이 춤이라고 본다. 이 만물의 춤을 하나님이 이끄신다고 보며, 한류와 기독교가 그 뿌리에서 만나는 접점을 '참여·비판·놀이'로서의 춤에서 발견한다. 첫째, 춤은 몸짓을 통한 동물과 자연과 이미 죽은 영혼들과 같은 타자에의 존재론적 참여이다. 둘째, 춤은 비판과 해방의 몸짓이다. 싸이의 <강남스타일>은 강남으로 상징되는 힘있는 자들에 의해 희생되어진 힘없는 사람들의 훼손된 자존감과 존엄성, 그리고 그들의 저항적 모방의 몸짓을 보여주는 것이다. 셋째, 춤은 재미있고 놀고자 하는 생명의 원초적 놀이이다. 이처럼 춤은 우주적 외로움이라는 차갑고 무거운 존재론적 중력을 거스르는 집단적인 흥과 치유의 기도이며, '다시 묶는다'(re-ligo)는 뜻을 어원적으로 가지는 종교(religio)와도 뿌리에서 서로 만난다.

7. 김정준의 글 "싸이(Psy)의 <강남스타일>: 문화 리터러시와 선교의 과제"는 싸이의 <강남스타일>이 글로벌한 공감과 소통을 이루게 된 원인을 문화와 심리의 관점에서 분석한다. 그는 이러한 문화현상의 심리학적 의미를 공감의 문화적 언어로서의 '열정(passion),' 쾌락본능의 '에로티즘

erotism,' 조합과 융합의 미학으로서의 '혼종성(hybridity),' 그리고 문화의 확산 기제로서의 '하이퍼리얼hyperreal'이라는 네 가지로 구분하여 서술한다. 나아가 그는 오늘날 선교가 복음을 일방적으로 전달하는 것으로는 부족하며, 소통과 공감의 노력으로 재탄생되어야 한다고 주장한다.

8. 신익상의 "K-Christianity: <강남스타일>과 선교 사이"는 한류를 생산자 측면이 아니라 수용자 측면에서도 이해할 때 한류의 참된 모습이 무엇인지를 알 수 있다고 주장한다. 곧 한류란 생산자와 수용자 사이의 창조적 만남이라는 '수행적인 사건'이라는 것이다. 싱가포르, 태국, 베트남, 인도네시아 등 동남아 4개국의 한류 수용자에 대한 분석을 볼 때, 한류는 단지 생산자의 기존 문화가 절대적 지위를 가지는 것이 아니라 다른 문화적 경험과 함께 공존하는 것을 알 수 있다는 것이다. 나아가 한류는 선교에 대한 상이한 두 입장, 곧 복음주의 진영의 본질주의와 에큐메니칼 진영의 반본질주의 사이의 분열을 창조적으로 승화시킬 수 있는 계기를 제공한다는 것이다.

9. 이찬석의 "K-pop과 글로컬 선교"는 한류가 세계화에 대한 대안으로 새롭게 등장한 '글로컬라이제이션glocalization'의 가능성을 보여준다고 주장한다. 글로벌global과 로컬local로 구성된 이 합성어는 '세계적인 동시에 지역적이며, 세계성은 지역성에 의해 수정되고 변경된다'는 함의를 드러낸다. 나아가 기독교의 선교는 개인의 영혼구원에 초점을 두는 '복음주의적 선교'와 사회구원에 초점을 두는 '에큐메니칼 선교'로 양분되어 있지만, 이러한 두 선교 개념도 마찬가지로 '통전적 선교'holistic mission로서 창조적으로 재구성되어야 한다고 그는 본다. 선교는 개신교회, 카톨릭 교회, 정교회, 오순절교단 등 모든 교회가 전도와 치유와 인간화와 해방과 사회 변혁의 '온전한 복음'the whole gospel을 제3세계뿐만 아니라 서구 유럽 세계를

포함하는 온 세상에 전하는 것이다.

　10. 박종현의 "닫힌 시공간으로부터 탈주와 희생: 김기덕의 한류 영화에 대한 기독교 신학적 비평"은 김기덕의 영화에 나타난 구원의 문제를 다룬다. 김기덕은 2012년 베니스 국제영화제에서 <피에타>로 황금사자상을 수상하였다. 박종현은 김기덕의 영화가 그려내는 공간은 닫힌 공간의 성격 즉, 폐쇄적인 성격을 지니고 있다고 본다. 이러한 닫힌 공간 안에 존재하는 인물들은 격렬한 폭력에 시달리는데 이 역시 단순한 영화적 시도가 아닌 역사성의 문제라는 것이다. 김기덕의 영화에서 폭력은 사랑의 실패의 상징이며, 끝없는 사랑을 얻기 위한 폭력의 실패를 보여준다. 곧 인간이란 도무지 살아왔던 방식으로 속죄에 이를 수 없다는 것, 속죄는 반드시 희생양이 그 값을 생명으로 치러야 한다는 신약성서의 가장 핵심적인 메시지를 김기덕이라는 비기독교인 영화감독이 영화라는 구도의 길을 통해 보여준다는 것이다.

　11. 김정숙의 "한류의 겨울 소나타: 기독교 선교의 시뮬라크르 예수 & 시뮬라시옹 그리스도"는 플라톤, 장 보드리야르 그리고 질 들뢰즈 등의 사상을 통해 시뮬라시옹과 시뮬라르크에 대한 의미를 분석하고, 그 개념적 틀을 통해 한류 드라마 <겨울연가>와 선교에서의 역사적 예수와 그리스도의 이미지를 살펴보고자 했다. 특히 그녀는 드라마 <겨울연가>가 생산해낸 욘사마의 이미지가 일본 중년 여성들 사이에서 일종의 그리스도의 역할과 유사한 영향력을 끼쳤다는 것에 주목한다. 거기에서 생산된 부드럽고 이지적이고 신비적인 인물상이 관계성 속에 있는 사람들에게 때로 긍정적인 때로 부정적 영향력을 미친다는 것이다.

　12. 이은선의 "한류와 한국 유교전통 그리고 여성의 살림영성"은 유교와 페미니즘 간의 대화를 통해 <대장금>과 같은 한류 드라마의 밑바닥

에 흐르고 있는 한국 여성들의 생명과 살림의 영성을 분석한다. 특히 그녀는 한국 유교의 근원적 종교성을 '나를 버리고 남을 따른다'는 '사기종인' 舍己從人과 '인을 구해서 성인됨을 이룬다'는 '구인성성'求仁成聖의 두 가르침에서 발견한다. '인仁'이라는 글자가 마치 '엄마가 배속에서 아이를 배고 있는 모습'을 나타내듯이, 한류와 한국 문화의 역할도 삶의 비참함 속에서도 잃어버려서는 안 되는 인간성과 선함을 다시 보여주어야 하며, 이러한 우리민족의 참된 인간성과 착함이 인류의 보편적 삶을 위해서 커다란 의미를 줄 수 있다고 그녀는 본다.

13. 김수연의 "한류, 여성, 그리고 K-컬쳐로서의 한국 기독교"는 한류가 단지 수동적으로 자본의 흐름을 따라가는 것이 아니라, 보다 적극적으로 타자로 배제되어졌던 사람들과 특히 여성들을 포괄하는 하나님 나라의 문화로 진일보할 수 있어야 한다고 주장한다. 기독교의 태동기에 바울의 선교는 '도로-친화적인' 복음의 콘텐츠를 가졌다면, 오늘날 한류는 전 세계로 전파될 때 '유튜브-친화적인' 문화적 콘텐츠를 가진다. 이 둘의 창조적 만남을 통해 이집트 제국에 맞섰던 합비루라는 민중들의 야웨 하나님, 바벨론 제국에 저항하며 위계적 지배 권력에 균열을 내는 소피아 하나님, 로마 제국 안에서 바울의 선교를 통해 인간의 보편적 가치와 동등성을 드러내는 기독교의 하나님은 이제 한류를 통해 새로운 한국 문화, 새로운 한국 기독교로 체화되어야 한다는 것이다.

14. 서창원의 "한류의 문화신학적 이해: 새로운 선교신학적 통찰"은 1970년대 박정희 정권의 유신체제가 민중신학을 태동시켰다면, 2010년 이후 한국 대중공연문화와 연예문화를 상징하는 한류는 기존의 선교신학에 대한 새로운 전환을 가져온다고 주장한다. 이제까지 기독교는 연예공연 문화를 성聖과 속俗의 이원론에 기초해서 배척하는 태도와 목회현장

의 요구에 따라 선별적으로 활용하려는 실용주의적 태도라는 두 가지 입장을 보여주었다. 서창원은 한류를 계기로 이러한 경직된 입장들을 넘어서서, 왜 서구의 그리스도 교회가 세계선교의 열정을 잃어 버렸고 해외 선교지에서 배척받고 선교에 실패하는가에 대한 비판적 점검을 통해 성령론적 선교신학의 새로운 정립을 주장한다.

15. 박숭인의 "한류의 미래: 선교로부터 배우기"는 한류의 미래와 선교의 미래를 함께 사유하려는 시도이다. 그는 한국 교회의 공격적 선교 모델이 보여주었던 실수처럼, 한류도 일방적인 전달자 내지 개척자로서의 우리 문화와 일방적인 수혜자로서의 타문화라는 이분법의 위험에 빠져 있지는 않은지 질문한다. 한류와 선교는 이러한 일방주의의 환상 속에서는 긍정적인 미래를 가질 수 없다는 것이다. 박숭인은 문화적이고 종교적인 일방주의에 대항하여 생산자와 수용자의 상생적이고 호혜적인 만남의 창조성을 강조한다. 한류의 미래를 위해서 타문화권으로부터의 피드백의 수용이 필요불가결한 것처럼, 선교의 미래도 동일한 상생적 피드백에 대한 성찰이 절실하다는 것이다.

16. 김혜경의 "시누아즈리(中流)를 통해 본 한류와 선교의 과제"는 16세기 후반 포스트 르네상스post-Renaissance시대 예수회 선교사들을 통해 서양사회에 알려지기 시작한 중국과 중국문화에 대한 유럽인들의 반응을 역사적으로 분석하며, 이러한 중류가 오늘날의 한류와 가지는 유사성과 차이성을 성찰하고 있다. 중류가 책을 통해 시작되었다면 한류는 영상을 통해 시작되었고, 중류가 이성을 강조한 반면 한류는 감성을 자극하며, 중류가 농업 혁명에 기초하였지만 한류는 IT산업을 이용하며, 중류가 유럽인들에 전파된 반면 한류는 세계인의 가슴에 파고들었고, 중류가 가부장적 남성성을 고취하였지만 한류는 여성의 리더십을 부각하였다는 것이

다. 이러한 분석을 통해 김혜경은 기독교 선교가 '교환으로서의 선교,' '적응으로서의 선교,' 그리고 '토착화로서의 선교'로 나아가야 한다고 주장한다.

17. 김은혜의 "한류와 선교의 상관관계에 대한 연구 - 태국/미얀마와 남아공에 대한 비교 분석을 중심으로"는 한국과 남아공과 태국/미얀마라는 지리적 공간 안에 살고 있는 선교사, 현지인, 이민자에 대한 설문조사를 토대로 한류가 어떻게 선교적 활동에 영향을 끼쳤는가에 대한 실증적 정보와 분석을 제공하고 있다. 구체적으로 설문 내용을 분석한 결과, 한류가 현지인들에게 복음을 전파하고 선교사들과의 친밀감을 형성하는데 긍정적인 영향을 준다고 90% 넘게 답한 것은 한류와 선교가 얼마나 깊은 관계를 맺고 있는지를 인식하게 만든다. 나아가 기독교 교회는 이러한 긍정적인 문화 환경을 적극적으로 성찰하며 선교의 새로운 패러다임을 모색해야한다는 것이다.

18. 이충범의 "영토, 공간, 한류 그리고 선교: 문화융합의 공간으로서 한반도와 선교전략"은 탈공간화되고 수직적이고 역사적인 관점만으로는 한류의 원천을 탐구하는데 한계가 있다고 지적하며 대한민국이라는 지리적 공간을 분석한다. 특히 그는 들뢰즈와 가타리(Felix Guattari)가 제시한 철학적 개념 리좀rhizome을 이론적 분석의 틀로 사용한다. 리좀이란 중심 뿌리나 실뿌리와는 달리 중심체를 갖지 않는 구근球根과 같은 덩이줄기를 가리킨다. 이러한 리좀이 문화 간의 얽힘과 교차, 상호문화성의 공간으로서의 한반도를 보여주는 것처럼, 선교도 이러한 리좀적 가치를 통해 새롭게 이해되어야 한다는 것이다. 선교는 이제 분당 샘물교회 사건이 보여주듯 '단단한 힘'이 아니라 '부드러운 힘'으로 거듭나야 한다는 것이다.

19. 오화철의 "한류, 새로운 창조의 전환 - 한(恨)의 변형(transformation)에

관한 심리/상담적 접근"은 한류의 심리적 뿌리를 주목한다. 우리 민족은 본래 놀이를 즐기는 흥의 민족이었지만 수많은 외침들로 인한 민족적 좌절은 한으로 남아서 우리 안에 자리 잡게 되었다는 것이다. 오화철은 이제 한류가 우리 민족의 억압된 정서를 풀어헤치는 통로역할을 하고 있다고 보며, 이를 한국인의 심성에 내재된 한의 창조적 변형이라고 부른다. 마치 김치가 발효되는 데 시간이 필요한 것처럼, 우리 민족이 그동안 겪은 아픔과 상처의 시간이 긴 시간의 발효를 거쳐 이제 열매를 맺는 시간이 오고 있는 것이다. 그런 점에서 한국인의 한은 더 이상 어둡고 힘든 감정으로만 이해될 것이 아니라, 회복과 비전을 향한 흥과 멋이 넘치는 에너지와 꿈으로서의 한류로 이해되고 변형되어야 한다는 것이다.

20. 최대광의 "한류로 신학하기: 한류에 대한 비판적 이해와 대중문화를 통한 신비주의 신학"은 대중문화는 신학의 영역이라는 전제 아래에서 한류를 단순히 교회부흥을 위한 문화 콘텐츠로 이해하기 보다는 하나님의 선교 안에 존재하는 영역이라고 본다. 한류라는 문화적 공간이 단지 자본주의의 소비와 소유욕망에 의해 만들어진 것이 아니라 역설적이게도 신의 신비적 현존을 가능케 하는 종교적 공간이기도 하다는 것이다. 하나님은 일상을 벗어난 장소가 아니라 바로 일상의 공간과 체험 안에 존재한다는 것이다. 이런 의미에서 최대광이 말하는 신비주의는 한류라는 문화적 현상에 '감추어진 것'으로서의 신의 현존과 사랑을 발견하고 드러내는 일상의 신비주의이다.

21. 이한영의 "미디어 문화와 한류, 그 그림자와 빛: 한류 3.0과 선교"는 페이스북, 싸이월드, 블로그, UCC와 같이 제작자와 사용자의 경계가 허물어지는 시대에 한류와 선교가 서로 배울 수 있는 점을 '양방향 소통,' '변화와 혁신,' 그리고 '사용자 중심'이라는 세 가지 가치라고 본다. 먼저

한류의 양방향적 소통과 교류가 보여주듯, 기독교 선교도 일방향적이고 제국적인 선교를 극복해야 한다. 둘째, 한류가 드라마 등에 의한 일시적 유행과 침체기를 맞이하자 K-Pop과 같은 새로운 혁신의 길을 모색한 것처럼, 선교도 이러한 변화와 혁신의 필요성에 적극적인 태도를 모여야 한다. 셋째, UCC와 유튜브가 사용자 제작이라는 새로운 개념을 신선하게 보여주는 것처럼, 기독교는 선교의 주체와 선교의 대상자라는 이분법적인 사고를 넘어서는 인식의 전환과 발상의 전환이 필요하다는 것이다. 대중과 호흡할 수 있는 신학의 길, 선교의 길에 대한 진지한 모색이 필요하다는 것이다.

문화신학회 부회장 전현식

차 례

제1부

한류의 뿌리와
종교성

한류(韓流)와 'K-Christianity'

: 한류와 한국적 기독교(토착화), 그 상관성을 묻다

이정배 | 감리교신학대학교

들어가는 글

한국 대중음악과 드라마가 세계 곳곳에서 뜨거운 반응을 얻고 있으나 그 정점은 다소 지난 듯 보인다. 한류韓流란 말이 처음 사용되기 시작한지가 벌써 15년 전의 일인 까닭이다.[1] 그럼에도 전 세계적으로 10억 이상의 인구가 조회할 만큼 싸이 열풍마저 생겨나고 있으니 한류의 위상과 기풍이 쉽게 가라 앉지는 않을 것 같다. 중국, 일본 등지에서 혐嫌한류, 반反한류의 기류가 드셌음에도 불구하고 여전히 이슬람권[2]은 물론이고 남미대륙 끝자락까지도 그 흐름이 퍼져나가고 있음을 온갖 매체들이 전언하는 중

---

1) 유영규, "한류: 용어 정립을 위해," 미간행 논문, 1. 본래 한류란 말은 1999년 「북경청년보」(北京靑年報)를 통해 중국학생들에 의해 최초로 사용되었다.
2) 실제로 필자는 2년 전 시리아, 레바논 그리고 요르단 지역을 방문한 적이 있었고 그곳에서 <대장금>을 비롯한 <주몽>과 같은 드라마가 성황리에 방영되는 현실을 목도하였다.

이다. 주지하듯 한류란 말은 한국 드라마를 접한 외국인들에 의해 붙여진 용어였다. 드라마, 영화 나아가 패션 등을 통해 문화역량을 감지했고 그를 뒷받침할 만한 한국의 사회적 현상을 높이 평가한 결과였던 것이다. 하지만 한류의 상품화 곧 그를 경제 가치로 인식하는 기획사들과 한국 정부의 성급한 정책으로 인해 문화역량이 충분히 발현되기도 전에 한류의 실체가 의심받기 시작했다. 한류를 수용하는 아시아 여러 주체들에 대한 이해보다는 한류 콘텐츠 자체에 대한 성급한 확신 탓이었다. 여러 K-Pop 가수들의 출현을 자본주의적 사육방식에 의해 길들여진 억압적 소산이란 평가가 회자된 것도 이와 무관치 않다. 따라서 이렇게 생기生起한 한류를 문화민족주의의의 일환으로 보는 부정적 시각이 국내외에 편만해 있는 것도 사실이다.[3] 이는 마치 오늘의 선교를 앞세운 한국교회 실상과 정확히 중첩된다. 자본주의와 짝하여 거대해진 한국교회가 자신의 성장 메시지를 선교라는 이름하에 아시아 각국에 전달하는 모습과 자본과 결탁한 문화민족주의로서의 한류가 너무도 닮아 있는 것이다. 수용자들이 마치 백지 상태에 있는 듯 해석학적 순환을 무시한 채 기독교의 확장을 꾀하는 한국교회가 한류 연구를 토해 타산지석他山之石으로 삼아야 할 부분이다.

이로부터 한류가 비록 상이한 문화를 갖고 있으나 동북아는 물론 범아시아를 토대로 발전해야 한다는 주장도 있다. 한류가 서구 중심적 지구화의 대안으로 발전하기를 소망하는 차원에서다. 여기에는 의당 수용자의 시각이 존중될 수밖에 없다. 이는 한류의 전달자와 수용자간 호혜적인 관계가 성립될 때 가능한 일이다. 한국문화신학회가 본래 '한류와 정의'를

---

3) 이동연, "한류 문화자본의 형성과 문화민족주의," 「문화과학」42(2005), 194-196. 본 논문의 결론의 표제어가 '문화민족주의로서 한류의 불길한 징후'로 되어있다.

주제 삼았던 것도 이런 이유에서였다. 이럴 경우 자본 이외의 것 역시 강조될 수 있다. 비록 한류가 자본의 힘을 통해 지구화의 흐름을 만들었으나 그것만이 한류를 설명하는 전부가 될 수 없다는 말이다. 오히려 우리 민족 속에 자기 동일성4)으로 남아있는 문화적 유산(DNA)을 비롯하여 최근 민주화 운동에 이르기까지 다양한 역사적 사건들이 한류의 내적 요인이자 구성요소로서 언급되어야 마땅할 것이다. 심지어 문화신학자 유동식은 싸이의 말춤이 동이족이 지닌 유목문화의 가시적 표현이라 말하고 있다.5) 아울러 군사독재와 맞서 이룬 민주화를 비롯하여 촛불집회로 이어진 일련의 사건들 역시 아시아 어느 지역에서도 경험치 못한 것으로서 한류의 밑거름이라 하겠다. 이렇듯 자본 외적인 요인으로서 한류가 아시아를 비롯한 세계에 공감될 여지가 적지 않다는 것은 중요 발견이다. 이런 차원에서 한류에 대한 담론 자체가 다각적이고 총괄적으로 확장될 필요가 있다. 한류가 생기生起하여 열풍이 된 필요/충분적 조건을 탐색해야 한다는 것이다. 따라서 자본화된 한류를 비판하되 한류 자체를 부정할 이유가 없고 한류의 국수(민족)적 특성을 지적하되 그의 무국적성(해체주의)을

---

4) 여기서 '자체동일성'과 '자기동일성'을 분명히 구별코자 한다. 전자는 사물이 존재하는 방식이라면 후자는 인간의 존재 방식으로서 주변과 관계하며 자신을 창조해가는 것을 적시한다. 전자가 혈통으로서 종족을 말한다면 후자는 문화로서의 겨레를 일컬을 수 있다. 아무리 서구가 민족을 허구적 산물이라 하더라도 '자기 동일성'을 부정하기는 어려울 것이다. 이기상, 『지구촌 시대와 문화 콘텐츠』(서울: 한국 외국어 대학교 출판부, 2009), 135-136. 심광현, 『興한민국』(서울: 현실 문화연구, 2005), 275-276. 심광현 역시 역사적 지리적 환경에서 선택의 주체가 활동하기에 고유한 문화가 형성될 수 있다고 보았다. 나아가 민속학자 임재해는 우리 민족의 문화적 유전자(DNA)를 언급하기도 했다. 임재해 외, 『고대에도 한류가 있었다』(파주: 지식 산업사 2007), 21 이하 내용.

5) 유동식, "기마민족의 후예," 「성서와 문화」52(2012), 2-3. 즉 유동식은 동이족의 잠재된 유전자가 발현된 것이라 보고 있다.

편들 이유도 없는 것이다. 또한 모든 것이 돈과 연관된 현실에서 한류의 순수성만을 강변할 수 없듯이 수용자들을 고려하는 정의의 차원 결코 논외로 할 수 없는 주제임이 틀림없다. 결국 한류 담론의 필요/충분조건은 민족/탈脫민족, 본질주의/해체주의, 자본주의/정의 나아가 전달자/수용자간의 이분법적 도식의 극복을 통해 가능하다는 것이 필자의 생각이다.

이처럼 한류의 총괄적 담론에 기초하여 본고는 궁극적으로 소위 'K-Christianity'[6)]에 대한 물음을 묻고자 한다. 이 개념은 학회내 공동토론 과정에서 제기된 다중多衆지성의 산물로서 K-Pop의 영향처럼 그렇게 한국적 기독교가 옳은 방향으로 지구화Globalization 되기를 바라서 채택된 말이다. 물론 지금껏 토착화 신학이란 이름하에 한국적 기독교의 실상이 소개되었으나 한류 열풍을 계기로 그의 긍정적 요소들과 기독교 복음을 더한층 관계 맺고자 한 것이다. 한류가 세계적으로 공감되었다면 그를 가능케 했던 제요소의 빛에서 성서를 풀어 읽고 전傳한다면 한국 기독교는 물론 세계 또한 달라 질 것을 확신한다. 향후 3-4년 앞으로 다가온 종교개혁 500주년을 보며 두 번째 종교개혁이 아시아, 더욱이 한류의 발원지인 이 땅에서 일어날 수 있다는 발상도 가능할 것이다. 첫 번째 종교개혁이 독일적 토양(독일 신비주의)의 산물이라면 이제 한류를 통해 영성이 자극되고 아시아적 가치가 공감되는 바, 그것이 빛을 잃은 한국교회와 신학을 자극하여 새로운 기독교를 탄생시킬 수 있을 법하다. 필자가 본고의 주제를 한류와 'K-Christianity'로 정한 것도 이런 맥락에서다. 이를 위해 다음 순서로 본고를 진행시켜 볼 생각이다. 우선 첫 장에서 한류 열풍을 둘러싼

---

6) 이에 대한 첫 제안을 문화신학회 회원인 여성신학자 김수현 박사가 했다.

제 담론의 상이한 층위에 주목하되 한류의 필요충분조건을 위해 문화 혼종성Hybridity의 산물로서 한류의 본질과 실상을 이해할 것이다. 둘째 장에서는 한류를 이해하는 핵심개념인 혼종성이 실상 우리 문화의 본질이었음을 밝혀 보겠다. 소위 한국적 통섭通涉7)론의 근간으로 알려진 '함'含과 '접'接8)의 시각에서 한류의 핵심을 분석하려는 것이다. 셋째 장에서는 이 두 원리를 지닌 한국적 도道, 곧 풍류의 무게중심이 '흥'興에 있음을 주목하며 한류와 흥의 관계를 연구할 것이다.9) 이 경우 흥興은 정情이나 한(초월)과도 치환될 수 있는 바, 한류를 조망하는 통/공시적 시각을 제시할 수 있다. 마지막 장의 과제는 이렇듯 한국적 통섭론에 터한 흥興의 공시적 드러남을 한류라 할 경우, 이를 에토스로 삼는 'K-Christianity'를 재구성하는 일이다. 흥興을 잃었고 공감(情)을 상실했으며 세속화된(초월상실) 한국 기독교를 한류韓流를 매개로 다시 소생시키는 일은 새로운 차원의 선교신학으로서 한국교회의 당면 과제가 아닐 수 없다. 필자는 이를 한국적 JPIC 신학이라 명명할 것이다.

---

7) 이 경우 通涉은 최근 사회(진화) 생물학자인 E. 윌슨이 사용한 統攝(Consilience)과는 전혀 다른 의미이다. 앞의 통섭은 혼종성과 등가이나 나중 것은 일종의 환원주의 성격을 띠게 된다. 이정배, 『빈탕한데 맞혀놀이-多夕으로 세상을 읽다』(서울: 동연, 2011), 118-119 참조.
8) 여기서 말하는 '含'과 '接'은 최치원의 '난랑비 序'에 나오는 현묘지도의 역할을 적시한다.
9) 관련 자료는 다음과 같다. 심광현, 『興한민국』(2005); 신은경, 『풍류-동아시아 미학의 근원』(서울: 보고사 1999); 이도흠; "한류와 불교," <한류, 종교에게 묻다>, 한국문화신학회 발표 미간행 논문(2011년 11월 3일); 유동식, 『풍류도와 한국사상』(서울: 연세대 출판부, 1998).

한류담론의 제 실상과 문화
- 혼종성(Hybridity)으로서의 한류의 본질 이해

앞선 말을 뒤집는 것이지만 한류의 인자(DNA)가 고대로부터 있었다해도 그것은 오늘의 한류 열풍을 이해하는 필요충분조건은 되지 못한다. 주지하듯 오늘의 한류는 이전과 다른 물적 토대가 갖추어졌기에 가능한일이었다. 물론 그것 또한 충분한 답변이 될 수 없다는 것도 여전한 사실이다. 그럼에도 한류에 대한 논의는 의당 현실 분석에서부터 시작되어야 한다는 것이 필자의 생각이다. 처음과 달리 한류가 대중문화 차원에서 경제적 이익과 국가적 브랜드를 높이는 일종의 문화상품으로만 기획 변질되어 反한류의 역풍을 맞고 있는 것도 그 실상 중 하나다. 말했듯이 한류스타들을 자본주의적 사육 체계의 결과물로 폄하하는 비판적 시각이 국내외에 편재하는 것을 간과할 수 없다. 하지만 비판과 부정만이 능사가 아닐 것이다.[10] 한류를 통해 우리는 서구문화가 지배문화라는 등식을 깼고 종속문화의 위치를 벗는 쾌거를 누렸던 까닭이다. 결국 필요한 것은 자리이타自利利他의 호혜적 시각에서 그 방향성을 수정하는 일인 바, 이 역시 현실 분석을 통해서만 성사될 수 있는 사안일 것이다.

무엇보다 한류열풍을 가능케 했던 국내외적인 배경과 토대에 대한 해명이 있으면 좋을 듯싶다. 1980년대 후반에 이르러 대한민국은 올림픽을 치를 수 있을 만큼 경제력을 갖게 되었고 어느 정도 일차적인 삶의 욕구로부터 자유 할 수 있었다. 또한 그에 터한 자유로운 문화교류 탓에 서구를

---

10) 구연상, "한류의 근원과 미래," 미간행 논문, 1.

비롯한 일본의 대중문화를 습득했고 자신의 역량을 축적했으며 그럴수록 폭넓은 문화개방을 요구하여 문화 향유권에 대한 열망을 확대시켰다.[11] 모방을 통해 창조가 일어나듯 우리 대중문화가 점차 '따라잡기'를 거쳐 '넘어서는' 단계로 진입한 것도 이 무렵이다. 이를 뒷받침하는 음향, 영상, 녹음, 조명, 의상 등 과학기술적 발전이 획기적 수준에 이른 것도 큰 공헌이었다. 하지만 무엇보다 중요했던 것은 이 땅에서 이룩한 민주화의 경험이었다. 해방 후 독립된 후발국가로서 민중적 힘으로 군사정권을 허문 경험은 세계사적으로 결코 흔치 않은 일이었다. 이런 거리의 경험이 월드컵 축제로 이어졌고 촛불집회의 형식 하에 삶의 혁명으로 승화되면서 대중들의 자긍심이 한껏 고조될 수 있었다. 이런 성찰은 자발적 민주화의 경험이 부재했던 일본이나 중국과 비교할 때 더욱 명료해 진다.[12] 이렇듯 경제적 역량과 교류를 통한 문화 향유의지 나아가 민족적 자신감에 근거한 문화 창조적 힘이 얽혀 어느 순간 '한류'라 일컬어진 고유한 문화흐름이 생겨난 것이다. 한국 정부가 이를 뒷받침하기 위해 문화산업 진흥정책을 내놓은 것은 훨씬 나중의 일로서[13] 한류를 문화제국화 했다든지 자본주의적 상품으로 변질시켰다는 비판을 야기 시킨 원인이 되었다. 이점에서 한류에 대한 제 비판은 중요하나 그 처음 본질적 동기와는 다소 거리가 있을 수 있다. 또한 혹자는 한류의 문화 할인율 즉 문화 상품 가격의 상대

---

11) 이 시기 일본과의 대중문화 교류는 김대중 정권의 작품이었다. 처음에는 일본 문화의 유입을 걱정했으나 오히려 역으로 한국 문화가 일본에 더 많이 전해지는 결과를 얻었다.

12) 서울대학에서 한국 실학자 최한기를 주제로 박사과정을 수료했던 한 일본인 학자로부터 필자는 일본에서는 '촛불집회' 같은 것은 애시 당초 불가능했다고 전해 들었다. 최근 후쿠시마 원전 사태에 대한 일본인들의 무심한 반응 역시 이와 무관치 않을 것이다. 중국의 경우도 천안문 사태는 결국 실패로 끝났다고 보아야 할 것이다.

13) 주지하듯 한국정부는 2005년 문화산업진흥정책을 발표하여 한류의 콘텐츠 개발에 주력하게 되었다.

적 저렴성을 파급 이유로 들기도 하나 그것 보다는 그 속에 담긴 무엇이 서구 할리우드는 물론 일본, 중국과 변별력이 있었는가에 주목하는 것이 옳을 것이다.[14] 그러나 이보다 먼저 주목할 사안은 한류 열풍을 가능케 했던 동아시아를 비롯한 국외의 사상적 풍토에 관한 일이다.

한류가 세계 곳곳의 10억 이상의 인구들과 교감할 수 있게 된 외적 요인으로서 우선 서구 문화가 그 중심적 패권을 상실했다는 점을 들 수 있겠다. 즉 문화의 흐름이 독자적 자율성을 갖고 중층적으로 세계 내 존재하게 되었다는 사실이다. 이는 문화 생산의 중심이 다극화, 다원화됨을 적시하는 바, 한국을 비롯한 동아시아 지역의 위상 변화와도 무관하지 않다. 상부구조인 문화가 항시 정치 경제적 하부구조적 사안과 더불어 달라질 수 있다는 실상을 말하는 까닭이다. 가장 지역적인 것이 실제로 세계(지구)적일 수 있다는 탈脫현대적 사유도 한 몫 했을 듯싶다. 모방해야 할 서구적 근대성만 있는 것이 아니라 비서구적 근대성도 동시에 존재한다는 탈脫오리엔탈리즘적 성찰의 산물인 셈이다. 그렇다고 하여 한류를 문화적 민족주의 차원에서 접근하는 것 역시도 위험천만하다. 한류 콘텐츠를 전 세계가 공감하는 듯 그의 세계화를 말하는 것은 국가(민족)주의적 욕망으로 역풍을 맞을 수 있기 때문이다.[15] 우리가 알고 있듯 아시아를 비롯한 세계 곳곳에서 한류는 수용 주체에 의해 달리 평가되어 왔다. 자본주의 시장경제체제로 반전한 중국과 쫓기는 일본의 상황이 다르고 아시아적 가치를

---

14) 심광현, "한류의 미학적 특성과 문화 정치적 의미," 미간행 논문, 2. 여기서 저자는 만약 싼 가격이 열풍의 원인이라면 한국 자동차가 값싼 가격에도 불구하고 그렇지 못한 상황은 설명될 수 없다고 반론한다.

15) 이동연, "한류 문화자본의 형성과 문화민족주의," (2005), 192-193.

공유한 동남아 지역과 아랍권이 동일 할 수 없는 것이다. <겨울연가>와 <대장금>을 좋아하는 일본과 중국의 삶의 내면적 조건 역시 다를 것이 고[16] 같은 일본, 중국이라 하더라도 젊은 층들은 오히려 이보다 K-Pop에 열광하는 것도 주목할 사안이다. 한국의 성장신화에 매료된 동남아시아의 드라마 열풍이 있는가 하면 오히려 무용담이 깃든 주몽과 같은 태고적 신화에 마음을 뺏긴 아랍지역의 한류도 분명 존재하는 것이다. 또한 <엄마를 부탁해>와 같은 모성적 소설이 미국에 백 만권 이상이나 팔렸다는 또 다른 양상도 있다. 이처럼 한류 수용자들은 결코 수동적이지 않고 오히려 한류를 그들 자신의 문화로 새롭게 창조해 가고 있는 중이다.[17] 따라서 수용은 곧 창조란 말이 성립될 수 있다. 후술하겠으나 한류 역시 이 과정을 통해 창조된 것을 인정해야 할 것이다. 하지만 필자는 이런 시각을 한류의 문화 유전자론을 주장하는 일련의 입장과 극단(이분법)적으로 대별시키지는 않을 생각이다.

따라서 중요한 둘째 요인으로서 세계화 과정에서 진행되는 문화 혼종 현상을 언급 할 차례가 되었다. 아시아 지역에서의 한류열풍은 탈脫중심화의 영향 뿐 아니라 본래부터 문화적 혼종현상이라는 지적이다. 물론 고유한 유전인자의 발현이란 측면도 있겠으나 그보다 한류는 지구적 자본화의 흐름 속에서 성장한 일종의 특수문화로서 일차적 특징이 혼종적이란 것이다.[18] 이를 일명 '자본주의의 메타적 성격'이라 부르기도 한다.[19]

---

16) 일본의 경우 존재의미(과거 재현 욕망)를 찾고자 하는 중년여성들이 한류 수용자였고 중국의 경우 유교문화의 향수를 촉발한 것이 그 원인일 수 있겠다. 미야타 마리에, "문화교류를 통한 동아시아 평화," 미간행 논문, 2-3.
17) 백원담, "한류와 동아시아 문화선택," 미간행 논문, 2. "한류가 일단 월경을 하면 그것은 해당 국가사회의 문화 상태와 수요에 따라 각이하게 선택되어 진다."

문화 이동을 방해하던 일체 경계가 무너진 상황에서 한류열풍은 자본력을 바탕 하여 서구 문화와의 치열한 교섭과정을 통해 대중성을 확보했던 까닭이다. 하지만 자본력이 문화흐름을 주도하긴 했으나 그것이 한류가 중류나 일류에 비해 경쟁력을 갖게 된 충분한 이유는 되지 못한다.[20] 중, 일류의 자본(기술)력이 결코 한류의 그것보다 못하지 않았기 때문이다. 오히려 혼종화로서의 한류에서 주목되는 바는 서구 문화의 근대성과 자국의 전통 문화적 요소와의 결합 여부일 것이다. 한류를 한류 되게 하는 것이 기술력이나 자본력에 있지 않고 연출력과 연기력을 통해 언급되는 한 그것은 한류 콘텐츠가 지닌 문화적 가치와 결코 무관치 않다. 따라서 한류에 대해 한 유교학자는 이는 결국 인간 마음을 경영하는 문제라 했다. 몸의 시대가 가고 마음의 시대가 도래 했다는 판단 때문이다.[21] 필자가 수용자 중심의 관점과 문화 유전자론을 일정부분 함께 수용하려는 것도 이런 맥락에서이다.

이점에서 혼종성에 대한 논의가 좀 더 필요할 듯싶다. 저마다 한류의 혼종성을 말하나 강조하는 바가 다른 까닭이다. 수용자 측을 강조할 수도 있고 자국 문화적 가치에 무게중심을 둘 수도 있다는 말이다. 또한 자본력으로 흡입 융합되는 과정 역시 혼종성이라 불릴 수도 있을 것이다. 그렇다면 본래 혼종성이란 개념은 어떻게 받아들여야 옳은 것인가? 앞서 우리는

---

18) 구연상, "한류의 근원과 미래," 4.
19) M.M. Kraidy, *Hibridity Or the Cultural logic of Globalization* (Philadelphia Temple Univ. press, 2005), 88.
20) 심광현, "한류의 미학적 특성과 문화 정치적 의미," 4-5.
21) 이기동, "한류와 유교," <한류, 종교에 묻다>, 문화신학회 세미나 (2011년 11월 17일), 23-27.

탈근대적 세계화로 인해 문화는 혼종성을 띨 수밖에 없다고 보았다. 하지만 이런 혼종성은 다문화주의를 넘어 초문화주의를 적시하며 동일성 논리의 붕괴를 가져왔고 결국 문화를 시장경제 하의 상품으로 전락시킬 수 있다. 한류 역시 이런 측면이 없지 않아 그의 미래를 염려하는 학자들도 적지 않다. 한류가 자본주의의의 메타적 성질로 이해되는 한 서구가 지금껏 그래왔듯 또 다른 종속이론을 야기 시킬 수 있는 탓이다. 하지만 탈脫근대적 문화정체성으로서 혼종성을 처음 말했던 호미 바바Homi Bhabha는 그 속에서 오히려 반反식민지적 저항의 에토스를 역설코자 했다. 혼종성은 제국주의적 문화력과 지역문화의 힘이 교차할 때 지역 문화 속에서 나타는 현상으로서 일차적으로는 모방이 생기나 그로인해 양자 간 이항대립이 모호해져 결국에는 반식민적인 저항에로 귀결된다는 것이다.22) 혼종성이 지닌 이런 양가적 특성은 바로 아시아 국가들 속에서 한류에 대해 열풍과 반감이 교차되는 현실로서 잘 나타나고 있다. 한류가 향후 이점을 놓친다면 염려대로 그 생명력은 길지 못할 수도 있다. 하지만 복종과 저항의 양가성을 지닌 혼종성은 반드시 식민주의를 전제로 해서만 의미를 갖는 개념이다. 탈근대적인 혼종성이 자국의 문화적 정체성을 무화시킬 수 있듯이 호미 바바의 양가적 혼종성 역시 자국의 부정적 현실을 자양분 삼아 태어났기에 그 한계가 분명하다. 물론 탈脫식민주의 이론을 말하지 않을 수 없을 만큼 종속적 현실이 지배적인 탓에 혼종성이 지닌 저항은 반드시 필요하다. 하지만 자국의 문화가 근본적으로 서구적 근대성에 못 미친 결과라 여기는 것은 문제가 있다. 오히려 중요한 것은 한류 담론에 있어 문화적 혼종성을 야기 시킨 한국적인 '무엇'에 대한 물음이다. 이점에서

---

22) 장형철, "혼성화 이론으로 바라 본 한국 개신교의 성장과 감소," 「담론 201」, 한국사회역사학회 15(2012), 140-141.

다른 유형의 혼종성 역시 언급될 필요가 있다. 자신의 문화 속에서 전통과 탈근대가 상호 얽혀져 있다고 믿는 교차적 혼종성이 바로 그것이다.23) 여기서는 자신의 전통이 서구 탈脫근대적 가치와 교감할 수 있는 교차성을 지녔다고 보기에 그들 역사와 문화가 결코 부정적이지 않다. 자신의 식민적 공간이 탈脫영토화되어 과거와 현재 그리고 미래가 얽혀진 혼종적 공간으로 재再영토화 되는 까닭이다. 문화적 혼종성은 공간성 뿐 아니라 시간성 역시도 함께 얽혀져 있다고 보는 것이 정당할뿐더러 옳다.

이로부터 본고는 한류의 혼종성이 결코 탈脫근대적 문화현상 만이 아니라 과거 문화적 전통 속에서도 존재했음을 밝혀야 할 다음 단계에 이르렀다. 그러나 첫 장을 마무리 하면서 혼종적 현상으로서의 한류 담론이 감당해야 할 탈脫영토화와 재再영토화의 의미를 먼저 약술할 필요가 있다. 여기서 탈영토화란 자본력에 기초한 문화민족주의로부터의 탈주를 뜻하며 재영토화란 한류가 최소한 동아시아의 새로운 지역성을 형성하는 기초가 되어야 한다는 것이다.24) 이는 앞서 언급한 수용자 중심적 한류담론과 맥을 같이 하는 것으로 혼종적 특성을 지닌 한류의 미래와 직결된다. 이점에서 한류를 매개(토대)로 구성될 'K-Christianity' 역시 자신의 문화선택을 이전과는 달리 해야 옳다. '탈脫'을 거친 '재'再의 차원에서 선교 개념 자체를 달리 정초하라는 요청이다. 분명 문화적 민족주의(순혈주의)가

---

23) 앞의 논문, 141-142. 여기서 저자는 남미의 경우를 예로 들어 설명했다. 남미에도 서구와 동질화될 수 없는 근대성이 있는데, 그의 특징은 전통과 탈현대와도 얼마든지 교차할 수 있는 혼종성이라는 것이다. 이점에 대해 저자가 인용하는 책과 저자는 다음과 같다. N.G. Canclini, *Hybrid Culture, Stratages for Entering and Leaving Modernity* (Minneapolis Univ. press), 2005.

24) 백원담, "한류와 동아시아 문화선택," 4-8 참조.

혼종성과 반대되긴 하나 그렇다고 문화생산 주체로서의 한류가 부정당할 수는 없는 것이다. 동아시아를 위한 한류의 문화 창조적 역동성이 오히려 나라 밖에서 다음처럼 인정되고 있기 때문이다. "한국인의 영민함은 그것의 문화적 총체가 이미 아시아의 문화적 근저를 이루고 있으며 그것이 이미 서방문화라는 포장을 이미 거쳤다는 데 있다."25) 이는 한류가 수용된 나라의 파급력을 보며 향후 아시아적 문화생산의 주체로서의 역할을 한류에게 요구하고 있는 것이다. 한류가 지닌 혼종성이 바로 아시아적 공존을 위한 문화선택의 향방을 정위할 수 있다는 사실이다. 이는 문화 생산력의 동력이 자본에 있지 않고 오히려 한류가 아시아 지역에서 문화생산의 주체가 될 수 있다는 기대이자 확신이다.

한국적 혼종성의 표현으로서 '함'(含)과 '접'(接)의 논리
─ 한류의 전통 문화적 토대

이제껏 우리는 한류를 특징짓는 그의 시공간적 혼종성에 대해 살펴보았다. 무엇보다 전장의 강조점은 한류가 그랬듯 그 수용자들 역시 다양한 방식으로 자국 문화수준을 진작시켜 비대칭적 서구문화와 대별되는 동아시아 문화를 정착시키는데 있었다. 적어도 동아시아에서 자본력이 아닌 한류가 문화 생산(창조)의 새 주체가 되길 기대했던 것이다. 물론 이 파급력이 아시아를 넘어 세계에 이를 것을 바라나 이런 선택이 우선 공통 문화 인자를 지닌 동아시아에서 당위로 인식될 수 있다고 본 탓이다. 이점에

---

25) 이는 중국어로 쓰여 진 한영진의 말이다. 백원담, 앞의 논문, 5에서 재인용. 여기서 저자는 김민기의 <지하철 1호선>을 이에 대한 구체적 예로 들었다.

서 한류의 충분조건으로 언급된 전통적인 미학적 감수성과 공간적 차원
뿐 아니라 시간적 구조 안에서 혼종성의 재발견은 우리의 시각을 과거 전
통으로 소급할 수 있다. 문화 창조적 주체로서 한류가 통시적 공간성을 넘
어 공시적 시간성 속에서도 조명될 수 있다는 것이다. 이는 물론 한류 속에
내재된 선험적 본질을 주장하는 것과는 다른 차원이다. 한류적 속성이
DNA로 내장되어 있다는 '자체동일성'으로서의 민족이해에 필자 역시
도 온전히 동의하기 어렵다.26) 하지만 내용적 본질로서가 아니라 밖과 교
감해 온 사유 틀 자체에 대한 이해에 있어 남다른 고유한 것의 실상을 부정
하고 싶지는 않다. 뭇 변화의 와중에서 자신을 새롭게 창조할 수 있었던
'자기동일성', 곧 민족 고유한 사상적 틀 자체에 대한 이해가 오히려 필요
한 시점이다. 결국 본 장에서 말하려는 것은 혼종성을 지닌 오늘의 한류에
해당하는 것을 과거 전통 속에서 찾고 그를 의미화 시켜 통/공시성을 함께
확보하는 일이다. 한류열풍이 우리 민족의 정체성을 본질주의로 환원시
킬 수 없는 혼종성 자체 있다는 발견을 가능케 한 것이다. 이는 바로 본장
의 제목으로 내건 '함'含과 '접'接 논리로서 최치원이 쓴 『난랑비 서(序)』에
언급 되어 있는 바, 동아시아 문화선택에 직면한 한류를 위해 충족한 틀을
제공할 것이다.27)

---

26) 각주 4번 내용 참고. 여기서 DNA란 말은 『고대에도 한류가 있었다』의 저자 민속학자 임
　　재해의 생각이나 그의 견해 중 주목할 사안이 적지 않다. 본고 후반부에 그의 생각과 비판적
　　으로 대화할 계획이다. 임재해 외, 『고대에도 한류가 있었다』(2007), 21 이하 내용. 오히
　　려 여기서는 민족종교의 원류가 있다는 식의 고체적 사고를 지적한 것이다. 한국 민족종교
　　협의회, 『한국 민족종교의 원류와 미래』(서울: 윤일문화, 2011), 특히 2장, 3장 참조.
27) 여기서 필자는 '틀'의 개념을 다음 책에서 채택했다. 파커 J. 파머/김찬호 옮김, 『비통한
　　자들을 위한 정치학』(파주: 글 항아리, 2012), 136. 과거 전통 속에서 지금의 한류와 공시
　　적인 혼종성 개념을 찾는 일은 DNA와 같은 결정적 답이 아니라 토론될 수 있는 틀을 얻고자
　　함이다.

주지하듯 이 땅에 중국과 다른 '현묘한 도'(玄妙之道)가 있음을 최초로 밝힌 사람은 고운 최치원이었다. 어린 시절 부터 긴 세월 간 중국에서 교육 받았던 그가 고국 신라에 돌아와 본 것은 낯설게 느껴질 만큼 새로운 한국 고유한 정신세계였다. 당시 한반도에는 유불선 종교가 유입되어 있었고 그것들은 이미 중국에서 충족히 경험해온 터였다. 그렇기에 유불선에로 환원될 수 없는 어떤 무엇이 한국인의 심성 속에 흐르고 있음을 최치원은 놓치지 않았다. 그를 일컬어 최치원은 풍류風流라 했고 그의 역할이 포함 삼교包含三敎와 접화군생接化群生에 있음을 설파했다.[28] 후술하겠으나 본장 의 주제가 되는 '함'含의 논리는 이로부터 기원한다. 여기서 중요한 점은 풍류가 오늘의 개념 범주와 달리 놀이, 예술 뿐 아니라 종교(제천의식) 나아 가 공동체성 확보라는 정치 사회 문화적 외연을 지녔다는 사실이다.[29] 오 늘의 풍류(K-Pop)가 극히 오락이나 놀이로 그 의미를 좁힌 것은 물론 자본 력에 의거 제국주의적 성격을 지녔다고 비판되는 것과는 전혀 다른 차원 이었다. 거대한 정신성(유불선)을 포함하고 있으면서 그것이 사람 혹은 자 연과 조우할 때마다 생명력을 부여하는 창조적 역할을 담당한 것이다. 앞 서 보았듯 한류에게 주변 지역과의 관계 속에서 새로운 문화선택을 기대 한 것도 이런 맥락과 무관치 않을 듯싶다.

이를 위해 필자가 관심 갖는 바는 현묘지도玄妙之道의 역할을 담당하는 '함'含과 '접'接의 논거이다. 최근 서구적 통섭론과 맞서는 '함'含의 논리가 주목을 받기 시작했으나 이에 더해 신앙과 이성의 차원을 넘어 공감의 중 요성이 커진 현실에서 '접'接의 논리 역시 혼종성을 위한 좋은 틀거지가

---

28) 김부식/김종권 옮김,『삼국사기 상권』(서울: 대양서적, 1972), 129.
29) 심광현,『興한민국』(2005), 69.

된다고 생각한다.30) 우선 '함'含의 논거를 갖고 포함삼교의 내용을 보면 이 경우 현묘지도인 풍류는 유불선에 비해 메타적 특성을 갖는 듯 보인다.31) 유불선을 포함하되 그것으로 환원되지 않는 까닭이다. 유불선이 상대적으로 경합했던 중국과 달리 삼교를 포함하는 메타 사상이 본래 풍류의 본성이란 것이다. 하지만 이런 생각은 중국에 없는 것이 이 땅에 존재한다는 식으로 풍류를 본질화시킬 수 있다.32) 이에 반해 무엇보다 '함'含을 한국적 통섭通涉론으로 보는 최민자의 관점이 혼종성을 말함에 있어 적합할 것 같다.33)

최근 한국사회에 부는 통섭의 바람, 일명 탈脫경계로 불리기도 하는 사조 역시 혼종성과 크게 다르지 않다. 이들 개념들은 모두 탈현대적 정조(ethos)의 산물로서 불변적 정체성에 저항하는 까닭이다. 하지만 진화 생물학자 E. 윌슨의 통섭統攝론(Consilience)은 혼종성과 짝할 수 없는 개념이다. 주지하듯 그의 통섭統攝은 '함'含의 논리로서의 통섭通涉과 다른 한자어로 표기된다. 즉 통섭統攝이 물질(유전자)을 큰 줄기 삼아 일체를 그곳으로 귀결시키는 환원주의로서 종래의 신학이 모든 것을 신神에게로 귀결시켰던 것에 대한 반작용일 뿐이다. 하지만 '함'含의 논리로서 통섭通涉은 존재의 실상 자체가 상즉상입相卽相入의 구조로 얽혀있다 보기에 큰 줄기자체

<hr>

30) 최민자,『통섭의 기술』(서울: 모시는 사람들, 2010); J. 리프킨/이경남 옮김,『공감의 시대』(서울: 민음사, 2011); 파커 J. 파머/김찬호 옮김,『비통한 자들을 위한 정치학』(2012) 참조. 특별히 리프킨은 앞선 다른 책을 통해서 '나는 접속한다 고로 존재하다'라는 명제를 도출해 냈다.

31) 심광현,『興한민국』(2005), 70-71.

32) 이점에서 풍류 그 자체를 유불선을 능가하는 기독교적 관점으로 이해하는 유동식의 풍류신학도 여기에 해당된다고 본다.

33) 이하는 최민자,『통섭의 기술』(2010), 26-31을 필자 나름대로 재구성한 내용들이다.

를 부정한다. 존재자체가 실체(요소) 적이지 않고 소금과 물이 섞인 소금
물처럼 있다는 것이다.[34] 이 경우 소금물은 각각의 실체(요소)를 탈脫한 상
태로서 지평확장 곧 혼종성을 적시하는바 '함'含의 논리의 결과물이다. 하
지만 소금의 실체가 탈脫해졌음에도 그 맛이 실종되지 않고 다른 형태로
유지 보존된다는 사실이 중요하다. 포'함'삼교(包'含'三敎)에서 유불선의
맛을 그대로 지니면서도 그것을 아울러 다른 형태로 표현해 낸 것이 바로
풍류로서 소금물의 상태와 비견될 수 있다. 하지만 비록 그것에게 풍류란
이름이 붙여졌을 지라도 그 핵심은 결코 실체(본질)에 있지 않고 문화를 창
조하는 틀의 역할에 있다. 실제로 이 땅위 유입된 무수한 낯선 이념, 종교
들 심지어 기독교마저 한국적 틀에 의해 수용 내지 선택된 것이란 한 종교
학자의 지적은 이점에서 옳다.[35] 민족의 기초이념인 '하늘 경험'에 불교,
유교 그리고 기독교가 저마다 미토스(신화), 로고스(윤리) 그리고 데우스
(神) 개념을 첨가해 그를 풍요롭게 했다는 사실은 본장의 논지에서 크게
벗어나 있지 않다. 이는 결국 조화할 수 있는 힘, 지금의 개념으론 혼종성
인 바, 이를 가능케 하는 틀이 옛적부터 있었다는 것이다.[36] 혼종성이 공
간만이 아니라 시간성 차원에서 논의되어야 할 결정적 이유를 바로 여기
서 발견한다.

---

34) 이 경우 '含'은 역시 다른 한자어인 '函'과 대별된다. 후자는 겹겹이 쌓인 러시아 인형처럼
    큰 상자가 작은 상자들을 수없이 포함하는 상태를 일컫는 것으로 의당(統攝, Consilience)
    과 짝할 수 있는 개념이다. 따라서 불변적 실체개념이 유지되기에 반생명적 제국주의의 틀
    을 벗기 어렵다. 이정배, 『빈탕한데 맞혀놀이-多夕으로 세상을 읽다』(2011), 96-97.
35) 이는 종교학자 정진홍의 생각이다. 예컨대 기독교가 이 땅에서 선교를 하고 있으나 그 실상
    은 우리 민족의 기초이념에 의해 수용되는 것이라 했다.
36) 한국민족종교연구회 편, 『한국 민족종교의 원류와 미래』(2011), 86-87 참조.

그럼에도 '함'含의 논리는 반드시 '접'接의 능동성과 잇대어 있어야만 한다. '함'含의 자연스런 수동성이 '접'接의 논리와 만날 때 비로소 자신과 주위를 함께 살리는 문화를 창출할 수 있다고 보는 것이다. 이것이 포'함(含)'삼교와 '접(接)'화군생이 풍류의 양면으로 짝을 이룬 이유일 듯싶다. 여기서 이 두 개념을 수동성과 능동성으로 대별한 것은 다음 두 맥락에서다. 첫째는 자국의 문화생산력인 소금물의 농도, 즉 풍류의 역할에 대한 관심 때문이며 둘째는 대외적 차원에서 풍류가 실체를 탈脫한 모습으로 충족히 혼성화될 수 있는가를 묻고자 함이다. 결국 앞의 것이 자국 내의 시간적 혼종성을 말한다면 나중 것은 국외서의 공간적 혼종성을 염두에 둔 발상이라 하겠다. 결국 '함'含과 '접'接의 양면성은 자신을 풍부하게 하고 그로써 뭇 타자를 활성(生命)화시키는 것으로서 한류의 현재적 실상뿐 아니라 당위(미래)적 과제를 여실히 드러내고 있다.

주지하듯 접화군생接化群生은 본래 홍익이화弘益理化라는 말과 깊게 연루되어 있다. 이는 인간을 두루 이롭게 하고 세상을 이치(도리)로서 다스려 살림살이가 풍요로운 생명의 세계관을 반영하는 말이다. 이런 세계관 하에서 '접'接의 실상인 '생'生은 종종 신바람이라 명명되곤 한다.37) 하늘이 몸속으로 들어오고 내속의 신神이 밖으로 드러나는 경지, 곧 하늘과 땅의 묘합妙合이라 불리는 바, 우주와 나, 전체와 개인, 나와 타인의 일체성이 드러나는 경지일 것이다.38) 따라서 한국의 굿 문화 역시 일종의 '접'接의 문화, 곧 신바람의 문화였다는 지적은 옳다. 접화군생接化群生이 본래 굿 문화와 무관치 않았다는 사실이다. 익히 알 듯 한국 샤머니즘의 특징인 하늘굿(천신숭배)의 핵심은 집단적 음주가무에 있었고 그 과정에서 신/인(神/

---

37) 이는 철학자 김형효의 견해로서 앞의 책, 87에서 재인용하였다.
38) 한국철학사전편찬위원회 편, 『한국 철학사전』(서울: 동방의 빛, 2011), 38.

人)은 물론 인간들 모두가 하나로 될 수 있었다.[39] 여기서 핵심은 앞서 언급한 '접'接의 능동성이 일차적으로 현묘지도玄妙之道로서 천신天神의 능동성과 유관하다는 사실이다. 당시 전 세계에 퍼져있던 신들이 대개 지고至高한 존재였기에 현실계와 적극적으로 관계 맺지 않는 피동성, 은퇴성(Deus Optiosus)을 자신의 속성으로 삼았다면 이 땅의 천신은 군무群舞의 형식을 빌려 인간사에 깊이 관여 했다는 것이다.[40] 천신天神과 접하여 생기된 신명, 즉 신바람이 의당 자기 밖의 무리(群)에게 생명의 가치로 접목되었음은 충분히 가늠할 수 있을 듯싶다. 이처럼 풍류가 '함'含과 '접'接의 논거를 통해 유불선 삼교를 품으면서도 넘어섰고(混一) 동시에 일체에게 생명가치를 선사한 생명신비의 원리가 되었듯이 오늘 우리도 이런 경험적 틀을 갖고 세계를 위한 한류의 문화 창조력을 기대해야 할 것이다.

풍류에 터한 한류의 공시적(共時的) 가치 연구
- 동아시아 문화선택을 위한 흥(興), 정(情) 그리고 한(초월)

지금껏 우리는 한류의 혼종성을 서구적 시각과 달리 시공간적 차원으로 확대시켰고 그 핵심에 '함'含과 '접'接의 논리가 풍류(玄妙之道)의 양면성으로 역할 했음을 보았다. 한류를 민족주의의 산물로만 여기거나 아니

---

39) 조흥윤,『한민족의 기원과 샤머니즘』(파주: 한국학술정보, 2003); 45. 임재해 외,『고대에도 한류가 있었다』(2007), 44.
40) 조흥윤, 앞의 책, 43-44. 여기서 언급된 'Deus Optiosus'는 본래 '일하지 않는 신' 혹은 '게으른 신'을 일컫는다. 임재해, 앞의 책, 34-43. 여기서 이 두 학자들은 모두 한국 민족문화 속에 다른 나라 것과 다른 독특함이 있음을 강조했다. 그것을 '원형'이라 보는가에 대해서는 이견이 있겠으나 천신 신앙과 음주가무 문화는 고유한 문화적 유산이라 하였다.

면 외국문화의 변용(자본주의적 혼종)으로 보는 양자택일적 관점을 지양할 목적에서였다. 수차 강조했듯 한류 역시 혼종성이란 개념범주 하에 두는 것은 지당한 일이다. 그러나 혼종성에도 시/공간적 차원 나아가 통/공시적 차원이 있다는 발견은 더없이 중요했다. 공간적인 것뿐만이 아니라 시간적 혼종성을 통해서만 한류를 둘러싼 논쟁을 진일보시킬 수 있었기 때문이다. 앞의 것이 서구와의 교류에서 생긴 한류의 실상이라면 나중 것은 오늘의 한류를 서구가 아닌 우리의 전통(과거)의 빛에서 생각할 여지를 주었다. 이 두 과정이 함께 얽혀 이해됨으로써 한류의 세계(동아시아)화 과정이 보다 윤리적이고 정의로울 수 있다는 것이 필자의 확신이다. 바로 이를 위해 포'함'삼교(包'含'三敎)와 '접'화군생('接'化群生)의 의미가 중요했고 그것을 틀(준거)삼아 오늘의 한류를 살펴야 할 것이다. 분명 오늘의 '한류'가 과거의 '풍류'와 공시적 사건이며 반드시 그렇게 되어야 할 당위를 갖는 까닭이다.

이를 위해 본장에서 다룰 첫 번째 주제는 현묘지도玄妙之道로서 풍류에 관한 것이다. 일반적으로 유불선儒佛仙을 품을 수 있었던 풍류의 기원이 천지인天地人 삼재三才 사상에 있다는 것이 중론이다.41) 농경문화가 낳은 중국적 음양론에 견줄 때 수렵 문화를 일궜던 우리 민족에게 삼재론이 대세였다는 사실이다. 즉 동물의 생명을 먹거리로 취했던 탓에 수렵문화는 그들 사후死後 영혼을 기렸고 그것이 바로 영의 세계로서 보이지 않는 하늘(天)과 육체의 세계인 땅(地) 그리고 이 둘을 잇는 인간(人)을 하나로 생각하

---

41) 이도흠, "풍류, 삼재. 화쟁 과 한류," 미간행 논문, 한국 문화신학회 발표(2011, 11.3), 37 이하 내용; 한국 민족종교협의회 편, 『한국 민족종교의 원류와 미래』(2011), 57-64; 우실하, 『오리엔탈리즘의 해체와 우리문화 바로읽기』(서울: 소나무, 1997), 73-172.

는 삼재론의 토대가 될 수 있었다. 이런 삼재론이 샤머니즘과 유관함은 당연지사이며 앞서 언급했던 하늘 굿 역시 삼재론에 터한 제천祭天행사였던 것이다. 이점에서 삼재론은 수렵문화로부터 생성된 한국적 샤머니즘의 이론적 토대라 명명할 수도 있겠다.42) 그렇기에 풍류를 일견 선仙 혹은 도가적 요소와 중첩될 수 있다고 보는 신은경의 시각에는 선뜻 동의하기 어렵다.43) 물론 풍류 속에 선仙적인 요소가 충분히 있으나 그것 하나로 풍류를 보는 것은 한중일韓中日 간의 시각차를 온전히 드러낼 수도 없고 그것이 지닌 종교(윤리)성, 예술성 그리고 놀이성 역시 충족히 해명될 수 없을뿐더러 지금 한류와의 공시성 역시 논하기 어려운 까닭이다. 필자가 풍류의 근원을 삼재三才에서 찾고자하는 데는 다음과 같은 이유가 있다. 우선 삼재三才의 핵심이 무엇보다 인간에 있기 때문이다. 주지하듯 삼재론은 '인중천지일'人中天地一44)이란 말 속에서 절정을 이룬다. 사람 속에서 하늘과 땅이 하나가 되었고 결국 사람을 통해 하늘의 가치를 이룰 수 있다고 믿는 것이다. 이로부터 '천인무간'天人無間, 곧 하늘과 인간이 본래 사이(間) 없이 하나라는 생각도 가능해 진다.45) 천균天均 곧 하늘의 입장에서 현실을 바라보는 초탈/원융적 가치가 내재된 까닭이다. 다를 수밖에 없는 유불선 사

---

42) 한국의 고대 경전인『천부경』,『삼일신고』등에 삼재론(三才論)이 핵심담론으로 자리하고 있다.

43) 신은경,『풍류-동아시아 미학의 근원』(1999), 40-42. 이점에서 심광현은 풍류란 말로 한중일 미학의 공통점을 보려는 신은경을 비판한다. 한국적 풍류의 독특성을 간과했다는 것이다. 필자도 이점에서 동의하는 바다. 심광현,『興한민국』(2005), 71-72.

44)『천부경』은 상중하 경(上中下經)으로 구성되어 있는 바, 이는 하경(下經)의 결론에 해당되는 말이다.

45) 한국철학사전편찬위원회 편,『한국 철학 대사전』(서울: 동녘, 1997), 265-267. 여기서 '천인무간'(天人無間)은 '천인합일'(天人合一)과 다르다. 후자가 본래 나눠진 것을 다시 합치는 경우라면 전자는 본래부터 나눔이 없다고 보는 입장이다. '천인무간'을 중국과 다른 한국 고유한 하늘(인간)이해라 보는 학자들도 적지 않다.

상이 하나로 융합(合)될 수 있었던 것도 바로 이 때문이다. 따라서 나(인간) 와 만물이 한 몸을 이룬다는 만물일체 사상도 이에 잇대어 질 수 있다. 본 래 모든 것이 하나이기에 일체 구별 없이 사는 것이 역시 '인중천지일'人中 天地一이 말하고자 하는 바였던 것이다. 그러나 이렇듯 현실에 대한 긍정은 인간의 구체적 역할 없이는 공염불이 될 수밖에 없다. 견성見性이 고행을 통하지 않을 수 없듯 그리고 신神이 십자가를 져야만 했듯이 이 땅의 샤머 니즘 역시도 하늘의 지고至高함(Deus Opiosus)을 앞세우기보다 그의 능동성 을 강조했던 것인데 이 또한 궁극적으로 인간의 역할을 강조하기 위함이 었다. 바로 여기에 여타의 보편적 샤머니즘과 다른 이 땅의 풍류적 샤머니 즘의 특징이 있다. 하늘과 땅을 소통시키되 인간을 윤리적으로 엮어내고 자 했던 것(共感)46)이 우리의 굿 문화가 보여준 독특한 신명 내지 신바람이 었던 까닭이다. 이런 맥락에서 풍류 곧 인간은 물론 하늘과 하나 되려는 몰아沒我적 신바람을 통해 우리가 주목할 바는 정情과 흥興과 한(초월)의 가 치성이다. 일반적으로 풍류를 흥興의 미학이란 관점 하에 보는 것이 기본 이나 본고에서 필자는 정과 한 역시 흥興의 다른 일면이라 보고 그에 대한 이해의 폭을 넓힐 생각이다. 이를 위해 한류를 대표하는 몇몇 K-Pop이나 드라마의 내용을 더불어 언급하는 일이 필요할 것이다.

풍류를 흥興의 미학이라 보았던 심광현은 자신의 책 제목이 적시하듯 대한민국을 '흥'興한민국이라 고쳐 부르고 싶어 했다. 그만큼 흥興을 민족 고유한 풍류의 다른 이름이라 생각했고 오늘의 한류 역시 그와 공시적 현 상으로 보고자 한 것이다. 한중일 모두가 풍류를 말했으나 그와 다른 메타

---

46) 최치원은 『난랑비 서(序)』에서 부모에 효도하고 나라에 충성하는 것 역시 풍류의 일면(一 面)이라 하였다.

적 성격이 이 땅의 풍류 속에 있었고 그것을 통해서만 한류의 필요충분조건이 해명될 수 있다고 생각했다. 하지만 필자는 앞서 그가 말한 독특성이 '메타'보다는 '함'含과 '접'接의 논리에 있음을 역설하였다. 이로써 흥興의 차원으로 한류를 수렴시키는 심광현과 정情과 한으로 흥의 성격을 보완하려는 필자간의 차이가 드러날 수 있겠으나 본장에서 후술할 주제이다. 그럼에도 한국 문화의 풍류성을 흥興에서 찾은 것은 탁견이라 할 수 있다. 흥興이야 말로 풍류가 지닌 메타적 성격이란 것이다. 그렇기에 그는 흥興과 한恨을 한국적 미감의 양가성으로 보는 신은경의 의견에 동의하지 않았다.47) 오히려 한국적 자연생태(地文)48)와 인간사(人文) 속에 내재된 풍류를 심광현은 프랙탈한(興)의 미학이라 명명했던 것이다.49)여기서 프랙탈fractal은 본래 구불텅한 곡선처럼 불규칙한 형상을 뜻하는 바 인문人文에 있어서는 집단 참여적인 예측 불가능한 역동성(카오스)을, 지문地文의 경우 주름진 한반도의 산하(형국론)50)와 오밀조밀한 건축 및 조경을 염두에 둔

---

47) 심광현, 『興한민국』(2005), 87; 신은경, 『풍류-동아시아 미학의 근원』(1999), 89. 신은경은 이들 두 개념을 풍류성의 하위개념으로 설정했다. 무심 역시도 흥과 한과 더불어 하위개념으로 정리되어 있다.

48) 여기서 지문(地文)은 '터무늬'라는 순 우리말의 한자어이다. 건축가 승효상이 즐겨 쓰는 개념이기도 하다. 『지문(地文)』이란 소책자를 쓰기도 했다. 그래서 그는 풍수지리, 음식문화 등에서 풍류의 본질인 흥의 미학을 보았다. 심광현, 『興한민국』(2005), 78-79.

49) 심광현, 앞의 책, 88-95. 심광현, "한류의 미학적 특성과 문화 정치적 의미," 5-9.

50) 한국 풍수지리는 중국과 달리 물(평야)보다는 산(山)이 중시되었으며 산(山)의 기이한 형상을 인간사와 관계시켜 이해하는 특징이 있다. 형국론은 자연을 닮고자 하는 것으로 한국적 풍수지리설의 근간을 이룬다. 물체의 형상에는 그에 상응하는 정신과 기운이 내재해 있다는 것이다. 이를 일컬어 정신과 물질의 상호 침투적 과정이라 부른다. 이점에서 심광현은 한 나라의 풍토성이 타국과 구별되는 특성을 갖도록 한다는 사실 또한 당연지사로 여기고 있다. 더 크게 보면 인류의 문명과 종교의 발생 역시도 풍토와 관계되어 있다는 설명도 가능하다. 몬순형, 사막형, 목장형 풍토에서 저마다 다른 종교와 문명이 형성되었기 때문이다. 심광현, 앞의 책, 82; 심광현, 앞의 논문, 5; 和辻哲郎/박건주 옮김, 『풍토와 인간』(서울:

개념이다. 여기서 역동성은 당연히 그 근원에 있어 고대 제천행사에서 행해진 음주가무 문화를 떠올리게 한다. 즉 전체 속에 참여하면서 그 일부가 되는데서 오는 존재(생명)감의 강력한 표현이기도 한 것이다. 이렇듯 인문 人文과 지문地文, 인간사와 자연사가 얽혀 생겨난 고유한 미학적 가치를 흥興에서 찾았고 흥興의 성격이 집단적, 역동적 나아가 혼동성을 띠었다는 발견은 오늘의 한류를 이해함에 있어 참으로 중요하다. 드라마 및 K-Pop을 비롯한 한류가 세계와 공명, 소통될 수 있었던 것은 바로 이런 프랙탈한 흥興의 미감이 배우들의 '끼'와 연기력 그리고 이야기로 분출되었다는 것이 중론인 까닭이다.

그렇다면 심광현이 이 땅의 지문地文과 인문人文의 얽힘을 통해 말하고자 했던 프랙탈흥興의 미학이란 것이 무엇인지를 좀 더 살펴보기로 하자. 무엇보다 그는 한국의 흥興을 '대상과 일체가 되어 부분에서 전체로, 나에서 우리로 나아가는 역동성, 참여적, 상승적 생태학적 성격'을 지녔다고 보았다.[51] 하지만 이는 주체를 버리면서 합일에 이르는 무심無心[52]과 달리 주체의 능동적 참여를 통한 주객합일의 경지란 것이다. 일제 침략시기를 거치면서 민족 정서(ethos)가 정(恨)이나 고요, 혹은 은둔으로 둔갑되긴 했으나 본래 황홀하면서 흥겨운 나라였던 것이다.[53] '흥'의 우리말 발음

도서출판 장승, 1993); 이정배, 『한국적 생명신학』 (서울: 도서출판 감신, 1996), 202-206.

51) 심광현, 앞의 책, 88.

52) 심광현에 따르면 이런 무심(無心)은 오히려 중국적 미학의 특징이다. 동일한 풍류라도 흥이 위주인 한국의 경우와 다르다는 것이다. 이점에서 흥(興)과 무심(無心)을 풍류의 하위개념으로 본 신은경과 견해가 달랐다. 각주 47번 참고. 그렇기에 흥은 여기서 민족 고유한 샤머니즘의 산물이라 보는 것이 옳다.

53) 파냐 샤브쉬나/김명호 옮김, 『식민지 조선에서: 어느 러시아 지성인이 쓴 역사현장 기록』

과 어감의 분석을 통해서도 같은 결론에 이를 수 있다. 주지하듯 흥은 깊숙한 목구멍에서 나는 소리들(喉音) 'ㅎ'과 'ㅇ', 그리고 땅을 상징하는 'ㅡ'로 구성되어 있다. 여기서 'ㅇ'은 있음 곧 존재 자체를 말하며 'ㅎ'은 존재가 들어나 성장해가는 형상이다.[54] 오행의 관점에서 후음喉音은 물(水)에 해당되는 것으로 구체적으로 대지 위로 물의 기운이 흥건히 넘쳐나는 모습이기도 하다.[55] 결국 깊숙한 내면(존재)으로부터 밖으로 솟구친 기운을 더불어 경험하는 것이 우리말이 적시하는 흥이라 하겠다. 내 몸 안에서 느껴지는 신체적 감각이긴 하나 항시 타자를 필요로 하는 것(공동참여)이 흥인 것이다. '함'含과 '접'接의 의미가 다시금 되살려지는 대목이다.

여기서 우리는 흥과 정情의 관계 역시 엿볼 수 있다. 우리의 과거였던 동이東夷족이 음주가무의 풍류를 즐겼으되 그들의 흥취 속에는 언제든 더불어 하는 공감력이 자리한 까닭이다.[56] 우리 문화의 원형이라 불려 질 만큼 당시의 춤과 노래가 예외 없이 집단적 형식(群聚歌舞)을 띤 것도 이런 맥락에서이다. 뿐만 아니라 이곳에서 예禮를 찾을 만큼 일상에서 사람들 간의 관계가 조화와 균형을 이뤘다는 것도 역사적 기록의 일부이다.[57] 따라서 예禮란 필히 락樂과 짝하는 개념으로서 문화의 핵심개념인 바, 그 속에서 인간 상호간 '한마음'이 추구된 것이다. 후술할 내용이지만 한류 드

(파주: 한울, 1996), 82-83., 심광현, 앞의 책, 89-90에서 재인용.

54) 이정호, 『훈민정음의 구조와 원리, 그 역학적 연구』(경기: 아세아 문화사, 1990), 39-65 참조.

55) 심광현, 『興한민국』(2005), 93.

56) 여기서 공감력은 정(情)을 오늘의 시각에서 달리 표현한 말일 수 있다. J. 리프킨, 『공감의 시대』(2011) 참조.

57) 임재해, "민족문화의 전통과 한류의 민족문화적 의식," 미간행 논문, 6.

라마가 문화 친근한 아시아를 넘어 세계인의 정서에 닿을 수 있었던 것도 단순히 흥興만이 아니라 그 속에서 느껴지는 정情, 곧 공감력 때문이라 하겠다. 본래 정情 역시 흥興처럼 그렇게 특정한 타자를 자기 범주 속에 수용하여 자기를 확장시키는 실존양식이었다.[58] 단지 흥과 다른 것은 때론 그것이 자기희생을 동반할 수도 있다는 점이다. 주지하듯 정情을 통해 신분, 계급을 초월한 사랑이 가능하며 그것이 자연이든 혹은 타문화이든 간에 특별한 관계가 형성될 수 있다. 하지만 이를 위해 개체(小我)로부터 전체(大我)에 이르려는 백사천난白死千難의 마음공부가 반드시 요구된다. 한국인의 기원설화가 바로 '동굴'에서의 고통과 인내를 강조한 것도 결코 우연은 아닐 것이다. 이점에서 풍류의 핵심인 흥興이 천신신앙을 잉태한 민족 고유한 샤머니즘의 산물이라면 정情은 예禮로 발전된 유교의 일상적 표현양식이라 볼 수 있겠다.

그렇다면 흥의 다른 일면一面인 한, 곧 승화 내지 초월의 감각은 불교가 준 선물일 것이다. 어느 국문학자는 이를 아우름이란 말로 표현하기도 했다.[59] 한국인의 신바람은 권선징악을 통해서만이 아니라 선악의 이분법적 구도를 초탈하여 악과 적마저 품을 수 있고 용서할 수 있는 넉넉함에서 비롯한다는 것이다. 한 예로 이별의 아픔과 원망을 주제로 한 노래로 알려진 '아리랑'이 실제로는 애절한 고통을 승화시키는 자기 주문과도 같은 노래였다. 즉 '아리랑' 어원이 아픔을 뜻하는 '아리다'가 아니라 넘어서고자 하는 '아우르다'에서 비롯되었다는 사실이다.[60] 중국적 음양론으론

58) 이도흠, "풍류, 삼재. 화쟁 과 한류," 13-14.
59) 이도흠, 앞의 논문, 16-25.
60) 이도흠, 앞의 논문, 20.

이런 온갖 갈등을 아우르는 구조를 갖추기 어려울 것이다. 이런 틀은 오히려 '절대 무'絶對無를 통해 일상의 상대적 가치를 무화시켰던 불교적 가치관의 결과물이라 볼 수 있겠다. 그러나 이 역시 근원적으로 풍류의 토대인 삼재론三才論에 터해 이해되는 것이 마땅하다. 불교적 연기론이 삼재三才사상에 통섭通涉(含)된 탓에 항시 셋을 매개로 대립을 하나로 아우르는 원형적 사고 구조를 배태했기 때문이다. 김지하의 '흰 그늘'이란 미학적 개념 역시 이점에서 의미 상통한다. 물론 '흰 그늘'의 미학은 본래 민족적 차원의 한恨의 정서를 언표 한 것이지만[61] '흰'과 '그늘' 곧 밝음과 어둠의 대립을 극복한 경지인 것은 틀림없다. 여기서 아우름, 곧 승화란 김지하의 말로 풀자면 '기우뚱한 균형'이자 '프렉탈한 카오스', 곧 '카오스모스'의 미학이라 해도 좋을 듯싶다. 하지만 그와 달리 예서 중요한 것은 한恨이 아니라 흥興에, 성聖이 아니라 속俗에 '기우뚱하게' 무게중심을 두는 일이다.[62] 그래야 한류라 불리는 오늘의 대중문화에 대한 이해가 가능해진다.

이상에서 우리는 풍류를 유불선의 메타 원리적 차원에서가 아닌 '함'含의 맥락에서 이해하였다. 즉 흥興과 정情 그리고 한(초월)을 풍류의 하위 개념이 아니라 그의 다른 일면一面들이라 여긴 것이다. 아울러 필자는 흥興, 정情, 한을 각기 샤머니즘과 유교 그리고 불교의 영향사影響史 속에서 독해하고자 했다. 여기서 흥興은 이들 셋을 하나로 엮을 수 있는 유일한 개념이 될 것이다. 한민족의 기원과 관계된 샤머니즘(천신신앙)내지 삼재론三才論

---

61) 이점에서 심광현은 김지하가 한(恨)을 흥(興)보다 앞세운 것에 대해 이견을 표출한다. 그러면서도 흰 그늘의 미학이 지닌 탈(脫)균형성을 높이 평가했다. 심광현, 『興, 한민국』(2005), 216-217.

62) 앞의 책, 216.

의 기본적 에토스인 까닭에서다. 이제 본장 말미에서 우리는 이런 미학적 주제들이 오늘의 한류 속에서 어찌 공시적 사건으로 재현, 반복되는가를 논해야 할 것이다. 통시적 탐색만이 아니라 공시적 증거들을 제시하는 것이 지금부터의 과제라는 말이다. 이는 결국 동아시아 문화선택을 위한 한류의 과제를 적시하는 일이기도 하다.

사실 공시적 증거들은 주목하지 않았을 뿐 작금의 한류현상 이전에도 없지 않았다. 서학西學에 대해 동학東學이란 자의식 하에서 유불선 삼교를 포함하되 '접'화군생('接'化群生)을 근간삼아 서구의 제국주의적 민족주의는 물론 피식민지 국가들의 저항적 민족주의를 넘어 그들까지를 하나로 엮는 문화적 민족주의63)를 지향했던 동학은 오늘의 대중적(俗) 한류에 비해 성聖의 영역에서 한류라 해도 틀리지 않을 것이다. 자신의 내면에서 신령한 기운을 깨쳐(內有神靈), 자신 밖의 지기至氣와 하나되는 감응이 일어나면(外有氣化) 누구라도 변치 않는 한마음을 갖게 되어(各知不移) 세상을 두루 이롭게 할 수 있다는 것이다. 동학(천도교)이 주축 되어 선포한 3·1 독립 선언서가 적국인 일본까지를 아울렀고 당시 신생 종교였던 기독교를 후견했던 것은 널리 알려진 사실이다. 물론 동학 역시도 오늘의 한류가 그렇듯이 시공간적인 혼종성의 산물이었다.64) 서구의 인격신 영향을 받았으되 그를 지기至氣로 재再개념화 하였고 유교의 수행론인 수심정기守心正氣를 말하되 기독교의 기도(주문)를 물리치지 않았던 것이다. 이는 동학

---

63) 이정배, 『토착화와 세계화- 한국적 신학의 두 과제』 (서울: 도서출판 한들, 2006). 여기서 필자는 동학을 아(我)와 비아(非我)의 투쟁사관을 갖고 역사를 본 신채호와도 구별하였고 함석헌의 '뜻'의 사관과 연결시켜 이해했다. 이정배, "함석헌의 뜻으로 본 한국역사 속에 나타난 민족 개념의 신학적 성찰", 「씨알의 소리」 190(2006년), 51-83.
64) 이정배, 『한국 개신교 전위 토착신학 연구』 (서울: 대한 기독교 서회, 2003), 383-422 참조.

속에 '함'含과 '접'接의 논리가 작동하였기에 가능한 일이었다. 현묘지도玄妙之道로서 풍류와 유불선의 관계처럼 그렇게 동학은 기독교를 지기至氣일원론의 토대 하에 수용했고 후천개벽後天開闢을 통해 문명사적 전환을 이루고자 한 것이다. 그렇기에 동학을 풍류도의 19세기적 재해석이라 공히 명명하는 학자도 있다.[65] 하지만 불행히도 동학은 시운時運과 맞지 않았다. 일본 제국주의와 동서 이데올로기의 틈바구니에서 희생양이 된 것이다. 하지만 문화의 시대라 일컬어지는 21세기 지금 우리는 한류('含'과 '接')를 통해 미완의 과제를 실현할 적기를 살고 있다.[66] 따라서 한류의 공시적 가치를 이 땅의 기독교가 적극적으로 수용, 전개시킬 수 있기를 바라는 것이 본고의 궁극적 의도이다. 하지만 이보다 먼저 한류 속에서 흥, 정, 한이 어찌 표출되고 있는지 짧게나마 살피는 것이 논리상 적합할 것 같다.

무엇보다 흥興의 차원은 수많은 아이돌 스타들의 집단적 가무歌舞와 최근 싸이의 열풍 속에서 공시성을 들어내고 있다. 군취가무群聚歌舞하는 일종의 굿 놀이(제천행사)가 지금 민주화되고 경제적 성과를 통해 자신감을 얻은 한국의 젊은이들을 통해 재현되고 있는 것이다. 이는 상대적으로 억눌렸던 우뇌형 기질이 올림픽, 월드컵 거리축제 나아가 여러 차례 촛불집회를 거치면서 맘껏 발현된 결과일 것이다. 전통이 해체되는 근현대사의 질곡 하에서 파괴된 흥興의 미감을 복원시킬 필요충분조건이 이 땅위에

---

65) 김지하, 김용옥 등이 대표적으로 이런 생각을 하는 학자들이고 심광현 역시 이런 생각을 표출하는데 주저함이 없다. 심광현, 『興, 한민국』(2005), 223. 이에 더해 필자는 2019년 3.1 독립선언 100년을 맞는 이 사건 역시 풍류의 공시성 차원에서 이해할 부분이 있다고 믿는다.
66) 유교, 동학, 불교 나아가 기독교마저 섭렵한 백범 김구의 소원인 문화 강국의 소원을 이룰 수 있는 적기가 된 것이다. 백범의 이런 시각은 이렇듯 여러 종교를 접했던 삶의 경험에서 나온 것이다.

갖춰졌다는 말이다. 이처럼 굿 문화의 유산인 선천적 감각과 문화 정치적 환경이 제대로 조우했기에 싸이의 춤과 노래는 분명 서구를 넘어섰으되 동서양, 남녀노소 13억 명 이상이 공감하는 새로운 양상을 들어낼 수 있었다. 자신의 온몸을 던져 흥을 돋우는 춤꾼들의 열정과 성실한 몸짓 그리고 기존 틀을 해체하는 노랫말의 충격(감각성) 등은 충분히 세계를 감동시켰고 앞으로도 그리 될 것이 분명하다. 이는 국내 재벌인 삼성이 서구 따라잡기의 전형적 모습을 하고 있다는 사실과 극히 대조되는 부분이다.[67] 경제로는 서구를 이길 수 없으나 문화로는 그들을 압도할 수 있다는 사실적 경험을 하게 된 것이다. 놀이를 문화와 통합시켜낸 이런 자신감[68]은 향후 우리의 정치, 사회, 교육 나아가 종교 등 모든 영역에서 그 영향력을 미칠 수 있을 법하다. 이로써 우리는 주변 변방의 초라한 국가가 아니라 세상을 달리 구성하고 재편할 수 있는 문화주체로서 자리매김 될 여지를 갖게 되었다. 따라서 이후 동아시아 문화선택의 향방을 한류의 몫으로 여기는 것은 결코 오만의 소치는 아닐 것이며 이 역할에 한국 기독교가 일조할 것을 기대하는 바이다.

한류를 대표하는 뭇 드라마가 각지에서 폭발적 반응을 얻게 된 이면에는 정情의 미감이 제 몫을 담당했다. 배우들의 끼나 외모, 연출력의 출중함도 한 원인이겠으나 드라마 속에 공감을 불러일으키는 보편적 주제들이 항존 했고 가족관계, 부부, 연인, 부자지간 등 인간관계로부터 펼쳐지는

---

67) 필자는 이런 이야기를 지난 대선 시 한 정치 토론장에서 법륜 스님으로부터 들은 바 있다.
68) 이것은 생각하는 인간, 노동하는 인간이란 근대적 인간상을 넘는 새로운 발상이다. 놀이하는 인간 그 자체가 문화의 핵심이 된 것이다. J. 하위징어/이종인 옮김, 『호모 루덴스』(경기: 연암서가, 2011), 21.

깊은 정감이 남달랐던 탓이다. 여기서 정情은 어느 경우라도 더불어 느낄 수 있는 마음이라 풀어 읽어도 좋을 것이다. 함석헌이 본대로 이 땅의 백성들은 모진 수난의 역사를 살면서도 어짐과 착함을 민족적 성격으로 가꿔 왔던 탓이다.[69] 의당 한류 드라마를 통해 들어난 경제성장의 실상을 모방하려는 욕구도 없진 않았겠으나[70] 그보다는 한류 작품의 스토리와 이미지 그리고 감성과 가치관에 우선적으로 열광했음을 부정할 수 없다.[71] 이를 위해 유교라는 문화적 근접성이 소통의 한 요소였음을 인정하는 것이 옳다. 물론 특정 지역에 따라 그 경향성의 밀도가 달라질 것이나 여기서 말하는 유교를 인류 보편적 휴매니즘의 가치를 담았던 동북아東北亞적 기재라 보면 좋을 것이다. 특별히 타자와의 갈등을 초심初心을 잃지 않는 항상심으로 극복하려는 노력을 한류 드라마의 미학이자 매력으로 꼽을 정도다.[72] 이는 소아小我적 욕망을 벗고 타자와 주체 간의 일체감을 얻고자 하는 일원론적 가치관이 한류 드라마의 본질이었음을 보여준다. 이점에서 <대장금>이나 <겨울연가>는 예외 없이 한국의 문화적 신분증으로 평가받기에 손색이 없다.[73] 물론 드라마 속의 인간성이 자본화된 한국의 현실과는 동떨어져 있으며 오히려 최근 드라마가 막장을 향해 치닫고 있다는 비판의 소리도 적지 않지만[74] 여전히 가족 공동체를 중시하는 한류의

---

69) 함석헌, 『뜻으로 본 한국역사』 (파주: 한길사, 1986), 323.

70) 한류 드라마가 열광한 나라들은 대개 한국 보다 경제성장이 뒤진 나라라는 분석이 대세이다. 이는 K-Pop이 성행한 대다수 나라들이 상대적으로 부국이란 사실과 대비된다. 신윤환 외 편저, 『동아시아의 한류』 (용인: 전예원, 2006), 14-27. 특히 26, 30 참조.

71) 김수이 편저, 『한류와 21세기 문화비전』 (파주: 청동거울, 2008), 14.

72) 앞의 책, 16-17.

73) 앞의 책, 20; 25. 특별히 <대장금>은 중국인들에게 '오래된 미래'로서 평가받고 있다.

74) 「한겨레 신문」 2013년 2월 8일 자 신문 29면에 실린 "가족드라마의 진화"를 보라. 본 기사는 막장 드라마가 전 세계적인 추세라 하면서 그 이면에 경제력을 잃은 부모의 권위 실추,

철학적 문화적 특징들은 할리우드 중심의 서양문화를 대체할 대안 문화로서 그 역할을 충족히 발휘할 것이다. 이점에서 <넝쿨째 들어 온 당신>과 <내 딸 서영이> 같은 드라마가 향후 <대장금>이나 <겨울연가>를 잇는 한류 트렌드가 될 것을 예상할 수 있다.

끝으로 한, 곧 승화 내지 아우름은 과거 역사와 현실적 삶에서 한 맺힌 삶을 살아온 이들에게 자기 극복의 길을 가게 하는 미학적 가치로서 대다수 장르에서 나타나지만 특히 <엄마를 부탁해>와 같은 소설이나 최근 UN이 정한 세계유산이 된 판소리 같은 전통 문화 속에서 두드러졌다. 주지하듯 우리 역사는 흥(興)이 억압되고 정(情)이 배반되는 경험에 익숙해 있다. 때론 그것이 뿌리 깊은 가부장체제와 제국주의적 야욕의 희생양이 되었던 탓이다. 이 와중에서 수많은 위안부 할머니들이 생겨났고 이 땅의 수많은 어머니들의 한 맺힌 절규가 끊이질 않았다. '착함'과 '어짐'을 민족적 성격으로 지녔으되 온갖 더러움을 나르는 세계의 하수구요 창녀의 자궁(公娼)처럼 되어 버린 한민족에게 한(恨)은 그러나 초월 내지 승화를 위한 삭혀야 될 과제였지 일본식(日式) 한풀이인 복수와는 그 거리가 한없이 멀다.[75] 이점에서 역사와 체제의 희생양으로 살았던 엄마의 한풀이와 그로부터 상처받은 딸의 고통과 엄마에 대한 미움, 이런 대극적 상황은 인간사에 있어 너무도 보편적 주제일 것이다. 판소리를 주제로 한 서편제 역시

과도한 개인주의, 돈 지상주의, 생명천시, 지독한 감각(자극)주의, 성공주의 등을 꼽고 있다. 그럼에도 불구하고 한국인의 정서에 부합되는 것은 비록 과거와 같은 기준으로 재단될 수는 없지만 궁극적으로 가족 공동체를 지키려는 지난한 몸부림에 있다고 보았다. 즉 전통 가치에로의 단순 회귀가 아니라 현실 속에서 새로운 관계를 정립코자 하는 가치관을 여전히 중시한다는 것이다. 그 예로서 <넝굴째 굴러온 당신> 과 <내 딸 서영이>를 꼽는다.

75) 함석헌, 『뜻으로 본 한국역사』 (1986), 466 이하 내용.

한恨많은 소리꾼의 이야기였다. 그러나 이런 짙은 삶의 그림자 속에 창조적 가능성이 숨겨져 있는 법이다. 웰빙의 대명사가 된 우리 음식문화가 '삭'히고 '절'이는 과정에서 태어났듯 대극적 상황을 풀고 아우르는 지난한 과정이 필요하지만 바로 그 속에서 새로운 차원의 흥興과 정情의 미감을 엿볼 수 있고 그것으로 동시대 인류에게 희망과 구원을 선물할 수 있는 것이다. 딸을 통한 엄마와의 화해, 곧 아우름은 역사가 만든 상극相剋을 벗길 수 있는 창조적(승화된) 힘이었다. 이는 아버지와 정박아 자식 간의 공생共生을 노래했던 일본 대표적 작가 오에 겐자부로의 자전적 소설이 주는 감동을 훨씬 능가한다.76) 우리가 '흰 그늘'이란 김지하의 미학적 개념에 설복되는 것도 바로 이런 이유에서이다.

한류의 공시성과 'K-Christianity'
- 동아시아 문화 담론을 위한 'K-Christianity'의 역할

긴 지면을 통해 한류를 말했고 이제 비로소 그와 엮일 기독교를 언급할 차례가 되었다. 한류는 이제 문화신학의 차원에서 뿐 아니라 기독교의 토착화를 위해서도 놓칠 수 없는 주제가 된 까닭이다. 한류의 공시성共時性이 회자되는 한 이 땅의 기독교 역시 그에 터해 자신을 재구성하는 것이 마땅하다. 그로써 지금 한류의 실상이 그렇듯 토착화와 세계화는 한국 기독교가 감당할 두 과제로 각인되어야 할 것이다.77) 필자가 'K-Christianity'를

---

76) 오에 겐자부로는 노벨문학상을 수상한 일본의 유명작가이다. 그는 『개인적 체험』이란 자전소설을 통해 정박아인 큰아들과 자신의 관계를 공생(共生)이란 단어로 풀어내었고, 그 모티브로 노벨문학상을 받았다.

통해 동북아를 비롯하여 세계와 소통하는 새로운 문화선택을 기대한 것도 바로 이런 이유에서였다. 오늘의 한류가 신자유주의적 문화산업으로 전락할 위기에 봉착했으나 본래 그것은 이 시대사조와 만난 문화 정체성[78]의 표현이었다. 한류의 공시성이란 바로 흥興과 정情 그리고 한(아우름)으로 표출되는 한류가 과거의 '풍류' 더 멀리는 고대 제천의식에서 행해지던 군취가무群聚歌舞와 잇대어 있음을 적시했던 것이다. 이는 일명 시간적 혼종성일 터인데 전통과 탈근대가 이 땅에서 교차하고 있음을 온전히 보여 주었다. 물론 한류가 지닌 공간적 혼종성의 차원을 부정하긴 어렵지만 그것만으로 한류의 본질이 충족히 해명될 수 없음도 앞서 살폈다. 외래 것의 수용만 있고 역사와 전통이 부재한 문화발전은 허상일 뿐임을 강변했던 것이다. 민족이 지닌 문화 정체성은 시대정신에 따라 구성 내지 재구성되는 것이지 허구일수만은 없다는 판단에서다.[79]

이렇듯 한류의 시공간적 공시성(通涉)을 가능케 했던 근거로서 본고는 '함'含과 '접'接의 논리를 제시 하였다. '함'含을 이 땅에서 발생되는 자연스런 시간적 혼종성의 원리라 본 반면 '접'接을 자신(국) 밖의 공간적 차원에서 일어나는 능동적인 혼종화 과정이라 이해한 것이다. 달리 말하면 앞의 것이 외래문화(유불선)를 수용하되 그를 자기화시킬 수 있었던 민족 고유한 주체성(體)을 일컫는 반면 나중 개념은 그것이 지닌 생명력으로 여타 주변을 새롭게 일굴 수 있는 창조적 역량(用), 곧 우리시대 언어로는 문화

---

77) 『토착화와 세계화』는 필자의 책명이다. 각주 63 참조.

78) 이 말을 한국인의 문화 신분증이라 바꿔 써도 좋을 것이다. 각주 73번 참조.

79) 심광현, 『興, 한민국』(2005), 280-281. 이점에서 심광현 역시도 민족/탈(脫)민족, 전통/서양문화의 이분법은 극복할 과제라 보았다. 필자 역시도 이점을 자기동일성과 자아동일성의 구별을 통해 언급한 바 있다. 자기동일성이 바로 이분법적 대립을 극복하는 구성적 관점이다.

담론을 지칭한다고 볼 수 있겠다. 이점에서 오늘의 한류는 시공간적 혼종성의 산물로서 서구적 자산을 창조적으로 재구성하여 동북아는 물론 세계와 소통하는 보편적 생명력을 잉태할 책임과 사명이 있다. 이미 지난세기 동학東學을 통해 그 역량을 실험했으나 일제 제국주의의 팽창력에 의해 좌절되었고 이제 한류를 통해 새로운 기회를 얻었지만 여전히 신자유주의적 문화산업의 아류로 전락할 위기에 처해 있는 것이 사실이다. 이런 정황에서 이 땅의 기독교는 토착화론의 연장선상에서 'K-Christianity'가 되어 한류의 문화 창조력(생명력)을 완성시킬 책무를 걸머지게 되었다. 물론 완급조절 중이긴 하나 한류는 '불고 싶은 대로 부는' 성령처럼 예측할 수 없을 정도로 파급되는 현실을 기독교가 넋 놓고 바라볼 수만은 없는 노릇이다.[80] 물론 기독교마저 자본주의화 된 현실 속에서 가당치 않은 일로 여겨지겠으나 한류를 통해 이 역시 달리 구성될 수 있다고 보는 바로 이 자리가 한국 기독교가 서있는 역사적 좌표인 것이다. 여기서 중요한 것은 한류 연구가들이 거듭 강조하듯이 한류 수용국들과의 상호이해, 즉 상호교류 확대이다.[81] 지금껏 기독교 선교가 그래왔듯이 한류의 일방통행에 대한 깊은 우려인 것이다. 이점에서 대외적인 '접'接의 능동성을 위해서라도 수용적인 '함'含의 논리가 더욱 중요할 수밖에 없다. 한국 기독교가 현묘지도玄妙之道로서 풍류風流로부터 크게 배워야 할 내용일 것이다.

본고 마지막 장은 한류의 문명사적 사명을 위한 기독교의 역할을 모색하는 지면이다. 이를 위해 필자는 세 차원에서 접근할 생각이다. 무엇보다

---

80) 향후 일본에서 한류 열풍이 지금처럼 지속될 것이라 보는 사람들이 전체 인구의 84%에 해당 된다는 보도도 있다. 신윤환 외 편저.『동아시아의 한류』(2006), 252.

81) 앞의 책, 218-220, 257.

'함'含과 '접'接의 논리로서 재구성(토착화)된 기독교를 설說하는 것이 첫 과제이고 그로 야기된 한류의 공시성, 즉 흥興, 정情, 한(초월)을 내용으로 하는 기독교 신학을 논하는 것이 둘째 과제이며 마지막 임무는 그것이 신자유주의적인 자본화된 서구질서를 벗는 구체적 대안으로서 동아시아 문화담론(세계화)의 실상인 것을 주장하는 일이다. 우선 과거 동학이 그랬듯이 기독교가 민족사를 넘어 세계사적 사명을 지닐 생각이라면 무엇보다 그것은 의당 이 땅, 이 민족이 지닌 문화적 생명력에 접붙여 져야만 한다. 이점에서 서구 기독교를 풍류라는 민족문화의 뿌리에 접목된 새순으로 이해한 유동식의 혜안은 의미 깊다.[82] 하지만 유동식의 문제점은 뿌리 자체가 자신의 힘을 펼칠 수 있는 힘을 상실했다고 보는 데 있다. 새순이 지닌 생명력만이 고사 직전에 있는 뿌리의 잠재력을 소생시킬 수 있다고 믿는 것이다. 물론 그 역시 풍류를 구성했던 개별 종교들의 역할 자체를 부정하는 것은 아니나 기독교(복음) 없이는 풍류의 온전한 발현을 기대할 수 없다고 보기에 포괄주의자의 범주에 속할 수밖에 없다. 하지만 유동식의 주장은 오늘의 한류를 충족히 설명하기에는 역부족이다. 왜냐면 이미 한류는 과거 풍류와의 공시적 사건으로서 우리 시대에 재현되었다는 것이 한류 전문가들의 견해인 까닭이다. 이런 공시성共時性의 이면에 기독교의 역할이 있었던 것이 아니라 오히려 국내외적으로 마련된 물적, 문화적 토대가 자리했던 것이다. 따라서 필자는 한국 종교문화와 기독교를 관계 짓는 방식에 있어 유동식보다는 종교학자 정진홍의 견해가 좀 더 사실적이고 적합하다고 생각한다. 주지하듯 정진홍은 기독교를 비롯한 뭇 종교가 샤머니즘에 터한 이 땅의 종교적 기초이념- '하늘경험'과 '힘 지향성'-

---

82) 한국문화신학회 엮음, 『한국 문화와 풍류신학-유동식 신학의 조감도』(서울: 한들출판사, 2002), 162.

에 의해 수용된 결과로 이해하였다. 하지만 앞서 보았듯 유입된 종교들이 저마다 다른 색조로 하늘 경험을 깊고 다양하게 채색하였으나 결국 종교들 역시도 자신들 본연의 힘을 잃으면 퇴출될 수도 있음을 적시했다. 중요한 것은 정진홍 역시도 '함'含과 '접'接의 논리로 종교문화들 간의 만남을 이해했다는 사실이다. 물론 풍류를 달리 개념화 했으나 그가 말했던 하늘 경험은 '함'含에 그리고 힘 지향성은 '접'接에 각기 해당될 수 있는 탓이다. 하지만 이런 기초이념은 너무 종교학적으로 정위되었기에 한류와 같이 성속을 가로지르는 예술을 말하기에는 적합지 않다. 그럼에도 '함'含과 '접'接은 현대 신학에 있어서도 여전히 중요한 논거일 수밖에 없다. 최근 '다양성의 신학'(Theology of Multiplicity)이 새롭게 부상하는 바, 신적 깊이를 이해하기 위해서는 여러 종교들이 함께 필요하다는 것으로서 '함'含과 '접'接의 논거가 전제되어 있다.[83] 주지하듯 힌두교, 기독교 그리고 불교 각자의 핵심을 설說하는 존재근거, 우발성(역사성), 관계성, 이 셋을 통해서만 신적 깊이(신비)가 온전히 들어 날 수 있다는 것이 '다양성의 신학'의 골자이다. 하지만 이 셋을 하나로 엮어가는 과정 및 논거가 충족히 설명되지 않는다. 따라서 신적 신비를 구성하는 이들 세 요소가 '함'含의 논거 하에서 통섭될 수 있고 '접'接을 통해 역사변혁[84]을 이룰 수 있다는 사실이 여기서 더욱 중요할 수밖에 없다. 이점에서 백년 역사를 이제 막 지난 기독교 역시 앞서 존재했던 유불선과 더불어 창조적으로 혼합될 필요가 있다. 삼위일체 논의를 위해 초기 기독교가 빚졌던 아프리카적 논리, 'I am be-

---

83) C. Keller & L. C. Schneider(eds.), *Polydoxy: Theology of Multiplicity and Relation* (Routledge, 2011), 238-257. 특히 이런 논거는 인도신학자 타타마닐이 제시한 것으로서 그가 쓴 논문 제목 "God as Ground, Contingency and Relation"에서 확연히 들어난다.
84) 위 책의 논지와 의도라면 이는 구체적으로 탈식민주의를 일컫는다.

cause we are'85)와 같이 오늘의 기독교 역시 '우리' 의식 속에서 자신의 정체성을 찾아야 한다는 뜻이다. 이 경우 혼합, 곧 '우리' 의식은 고체로부터 액체 상태로의 변화를 일컫는다.86) 기독교를 소금(얼음)과 같은 고체가 아닌 물과 섞인 유연한 상태(소금물)로 재구성시키라는 말이다. 고체상태의 서구적 기독교로는 자연스런 '접'接의 생명력을 실현시킬 수 없다. 더구나 풍류는 성령처럼 흐르는 바람과 같은 것이 아니던가? 이제 기독교는 앞선 종교들이 담당했던 풍류의 세 차원, 흥興, 정情 그리고 한(승화) 속으로 흘러들어가 그 각각의 차원들을 더욱 깊고 넓게 확장시킬 책무가 있다. 바로 여기에 한류와 'K-Christianity'가 병존竝存하며 그 관계를 논할 여지가 생겨 날 수 있을 것이다.

따라서 이 땅의 기독교는 로고스(말씀)를 말하는 초월의 종교이기보다 오히려 흥興, 정情 그리고 한의 폭과 깊이를 확장하는 새로운 땅의 종교가 되어야 한다. 이미 서구에서는 니체를 통해 디오니소스의 부활이 예고된 바 있었으나 이렇듯 세 차원을 지닌 한류는 그 차원을 훌쩍 뛰어 넘을 수 있다. 하지만 흥과 정 그리고 한을 통해 표현되는 기독교 신학은 현실 교회가 지향했고 지금도 여전한 교조적, 기복적 그리고 성장 지향적 실상과는 크게 다를 것이다. 본래 복음은 기쁜 소식을 뜻하는바, 기쁨이란 순 우리말은 기를 뿜어내는, 자신으로부터 신神이 나오는 상태를 일컫는다. 삶의 가장 깊숙한 곳에서부터 표출되는 감성, 곧 흥興과도 같은 것이다. 이는 천

---

85) L. C. Schneider, *Beyond Monotheism: A Theology of Multiplicity* (Routledge, 2008), 53-73.

86) 앞의 책, 91-104 참조. 이를 달리 말하면 '수목형'에서 '리좀형'으로의 전환이라 해도 좋을 듯싶다. 물론 교리가 아닌 수행 혹은 영성의 종교를 지향한다는 말과도 통할 수 있다.

지天地 비괘否卦의 억압적 구조가 지천地天 태괘泰卦로 역전될 때 느껴지는 감흥이라 하겠다. 다석多夕 유영모는 이런 전이轉移를 그리스도의 육화肉化라 명명하였다.[87] 예수께서 죄인들을 친구로 불러 식탁공동체에 초대했을 때, 문둥병자가 예수에 의해 치료를 받고 마을 공동체에 복귀 했을 경우, 재산을 탕진한 아들이 아버지로부터 예상치 못한 환대를 받았을 시時, 존재 밑바닥으로부터 나오는 기쁨, 바로 그것이 육화된 신의 현실태로서 기독교가 말하는 흥興이다. 실상 굿 문화의 제천행사에서 행해진 군취가무群聚歌舞는 누구라도 예외 없이 기뻤기에 가능한 일이었다. 모두가 함께 먹고 마실만한 물적 토대가 갖춰졌던 것도 부인할 수 없다. 더욱이 그것이 신神 앞에서 행해진 풍요의 축제이자 예배였기에 더더욱 그랬어야만 했다. 하느님의 기쁨은 인간사회 속에서 정의의 감각이 소생할 때 확대된다는 것이 성서의 가르침이다. 그렇기에 고압 전류가 흐르는 송전탑에서 사투하는 해고 노동자, 손 잘려 일터에서 쫓겨난 이주 노동자 그리고 교회당 옥상에서 생존권을 위해 싸우는 수많은 가장家長들이 있는 한 소수자들의 흥興은 신적 차원을 지닐 수도 복음적인 것도 아니다. 이는 한류 수용 주체들과의 관계에 있어서도 동일한 현실이다. 그것이 일방통행적 방식으로 자본축적을 위한 문화상품으로 기획, 변질될 수 없다는 말이다. 생각하는 인간에서 노동하는 인간 그리고 지금은 유희적遊戲的 인간상이 현실을 지배하나 그 유희가 진정코 '흥'興이 되려면 정의의 감각을 놓쳐서는 아니 될 것이다. 놀이하는 신神은 자신을 착취하며 과잉 성과를 위해 사는 이들의 삶을 바꿀 수는 있어도[88] 착취당하는 이들에게는 복음이 될 수 없을 것이다.

---

87) 필자는 이런 가르침을 얼마 전 돌아가신 현제 김흥호 목사님으로부터 듣고 배웠다. 그가 기독교 관점에서 풀어 쓴 주역연구를 참고하면 좋을 것이다.
88) 한병철/김태환 옮김, 『피로사회』(서울: 문학과 지성사), 2012.

일을 빼앗긴 사람에게 안식일은 축제가 아니라 저주가 될 수도 있는 까닭이다. 바로 여기에 기독교 복음이 풍류의 공시적 현상으로서 한류의 흥興에 리좀처럼 연결되고 액체처럼 스며들어야 할 필연적 이유가 있다. 기독교가 추구하는 흥興의 신학은 이처럼 정의와 무관할 수 없는 것이다. 성서가 성령의 열매로서 '의'義와 평강과 희락을 함께 말하고 있는 것도 동일한 맥락에서다.

이렇듯 흥興이 모두와 함께하는 기쁨이라면 그것은 반드시 정情을 수반해야 옳다. 성서적으로 말하자면 기뻐하는 자들과 함께 기뻐하고 슬퍼하는 이들과 더불어 슬퍼하는 공감력이 필요하다는 사실이다. 향유(유희)하는 인간은 타자의 고통 앞에서 벽(한계)을 느껴야 마땅하다는 말일 것이다.[89] 남의 고통을 느끼고 아픔의 소리를 듣고자 한다면 때론 무력한 자신의 한계를 직시하며 그 때문에 고독해야 한다. 그것은 종종 자신에 대한 항거를 수반하고 동시에 더 큰 상상력을 필요로 한다. 고독하지 않으면 저항할 수 없고 그 힘이 사라지면 상상력도 고갈되는 법이다.[90] 교리와 기복에 안주한 오늘의 기독교는 그래서 고독하지도, 저항치도 않고 급기야 환상의 결핍으로 연민, 곧 세상과 소통하는 공감력을 잃고 말았다. 그래서 한편의 드라마가 주는 감동만도 못한 설교를 등지려 하고 지루한 교설과 강요가 난무하는 교회로부터 유배를 당하나 정작 그들은 정감情感 넘치는

---

89) 주지하듯 레비나스는 주저 『어려운 자유』(Difficult freedom)를 통해 향유하는 자신의 삶과 결별될 때 비로소 하느님 앞에 서게 된다는 것을 'adieu'란 인사말을 통해 설명하였다. 'adieu'의 a를 대문자로 써서 분리시킬 때 곧 'A Dieu'가 될 경우, 그것이 바로 '신 앞에 선다'는 뜻이란 말이다.

90) 이정배, "'한국교회를 향한 돌의 소리들'-고독하라, 저항하라 그리고 상상하라: 키에르케고어, 본 회퍼, 李信의 고언," 「신학사상」 (2012 봄), 45-84 참조.

따뜻한 기독교를 바라고 있는 것이다. 이를 위해 필요한 것이 이야기이고 픽션이다. 비록 배가 고플지라도 이야기를 그리워하는 것이다. 여기서 픽션은 허구란 말이 아니라 상상력 내지 환상이라 보면 좋겠다. 한 문화학자는 인류의 픽션에 대한 탐닉을 생존과 번식에 이로워 선택한 인간의 본능적 적응이라 했다.[91] 지속적으로 이야기를 듣고 상상을 키워온 덕에 오늘의 인류가 이만큼 진화했고 앞으로도 그럴 것이다. 종교보다 이야기가 먼저 있었다는 사실 역시 당연지사로 수용했다. 예술의 중요성을 진화론의 시각으로 풀어낸 결론일 것이다. 세계가 열광하는 한류의 보편적 현상은 여전히 이야기가 필요하고 상상력이 요청되는 작금의 시대상을 반영하고 있다. 따라서 상상력의 고갈, 이야기의 실종은 문화 콘텐츠화 되지 못하고 문화산업으로의 전락하고 만다. 이는 예술의 후퇴이다. 복음은 없고 성장사업만 있는 한국교회 현실과 닮은꼴인 셈이다. 그렇기에 기독교 신학은 교리가 아니라 성서 및 동서양 고전은 물론 민담이 전하는 이야기에 (Narrative)에 주목할 필요가 있다. 천지창조, 모세의 출애굽 사건 그리고 예수의 마구간 탄생을 교리에 희생시키지 말고 세상과 소통하는 이야기로 만들라는 것이다. 나아가 성서 66권을 얼음(고체)처럼 닫힌 신적 계시의 완결본으로 떠받들기보다 세상 속 뭇 이야기들과 교감 속에서 새로운 계시를 창출하란 요청이기도 하다. 이는 기독교가 살아남기 위한 전략이자 한류 속에 자연스럽게 스며들 수 있는 새 기독교 탄생의 예고이다. 따라서 '함'含의 논거에 의거, 한류에 녹아든 기독교는 더 큰 상상력으로 한류의 공시성을 드러낼 큰 책무를 걸머진 것이다. 이는 자연스럽게 한(아우름)의

---

91) 브라이언 보이드/남경태 옮김, 『이야기의 기원- 인간은 왜 스토리 텔링에 탐닉하는가?』 (서울: 휴머니스트, 2013), 9-24., 「한겨레신문」, 2월 16일자, 22면 참고., C. Keller & L. C. Schneider, *Polydoxy: Theology of Multiplicity and Relation* (2011), 19-33.

종교로서 기독교를 재구성하도록 이끌 수 있다.

　　더 큰 상상력으로 공감력(情)을 확보한 기독교는 이제 억눌린 한恨을 풀어 승화 시키는 아우름(초월)의 종교로서 한류의 공시성에 일조 내지는 교감할 수 있어야 할 것이다. 주지하듯 본래 흥興과 정情의 감성을 지닌 민족이었으나 질곡의 근현대사는 이를 억눌렀고 그로인해 각자의 가슴 속에 응어리를 만들어왔다. 강제로 자신의 끼(氣)를 빼앗긴 설움은 밥을 내준 아픔이상으로 컸다. 숱한 전쟁 속에서 우리가 빼앗긴 것은 실상 '땅'이 아닌 '얼'이었다. 대내외적 수탈과 억압의 현실 하에서 민중들 여성들의 한恨은 바로 끼와 얼의 상실의 결과였던 것이다. 그러나 고통이 극에 달했어도 우리에겐 착함 곧 '차마 하지 못하는 마음'(不仁之心)이 있었다.[92] 그렇기에 복수를 당연시 여기는 사무라이식 한풀이 문화를 낯설어 한다. 비록 그 착함이 한恨의 누적을 가중시킨 적도 있었으나 그럼에도 자신을 삭히고 절여 해원양생(解怨相生)의 길을 찾고자 했던 것이다. 비록 문화상품으로 전락한 복수극이 최근 한국 TV를 통해 방영되곤 있으나 본래 한류 드라마나 소설이 지닌 보편적 소통력은 이런 마음에 터했기에 가능했다. 필자가 흥興, 정情과 더불어 한限이 아닌 한(승화, 아우름)을 풍류의 실상이라 본 것도 이 때문이다. 사랑과 화해 그리고 용서의 가치를 품은 기독교가 한류의 공시성에 일조 내지 합류할 수 있는 방법도 바로 여기에 있다. 구약성서는 이사야를 통해 '내 백성을 위로하라'는 하느님 말씀을 전언했다.[93] 하지만 그 위로가 공허하지 않은 것은 빼앗긴 의義에 대한 공분公忿이 아니라 정작 자신은 도살장에 끌려갈지라도 상한 갈대 하나라도 꺾지 않

---

92) 함석헌,『뜻으로 본 한국역사』(1986), 323.

93) 이사야서 40장 이하 내용 참조.

으려는 하느님 마음 때문이다. 예수가 말한 애통하는 자의 복 역시 마음이 깨져 다시 열리는 상태 그래서 자신을 산산 조각나게 했던 상대방조차 품는 큰마음의 상태를 적시하고 있다.[94] 남북왕조 분열 시부터 원수지간이 었던 유대인을 끝까지 책임졌던 사마리아인의 선한 마음이 이와 같지 않았을까?[95] 어떤 형태든지 간에 인간이 만든 담장 일체를 허물게 하는 것이 바로 불고 싶은 대로 부는 하느님 영의 역할이자 본분이라 믿는 까닭이다. 이점에서 바울서신은 더욱 적극적으로 피조물의 탄식하는 소리를 듣는 것- 연민적 상상력[96]-을 시대가 요구하는 성령체험이라 정의하였다.[97] 한 맺힌 고통의 소리를 듣되 그와 하나 되는 방식으로 풀어내는 것을 보혜사 성령의 몫이라 본 것이다. 여기서의 핵심 역시 모두를 아우르게 하는 성령체험이 항시 '자기 비움'(Contemplation)을 수반한다는 정언적 사실이다. 따라서 기독교가 향후 한류의 공시성에 참여하여 항차 동북아 문화 담론을 이끌고자 한다면, 즉 'K-Christianity'로서 선교를 생각하는 경우라면 무엇보다 일체를 아우르고자 하는 이런 연민적 상상력에 익숙해질 필요가 있을 것이다.

이제 마지막 과제이자 본고의 결론으로서 한류와 감응하는 'K-Christianity'로서 기독교 신학이 동북아 및 세계를 위해 내놓을 수 있

---

94) 파커 J. 파머, 『비통하는 자들을 위한 정치학- 왜 민주주의에서 마음이 중요한가?』(2012), 111-125.

95) 가톨릭 신학자 이반 일리치는 기독교가 이런 삶, 곧 문화선택을 선택하지 못한다면 그것은 최선을 최악으로 만드는 것과 같다고 하였다.

96) 파커 J. 파머, 『비통하는 자들을 위한 정치학- 왜 민주주의에서 마음이 중요한가?』(2012), 192. 필자는 이런 성서적 언급을 연민적 상상력이라 칭할 수 있다고 보았다.

97) 로마서 8장 18-25절 내용 참조.

는 문화담론 내지 기독교적 문화선택이 무엇인지를 논할 차례가 되었다. 이는 기독교가 관심해 왔던 선교의 주제와 내용을 묻는 물음이라 하겠다. 지금까지 '함'˷의 논거 하에 한류와 기독교의 관계를 논했다면 이제는 짧게나마 '접'˷의 시각에서 기독교가 감당해야할 역할과 사명을 묻고자 하는 것이다. 여기서 필자는 아우슈비츠 경험 이후 신학의 향방을 바꾼 또 하나의 사건인 JPIC 주제를 다시 기억하고 싶다. 1990년 이를 주제로 공의회 차원의 전 세계 기독교인들 모임이 있었고 올 10월에도 그 연장선상에서 유불선이 공(생)존하는 세계 유일한 곳이자 한류의 진원지인 땅 끝 부산에서 개최되는 10차 WCC 대회를 예사롭지 않게 생각하는 까닭이다.98) JPIC 공의회를 발의했던 공로로 명예 신학박사 학위를 수여하는 자리에서 폰 봐이젝커는 "JPIC 주제가 해결되지 않는 한 기독교 정신(구원)은 구현되지 못한 것"이라고 선포했었다.99) 최근 민중 신학 진영에서도 루터의 종교개혁 원리에 빗대어 '오직 생명, 평화, 정의를 통해서만 구원받을 수 있다'고 천명한 바 있다. 따라서 이 땅에서 개최되는 WCC 대회 주제, '생명의 하느님, 저희를 정의와 평화로 이끄소서'(God of life, lead us to Justice and Peace)가 그 구체적 실현을 목적한다면 의당 한류의 공시적 틀어남인 흥興, 정情 그리고 한(아우름)과 공명해야 할 것이다. 이는 한류의 문화선택이 더욱 정교하게 생명, 정의 그리고 평화를 지향하고 그 가치들을

---

98) 비록 김삼환 목사와 NCCK 총무 그리고 한기총 전/현직 대표자들이 졸속으로 만든 WCC 공동선언문으로 WCC 개최를 앞두고 시끄러웠으나 그동안 신학적으로 자명했었음에도 불구하고 한국교회의 보수적 성향으로 노출시키지 못했던 신학적 주제-종교다원주의, 개종주의, 성서무오설, 동성애 그리고 공산주의-이 활발하게 토의되고 있는 것은 불고 싶은 대로 부는 하느님 영의 은총이라 생각한다.

99) JPIC 를 발의한 책자는 『시간이 촉박하다(Die Zeit draengt)』이다. 본 책은 필자에 의해 1987년 기독교서회에서 출간되었다. 그리고 명예신학박사 수상강연 전문은 다음 책에 수록되어 있다. 이정배, 『토착화와 생명문화』(서울: 종로서적, 1992).

품어야 한다는 말이기도 하다. 생명, 정의, 평화가 이처럼 흥興과 정情 그리고 한(아우름)이라는 한류의 실상과 공명할 경우 기독교의 문화담론, 곧 선교가 미칠 영향력('接')의 폭과 깊이는 한없이 확장될 수 있기 때문이다.

무엇보다 자신이 지은 삼라만상을 보며 '참 좋다'고 환호하신 창조의 하느님과 흥興의 미감이 공명될 경우 기독교는 성속을 가로지르는 생명력으로 충일充溢될 것이다. 인간을 포함한 모든 생명체가 저마다 자신의 자리를 갖고 조화와 균형을 이루는 것은 하늘의 기쁨이자 땅의 축제인 까닭이다. 이점에서 흥興은 생명 있는 것들이 벌리는 축제의 산물이다. 아무리 사소한 것일지라도 '있음' 자체를 결핍缺乏하는 존재는 없는 까닭에 흥興은 존재함의 기쁨이기도 하다.[100] 오늘의 기독교가 문화적 다양성을 존중하고 약자의 존재를 지켜 대변할 때 실종된 하느님의 환호를 되찾을 수 있을 뿐 아니라 자연과 인간이 공생하는 흥겨운 세상을 재창조할 수 있다. 아울러 당대의 불가촉천민들과 식탁 공동체를 일군 예수의 마음이 정情의 미감과 혼종화되는 것 역시 대단히 시급하다. 세상과의 공감력, 불의한 세계에 대한 연민적 상상력의 극대화가 여기서 비롯한다고 믿는 까닭이다. 이로 인해 가난한 타자들을 초월의 다른 모습으로 볼 수 있는 눈이 생겨나며 영생의 기쁨이 구체적 현장에서 비롯함을 깨닫게 될 것이다. 관계성이 깨지고 약자의 눈물이 마를 날 없는 국내외적 현장을 직시하는 과정에서 예수처럼 과/불급 없는- 기뻐하는 자와 함께 기뻐하고 슬퍼하는 자와 더불어 슬퍼하는- 마음(情) 곧 정의의 감각을 적절히 표현(發)할 수 있다면 기독교의 미래는 결코 어둡지 않다. 따라서 정의의 감수성을 지닌 예수 마음

---

100) 이는 중세 신비가 M. 에크하르트의 기본 생각이다.

곧 정情의 종교로 거듭나고 재구성되는 것이 기독교적 문화선택이자 선교라 해도 지나치지 않을 듯싶다. 마지막으로 아우름이자 승화의 감정으로서 한의 미감 또한 탄식하는 이들을 품고 막힌 벽을 허무는- 불고 싶은 대로 부는- 성령의 역할에 일조할 것이다. 가진 자들이 만든 벽을 부술 뿐 아니라 한恨을 품어 애통하는 사람들의 닫힌 감정조차도 넘고자 한다면 삭히고 절여 이뤘던 한의 미감으로 더욱 충만해 질 필요가 있다는 말이다. 애통하는 사람에게도 복이 있다는 것이 성서의 가르침이고 탄식하는 피조물들을 위로하되 전혀 다른 세상이 있음을 알리는 성령은 분명 모든 것을 아우르며 현실을 초월하려는 한의 미감과 닮아 있다. 기독교가 닫혀진 교리(체계)의 종교가 아니라, '군자불기'君子不器란 말이 적시하듯[101] 자신의 정형성- 사람 잡는 정체성- 을 벗는 수행(영성)적 종교가 될 수 있다면 그의 미래는 여전히 기다릴 만하며 기다려도 좋을 것이다. 이처럼 한류의 공시성과 접목된 기독교가 'K-Christianity'의 형식과 내용을 갖고 가까이는 WCC 대회를 성공적으로 치루고 항차 세상을 구원하는 문화담론으로서 그 역할을 충족히 해낼 것을 기대한다.

짧은 마무리

일찍이 함석헌은 역사란 처음(始)이 있어 마지막(終)이 있지 않고 오히려 마지막(終)이 있어 처음(始)이 있다고 말했다.[102] 민족종교 주창자들은

---

101) 『論語』 <爲政> 2편에 나오는 말. 김용옥, 『논어 한글 역주 1권』 (서울: 통나무, 2008), 530 참조; 이정배, 『생태영성과 기독교의 재주체화』 (서울: 동연, 2011), 26-27.
102) 박재순, 『유영모, 함석헌의 생각 365』 (서울: 홍성사, 2012), 209 참조.

우리의 과거를 원류源流라 하며 거기서 한류의 뿌리를 찾고자 소망했다. 반면 문화 평론가들 중에는 한류를 '서구 따라하기'로 혹독하게 폄하한 이들도 적지 않다. 하지만 이런 극단적 평가는 옳게 보이지 않는다. 한류를 원류라 강변하는 것은 과거에 얽매인 운명적 삶의 단면일 것이고 서구 모방이란 혹평은 자기 동일성을 무시한 처사로서 오히려 그런 부정이 모방적이다. 오늘 우리가 경험하는 한류는 따라서 시공간적 혼종성의 산물로서 필요/충분한 오늘의 조건 속에서 들어난 과거(풍류)의 공시적 현상이라 보면 좋을 것이다. 흥興, 정情 그리고 한으로 언표되는 한류의 공시적 차원들, 그들이 지닌 보편적 소통력을 무시할 수 없는 것이 오늘의 현실이다. 단지 문화상품이 아닌 문화담론이 되기 위한 노력이 더 한층 필요해 진 것도 사실이다. 동아시아 문화 선택을 위해 흥, 정, 한 각기 차원에서 한류의 내용적 개발이 더없이 중요해 진 것이다. 이 땅의 기독교 역시 한류와 '함'含과 '접'接의 관계 속에 있어야 함을 본고는 애써 강조했다. 이는 한류와 소위 'K-Christianity' 모두를 위해 필요한 일이었다. 마지막 장 끝부분에 언급했듯 이들이 함께 세계를 위한 문화(선교)적 역할을 수행할 경우 '오늘(終)이 있어 어제(始)가 있었다'는 함석헌의 역사 철학적 혜안을 지킬 수 있고 나아가 세계평화(뜻)를 위해 기독교의 역할이 없지 않았음을 말하고 싶었던 것이다.

참고문헌

구연상. "한류의 근원과 미래." 미간행 논문.

김부식/김종권 옮김. 『삼국사기 상권』. 대양서적, 1972.

김수이 편저. 『한류와 21세기 문화비전』. 파주: 청동거울, 2008.

김용옥. 『논어 한글 역주』. 1권. 서울: 통나무, 2008.

리프킨, J. 『공감의 시대』. 서울: 민음사, 2011.

마리에, 미야타. "문화교류를 통한 동아시아 평화." 미간행 논문.

박재순, 유영모. 『함석헌의 생각 365』. 서울: 홍성사, 2012.

백원담. "한류와 동아시아 문화선택." 미간행 논문.

보이드, 브라이언/남경태 옮김. 『이야기의 기원- 인간은 왜 스토리텔링에 탐닉하는가?』. 서
　　　울: 휴머니스트, 2013.

샤브쉬나, 파냐/김명호 옮김. 『식민지 조선에서: 어느 러시아 지성인이 쓴 역사현장 기록』.
　　　파주: 한울, 1996.

신윤환 외 편저. 『동아시아의 한류』. 용인: 전예원, 2006.

신은경. 『풍류-동아시아 미학의 근원』. 서울: 보고사 1999.

심광현. 『興한민국』. 서울: 현실 문화연구, 2005.

＿＿＿＿. "한류의 미학적 특성과 문화 정치적 의미." 미간행 논문.

우실하. 『오리엔탈리즘의 해체와 우리문화 바로읽기』. 서울: 소나무, 1997.

유동식. 『풍류도와 한국사상』. 서울: 연세대 출판부, 1998.

＿＿＿＿. "기마민족의 후예." 「성서와 문화」 52(2012).

유영규. "한류: 용어 정립을 위해." 미간행 논문.

이기동. "한류와 유교." 〈한류, 종교에 묻다〉. 문화신학회 세미나 (2011. 11. 17.).

이기상. 『지구촌 시대와 문화 콘텐츠』. 서울: 한국 외국어 대학교 출판부, 2009.

이도흠. "풍류, 삼재, 화쟁과 한류." 한국문화신학회 발표 (2011.11.3). 미간행 논문.

＿＿＿＿. "한류와 불교." 〈한류, 종교에게 묻다〉. 한국문화신학회 발표 (2011.11.3). 미간행
　　　논문.

이동연. "한류 문화자본의 형성과 문화민족주의." 「문화과학」 42(2005).

이정배. 『토착화와 생명문화』. 서울: 종로서적, 1992.

＿＿＿＿. 『한국적 생명신학』. 서울: 도서출판 감신, 1996.

＿＿＿＿. 『한국 개신교 전위 토착신학 연구』. 서울: 대한기독교서회, 2003.

＿＿＿＿. 『토착화와 세계화- 한국적 신학의 두 과제』. 서울: 한들, 2006.

＿＿＿＿. 『빈탕한데 맞혀놀이-多夕으로 세상을 읽다』. 서울: 동연, 2011.

_____.『생태영성과 기독교의 재주체화』. 서울: 동연, 2011.

_____. "함석헌의 뜻으로 본 한국역사 속에 나타난 민족 개념의 신학적 성찰." 「씨알의 소리」 190(2006).

_____. "한국교회를 향한 돌의 소리들-고독하라, 저항하라 그리고 상상하라: 키에르케고어, 본 회퍼, 李信의 고언." 「신학사상」 (2012 봄).

이정호.『훈민정음의 구조와 원리, 그 역학적 연구』. 성남: 아세아문화사, 1990.

임재해 외.『고대에도 한류가 있었다』. 파주: 지식산업사, 2007.

임재해. "민족문화의 전통과 한류의 민족문화적 의식." 미간행 논문.

장형철. "혼성화 이론으로 바라본 한국 개신교의 성장과 감소." 「담론 201」, 15(2012).

조홍윤.『한민족의기원과 샤머니즘』. 서울: 한국학술정보, 2003.

최민자.『통섭의 기술』. 서울: 모시는 사람들, 2010.

파머, 파커 J./김찬호 옮김.『비통하는 자들을 위한 정치학- 왜 민주주의에서 마음이 중요한가?』. 파주: 글항아리, 2012.

하위징아, J./이종인 옮김.『호모 루덴스』. 고양: 연암서가, 2011.

「한겨레신문」. "가족드라마의 진화" (2013. 2. 8.).

한국민족종교협의회.『한국 민족종교의 원류와 미래』. 서울: 윤일문화, 2011.

한국철학사전편찬위원회 편.『한국철학대사전』. 서울: 동방의빛, 2011.

한국문화신학회 엮음.『한국 문화와 풍류신학-유동식 신학의 조감도』. 서울: 한들, 2002.

한병철/김태환 옮김.『피로사회』. 서울: 문학과지성사, 2012.

함석헌.『뜻으로 본 한국역사』. 함석헌 전집 1권. 파주: 한길사, 1986.

和近哲郎/박건주 옮김.『풍토와 인간』. 도서출판 장승, 1993.

Canclini, N. G. Hybrid Culture, *Strategies for Entering and Leaving Modernity*. Minneapolis Univ. Press, 2005.

Keller, Catherine & Schneider, L. C., eds. *Polydoxy: Theology of Multiplicity and Relation*. Routledge, 2011.

Kraidy, M. M. *Hybridity or the Cultural Logic of Globalization*. Philadelphia: Temple Univ. Press, 2005.

Schneider, L. C. *Beyond Monotheism: A Theology of Multiplicity*. Routledge, 2008.

한류(韓流)에 대한 문화신학적 조명*

- 인간다운 삶의 통전적 관계성, 창조적 역동성, 초월적 영성을 중심으로

김경재 ｜ 전 한신대학교 교수

들어가는 말 : 주제 탐구의 문화신학적 관심, 방법, 과제

한류를 기독교 문화신학의 관점에서 고찰하려는 것이 이 글의 목적이다. 필자는 이 주제에 대하여 '문화신학'의 관점에서 접근하는 것이므로 '문화신학'이란 무엇을, 어떻게 하려는 신학 분야인가를 '한류'와 관련해서 먼저 언급할 필요가 있다고 생각한다.

첫째, 문화신학은 "종교는 문화의 실체요, 문화는 종교의 형태이다" (틸리히)는 고전적 명제에 기초하여 문화현상 속에 깃들어 있는 동시대 인간 공동체의 '궁극적/준 궁극적 관심'을 분석해 내어 복음의 빛으로 조명하고 비판적으로 성찰하는 것을 과제로 삼는다.

한류는 오랜 문화공동체로서 축적해온 한민족의 문화적 잠재력이

---

* 이 글은 2011년 11월, 한국문화신학회와 연세대 기독교문화연구소가 공동으로 주최한 '한류와 정의' 심포지엄에서 발표했다.

1990년대부터 한반도 국경과 민족을 넘어서 온 세계로 확장해 간 문화현상이다. 한류라는 문화현상에 대하여 인문학과 사회학의 여러 전문분야에서 짧은 기간이지만 적지 않은 연구물이 쏟아져 나왔다.[1] 문화신학자로서 필자는 애니메이션, TV 드라마, 영화, 대중음악, 소설, 게임, 문화산업 조직과 운영 등 예술문화 전문가들의 전공영역 담론들에 추가하여 또 하나의 아마추어적인 문화신학적 사족을 달려는 것이 결코 아니다. 문화신학은 그들 담론 속에 담긴 문화형식 혹은 문화형태로 표현되거나 표출된 한류의 '궁극적/준 궁극적 관심'의 성격을 복음의 빛에서 조명하고 성찰하려는 것이다.

그러므로 문화신학은 복음이 세상적 삶 현실의 궁극적 비전으로 제시하는 '하나님의 나라'가 함의하는 것, 다시 말하여 온 인류의 자유해방·정의평등·생명평화·우상타파·영생초월 등의 신앙적 이념의 빛으로서 한류의 문화현상을 이념비판적으로 그 빛과 그림자 양면을 평가하고 성찰한다. 이 논문은 한류라고 부르는 문화현상에 대한 복음적 조명 및 평가의 성격을 띤다.

둘째, 문화신학은 '종교'와 '문화'의 상호관계성이 단순한 수직적 혹은 수평적 차원에서의 '실체-형태 이원구조'(substance-form structure)가 아

---

1) 필자가 이 글을 준비하면서 참조한 인문·사회학적 연구출판물에서 많은 점을 배울 수 있었다. 박장순,『문화콘텐츠학 개론』(서울: 커뮤니케이션북스, 2006); 유상철외 4인 공저,『한류의 비밀』(서울: 생각의 나무, 2005); 이동연 엮음,『아이돌』(서울: 이매진, 2011); 백원담,『동아시아의 문화선택 한류』(서울: 펜타그램, 2005); 박장순,『한류:신화가 미래다』(서울: 커뮤니케이션북스, 2007); 김수이 편저,『한류와 21세기 문화비전』(파주: 청동거울, 2006); 이수연,『한류드라마와 아시아 여성의 욕망』(서울: 커뮤니케이션북스, 2008); 임향란&우상렬외 공저,『한류 한풍 연구』(성남: 북코리아, 2009); 필립 스미스/한국문화사회학회 옮김,『문화이론』(서울: 이학사, 2008); 쟝 피에르바르니에/주형일 옮김,『문화의 세계화』(파주: 한울, 2000).

니라, '변증법적이고 상호순환 구조'(dialectical-perichoresic structure) 안에서 작동한다고 본다. 이 말의 뜻은 복음의 본질과 한류 문화현상 이해가 상호작용하면서, 한국인의 삶을 리얼한 '생명의 잔치'가 되도록 봉사하는 공동과제를 가진다는 것을 의미한다.

문화는 인간이 추구하는 가치와 의미를 담고 있는 '그릇이나 의상' 같은 고정된 형태와 형식이 아니라 '피와 살과 신경망'을 갖춘 살아있는 유기체 같은 것이다. 복음이 세상을 구원하는 진정한 '생수와 생명의 떡'이 되려면 문화라는 유기적 현실체로서 육화肉化하지 않으면 안 된다. 종교는 문화 그 자체는 아니지만, 문화로서 구체화되지 않은 교리적 관념체계로서 머문다면 그것은 죽어 그 몸이 경직된 종교일 뿐이다. 문화신학이 한류라고 부르는 문화현상에 대하여 비판적 성찰을 한다는 뜻은, 정통기독교의 '성속이원론'의 교리적 잣대를 가지고 문화현상을 고답적 도덕기준으로서 평가한다는 말이 아니다. 도리어 그 역으로서 현대 지구촌 문화현상의 빛 안에서 정통적 복음해석을 재조명한다는 상호조명을 문화신학은 목적으로 한다. 복음의 본질은 변하지 않지만, 그 복음의 증언과 육화방식은 매 시대마다 새롭게 재구성되고 재해석되어야 하기 때문이다. 이 글의 구성은 서론을 포함하여 4장으로 구성되어있다.

제2장에서 한류문화현상에 대하여 문화콘텐츠학 관점에서 한류 발생 원인, 현장 상황, 위기와 도전 등을 예술문화 전문가들의 견해를 소개하면서 요약할 것이다. 다시 말해서 '한류문화 현상' 서술담론은 그 분야 전문가들의 견해에 경청하고자 한다. 이 논문에서는 한류의 여러 문화콘텐츠 중에서 TV 드라마와 한국 대중가요(K-Pop)로 통칭되는 젊은 세대들의 군무음악예술群舞音樂藝術에 제한할 것이다. 왜냐하면 한류 문화현상 중에서 <겨울연가>나 <대장금>으로 대표되었던 TV 드라마와 K-Pop의 전

령사격인 '아이돌 팝'(idol pop)이 한류의 밑바탕에 흐르는 기본적 특성을 잘 나타내고 있으며, 실질적으로 한류를 주도하는 대표적 문화콘텐츠이기 때문이다. 그리고 문화상징론에서 '시뮬라크르'의 순기능과 역기능을 살피고, 왜 한류담론에서 '정의'가 문제되는가를 언급 할 것이다.

제3장은 본 논문의 중심 부문인데, 한민족의 집단무의식에 상존한 듯한 민족 심성의 원형적 특성을 문화신학적 관점에서 조명할 것이다. 특히 폴 틸리히, 함석헌, 현영학, 유동식의 신학적 혜안을 빌어 한류현상을 문화신학적으로 조명해볼 것이다.

제4장 에필로그에서, '한류와 정의'라는 두 가지 키워드^{Key word}중에서 '정의담론'이 지닌 의미를 문화산업 및 문화내셔널리즘과 관련하여, 그리고 예술적 상상력과 창조성을 가지고 이념비판운동의 촉매자로서 한류현상이 기능해주기를 기대하는 관점에서 약간언급 할 것이다. 그리고 마지막으로, 한류가 현대 한국 개신교의 경직된 현상에 주는 메시지를 살펴 볼 것이다.

문화현상으로서 한류에 대한 문화콘텐츠학적 원인 분석과 위기 진단

왜 한류가 발생 하였는가?

한류가 발생하고 진행되어가는 이유는 여러 가지 복합적 요인이 작용하고 있다. 그 중 가장 눈에 띄는 주요한 동기들 즉 국가 문화정책과 문화산업적 요인, 한국민의 문화적 능력과 집약적이고도 중층적인 근현대 사회변동 경험에서 축적된 역동적 역사체험, 전자정보 기술혁명이 가져다 준 미디어의 위력, 그리고 소련 사회주의 몰락 이후 전개되어가고 있는 지구촌의 자본주의적 세계화라고 부르는 경제 질서가 복합적 원인으로서 작용했다.

첫째, 한류의 시작단계 혹은 준비기는 1980년대 말, 서울 88올림픽을 계기로 해서 올림픽 개최국인 한국을 알리고 알려는 의욕을 가진 문화 정보적 소통의 필요성에서 시작되었다2). '88 올림픽'은 한국민으로 하여금 세계 지구촌 속에서 한국인과 한국문화의 자리매김과 자기정체성을 묻는 계기가 되었고, 오랜 기간 동안 동아시아의 약소국가로 인식되어 왔던 한국이 세계 올림픽대회를 유치하고 성공적으로 치루는 것을 보고, 세계 인들 특히 중국을 비롯한 아시아 및 제3세계 국가들은 한국이라는 작은 나라의 경제적·문화적·사회적 역동성에 주목을 하면서 한류를 수용할 심리적 토양이 형성된 것이다.

둘째, 한류가 발생 확장한 이유 중 경제적 동기에 기인하여 정부와 기업과 문화계가 '문화사업'으로서 경제적 부가가치를 창출하는 목적으로서 국가적 기획지원을 아끼지 않았던 문화외적 요인을 무시 할 수 없다.

순수한 문화 활동과 예술적 창작활동이 경제적 뒷받침 없이 쉽게 달성될 수 없음은 현실이다. 그러나 한류의 시작과 추진동력의 기본 심장에

---

2) 한류문화 운동에 종사하거나 연구하는 전문가들은 불과 25여년의 짧은 한류의 발전과정이지만 3단계로 구분하는 것이 통례이다. 제1기는 태동과 도전시기(1980년대 말-1990년대 초)로서 애니메이션을 해외로 수출하면서 KBS 영상 사업단, MBC 프로덕션, SBS 프로덕션을 설립하고 문화콘텐츠 해외 진출을 준비한 시기이다. 제2기는 정착 확장기(1990년대 중반-1990년대 후반)로서 대중음악, 게임, TV 드라마의 문화콘테츠가 주력 문화산업수출품목이 되면서 1990년대말 '한류'라는 호칭이 자연스럽게 발생하게 된 시기이다. 제3기는 절정 도약기(2000년대 이후)로서 특히 TV드라마와 K-Pop을 중심으로 하여 아시아를 넘어 세계 지구촌 곳곳에 한류열풍을 일으키는 시기로 대별된다.

'문화 창조의 열정과 미학적 신명성'이 주도하는가, '문화산업의 수익성과 경제적 상품성'이 주도하는가의 문제는 한류의 지속적 발전을 위해서도 매우 중요한 문제이다. 이 점은 본론에서 중요한 어젠다로 계속 논의할 것이다.

셋째, 한류가 비교적 짧은 시간 안에 아시아와 지구촌에 퍼져나갈 수 있었던 매우 중요한 요인으로서 지식 정보화시대와 디지털 기술공학문명의 발달을 말하지 않을 수 없다.

디지털 기술문명에 들어선 지구촌 곳곳의 인간들은 공간과 시간의 장벽을 뛰어넘어 '고요한 아침의 나라, 은둔의 나라' 한국문화의 진수를 눈과 귀와 몸으로 체험하는 기회를 갖는 정보화 지구촌 시대에 들어서 있기 때문에 한류는 가능했던 것이다.

넷째, 한류의 비밀 중 간과할 수 없는 것은 한민족이 경험하고 극복한 근현대 인류사회사의 중층적 시련과 역경을 극복한 문화민족의 문화 콘텐츠라는데 관심의 무의식적 쏠림이 있다.

19세기 말부터 21세기 초에 이르기까지, 한민족은 세계사의 '고난의 여왕'(Queen of suffering)[3]이 되었다. 조선조 봉건사회에서 민중의 고난, 19세기말부터 불어 닥친 세계열강들의 식민 지배통치 시련, 냉전시대의 정치 이념적 인간집단의 광기, 근대화, 산업화 과정에서 농민과 노동자의 소외경험, 형식적 민주주의를 시민혁명을 통해 정치 현대사에서 피로 쟁취한 시민혁명의 고귀한 체험, 자연자원이 없는 주변부 국가에서 기술집약

---

3) Ham Sok Hon, Translated E. Sang Yu, Edited and abridged by John A. Sullivan, *Queen of Suffering : A Spiritual History of Korea* (Philadelphia: Friends WorldCommittee for Consultation, 1985), 3. 『뜻으로 본 한국역사』에서 함석헌은 조선의 역사, 한민족의 역사를 고난사관에서 파악하고 한민족을 "고난의 여왕"이라고 갈파했다.

적 디지털 기계수출국과 정보화 사회에로 최단 시일 안에 이룩한 집중력 등이 지난 120년의 한국 현대사 이야기다. 그런 역사적 삶을 살아온 한민족이 만들어낸 문화 콘텐츠에는 무언가 다른 점이 있다. 세계인들 특히 아시아인들은 의식적으로 혹은 무의식적으로 그 점이 궁금했던 것이고 한류를 통해 그 점을 알고자 하는 것이다.

다섯째, 한류 발생의 가장 중요한 원인으로서 타민족의 추종을 불허할 만한 매우 역동적이고 창조적인 한민족의 문화·미학적 자질과 자산과 능력이 한류를 가능케 하였다.

앞에서 언급한 4가지 원인이 간접적이거나 외면적 요인이라고 한다면 다섯째 원인은 직접적인 내면적 원인이자 본질적 동력임은 두말 할 것도 없다. 이 논문은 바로 그 점이 무엇인가를 문화신학적 측면에서 고찰하려는 것이다.

한류 문화 콘텐츠 중 TV 드라마와 K-Pop을 통해 나타난 한류의 특징은 무엇인가?

한류 발생의 동인 중 위에서 언급한 직접적이고도 내면적 동력으로 여겨지는 한민족의 문화·미학적 자질과 자산, 그리고 그것을 예술작품으로 형상화 해내는 문화 창조적 능력이 과연 무엇인가라는 연구는 민족우수성을 자화자찬하는 소아병적 과대망상에 빠질 수 있다. 그러나 분명히 한민족의 문화예술적 능력 속에 깊이 내재한 문화예술적 DNA의 분석은 필요하고 진지해야 한다. 그러나 사람이 자기얼굴을 직접보기 어렵듯이, 한류의 문화예술적 특성을 검색하는데 있어서 TV 드라마와 K-Pop에 대한 아시아 및 세계의 한류 팬들과 언론들의 소감과 평가를 우선 귀담아 듣는 일이 필요하다.

우선 한류를 절정기로 촉발시킨 TV 드라마 작품들4), 그 중에서도 일본에서 큰 문화적 돌풍을 일으킨바있는 <겨울연가>와 중국 및 아시아문화권에서 큰 반응을 일으킨 <대장금>의 수용자 분석과 드라마 작품으로서의 텍스트 분석을 시도한 전문가들의 연구보고서를 들여다 볼 필요가 있다.5)

첫째, 한류를 통해 나타난 한국 TV 드라마는 고전연극론에서 멜로드라마가 갖춰야할 텍스트의 핵심구성소를 잘 갖춘 드라마로 작품성에 한류 인기의 첫째원인이 있다.

TV 드라마는 도덕 강좌도 아니고 철학 강의이거나 진지한 종교적 영성함양을 목적으로 하지 않는다. 드라마는 즐기기 위한 문화적 욕망충족의 대상물이다. 그러나 그것이 음식이나 의복이 아니라 정신적 갈증, 갈등, 공허감, 가치 혼란증에 대한 영적 존재자들로서의 욕망충족행위이기 때문에, 단순히 스트레스 해소나 대리적 욕망충족을 넘어서 삶의 승화나 창조적 재충전의 기회가 되기를 기대한다. 한국 드라마는 고도로 경제 산업이 발달한 일본이나, 경제선진화를 목표로 하여 앞만 보고 달려왔던 아시아 인들에게 우선 강렬한 '인간다운 삶의 자기성찰'이라고 할 수 있는 신선한 충격을 줄 수 있었다.

강렬한 감성성을 지녀 시청자를 흡입시키면서도 할리우드 형의 폭력

---

4) 일본후지 TV에서 조사한(2007년) 가장 인기있는 한국드라마 10편은 <겨울연가>, <대장금>, <천국의 계단>, <아름다운 날들>, <호텔리어>, <슬픈 연가>, <올인>, <여름향기>, <가을동화> <파리의 연인> 순으로 나타났다고 한다. 이수연, 『한류드라마와 아시아 여성의 욕망』(2008), 13.

5) 이수연, 『한류드라마와 아시아 여성의 욕망』(2008); 백원담 『동아시아의 문화선택 한류』(2005)를 많이 참고하였다.

적이거나 직설적 성적욕망의 감정표현이 아니라 사랑 감정표현의 절제, 도덕적 진실과 인간의 선한 심성에 대한 신뢰와 궁극적 보상, 무엇보다도 직접적 욕망충족보다도 욕망의 승화를 시청자는 자기 안에서 경험한다. 흔히 한국 드라마가 지닌 몇 가지 정형화 된 듯한 틀에 박힌 작품전개의 패턴들, 다시 말하면 눈물샘을 자극하는 사랑이야기, 선과 악의 양극화된 대비, 음모에 의한 주인공의 상처와 좌절, 시련 속에서도 도덕적 순결성과 자기희생적 숭고함, 암이나 교통사고 같은 과장된 돌발사건의 개입, 미덕에 대한 궁극적 보상으로서 해피엔딩이 도식적 드라마패턴으로서 약점이라고 지적되곤 했다.

그 모든 한국 드라마의 약점지적이 타당성이 있음에도 불구하고 한류는 아시아인들에게 이상적이고 낭만적인 사랑, 정의와 진실이 살아있는 인간다운 사회, 신실과 정으로 연계된 가족의 중요성, 물질적 이익과 동물적 폭력성을 넘어서는 인간다움을 상기시키는 작용을 했다. 줄여 말하면, 한류가 발생하던 초심으로 돌아가 보면 '문화산업'으로서의 기획성이 성공한 것이 아니라 '문예활동'으로서의 예술성이 태풍의 눈이 된 것이라는 말이다.

둘째, 한국 드라마가 아시아인들에게 준 호소력은 오랜 세월 가부장중심문화 속에 짓눌려 지내오던 여성으로서 인간 승리 스토리를 통하여 '여성해방'의 메시지를 넘어서는 그 무엇, 남성성과 여성성이 함께 어우러져 공인간성(共人間性, Mitmenschlichkeit)이 발현되는 인간성의 건강한 아름다움에 감동하는 것이다.

한류 드라마가 아시아인들에게 준 문화적 호소력과 충격의 기술적 요인으로서 드라마의 높은 완성도, 배경음악, 수준급의 촬영기법, 중심인물들의 청순하고 아름다운 모습과 패션, 한국의 자연풍광과 이색적 음식문화 등등 다양한 요소들이 구체적으로 언급되곤 했다. 그러나 그것들은 어찌 보면 드라마 작품제작의 기본요소들이다. <대장금>이나 <다모>같은 참신하게 영상예술로 표현된 사극적 드라마의 주인공들이 작품의 시대적 배경을 뛰어넘어서, 지혜와 불굴의 용기로써 어려움을 극복해나가고 고도의 전문성까지 갖춘 '커리어 우먼'으로 자기실현을 이루는 드라마를 통해서 관객들은 '대리만족'을 넘어서서 '인간승리'를 찬양하는 것이다.

이상에서 말한 두 가지 한류 드라마의 특징에 대하여 영상문화비평가 이수연은 한류 TV 드라마가 왜 청중에게 관람동기와 구매동기를 부여하는가를 작품의 소구성訴求性이라는 어휘를 사용하면서 다음같이 짧게 요약하고 있다: "한국 드라마의 소구성은 환상의 구현과 감정적 사실성이라는 두 가지의 중요한 요소를 가지고 있다. … 한국 드라마의 강점은 바로 이 환상적 측면과 사실적 측면의 공존이라고 할 수 있다. 환상은 수용자의 욕망을 반영하기 때문에 매혹적이지만 감정적 사실성이 담보되지 않는 한, 환상은 신기루 일뿐이다. 또 다른 소구성은 환상의 다양성이라고 할 수 있다."6)

지면의 제약을 고려하여 이제 한류 문화 콘텐츠의 다른 장르 K-Pop 문화 현상이 왜 아시아와 세계 젊은이들에게 폭발적 반응을 일으키는지 핵심만 살펴보기로 하자. TV 드라마가 세계적 호응 면에서 동질적 유교적 문화토양을 바탕으로 한 아시아 국가들에서 더 호응이 컸다면, K-Pop으로 총칭되는 '군무적群舞的 대중음악 콘텐츠'는 음악성이 지닌 초국가적 보편성과 어울려져 더 큰 폭발적 반응을 얻고 있다. 한류음악이 세계적 현상으로 자리잡아가고 있는 문화현상은 왜 가능한 것인가?

---

6) 이수연, 『한류드라마와 아시아 여성의 욕망』(2008), 81.

한국 대중음악이 한류의 또 하나 대표적 브랜드로 자리 잡을 수 있었던 배경에는 초창기 한국 예술음악인들의 헌신적 공헌과 함께 대표적 연예기획사들(SM 엔터테인먼트, JYP 엔터테인먼트, YG 엔터테인먼트)들의 문화산업적 기획능력과 수많은 '이이돌 그룹들'(idol groups)의 발굴 선발, 교육훈련, 외국 연예기업체와의 협력 등에 힘입은바 크다는 것을 부인할 사람은 없을 것이다.7) 한국 3사 방송국의 음악 콘서트와 경연대회, 그리고 한국 대형 연예기업체들이 아무리 상업적 마인드를 가지고 '예술적 문화'를 '상업적 기업'으로 전락시킨다고 비평받는 일면이 있다하더라도 오늘날 '문화산업'이라는 말이 자연스럽게 받아들여지는 현실에서 긍정적, 부정적 양면성은 공평하게 평가되어야 할 것이다.

이 논문에서는 한류를 이어가는 한국 대중음악의 자세한 분석이나 전문적 음악성의 비평적 해설에 있지 않다. 그러한 작업은 문화신학자의 능력 밖의 일이다. 다만 TV 드라마에서 이미 간단히 살펴보았듯이 왜 요즘 '아이돌 팝'이 국경, 인종, 민족, 그리고 이념을 넘어 세계 젊은이들의 열광적 호응을 얻는가, 즉 그 음악적 비밀코드를 간파해내려는데 우리의 관심이 있다.

첫째, 주지하다시피 K-Pop으로 통칭되는 한국적 젊은이들의 '군무형태群舞形態의 한국 대중가요'는 음악과 춤과 가사가 어우러지는 매우 역동적 종합 예술음악이라는 점에 주목한다.

'아이돌 팝'idol pop 그룹들의 춤과 노래를 보고 듣노라면 그 옛날 산야를 무대로 삼아 심신을 단련하고 예술적 기예를 익혔던 신라 화랑들의 현대

---

7) 한류의 대중음악 현황과 발달사에 대하여 이동연교수가 엮은『아이돌: H·O·T에서 소녀시대까지, 아이돌문화보고서』(2011)를 전적으로 참고하였다. 한국대표적 연예기업체 정보와 각각 연예기업체에 속한·아이돌그룹의 현황은 이 책 145쪽 참조.

적 부활을 보는 듯 하고, 강강술래를 함께 춤추며 노래하는 조상들의 신명 나는 댄스 음악의 현대판 부활을 느끼지 않을 수 없다. 거기엔 개인이 아닌 집단 공동체의 역동적 몸동작과 조화로운 힘의 예술, 끊임없는 변화와 새로운 모티브의 주입을 통해 지속되는 신명남과 어우러짐, 단순한 놀이문화로서만 아니라 새로운 이상적 사회실현을 꿈꾸며 준비하는 예언적 언행들의 숨결이 숨겨져 있다.

둘째, 한류의 중심 장르로서 날로 세계의 주목을 받는 한국 젊은이들의 '군무적 대중가요'의 음악적 특징으로서 한민족의 문화적 특성을 바탕에 깔고서 지구촌의 다양한 음악적 요소들을 혼용시키는 음악적 융화性融和性을 들지 않을 수 없다. '융화融化'는 녹아서 아주 다른 것이 되는 것을 뜻하고, '융합融合'은 여럿이 녹아서 하나로 합치는 것을 뜻한다면, 융화融和는 서로 어울려져 화목하게 됨을 뜻하는 것이다.

'댄스 & 일렉트로닉' 음악장르와 닮은 아이돌 그룹의 '군무적 대중음악'을 보고 들으면 그 안에는 음악적 계보 상으론 발라드풍의 사랑의 노래가 있는가하면, 정통 흑인음악, 발랄하고 경쾌하게 질주하는 듯한 뮤직 하우스 스타일, 힙합이나 랩이 들어간 이색적인 리듬의 노래 스타일 등이 서로 어우러지면서도 각각 음악적 특성을 잃지 않는 묘한 '융화'적 음악성을 드러낸다. 그래서 명칭 자체가 '아이돌 팝'이 된 것도 세계나 한국의 대중음악 장場에서 독특하고 차별화된 음악적 실체성을 표현하고자 하는 명칭이라고 보아야 한다.8) 이것은 음식문화에서 '비빔밥'처럼 비빔밥 구성소들이 없어지는 것이 아니라 각각 살아있으면서도 전체가 어우러져 이전에 없던 독특한 음식 맛을 내는 한국적 예술미의 현대 음악적 재현으로

---

8) 이동연 엮음, 『아이돌』(2011), 22-23.

느껴진다.9)

셋째, 한류 대중음악의 특성으로서 놓치지 말아야 할 점은 이이돌 그룹들의 예술문화 직업에 종사하는 예능인으로서 자기 정체성과 관련된 문제인데, 아이돌 팝 그룹이 '사회비판 정신'과 '섹스와 돈의 우상숭배' 양자 사이에서 항상 유동적으로 불안정한 행태를 보인다는 점이다.

영국의 비틀즈나 미국의 마이클 잭슨의 음악세계도 처음엔 '탐욕과 위선에 병든 사회와 현대인'에 대한 강렬한 문명비판 운동으로서 시작되었다가 점차로 거대한 문화산업의 자본권력과 정치권력의 힘 앞에 굴복하여 현실적응과 현실탐익의 문화산업 단체로 전락하듯이 한류의 아이돌 그룹들도 그렇게 될 가능성이 높다. 이 문제는 '한류와 정의'라는 두 개의 어젠다가 동시 성립이 가능할 것인가의 문제인 셈이다.

한류 대중음악이 아시아를 넘어 세계적 공감을 일으키는 이유를 단순한 음악적 기예의 측면만 보고서는 이해 안 되는 숨겨진 어떤 요소를 읽어내야 한다. 그것은 물질과 권력의 노예로 전락한 현대인들이 새로운 삶을 지향하는 무의식적 갈망을 한류 대중음악 콘서트에서 읽거나 느끼는 것, 곧 새로운 삶의 라이프 스타일을 꿈꾸면서 현재 식상한 세계문명 질서를 비판적으로 저항하는 문화적 상상력의 의한 새로움에 대한 지향성인 것이다. 그것이 진정한 문화의 힘이다. 이 점을 놓친다면 한류는 권력과 자본의 패권논리에 다시금 포로가 되어 태풍이 열대성 고기압으로 변화되듯이 그 역동성과 매력을 상실하고 말 위험이 항상 있는 것이다.

---

9) 2011년 10월29일, 스페인 바로셀로나에서 열린 한류 'JYJ 콘서트'에 참석한 스페인 청년 사라(27세)는 소감을 말하기를 "스페인 음악은 좀 심심하고 춤추기에 별로다. K-Pop을 처음 들었을 땐 미국 스타일이라고 생각했는데, 계속 듣다보니 K-Pop만의 매력이 있음을 알게 됐다". 「한겨레신문」, 10월31일자, 문화면 22면 참조.

한류의 예술적 상징성에서 '시뮬라크르'(simulacre)의 우상적 기능과 정의 문제

한류만이 아니라 포스트모던 자본주의 사회에서 대중문화는 일종의 유사종교적 기능으로서 작동하고 있다. 스포츠, 섹스, 대중문화를 교묘하게 관리 조종하여 독재적 정치가들이 대중의 관심을 중심주제에서 주변문제로, 창조성에서 소비성에로, 존재의미의 관심에서 존재현실의 관심에로, 궁극적 관심에서 일상적 관심에로 돌려놓은 수단으로서 이용하기도 한다. 모든 대중문화가 저급 문화라거나 대중음악에 심취하는 팬덤들이 '깨어있는 역사의식'이 부족한 사람들이라고 단정해서는 안 된다.

그러나, 인간의 문화활동 속에 깃들어있는 의미활동 속에 문화현상이 유사종교적 기능을 담당하면서 인간들로 하여금 세속주의적 가치들을 '종교적 대상'으로까지 승격시키고 거기에 몰입하거나 몰입 당하게 함으로서 진정한 인간의 '자기실현'을 방해하는 지경에 이를 때, 문화신학은 문화현상이 드러내는 유사종교적 기능에 대한 비판적 성찰을 가하지 않을 수 없는 것이다.

현대 대중문화에서 TV 드라마나 K-Pop 장르에서, 주연급 배우와 가수 및 연예인들은 현대인들의 '우상'이 되고 있다. '아이돌 팝'이라는 호칭자체 속에서 '아이돌'idol이라는 단어를 쓰는 이유도 직간접적으로 젊은 세대 예술인들과 그 예술행위가 수용자들에게, 모방하고 흠모하고 심지어 숭앙하고 감격해하는 '종교적 대상'기능을 담당하고 있다는 표징이기도 하다. 그들의 파격적인 패션 스타일, 일렉트로닉 사운드와 신비로운 가사들, 역동적 동작의 춤과 노래들은 단순히 음악영역을 넘어서 문화종교적 의미를 담지하는 것이다. 꿈과 환상을 심어주고, 당분간 현실 그 자체를 잊게 하여 몰입하게 하며, 심지어 맹목적인 헌신과 추종자를 만들어내기도 한다. 문화비평가 이동연은 "스타가 만들어낸 문화적 표현물들과 공연, 그리고 각종 장식물들은 문화산업 시장에서 상품으로 소비되면서 대중에게 기념비적인 욕망의 대상이 된다. 이것이 유사종교적 우상의 아이콘들이 확대 재생산되는 소비 메커니즘이다"10)라고 갈파한다.

그런데, 문화신학이 주목하는 것은, '아이돌 팝' 연예인들이나 가수들이 '종교'를 의도적으로 참칭하거나 이용하거나 대신하려는 생각은 추호도 없다는 사실이다. 참다운 종교적 대상을 부정하고 대신 그 자리에 자신들이 관계하는 '문화 예술활동'을 대치하려는 것도 아니고, 자신들이 종교가 말하는 '신적인 것, 혹은 궁극적 실재'의 구체적 '상징'이라고 주장하지도 않는다는 점이다. 그들은 '원본이 없는 우상'으로서 유사종교적 성향과 기능을 수행한다는 점에서 '시뮬라크르simulacre'나 마찬가지이다. 이 불어단어의 사전적 의미는 '흉내, 모의, 외모, 겉 치레, 환상, 환영'등 여러 가지 의미가 담긴 단어이다.

문화신학자 폴 틸리히는 종교를 신이나 절대자 같은 실체를 전제하지 않고서도 '궁극적 관심에 붙잡힌 상태'라고 종교현상학적으로 규정한 바 있고, '궁극적 관심'이란 "마음과 뜻과 성품을 다하는 관심"이며, 종교란 바로 그런 '궁극적 관심에 붙들린 상태'라고 말한 바 있다. '아이돌 팝'에 열광하고 심취하는 청중이나 특히 열성팬들에게는 교회와 성당과 사찰에서 받는 자기 삶의 의미보다 '아이돌 팝' 콘서트에 더 몰입을 경험한다면 대중문화가 그들에겐 종교로서 기능을 하고 있는 것이다. 문제는 '원본이 있는 종교냐, 없는 우상이냐'라는 관념론적 담론은 의미가 없다는

---

10) 이동연 엮음, 『아이돌』(2011), 19.

점이다. 진정한 문제는 정통종교이거나 유사종교 기능을 하는 문화종교이거나 간에 종교가 주는 실질적 '존재변화 체험' 곧 자기실현, 자유인으로서 해방, 생사문제의 해결, 사랑자비의 실천능력 고양, 진선미와 일치 등을 경험하게 해주느냐의 여부만이 문제인 것이다.

여기에서 특히 성서적 종교의 관점에서 참 종교의 시금석으로서 '정의'문제가 거론된다. 사실 신구약 성경에서 참 종교로서 야훼신앙과 우상종교로서 바알신앙과의 갈림길은, 종교가 해당 종교 귀의자에게 주는 위로, 풍요로움의 약속, 안전, 다산과 번영, 생명의 충만감 같은 점에 있지 않고 '정의로움의 요소'가 핵심이었다. 황금송아지가 상징하는 부와 권력은 오늘날도 한류라는 문화산업에서 경제적 부가가치 창출과 명예로움의 만족감과 국가 이미지 제고라는 정치 어젠다로서 작동한다.

한류와 관련하여 '정의로움'의 요소는 3가지 차원에서 검증되어야 한다. 한류문화 현상이 문화 창조적 아이콘으로서 긍정적인 '시뮤라크르'가 되느냐 부정적이고 파괴적인 현대 대중문화의 '우상'이 되느냐도 결국 '정의' 요소가 사느냐 죽느냐로 결정된다. 첫째, 한류 문화산업의 창작진들과 출연자 연예인들과 연예 기획사와 소비 대중등 각 구성원들 간에 공정성과 투명성과 인격적 존중이 담보되고 있는가의 여부이다. 둘째, 한류 문화상품이 제3국에로 수출될 때 여타 민족문화와 지역 문화 산업체와의 상호관계성에서 상보상생적 관계가 '정의로움'이라는 기준에 어긋나지 않게 영위되고 있는가? 셋째, TV 드라마이건 아이돌 팝이건 세계에 진출하는 한류의 문화콘텐츠가 현재 세계를 지배하는 자본과 권력과 소비문화의 잘못된 문명질서를 '정의로움'의 이름으로 분노하는 저항적 열정을 가지고 있는가의 여부이다.

지금까지 우리는 문화현상으로서 1980년대 말부터 나타난 한류에 대한 문화콘텐츠학적 분석을 전문가들의 도움을 받아 일별하였고, 말미에 한류와 '정의'라는 주제가 왜 선정 되었는지를 양자의 관계성에서 간략하게나마 살펴보았다. 이제 본 논문의 중심부에 들어가 보고자 한다. 다음 장에서 우리의 관심은 한류를 창발(創發)시켜낸 조선 동이족 후예들의 집단적 민족 심성의 원형적 특징을 문화신학적으로 조명해보는 과제가 될 것이다.

한류를 일으킨 원형적 심성과 역동적 창조성에 대한 문화신학적 조명

폴 틸리히 생명신학의 '세 가지 생명운동론'에서 조명

조지훈(1920-1968)은 민족성이라는 것은 동일한 풍토적 환경에서 역사발전을 겪으면서 집단생활을 하는 동안에 형성된 공동적 마음바탕 이라고 말한다. 그리고 한민족의 성격은 풍토적 특성으로서 '대륙성'과 '해양성' 두 가지가 서로 작용하는 것으로 보았다.[11] 대륙성이란 대륙적 지질 기후 풍토가 주는 대륙적 웅혼성일 터인데 이것이 민족성 속에 역동적 '격정성'을 길러주었고, 해양성은 남방적 해양에 접해있음으로 인하여 길러지는 예술적 '평화성'을 길러주었다고 분석한다.

민족성은 자연환경 영향아래서만 아니라 오랜 정치 역사적 공동경험에 시달리면서도 형성되는데, 한민족은 동아시아의 동쪽에 위치하면서

---

11) 조지훈, 『한국문화사 서설』(파주: 나남, 1996), 21-23.

주위에 여러 나라와 관련을 맺어야하는 다린성多隣性과 삼국시대 이후론 반도 땅 안에 갇힌 고립성孤立性의 제약을 받아 각각 '적응성'과 '보수성'을 습득하게 되었다고 분석한다.[12] 위와 같은 자연환경과 역사 환경 특히 정치사회적 공동경험에서 형성된 민족 심성은 문화 창조의 특성으로서 감각적 '수용성'과 '조형성'을 길러주었다고 분석하였다.[13]

정리하면 한민족의 민족 심성은 그 특징으로서 대조되는 3가지 조組로서 압축되는 양면성을 지니게 되는데, '격정성과 평화성', '적응성과 보수성', '수용성과 조형성'으로 대립되는 양극적 성격을 갖게 된다. 중요한 것은 이 양극적 요소들은 이론적 분석과정에서 드러난 특징일 뿐 실재로는 이 양면적 대립소들이 신묘하게 어울려 지고 융합 될 때, 한민족의 독특한 기질이 창조적으로 발현되는 것이고, 각각 대립소들이 분열적으로 나타날 땐 온갖 부정적 민족 심성이 표출된다고 보았다.[14] 예를 들면, 격정성은 광기성과 조급성으로, 적응성이나 수용성은 모방성과 짝퉁 선호기질로, 평화성과 보수성은 사대적 극우파 정치이념으로, 조형성은 심각성이 결여된 감상주의에로 흐르게 된다.

필자는 조지훈의 민족 심성 형성에 대한 가설을 높이 평가하면서, 그러한 민족 심성의 여섯 가지 특징이 창조적으로 융합되어 나타남으로서 '한류'라고 통칭하는 독특한 예술적 맛과 멋을 창발 시킨다고 보고 싶다. 그것들은 어떤 TV 드라마 장면에서는 주인공이 보여주는 불굴의 강인한 성격과 인애와 평화 지향적 이미지로 나타나고, K-Pop 군무 속에서는 웅혼한 역동적 동작 가운데 조화와 생기生氣의 신선한 바람으로 감지되고,

---

12) 앞의 책, 27-28.
13) 앞의 책, 28.
14) 앞의 책, 28-29.

현대 팝 음악의 여러 장르들이 음악적 조형성을 띄면서 한국 아이돌 팝의 특유한 음악성으로 감동을 준다.

문화신학적 관점에서 볼 때, 인간생명의 존재론적 양면성을 통전·융합·조화시키는 제3의 원리 혹은 제3의 감추인 능력이 무엇인가를 묻는다. 기독교 신학은 그것을 가능케 하는 실재가 바로 '힘과 의미'의 통전자요 '새로움과 생명'의 창발자인 성령이라고 이해한다. 그러한 성령론적 생명관에서 문화신학자 폴 틸리히(Paul Tillich, 1886-1965)는 인간생명 운동의 3가지 차원을 다음 같이 분석하고 그 양극성적 분열을 극복케 하는 성령 안에서의 '새로운 존재'를 구원받은 상태 혹 건강한 생명상태로서 설명하였다.15)

틸리히에 의하면 모든 생명들은 그들의 존재성을 지속하기 위하여 3가지 근본적 운동 속에 있다. 틸리히는 그 3가지 운동을 '생명의 자기통전 운동', '생명의 자기창조 운동', 그리고 '생명의 자기초월 운동'이라고 명명한다. 식물이나 동물이나 그리고 그 범주 안에서 진화선상에 출현한 여러 가지 다양한 수준들의 모든 생명체 안에서, 어떤 생명체 안에서는 희미하게 혹은 보다 명료하게, 이 세 가지 운동은 나타난다. 폴 틸리히는 생명의 위와 같은 세 가지 기본 운동의 결과가 인간생명 차원에서는 각각 인격현상, 문화현상, 종교현상으로서 보다 더 명료하게 나타난다고 보았다.

'생명의 자기 통전 운동'(the self-integration movement of life)은 생명체가 자기로서 중심성을 지닌 개체로서 자기를 의식하고 지탱하려는 자기중심적 생명충동 속에 뿌리박고 있다. 이 운동이 인간이라는 생명종에서 자기의식을 갖춘 인격성으로 꽃 피었다. 온 우주를 주고도 바꿀 수 없다는

---

15) 이 부분은 Paul Tillich의 고전적 명저 *Systematic Theology* , vol.3, part. IV. "Life and Spirit"를 기본 자료로 하였다.

인간존엄성 의식에서 극치에 이른다.

그런데, 인간생명체의 자기통전 운동은 변증법적 길항작용 속에 있는 '개체화와 참여'(individualization and participation)라고 표현되는 두 가지 생명현상의 상의·상자·상보·상생(相依·相資·相補·相生) 속에서만 그 실현이 가능하다. 개인생명이 인격적 개체로서 영글어지려면 개체를 둘러싸고 있는 타자들과의 관계적 참여 속에서만 형성가능하다. 3대 타자는 자연, 역사, 그리고 사회인 것이다. 인간은 그의 실존상황 아래에서 언제나 개인주의와 전체주의 양극의 한쪽으로 기울어질 때, 생명은 병들고 자기통전 상태인 역동적 건강성을 상실하게 된다. 생명의 연대성과 사회성을 철저하게 인지하고 참여하는 개체적 인간만이 성숙한 사람이다. 그것을 가능케 하는 제3의 신비한 힘 또는 원리가 '생명의 영으로서 성령'이라고 기독교는 고백한다.[16]

틸리히의 생명신학에서 생명의 둘째 기본운동은 '생명의 자기창조 운동'(the self-creation movement of life)이다. 이 운동은 생명이 동일한 상태에 머물러서 동일한 생명패턴을 무한 반복하면서 제자리에서 뱅뱅 도는 것이 아니라 새로운 것을 창조하려고 앞을 향해 전진하려는 생명충동이다. 여기에서 말하는 '창조'라는 단어는 물론 인간이라는 생명단계에서 그 의미가 제대로 나타나지만, 인간이하 생명체에서도 약하고 희미하게나마 이전보다 다른 것, 다양한 품세를 창발 시키려는 본능적 충동 속에 있다. 진화곡선상에서 인간 생명종 단계에 이르러 '생명의 자기창조 운동'은 '문화'라는 현상으로 꽃피어 났다.

그런데, '생명의 자기창조 운동'은 두 가지 서로 변증법적 길항작용 속

---

16) Paul Tillich, *Systematic Theology*, vol.3 (Chicago: The University of Chicago Press, 1951.) 30-49.

에 있는 '역동성과 형태'(dynamics and form)의 상호관계성 안에 있는데, 양극성이 '상의 상자 상보 상생' 관계 안에 있을 때에만 건강하고 그침 없는 창조적 운동이 가능하다. 인간생명 체험단계에서 '역동성'이라는 범주 안에는 자발성, 자유분방, 힘의 충일성, 신명성, 놀이성 개념이 다 포함된다. 다른 한편 '형태성'이라는 범주에는 규칙, 질서, 법률, 제도, 조직, 형식 등의 개념이 다 포함된다. 인간 실존적 문화 창조 활동 안에서는 이 두 가지 구성적 요소가 상호 변증법적 길항작용 속에서 서로를 제약하고 서로가 다른 구성소를 무시하려는 충동 속에 휩싸이게 된다. 율법, 정치적 제도와 법률, 예술적 형식과 형태이론은 문화 창조의 자발성과 역동성을 억압한다. 이 긴장 갈등을 창조적 상보관계에로 승화시키는 제3의 생명원리와 힘이 성령이라고 기독교는 고백한다.[17]

틸리히의 생명신학에서 생명의 제3운동은 '생명의 자기초월 운동'(the self-transcendence movement of life)이다. 모든 생명체는 유한하고 우발성에 존재위협을 받고 있는 연약한 존재이기도 하다. 생명 있는 것들은 단순히 제자리에서 반복운동 하거나, 새것을 지향하려는 전진적 창조 운동만으로 만족하지 않고, 자기 한계를 돌파하려는 '초월' 운동을 하려한다. 인간생명 현상에서 이 운동은 마침내 '종교현상'에서 극치를 이룬다. 생명의 자기초월 운동은 말하자면 위로 오르려는 생명의 상향운동이다. 비상飛上충동이며 유한성을 극복해보려는 운동이다.

그런데 '생명의 자기초월 운동' 역시 인간실존 상황에서는 두 가지 서로 변증법적 길항작용 속에서 요동치게 되는데, 그 두 대극적 요소는 '자유와 운명'(freedom and destiny)이다. '자유'란 자기를 스스로 부정하면서도

---

17) 앞의 책, 50.

자기를 초월하려는 인간 의지와 존재의 용기이다. '운명'이란 숙명이라고 해도 좋고 필연이라고 해도 좋은 삶의 근본적 한계성을 다 내포한다. 예를 들면, 죽을 수밖에 없는 인간의 유한성, 생로병사의 인간 한계상황, 천재지변등 거대한 자연 시련 등이다. 운명을 초극하려는 인간생명의 자기초월 충동은 때론 종교, 숭고한 이념, 과학 지상주의 등을 절대화시킴으로서 우상화 혹은 악마화라는 덫에 걸린다. 반대로 자유를 극단화시킴으로써 교만hubris, 무제약적 탐욕concupiscence, 허무주의, 세속주의에 빠지곤 한다. '자유와 운명'의 양극성을 '상의 상자 상보 상생' 관계구조 안에서 건강한 자기초월 운동으로 지양하려면 제3의 원리 혹은 힘이 필요한데 기독교는 그것을 은총과 사랑의 능력이신 성령이라고 고백한다.[18]

한류가 건강한 역동성과 생기 발람함과 예술적 조화를 표출해내는 문화운동으로 계속 발전하려면, 틸리히가 분석한 생명의 세 가지 운동이 지닌 서로 대립적인 요소들 곧 '개체성과 사회성', '역동성과 형태성', 그리고 '자유와 숙명'의 상호관계성이 어느 한 쪽으로 치우침 없는 창발적인 승화예술이라야 한다. 그 양자를 통전시키는 의미와 능력의 통일적 실재가 성령인데, 일반 문화운동 속에서 '성령'은 결국 생명의 기氣, 숨결, 해방과 화해의 촉매로서 나타난다.

함석헌 고난사관의 '세 가지 생명 원리론'에서 조명

함석헌(1901-1989)은 한국역사를 지어가는 한민족 성격 중 가장 중요한 특징을 두 가지 들었다. 그 하나는 "호양부쟁"好讓不爭의 성격으로서 오늘날 말로 표현하면 관대·박애·예의·청렴·자존 등의 개념인데 순수 우리

---

18) 앞의 책, 86-110.

말로 압축 표현하면 '착함'이라고 본다. 그리고 또 하나 다른 기본성격은 중국『후한서』에서 우리민족 성격묘사를 하는 글 중에 "인성질직강용人性質直彊勇"이라는 표현인데, 요즘말로하면 용감·올곧음·굳셈·지조 등으로 설명될 수 있으며 순수 우리말로 압축표현하면 '날쌤'이라고 보았다. 다시 한번『후한서』 표현으로 하면 '강용이근후彊勇而謹厚'라는 것이다.19)

현재 많이 변해버린 한국민의 심성을 보면 함석헌의 생각은 지나치게 민족 심성의 좋은 면, 그것도 오랜 옛날 우리조상들의 심성묘사같이 들리지만, 집단적 민족 심성의 가장 밑바닥에 '착함과 날쌤'으로 압축표현 되는 두 가지 성격이 있다는 주장은 귀담아 들어야 한다. 한류를 연출해 나가는 문화 콘텐츠 모든 분야에서 '날쌤'이라는 역동성과 '착함'이라는 인간 본연의 인仁의 함축성을 빼놓고서는 '한류'의 한류다움은 그 원 샘터를 찾기 어렵다.

함석헌의 씨올사상을 여러 가지 측면에서 성찰할 수 있지만, 그 중 한 가지로서 필자는 한국적 '생명철학'으로서 읽고자 한다. 함석헌의 '생명철학'은 세 가지 기본원리를 주장한다. 첫째는 '생명은 하나이다'라는 원리, 둘째는 '생명은 스스로 함이다'라는 원리, 그리고 셋째는 '고난은 생명의 구성소이다'라는 원리인 것이다.

첫째, '생명은 하나이다'라는 원리는 생명이란 사람의 몸처럼 유기체적으로 서로 관계되어 있는 '일즉다, 다즉일'(一卽多, 多卽一)의 화엄적 연기세계緣起世界로서 상의, 상보, 상자, 상생(相依·相資·相補·相生) 관계 속에서 개체이면서 전체라는 자각이다. 함석헌의 이 첫째원리는 폴 틸리히의 생명신학의 첫째 기본운동인 '생명의 자기통전적 운동'하고 통한다.

---

19) 함석헌,『뜻으로 본 한국 역사』(파주: 한길사, 1983), 86-90.

둘째, 함석헌의 생명철학의 둘째원리인 '생명은 스스로 함에 있다'라는 원리는 생명의 자발성, 자유, 역동성, 창조성, 자기조직화 운동을 강조한다. 함석헌의 이 둘째원리는 폴 틸리히 생명신학의 둘째 기본운동인 '생명의 자기창조 운동'과 상응한다. 함석헌은 다음같이 말하는데 신학자 폴 틸리히의 생명신학과 생각이 통한다.

> 생명은 지어냄(創造)이다. 맞춤(適應) 위에 대듦이 있듯이 대드는 바탈(性) 뒤에는 끊임없이 새 것을 지어내려는 줄기찬 힘이 움직이고 있다. 생명은 자람이요, 피어남이요, 낳음이요, 만듦이요, 지어냄이요, 이루잠이다. 하나님은 나타내는(啓示, 現實)이다. 절대의 뜻(意)이다. 끊일 줄 모르는, 다할 줄 모르는 의욕이다. 의욕보다도 의미다. 의미기 때문에 의지요, 의의意義다. 그것은 영원히 된 것(完成)이면서 또 영원히 되자는, 되고 있는 것(未完成)이다.[20]

셋째, 함석헌 생명철학의 셋째원리는 '고난은 생명의 원리이다'라는 주장에 있다. 이 점은 동아시아 특히 한국의 생명철학을 서구 철학사에 나타난 생명철학과 구별시켜주는 중요한 특징이 된다. 생명이 있는 곳엔 언제나 항상 고난이 있다는 것, 고난은 생명탄생과 지속과 자기승화의 필요 불가결한 구성소라는 인식이다. 그러므로 고난은 미화하거나 찬양할 것은 아니지만 도피해서도 안 되고 부정적으로 억압해서도 안 된다는 것이다. 고난은 생명을 정화시키고 더 높게 승화시키는 계기가 되기 때문이다. 함석헌의 이 생명의 셋째 원리는 폴 틸리히 생명신학의 세 번째 기본운동

---

20) 앞의 책, 210.

'생명의 자기초월 운동'과 상응한다.

함석헌의 생명철학인 씨올사상에서 보면, 하나님·역사과정·사람(민중)의 삼자관계는 마치 진흙바닥에 뿌리박고서 솟아난 연꽃이 물결에 흔들리면서도 연꽃줄기가 수면위로 꽃을 피워내는 생명현상으로 은유된다. 그 삼자 곧 뿌리, 줄기, 꽃잎은 구별되지만 분리되지 않는다. 뒤집어 생각하면, 하나님은 하나의 '온 우주 생명'을 맨 꼭대기에서 본 것이고, 역사는 움직이는 시간과정에서 본 것이고, 민중(씨알)은 맨 땅 바닥에서 본 것이다. 구별되지만 분리되지 않는다. 땅위의 민중고난은 역사의 고난현실이요 곧 그것은 하나님의 고난이기도 하다. 맨 바닥의 흙 중의 흙인 고난당하고 있는 민중의 생명 안에 참 샬롬이 실현되기 전에는 '하나님의 나라'는 아직 실현되지 않는다. 이미 실현된 천국일지라도 온전한 만물의 성취 '새 하늘과 새 땅'을 기다린다는 것이 성경의 메시지이다. 한류는 민중의 고난과 희망을 예술로서 보여주는 것일 때 뭇 사람을 언제나 감동시킬 것이다.

'한류'를 문화신학적 관점에서 조명하면서 함석헌의 생명철학이 말하는 세 가지 생명원리를 언급하는 이유는 무엇인가? 한류가 아무리 현대 대중들의 욕망을 충족시키는 문화산업으로서 발전하더라도, '문화상품'으로서 그치지 않고 지속적인 '문화운동'으로 발전 해가려면, 한류문화 콘텐츠를 만들어가는 문학, 예술, 경영, 기획 모든 전문가들의 문화 창조 작업과정 속에 현대문명의 위기를 돌파하려는 철학적 비전이 작업바탕에 있어야하기 때문이다. 현대문명은 지나치게 '고난'을 터부시하며, 인간의 '한계상황'을 부정하고, 대중을 '쾌감원리'로서 이끌어가면서 일차원적 '욕망과 충족'의 메커니즘 속에 몰입시켜가려는 유혹에 빠지기 쉽다. 그 틈새를 끼고 들어온 것이 상업주의요, 섹스어필하게 하려는 성욕자극 예술형태이다. 그리고 상업주의와 성애주의는 굳건한 동맹을 맺고서 '한류'의 본래적 문화 예술적 생명력을 세속화 시켜버릴 위험을 언제나 안고 있다.

현영학의 탈춤신학과 유동식 풍류도적 예술신학에서 조명

한국의 민중신학은 그동안 서남동과 안병무의 민중신학을 중심으로 하여 후학들에게 더 많이 영향을 끼치고 연구되었다. 그 결과 한국 민중신학은 '사회정치신학'(a socio-political theology)으로 각인 되어온 감이 강하다. 그것은 틀린 이해는 아니지만, 1970년대 민중신학자 제1세대 3인방 중에서 또 다른 한 분 현영학의 '탈춤신학'을 통해 보여준 귀중한 통찰을 소홀히 한 감이 없지 않다. 이번 한류에 대한 신학적 조명을 함에 있어서 현영학의 탈춤신학과 유동식의 풍류도적 예술신학의 관점에서 한류를 조명하는 것은 '한류'가 일단 '정치사회 사건'으로가 아니라 '문화사건'으로서 발생한 것이기에 더욱 중요하다고 본다.

현영학(1921-2004)의 탈춤신학은 그의 탁월한 문화신학적 통찰력을 보여준다. 그의 기념비적 논문 「한국탈춤의 신학적 이해」는 탈춤에 대한 최초의 신학적 해석이라는 점에서 한국 신학사에 길이 기억할만한 논문이 되었다. 당시 군사정권의 독재성에 비판적이던 대학생 저항써클에서 탈춤을 통하여 정치적 사회비판을 즐겨 행할 때, 현영학은 한국탈춤은 단순히 정치적 비판의식의 표현으로서만 아니라, 그것을 넘어서는 "더 깊고 넓은 종교적·사회문화적 의미가 엿보이고 있다"[21]고 새로운 면을 보여

---

21) 현영학, 「한국탈춤의 신학적 이해」, 『민중과 한국신학』 (서울: 한국신학연구소, 1982), 348-368.

주었다. 여기서는 위 논문에 대한 자세한 소개를 할 자리가 아니므로 한류와 관련하여 몇 가지 점만 언급하고자 한다.

첫째, 현영학은 마샬 맥루한의 명언이었던 "매체가 메시지이다"를 인용하면서 탈놀이를 이해하기 위해서는 탈놀이의 구성요소를 입체적으로 이해해야만 한다고 말한다.

"탈놀이의 구성요소들, 즉 탈, 음악과 무용, 공연시기와 장소, 재담, 연희자와 관중 등의 복합적인 구성요소들의 기능을 총체적으로 살펴보아야 하리라고 본다. 재담에서 나타나는 희극적 갈등구조의 메시지도 이 복합적인 구성요소들을 고려하지 않으면 제대로 이해하기 어렵다."[22] 현영학이 아직 생존해 계신다면 오늘의 '한류'를 가장 정확하게 신학적 해설을 할 수 있는 유일한 신학자였을 것이다. 특히 한류의 문화 콘텐츠 중에서 'K-Pop' 명칭아래에 총괄되는 모든 젊은이들의 '군무적 대중음악'에 종사하는 가수들과 무용수들과 작곡가 및 안무가들은 현영학의 이 논문에서 혜안을 얻을 것이다. 왜냐하면 한류 K-Pop의 춤과 노래와 재담은 탈춤의 그것들과 형식만 다르지 본질적으로는 같기 때문이다.

둘째, 현영학은 탈춤의 신학적 해석에서 탈춤을 통해서 춤추는 자나 관중들이 '비판적 초월경험'을 한다는 것을 강조하였다. 종교사회학자 피터 버거[Peter Berger]의 지론 곧 "이 세상에 대한 인간정신의 예속을 웃어버림으로써 해학은 이 예속이 최종적인 것이 아니라 극복 할 수 있는 것이라는 사실을 말한다."[23] 현영학은 피터 버거와 하위징아[John Huizinga]의 통찰을 한국의 탈춤 속에서 발견하고 다음 구절을 인용 소개한다. "놀이는 사람

---

22) 앞의 책, 350.

23) 현영학 위 논문에서 다시 인용. Peter Berger, *A Rumer of Angels* (New York: Doubleday & co., 1969), 70.

으로 하여금 심각하고 비극적인 현실의 삶 안에 그것과는 전혀 이질적인 규율이 지배하는 즐거운 세계와 시간으로 쐐기를 박는다."24)

필자가 강조하고자 하는 것은 '한류'는 일종의 '문화적 놀이'라고 보는데, 문화의 한 기능으로서 예술적 놀이이기 때문에, 특히 '아이돌 팝'의 음악, 춤, 재치 있는 지껄임 등은 단순한 즐거움이나 욕망 대리충족 시간만이 아니라 관중이 비판적 자기초월 경험을 할 수 있도록 유념해야 한다는 것이다.

유동식은 현영학과 동년배로서, 민중신학 제1세대와 교류를 함께 하면서도 가장 장수하시면서 독특한 풍류도적 예술문화신학을 그의 신학의 여로 결실물로 한국 기독교계와 문화계에 제시한 분이다. 풍부한 내용을 지닌 그의 풍류도적 예술신학 중에서 '한류'와 관련하여 두 가지 점만을 다시 주목하려고 한다. 첫째는 그의 화랑도들의 교육과정에 대한 종교적 해석이요, 둘째는 그의 풍류도 신학의 '한·삶·멋'이라는 삼원적 구조론에서 특히 풍류도의 체體를 '멋'으로서 보는 예술신학적 해석학이다.

첫째, '한류'와 관련시켜 화랑도를 새로운 눈으로 이해 할 수 있다. 유동식에 의하면 "화랑이란 풍류도를 몸에 지닌 주체적인 청년 지도자들 이었다"25) 대립하던 삼국통일을 꿈꾸며 내일을 준비하던 젊은이들의 단체였지만, 요즘 생각하는 군 입대 예비 병력의 훈련목적과는 전혀 다른 것이었다. 화랑 무리는 요즘말로하면 'K-Pop'을 형성하고 있는 무수한 아이돌 그룹에 비유 할 수 있다. 화랑들의 무대는 명산대천이었고 아이돌 그룹들은 조명 등이 비춰는 무대인 점이 다를 뿐이다.

『삼국사기』에 근거하여 유동식은 화랑은 한국 민족문화 형성의 터

---

24) 피터 버거, 앞의 책, 58.
25) 유동식, 「풍류도와 풍류신학」, 『소금유동식전집』 제10권 (서울: 한들, 2009), 313.

전을 만들었다고 보면서, 화랑들은 도의로서 서로 몸을 닦고(相磨以道義), 노래와 춤으로 서로 즐기며(相悅以歌舞), 명산대천을 찾아 노니는 것(遊娛山水)을 주목했다. 화랑 무리들은 대자연을 무대로 삼고 노래와 춤으로서 서로 즐기면서도 육체적 쾌감을 탐닉한 것이 아니라 도의로서 정신적 내공을 쌓고, 초월자 신령(神靈)들과 접촉을 통해 요즘 말로 영성수련 하고자 명산대천을 찾았다. 말하자면 화랑은 육체수련, 예능수련, 종교수련을 함께하는 새 시대를 열어갈 10대 후반에서 20대 초반의 젊은이들이었다는 것이다. '한류' 중에서 K-Pop으로 통칭되는 오늘날의 젊은 신세대 가수 연예인들이 그 지속적 에너지를 유지해가려면, 단순한 문화산업 연예기획사에 예속된 존재라는 자기의식을 넘어서, 21세기 화랑의 무리들이라고 스스로 자긍심을 갖도록 해야 할 것이다.

둘째, 유동식의 풍류도 신학에서 주목할 점은 풍류도를 한민족의 집단 무의식 속에 있는 원형적 영성이라고 판단하면서 풍류도의 내용적 실체를 '한·삶·멋'이라는 순수 우리말 개념으로 총괄 표현해 냈다는 점이다. "언어는 존재의 집"(하이데거)이라고 말한다. 9세기 최치원의 「난랑비서문」속에 한문글자로 잠들어 있는 풍류도를 부활시키려면 오늘의 우리말을 몸으로 하여 부활해야 한다. '국유현묘지도國有玄妙之道', '왈풍류曰風流', '실내포함삼교實乃包含三敎', '접화군생接化群生' 이라는 네 마디 한자구절 속에 담겨진 보이지 않는 '종교와 문화'의 상호관계를 우리말로서 표상화 내어 '한 삶 멋'으로 나타낸 것은 참으로 탁견이라 하겠다.

유동식의 풍류신학에서는, 한문 정신문화계의 '체상용體相用'이라는 존재드러남의 삼원적 기능론을 차용하여 '멋'을 풍류도의 '체體'로 본 것이 유동식 예술신학의 특이점이다. '멋'은 예술이요, 신바람이요, 춤과 노래이며, 성령활동의 선물로서 주어지는 느낌이다. 신학적으로 부연한다면 신학의 최고단계는 창조주 하나님과 창조세계의 '아름다움'을 노래하고 춤추는 '찬양의 예배신학'이라는 말이다.

　'진선미'를 말할 때, 서구 철학사상사는 철학적 진리탐구와 도덕적 선의 탐구를 예술적 미의 탐구보다 은연중 높이 평가했다. 그런데, 유동식은 예술과 아름다움을 종교의 구경단계로 본다는 말이다. 21세기 영성시대에 종교적 영성은 예언자, 과학자, 예술가의 영성의 통전이라야 할 것이다. '한류'란 예술문화를 매개로하는 한민족적 영성의 발로이자 표현이다. 예술문화의 책무는 권력과 노동과 물질에 노예가 되어있는 인간들을 아름다움의 세계로 승화시키는 일이며, 멋의 경지란 『大學』에서 말하는 '된데 머무는 것'(在止於至善)으로서 큰 배움과 삶의 온전한 경지일 것이다. 유동식의 예술신학의 단면을 열어 보인 문단을 인용해보자.

　'아름답다'는 우리말은 예술작품이 지닌 미美가 무엇인가를 잘 표현하고 있다. '아름'은 '아람'의 변음으로도 볼 수 있다. 밤알이 영글어서 밤송이를 열고 자신을 내보였을 때, 이것을 '아람분다'고 한다. '아람'이란 무르익은 속알이요, '답다'는 그 형상이 여실하다는 말이다. 따라서 '아름답다'를 한자로 의역한다면 '진여眞如'가 된다. 불변의 진실이 표현된 것을 작품을 보고 '아름답다'고 하는 것이다.[26]

　'한류'의 문화 콘텐츠가 TV 드라마이든 음악, 미술, 연극 무엇이든 간에 '한류'를 만들어가는 모든 종사자들이 명심할 것은 '아름다움의 형상화'가 본연의 자기정체성인 것이지 그 외에 다른 무엇이 아님을 다시한번

---

26) 유동식, 『소금 유동식 전집』 제10권 (2009), 508.

더 다짐할 일이다. 특히 기업체의 자본권력, 정부의 정치권력, 대중들의 소비자권력이 자신들의 입맛에 맞도록 '한류'를 수단으로서 이용하려드는 압력이 점점 더 거세어져 갈 때, 속물화 되어가는 인간을 아름다움의 예술로써 구원하는 문화 활동 본연의 사명자각이 절실한 시점에 도달한 것으로 보인다.

셋째, 유동식의 삼태극적 구조인 풍류·예술신학에서 제3이라는 숫자가 지니는 의미를 한국 대중음악 그룹 멤버들 구성방법에서 음미하고자 한다.

댄스음악이 유행하기 시작하고 '아이돌' 그룹들이 본격적으로 활동하기 전부터 K-Pop 멤버들의 구성은 특히 3인조가 많았다고 한다.27) 3,5,7,9등 홀수로 구성된 팀들이 지닌 역동성은 균형과 안정과 반복적인 패턴이 지속되는 좌우대칭성이나 음양원리를 넘어서서, 새로운 요소를 촉매하고 출현시킨다. 음양의 이원구조가 지닌 긴장은 해결되고 잃어버린 통일성이 회복된다. "3이 들어가는 곳에는 통과, 재탄생, 변화, 성공이 뒤따른다. … 셋보다 작은 것은 불완전해 보이고, 셋보다 많은 것은 지나쳐 보인다. … 셋은 포용하는 종합을 통해 일체성과 완전을 선언한다."28)

한국 미술계에서 고미술사의 원로인 고유섭이 한국미의 특징으로서 '비정제성'(非整齊性, asymmetry)을 말하고, 2011년 노벨화학상을 수상한 다니엘 세흐트만은 "질서는 있지만 규칙적으로 반복되지 않는 구조를 가진 준결정물질準結晶物質"의 존재를 밝힌바 있는데29), 이것은 유동식의 '한

---

27) 이동연 엮음,『아이돌』(2011), 115. 예를 들면, 남성그룹 '제3세대', 여성그룹 '세 또래', 여성아이돌그룹 'S.E.S.'등.

28) 마이클 슈나이더/이충호 옮김,『자연, 예술, 과학의 수학적 원형』(서울: 경문사, 2002), 39-40.

29) 고유섭,『韓國美術史及 美學論攷』(서울: 통문관, 1972), 6-7; 동아일보 제28050호, 노벨화

삶 멋'에서 말하는 제3의 원리로서 '멋'이 한류의 역동성과 새로움과 재탄생을 창발 시키는 비밀이 아닌가 생각한다. 삼위일체론 신비에서 성령은 성부와 성자를 하나의 사랑의 띠로 묶는 '연합의 힘'이요 '새로움의 창조 힘'이라고 그리스도교 교부들은 말해왔다.

에필로그

문화산업주의와 문화내셔널리즘을 넘어 '새로운 문명, 하나의 세계'를 위한 촉매

지구촌이 나날이 가속화 되어 가면서 문화들은 상호교류하고 영향을 주고받으면서 문화혼종 현상을 나타내고 있다. '한류' 중에서도 K-Pop 장르는 그 변화속도가 다른 문화 콘텐츠에 비하여 빠른 것을 볼 수 있다. 예술 비평가 이동연의 말을 들어보자.

> 한국의 아이돌 팝은 탈국적화de-nationalization를 넘어서 초국적화trans-nationalization 하고 있다. 아이돌 팝의 음악 스타일, 아이돌 그룹 멤버들의 국적, 한국 아이돌 팝에 열광하는 다국적 팬덤, 그리고 아이돌 팝을 제작하는 시스템의 글로벌화가 초국적성의 주요한 요소들이다.[30]

'한류'의 탈국적화와 초국적화는 긍정과 부정의 양면성을 지닌다. 긍정적 측면을 본다면, '한류' 초기에 부딪힌 장벽으로서 한국과 다른 나라

학상 소개기사.

30) 앞의 책, 37.

에 엄존하는 문화내셔널리즘을 허물어뜨릴 수 있다. 정부는 '한류'를 국가 이미지 제고에 수단방법으로서 사용하려는 조급한 애국심으로 '한류'를 후원하면서 '한류' 구성원들의 자발성을 억압하는 경우가 없지 않았을 것이다. '한류'의 탈국적화는 아이돌 그룹 멤버들의 국적이 다양하게 이뤄지면서 더욱 가속화된다. 아이돌 팝의 탈국적화와 초국적화는 한국 청소년들의 대중음악 활동을 온 세계에 알리고 문화산업시장에서 그 영역을 다면화한다는 장점을 가져다준다.

그러나 동시에 탈 국적화나 초국적화는 '한류'에 위기를 가져다 줄 수도 있다. 음악 스타일이 혼종적인 음악형태로 갈수록 변화하고 그룹 멤버들도 국적이나 인종이 다양해질수록, '한류'의 독특한 매력은 살아져버릴 위기를 맞는 것이다. 아이돌 팝의 문화 콘텐츠 영역을 두고서만 말하더라도, 음악 스타일이 미국 대중음악적, 흑인 음악적, 유럽적 음악 스타일이 어우러지고 혼종적으로 연출되면서도 K-Pop 그룹만이 가지는 한민족의 독특한 예술의 맛이 바탕에 깔려 지속되어야 할 것이다. 우리가 제3장에서 살펴본 한민족의 독특한 예술적 '맛'이 어떻게 음악적으로, 드라마적으로 형상화되어 표현될 수 있는가 하는 문제는 온전히 여러 문화 장르에 종사하는 예술인 전문가들의 창조적 역량에 달려있다.

음악 분야만이 아니라, TV 드라마 분야에서도 소나기처럼 한 번 지나가고 만 <겨울연가>나 <대장금> 못지않게 아시아 대중과 세계인들의 예술적 감정을 움직일 수 있는 문화적 소재는 많다고 여겨진다. 예들면, <원효대사>, <명의 허준>, <등신불과 무녀도>, <문둥이의 아버지 성자의 지팡이>, <토지>, <명성황후> 등의 소재는 어떻게 창조적 각본을 쓰고 연출해 내느냐에 따라 큰 감동을 줄 수 있는 풍부한 예술 문학적 소재들을 갖춘 것이라고 본다.

여하튼 '한류'가 제작 기획사들의 문화산업주의와 정부의 문화내셔 널리즘에 속박당하지 않고 한민족의 문화운동으로서 그 창조적 역동성 을 어떻게 지속해 갈 것인가의 과제를 안고 있는 것이다. 한류는 궁극적으 로 '새로운 문명, 하나의 세계' 실현을 촉매하는 창조적 문화운동이 되어 야 할 것이다.

한류와 한국 기독교: 맘몬주의와 교리적 종파주의를 넘어 '생명 평화 정의' 공동체 촉매

마지막으로, '한류'에 대한 문화신학적 조명을 마감하면서 그 문화적 운동의 빛과 그림자 아래서 한국 기독교의 현황을 잠시나마 성찰하지 않 을 수 없다. 맘몬주의와 교리적 종파주의 동굴에 갇혀있는 한국 기독교는 한국사회에서 '문화 퇴행적 집단'으로 비춰진지 오래이다.

개화기 초에, 한국사회의 개화 및 근대화에 적지 않은 공헌을 한 기독 교회가 교회사 120년 만에 변화하는 문화상황에 가장 둔감하거나 적응하 지 못하는 종교단체가 되고 말았다. 현재 개신교 교회예배에 앞서 연출되 는 소위 '음악 선교단'의 곡과 가사들은 19세기 미국 부흥회에서 부르던 타계 지향적 복음성가 가사들, 감상적 멜로디, 무절제한 전자 확성기와 타 악기의 남용 등으로 영성의 정화나 승화는커녕 '소음' 단계로 전락하고 있다.

'한류'의 문화현상을 바라보는 목회자들의 일반적 감정은 매우 부정 적이어서 타락한 세속문화의 범람이라고 단정해버리고 그 창조적 의미 를 보지 못한다. 다른 한편 기독교 가정 아이들도 가정과 교회 밖에서는 '한류'의 바람에 휩쓸리거나 선호한다. 이러한 이중적 괴리의 극복이 시급하다. '한류'는 잘못 발전하면 현대 자본권력에 포로가 되고 정치권력에 이용당하면서 결국 태풍이 '열대성 고기압'으로 변질되는 것처럼 사라지고 말 수 있다.

그러나 동시에 깊은 관심과 격려와 참여적 비판을 통해서 그리스도교 교회가 꿈꾸는 '생명 평화 정의 공동체' 실현에 촉매 역할을 할 수 있도록 해야 한다. 그렇게 되기 위해서는 한국 개신교가 먼저 맘몬주의와 교리적 종파주의 동굴에서 벗어나서 '생명 평화 정의'를 실현하는 하나님의 나라 전진기지로서 다시 거듭나야 할 것이다. 그렇지 않으면 맛 잃은 소금처럼 밖에 버리워 사람들에게 밟히는 문화 퇴행집단, 문화 테러집단이라는 오명을 쓰게 될 것이다.

참고문헌

고유섭.『한국미술사 급 미학론고』. 서울: 통문관, 1972.

김기덕.『한국전통문화와 문화콘텐츠』. 성남: 북코리아, 2007.

김수이 편저.『한류와 21세기 문화비전』. 파주: 청동거울, 2006.

슈나이더, 마이클/이충호 옮김.『자연, 예술, 과학의 수학적 원형』. 서울: 경문사, 2002.

박장순.『문화콘텐츠학 개론』. 서울: 커뮤니케이션북스, 2006.

백원담.『한류』. 서울: 펜타그램, 2005.

하위징아, 요한/ 김윤수 옮김.『호모루덴스』. 서울: 까치, 1993.

유동식.『풍류도와 한국의 종교사상』. 서울: 연세대출판부, 1997.

유동식.『소금 유동식전집』, 별권, 〈예술과 신학의 만남〉. 서울: 한들, 2010.

유상철외 4인 공저.『한류의 비밀』. 서울: 생각의 나무, 2005.

NCC 신학연구위원회 편.『민중과 한국신학』. 서울: 한국신학연구소, 1982.

이수연.『한류드라마와 아시아 여성의 욕망』. 서울: 커뮤니케이션북스, 2008.

이동연.『아이돌』. 서울: 이매진, 2011.

임향란·우상렬외 공저,『한류 한풍 연구』. 성남: 북코리아, 2009.

조지훈.『한국문화사 서설』. 파주: 나남, 1996.

스미스, 필립 / 한국문화사회학회 옮김.『문화이론, 사회학적 접근』. 서울: 이학사, 2008.

함석헌.『뜻으로 본 한국역사』. 파주: 한길사,1983.

Tillich, Paul. *Systematic Theology*, vol.3.. The University of Chicago Press, 1963.

한류와 주체성

: 사이의 몸짓과 혼종의 기술

박일준 | 감리교신학대학교

한류는 문화적 타자에 의해 인식되는 '한국문화의 주체적 몸짓'일 것이다. 주체는 본시 타자의 주체라고 라캉은 언급한 바 있다. 그렇다면 우리가 한류라는 기획을 통해 찾고자 하는 주체성은 우리 내부의 우리 스스로를 결속시켜온 (민족 이데올로기 편향의) 고유성이 아니라, 오히려 우리가 외설적으로 폄하해 온 타자로부터 도래할 가능성이 높다.[1] 지젝은 우리가 그 외설적 타자의 담론을 공유할 때, 진정으로 한 공동체임을 공유하게 된다고 말한 바 있다.[2] 문제는 그 타자를 어떻게 포착 하느냐 이고, 포착된 타자를 어떻게 자기화selving 하느냐의 문제일 것이다. 우선 이 외설적 타자는 누구인가? 그것은 우리 한류의 소비자로 삼고 있는 그들 아닌가? 즉 그들을 우리의 문화상품을 구매할 소비자로만 간주하고, 문화의 본질인 소

---

1) Slavoj Žižek & Boris Gunjević, *God in Pain: Inversions of Apocalypse* (New York: Seven Stories Press, 2012), 103.
2) 앞의 책 (2012), 104.

통을 망각할 경우, 역설적으로 한류는 주체의 동력을 상실한다. 주체란 언제나 자신의 자아 경계 너머로부터 들려오는 타자의 음성이기 때문이다. 한국문화 특별히 한류가 한반도의 '우리' 만이 아니라, 이 지구촌 시대를 아우르는 우리의 문화 흐름이 되기 위해서는 한류의 주체는 지금까지 타자로 간주해 왔던 이들의 음성, 즉 타자의 음성을 듣고 체화하기를 연습해야 한다. 그리고 그를 통해 '나,' '우리' 그리고 '타자' '사이'의 몸짓은 혼종의 기술(art of hybridity)을 발휘해 새로운 주체로 거듭날 것이다.

본고는 한류의 고유한 주체의 몸짓을 어떤 고정된 실물이나 실체에서 찾기 보다는 오히려 다양한 이질적인 것들을 재편성하는 '편집의 기술'이라 보고, 그러한 편집의 기술을 '사이'(the between) 개념에서 찾고자 한다. 백원담은 한반도의 사람들은 "문화지정학적으로 … 끊임없이 사이(間)를 사고하지 않으면 안 되도록 강요받아왔다"고 하면서, 사이(the between, 間)를 "틈없는 틈(無間)을 흐르는 물의 속성으로 끊임없이 자기 존재양식을 새로운 관계성 속에 자리매김 해나가"는 자리로 인식한다.[3] 그런데 우리의 '사이'에 대한 사유는 비단 인간관계의 맥락에서만 이루어졌던 것은 결코 아님을 백원담은 미처 의식치 못하고 있다. 예를 들어, 시간時間, 공간(공간), 인간(人間) 등의 말 속에서 '사이'(間)가 '관계'라는 공통의 역할로 기능하고 있을까? 이들 단어들을 통해 알수 있듯이, 우리의 사유 속에서 '사이'는 마치 의식 이하로 파묻힌 원형처럼 간주되고 있고, 우리는 그의 본래적 사유를 망각한 채 그저 문화적 문법의 무의식을 통해 사용하고 있을 따름이다. 본고는 이 '사이'라는 주제어를 한류를 위한 지적 동력으로 자리 매김할 수 있을지를 살펴보고자 한다.

---

3) 백원담,『동아시아의 문화선택 한류』(서울: 펜타그램, 2010), 273.

본고의 논의를 위해 '사이'라는 용어의 작업가설적 정의를 제시하자면, 비트겐슈타인L. Wittgenstein이 『철학적 탐구』에서 제시한 개념 '시점 전환'change of aspect4)처럼 동일한 사물이나 사건에 대해 다른 해석적 가능성을 갖게 되는 가능성 혹은 잠재성을 말한다. 옆의 그림에서 우리는 '토끼'나 '오리'를 보지만, 그 둘을 동시에 볼 수는 없다. 하지만 오리가 보이다가 토끼가 보인다. 바로 그것을 비트겐슈타인은 '시점 전환'이라고 표현했는데, 필자는 그것을 비트겐슈타인과 달리 '사이'the between라 규정한다. 오리와 토끼 사이에는 아무 것도 존재하지 않는다. 하지만 오리와 토끼가 거기에 현존하기 위해서는 그 사이에 없음으로 존재하는 그 무엇이 요구되어진다. 그것이 바로 '사이'the between이다. 이 사이는 양극성bipolarity으로, 때로는 이중성duality으로, 때로는 중첩성overlayeredness으로, 때로는 양가성ambivalence로 표현되는데, 그러한 모든 작용을 가능케 하는 원초적 '시-공간'을 '사이'라 한다.

본고는 이 사이에 대한 사유를 한국적 사유 속에서 찾고, 그것이 한류가 흘러가고 있는 21세기 지구촌 자본주의라는 맥락에서 어떻게 '기독교

토끼-오리 그림

---

4) Ludwig Wittgenstein, trans. by G.E.M. Anscombe, *Philosophical Investigation*, Third Edition (Oxford: Basil Blackwell, 1967), 195(Part II, XI); 그림 1의 출처는 앞의 책, 194.

적 주체'의 출현과 관계할 수 있을지를 고민해 보고자 한다.

한류의 이중성

한류란 "원래 21세기를 넘어서면서 한국의 상업주의 대중문화가 국경을 넘어 동아시아에 돌연 두드러지게 유통되며 반향을 일으킨 문화현상"[5])을 가리킨다. 이러한 한류에 대한 정의에는 이중적 시선의 교차가 담겨있다. 우선 한류를 소비자본주의의 상품으로 보는 것이다. 본래 '한류'란 용어는 문화관광부가 제작한 "한국 알리기 홍보용 비매품 음반에 붙인 이름"[6])이었다고 한다. 말하자면 한류란 그 기획 단계에서부터 '생산품'(product)이었던 것이다. 하지만 다른 한편으로 '한류'의 상품화 속에서 주체의 몸짓을 읽어낸다는 것은 한류를 단순히 소비 자본주의 체제의 생산품으로서가 아니라, 그 속에서 생산자의 본래 의도와는 구별되는 어떤 반역과 저항의 몸짓을 구별해 내는 것을 가리킨다.

한편으로 현재의 한류는 우리가 제국적 세계체제 하에서 피눈물나게 습득한 습성, 즉 그 제국적 지배체제 하의 주변부 국가로서 생존해야 했던 생존 기술의 발현, 그 이상도 그 이하도 아닌 것으로 여겨질 수 있다. 즉 '자

---

5) 백원담, 『동아시아의 문화선택 한류』(2010), 9.
6) 앞의 책, 179. '한류'라는 말의 기원에 대해서는 사실 다양한 설들이 있다. 1999년 이후 중국 언론 매체에 회람되던 말이 2000년 2월 한국 댄스그룹 H.O.T.가 북경에서 공연한 내용을 전하면서 중국 한 신문이 "한류"를 공식적으로 언급했다고 하는 설(현남숙, "문화횡단 시대의 한류의 정체성", 302) 혹은 북경음악채널에서 한국음악을 소개하던 프로그램에서 프로그램을 기획하면서 寒流라는 명칭을 모방하여 韓流라는 말을 만들어내었다는 설이 있다(양해림, "문화의 교류와 한류문화(hallyu culture) 그리고 그 미래: 문화의 자본화와 탈상업주의화를 중심으로," 「인문학연구」 86(2012), 386-387.

본 논리'의 산물product이라는 것이다. 이 자본 논리를 통해 우리는 "한류의 자장 안에 있는 국가와 국민들을 끊임없이 경제적으로 대상화한다."[7] 아주 적나라하게 표현해서, "우리는 미국과 일본이 주도하는 세계 문화시장에서 특유의 틈새전략으로 한 귀퉁이에 점포를 마련하고 이제 막 신상품을 출시하여 식상해진 세계 문화 시장에 오히려 활력을 불어넣고 있는 와중이다."[8] 그렇게 한류는 상품으로 태어났다. 이런 맥락에서 한류는 결국 그 "거대 자본들에 의해 기획되고 조직되는 21세기 초반 문화산업 버전"[9]에 다름 아니다.

다른 한편으로 한류는 거대 자본들에 의해 무조건 휘둘려지기만 하는 문화제국주의의 측면만 있는 것이 아니라, "각국의 문화 상태와 문화주체들의 선택적 수용, 곧 주체적 선택에 의해 오늘의 국면을 이루고 있"으며, 이점에서 한류는 "동아시아의 문화선택"이 될 가능성을 담지하고 있다고 여겨지기도 한다.[10] 말하자면 문화관광부가 만들어낸 상품으로서의 한류는 지구촌 소비자본주의 체제 속에서 자본의 논리에 휘둘려지고 조장되는 상품이 되고 말았지만, 이 한류가 유통되는 단계에서 각 지역마다 고유의 주체적 논리로 수용되고 있는 측면들이 있으며, 이 주체적 측면들을 주목한다면 우리는 오늘날 한류를 '동아시아의 문화선택'으로 볼 가능

---

7) 백원담, 『동아시아의 문화선택 한류』(2010), 105. 이런 와중에서 우리 대중 매체는 한류를 "문화침공", "정벌" 등의 말로 선동하며 "제국주의적 욕망"을 식민지 국민에게 자극하는데 여념이 없다(앞의 책, 109-110). 지난 역사를 통해 그토록 '제국'의 힘과 논리에 당하고, 식민 지배의 폐해를 뼈저리게 경험했다면, 이제 더 이상 그러한 논리를 모방하거나 응용하는 식의 태도가 나오지 말아야 할터인데, 식민청산이 안된 우리의 미디어들은 "전 국민을 무뇌아로, 혹은 제국적 욕망의 앞잡이로 만들기에 혈안"이다(앞의 책, 110.)

8) 앞의 책, 175.

9) 앞의 책, 9.

10) 앞의 책.

성이 있다는 것이다. 즉 그들을 우리의 문화상품을 판매할 소비자로서 대상으로 보기 보다는 그들의 삶의 이야기들을 우리의 주체화를 위한 자료로 삼아, 그들과 소통하게 될 때, 우리가 만들어낸 혼종적 주체가 그들의 주체를 구성하는 요인이 될 가능성이 있다는 것이다. 그렇게 될 때 한류는 당당히 '동아시아의 문화선택'으로 자리매김 될 가능성을 담지하게 될 것이다. 백원담은 동아시아 각 지역의 고유하고 아름다운 "문화전통과 문화생산 능력"이 이제 "상품화"되고, "박제"되어, "시장 밖 뒷골목에서 조야한 모조품으로 헐값에 팔려가는"11) 세계 자본주의의 흐름 속에서, 자본의 의도와는 무관하게 뜻밖에도 그 흐름 속에 "상호관계성의 새로운 문화풍토가 기생"12)하고 있음을 보게 되고, 바로 거기서 '한류'가 그 저항적 흐름의 동력으로 기여할 가능성을 보는 것이다. 즉 "지식과 정보까지 자본화한 카피라이트 세계" 속에서 "무정형의 '카피레프트' 문화 향연"13)이라는 저항적 흐름의 동력으로 한류가 자리매김할 가능성을 그는 주목한 것이다.

이 한류의 이중성, 즉 자본 논리의 산물로서 한류와 동아시아의 문화선택으로서 한류의 이중성은 양자택일(either-or)의 문제가 아니며, 그렇다고 모두(both-and)의 문제도 아니며, 따라서 둘 다 아님(neither-nor)의 관계도 아니다. 우리는 어느 정도 자본주의적이고 우리는 어느 정도 문화적이다. 중요한 것은 비율이다. 그 비율을 결정하는 것이 바로 '혼종의 기술'일 것이다. 따라서 사이는 관계의 문제가 아니라 '기술'(art)의 문제이며, 그것은 바로 혼종의 기술로서 사이의 몸짓임을 한류의 이중성은 보여주고 있

---

11) 앞의 책, 18.
12) 앞의 책, 21.
13) 앞의 책.

는 것이다.

민족 개념의 이중성과 주체의 기술로서 혼종성

한류에 내재한 이상의 이중성에 주목한다면, 우리는 한류를 통해 '민족적 고유성의 우수성'이라는 아전인수 격의 논리를 발전시킬 것이 아니라 오히려 한류의 수용주체들이 엮어가는 '상호관계성'의 문화를 주목해보아야 한다. 한류에 대한 이중적 시각, 즉 상품화된 문화콘텐츠로서의 한류에 대한 관심과 다른 한편으로 민족의 자부심과 자긍심에 대한 증명으로서의 한류라는 시각들이 결국 이중적인 만큼, '민족'에 대한 생각도 이중적이다. 한류라는 흐름에 편승해 민족주의의 동력을 발동하고자 하는 흐름과 민족 개념을 지구촌 다문화 시대에 맞게 보편적 가치의 개념으로 탈바꿈시켜보고자 하는 노력은 '민족' 개념을 둘러싼 이중적 몸짓이다. 이러한 이중성은 바로 우리의 민족 개념을 바라보는 시선이 이중적이기 때문이다. 왜냐하면 우리에게는 아직도 청산되지 못한 역사들이 절절히 배어 남아있기 때문이다. 특별히 우리의 역사의식과 연관하여, 작금 우리 문화의 문제는 우리가 여전히 탈식민을 이루지 못했다는 것이다. 민족이라는 개념은 애초 그렇게 우리들에게 구성되어졌다. 우리에게 강제로 주입된 식민사관에 저항하고 극복하기 위한 투쟁의 산물이 바로 민족사관이다. 그 민족 투쟁은 압도적인 승리를 점유하지 못했다. 전투는 아직도 진행 중이다. 그런 와중에 우리에게 '한류'라는 흐름이 다가왔다. 이러한 흐름 속에서 민족주의자들은 어떻게 하면 식민사관을 극복할 수 있을지를 고민하는 중이다. 민족 개념을 둘러싼 이중적 시선을 우리는 식민사관과 민족사관의 개념 쌍으로 압축할 수 있을 것이다. 식민사관과 민족사관은 서로 상대방에 따라 규정되는 상대적 개념들이다. 즉 "식민사관에 치우쳐 있는 사람은 민족사관을 국수주의로 비판"하고, "민족사관에 빠져 있는 사람은 탈민족주의를 식민사관으로 규정"하기도 한다.[14] 민족사관과 식민사관은 결국 "어떤 가치관과 문제의식을 토대로 자기 문화의 정체성을 정확하게 포착해 내는가"[15]의 문제인 셈이다. 여기서 '식민지적'이라는 말은 "자신의 사회를 보는 이론을 자생적으로 만들어가지 못하는 사회"[16]를 가리키며, 이러한 관점으로 자신의 사회를 진단하는 사관을 식민사관이라 한다.

일제 강점기 시절, 조선총독부 산하 조선사편수회는 고대 한반도 "북부에 중국의 식민지인 '한사군'이 있었고, 남부에는 일본의 식민지인 '임나일본부'가 있었다"는 것을 '실증적'으로 확립하는 방식을 통해 한국의 역사를 왜곡하였다.[17] 그러한 왜곡의 핵심은 바로 고대 한국사의 뿌리인 '단군조선의 존재'를 실증적 증거가 없다는 이유로 역사에서 삭제하는 것이었다. 이를 통해 그들은 "고대로부터 한국은 타 민족의 지배를 받았다"는 인식을 주입하여, 일제강점의 논리를 실증적으로 확보하고자 하였다.[18] 이러한 식민사관의 "가장 큰 폐해는 주체성을 상실하게 만든다는 점이다. 지배자가 주입한 가치에 따라 차별과 억압을 감내하고 체념하게 만든다."[19] 일제강점기 시절 주입된 식민사관의 문제는 우리 문화를 "외

---

14) 임재해 외,『고대에도 한류가 있었다』(서울: 지식산업사, 2007), 9.

15) 앞의 책, 9.

16) 앞의 책, 31.

17) 이주한,『한국사가 죽어야 나라가 산다: 한국사를 은폐하고 조작한 주류 역사학자들을 고발한다』(고양: 역사의아침, 2013), 37.

18) 앞의 책, 69.

세 문화의 허울을 쓰고 있는 것처럼 읽"20)는다는 것이다. 이러한 식민사관은 단지 일제가 주입한 사관을 따른다는 것을 의미하는 것이 아니라, 우리의 문화를 언제나 "외세문화의 영향이나 종속"으로 읽어낸다는 점에서 일제의 식민사관과 연장선상에 있다는 말이다. 이는 곧 우리 문화를 중국 문명의 아류로 규정하는 조선의 사대주의와도 연장선상에 놓여있다고 보인다. 따라서 이들의 눈에 한류란 곧 서구대중문화의 모방이거나 그 아류에 불과하다. 즉 작금의 한류는 "서구 문화의 재가공이자 외래 대중문화의 매개행위에 지나지 않는다는 해석"21)을 시도한다. 이러한 해석은 결국 우리의 고유 전통문화는 언제나 알타이 계통의 시베리아 민족이나 중국으로부터 유래했다는 역사적 해석을 근거로 한다. 즉 우리에게는 고유한 어떤 것이 없고, 있다면 그 모든 것은 외부로부터 유래했다는 것이다. 우리의 고대 문화가 "외래문화의 전래에 따라 형성되었다고 해석하는 전파주의적 이해"22)는 따라서 우리 문화의 본래적인 창조성을 인정하지 않는다.

민족주의자들의 눈으로 볼 때, 문화가 주변세계와 교류한다는 것은 자연스러운 일이다. 하지만 문화가 주변세계로부터 유래한다고 보는 것은 또 다른 문제이다. 민족주의자들은 민족이 주변지역과 격리된 폐쇄적 개념이 아니라 주변지역과의 소통을 '창조적'으로 전개하는 고유성의 개념으로 이해한다. 그를 위해 민족 문화의 자생성을 논구하는 것이 그들의 핵심 주장이다. 우리 고조선의 고인돌과 청동기 문화는 우리의 자생적 문화

19) 앞의 책, 73.
20) 임재해 외, 『고대에도 한류가 있었다』(2007), 23.
21) 앞의 책.
22) 앞의 책, 30.

가 중국 문화보다 앞섰다는 역사적 사실을 증언한다. 우리나라의 고인돌 분포 수는 "전 세계 고인돌의 40퍼센트"[23]이다. 이러한 수치는 고대 조선의 문명이 다른 주변 국가들로부터 유래하기 보다는 오히려 고대 문화를 생산하는 위치에 있었음을 간접적으로 시사한다. 실제로 전 세계에 분포하고 있는 고인돌은 "고조선 지역과 한반도 남부 지역에 가장 집중적으로 밀집"[24]되어 있다. 고조선 청동기 문화의 상징인 비파형 동검은 중국을 포함한 주변 문화를 앞서 있었다는 결정적 단서를 제공한다. 여기서 기억해야 할 사실은 고조선의 고인돌 분포 지역이 "요동지역의 비파형 동검 문화권과 거의 일치"[25]한다는 사실이다. 이는 우리의 고대 문화가 중국이나 시베리아로부터 유래한다는 종래의 전파주의적 견해를 반박하는 증거들인 셈이다. 더 나아가 고조선의 철기문명은 "중국보다 4-6세기 앞선 기원전 12세기로 밝혀졌다."[26]

우리 민족 문화의 자생성을 주목하는 일이 더욱 시급하고 중요해진 것은 '홍산 문화'의 발견 때문이기도 하다. 1980년대 이후 요하 일대에서 발굴되는 신석기 유적들은 종래의 황하강이나 양자강 유역의 문명들보다 빠른 신석기 문화임이 밝혀지고 있는데 이를 중국학자들은 구별하여 "홍산 문화"[27]라고 칭한다. 이 홍산紅山 문명을 자국의 역사로 편입시키려는 노력이 중국의 동북공정의 핵심인데, 이는 매우 역설적이다. 왜냐하면 그들이 수천 년 간 견지해 왔던 '중화사상'의 경계 구도 속에서 그 지역들은 화華의 지역이 아니라, 이夷 즉 오랑캐의 지역으로 간주되어, 중국 문명의

---

23) 앞의 책, 35.
24) 앞의 책, 434.
25) 앞의 책, 435.
26) 앞의 책, 36.
27) 앞의 책, 487.

외부로 설정되어왔던 지역이기 때문이다. 통상 만리장성 이북의 지역에 속하는 이곳은 중국 문명보다 야만한 문명권으로서 중국의 문명이 이 지역을 통과하여 한반도와 이외 지역으로 전파되었다고 학자들은 해석해 왔다. 그런데 1980년대 이후 요하지역의 신석기 발굴은 그러한 종래의 해석을 뒤집어 이제 중국의 문명은 이 요하지역으로부터 유래되었다고 보게 만들었다.[28] 이 요하 일대는 동이족의 거주지였는데, 이곳이 중국 문명보다 앞선 문명을 지닌 것으로 판명된 셈이다.[29] 이는 중국 중원을 동아시아 문명의 발상지로 설정하고 주변국들을 중국 역사에 복속된 계열로 보려는 관점을 뒤집어야 함을 보여준다. 동아시아 문명의 기원은 황하나 양자강 유역으로부터 비롯된 것이 아니라, 이 요하지방의 홍산 문화권에서 출현하는 것이다. 우리의 주목을 끄는 것은 이 지역이 바로 예맥족의 활동지였으며, 고조선의 활동지였다는 사실이다. 물론 이 홍산 문화의 유일한 후계가 한반도임을 주장하는 것은 기존의 전파유래설을 주장하는 사관이나 중국의 동북공정 시도와 역으로 큰 차이를 보이지 않는다. 그럼에도 불구하고 동아시아 문명의 기원이 중국의 중원이 아니라, 중국 문명사가 야만으로 규정해온 만리장성 북쪽의 요하지방이라는 사실은 많은 시사점을 던져주는 것이 사실이다.

식민사관 논쟁의 또 하나의 핵심은 바로 한사군의 위치 문제이다. 이는 일제의 역사날조의 핵심 사업들 중 하나로서, 한사군이 한반도에 있었

---

28) 앞의 책, 487.

29) 이 홍산 문화권에서는 이미 기원전 3500년 경에 "국가 추형(雛形, 원형, 모델)으로서 모든 조건을 갖추고 있었"음을 유적 발굴을 통해 알게 되었다(앞의 책, 492). 우실하에 따르자면, 이 홍산문화는 "예맥족의 문화"이다. 이 요하 문명의 발굴품들은 "빗살무늬토기," "고인돌," "적석총," "비파형 동검," 그리고 "다뉴세문경" 등의 출토를 통해 "시베리아초원→몽골→만주→한반도로 이어지는 북방 문화 계통"을 보여준다(앞의 책, 523).

다는 것이다. 한 무제의 고조선 정벌 이후 고조선을 무너뜨리고 한사군을 설치했다는 것이다. 그런데 한 무제는 그 전쟁을 마치고 돌아온 두 장수들 중 한 명은 사형시키고, 한 명은 강등시켰다.[30] 그 전쟁이 한 무제가 의도한 대로 전혀 이루어지지 않았기 때문이다. 고조선을 무너뜨리고 한반도에 한사군을 설치했다면, 왜 그 전쟁을 실패로 간주했을까? 한사군은 한반도에 설치되었던 것이 아니라, 단군조선의 서쪽 국경지대인 "요서지역에 설치"되었고, 고조선은 그 전쟁으로 쓰러지지도 않았던 것이다.[31] 이 한사군의 위치를 요서지역이 아니라 한반도 지역 특별히 대동강 유역으로 확정한 것은 "조선총독부"였는데, 한국사는 바로 이 "한사군 지배로부터 시작한다는 전제"를 확정하고 식민사관의 기초로 삼은 것이다.[32] 이 식민사관을 넘어서는 문제는 비단 과거의 문제만이 아니다. 실제로 "실증사학을 내세워 단군을 가상인물로 보기 시작한 것은 이승만 정권 때부터" 였다.[33] 더 나아가 이승만 정권의 이야기에 그치지 않고 여전히 우리 역사는 중국과 일본의 사관에 맞추어 짜깁기 되어지는 관제 역사의 관행은 지속되고 있다. '동북아역사재단'이라는 우리나라의 정부기관은 중국의 동북공정에 대응하기 위해 만들어졌지만, 그들은 고조선 개국을『삼국유사』와『제왕운기』의 내용에 따라 소개하고 있는 경기도 교육청 소속 역사교사들의 참고용 자료집「살아있는 우리 역사, 고조선」의 내용을 "외교적으로 민감한 내용을 담고 있다고 판단"해 시정권고 명령을 내렸다.[34] 동북아역사재단은 "조선사편수회의 지침대로 한국사를 근원부터 거세"[35]

---

30) 이주한,『한국사가 죽어야 나라가 산다』(2013), 156.
31) 앞의 책, 157.
32) 앞의 책, 159.
33) 앞의 책, 38.
34) 앞의 책, 83-86.

하여 뿌리를 쳐낸 다음, 우리 역사를 중화민족의 일부로 만드는데 협력하고 있다고 비판받는다. 이 기관은 "단군은 역사가 아니라 허황된 신화일 뿐이고, 단군이 세운 고조선은 역사상 존재하지 않는다고" 간주하는데, 이는 역사는 실증된 역사만이 역사라는 식민사관의 반복이다.[36]

　　이러한 시대적 흐름 속에서 민족사관은 민족의 고유성과 우수성을 발굴해내는데 열심이다. 이러한 노력들이 주변 문화를 정복하고 복속시켜 우리만의 문화제국을 만들고자 함이 아니라, 오히려 주변의 강대 제국들의 억압과 폭력에 맞서 자생적 문화 기술과 창조성을 지켜 나가려는 저항적 의식의 발로로 민족주의를 지향한다는 점에서, 수천 년 간 '중화'라는 우산의 제국 아래서 주변국으로 살아가야 했던 동아시아의 여러 나라들에게 한류는 의미 있는 몸짓이 될 수 있다는 점은 몇 번 강조해도 부족함이 없다. 그럼에도 불구하고, 우리는 여기서 민족주의가 민족적 영웅주의로 흘러, 민족적 배타주의를 조장할 위험이 있다는 것을 망각하면 안 된다. 일제의 침략도 나치의 전쟁도 결국 그들 민족의 영웅적 이데올로기를 통해서 이루어졌던 것이다. 식민사관에 대항하기 위해 역으로 민족의 영광스런 측면만을 부각시키는 시도는 그 자체로 이미 식민사관의 덫에 걸린 것이다. 민족사관이 그토록 부인하는 식민지 근성을 우리는 과도한 부인의 몸짓으로 도리어 선전해주고 있기 때문이다. 그렇다면, 우리는 어떻게 식민주의를 극복하면서, 민족주의의 배타성이라는 덫에 걸리지 않을 수 있을 것인가? 사실 20세기 이후의 한국 민족주의는 "일제에 맞서 싸우는 강력한 구심"으로서 '저항적 성격의 민족주의'이다.[37] 이 '저항적 개념

---

35) 앞의 책, 86.

36) 앞의 책.

37) 앞의 책, 312.

으로서의 민족주의를 해방 후 "민족을 팔아먹고 거기에 기생해 권력을 향유한 친일파들"38)에 의해 배타적인 모습으로 투사된 민족주의와 구별해야 하며, 다른 한편으로, 서구 문명을 진보 문명으로 규정하고 '계급의 문제'와 '성차별의 문제'를 희석시킨다는 이유로 민족 개념을 거부하려 했던 진보파의 민족 이해39)와도 구별시켜야 한다.

　이상의 이중적 구별 과제를 수행하기 위해 한류를 우리 문화의 고유성이라는 틀 구조frame에서 찾기보다 오히려 보다 더 큰 문명의 틀 속에서 찾아보는 것은 어떨까? 예를 들어 윤명철의 "동아 지중해 모델"의 제시는 고대 문화를 우리 지역 중심으로 해석하기 보다는 당시 한중일 문명권을 '동아 지중해'라는 틀 속에서 새롭게 보자는 의견을 제시한다. 이는 동아시아 문명의 근원을 해석할 때 언제나 육로 중심의 문명 전래설의 한계를 대륙과 해양을 동시적으로 고려함으로써 넘어서 보자는 제안이다.40) 이 '동아 지중해 모델'을 통해 "우리 역사를 중국 문명과는 같지 않으면서도 비슷하고, 상호 존중하고 교호하면서도 다른 독특한 문명권으로 설정"41)하려는 것이다. 동아 지중해라는 틀 속에서 우리 지역의 지정학적 특성을 살펴보면, 한반도는 "해양을 끼고 있어 중간자의 역할을 하기에 적합"42)하며, 동아시아에서 이 한반도라는 지역이 대륙에 부수적인 지역이 아니라 중간자로서 고유의 지정학적 역할이 있음을 살펴볼 수 있다는 것이다. 대륙 육로 중심의 관점으로 보자면 한반도는 교류창구가 북쪽으로 제한된 폐쇄지역으로 간주할 수밖에 없고, 따라서 이곳의 문화가 가능하려면

---

38) 앞의 책.
39) 앞의 책.
40) 임재해 외, 『고대에도 한류가 있었다』(2007), 393.
41) 앞의 책, 395.
42) 앞의 책, 396.

시베리아나 중국 쪽으로부터 유래할 수밖에 없다는 편견을 갖게 된다. 하지만 '동아 지중해'라는 틀은 우리에게 해양 문화라는 새로운 지평을 열어주면서 오히려 한반도가 해양 교류를 통해 문명의 중간자 역할을 감당하는 주요기지일 수 있음을 알려준다.

이 중간자의 역할을 통해 우리 고대 문명은 소통의 기술을 발휘했고, 그 기술의 핵심은 '혼종성'이었다. 민족적인 고유한 어떤 것이 존재한다면 그것은 실체론적으로 존재하는 것이 아니라, 여러 다양한 소재들을 고유한 방식으로 종합하고 유통하는 기술에 달려 있는 것이다. 이런 면에서 소통의 기술로서 고유의 주체성이란 역설적으로 '혼종의 기술'이다. 신채호에 따르면, 이미 우리 민족은 "선비족·부여족·말갈족·여진족·토족 등"으로 연합된 종족이고, 따라서 민족이란 "지리·관습·풍속·정치·경제 등의 공통성"이지 결코 "혈통의 동일성"을 의미하지 않는다.43) 말하자면 민족의 핵심은 "문화"이지 결코 "혈통"이 아니다.44) 이덕일에 따르면, 현재 우리가 알고 있는 허구의 '단일 민족설'은 "조선 후기 극단적인 사대주의 유학자들이 만주·몽골·숙신 등의 여러 동이족을 오랑캐로 내몰면서 우리를 한족漢族과 같다고 주장"하면서 내세운 "소중화小中華 사상"에 토대를 두고 있다.45) 하지만 "우리는 수천 년 동안 다민족 사회였"고 "동이족 사이에서는 언어도 서로 소통되었다."46) 따라서 이덕일에 따르면, "사

---

43) 이주한, 『한국사가 죽어야 나라가 산다』(2013), 302.
44) 앞의 책. 사실 '민족'이란 말은 서구문명이 유입되던 시기에 nation이란 말을 일본인들이 번역하면서 만들어낸 말이다. 그렇기 때문에 우리가 쓰는 '민족'이란 말의 용법은 그들이 발명한 민족이란 말과 다소 거리가 있다. 오히려 민족이란 단어를 유통하기 전 우리가 썼던 말 "겨레"라는 말이 더 혈통을 넘어선 민족 개념을 잘 포착하고 있는듯하다(앞의 책, 302-303).
45) 앞의 책, 306; 이상익, 『서구의 충격과 근대 한국 사상』(서울: 도서출판 한울, 1997), 139.
46) 이주한, 『한국사가 죽어야 나라가 산다』(2013), 306.

대주의에서 나온 소중화 단일 민족론을 극복하고 선조들의 다민족 정신으로 돌아가는 것이 21세기의 과제"이다.[47] 이러한 맥락에서 우리는 민족주의/탈민족주의의 이분법을 넘어서야 한다. 이 담론 구조 속에서 "양자택일의 태도는 이데올로기적일 뿐 현실의 문화 발전에는 도움이 되지 않는다."[48] 한편으로는 "열강들의 팽창적 민족주의를 비판한다는 취지로 서구의 진보적 지식인들이 제기하는 탈식민주의, 탈민족주의 이론을 무비판적으로 수용해 저항적, 성찰적 민족주의마저 버리는 오류를 범할 위험"[49]이 있다. 주의해야 할 것은 "국가주의적 민족주의와 대중적 민족주의, 패권적, 보수적 민족주의와 저항적, 성찰적 민족주의"[50] 간의 구별이다. 다른 한편으로 우리는 민족을 살리기 위해 우리 문화가 담지한 보편적 문명의 메시지를 상실할 가능성이 있다. 중국이 동북공정을 통해 잃는 것이 바로 그것이다. 그들이 만들어내는 요하문명론은 국가정치 이데올로기의 아류일 뿐 더 이상 주변 국가들에게 의미 있는 메시지를 담지하지 못한다. 주체는 그러한 폭력적 체제의 힘에 저항하는 몸짓이다. 그렇다면 '한류'의 주체는 그러한 이데올로기에 저항하는 주체들일 것이다.

우리가 한류를 분석하면서 주체의 선택을 언급하는 한 "선택의 주체가 허공 속에 있는 것이 아니라 역사적, 지리적으로 한정된 틀에 의존하고 있기 때문에 의식적이든 무의식적이든 전통을 바탕으로 이루어질 수밖에 없다"[51]는 점을 고려해야 한다. 따라서 주체가 담지하고 있는 역사적 무늬를 고려할 때, 주목할 것은 "곧 다양한 형태의 지리적, 언어적, 매체적,

---

47) 앞의 책.
48) 심광현,『흥한민국: 변화된 미래를 위한 오래된 전통』(서울: 현실문화연구, 2005), 276.
49) 앞의 책, 340.
50) 앞의 책.
51) 앞의 책, 276-277.

기술적 체계와 요소들을 각 지역의 주체들이 창의적으로 독특하게 접합한 '배치'의 특이한 패턴"[52]으로서 이것이 고유의 문화적 정체성을 나타낸다는 사실이다. 말하자면, "개인을 구성하는 요소들은 모두 같아도 배치 체계의 차이에 의해 개성의 차이가 나듯이, 문화정체성 역시 요소들의 수준이 아니라 배치 체계에 의해 차이가 난다. …"[53] 결국 주체는 '실체'가 아니라 '기술'(art)이다. 바로 여기서 '혼종의 기술'로서 한류 분석은 이중적 극복 과제를 갖는다는 사실이 드러난다. 한편으로 한류의 힘을 지역적 고유성에서 찾으려는 노력은 한류가 "현재 그리고 그 이전부터 맺어온 다른 지역 문화와의 착종성을 보지 않으려는 한계"를 갖게 되며, 따라서 한류가 "대중문화 특히 서구 문화와 혼종된 것임을 간과하여 한류의 정체성을 자칫 본질화하는 문제를 안"게 된다.[54] 다른 한편으로 한류를 세계화의 아류로서 "서구 문화의 동질적 모방으로 간주하는 태도"는 "대중문화의 생산과 유통에 미디어 자본주의가 관여한다는 분석에 치우쳐 한류가 갖는 지역성을 자본의 흐름으로 환원하여 추상화하"는데 그치는 한계를 갖는다.[55] 역사적 흐름을 타는 모든 것들은 경계의 융합 과정을 필연적으로 동반할 수밖에 없다면, 결국 모든 것은 어느 정도 '혼종적'(hybrid)일 수밖에 없을 것이다. 한국적 문화의 고유성은 본래의 고유한 어떤 것의 소유가 아니라 오히려 "한국문화, 중국문화, 일본문화, 그리고 미국문화를 혼합한 잡종문화"[56]의 창출일지도 모른다. 문제는 어떻게 혼종화 되느냐,

---

52) 앞의 책, 278.

53) 앞의 책.

54) 현남숙, "문화횡단 시대의 한류의 정체성: 개념 분석을 중심으로," 「시대와 철학」 60(2012), 310.

55) 앞의 논문, 310-311.

56) 정수복, 『한국인의 문화적 문법: 당연의 세계 낯설게 보기』 (파주: 생각의나무, 2012), 79.

즉 혼종의 기술이다.

바흐친은 혼종에 대한 두 개념을 제시해 주는데, "유기적(organic; 역사적, 무의식적) 혼종"과 "의도적(intentional; 소설적, 의식적) 혼종" 개념들이 그것이다.[57] 유기적 혼종은 "모든 언어의 역사적 삶이나 진화과정에서 이루어지는 언어 간 혼합"으로서, "현존 질서에 명백히 도전하지 않고 동일시의 방향으로 조합을 만들어내는" 작용을 가리킨다.[58] 반면 의도적 혼종은 "동일상황에서 두 언어적 의식이 현전하도록 강제하는 것으로 다른 언어에 의한 한 언어의 지각, 다른 언어적 지식에 의한 조명"을 가리키는데, 이는 "현존질서와 문화질서의 자속성과 안정성을 도전하고 불안정하게 만드는 것"을 말한다.[59] 이러한 바흐친의 혼종 개념들에 대한 구별에 근거하여 현남숙은 한류가 "비 주체적인 모방mimicry이 아니라 현재를 살아가는 한국[인]들의 의식과 문화를 반영하는 주체적인 전용appropriation의 과정으로 나아가야 한다"고 주장한다.[60] 이는 '문화횡단'transculturation의 시대에 "횡단의 방향을 지배적 환경이나 구조에 맡겨두기 보다는 문화의 실행주체들이 해당 문화의 지역성이 갖는 차이를 개입시키면서 방향을 잡아"나가는 "비판적" 의식지향성을 가져야 한다는 것이다.[61] 말하자면, 지구촌 문화횡단의 시대에 "혼종은 혼종이되 더 큰 문화자본과 그것이 강요하는 가치를 내재한 지배 문화에 동질화되지 않으려는 과정에서 비판적으로 문화적 이행을 하는 태도가 필요"하다는 것이다.[62]

---

57) 현남숙, "문화횡단 시대의 한류의 정체성: 개념 분석을 중심으로" (2012), 313.
58) 앞의 논문, 313-314.
59) 앞의 논문.
60) 앞의 논문, 315.
61) 앞의 논문, 318.
62) 앞의 논문, 320.

한류를 '혼종의 기술'로 정의하고자 하는 본고의 의도는 우리의 종교문화사를 통해 얻을수 있는 통찰이기도 하다. 사실 한국인의 문화적 문법들은 "한국 종교사의 혼합주의" 때문에 큰 무리 없이 서로를 강화시키며 작동한다. 정수근은 한국 종교전통들의 한국적 성격을 도출하면서, '혼합주의'를 제안한다. 어떠한 종교가 유래하든, "새 종교는 옛 종교와 타협하고 혼합되면서 기존의 문법과 모순되지 않는 범위 내에서 변형된 문법을 첨가하였을 뿐"[63]이라고 그는 평가한다. 그렇게 혼합되었음에도 불구하고 한국적 불교는 인도불교나 중국불교와는 다른 고유의 독특성을 갖고 있으며, 이는 기독교에도 그리고 유교에도 고스란히 해당되는 말이다. 그렇다면 무엇이 그 혼종의 산물을 고유하게 만들어 주고 있는 것인가?

한류 분석에 드러나는 한국적 고유성
: 혼종의 기술과 집단적 신명 풀이

그렇다면 우리 민족 고유의 혼종의 기술은 어디로부터 비롯되는 것일까? 한류 연구서들이 쏟아내는 한민족의 고유성은 어느 정도 공유되는 내용들이 있다. 임재해는 그러한 내용들을 설득력 있고 근거 있게 제시해 주고 있다. 임재해에 따르면, 『후한서』「동이열전」에 동이사람들은 "천성이 유순해 도리로서 다스리기 쉽기 때문에 군자국君子國과 불사국不死國이 있"고 그래서 "공자도 동이에서 살고 싶어했"으며, "동이는 모두 토차민으로, 술 마시고 노래하고 춤추기를 즐기며 머리에는 변弁이라는 모자를 쓰

---

63) 정수복, 『한국인의 문화적 문법』 (2012), 184-185.

고 비단옷을 입었다"고 기술되어 있으며, 또한 중국이 "예를 잃으면 동이에서 구했다"고 전하고 있다.64) 이 내용들 중에서 가장 우선적으로 주목해야 할 부분은 바로 말미의 내용이다: 즉 "토착민으로서 음주가무를 즐기고 의관을 갖추고 비단옷을 입었다." 여기서 '토착민'이라는 기술은 동이족이 "떠돌이 유목민이 아니라 붙박이 농경민"이라는 사실을 증언한다.65) 이는 고대 동이족의 문화가 "시베리아나 몽골의 유목민 문화에서 비롯된 것"이라는 해석을 반박한다.66) 이 점에서 고대 동이족 문화는 유래한 문화라기보다는 자생적 문화에 더 가깝다. 또한 본문은 천성이 유순하여 도리로서 다스리기 쉽다는 것을 언급하는데, 이는 동이의 문화가 상당한 문명 수준에 이르러 있음을 의미하는 말로서, 그 수준을 "군자국"이라고까지 표현한다. 그래서 동이족 사회는 "공자가 이상으로 삼은 세계" 즉 "덕치가 실현되는" 문화를 구가했음을 말한다.67) 아울러 진나라 시절 많은 중국인들이 마한 지역에 망명해 와서 살았다는 이야기는 곧 동이 지역이 당시 중국지역보다 "살기 좋은 곳이었다는 사실"68)을 간접적으로 증명해 주는 기록인 셈이다. 본문은 이것을 '관모에 비단옷을 입었다'는 서술로 보충해주고 있다. 이는 이미 당시에 비단 옷이 일반화 되어 있을 만큼 물질적 생활수준이 높았다는 말이다.69)

---

64) 임재해 외, 『고대에도 한류가 있었다』(2011), 40.

65) 앞의 책.

66) 실제로 한반도 농경문화는 "충북 청원군 소로리에서 발견된 볍씨"의 연대를 통해 추정되는데, 그 연대가 무려 "1만 5,000년 전의 볍씨"로서 중국 호남성에서 출토된 볍씨보다 연대가 "약 3,000년이나 앞선다"(앞의 책, 37).

67) 앞의 책, 41.

68) 앞의 책, 42.

69) 이러한 옷차림은 유목민 문화에는 가능한 의복이 아니다. 따라서 우리 문화의 기원을 유목민에서 찾는 것은 서술이 맞지 않는다.

또「동이열전」은 "음주가무를 즐겼다"고 기술한다. 당대에도 이미 '음주가무의 풍류'가 동이족 문화의 한 특성으로 인식된 셈이다. 실제로 부여의 영고와 고구려의 동맹 그리고 예의 무천은 5월이나 10월에 드리는 제천행사들인데, 이때면 며칠씩 노래 부르고 춤추고 술을 마시는 일이 계속되었다고『후한서』와『삼국지』에 기록되어 있다.[70] 이 기술 속에는 "군취가무"라는 표현이 있는데 이는 "남녀가 더불어 밤늦도록 가무를 즐겼다"는 의미이다. 이는 제천축제가 특정 신분의 사람들이 즐기는 의식이 아니라 신분과 남녀를 불문하고 즐기는 행사였음을 의미한다. 따라서 이 제천행사들은 "'집단적 신명풀이'를 통[한] 인간해방의 자유"[71]를 만끽하는 행사였다. 이러한 기질들이 우리 현대의 음주가무 문화에 고스란히 보존되어 있다고 임재해는 보고 있다. 아울러『삼국지』,「위지동이전」魏志東夷傳에는 당시 동이족을 진수陳壽는 "국중대회 연일음식가무"(國中大會連日飮食歌舞)[72]라고 표현하였다. 나라의 백성들이 큰 모임을 가질 때에 연일 "술 마시고 밥을 먹고 노래하고 춤"추었다는 것이다.[73]「위지동이전」의 기록은 이렇게 며칠씩 벌어지는 음식가무의 풍경이 그를 기록하는 중국인에게 매우 신기하게 보였다는 것을 보여준다. 이를 통해 한국인은 "고대로부터 먹고 마시고 춤추고 노래하는 것을 매우 중요하게 생각"[74]했음을 알 수 있다.

여기서 이 '군취가무'와 '음식가무'가 제천행사를 통해 이루어지고 있는 일임을 주목해 보자. 우리민족의 시조 단군은 바로 이 제천행사를 주

---

70) 앞의 책, 48-50.

71) 앞의 책, 53.

72) 최규창,『고통의 시대, 광기를 만나다』(서울: 강같은평화, 2012), 62.

73) 앞의 책, 63.

74) 앞의 책.

도하는 지도자였다. 단군신화에 등장하는 환웅과 환인은 무당 즉 샤먼의 역할을 감당하는 지도자였고, 그 자손 단군 역시 그러하다. 단군신화의 기록에는 "천부인天符印과 신단수神檀樹"라는 말이 등장하는데,[75] 천부인은 "성스러운 신분을 상징하는 부적과 같은 것"으로서 "거울, 칼, 방울 같은 것"이거나 혹은 "거울과 칼을 기본으로 하되 방울이나 북, 관冠 중의 하나"를 가리킨다.[76] 신단수는 "성스러운 나무"를 가리키는데, 시베리아 샤먼들은 이 성스러운 나무의 가지를 타고 온 우주를 여행한다고 전해진다. 따라서 신단수는 무당이 올라가 천신이 사는 곳을 왕래하는 성스러운 나무를 가리킨다. 이는 왜 우리 한국적 무의식의 원형이 무교로 일컬어지는지를 설명해주는 대목이기도 하다. 무속이란 '무당' 즉 "신과 인간 사이의 매개자에 의해 모든 행위가 이루어지는 종교"를 말하는데, 이 무당은 다양한 귀신을 "직접 몸으로 모신다는 특성"[77]이 있다. '몸으로 모신다는 것'은 "신(귀신)이 무당의 육체와 의식 속으로 직접 들어" 온다는 것으로, 즉 "눈에 보이지 않는 귀신이 무당을 통해 자신의 형상을 드러내는 것"[78]을 가리킨다. 우리의 무속 전통은 시베리아 샤먼과는 유사하면서도 결정적으로 중요한 차이를 갖고 있는데, 시베리아 샤먼은 여전히 유목민적 문화를 배경으로 구성되지만, 우리 굿 문화는 이미 "농경문화의 제의 양

---

75) 장윤선, 『조선의 선비, 귀신과 通하다: 조선에서 현대까지, 귀신론과 귀신담』 (서울: 이숲, 2009), 39. "옛날 환인의 서자 환웅이 천하에 자주 뜻을 두고 인간 세상을 탐하여 구하였다. 아버지가 아들의 뜻을 알고, 삼위 태백을 내려다보니 인간 세상을 널리 이롭게 할만하여, 이에 아들에게 천부인 3개를 주고 가서 다스리게 하였다. 환웅은 무리 3천명을 거느리고 태백산 정상의 신단수 아래로 내려와 이곳을 신시라 이르고 이분을 환웅천황으로 불렀다" (앞의 책, 38).

76) 앞의 책, 39.

77) 앞의 책, 37.

78) 앞의 책.

식"79)으로 형성되었기 때문일 것이다. 즉 시베리아 샤먼은 "무당의 혼이 몸을 빠져나가 천계로 가서 신과 만나는 이동형"이라면, 한국무교에서는 "신이 무당의 몸으로 들어오는 접신형"으로서, 귀신으로 하여금 "인간계로 내려오라고 명령"하고 그런 점에서 "인간이 신을 조종"하려는 인간중심주의적 사유구조를 갖고 있다.80) 우리 문화의 무당굿에서는 "언제나 신들이 인간에게 조종당해서 가능한 모든 약속과 축복을 전한 다음에 인간들과 함께 놀다가 아쉬운 마음으로 인간의 세계로부터 신의 세계로 돌아가게 되어있"는데, 이는 한국문화의 신 개념이 "신을 섬긴다기보다 신을 불러서 농락하고 이용한 뒤에 쫓아 보내는 것,"81) 즉 신을 인간의 삶을 위해 이용한다는 개념을 갖고 있음을 드러낸다. 이 무교의 인간중심주의는 "유목민의 떠돌이 생활에 따라 신을 찾아 이계異界로 떠나는 시베리아 샤먼과, 농경민의 정착생활에 따라 이계의 신을 불러오는 우리 굿 문화의 구조적 차이"82)를 드러낸다.

자생문화로서 무교는 전통적인 한국 문화에서 '맺힌 것을 푸는' 기능을 담당해 왔다. 무교는 기본적으로 "현세적 휴머니즘"을 지향하며, 그와 더불어 "기복적 현세주의"를 드러내기도 한다. 무교의 핵심 요소는 "현세주의적 세계관, 조화론적 사고방식, 인간중심주의"를 들 수 있다.83) 무교에서 중요한 것은 "구체적인 현실상황 특히 위기상황에서 그에 관련된 한을 풀어 복을 받을 수 있게 하는 일"84)이다. 그래서 무당은 우선 "산 사람

---

79) 임재해 외, 『고대에도 한류가 있었다』(2011), 86.
80) 정수복, 『한국인의 문화적 문법』(2012), 305.
81) 앞의 책.
82) 임재해 외, 『고대에도 한류가 있었다』(2011), 86.
83) 정수복, 『한국인의 문화적 문법』(2012), 300.
84) 앞의 책, 301.

들의 세상과 죽은 사람들의 세상을 연결하는 특별한 초월적 능력"을 갖고 있어서, "원한을 가지고 죽은 사람들의 혼을 불러서 산 사람과 이야기를 나누게 하고 맺힌 원한을 풀고 편안한 마음으로 저 세상으로 건너가게 하는 굿을 주도"[85]한다. 이 무교적 세계관 속에서 가장 중요한 일은 바로 "원한을 사지 않는 일"이며, 만일 이미 맺힌 원한 관계를 갖고 있다면, 굿을 통해 풀어야 한다.[86] 그렇지 못하면, 그 맺힌 원한이 액厄으로 나타나기 때문이다.

여기서 무교적 전통을 주목하는 이유는 그것이 지닌 '혼종의 기술' 때문이다. 즉 "새로운 종교가 유입되면 새것이 헌 것을 갈아치우는 것이 아니라 헌것 위에 새것이 덧붙이는 모습"[87]을 무교의 특징으로 꼽는데, 이것을 한국인의 근원적 바탕으로 간주할 때의 핵심은 바로 그 무속의 '푸는 힘'에 있다. 예를 들어, 최규창은 고대 농경생활의 고단함과 힘겨움은 풀어주는 무엇이 필요했고, 그래서 '술'과 '동료'들이 필요했다고 본다. 그런데 무교의 굿은 술과 동료들뿐만 아니라, 신까지도 데려와 서로 간의 내면에 쌓인 것을 풀어주는 장을 마련해 주었다. 그래서 그런지 우리 문화는 무엇이든지 풀어야 한다는 강박관념을 갖고 있다. 즉, "문제가 생겨도 빨리 풀어야 하고, 사람들과의 좋지 않은 관계도 풀어야 하고, 맺힌 한도 반드시 풀어야 한다. 그리고 심지어 다른 사람들이 푸는 것을 도와주는 것이 인지상정이라고 생각한다."[88] 우리는 여전히 "풀어주어야 하는 문화에서 살고" 있는데, 우리의 술 문화는 그것을 반영한다. 그리고 우리의 그러

---

85) 앞의 책, 302.
86) 앞의 책.
87) 앞의 책, 298.
88) 최규창, 『고통의 시대, 광기를 만나다』(2012), 83.

한 음주문화는 무속의 모습을 통해 원초적으로 현재까지 생생하게 살아남아 있다고 말할 수 있을 것이다.[89]

우리는 술을 통해 이성과 비이성을 넘나들며 맺힌 것을 풀고 발산하는데 익숙하다. 그리고는 다 잊어버리려고 노력한다. 어차피 완벽한 것도 없고 되지 않는 일도 없다. 코스모스의 상태로 돌아가는 세상이 사실은 진짜 카오스이고, 우리들은 카오스를 경험함으로써 오히려 삶의 질서를 다시 회복할 수 있으니 인생은 본질적으로 패러독스다. … 하지만 우리 민족은 지치지 않는다. 쌓인 것을 어떻게 풀어내야 할지를 알기 때문이다. 개인적으로도 풀고 집단적으로도 푼다. 이것이 부정적인 방향으로 전개되면 세계 최고수준의 유흥문화와 극단적 폭력 문화를 만들어내고, 긍정적인 방향으로 전환되면 무한한 에너지로 승화된다.[90]

무교의 푸는 문화는 무교적 조화론으로, "인간과 신령과 무당이 굿판에서 함께 만나 인간세상에서 맺힌 문제를 풀어버리고 조화를 이"[91]룬다고 본다. 역으로 이는 "인간세상의 삶을 부조화의 연속으로 보"[92]는 것인데, 여기서 조화란 대립과 갈등의 회피로 여겨진다. 그래서 무교는 심지어 "서로 대립되고 모순되는 것으로 보이는 신들을 구별하지 않고 모두 함께 모심으로써 갈등과 대립의 상태가 일어나지 않도록 하"[93]기도 한다. 따라서 조화를 이상으로 삼는 세계관 속에서 갈등은 항상 회피되어져야 할

---

89) 앞의 책, 84.
90) 앞의 책, 92.
91) 정수복, 『한국인의 문화적 문법』(2012), 304.
92) 앞의 책.
93) 앞의 책.

어떤 것이 된다. 설혹 "갈등이 있더라도 밖으로 표출하지 말고 속으로 해결해야 한다."[94] 그리고 역설적으로 바로 그렇기 때문에 한이 생긴다. 즉 한이 맺히지 않도록 하기 위해서 참는데, 바로 그 참음을 통해 참는 자에게 한이 맺힌다는 것이다. 모든 초월적 존재나 지평을 인간중심으로 해석하는 무교는 일관된 초월적 윤리 기준을 결여하고 있고 그래서 책임의 윤리가 없다. 오로지 중요한 것은 "지금 여기서 살아남는 일"[95]로서 그를 위한 제일 중요한 원리는 바로 "한을 풀어 액을 피하고 복을 받는 일"[96]이다. 이런 점에서 무교는 한국 사회의 비윤리성의 근원인 현세 중심주의, 갈등 회피주의, 감정 우선주의의 주범이라고 할 수 있을 것이다. 그리고 바로 그 동일한 원천에서 굿을 통해 흥과 한풀이의 문화를 전개하기도 한다.

한국적 사유 방식으로서 '사이': 혼종의 기술

우리나라 고대의 제천의식과 무교적 '한풀이'는 우리 문화 고유의 작용방식으로서 '사이'를 새롭게 해석해줄 틀을 제시해 준다. 고대의 제천 행사와 무당의 굿은 한국적 정서의 근원을 이루고 있는 것으로 여겨지는 '흥/한'의 사이 구조를 여실히 보여준다. 이 흥/한의 사이구조는 신은경과 심광현의 작업들을 통해 화랑들의 '풍류도'를 통해 적극적으로 모습을 드러내고 있다.

---

94) 앞의 책, 305.
95) 앞의 책, 309.
96) 앞의 책.

흥 · 한 · 무심의 놀이로서 풍류

신은경과 심광현은 우선 "우리 조상들은 하늘과 땅과 사람을 하나로 묶어주는 생명 연결망을 경외하는 동시에 향유"[97]하고 있었고, 그것을 "풍류 문화"라고 한다. 이것은 "산-수-방위-인간을 하나의 생명 연결망으로 파악"[98]하는 문화였다. 신은경은 이 "풍류"를 "동북아 문화권의 고유한 미적 범주체계"로서 제시한다.[99] 우리 말 속에서 '풍류'란 "속된 일을 떠나 풍치있고 멋스럽게 노는 일"을 가리키며 그래서 "시 짓고, 노래하고 술 마시고 춤추는 놀이"를 "풍류놀이"라고 부른다.[100] 우리나라의 풍류에 대한 가장 오래된 기록은 최치원의 「난랑비 서」인데, 『삼국사기』에 그 일부가 전해진다. 나라에 전래되는 고유하고 "현묘한 도"가 있는데, 그것을 "풍류도"라 하고, 그를 받들어 수련하는 무리를 "풍류도" 즉 "화랑"이라 한다.[101] 그 핵심 내용은 "우리 고유의 신앙을 근간으로 하면서 거기에 유불선 삼교"[102]를 수용하여 "모든 민중과 접촉하여 … 교화"[103]하는 도道로서 "포함삼교"包含三教와 "초목군생이나 동물에까지도 덕화德化를 베풀어 생을 동락동열同樂同悅토록 하는 것"[104]을 의미하는 접화군생接化群生이었다. 또한 화랑들은 풍류도를 수련하면서 "지적, 사상적, 도의적 수련"에 정진하지만, 아울러 "가락으로 서로 즐기면서 심성적인 수련"

---

97) 심광현,『흥한민국: 변화된 미래를 위한 오래된 전통』(2005), 45.

98) 앞의 책.

99) 앞의 책, 65.

100) 신은경,『풍류: 동아시아 미학의 근원』(서울: 보고사, 1999), 19.

101) 앞의 책, 41.

102) 앞의 책, 42.

103) 심광현,『흥한민국: 변화된 미래를 위한 오래된 전통』(2005), 68-69.

104) 이기상,『글로벌 생명학: 동서 통합을 위한 생명 담론』(서울: 자음과모음, 2010), 134.

도 매진하였고, "'미남자' 가운데 선발되어 '아름답게 단장'하였다는 점을 볼 때," 풍류는 "예술성" 혹은 "심미성" 개념을 내포한다고 추정해볼 수 있다.105)

풍류의 내용을 간단하게 풀어 설명하자면 "미적으로 노는 것"106)인데, 인간과 자연과 삼라만상이 '망아'忘我의 경지에서 교감하며 노는 아름다움을 가리킨다. 이런 면에서 풍류는 샤먼적 요소들을 함의하는데, "단순히 자연을 배경으로 자연 속에서 그 외관만 감상하는 것이 아니라, 그 안으로 들어가 자연과 함께 호흡하고 자연이 환기하는 생명의 리듬을 몸으로 체감하면서 자기 내부에 있는 생명의 리듬을 자연의 리듬에 일치"시켜 "자연을 포함한 모든 삼라만상을 향해 깨어 있고 열려있는 마음"으로 "자연으로 회귀"해 간다는 점에서 그렇다.107) 자연 속에서 유유자적하며 노니는 풍류의 마음은 "신선놀음"108)이라는 별칭을 통해 알 수 있듯 노장적 성향의 놀이처럼 보인다. 이러한 풍류의 놀이에서 빠져서는 안 되는 중요한 요소는 "자유로움에의 지향성"인데, 이것은 때로는 기존질서나 틀에 얽매이지 않는 호방함으로, 때로는 세상의 구애를 벗어나기 위해 "자연 속에 은거하는 경향"109)으로 나타나기도 한다. 본래 '풍류심'이란 "바람 같은 마음"으로 "경직되지 않고 집착하지 않는 융통성과 부드러움에의 지향"을 갖고 있는데, "마치 바람이 그물에 걸리지 않고 자유자재로 흐르는 유동성과 변화를 기본 속성으로 하여, 멈추거나 고여 있지 않는" 것과 같다.110) 이러한 자유로움은 자연스레 동양적 예술 이해의 기본 틀을

---

105) 신은경, 『풍류: 동아시아 미학의 근원』 (1999), 42.
106) 앞의 책, 71.
107) 앞의 책, 77.
108) 앞의 책, 79.
109) 앞의 책, 80.

제공해 주고 있다.

신은경은 이제 이 '풍류심'의 구현을 "흥, 한 그리고 무심"의 유형으로 구별한다. 이는 곧 "예술의 대상으로부터 풍류성을 감지했을 때 주체는 자신의 풍류심을 '흥'의 양상으로, 때로는 '무심'의 양상이나 '한'의 양상으로 표출·표현할 수 있"[111]다는 것을 의미한다. 흥은 "대상 및 현실과 적극적 관계를 맺고 긍정적 시선으로 이를 포착하는데서 오는 밝은 느낌"을 기반으로 하고, 한은 "대상이나 현실 속에서 겪는 소외의 체험이 기반"이 되어 "소극적·부정적 시각이 내재"하며, 무심은 "현실세계를 지배하는 긍정/부정, 선/악, 희/비 등"의 이분법적 작용을 넘어서는 "초월적 미감"을 가리킨다.[112] 따라서 흥의 미는 "즐거움"을, 한의 미는 "비애의 정감"을, 그리고 무심의 미는 "초탈의 태도"를 주로 드러낸다.[113] 이 흥, 한, 무심은 "자아의 소멸"을 동반한다는 점에서 풍류의 본질을 드러내지만, 그 자아의 소멸을 가져오는 방식이 각각 고유하다는 점에서 차이를 드러낸다. 무심은 "자아 분별의식의 초월"을 통해, 한은 "자아의식의 진공상태"를 통해, 흥은 "자의식의 발산"을 통해 자아의 소멸에 이르게 된다.[114]

상승감의 정서로서 흥은 "근본적으로 생의 밝은 측면에 시선이 향해 있고 그것을 긍정적이고 즐거운 기분으로 향유하는데서 오는 양의 정서"[115]이다. 이 흥의 심적 상태는 "심중心中에 단단하게 맺혀 있었던 응어리가 분해되어 시원하게 빠져나간 상태"[116]이다. 이는 흥겹고 신바람 나

---

110) 앞의 책, 81.
111) 앞의 책, 89.
112) 앞의 책.
113) 앞의 책.
114) 앞의 책, 591.
115) 앞의 책, 99.

는 상태를 가리키는 말로서, "무당이 신이 오르는 것"[117]과 같은 상태이다. 하지만 무속적 신명과 흥의 차이점은 전자가 "신이 '지피어지는' 피동성"을 통해 작용한다면, 흥은 "주체가 의식적으로 '일으킬 수도 있는 능동적 자각의 소산"이라는 점이다.[118] 그래서 흥은 "자의식에 입각해 있는 망아체험忘我體驗"[119]이라 할 수 있다. 이 흥의 체험을 적절히 표현하는 장르는 "해학"인데, 묘사되는 대상을 공격적으로 비판하고 조롱하는 한의 풍자와 달리, 해학은 모든 인간들이 공유하는 인간적 한계와 모자람을 따뜻한 인간미로 품는다는 점에서 풍자와 차이를 갖는다.[120]

한은 주체가 심리적으로 비애와 분노와 좌절을 느끼는 감정 상태를 가리키지만, 그 상태가 일회성을 넘어 "더 이상 진전될 수 없는 궁극의 상태에 이르러 마음이 일종의 진공을 이루는 상태가 되었을 때"[121]를 가리킨다. 이 "궁극에 이르기까지의 과정을 거친 뒤의 무화無化된 상태, 즉 이성에 의한 통제나 인내의 한계를 넘어선 뒤의 심적 진공상태"[122]는 본래의 감정들을 넘어서는 "일종의 카타르시스"[123]를 동반한다. 이 한의 정서는 "소외와 억압"의 요소들을 통해 구조화되는데, 이는 곧 한의 심리가 "중심으로부터 이탈되어 주변으로 밀려나 있다고 느끼는 사람의 억울한 심정, 자기무력감, 고립감"[124]의 혼융을 통해 형성됨을 의미하는 것이다.

---

116) 앞의 책, 100.
117) 앞의 책, 101.
118) 앞의 책, 108.
119) 앞의 책.
120) 앞의 책, 161.
121) 앞의 책, 237.
122) 앞의 책.
123) 앞의 책, 238.
124) 앞의 책, 246.

동시에 여기서 '소외'는 한을 형성하는 외부적 영향의 작용을 가리키고, '억압'은 주체의 내면적 성향을 나타낸다. 여기서 '억압'은 억눌리는데서 그치지 않고, "삭힘"125)이라고 표현되는 지경에 까지 나아간다. 삭힘이란 '해소'가 아니라 분노와 화를 꾹꾹 눌러 담아 삭아지는 것을 가리킨다. 그러한 감정의 억누름이 지속되어 "감정의 응어리로 고착"126)될 때 한이 된다. 이 한의 감정은 "집단에 의한 개인의 소외"가 두드러지는 전통적 사회구조 속에서 고조되는데, "문제를 노출시키기보다는 안으로 감추고 인내하는 것이 미덕으로 간주되는 사회"127) 구조가 한의 억눌림을 가중시키기 때문이다. 이 억눌림이 극에 달해 응어리진 감정의 덩어리가 "액화"될 때, 주체는 자의식의 소멸을 체험한다.128) 이 자의식의 소멸 체험 혹은 감정의 액화 체험에 가장 가까운 것이 "입무入巫의 순간"129)이다. 바로 그 입무의 순간에 경험하는 "엑스터시"130)가 한의 체험을 가장 극적으로 예시해 준다. 한의 체험을 적절히 표현하는 장르는 해학이 아니라 "타인에 대한 공격성"을 나타내는 "풍자"인데, 후자가 "가진 자, 힘 있는 자, 그러면서도 따뜻한 인간미나 도덕성을 결여한 자"를 대상으로 하기 때문이다.131) 즉 풍자는 "피지배층에게 신분적으로나 사회적으로 한이 맺히도록 한 양반층들을 향하여 공격의 화살을 퍼부음으로써"132) 한의 중화를 가능케한다. 이러한 풍자를 통한 한의 중화는 한이 "보복과 같은 파괴적

---

125) 앞의 책, 247.
126) 앞의 책, 253.
127) 앞의 책, 255.
128) 앞의 책, 260.
129) 앞의 책, 267.
130) 앞의 책.
131) 앞의 책, 310.
132) 앞의 책.

행동으로 치닫"[133])지 않도록 해주는 장치가 된다.

무심無心은 일상 언어에서 "무정"無情한 마음과 등가어로 쓰이기도 하지만, 미학적 관점에서 무심은 "물아일체화 된 세계, 있는 그대로의 사물 현상 속에 주체가 용해되어 주체와 객체를 둘로 갈라낼 수 없는 상태"이며, 그 속에서 "나 자신을 잃어버림으로써 대상뿐만 아니라 나 자신을 알게 되는 경지, 즉 이물관물적以物觀物的 태도에 기반하여 … 사물의 원래 모습의 자족함을 긍정하여 아我가 어느새 물物의 본 모습과 하나가 되는 경지, 사물·대상 속으로 뛰어 들어가 내면적으로 그것을 느끼고 스스로가 그것의 생명과 함께 하나가 되는 경지"를 가리킨다.[134] 신은경은 이 상태를 노장사상老莊思想의 개념들 속에서 설명을 찾는데, 노자의 "무위자연"無爲自然은 무심의 상태를 압축적으로 표현하는 말이다. 노자의 『도덕경』에서 '무심'에 가장 가까운 표현은 "무상심"無常心인데, 이는 "고정관념이나 욕심, 집착이 없는 마음, 즉 허심虛心을 가리킨다."[135] 다시 말해 무심은 "'마음이 없다'는 뜻이 아니라 '마음의 작용이 멈춘 것' '마음의 작용을 잊은 것'을 의미"[136]한다. 장자는 무심을 "망아"忘我 혹은 "망기"忘己로 표현하는데, 이에 이르는 방법을 "심제"心齊와 "좌망"坐忘으로 제시한다. 심제心齊란 "외부의 대상으로 향해있는 자기를 내부로 집중시켜서 그 내부에 있는 실재의 모습—자연, 존재의 본질—을 포착하려는 것"[137]을 가리키고, 좌망坐忘은 "심제를 더욱 발전시킨 경지로서 육체라고 하는 형을 떠나고 지식, 호악好惡의 정, 이익을 추구하는 마음을 잊어버림으로써 무차별

---

133) 앞의 책, 311.
134) 앞의 책, 413.
135) 앞의 책, 441.
136) 앞의 책, 442.
137) 앞의 책, 443.

의 대도大道에 동화하고 자연과 일체가 되는 것"138)을 가리킨다. 이를 장자의 다른 말로 "물화"物化라고 표현할 수도 있을 것이다.139) 이 무심의 세계는 그래서 "대상과 자아가 구분되지 않고 하나로 용해되는 '제물'齊物의 세계인 동시에 절대적 하나를 고집하지 않고 다양성을 수용하는 세계"140)이다.

이 풍류 속에 체현된 미적 감각들, 즉 흥, 한, 무심은 서로 구별된다. "무심(초탈감)"은 "자연을 대할 때" 나타나는 미감이고, 한은 "인간사회의 갈등과 모순과 불행에서 비롯되는 미감"이며, 흥은 "양자 모두를 포괄하는 미감"이다.141) 이 세 미적 감정들은 어느 순간 "자아의 소멸"을 수반한다는 점에서 공통점이 있기는 하지만, 흥과 무심이 "상승의 미감"이라면, 한은 "하강과 침잠의 미감"으로 구별된다.142) 더 나아가 흥은 "양적인 팽창에 기초한 상승"이라면, 무심은 "인식작용의 변화 즉 질적인 고양에 의한 상승의 미감"이라는 점에서 구별되기도 한다.143) 아울러 대상과 연관하여 흥은 "세속의 미"이지만, 무심은 "탈세속의 미"를 지향한다. 다른 한편으로, 한은 "과거 경험의 연장으로 현실에 속해 있으면서도 현실과 관계맺음에는 소극적이고 부정적 태도를 품고 있"다는 점에서 "폐쇄"성을 담지 하는데 반해, 흥은 개방적인 측면을 지향한다.144) 청중 경험과 연관하여, 흥은 모든 대상계층에 열려진 경험인 반면, 한은 "어떤 이유로든 소외

---

138) 앞의 책, 444.

139) 앞의 책, 489.

140) 앞의 책, 496.

141) 심광현,『흥한민국: 변화된 미래를 위한 오래된 전통』(2005), 75.

142) 앞의 책.

143) 앞의 책.

144) 앞의 책, 75.

의 체험을 겪는 계층과 밀접"하고, 무심은 "주로 논리적 사고와 인식작용의 훈련이 되어 있는 지식층에 더 밀착되어 있"다고 여겨진다.[145)]

그러나 흥, 한, 무심이 서로 구별되어 별도로 존재하는 것만은 아니다. 오히려 "한은 흥을 거쳐 무심에 이르거나 또는 한에서 곧바로 무심으로 발전할 수" 있는데, 이렇게 한으로부터 전환된 흥은 "그늘을 품고 있는 흥"이라는 점에서, 한과 구별된 본래의 흥 즉 어두움이나 그늘을 담지하지 않은 흥과는 구별된다.[146)] 이렇듯 흥과 한은 풍류심의 "양극"을 구성하고, 이 양극성은 "무심으로 승화"될 수 있다고 신은경은 본다.[147)] 신은경과 달리, 심광현은 한을 흥에 보조적인 측면 혹은 특수한 경우로 본다. 즉 "한의 미감은 우리 역사 전반에 걸쳐 보편적인 것이었다기보다는 남녀 차별과 서얼 차별을 제도화한 성리학이 지배이념으로 자리 잡으면서 나타나게 된 역사적인 미감"[148)]으로서, 흥의 미감이 사회적 억압을 통해 억제된 양태로 나타난 것이라고 주장하는 것이다. 오히려 "기후로나 공간으로나 사람살기에 적절하고 생태적 다양성과 역동적이고 안정적이면서도 변화무쌍한 아름다움을 골고루 갖"[149)]춘 우리의 자연환경을 고려할 때, 한 보다는 흥이 주된 정서적 구조일 수밖에 없다는 것이다. 한보다 흥이 한국인의 지배적인 감정구조라고 주장하는 이면에는 식민지 시절 이래로 한국인의 주된 정서를 "한"으로 규정하고 '흥하지 못하도록' 정신적으로 세뇌를 시도한 일제의 식민문화 교육의 잔재에 대한 비판을 염두에 둔 측면도 있다. 흥이 우리 문화의 지배감정인 결정적인 사례를 심광현은

---

145) 앞의 책, 76.

146) 앞의 책.

147) 앞의 책.

148) 앞의 책, 87.

149) 앞의 책, 88.

상갓집을 든다. 슬픔의 침묵을 통해 애도를 표하는 서구의 장례와 달리, 우리 상갓집은 문상객들의 시끌벅적한 목소리들과 웃음과 놀이로 밤을 같이 지새우는데, 이는 죽음의 슬픔을 웃음과 놀이의 흥으로 극복하려는 정서를 가장 적나라하게 드러내 준다고 심광현은 본다.150)

흥과 한의 '사이' 놀이

이상의 신은경과 심광현의 흥과 한과 무심의 기술들을 통해 본고가 주목하고자 하는 것은 바로 흥과 한의 정서들이 맺고 있는 독특한 관계 구조, 즉 사이 구조이다. 즉 흥과 한은 동시적으로 표현되는 정서가 아니라, 비트겐슈타인이 언급하는 "시점 전환"(change of aspect)처럼 전이의 계기를 갖고 어느 한편의 정서로 전환되는 이중성을 갖고 있다. 신은경은 한편으로 흥을 "심중에 단단하게 맺혀 있었던 응어리가 분해되어 시원하게 빠져나간 상태"151)라고 하면서, 이를 "무당이 신이 오르는 것"152)과 같은 상태라고 했다. 다른 한편으로 한은 억눌림이 극에 달해 응어리진 감정의 덩어리가 '액화'되면서 주체의 자의식이 소멸되는 체험으로서, "입무入巫의 순간"153)에 경험되는 "엑스타시"같다고 했다. 이러한 흥과 한의 관계를 심광현은 다음과 같이 기술 한다:

한은 원망과 슬픔의 감정이 접히고 접혀서 오장육부까지 스며드는 곰삭

---

150) 앞의 책, 121.

151) 신은경, 『풍류: 동아시아 미학의 근원』(1999), 100.

152) 앞의 책, 101.

153) 앞의 책, 267.

은 정서다. 그것이 펼쳐지고 풀리면서 역동적으로 고양되는 기쁨의 정서가 바로 흥이다. 한과 흥은 음과 양의 관계처럼 프랙탈하게 맞물려 있다. 그 접힘과 구부러짐의 강도가 클수록 정서의 강도도 커질 수밖에 없다. 그런 연유로 한은 서서히 접혀 들어가 곰삭게 되는 점층의 과정을 필요로 한다. 역으로 흥은 많이 접었다가 풀리는 속도를 빠르게 할수록 용수철처럼 비상하는 힘을 가진다. 흥이 솟구칠 수 없는 조건이 되면 풀리지 못한 흥이 한이 되며, 억눌려 있던 한이 풀리면 엄청난 강도와 크기로 흥이 솟구친다. 이런 맞물림이 계속되면 마치 음양처럼 한이 커지면 흥이 줄고, 흥이 커지면 한이 줄어드는 식으로 뱀이 꼬리를 무는 형상을 하고 양자가 순환한다. 또 접히고 풀리는 프랙탈차원의 다양한 층차가 흥과 한이 맞물리는 정서적 비례의 다양한 스펙트럼이 펼쳐진다.154)

이 심광현의 인용문에서 우리는 흥과 한이 마치 '국면 전이'의 양태들처럼 연관성 있게 기술되고 있음을 보게 된다. 즉 흥과 한은 서로 맞물린 구조이지만, 이 양자는 동시적으로 표현될 수 없는 서로 다른 정서이다. 그러면서도 서로 완전히 분리된 감정이 아니라, 양가성 감정ambivalence 구조를 갖고 있으며, 이를 본고는 '사이'the between 구조라 한다. 이 양가성 구조가 적나라하게 드러나는 곳이 바로 한국의 장례 문화이다. 상갓집에서 우리는 "정적과 침묵을 유지하기 보다는 오히려 웃고 떠들며 함께 밤을 새는" 전통을 갖고 있으며, 거기서 "소리 없이 눈물을 흘리는 대신 큰 소리로 슬픔의 감정을 리듬에 맞춰 곡을 하는 것을 좋게 여기는" 풍습을 갖고 있다.155) 여기서 망자를 향한 슬픔과 한스러움이 웃음과 소란스러움 시

---

154) 심광현, 『흥한민국: 변화된 미래를 위한 오래된 전통』(2005), 77.
155) 앞의 책, 121.

끌벅적거림으로 '풀어지는' 구조가 체현된다. 한 사람의 죽음이 '한 맺힌 죽음이 되지 않도록 하기 위해서' 우리의 장례 문화는 흥의 구조를 체현하고 있는 것이다. 역으로 흥으로 발산되지 못하는 죽음은 결국 맺힌 한을 풀지 못하고 구천을 떠도는 귀신이 되고 만다. 우리나라 전설과 민담에 등장하는 귀신들은 대부분 맺힌 한을 풀지 못하고 구천을 떠도는 영혼들, 특별히 여성 귀신들이 많다는 것은 바로 우리의 장례문화가 왜 흥의 문화를 체현하고 있는지를 역으로 설명해 주고 있는 셈이다.

흥과 한의 사이 구조는 또한 탈놀이에서 예증되는데, 그 탈놀이 속에서 한의 표현양식인 '풍자'와 흥의 표현양식인 '해학'이 교차하면서, 억눌린 민중들의 흥과 한이 동시적으로 자극된다. 말하자면 탈놀이 판은 "현실에서 억누르던 층과 억눌림을 당하던 층"의 역할 바꿈을 통해 "통쾌하고 신바람 나는 일"[156]을 재현한다. 그 속에서 "양반과 천민, 처와 첩 등무엇과 무엇의 구분이나 변별과 같은 '이원적 위상'에 기초한 대립이 허물어"[157]지고, 한 맺힌 일이 흥으로 풀어지는 일이 일어난다. 그러한 풀어짐 속에서 탈놀이는 기존 질서에 대한 반발 의식과 저항 의식을 보여주면서도 동시에 "놀이꾼과 구경꾼의 경계, 현실과 비현실, 일상과 비 일상, 양반과 상민의 경계"[158]를 넘나들며, 기존 경계를 조롱하면서 서로 간에 맺힌 한을 풀어낸다. 그리고 그 한풀이를 통해 '흥'과 '신명'을 체험하게 되고, 이 흥과 신명의 체험은 아직 덜 풀린 보다 깊은 한의 풀림을 추동한다. 따라서 탈놀이를 통한 흥/한의 체험은 기존에 대한 저항과 반발의 요소들을 담지하면서도 동시에 그 요소들을 넘어서서 "양가가치를 지닌 모든 현

---

156) 신은경, 『풍류: 동아시아 미학의 근원』(1999), 138.
157) 앞의 책, 146.
158) 앞의 책, 139.

상 사이에 놓인 금과 벽과 경계"의 허울과 임의성을 폭로하고, 그 경계의 허물어짐 속에서 참여한 일체가 신분의 차이에 상관없이 한데 어울리는 인간적인 공동체의 해방감을 일구어낸다. 이런 맥락에서 탈놀이는 기존 질서의 부조리와 부정의를 폭로하고 개선하는데 초점을 두고 있는 풍자를 통해 한을 재현하면서도, 동시에 자리에 참여한 "모든 존재가 보여주는 못난 점, 모자란 점, 모순을 인간이기에 갖는 기본적인 약점이나 불완전으로 이해하고 그것을 따뜻한 인간애로 포용"하는 "해학"을 통해 흥을 신명나게 부추긴다.159) 따라서 탈놀이는 기존 질서의 부정의에 대한 폭로 수준을 넘어서서 개혁의 신바람으로 나아가 "모든 갈등과 대립이 해소되며 맺히고 막힌 것이 풀이고 뚫리는 화해의 순간,"160) 즉 한풀이를 포괄한다. 따라서 한풀이는 풍자를 통해 신명나는 흥을 통해 부추기고, 그 흥의 신바람 속에서 해학을 통해 한을 풀어낸 화해의 장이 펼쳐지게 된다.

정/무심의 양가성과 사이 구조

이상의 흥/한 양가성 구조는 신은경과 심광현이 주목한 또 다른 정서 '무심'이 흥/한의 "승화"161)의 결과라기보다는 또 하나의 양가성 구조의 일부일 수도 있음을 암시한다. 이미 신은경과 심광현은 한국 미학의 정서적 토대로서 한과 흥과 무심을 제시해 주었지만, 그러나 미학적 감수성을 넘어서서, 한국인의 생활정서로 확장 적용하다 보면, 한국인의 정서를 표현할 때 가장 많이 회자되는 구조적 측면이 누락되어 있음 발견하기 때문

---

159) 앞의 책, 149.
160) 앞의 책, 151.
161) 심광현,『홍한민국: 변화된 미래를 위한 오래된 전통』(2005), 195.

이다: 정情. "유난히 정이 많은 한국인들"의 인간관계는 "딱딱하고 계산적이고 감정 중립적 관계를 견디지 못하고" 언제나 "부드럽고 다정하고 친밀한 관계"를 지향한다.[162] 이 정감을 중시하는 인간관계는 그래서 '눈치' 있는 사람을 중시한다. '그걸 꼭 말로 해야 알아듣는' 사람들은 '눈치 없는 사람'이 되어, 관계를 원만하게 풀어나가지 못하게 된다. 사람과의 관계에서 언제나 "심정과 정"을 중시하고, 문제 해결에서 "원칙과 정의보다는 인정과 상황"을 우선시 한다.[163] 이 "정이 많은 한국인들은 혼자 있기 보다는 함께 있기를 좋아하고 함께 모이면 조용히 대화를 즐기기 보다는 놀이와 술판을 즐긴다."[164] 정을 나누기 위해.

하지만 정을 중시하는 배려의 윤리가 바로 그 '원수 같은 정 때문에' "온정주의와 결합하여 정의가 무시되는 결과"를 초래하기도 한다.[165] 정을 중시하는 한국인들은 갈등을 건전한 사회를 이루어가는 과정의 산물로 결코 보지 않는다. 갈등은 전체의 조화와 평화를 위해 언제나 해소되어져야만 한다. 그러기 위해 공적 갈등은 "합리적으로" 처리되기 보다는 "개인들 간의 갈등"으로 치부되어 "갈등의 사사 화 기제"로 처리된다.[166] 이 갈등 회피주의 뿌리는 "정치적 상황보다는 종교 문화적 전통에 있다. 한국의 종교 사상적 전통은 차이를 있는 그대로 인정하지 않는다. 서로 다른 것들 사이의 갈등이 존재할 수 있는 가능성을 인정하지 않고 조화만을 강조한다."[167] 예를 들어, 무교는 "천지인의 조화를 회복하여 하늘의 복

---

162) 정수복, 『한국인의 문화적 문법』(2012), 116.
163) 앞의 책, 117.
164) 앞의 책, 118.
165) 앞의 책, 122.
166) 앞의 책, 154.
167) 앞의 책, 155.

을 얻어 서로 나누고 누리는 것을 목표로 하는 종교"로서 마을 굿을 통해 "쌓인 갈등과 모순을 풀어내고 화합과 평화를 다시 실현하는 공동체 의례"를 실천하는데, 이런 맥락에서 무교는 근원적으로 "원한을 산 혼령과의 갈등을 해소함으로써 재앙을 피하고 복을 추구"하며, 따라서 갈등은 "당연히 피해야 할 부정적 현상"이며, "누구에게라도 원한을 사는 일은 하지 말아야 한다는 생각"을 가르친다.168)

이러한 온정주의적 정서의 폐해를 극복하도록 만들어 주는 것이 바로 무심의 정서였던 것 같다. 신은경은 이 무심이 노장사상老莊思想의 전통으로부터 유래한다고 보았는데, 노장의 무는 "二(有·판단·분별)의 세계를 부정하는데 [초점이] 있기 보다는, 존재의 다양성을 말살하여 하나의 기준으로 획일화하려는 온갖 가치기준을 무력화"하는데 초점이 놓여있다.169) 왜냐하면 우리의 정에 치우친 관계와 분별력이 편견과 편애로 치우치기 때문이다. 그래서 이 무심은 "일체의 사념·판단의식과 같은 주체의 인식 작용을 거부하고 나아가서는 자기존재까지도 자각하지 않기에 이르는 상태"170)를 가리킨다. 이러한 상태는 '텅 빔'을 야기하는데, 이는 "일종의 몰입이며 주체와 대상 간의 이질성 때문에 파생된 거리를 삭제하는 행위"로서 결국 "대상의 일체적 포용"을 의미한다.171) 노장에서 '무'란 유에 대립되는 무를 가리키는 것이 아니라, 유/무의 분별 자체에 대한 부정이다. 즉 있음에 대한 부정으로서 무를 넘어 "비유비무非有非無의 존재양상"172)을 가리키는 것이다. 모든 유/무의 분별은 결국 그러한 구별을 만

---

168) 앞의 책, 156.
169) 신은경, 『풍류: 동아시아 미학의 근원』(1999), 435.
170) 앞의 책, 414.
171) 앞의 책, 418.
172) 앞의 책, 432.

들어내는 나로부터 비롯되며, 그러한 구별은 언제고 차별로 나아갈 소지를 안고 있다. 그래서 "외부의 대상에 향해있는 자기를 내부로 집중시켜서 그 내부에 있는 실재의 모습—자연, 존재의 본질—을 포착"[173]하는 심제心齊와 "육체라고 하는 형을 떠나 지식, 호악好惡의 정, 이익을 추구하는 마음을 잊어버림으로써 무차별의 대도大道에 동화하고 자연과 일체"[174]되는 좌망坐忘을 통해 "망아"忘我 혹은 "망기"忘己에 이르러 "물화"物化를 실현하는 무심의 세계는 인정人情이 지나쳐, 특정 인연과 지연과 혈연에 얽매이려는 온정주의로 나아가지 못하도록 하는 기능을 감당한다.

한국적 정서의 근원적 양가성 구조: 사이

흥·한·무심·정의 구조는 양가성 구조 즉 사이(the betweenness structure)로서 한국적 무의식의 원형을 지시하고 있는 듯하다. 예를 들어, 한국인은 "고대로부터 언제나 하늘을 숭배하고 신령한 존재들과 함께 살아가는 것을 자연스럽게 받아"[175]들였다. 고대의 제천행사를 통해 모든 맺힌 것이 풀어지는 장을 승계한 것이 굿이었고, 그 제천 행사에서 제사를 주관하는 사람이 바로 "천군(天君; 무당, 단군)"이었다.[176] 굿이나 제사의 마당에서 기존 체제의 코스모스가 무너지고 카오스가 도입되면서, "온 마을은 술과 춤이 지배하는 한바탕 신명나는 놀이마당이 되"는데, "흥미로운 것은, 이러한 카오스의 상황을 성聖이라 생각하고 마을의 질서를 속俗이라고 보았

---

173) 앞의 책, 443.
174) 앞의 책, 444.
175) 최규창,『고통의 시대, 광기를 만나다』(2012), 95-96.
176) 앞의 책, 65.

다"는 것이다.[177] 이를 다른 말로 표현하면, 우리 민족은 "정기적으로 카오스 상태에서 자아를 상실하고 성^뽨을 경험하고자 하는 본성을 강하게 가지고 있다"[178]고 말할 수 있을 것이다. 유교적 예의 문화는 우리에게 이성적 세계를 구축해 주었고, 무속적 굿의 문화는 그 이성적 코스모스의 세계에 카오스를 가져다주면서, 코스모스와 카오스, 이성/광란의 균형이 맞추어진다. 그래서 우리 문화는 이성/감성의 이분법의 완고한 구별이 존재하지 않고, 오히려 그 양자가 가로지르고 교차되면서 이루어져 가는 '길'(道)을 중시하는데, 결국 이 '길'을 만들어 나아가는 것은 바로 이 양자 즉 이성과 감성 혹은 코스모스와 카오스의 양가적 교차, 즉 사이the Between이다. 이런 맥락에서 우리 삶의 균형을 감지하는 것은 유교적 이성적 예의 질서가 아니라 "무속적 균형 감각"으로서, 바로 그 때문에 "우리나라 사람들은 어느 일이든 한 편으로 치우치는 것을 싫어한다."[179] 무속의 핵심은 "풀어준다"는 의식이고, 그것은 곧 무속이 "철저히 '현세주의'"의 태도를 가지고, 실용적인 삶의 태도를 견지한다는 것을 의미한다.[180] 이러한 무속의 세계는 "인간 중심주의, 현세 중심주의"를 지향하며, 이러한 태도는 "신을 인간세계로 끌어들여 사정하고 달래고 같이 논다. 즉 인간이 신을 조종하는 것이다."[181]

이러한 고대 제천의식에 기반 하는 무속적 삶의 태도가 우리의 기독교적 신앙생활에 부정적으로 적용되었을 때, "무속의 세계가 굿(카오스)과 일상생활(코스모스)을 교차하는 패턴을 반복하듯이, 우리의 신앙생활도

---

177) 앞의 책, 67.
178) 앞의 책, 71.
179) 앞의 책, 277.
180) 앞의 책, 315.
181) 앞의 책.

교회와 세속, 회개와 범죄, 예배와 배교를 반복하고," "일주일간 비윤리적이고 부도덕한 삶"과 주일날의 "헌금과 예배와 봉사"[182)가 교차하는 패턴이 반복된다. 이 반복이 가식이 아닌 것은 우리 한국민의 의식 구조가 그러한 질서와 무질서의 반복을 체현하는 문화적 문법을 담지하고 있기 때문이다. 같은 동전의 반대 면으로, 2008년 한미 FTA 체결 이후 일어났던 '소고기 집회'의 촛불 시위가 장시간 지속될 수 있었던 것은 국민들의 분노 때문이라기보다는 오히려 "시위기간 동안 노래와 춤과 음식으로 서로를 격려하는 무속적 의식이 발휘되었기 때문"[183)이라고 볼 수도 있는데, 그 촛불집회의 문화 속에서 우리가 무의식적으로 공유하고 있는 무속적 동질감이 표현되었기 때문이다.

한편으로 한국인의 양가적 정서 구조는 긍정적으로 본다면 조화와 균형의 아름다움을 이룰 수 있는 잠재력을 지니고 있음에도 불구하고, 만일 부정적인 방향으로 나아갈 경우, "이중규범주의"를 낳을 위험을 내재하고 있다. 현실적으로 한국인의 문화적 문법은 "겉 다르고 속 다른 윤리의식"과 "상황에 따라 다른 윤리적 기준을 적용하는" 이중규범주의를 체현한다.[184) 이는 공적으로는 대의명분과 공공성을 강조하지만, 내적으로는 자신의 이기적인 실리추구만을 중시하는 삶의 태도를 전혀 윤리적으로 문제 있다고 생각하지 않는 의식을 가져다준다. 이는 곧 "윤리성의 부재와 도덕적 성찰의 결여"로 나아간다.[185) 따라서 이중규범주의는 "언제 어디서나 보편적 추상적 원리와 원칙에 따라 행동하기 보다는 구체적 상

182) 앞의 책, 327.
183) 앞의 책, 195.
184) 정수복, 『한국인의 문화적 문법』(2012), 177.
185) 앞의 책, 179.

황에 따라 다른 기준을 적용하는 상대주의적 윤리관"[186]을 동반한다. 이러한 태도는 종교적으로 '무교'와 '유교' 모두의 영향인데, 무교의 "현세중심주의는 언제 어디서나 적용되는 공리적인 도덕적 원칙보다는 상황과 여건, 시간과 장소에 따라 달라지는 상대주의적 도덕과 친화성이 높"고, 유교는 본래 "개별적 특성을 지닌 상대방을 고려하고 배려하여 행동하라는 배려의 윤리 원칙인 "시중"時中이라는 개념을 통해 원칙보다 상황을 강조함으로써 "이중윤리와 이중규범주의로 변질될 가능성"을 높여주었다.[187]

　다른 한편으로 한국적 사상 구조는 "영감적 묘(妙, 神)의 경지"를 추구하는데, 이는 "합리적으로 설명할 수 없"는 것으로서 "신묘神妙의 차원"이라고 할 수 있다.[188] 이는 한국 사상 속에서 이상과 현실이 묘하게 어우러지는 모습을 기술하는 것이라 할 수 있는데, 말하자면 초월적 이상을 언제나 현실에서 성취하고자 하는 모습을 통해 드러나는 애잔한 "안타까움"이라 할 수도 있을 것이다. 순수한 이상을 품고 있지만, 현실은 그와 반대로 "욕망과 악"으로 가득 차 있고, 따라서 이상을 깊이 추구하면 할수록, 현실의 좌절은 깊어가는 데서 비롯되는 "안타까움," 그러나 그 시련에 굴하지 않고 끝까지 이상을 고수하는 모습에서 "하늘과 같은 나를 그리워하는 마음"으로 공감하는 안타까움이다.[189] 이 안타까움이 한의 정서와 연결되는데, "결핍과 상실, 핍박의 어둡고 부정적인 속성에 바탕"을 두었지만, "복수나 원망이 아니라, 끊임없이 밝고 긍정적인 측면에로 질적인 변

---

186) 앞의 책, 180.
187) 앞의 책, 181.
188) 정혜선, "『동·서양 문화 비교』로 본 한류," 「인문과학」 48(2011), 260.
189) 앞의 논문, 262.

화를 수반하여 화합의 광장으로 초극"하여 나아가는 한의 정서는 안타까움이 슬픔이나 비애에 그치지 않고, 감동으로 이어지게 만들어 주기도 한다.[190]

이 양가성 구조로부터 비롯된 사이의 몸짓으로서 무교적인 혼종의 기술은 한류의 미래 그리고 한국기독교의 미래에 어떤 함의를 갖는가?

한류 분석을 통한 미래적 제언: 선교적 관점에서

현재의 한류가 담지하고 있는 위기는 기실 외적이라기보다는 내적이다. 백원담의 이야기를 따르자면: "최근 문화관광부의 문화콘텐츠 지원사업의 구축 계획과 더불어 민간단위, 특히 언론에서 제기하는 한류를 한국 붐, 곧 한열韓熱로 확산해나가기 위해 제시된 내용들을 살펴보면, 중국 혹은 동아시아는 철저하게 문화산업의 공략대상으로만 산정되어 있음을 알 수 있다. 중국을, 동아시아를 거대한 문화시장으로 완벽하게 탈바꿈시키는 것,"[191] 바로 그것을 한류로 규정하고 있다. 이런 시각, 즉 상대 타자를 상품을 판매하기 위한 도구로서만 보는 이 시각이 근원적으로 문제라는 이야기이다. 그리고 이 시각은 타자가 나에게 강요한 시각이 아니라, 우리의 욕망의 시각이라는 점 즉 내재적이라는 점이 문제다. 문화란 "소통"이지 상품화가 아니다. 모든 것을 상품화하는 자본주의적 힘에 맞서 "문화 연대의 힘"을 보여주면서, 인간 삶의 가치를 지향하며 "화쟁회통化諍會通의 고리"로서 한류가 방향을 잡아나가지 못하는 한, 한류의 다음 세

---

190) 앞의 논문, 262.
191) 백원담,『동아시아의 문화선택 한류』(2010), 36.

대는 없을 것이라는 말이다.[192) 따라서 백원담은 권고한다.

> … 한류는 다시 기획되어야 한다. 동아시아라는 시공간을 거대한 문화시
> 장이나 신자유주의의 하위체제로 재편하기 위해서가 아니다. 동아시아
> 하늘을 뒤덮은 칙칙한 역사의 장막을 활연히 벗어던지고 모두가 사는 평
> 화공존의 세상을 만들어가기 위해, 그 발랄한 민간주도의 문화파장을 동
> 반과 상생의 문화기획으로 바꿔내야 하는 것이다.[193)

그를 위해 백원담은 문화라는 것의 본래적인 성격을 다시금 주목해 보
자고 제안하는데, 문화란 "상호 교류되는 것이며, 하나의 문화적 동질성
이 아니라 서로 다른 문화의 공존을 통해서 새로운 단계로 함께 나아가는
것"[194)을 의미한다. 이 상호교류의 토대 위에서 이루어지는 문화적 정체
성이란 "동종 간의 유사성과 연속성이라는 한 축과 차이와 균열이라는 다
른 한 축이 각축하고 교류하면서 이루어지는(becoming) 것"이며, 그것은
다시 말하자면 "하나로 고정된 것이 아니라 교잡과정에서의 변형을 통해
부단히 새로운 자기 정체성을 이루어 나가는 것"[195)이다. 이를 백원담은
"한류의 잡종적 실천"이라 지칭하는데, 이것은 곧 "대중문화가 가장 저급
한 수준에서 소통되고 소비되고 소모되는 가운데서도, 흉내 내기의 방식
이지만, 바로 그 지점에 틈입되는 공감의 열망, 무의식적 욕망까지도 상품
으로 조직되는 그러한 소비문화의 극점에서 만나는 포로화 된 일상의 닮

---

192) 앞의 책, 37.
193) 앞의 책, 40.
194) 앞의 책, 179.
195) 앞의 책, 193.

은 꼴, 거기 동시대를 공유하면서 회통의 소용돌이로 열리는 문화적 반란의 계기들, 그것을 대상화하기보다 그 속에서 서로의 실상을 발견해 나가는 열린 만남"을 가리키며, 이것을 또한 백원담은 "새로운 지역화의 가능성"이라 불렀다.196) 그 반란은 상품의 판매를 통한 실적으로 자신이 평가받는 경쟁사회가 아니라 "놀이가 소비행위이면서 소통행위인"197) 지점, 바로 그 지점에서 혼종의 기술로서 주체의 몸짓을 체현한다.

이상의 백원담의 한류의 미래에 대한 제언은 아시아라는 지정학적 위치에서 소통은 결국 우리 모두가 공유하는 '고통에 대한 공감'으로부터 출발해야 한다는 제언으로 여겨진다. 예전의 '일류'日流가 간과한 것은 바로 그 '고통의 공감'이지 않았을까? 한국의 근원적 정서가 한/흥의 양가성을 담지하고 있다는 것은 우리가 동시대를 살아가는 삶들 속에서 일어나는 고통과 슬픔이 풀어져야 한다는 것을 가르쳐 준다. 그 고통과 슬픔이 위로받지 못하고 억눌릴 때, 한이 되고, 그 한이 죽음에 이르기까지 풀어지지 못할 때, 우리는 귀신의 출현을 보게 된다. 힘없는 백성들이 "예기치 못한 비극적 운명이나 고통에 무방비로 노출"되거나 또는 "몸에 병이 들거나, 전쟁이 나거나, 경제가 무너"질 때, 그들을 구원할 대안을 찾지 못하게 되면, 귀신이 출현한다.198)

---

196) 앞의 책, 199.

197) 앞의 책, 289.

198) 장윤선, 『조선의 선비, 귀신과 通하다』(2009), 55; 유교는 나름대로의 귀신론을 갖고 있는데, 특별히 남효온에 따르면, 귀신은 "조화의 자취"인데, 이때 귀(鬼)는 "돌아간다는 뜻으로서 음과 양의 두 기운이 흩어져 돌아가는 것," 즉 "기의 소멸로 인한 죽음의 상태"을 의미하고, 신(神)은 "음양의 기운이 천지 사이에 와 조화롭게 펼쳐지는 것," 즉 "음양의 조화 속에 생명이 살아있는 상태"를 가리킨다(앞의 책, 82). 따라서 귀신(鬼神)이란 "음과 양이 조화롭게 펼쳐져 있거나 혹은 흩어져 있는 상태"를 가리키며, 이렇게 본다면 '하늘의 귀신'이란 "죽은 영혼이 아니라, 음양의 조화에 따라 살고 죽는 모든 존재"를 가리키게 된

귀신의 등장은 "정당한 방법으로 끝을 맺지 못했기 때문에 기운이 맺혀서 나타나는 현상"[199]이다. 즉 사람이 죽으면 그 생명의 본질인 기는 자연스럽게 풀어져 사라져야 하는데, 맺힌 원한 때문에 그 기($氣$)가 자연스럽게 흩어지지 않게 되면서 귀신이 출현한다. 이것이 바로 귀신의 이치이다. 즉 이런 귀신이 일어나지 말아야 하는 것이 자연스러운 것인데, 이런 저런 자연스럽지 못한 이유로 한이 맺히고 풀어지지 않아 귀신이 출현할 경우 "잘 달래거나 위로해서 반드시 없애야한다."[200] 바로 여기에 귀신론과 한($恨$) 이야기의 사회비판 기능이 담겨있다. 말하자면 "억울하게 죽어 갈 곳 없는 귀신들이라면, 생전에도 그다지 좋은 삶을 누리지 못했을 가능성이 크다. … 결국, 인간이면서 연고가 없는 귀신이 많이 나타난다는 것은 그 사회에 뭔가 문제가 많다는 말과 상통한다."[201] 그렇기 때문에 귀신담은 "지배자가 아닌 피지배자, 그리고 정상이 아닌 비정상의 영역을 사는 사람들의 이야기"가 될 수밖에 없고, 이 비정상적인 존재들이 정상의 세계에 갖는 중요한 기능이 바로 여기에 있는 것이다.[202] 사실 "모든 사회적 억압 가운데 가장 큰 억압은 바로 억압당하는 사람의 존재 자체를 지워버리는 것"인데, "분명히 존재하고 있건만, 그 존재가 다른 사람에 의해 의도적으로 무시되고 외면당하는 경우,"[203] 그들의 이야기는 구천($九天$)을 떠돌

다(앞의 책, 82). 자손에게 영향을 미치는 조상귀신의 힘은 "동기감응설"(同氣感應設)에 근거하는데, 말하자면 "조상과 자손은 동기(同氣), 즉 같은 기를 가졌기에 자손이 정성들여 제사지내면 조상의 기가 다시 뭉친다는 것"이다(앞의 책, 91). 이런 귀신을 "양귀"(陽鬼)라고 한다면, 그와 달리 '원한이 맺힌 귀신'을 "음귀"(陰鬼)라 한다(앞의 책, 207).

199) 앞의 책, 99.
200) 앞의 책, 100.
201) 앞의 책.
202) 앞의 책, 140.
203) 앞의 책, 153.

게 된다. 그래서

사회의 모순에 희생된 이들의 목소리는 사람들이 잘 돌아보지 않는 후미
진 곳에서 들려올 뿐이다. 그러나 이런 사람들의 목소리가 아주 묻혀 버리
지는 않았으니, 바로 귀신 이야기가 그 소외된 사람들의 은밀한 원한을 드
러내기 때문이다.204)

특별히 귀신 이야기에 여자 귀신이 많은 것은 "여자 혼자서는 아무것
도 할 수 없는 사회적 모순과 억압"205)을 은밀하고 삐딱하게 전하고 있는
것이다.206) 그렇다면 귀신이 바라고 원하는 것은 무엇일까? 귀신은

무엇보다도 감춰진 자기 사연을 풀어놓고 싶어 한다. 그래서 귀신은 인간
과의 대화를 간절히 원한다. 수많은 귀신이 저승으로 편히 가지 못하고 이
승을 떠도는 이유는 자기 사연을 남과 나누고, 위안을 받고 싶어서이다.
그러면 해원(解寃)이 된다.207)

따라서 귀신을 풀어주고 치유하는 길은 사랑과 관심을 가지고 귀신의

---

204) 앞의 책, 153.

205) 앞의 책, 175.

206) 귀신이란 "결국 삶에 대한 애정과 미련을 버리지 못한 존재이다. 귀신은 살면서 겪었던 좋
은 일, 괴로웠던 일을 기억하고, 이를 인간과 나눔으로써 자신의 존재를 조금이라도 더 연
장하려고 한다. 소름끼치는 몰골로 불쑥 나타나고, 흉한 모습으로 손을 내밀지만, 귀신은
결국 생전에 다하지 못한 숙제를 마치고, 이리저리 얽혀 고통스러웠던 인연에서 풀려나기
를 원할 따름이다. 바로 그런 원(願)과 한(恨)을 담은 것이 귀신담으로 그것은 더 나은 삶을
살고 싶은 산 사람들의 이야기이기도 하다"(앞의 책, 268).

207) 앞의 책, 265.

억울한 사연을 들어주는 것이며, 여의치 않을 경우, 제사를 지내 마음을 달래줌으로써 원한을 풀어주는 것이다.[208] 즉 억눌리고 파묻힌 자신들의 이야기가 들려지는 것, 바로 그것이 귀신의 치료법이다.

백원담의 제안과 귀신 이야기는 오늘의 한국교회의 선교적 상황에 어떤 메시지를 전해 주는가? 한국교회는 성장기에 예수가 귀신을 쫓아내는 치유의 사역을 감당하듯이 한국사회의 한 맺힌 곳을 풀어주는 역할을 긍정적으로 감당하고 있었다. 즉,

교회는 압축 경제성장의 부작용으로 깨져가는 가정을 잡아주었고, 아이들이 거할 장소를 제공해 주었고, 그들을 공부시키고 먹여주었다. 폭력이 난무한 가정 속에서 복음으로 견디고 이해하고 용서할 수 있는 힘을 주었으며, 그 쌓인 한을 새벽에 다 쏟아 놓을 수 있는 여건을 제공해 주었다. 비록 다소 왜곡된 방식으로 성령을 구하고 성경을 해석하여 적용했지만, 우리 민족이 가진 강력한 무속적 일탈의식에 맞서 굳건히 궤도를 벗어나지 않도록 잡아준 것은 교회였다.[209]

때로 개신교의 일부 예배나 집회 그리고 통성기도의 방식이 광적이라고 조롱과 비판의 대상이 되기도 한다. 그들의 비판에는 나름대로의 일리가 있을 것이다. 하지만 그러한 예배들 자체가 무조건적인 비판의 대상이 될 수는 없다. 왜냐하면, 최규창이 지적하듯이, "하나님이 그런 광적인 기도에만 은혜를 주시는 분이 결코 아니지만, 그들을 그런 방식으로 하나님을 찾고 울부짖음으로써 자신들의 한을 쏟아내고 치유받기를 원한다

---

208) 앞의 책, 266.
209) 최규창, 『고통의 시대, 광기를 만나다』(2012), 93.

."210) 그러한 광적인 예배와 기도가 적어도 매주에 한 번씩 흥과 한의 탈놀이를 대신하면서 신명나는 한풀이의 장을 마련했다고 보면 어떨 것인가? 그리고 그러한 모습들이 바로 개신교적인 함께 나눔이었다고 생각해 보면 어떨까? 삶의 역설적인 상황들은 "우리의 무속적 의식이며 한(恨)이고 하늘을 원망해야 마땅한 일"211)이다. 그 한과 슬픔 앞에서 우리가 할 수 있는 일은 아우구스티누스의 권면처럼 '기뻐'하는 것이 아니라 "같이 울어주는 것"212)이다. 물론 그러한 예배와 기도들만이 함께 고통을 나누는 사랑의 몸짓이 되는 것은 아니다. 다른 방식과 방법들도 많이 있을 것이다. 그러나 우리는 고대로부터 "국중대회 연일음식가무"를 통해 농사일의 고단함을 풀어내는 문화전통을 지녀왔음을 기억하자. 관건은 이러한 무속적인 카오스와 코스모스의 양가적 사이 구조를 어떻게 기독교적 사유방식으로 풀어낼 것인가에 있다.

한류와 선교의 다음 세대가 가능하려면, 우리의 한류는 이제 우리 고유의 것을 드러내는 수준에 그치지 않고, 우리 지구촌 문화가 직면하고 있는 지구적 문제들을 공유하고 대안을 제시하는 몸짓을 담지 해야 한다. 오늘날 지구촌 문화가 당면하고 있는 많은 문제들을 간략하게 핵심적으로 추리자면 "생태 문제"와 "인구 문제"일 것이다.213) 이 문제들은 문제에 대한 당면한 해결보다 오히려 근원적인 "발상의 전환, 의식의 전환, 생활방식의 전환"214)을 요구한다는 점에서 이전의 문제들과 격을 전혀 달리한다. 이기상은 이 발상의 전환이 가능하려면 우리의 "인식론적 사유 틀

---

210) 앞의 책, 94.

211) 앞의 책.

212) 앞의 책.

213) 이기상,『글로벌 생명학: 동서 통합을 위한 생명 담론』(2010), 14.

214) 앞의 책, 15.

이 '존재(있음)'에서 '생명(살아있음)'으로 전환되어야 한다"215)고 주장하고, 그것을 우리의 '사이 사유' 속에서 찾는다. 우리 한국인의 '천지인합일'의 의식 속에는 "하늘과 땅 사이에 존재하는 '사이 존재'216)로서 인간에 대한 사유가 담겨 있는데, 예를 들어"하늘과 땅 사이(天地間), 때 사이(時間), 빔 사이(空間), 사람 사이(人間)"의 정의들 속에 그러한 사유가 고스란히 흔적을 남겨두고 있다. 이 사유할 수 없는 '사이'에 대한 사유는 인간을 이 사이들 속에서 "관계를 나누며 유지하고 보존하며 살아가는 '사이 존재'"217)로 묘사한다.

하늘과 땅 '사이'에서 생명은 고정되거나 실체로 존재하는 것이 아니라 '되어감' 즉 과정으로 존재한다. 되어감이란 무언가가 '있음'으로 도래하는 것만을 가리키는 것이 아니라, 그 있음 이전의 없음을 부각시킨다. 즉 있음 이전에 놓인 "비움이자 없어짐이며 사라짐"218)이 '되어감'의 과정 속에서 전제되는 것이다. 되어감의 과정 속에서 근본적인 것은 "있음(존재)이 아니라 '없음(無, 空)'이다. 있음이란 없음과 있음을 잇는 순간적인 연결고리일 뿐이다."219) 이를 달리 표현하면, "존재하는 모든 것은 무에서 생겨나 주어진 삶의 에너지를 불사르며 존재 속에서 되어가다가 에너지를 다 소진한 뒤에는 다시 무 속으로 사라져 간다."220) 여기서 그 무

---

215) 앞의 책, 15.
216) 앞의 책, 29.
217) 앞의 책, 32. 이 사이들은 단지 묵묵히 거기 있는 것이 아니라, 우리에게 '가치'를 던져 주는데, '빔-사이'는 "나눔"을, 때-사이는 "비움"을, 뭇(사람)-사이는 "섬김"을, 하늘과 땅 사이는 "살림"의 가치들을 가져다 준다(앞의 책, 73). 이 "살림, 섬김, 비움, 나눔은 살림을 생활화하는 살림살이의 방식"이다(74).
218) 앞의 책, 36.
219) 앞의 책.
220) 앞의 책.

즉 "빈탕"함은 없는 것이면서 동시에 있는 것 혹은 있음의 과정이 존재하려면 반드시 전제되어야 하는 그 무엇을 의미한다.[221] 이를 "없이 있는 것"이라 말할 수 있으며, 이 '없이 있는 분'을 우리는 "하늘님(하느님)"이라 불렀다.[222] 이 없이 있는 존재를 통해 우리는 생명의 본질이 '있음'(존재)이 아니라 "비움" 혹은 "없이 있음"임을 알게 된다.[223] 이를 우리는 "거룩한 신" 혹은 "거룩한 영"이라 한다.[224] 이 없이 있는 신령한 존재를 우리는 "한얼"이라 명하는데, 세상의 모든 변화하며 '있는' 존재들 속에서 이 '한얼'을 알아보고, 그 때문에 천지사물들을 섬기며 "그렇게 존재하는 모든 것을 그것으로 서도록 도우면서 우리는 없이 계신 한얼을 섬기는 것"[225]이다. 즉 인간이란 "하늘과 땅 사이에 있는 모든 존재를 '돌보고 보살펴야' 할 '사이 존재'다."[226] 그 사이 존재로서 인간 안에는 "내 안에 있는 속알을 깨우쳐 알아 그 바탈을 태우게 하는" "얼나"가 있다.[227] 그 얼나가 우리를 "침묵 속에서 내 안에 말 걸어오는 '없이 계신 하느님'의 부름에 응해 우주적 대해탈의 역사에 동참"[228]하는 꿈을 꾸도록 한다. 이 '없이 계신 하느님'의 존재 양식이 바로 '사이'이다. 사이는 존재하지 않는다. 적어도 그 사이를 형성하게 만들어줄 두 대상 혹은 주체와 대상이 없다면 말이다. 하지만 그 없이 있음으로 '사이'는 그 사이 공간이 의미와 가치로 충만할 수 있도록 해준다.

---

221) 앞의 책, 37.
222) 앞의 책.
223) 앞의 책.
224) 앞의 책.
225) 앞의 책.
226) 앞의 책, 40.
227) 앞의 책, 43.
228) 앞의 책.

그 사이 공간에서 우리가 한류를 통해 혹은 선교를 통해 펼쳐나갈 가치는 여민락與民樂의 이상이 아닐까? 세종은 '천민'天民이라는 말을 썼는데, 이는 중국 "천자의 백성"이나 일본 "천황의 신하"를 가리키는 말, 혹은 "왕토왕민王土王民에 나오는 '왕의 백성'"이 아니라, "말 그대로 '하늘의 백성'"을 의미하는데, 세종은 천민天民이라는 말을 통해서 "백성 하나하나를 천자天子로 만들고, 천황天皇처럼 받"들고자 했다.229) 특별히 주목해야 할 것은 이 천민天民이 "'전체' 또는 집합명사로서의 국민, 또는 일부의 '계층'이 아니"라, 오히려 "국민 '개개인'이 천민"임을 주창했다는 것이다.230) 그에게 천민은 "배려의 대상, 통치의 대상"이 아니라, 오히려 "자신自新"하는 백성들로서, "스스로 새롭게 되고, 스스로 깨치고, 스스로 높은 문화 수준을 이루"어 나가는 백성들이다.231) 그래서 세종의 꿈은 "'살아감의 즐거움'(生生之樂)을 누리는 하늘백성(天民)과 함께 즐기는 것," 즉 "여민락與民樂"이었다.232) 따라서 세종은 화이부동和而不同의 정신을 기초로233) '다름을 인정하고 다름끼리의 조화'를 도모하면서 중국 문명과의 외적 동일시를 통한 우월의식을 극복하려 했다.234) 우리는 이 세종의 몸짓 속에서 한/흥과 정/무심의 양가적 정서구조를 바탕으로 혼종의 기술을

---

229) 배기찬, 『코리아 다시 생존의 기로에 서다』(고양: 위즈덤하우스, 2005), 113.

230) 앞의 책.

231) 앞의 책.

232) 앞의 책, 114.

233) 앞의 책.

234) 하지만 "조선의 사대부와 선비들은 중화문명에 중독되어, 주자학에 대한 교조주의자가 되거나 중화사상에 대한 원리주의자가 되었다. 다시 말해 그들은 '한족에 의한, 중국에 근거한, 유교적 예법체제를 위한 중화체제'를 태양처럼 따르고 그 속으로 조선을 일체화시키려 했다. 그러나 세종은 '조선인에 의한, 조선에 근거한, 인간적 문명체제'를 만들려고 했다"(앞의 책, 118).

사용하여 주체의 몸짓을 드러내는 미래 한류와 선교의 방향을 읽어낼 수 있지 않을까? 우리가 한류를 통해 혹은/그리고 우리 기독교의 진리 선교를 통해 이 땅에 실현해 내고자 하는 바로 그것은, 심광현의 말을 차용하자면, "흥한민국"의 세계화, 즉 우리의 배타적 민족성을 온 족속에게 강요하는 형식이 아니라, 그들의 아픔과 슬픔을 찾아가 들어주고 그들의 맺힌 한을 풀어주고 그래서 그들이 신명나는 예배의 울부짖음을 통해 고통을 함께 나누는 그리스도의 사랑의 영의 입신入神을 체험하도록 하는 것, 바로 거기에 우리의 선교 한류가 나아갈 방향성이 있지 않을까? 지젝은 개신교의 핵심을 성육신으로 지목하고, 이 성육신의 핵심은 "웃기는(comical)" 농담으로 해설한다.235) 고단하고 지친 삶의 순간들을 잠시 잊고, 웃음을 통해 삶의 힘을 부여하는 농담으로서의 기독교는 탈놀이 속에서 해학과 풍자를 통해 신명나는 흥과 한풀이를 가능케 해준 우리 고래의 '국중대회 연일음식가무'의 흔적을 체현할 수 있지 않을까?

---

235) S. Žižek & B. Gunjević, *God in Pain: Inversions of Apocalypse* (2012), 178.

참고문헌

배기찬. 『코리아, 다시 생존의 기로에 서다』. 고양: 위즈덤하우스, 2005.

백원담. 『동아시아의 문화선택 한류』. 서울: 펜타그램, 2010.

신은경. 『풍류: 동아시아 미학의 근원』. 서울: 보고사, 1999

심광현. 『흥한민국: 변화된 미래를 위한 오래된 전통』. 서울: 현실문화연구, 2005.

이기상. 『글로벌 생명학: 동서 통합을 위한 생명 담론』. 서울: 자음과 모음, 2010.

양해림. "문화의 교류와 한류문화(hallyu culture) 그리고 그 미래: 문화의 자본화와 탈상업주
       의화를 중심으로." 「인문학연구」. 86(2012), 386-387.

이상익. 『서구의 충격과 근대 한국사상』. 파주: 한울, 1997.

이주한. 『한국사가 죽어야 나라가 산다: 한국사를 은폐하고 조작한 주류 역사학자들을 고발한
       다』. 고양: 역사의아침, 2013.

임재해 외. 『고대에도 한류가 있었다』. 서울: 지식산업사, 2007.

장윤선. 『조선의 선비, 귀신과 通하다: 조선에서 현대까지, 귀신론과 귀신담』. 서울: 이숲,
       2009.

정수복. 『한국인의 문화적 문법: 당연의 세계 낯설게 보기』. 파주: 생각의나무, 2012.

정혜선. "『동·서양 문화 비교』로 본 한류." 「인문과학」. 48(2011), 260.

최규창. 『고통의 시대, 광기를 만나다』. 서울: 강같은평화, 2012.

현남숙. "문화횡단 시대의 한류의 정체성: 개념 분석을 중심으로." 「시대와 철학」,
       60(2012), 310-313.

Wittgenstein, Ludwig. trans. by G.E.M. Anscombe. *Philosophical Investigation*. Third
       Edition. Oxford: Basil Blackwell, 1967.

Žižek, Slavoj & Boris Gunjević. *God in Pain: Inversions of Apocalypse*. New York: Seven
       Stories Press, 2012.

선교, 한류에서 배우다

- 한류의 뿌리 '풍류도'를 중심으로

들어가는 말

한류란 1990년대 말부터 동남아시아에서 일기 시작한 한국 대중문화의 열풍을 가리킨다. 1996년 한국의 TV드라마가 중국에 수출되면서 가요 쪽까지 확대되어 중국에서의 한류열풍이 시작되었다. 이후 한류열풍은 중국 대륙을 넘어 타이완, 홍콩, 타이, 인도네시아, 베트남 등 중화 상권이 미치는 동남아시아 전역으로 확산되었다. 특히 2000년 이후에는 드라마와 가요, 영화 등 대중문화뿐 아니라 김치, 고추장, 가전제품 등 한국과 관련된 제품의 이상적인 선호현상까지 나타났다. 포괄적인 의미에서 이 모든 현상이 한류에 포함된다.[1] 2012년 싸이의 <강남스타일>은 동남아시아를 넘어 전 세계에 한류열풍을 일으키는 기염을 토하고 있다. 이제 한

---

1) 노순규, 『한류열풍(K-Pop)과 강남스타일』(서울: 한국기업경영연구원, 2012), 16.

류란 '전 세계에 형성된 한국 대중문화를 좋아하고 동경하는 현상'이 되었다.[2]

한류가 인기를 얻게 된 요인으로는 첫째, 한국 대중문화의 높은 질적 수준과 우수성 때문이다.[3] 두 번째 이유는, 한류가 상품적 가치를 지니며

---

[2] '한류'라는 용어의 등장에 대해서는 여러 이견이 있다. 1999년 문화관광부가 해외 한국공관에 배포할 목적으로 한국가요의 홍보용 음반을 CD로 제작하는 과정에서 음반의 타이틀을 새로운 유행 경향을 총칭하는 '한류'(寒流)라는 신조어에서 '寒'을 '韓'으로 바꾸자는 의견이 제시되어 타이틀을 '한류'(韓流)로 정하게 된 이후부터라고 한다(이치한, 허진, "한류현상과 한·중 문화교류," 「중국연구」(2002), 505). 그해 가을부터 H.O.T, 안재욱, 유승준의 노래가 담긴 '한류'(韓流)라는 홍보용 한국 가요 음반이 중국 전역에 배포되어 전파를 타게 되었다는 의견이다. 또 다른 주장은, 한류(韓流)는 한국이 아닌 중국에서 생긴 말이라고 한다. "한풍(韓風)이 지나간 후"라는 사설을 게재한 「인민일보」(人民日報)가 한풍이 '한조'(韓潮), '한류'(韓流)로도 불린다고 한 것이 계기가 되었다는 입장이다. 중국 언론이 한국 대중문화의 유행현상을 '한류'(韓流)라는 용어를 인용해 보도하면서 '한류'가 중국에서 '한국의 유행'을 통칭하는 일반 명사가 되었다는 것이다. 2000년 9월 중국의 공식 대변지 「인민일보」는 한국 가수들의 대형 콘서트 개최를 보도하면서 '한국 음악의 유행'이라는 의미로 '한류'(韓流)를 사용하였다. 이는 '한류'라고 일컬어지는 현상이 중국 내에 실제로 존재하며, '한류'가 중국에서 공식 용어로 정착하게 되었음을 확인하는 계기가 되었다(김옥자, 「중국 '한류'의 형성 원인에 대한 분석」, 임향란, 우상렬 외 공저, 『한류 한풍 연구』(성남: 북코리아, 2009), 202.) 대체로 '한류'(韓流)란 단어의 출현을 중국으로 보고 있다. 하지만 '한류'의 최초 사용을 1999년 한국으로 보는 경향도 강하다. 장규수는 2000년 2월 중국의 언론이 최초로 보도했다는 네이버 백과사전의 내용을 근거로 제시하면서 1999년에 한국에서 '한류'가 처음으로 사용됐다고 주장한다(장규수, "한류의 어원과 사용에 관한 연구," 「한국콘텐츠학회논문지」 11(2011), 166-173 참조). 분명한 것은 이제 '한류'는 대중음악을 넘어 드라마, 영화, 연극이나 공연, 패션, 게임, 애니메이션 등 한국 문화 전반을 포괄하는 것으로 그 개념의 외연이 확장되었다는 것이다. '한류'라는 용어는 동아시아 사회에서 한국 대중문화가 유행하는 현상 또는 그와 유사한 종류라는 넓은 의미를 가지게 되었다(김옥자, 「중국 '한류'의 형성 원인에 대한 분석」, 임향란, 우상렬 외 공저, 『한류 한풍 연구』(2009), 203.)

[3] 특히 TV 드라마가 인기가 높은 이유는 그 주제나 소재들이 현지인들을 끄는 호소력이 있기 때문이라고 한다. 그 호소력은 한류가 부는 사회 모두의 구성원들을 사로잡는 공통적인 문제, 갈등, 정서를 다루는 데서 나온다고 본다. 「인민일보」는 한국 드라마가 "진솔한 생활 모습, 진한 인정과 세태, 소박한 감정 표현" 등을 자랑한다고 한다. 홍콩 링난대 량쉬밍 교수는 "한

시장에서 다른 문화상품에 비해 경쟁력을 갖고 있다는 것이다.4) 마지막으로 한류가 인기를 얻는 요인은 한류를 받아들이는 나라가 처해 있는 과도기적 경제, 문화, 정치적 상황 때문이다.5) 중국과 베트남은 한국문화에 대한 대안으로서 미국이 중심이 된 서구문화나 일본문화가 있을 수 있지만, 이것들은 자국의 발전 수준에 맞지 않은, 지나치게 높은 수준의 문화이고, 또 양국의 사회주의와 중국의 중화주의는 국민들로 하여금 미국이나 서구 문화에 대해 거부감을 갖게 한다는 것이다.6) 대체로 한류가 아시아인들에게 인기를 얻는 가장 두드러진 요인은 높은 작품성, 문화적 근접성, 그리고 경제발전의 수준에 있다는 게 일반적 견해다.7) 경제발전이나 국민소득의 수준이 한국보다 상대적으로 낮은 국가에서 한류 현상이 더 빨리 나타났다. 그래서 일본의 한류현상은 중국이나 다른 아시아 국가보다 늦어졌던 것이다.8)

이렇듯 1997년 중국에서 드라마와 음악으로 시작된 한류는 영화, 게임, 만화, 한식(食), 한글 등 다양한 분야로 확산되면서 동남아시아와 중앙아시아, 아프리카, 미국, 유럽 등 전 세계에 한류열풍을 가져오는 이변을 일으키게 되었다. 10년이라는 짧은 기간 동안 세계 속의 한류가 될 수 있었

국의 드라마는 아름다운 등장인물과 풍경으로 포장됐으면서도 인륜과 가족을 강조하는 유교문화를 벗어나지 않는다"며 이것이 아시아의 젊은 세대와 나이든 세대 모두에게 인기를 끄는 "균형잡힌 공식"이라고 밝힌다. 한편 한국의 한 관료는 한류가 서구 대중문화와 유교적 정서를 훌륭히 결합시킴으로써 동아시아인들을 사로잡는다고 주장한다(신윤환, 「동아시아의 한류(韓流)를 보는 눈: 담론과 실체」, 신윤환, 이한우 외, 『동아시아의 한류』(용인: 전예원, 2006), 24-25.)

4) 앞의 책, 25.
5) 앞의 책, 26.
6) 앞의 책, 27.
7) 앞의 책, 28.
8) 앞의 책, 30.

던 원동력은 무엇일까? 드라마와 음악에서 출발한 한류가 지금은 각종 분야에서 전 세계인들의 사랑을 받게 되었다. 그 이유는 무엇일까? 중국이 발화점이 된 한류를 오늘날 전 세계가 열광하게 된 요인은 무엇일까? 이에 대한 연구는 앞서 소개한대로 주로 문화와 경제적 측면에서만 진행되었다. 본 논문은 한류열풍의 원동력을 종교적 영성 속에서 찾고자 한다. 유·불·선(儒佛仙)에 토대를 두고 있는 '풍류도'風流道라는 한국고유의 민족적 영성 속에서 한류의 뿌리를 발견하고자 한다. 풍류도 속에 내재해 있는 한류열풍의 원리를 탐구해 한국 기독교가 추구해야 할 선교원리를 모색하고자 한다.

한류열풍의 원동력을 크게 외적·내적 요인으로 살펴 볼 수 있다. 한류형성의 외적 요인이 되는 것은 다문화 시대의 '문화 간間 상호성相好性'이다. 따라서 문화 다원화 시대 속의 한류에 대해 고찰할 것이다. 다양한 문화 속에 살고 있는 타 민족·타 국민들에게 한류가 어떻게 문화적 경계를 초월해 받아들여질 수 있는지 논구하고자 한다. 이것은 문화 간 상호성을 규명하는 작업이 될 것이다. 하지만 문화적 근접성이나 문화 혼종성, 문화 초국가주의 같은 외적 요인만으로는 한류의 세계화를 충분히 설명할 수 없다. 그러므로 한류형성의 내적 요인인 풍류도風流道의 '체상용體相用' 논리를 통해 한류열풍의 세계화와 문화 간 상호성의 원리를 밝히고자 한다. 이를 토대로 한국교회에 새로운 선교원리로서 '풍류도 선교' 원리를 제시하고자 한다. 풍류도선교 원리는 21세기 다종교·다문화 시대의 한국 교회가 배워야할 선교원리가 될 것이다.

한류형성의 외적 요인: 문화 간(間) 상호성

한류가 세계화 될 수 있었던 문화적 요인에 대해서는 다양한 견해들이 있다. 우리 문화가 유교문화와 서양문화와의 만남을 통해 중국, 일본, 동남아 등지에 한류가 형성되었다는 문화적 근접성, 문화적 할인 혹은 문화의 혼종성 등의 요인을 제시하는 입장이 있으며, 유교문화권을 넘어 문화적 지역화로써 한류의 세계화 현상을 설명하려는 문화 초국가주의적 시각이 있다. 이들의 공통점은 모두 한류의 형성요인을 문화다원화시대 속의 문화 간(間) 상호 관계성 속에서 찾고 있다는 것이다. 동·서양의 문화를 포함하고 있는 한류는 타 지역의 문화와 만났을 때 교집합 관계가 성립되어 지역인들에게 거부감 없이 수용될 수 있다는 것이다. 다시 말해서 한류가 갖고 있는 문화적 보편성으로 인하여 한류의 세계화가 가능했다는 입장이다.

'문화적 근접성'cultural proximity이란 미디어 수용자들이 자신들에게 익숙한 문화적 메시지를 담고 있는 프로그램을 선호하는 것이다.9) 즉, 사람들은 문화적 이질감이 큰 곳에서 만든 프로그램보다는 문화적으로 가까운 나라에서 제작된 것을 더 선호한다.10) 따라서 한류가 동아시아에서 인기가 있는 것은 유사한 인종과 한자문화권이라는 언어적 근접성과 유교문화라는 문화적 근접성 때문이다. 그것은 한류를 받아들이는 사람들이 한류가 자신들의 문화나 인접한 문화를 반영하고 있기에 가능하다.

중국「법제만보」法制晚報는 중국의 한국 드라마의 열풍의 원인을 '공감

---

9) 이동인, "유교문화와 한류,"『동양사회사상』15(2007), 40.
10) 장수현,「한류 이해의 몇 가지 논점」, 장수현 외,『중국의 한류, 어떻게 이해할 것인가』(서울: 학고방, 2006), 11.

대 형성'이라고 소개한다. 한국 드라마에는 전통적인 유교 윤리·도덕이 배어 있다는 것이다. 한류 드라마에 나타난 충성심과 책임의식, 인화와 조화를 중시하는 유교의 집단적인 문화, 그리고 경로효친 사상과 애국애민의 정서는 중국 시청자들의 공감대를 형성하였으며, 유교적인 친근성은 중국인들의 마음을 사로잡기에 충분하다고 밝힌다. 그 좋은 예가 한류드라마 <대장금>이다. 유교문화라는 문화근접성의 한류전파 효과는 중국뿐 아니라, 대만, 홍콩, 싱카포르, 베트남 등과 같이 유교문화권에 속한 나라들에서 나타나고 있다.11)

하지만 김옥자는 한국문화의 본질은 '포장된 동방문화에 불과'하며 한국문화는 '아시아적인 문화와 유럽문화가 융합되어 새롭게 창조된 문화적 결실'이라고 주장한다. 즉, 한류가 중국의 유교문화뿐 아니라 서양 문화와도 근접성을 갖고 있어 중국인들에게 한류가 인기가 있다는 것이다.12) 장수현도 김옥자와 마찬가지로 한류의 문화 근접성을 유교문화에서만 찾지 않고 서구문화와의 연관 속에서 모색한다. 즉 장수현은 문화적 근접성으로써 한류현상을 '자본주의의 전지구화와 지역화 현상'을 통해 설명하고자 한다. 그는 한국 대중문화에서 동아시아의 젊은 소비자들이 발견하는 문화적 근접성은 오늘날 동아시아 사회들이 공통적으로 지향하는 '자본주의적 소비문화'에 토대를 둔다고 한다. 김현미는 한류의 탄생이 "아시아 지역에서 새롭게 부상하는 욕망들과 다양한 갈등을 가장 세속적인 자본주의적 물적 욕망으로 포장해내는 '능력' 덕분"이라고 주장한다.13) 한국 드라마의 인기는 "새롭게 세력화되고 있는 아시아 신 중산

---

11) 앞의 책, 12.
12) 김옥자, 「중국 '한류'의 형성 원인에 대한 분석」, 임향란, 우상렬 외 공저, 『한류 한풍 연구』(2009), 207.

층 여성들의 욕망의 '동시성'에 기인 한다"는 것이다.14) 다시 말해서 한류가 아시아 국가의 시청자들에게 친밀하고 의미 있게 다가오는 것은 동일한 문화적 뿌리에서 비롯된 문화적 유사성이 아니라, 한국의 대중문화가 자본주의 발달과정 속에서 형성한 물적, 사회적, 문화적 욕망들을 세련되고 화려하게 구현해 놓은 형태 때문이라는 것이다. 한국 대중문화가 이들에게는 현대화된 도시적 삶에 대한 문화적 상상력의 원천이 되고 있다.15) 이러한 자본주의 발달과정에서 형성된 욕망들은 한류가 갖고 있는 서구문화의 속성일 수 있다. 결국 한류가 아시아에 퍼져 나갈 수 있었던 요인은 중국의 유교문화에서 오는 문화적 근접성과 서구문화의 자본주의적 지구화 현상의 반영 때문이라고 정리할 수 있겠다.

'문화적 할인'이란 문화적 근접성의 다른 표현으로, 문화적으로 거리가 먼 문화상품이 수입되거나 수출될 때 그만큼 가치가 하락한다는 것이다.16) 문화적 할인도 문화적 근접성과 마찬가지로 한류의 주요 전파 요인으로 지역 주민들의 공감대를 형성한 유교문화를 든다. 그것은 일찍부터 유교문화가 지배해온 중국, 대만, 일본, 베트남 등에서 한류가 인기가 있었던 이유다. 백원담도 베트남에서 높은 점유율을 자랑한 한국 드라마의 강점은 "그것이 베트남의 문화전통과 맥을 같이 하기 때문"이라고 한다. 그는 기본적으로 권선징악적인 윤리도덕성의 강조, 가족과 사회의 관계

---

13) 김현미, "'한류' 담론 속의 욕망과 현실," 「당대비평」 19(2002), 216-233.
14) 김현미, "글로벌 시대의 문화번역: 젠더·인종·계층의 경계를 넘어," 「또 하나의 문화」 (2005), 242.
15) 장수현, 「한류 이해의 몇 가지 논점」, 장수현 외, 『중국의 한류, 어떻게 이해할 것인가』 (2006), 13.
16) 박소라, 「문화적 할인 관점에서 본 한류와 중국인의 한국 드라마 소비」, 장수현 외, 『중국의 한류, 어떻게 이해할 것인가』 (2006), 254.

적 위치에서 등장인물의 삶이 맺고 풀리는 사회적 관계성 등이 한류의 인기요인이라고 보았다.[17]

  '문화적 근접성'과 '문화적 할인' 이외에 문화적 측면에서 한류의 형성을 설명하는 또 하나의 시도가 있다. 바로 '문화 혼종성'이다. 에드워드 사이드Edward Said는 "모든 문화들은 서로 관련되어 있다. (…) 어떤 것도 단일하거나 순수하지 않으며, 모든 것은 혼종적이고 이질적이다"라고 설명한다.[18] 우리나라 문화도 동양과 서양의 문화가 혼합되어 생성된 혼종문화에 속하며, 이러한 한류의 혼종성이 해외에서 한류가 인기를 얻는 요인이 되고 있다.[19] 장홍지는 한류의 성공은 바로 한민족의 문화적인 특징이 자신감 있게 서방의 현대적인 사유와 서로 합쳐진 결과라고 주장한다.[20] 한류는 문화표상일 뿐 아니라 다원문화의 혼성화의 결과물인 것이다. 양가첩은 한류는 서구화된 한국문화와 중국식 문화가 결합된 산물로서, 한국적 전통문화를 초석으로 미국과 유럽, 서구에 영향을 받은 문화에 중국문화가 섞여진 새로운 형태의 문화라고 설명한다.[21] 한류가 서구 문화와 유교적 정서를 훌륭히 결합시킴으로써 동아시아인들을 사로잡는다는 것이다.[22] 중국인들은 한류를 한국의 대중문화가 전통적인 유교적 정서를 바탕으로 서구문화를 수용하여 만들어진 것이라고 평가한다. 그들은 한국 드라마가 유교적 가족 공동체에서 비롯된 따뜻한 정, 화목과 공동체

---

17) 백원담, 『동아시아의 문화선택 한류』(서울: 펜타그램, 2005), 167.

18) 피터 버크/강상우 옮김, 『문화혼종성』(서울: 이음, 2012), 81.

19) 한국문화산업교류재단 편저, 『한류, 아시아를 넘어 세계로』(서울: 한국문화산업교류재단, 2009), 40.

20) 「亞洲週刊」, 2005. 10. 23.

21) 양가첩, "문화다원주의 시각에서 본 한류의 정체: 한국 드라마 중심으로," (서강대학교 대학원 석사학위논문, 2010), 52.

22) 「대한매일」, 2001. 8.28.

의 조화, 강력한 도덕성을 보여주고 있다고 여긴다.[23]

이렇듯 한류의 혼종화는 문화적 근접성과 마찬가지로 서구화된 한국 문화와 중국식 유교 문화가 결합된 문화 산물이라고 할 수 있다.

한편 전 지구적 자본주의화와 함께 전개되는 문화적 지역화, 즉 국민 국가적 경계선을 뛰어넘는 지역적 정체성의 형성을 나타내는 하나의 징후로서 한류 현상을 바라보는 이들이 있다. 대표적 예가 조한혜정이다. 그는 '한류의 초국가주의Transnationalism'를 제시한다. 한류로 대표되는 아시아 대중문화의 지역적 유통이 초국적 자본의 치밀한 계획과 초전문적 인력에 의한 시장 창출과 개척의 결과에 토대를 두고 있다고 주장한다.[24] 조한혜정은 국민국가의 경계선을 가로지르는 공간들이 열린 결과, 아시아인들 간의 거리는 좁혀지고 그동안 서로를 타자로서 인식해 왔던 아시아인들이 이제 이웃으로서 서로를 새롭게 만나고 발견하게 되었다는 것이다.[25] 더욱이 그는 한류문화가 한국문화의 고유한 특성을 버림으로써 한류가 '뜬' 것이라고 주장한다.[26] 한류의 중요 상품들은 화끈하게 전통을 버림으로써 획득한 문화상품이라는 것이다. 한국대중문화의 '승리'는 민족주의자들이 바라는 것과 같은 민족문화의 승리가 아니라 '터보 자본주의의 승리'로 보아야 한다고 역설한다.[27]

하지만 신윤환은 한류가 국가뿐 아니라 문화적, 역사적, 경제적 경계

---

23) 양가첩, "문화다원주의 시각에서 본 한류의 정체: 한국 드라마 중심으로" (2010), 47.
24) 장수현, 「한류 이해의 몇 가지 논점」, 장수현 외, 『중국의 한류, 어떻게 이해할 것인가』 (2006), 15.
25) 앞의 책.
26) 조한혜정, 「글로벌 지각 변동의 징후로 읽는 '한류열풍'」, 『'한류'와 아시아의 대중문화』(서울: 연세대학교 출판부, 2003), 24.
27) 앞의 책, 35.

를 뛰어넘어 전 세계로 확산되고 있는 현상을 보노라면, 한류 문화 속에 담긴 고유한 우수성과 인류 보편적 정서에 호소하는 특별한 힘을 인정하지 않을 수 없다고 말한다.[28] 한류형성의 주요인으로 담론화한 문화 근접성이나 문화 할인, 문화 혼종성, 문화 초국가주의는 한류 문화의 보편성에 역점을 두어 한류의 세계화를 논하였다면, 신윤환은 한류문화의 고유한 우수성, 즉 특수성 또한 한류가 세계로 진출할 수 있는 원동력이라고 역설한다. 신윤환의 주장대로라면, 기존의 문화적 근접성과 혼종성, 초국가주의만으로는 한류의 세계화를 충분히 설명할 수 없다. 문화의 보편성만으로는 왜 굳이 세계인들이 '한국' 드라마, 'K'-Pop, '한국' 음식에 열광하는지 알 수 없다. 중국, 일본, 베트남 등 한자문화권·유교문화권을 넘어서 중앙아시아나 아프리카, 중남미와 미국, 유럽 등 한국문화와 동질성을 갖지 않은 곳에서의 한류열풍도 설명할 수 있어야 한다. 그것은 한류가 갖고 있는 보편성과 특수성에서 기인한다고 볼 수 있다. 문화적 근접성만으로는 한류가 아시아 뿐 아니라 중앙아시아, 아메리카, 유럽 지역에서도 각광받는 이유를 밝히지 못한다. 또한 한류의 혼종화를 구성하는 요소로 서구문화와 유교문화만 내세울 수 없다. 그것은 두 문화로부터 제외된 이슬람권의 한류현상을 설명할 수 없기 때문이다. 중국이나 유교문화권에서 최고의 인기를 누린 드라마 <대장금>이 이란과 같은 이슬람 문화권에서도 높은 시청률을 올렸기 때문이다. 지금까지 한류의 혼종성을 주장하는 연구 중에는 혼종성의 내용을 구체적으로 밝힌 사례가 거의 없다. 이슬람 세계와 불교문화권의 사람들이 한류를 환영하고 있다면 이것은 어떤 문화의 혼종화로 설명해야 할지 묻지 않을 수 없다. 한류의 보편성과 특수성이

---

28) 신윤환, 「동아시아의 한류(韓流)를 보는 눈: 담론과 실체」, 신윤환, 이한우 외, 『동아시아의 한류』(2006), 28.

날실과 씨실처럼 상호 결합하여 한류의 세계화를 이뤄냈던 것이다.

따라서 한류의 보편성과 한류의 특수성에 대한 구체적인 내용과 상호 연관성에 대해 살펴볼 필요가 있다. 이것은 한류의 내적 요인인 한류의 뿌리를 찾는 작업이기도 하다. 한류의 보편성과 특수성의 상호 조화의 원리를 밝힌다면, 한류열풍의 세계화에 대한 이유가 분명해 질 것이다. 본 논문은 한류의 뿌리 '풍류도'를 통해서 그 원리를 밝히고자 한다. 나아가 한류열풍의 원리를 통해 다문화시대의 그리스도교 선교 원리를 모색하고자 한다.

한류 형성의 내적 요인: '풍류도(風流道)'

한류의 뿌리 '풍류도'

한류가 세계화의 신화를 이룰 수 있었던 원동력은 무엇일까? 다양한 인종, 다양한 환경, 다양한 문화, 이 모두를 포용할 수 있는 한류의 힘은 어디로부터 연유한 것일까? 문화적 근접성과 혼종성, 그리고 국가의 경계를 가로지르는 한류의 보편성은 무엇인가? 타문화와 구별되는 한류의 특수성은 무엇인가? 보편성과 특수성의 근원으로서 한류의 뿌리는 존재하는가?

'한류'(韓流, Korean Wave)란 '한국(韓)의 흐름(流)'으로 '한국의 것, 한국적인 것'이 한국 밖 세상으로 '흘러간다' 혹은 '떠돌아다닌다', '퍼진다'는 뜻이다. 세계로 흘러간 '한국의 것'에는 TV드라마, K-Pop, 대중가요, 영화, 음식, 게임, 패션, 공연, 애니메이션 등, 한국의 문화들이 수두룩하다. 수많은 한류 문화들을 하나로 묶어 주는 매듭은 '한국'이다. '한국'-드라마, '한국'-가요, '한국'-영화, '한국'-음식 등. '한국'(韓)이 한류의 구심점이다. 이제 '한韓'은 세계인이 열광하는 '한'이 되었다. 세계를 열광케한 '한국의 것, 한국적인 것'의 뿌리는 무엇일까? 한류열풍의 내적 원동력은? 김상일은 한류의 토대를 '한韓사상'에서 발견한다. 박성수는 우리 고유의 문화를 '선도문화仙道文化'로 소개하고 있으며, 김용환은 '단군사상'을 한류탐색의 원류로 삼는다.29) 이도흠은 삼재론三才論과 화쟁和諍을 통해한류의 사유논리와 심층구조를 설명한다.30) 이 밖에 신은경은 '풍류(風)'로31), 심광현은 '흥'에서 우리 문화의 정체성을 찾는다.32) 토착화 신학자유동식은 '풍류도'風流道에서 한국인의 영성을 재발견한다.33)

한국인의 영성을 처음으로 천명한 이는 신라의 최치원이다.

"우리나라에 현묘玄妙한 도道가 있으니 (이를) 풍류風流라 이른다. 그 교敎의 기원起源은 선사仙史에 자세히 실려 있거니와, 실로 이는 삼교(三敎: 佛·仙·孔)를 포함하고 중생衆生을 교화한다. 그리하여 (그들이) 집에 들어오면 효도하고 나아가면 나라에 충성하는 것은 노사구(魯司寇: 孔子)의 주지主旨 그대로며, 또 그 함이 없는 일에 처하고 말없는 교敎를 행하는 것은 주주사(周柱史: 老子)의 종지宗旨 그대로이며, 모든 악한 일을 하지 않고 착한일만을 행함은 축건태자(竺乾太子: 釋迦)의 교화 그대로라"34)

---

29) 박성수 외, 『한류와 한사상』 (서울: 모시는 사람들, 2009) 참조.

30) 이도흠, 「한국 예술과 문화의 구성 원리와 한류」, 박성수 외, 『한류와 한사상』 (서울: 모시는 사람들, 2009), 267-304 참조.

31) 신은경, 『風流. 동아시아 美學의 근원』 (서울: 보고사, 2006) 참조.

32) 심광현, 『흥한민국』 (서울: 현실문화연구, 2005) 참조.

33) 한국문화신학회 엮음, 『한국문화와 풍류신학』 (서울: 한들출판사, 2002) 참조.

최치원은 우리나라의 깊고 오묘한 도道가 '풍류風流'라고 소개한다. 이 가르침의 토대가 되는 것이 유교, 불교, 도교에 있으며 그 세 종교의 가르침으로 사람들을 교화한다고 설명한다. 즉, 우리나라의 고유한 영성이 '풍류도'風流道라는 것이다. 최치원은 '풍류'를 종교적 영성으로서 '도'道와 일치시켰다. 이후 풍류도는 유불선의 가르침에 뿌리를 내린 종교적 영성으로서 한국민족의 영성으로 자리매김하게 되었다.

최치원의 풍류도를 토대로 유동식을 비롯한 많은 학자들이 한국의 사상과 문학, 음악, 미학의 뿌리를 '풍류'라고 보았다.[35] 그런데 풍류는 이미 구미의 예술이나 미의식에 상응하는 동아시아 삼국-한국, 중국, 일본-의 공통 용어였다.[36] 풍류는 중국에서 최초로 사용하였으며,[37] 인간의 내면적 가치를 강조하는 말이었다.[38] 반면에 일본에서의 풍류개념은 섬세함과 화려함 등 주로 외면으로 드러나는 형태적인 아름다움이나 의장意匠의 세련됨이 강조되었다.[39] 삼국의 공통된 풍류개념은 '예술적으로 (혹은 미적으로) 노는 것'이었다. 중국은 '호쾌하게, 어디에고 구속됨 없이', 일본은 '우아하고 세련되게', 한국은 '운치 있고 멋있게 노는 것'이었다. 노는 것이되 정신적인 영역까지를 포함하고 거기에 심미적 요소가 갖추어진 풍류였다.[40] 그럼에도 불구하고 우리나라의 풍류가 중국·일본과 다른 점은 종교성이 강조되고 있다는 것이다. 이 점이 바로 한국 풍류 개념의 고유

---

34) 김부식/이병도 역주, 『삼국사기 상』(서울: 을유문화사, 1997), 98.

35) 조춘영, 「장단-풍류에서 한류로」, 박성수 외, 『한류와 한사상』(서울: 모시는 사람들, 2009), 305-306.

36) 신은경, 『風流. 동아시아 美學의 근원』(2006), 15.

37) 앞의 책, 20.

38) 앞의 책, 22.

39) 앞의 책, 32.

40) 앞의 책, 66.

성이고 독자성이다.[41] 우리나라의 풍류가 종교성을 띠게 된 것은 최치원에 의해서다. 그는 풍류도와 유불선 삼교를 연결시킴으로써 풍류도에 종교성을 불어 넣었다.[42] 때문에 중국·일본의 심미적 개념으로서의 풍류와는 달리 한국에서는 심미성에 종교성이 추가된 '풍류도'(道)로 발전하게 되었다. 나라에 재래적으로 있어온 고유하고 현묘한 유·불·선의 도道가 풍류도이고, 그 도를 받들고 교의대로 수련하는 일종의 종교집단 혹은 제사집단을 풍류도(즉, 화랑)라고 불렀다.[43] 풍류는 우리 고유의 신앙을 근간으로 하면서 거기에 유·불·선 삼교를 수용하였던 것이다.[44] 이후 화랑을 통해 풍류개념에 놀이적 요소가 내재하게 되었고, 풍류도는 종교성과 예술성, 놀이성의 요소를 모두 포괄하게 되었다.[45] 이것은 한국에서만 볼 수 있는 풍류도였다. 포함삼교包含三敎와 화랑의 풍류도는 한류의 근간이 되었다.

토착화 신학자 유동식은 한국문화의 실체인 민족적 영성을 포함삼교의 풍류도에서 찾았다. 그는 풍류도와 복음 사이의 상호 해석학적 접목을 통해 풍류신학을 전개하기도 하였다.[46] 유동식은 풍류신학에서 유·불·선 삼교의 교의를 토대로 형성된 풍류도를 '한, 멋, 삶'이라는 개념으로 재해석하였다. 풍류도의 내적 원리로서 '한 멋진 삶'은 앞서 한류의 정체성을 정의한 한 사상, 선도문화, 단군사상, 삼재론, 화쟁, 풍류, 홍의 원리 모두를 함의하는 포괄적 해석이다. 유동식은 '한 멋진 삶'을 불교의 '체상

41) 앞의 책, 64 참조.

42) 김부식,『삼국사기 상』(1997), 98.

43) 신은경,『風流. 동아시아 美學의 근원』(2006), 41.

44) 앞의 책, 27-41.

45) 앞의 책, 27-43 참조.

46) 한국문화신학회,『한국문화와 풍류신학』(2002), 11.

용'의 논리 구조와 비교하기도 하였다.

> "멋을 풍류도의 체라고 한다면, 한은 그 상이요, 삶은 그 용이 된다. 이 관계
> 는 그 위치를 바꿀 수도 있는 것이어서 '한'을 체라고 한다면 '멋'이 상을
> 이루게 되는 것이다. 이러한 뜻에서 한과 삶과 멋은 셋이면서 하나의 이념
> 을 구성하는 3·1적 구조를 지니고 있다. 이것은 또한 상호 내재적인 것이
> 어서, 셋은 각각 다른 둘을 내포함으로써 형성되는 이념이기도 하다. 곧
> 멋은 한과 삶의 창조적 조화로써 형성되는 것이며, 한은 멋과 삶을 내포한
> 포월성이며, 삶은 한 멋진 것이어야 한다. 이러한 풍류도의 3·1적 구조를
> 그림으로 표현한다면 삼태극의 형상이 될 것이다."[47]

유동식은 풍류도의 기본구조를 '한 멋진 삶'으로 풀어내고 있다. 그
논리의 중심에는 '체상용'의 논리가 사용되고 있다. 유동식에게 있어서
'멋'과 '한'은 풍류도의 체體가 되기도 하고, 상相이 되기도 한다. 반면에
'삶'은 항상 용用으로서 머문다. 그 이유에 대해서는 더 이상 언급하지 않
는다. 유동식에게 있어서 중요한 것은 '체상용', '한 멋진 삶'이 갖고 있는
'삼즉일(3·1)'의 논리구조다. 한·멋·삶의 '셋'이 '하나(道)' 안에서 '조화'
가 되는 '하나'로서의 풍류도에 초점이 맞춰졌던 것이다. 여기서 '체상용'
이야 말로 한국문화의 정체성(특수성)과 한류의 세계화(보편성)를 설명할
수 있는 최상의 논리구조다. 오늘날 한류와 관련해 논의되고 있는 문화적
근접성과 혼종성, 초국가주의, 프랙탈구조와 퍼지논리 등을 풍류도의 체
상용의 논리로 극명히 밝혀낼 수 있기 때문이다. 뿐만 아니라 풍류도는 드

---

47) 앞의 책, 106-107.

라마와 K-Pop 등 한류의 문화콘텐츠들을 분석·종합하는 데도 토대가 될
수 있다.

본 논문은 한국문화의 종교적 영성으로 제시한 최치원의 풍류도를 유
동식의 '한 멋진 삶'의 '삼즉일'의 심층적 논리구조를 통해 살펴보도록 하
겠다. 이 작업을 위하여 불교의 체상용의 논리가 활용될 것이다.

체(體)·상(相)·용(用)의 풍류도

한국고유의 영성으로서, 한류의 뿌리로서 '풍류도'風流道를 원효(元曉,
617-686)의 『대승기신론 소·별기』大乘起信論疏別記48)에서 제시하는 심성(心性
=靈性)의 세 측면, 즉 체·상·용體相用으로 설명하고자 한다. 체상용의 원리
야 말로 유동식이 제기하는 풍류도의 '삼즉일(3·1) 구조'를 가장 잘 보여주
기 때문이다.

『대승기신론』은 대승의 법을 중생심衆生心 곧 일심一心으로 정의한다.
일체의 모든 법이 오직 일심一心으로 그 체體를 삼기 때문이다. 일심인 대승
의 법이 곧 대승의 체體다. 모든 법 자체가 오직 일심이다. 일심은 절대진리
로서 심진여문心眞如門과 현상세계로서 심생멸문心生滅門으로 이루어져 있
다. 진여문으로서 일심이 세상에 드러난 것이 생멸문이다. 진여문 중에 대
승의 체(體, 존재)가 있고 생멸문 중에 체體의 상(相, 존재의 드러남)과 용(用,
존재의 드러남의 작용)이 있다. 일체의 법은 진여(體)로서 평등하여 증감하

---

48) 원효의 일심(一心)사상이 가장 잘 드러나 있는 저서는 『大乘起信論疏別記』다. 원효는
『대승기신론 소』에서 기신론의 어느 한 쪽에도 치우치지 않는 관용과 화쟁적 성격을 높
이 평가한다. 그리하여 그는 기신론에 대해 심도 있는 주석을 썼다. 이것이 『대승기신론
소·별기』다. 그는 소와 별기에서 일심사상을 발전시키고 있을 뿐 아니라 일심을 화쟁사상
의 근거로 삼는다.

지 않는다. 그러나 대승의 상相은 체體가 마치 변하는 것처럼 보이는 모습이다. 상相에는 여래장의 한량없는 성공덕性功德이 갖추어져 있다. 여래장이란 미계迷界에 있는 진여를 일컫는 것으로 진여의 드러난 모습(顯現)이다. 여래장 중에 한량없는 성공덕의 상相을 잘 나타낸 것이 상대相大이고, 여래장의 불가사의한 '작용'을 나타낸 것이 용대用大다.49)

체體가 진여眞如 즉 '절대진리'라고 한다면, 상相은 절대진리의 '현현'顯現이고, 용用은 현현한 절대진리의 '작용'이다. 진리의 체·상·용體相用의 세 모습은 어느 하나만 있어서 가능한 것이 아니다. 이것은 상즉상입相卽相入하는 진리의 총체다. 체體가 있으므로 상相과 용用이 가능하고, 체體는 상相과 용用을 통하여 체의 체됨을 지켜 나간다. 상과 용을 통해 체가 현현할 수 있는 것이다. 예로 신神이 체體라고 한다면 신의 속성으로서 인간의 마음에 부여된 사랑은 상相이고 사랑이 작용하는 것은 용用이다. 신이 사랑으로 나타나지 않고 사랑으로 작용하지 않는다면 신이 신일 수가 없다. 그러므로 인간이 사랑을 한다는 것은 곧 신을 만나고 신과 일체가 되는 것이다. 그래서 원효는 일심귀의一心歸依라는 말을 쓴다. 상대相大와 용대用大를 통해 일심一心의 체대體大로 돌아갈 수 있다는 것이다. 체상용은 하나이자 셋이며 셋이자 하나다. 이것이 유동식이 말하는 풍류도의 '삼즉일 구조'다. '한 멋진 삶(三)'을 통해 '신인합일(一)'의 경지로 귀의하는 것이다.

체상용과 삼즉일 구조에 나타난 정체성이란 '체'만으로도, '상'만으로도, '용'만으로도 정체성이라고 할 수 있으며, 동시에 체상용 전체를 일컬어 정체성이라고 할 수 있다. 하나의 전체가 분화되는 층위 구조 속에서, 부분이 전체성을 가지는 프랙탈구조와 동일한 논리로 체상용의 정체성

---

49) 원효/은정희 역주, 『大乘起信論疏別記』(서울: 일지사, 1995), 78-83.

을 설명할 수 있는 것이다. 체상용은 하나이면서 셋이고 셋이면서 하나로 서 '체상용' 전체가 정체성이기도 하고 체·상·용 각각이 정체성이기도 하다. 따라서 풍류도에서 밝힌 체상용으로서의 풍류도, 또 풍류도를 토대로 분석하는 체상용의 한류는 삼(三, 셋)이 '일(一, 하나)'이 되는 일치의 구조를 통해 정체성이 결정되기도 하고 일(一)이 삼(三)으로 분화되는 과정속에 정체성이 드러날 수 있음을 발견하게 된다.

풍류도의 '삼즉일 구조'는 이도흠의 '삼재론'三才論에서도 나타난다. 이도흠은 한국예술을 형성하는 사유논리와 심층구조로 삼재풍류와 화쟁을 바탕으로 하는 정情과 한恨의 아우름의 삼재三才 원리를 제시한다.[50] 삼재론에 따르면, 고대 한국인들은 세계를 천지인天地人을 중심으로 셋으로 나누되, 이를 하나에 통합되는 셋으로 보았다. 하나가 셋으로 갈리는 것은 용用이고, 셋에서 하나로 돌아가는 것은 체體이다. 하늘과 땅 가운데 사람이 나서 천天과 지地, 선과 악, 길흉화복을 조화시키려 한다. 만일 사람이 본심을 잃지 않는다면 하늘과 땅과 사람이 하나가 될 수 있다. 이도흠은 천지인 삼재가 풍류도의 바탕이 되었으며, 원효의 화쟁사상과도 통한다고 밝힌다.[51] 삼재사상을 하나의 상징으로 압축한 것이 삼태극이다.[52] 그는 삼재론의 '셋'의 구조와 관련해 "서구철학은 이항대립의 사유를 바탕으로 하기에 하나가 다른 하나를 파괴하고 착취하도록 하였으며 결국 모더니티의 위기를 낳았다"고 비판한다. "셋을 두어 둘의 허상을 해체하여 하나로 돌아가려는 것이 바로 체"라고 하면서 서양의 이원론적 대립을 삼

---

50) 이도흠, 「한국 예술과 문화의 구성 원리와 한류」, 박성수 외, 『한류와 한사상』(2009), 268.

51) 앞의 책, 278.

52) 앞의 책, 280.

재론을 통해 극복하고자 한다. 뿐만 아니라 김봉진도 한 사상의 표상으로 '삼태극'을 제안하면서 '삼재'나 '삼극'이라는 삼원구조를 상호 연동적인 것으로 파악한다. 즉 삼태극은 삼재나 삼극의 상호보충·매개관계를 함의하고 있다는 것이다. 따라서 삼태극은 음양오행의 상생·상극이라는 이원사고가 아닌 상생相生·상극相剋·상화相和라는 삼원사고를 기축으로 삼는다고 말한다.53) 이처럼 '삼(三)'의 논리구조는 중국의 음양론과 서구의 이원론적 사고를 극복하는 대안으로 제기되고 있다.

유동식은 유불선의 풍류도를 포괄하고 있는 것이 한국의 무교라고 한다. 그에 따르면, 한국의 무교는 5세경부터 외래종교들-유교, 불교, 도교-과의 교섭 관계 속에서 전개되었다. 자연히 무속 속에서는 유, 불, 선 삼교의 요소들이 혼합되었다.54) 한국은 문화적으로나 정치적으로 항상 우세한 민족들 틈에서 살아왔으며, 문화의 중심에는 언제나 종교가 있었다. 때문에 종교적 압력은 결국 종교혼합현상을 낳게 했고, 한국무교는 종교혼합현상을 띠게 되었다.55) 이는 한류의 혼종화 현상과도 비교할 만하다. 유동식은 한국무교의 종교혼합의 유형을 세 가지로 소개한다. 첫째는 외래종교적 요소들을 부분적으로 받아들여 무교의 내용을 풍부히 하는 '섭취적 혼합형'이다. 두 번째는 내재적 습합과 강한 적응성을 보여주는 '적응형'이다. 우세한 종교와 만나서 그들을 내세우면서 그들 속에 스며들어가 자기를 보존하는 무교의 강한 적응성을 말한다.56) 세 번째는 '승화적 융합'과 무교의 '창조성'이다. 무교는 자기부정을 매개로 승화를 추구하는

---

53) 김봉진, 「글로벌 공공철학으로서의 한사상」, 박성수 외, 『한류와 한사상』 (서울: 모시는사람들, 2009), 165.
54) 한국문화신학회, 『한국문화와 풍류신학』(2002), 37이하.
55) 앞의 책, 47.
56) 앞의 책, 50.

데, 그 방법으로 음주가무가 있다. 예로부터 한인들이 노래와 춤을 통해 탈아 황홀경을 맛보고, 거기에서 속된 자아로부터 벗어나 신령들과 교제하곤 하였다.[57] 한류의 '가무'(K-Pop)가 인기를 얻는 것은 옛부터 내려온 음주가무의 전통과 무관하지 않다. 그런데 유불선을 만난 무교는 음주가무에서 인생과 예술과 자연이 하나로 융합되는 '풍류'로 승화하였다. 옛 무교가 추구하던 인간의 생존적 가치인 부와 평안에서 높은 인격성을 추구하는 교양의 세계로 승화된 것이다.[58] 무교는 다른 종교를 매개로 자기를 승화시켰으며, 다른 종교의 높은 이념과 융합하였다. 그 결과 '풍류'라는 새로운 종교사상을 창조해낼 수 있었다. 이렇듯 한국의 무교는 무한한 포용성과 적응성, 자기승화를 통한 창조성의 특성을 지니고 있다. 유동식은 한국무교의 이러한 특성이 한국 사상의 기초이념인 한과 삶과 멋의 근거라고 말한다.[59] 한국무교의 포용성, 적응성, 창조성은 한류의 특성이기도 하다. 체體로서의 '포용성'과 상相으로서의 '창조성', 그리고 용用으로서의 '적응성'이 한류의 세계화를 이끌어낸 원동력이 된 것이다. 이처럼 한류의 뿌리 풍류도에서 무교가 지닌 포용성, 적응성, 창조성을 발견하게 된다. 그것은 '삼즉일 구조'의 체상용 원리에서 비롯된 것이다.

유동식의 풍류도에 나타난 삼즉일(3·1) 구조나 이도흠의 삼재론, 김봉진의 삼태극, 원효의 체상용의 원리 모두 '삼'(三)에서 출발해 '일'(一)로의 귀환을 목표로 삼는다. 화쟁과 조화의 '일'(하나/韓)이다. 이러한 '삼(三)·일(一)'의 사유논리가 한국문화의 독특성이다. 한류의 뿌리가 되는 풍류도를 체상용의 삼즉일의 논리구조를 통해 상세히 논구하도록 하겠다.

---

57) 앞의 책, 51.
58) 앞의 책.
59) 앞의 책, 52.

체(體)의 풍류도

'체體의 풍류도'는 풍류도의 '도'道에 해당된다. 도란 유불선 삼교가 제시하는 진리의 가르침(敎化)이자 종교적 영성을 의미한다. 최치원은 공자에게는 효와 충성이, 노자에게는 무위자연無爲自然의 행함이, 석가에게는 악행을 멀리하고 선행을 행하는 것이 풍류의 도라고 밝힌다.[60] 유동식은 유교의 극기복례克己復禮와 불교의 귀일심원歸一心願, 도교의 무위자연無爲自然을 도라고 소개한다. 이 세 종교는 모두 자기를 극복하고 하늘이 내린 천성으로 돌아가기를 가르친다는 것이다.[61] 유동식은 세 종교의 목표가 '삼즉일 구조'의 논리를 통해 신인합일의 조화의 경지에 있음을 드러내고자 한다.

유동식에게 체體로서의 도道는 헬레니즘의 로고스와 상응하는 단어로, '참된 길' 혹은 인생의 '참된 생명의 길'을 의미한다.[62] 도는 대상화하고 객관적으로 정의할 수 없는 초월적 존재다.[63] 유동식은 체로서의 도를 가리켜 '멋' 혹은 '한'으로 소개한다. 하지만 흥, 노래, 춤, 신바람 등으로 표현되는 '멋'은 풍류도의 체體라기 보다는 상相이라고 할 수 있다. 체의 드러남이 상이라면, 체로서 도道의 드러남은 상으로서 멋相이기 때문이다. 따라서 여기서는 유동식과는 달리 '한'을 풍류도의 '체'로 정의하겠다.

'한 멋진 삶'의 체體로서의 '한'은 최치원의 포함삼교包含三敎하는 자리를 우리말로 표현한 것이다. '한'은 하나인 동시에 전체를 나타낸다. 모든 것을 '한' 속에 수렴하려는 큰마음이다. 그러므로 '한' 마음에 뿌리를 내

---

60) 김부식,『삼국사기 상』(1997), 98.

61) 한국문화신학회,『한국문화와 풍류신학』(2002), 105.

62) 앞의 책, 17.

63) 앞의 책, 18.

린 종교인들은 진속眞俗을 일여一如로 보았고, 이理와 기氣의 둘이 곧 하나라고 보았다. 이것이 화랑도에서는 유, 불, 선 삼교를 포함하게 했고, 동학에서는 하늘이 곧 사람이라고 말할 수 있게 했다.[64] 또한 '한'에는 크고 높다는 뜻이 들어 있다. '한'을 인격화한 것이 '한님' 곧 '하느님'이다. '한'은 포월적인 절대자요, 모든 것의 핵이며, 정도正道이다. 유동식은 한국의 전통적인 신 개념은 '한'에서 찾아야 한다고 주장한다. '한'은 종합 지양하는 창조적 마음일 뿐 아니라,[65] 현실에의 책임 있는 참여의 마음이다.[66] 또한 '한'은 풍류의 마음이기도 하다.[67] 이러한 '한'을 추구해 온 것이 '한족'이었고, 그들은 스스로 '한'韓이라고 불렀다.[68] 한류韓流의 뿌리가 바로 이 '한'韓에서 비롯되었던 것이다.

김상일은 체로서의 '한'을 한국의 고유사상으로 소개하며 한류와 한사상을 접목시킨다. 한류와 한사상의 '한'은 같은 어원을 갖는다. 사전적으로 21가지의 다양한 의미를 갖는 '한'은 곧 우리의 이름이고, 정체성이

---

64) 앞의 책, 98.

65) 원효나 용수가 석가여래의 근본 사상을 잡고 통불교를 세운 것이나, 율곡이 기일원론(氣一元論)과 이기이원론(理氣二元論)을 종합 지양하여 한국의 성리학을 세운 것이나, 수운이 동서의 세계 종교를 종합 지양하여 동학을 제창한 것이 모두 '한'의 창조적 성격의 드러남이라고 한다(앞의 책, 98-99).

66) '한' 마음에 있어서는 하늘이 곧 사람인 것이다. 진속일여를 주장한 불교는 호국에 적극 참여했고, 성리학은 치국평천하의 이념을 뒷받침했으며, 동학은 민중의 인간 회복을 위한 사회 운동으로 나타났다. 천도교, 기독교, 불교 등의 종교인들이 3·1독립 운동의 주동체였다는 것이 그 단적인 표현이다(앞의 책, 99).

67) 진속을 달관한 무애인 원효의 사람됨과 삶 속에는 하나의 멋이 흐르고 있다. 화랑오계(花郎五戒)의 현실적 계율을 살게 한 화랑도는 본시 현묘한 풍류도였다. 유학자들은 형장으로 나가면서도 시를 읊을 수 있었고, 천도를 선포하는 데는 노래를 동원하였던 것이 모두 풍류의 마음이요 '한' 마음의 나타남이다(앞의 책).

68) 앞의 책, 106.

며, 우리 것을 '우리의 것'으로 만들어 주는 말이다.[69] 또한 '한'韓은 '밝'과 '감(검고 그름)'의 두 말을 '조화'시켜 주는 말이다. 한 속에는 음과 양의 조화적인 요소들이 들어 있다.[70] 김상일은 하나와 여럿이라는 의미를 동시에 함의하고 있는 '한' 속에서 한류의 역동성을 발견한다. 그는 수학의 집합론을 통해 '전체'와 전체 속의 '낱개'의 관계를 규명한다. 순수한 우리말인 '한' 속에는 대상물의 전체와 그 전체 속 낱개의 구성요소가 동시에 포함되어 있다. '암소 한 마리'라고 할 때에 '한'은 소 전체인 동시에 소의 각 부분(등심, 간, 쓸개 등)을 의미한다. 전체를 의미할 때는 특히 '온(On)'이라고 하고, 부분적 개체를 의미할 때는 '낱(Knot)'이라고 한다.[71] 김상일역시 삼즉일의 구조, 프랙탈구조에서 '한'을 설명하고 있다. 김봉진도 수량개념으로서의 '한'은 '하나'를 뜻하는 동시에 다多·일체一切·전체를 뜻한다고 주장한다.[72] '한'은 불교의 일즉다一卽多·다즉일多卽一이나 일체즉일一切卽一·일즉일체一卽一切라는 뜻을 포함한다.[73] 김봉진에게 있어서 '한'은 한국인의 사고구조를 형성하고 그 사고양식을 산출하는 원형어이다. 그리스인의 로고스와 중국인의 도道와 같은 언어가 한국의 '한'이다.[74] 결국 유동식, 김상일, 김봉진의 '한'이 곧 풍류도의 '도'이자 '체'인 것이다. 삼태극, 화쟁 등으로 표상되기도 하는 '일즉다·다즉일'의 한사상은 일치와 조화를 향한 풍류의 길(道)이다. '한 멋진 삶'의 길이고, '한 멋진

---

69) 김상일, 「한류에는 해지는 곳이 없다」, 박성수 외, 『한류와 한사상』 (서울: 모시는 사람들, 2009), 7.

70) 앞의 책, 8.

71) 김상일, 「한의 '한 두어 개'를 논리적으로 표현하기의 한 시도」, 박성수 외, 『한류와 한사상』 (서울: 모시는 사람들, 2009), 54.

72) 김봉진, 「글로벌 공공철학으로서의 한사상」, 박성수 외, 『한류와 한사상』 (2009), 157.

73) 앞의 책, 156.

74) 앞의 책, 160.

아우름'의 길이며, 천지인天地人의 '천'과 만나는 길이다. 다양한 '한'에 대한 정의는 체體로서의 풍류도와 같다.

상(相)의 풍류도

체體의 드러남으로서의 상相의 풍류도는 '멋'으로 나타난다. 유동식의 '한 멋진 삶'에서 '멋'은 심미적 개념으로서 아름다움의 조화를 지향한다. 이것은 흥, 신바람, 정情, 한恨으로 나타나며, 이들의 최종 목표는 조화에 있다. '상'으로서의 '멋'은 풍류도의 '풍'에 상응한다. 속성으로서의 '바람'(風)처럼, 미의식의 표현으로서 '멋'이 성립된다.

신바람이나 흥으로서의 '멋'은 노래와 춤으로 표현된다. 한류의 K-Pop에서 보여주는 노래와 춤이 중국인들과 일본인들에게 인기가 있는 것은 우리만의 고유한 흥의 생태미학을 갖고 있기 때문이다. 『흥한민국』의 저자 심광현에 의하면, 우리의 흥의 미감은 일본과 중국의 흥과 다르다. 일본의 오카시와 중국의 자미는 모두 대상의 관찰에서 오는 일반적인 기쁨의 미감인데, 한국의 흥은 주객합일의 경지를 드러내주는 미감이라고 강조한다. 한국의 흥은 대상과 일체가 되어 '부분에서 전체로', '나에서 우리로' 나아가는 역동적·참여적·상승적·생태학적 성격을 지닌다. 또한 흥은 슬픔이나 무심 계열의 미감과는 달리 대상과 주체를 적극 융합한다. 무심이 주체를 버리면서 합일에 이르는 경지라면, 흥은 주체가 대상 및 상황에 능동적으로 참여하는 것이지 주체를 버리는 것은 아니다.[75] 체의 풍류도가 보여준 '일즉다·다즉일'의 '한'의 구조가 '흥'의 미감에서도 추구되고 있는 것이다.

---

75) 심광현, 『흥한민국』(2005), 88.

신은경도 풍류심의 미적 구현으로서 '흥興', '한恨', '무심無心'을 제시하고 있다.[76] 그에 따르면 예술대상으로부터 풍류성을 감지했을 때 주체는 자신의 풍류심을 '흥', '한', '무심'의 양상으로 표출·표현한다는 것이다.[77] '흥'은 대상 및 현실과 적극적 관계를 맺고 긍정적 시선으로 이를 포착하는데서 오는 밝은 느낌이 기반이 되는 풍류심이다.[78] 흥에 내포된 즐거움의 요소는 노래(歌)와 춤(舞)과 깊은 관련이 있다.[79] 특히 흥은 신바람을 탄 에너지를 발산시키는 것을 전제로 한다. 신이 나고 흥이 나는 것은 에너지의 방출과 더불어 깊이 몰입하는 고도의 집중·농축상태를 말한다. 이점에서 흥의 상태는 무당에게 신이 실린 상태와 비슷해진다. 하지만 흥의 신명은 무속적 신명과는 다르다. 무속적 신명은 신이 '지피어지는' 피동성에 기초하지만, 흥은 주체가 의식적으로 '일으킬 수'도 있는 능동적 자각의 소산이기 때문이다. 전자가 무의식적 망아체험이라면, 후자는 깨어있는 신명체험, 즉 자의식에 입각해 있는 망아체험이다.[80] 가무를 통한 흥과 신바람은 K-Pop이나 싸이의 <강남스타일>에서 잘 드러난다.

한편, '한'恨은 대상이나 현실 속에서 겪는 소외의 체험이 기반이 되므로 이에 대한 소극적·부정적 시각이 내재되어 있고, '흥'과는 달리 유암성幽暗性을 띤 풍류심이다. 그리고 '무심'無心은 현실세계를 지배하는 긍정/부정, 선/악, 희/비 등의 이분적 분리작용을 넘어서려는 데서 오는 초월적 미감이다. '흥'의 미가 즐거움을, '한'이 비애의 정감을 주된 정조로 하는 것이라면, '무심'은 초탈의 태도가 주조를 이룬다.[81]

---

76) 신은경, 『風流. 동아시아 美學의 근원』(2006), 88이하 참조.
77) 앞의 책, 89.
78) 앞의 책.
79) 앞의 책, 99.
80) 앞의 책, 108.

상相의 풍류도로서 정情과 한恨이 있다. 이도흠은 "'정'이란 한 주체가 자아와 타자, 인간주체와 세계, 개인과 집단, 문명과 자연 사이에서 일정한 타자와 특별한 관계를 맺고서 그 대상을 '자기의 범주' 속에 넣어 다른 대상과 자기의 대상을 구별하고 차별하고 대립시키면서 자기를 확장하는 실존양식이자 다른 타자와 자기의 타자를 다르게 느끼고 생각하며 사랑하는 마음의 상태"라고 정의한다.[82] 정은 한국에서 인간관계의 바탕이자 삶과 실천의 동력인 것이다.[83] 한국의 TV 드라마의 주된 소재이기도 하다. 일본에서 선풍적인 인기몰이를 한 <겨울연가>가 그 좋은 예다.

정情이 깨지면 한恨이 된다. 한은 정을 두고 있는 대상이 자기의 범주를 떠나 타자의 범주-가장 강력한 타자는 타계, 곧 죽음의 세계임-로 귀속되었다고 생각하였거나 판단하였을 때 정을 두었던 대상의 사라짐에서 오는 슬픔, 그 대상에 대해서 품는 대립과 적대감과 불만, 또 그로 인해 야기된 새로운 세계와 삶에 대한 불안과 두려움을 '정'의 틀 속에서 내재화한 마음의 총체다.[84] 중국에서 한류열풍을 일으킨 TV 드라마 <대장금>에서 보여준 어머니와 한상궁의 죽음, 최 상궁과 금영 등 악에 의한 시련과 좌절은 장금에게 한恨이었다. 아버지의 상실, 교통사고, 실명, 사랑하는 자와 이별 등은 <겨울연가>의 준상에게 한恨이었다.[85] 이도흠은 정과 한은 아우름을 통해 화해가 됨으로 원효의 화쟁구조와 통한다고 말한다.[86]

---

81) 앞의 책, 89.
82) 이도흠, 「한국 예술과 문화의 구성 원리와 한류」, 박성수 외, 『한류와 한사상』(2009), 271.
83) 앞의 책.
84) 앞의 책.
85) 앞의 책, 271-272 .
86) 앞의 책 294이하 참조.

그는 일반적으로 한국문화를 가리켜 한恨의 문화라고 하는데 그렇지 않다고 주장한다. 오히려 한국문화는 한을 승화하고 조화시키는 '아우름', 곧 '화쟁'和諍을 이루는 문화라고 한다. 한국인은 '지금 여기에서' 맺힌 것을 풀어 해소하고 조화를 이루려고 한다는 것이다.87) '한(恨)'도 '한(韓)'으로 가는 과정인 것이다. <대장금>이나 <겨울연가>같은 한류 드라마들이 대부분 한과 정을 소재로 하고 있으며 조화와 하나됨을 궁극적 목표로 삼는다.

용(用)의 풍류도

유동식은 용用의 풍류도로 '삶'을 내세운다. '한 멋진 삶'의 체로서의 '한'이 포함삼교의 포월성을 함의하고 있다면, 용으로서의 '삶'은 중생을 교화弘益人間하여 사람 되게 한다는 풍류도의 '효용성'을 총괄하는 우리말이다. 용用이 체體의 작용이기에, '삶'은 도道의 작용用이 된다. 풍류도의 '류'流에 해당하는 것이 '삶'이다. 체體인 '도'道가 상相인 '바람'(風)이 되어 용用으로 '흘러간다'(流). 바람(風)은 동서남북 자유롭게 '분다'(流). '류'는 작용이고 행동이고 '삶'이다. 즉 도道로서 '살아가는 것'이다. 정情과 한恨을 아우르면서(體/道) 흥겹고 신명나게(相/風) 살아간다(用/流). 물이 흐르는 길과 바람이 부는 길은 무한대다. 한류(韓流, Korean Wave), 즉 한국(韓)의 흐름(流) 역시 무한하다. TV드라마, K-Pop, 대중가요, 영화, 음식, 게임, 패션, 공연, 애니메이션 등등, 한류는 무궁무진할 수밖에 없다.

한국의 전통문화에서 흥과 신명이 가장 잘 드러난 것(用, 流)이 탈놀이다. 탈놀이의 신명의 장본은 기성질서에 대한 반란의식과 신분의 도착(倒錯)에 있다.88) 탈춤의 멋과 흥취는 그 규격대로 빈틈없이 추어지는 춤에

---

87) 앞의 책, 272.
88) 신은경, 『風流. 동아시아 美學의 근원』(2006), 138.

있는 것이 아니라, 놀이꾼의 개성과 기분을 살려 즉흥적인 멋을 부리는 '허튼 춤'과 같은 데 있다. 오늘날 '허튼 춤'은 굿판이나 농악판, 탈판, 소리 판, 잔치판 등에서 격식에 얽매이지 않고 자유로이 개성이나 감정을 발산 하면서 신명나게 추는 오락적 춤으로 '흥' 예술의 극치를 보여준다. 탈격 식, 탈규격, 즉흥성이 '흥'의 본질의 중요한 요소다. <강남스타일>의 싸이 의 말춤도 일정부분 '허튼 춤'의 한 예라고 할 수 있다. 혼자 추는 홑 춤보다 는 여럿이 추는 군무群舞가 흥의 미를 구현하는데 더 적합하다. 한류의 K-Pop의 군무가 그 예다. 군무는 여럿과의 조화로운 어울림으로서의 흥 의 성격을 잘 드러내준다.[89]

탈놀이에서 보여주는 흥은 경계 허물기를 통해서도 나타난다. 양반과 천민, 처와 첩 등 무엇과 무엇의 구분이나 변별과 같은 이원적 위상에 기초 한 대립이 허물어지면서 흥이 난다. 주객합일의 흥이다. 탈놀이에서는 처 첩간의 갈등, 양반과 천민간의 갈등, 젊음과 늙음의 대립과 모순을 재밌고 흥겹게 만천하에 폭로하고 풍자한다. 대립과 갈등의 양상을 보이는 이원 론적 구조/경계가 완전히 허물어질 때 탈놀이의 흥이 심화된다.[90] 탈놀이 의 흥은 둘이 하나가 될 때 극화된다. 경계가 허물어지고 조화·화해가 일 어날 때 최고의 신바람으로 최대의 흥을 발산하게 된다. 탈놀이(用)를 통 해 흥겹고 신바람(相)나게 조화와 화해의 체體를 구현한다. 싸이의 <강남 스타일>에서도 갈등과 대립의 경계를 허무는 탈놀이의 흥과 신바람이 재 현된다.

다음은 풍류도의 체상용 원리를 구체적으로 한류의 문화상품에 조명

---

89) 앞의 책, 143.
90) 앞의 책, 146.

해 보기로 하겠다. 특히 세계적 열풍을 일으킨 드라마 <대장금>과 대중가요 <강남스타일>을 풍류도의 체상용 원리로 분석함으로써 한류 문화에 내재해 있는 풍류도의 영성을 발견하고자 한다. 나아가 한류문화가 어떻게 민족과 국가를 초월해 인기몰이를 할 수 있었는지 논구해보고자 한다.

〈대장금〉과 〈강남스타일〉에 나타난 풍류도

<대장금>의 풍류도

K-Pop이 한류를 전 세계로 확산시키는 역할을 하였다면, 드라마는 한류를 태동시키고 발전시키는 역할을 하였다.[91] 한국 드라마는 1997년 열풍이 시작된 이래 아시아를 넘어 아프리카, 유럽, 미국으로 확대 발전하였다.[92] 이처럼 한국 드라마가 세계로 진출할 수 있었던 이유에 대해서는 의견이 다양하다. 앞서 보았듯이 문화의 근접성, 혼종성, 초국가주의와 같은 문화의 보편성을 가지고 한류의 세계열풍을 말하는 이들이 있다. 하지만 이상민은 한류 드라마의 보편성과 특수성이라는 두 가지 시각에서 한류열풍을 설명한다. 그는 한류 드라마가 한 국가의 방영 초기단계에서는 세계적 보편성이 넓게 형성되어 있어야 쉽게 진입할 수 있지만, 한류 드라마의 높은 성공률은 한국적 특수성에 기인한다고 말한다.[93] 이상민은 한

---

91) 이상민, "한류드라마의 특성과 경쟁력-<사랑이 뭐길래>, <겨울연가>, <대장금>을 중심으로-," 「비교한국학」 20(2012), 61.

92) 정혜선, "'동·서양 문화 비교'로 본 한류 -새로운 대중문화의 가능성-," 「인문과학」 48(2011), 272.

93) 이상민, "한류드라마의 특성과 경쟁력-<사랑이 뭐길래>, <겨울연가>, <대장금>을 중심으

류 드라마의 보편성으로서 '사랑'을 든다. 특히 남녀 간의 사랑이 가족 혹은 가족주의 안에서 표현되고 있는데, 이것을 '한韓 스타일'로 풀어낸 것이 한국적 특수성이라고 한다. 한류 드라마에서 '한 스타일'은 감독의 연출을 통해 완성된다.[94] 즉 한류 드라마를 통해 세계적 보편성으로 나타나는 사랑, 가족, 도덕심 등의 가치가 한국적 특수성인 '한 스타일'로 표출된다는 것이다. 보편적 가치인 '사랑'이 '한 스타일'과 만나 한류열풍을 일으킨 것이다.

이상민이 말하는 세계적 보편성으로서 '사랑'은 풍류도의 체體인 도道에 상응한다. 도道란 조화와 화해, 하나됨을 추구하기에 사랑을 '도'라고 할 수 있다. 사랑은 조화調和이며 체體이다. 한류 드라마 속의 남녀·가족 간의 사랑이 바로 조화다. 이 조화야 말로 세계인 모두가 공감하는 보편적 가치이며 체이다. 체(體/보편성)인 사랑이 상(相/특수성)인 한韓 스타일로 표현되고, 용用인 한韓-드라마로 만들어진다. 이렇듯 한류의 드라마가 풍류도의 체상용 원리에 의해 제작됨을 알 수 있다.

정혜선도 중국, 일본 등 아시아, 유럽, 미국 시청자들이 공통적으로 말하는 한국 드라마의 보편성이 있는데, '정의'와 '희망', '순심'이라고 한다. 한국 드라마는 전 세계 공통의 언어(보편성)를 극적으로 탁월하게 풀어가면서 모든 인간을 감정의 주인공이 되게 하는 큰 장점을 가지고 있다고 밝힌다. 나아가 한국 문화는 '마음의 극치-역동성-하나됨'의 특성이 있으며, 스토리 구조에 이러한 한국문화의 특성이 투영된다고 말한다.[95] 한국 드라마는 지적인 미국 드라마와 질적으로 다른 차원의 스토리인 '마음의

로-" (2012), 67.

94) 앞의 책, 69-70.

95) 정혜선, "「동·서양 문화 비교」로 본 한류 -새로운 대중문화의 가능성-" (2011), 272.

하나됨'을 집중적으로 표현하고 있다. 마음의 하나됨이 바로 한류 풍류도의 도道이자 한韓이며 체體이다. 한류의 보편성은 체體로서 하나됨韓에 기인한다. 정혜선은 "한국 드라마는 치열한 갈등 끝에 순심의 사랑을 말하며, 현실의 비참함을 뚫고 희망과 정의를 묘사하면서 역동적인 마음의 극치점을 제공한다"고 역설한다. "마음의 극치점에서 인간이라면 누구라도 갖게 되는 저마다의 한을 반추하며 카타르시스를 풀어내는 하나됨의 광장을 제공한다"는 것이다.96) 세계 시청자들은 한국 드라마의 마음의 극치점에 도달하는 과정 속에서 웃고 웃으면서 감정의 위로를 받는다. 그들은 한국 드라마에 중독되고 만다.97) 정혜선에게 있어서 분명한 것은 체(體/道)로서 한류의 보편성(정의, 희망, 순심)과 상(相/風)으로서 한류의 특수성(하나됨의 스토리구조)이 세계인들이 한류 드라마(用/流)를 사랑하게 되는 원동력이라는 것이다.

이렇듯 한류 드라마의 보편성과 특수성이 한류열풍의 원동력이라는 이상민과 정혜선의 견해는 한류의 뿌리 풍류도의 체상용 원리와도 일치한다. 이것은 중국을 비롯해 90여 개국 30억 명의 사람들에게 사랑을 받았던 한류 드라마 <대장금>을 통해서 확인할 수 있다.

이상민은 <대장금>이 세계적 열풍을 일으킨 원동력으로 도덕성을 든다. 그는 "<대장금>은 음식, 도덕성과 같은 보편적 가치를 내재하고 있었기 때문에, 한국의 조선시대 실존 인물을 다룬 역사극이었음에도 불구하고 세계적으로 통하는 한류 콘텐츠가 될 수 있었다"고 주장한다.98) 오미

---

96) 앞의 책, 273.
97) 앞의 책, 270.
98) 이상민, "한류드라마의 특성과 경쟁력-<사랑이 뭐길래>, <겨울연가>, <대장금>을 중심으로-" (2012), 78.

영 역시 <대장금>의 인기비결을 선악의 대결구도인 도덕성에서 찾는다. 한상궁 사망 후 장금의 복수극 전개는 뚜렷한 이분법적 선악대결로 펼쳐 지는데, <대장금>의 재미는 바로 이러한 선악구도에 힘입은 바가 크다는 것이다.[99] <대장금>의 선악의 구도와 서양윤리의 선악의 구도가 맞아 떨 어져 인기를 누리게 되었다고 한다.[100] 등장인물 가운데 '장금과 한상궁' 대 '금영과 최 상궁'은 선악의 개념을 확연히 드러낸다.[101] 이들의 선악의 대립은 '한'恨과 '한풀이'로 나타난다. <대장금>에서는 주인공 장금(이영 애 분)과 스승인 한상궁(양미경 분), 그리고 민정호(지진희 분)로 상징되는 도 덕과 정의의 집단이 숙적 최 상궁(견미리 분) 일가로 대변되는 부도덕 및 불 의의 집단과 맞서고 결국 승리를 거두는데, 이 과정이 시청자들의 눈길을 사로잡으면서 폭발적인 시청률로 이어졌다.[102] 즉 등장인물들 간의 한풀 이 과정, 첨예한 대립의 갈등을 극복하는 과정을 통해 <대장금>의 재미가 더해질 수 있었던 것이다. <대장금>에서는 선악구도의 대립의 갈등을 인 물들 간의 정情을 통해 해소한다. 장금은 한상궁, 정 상궁, 민정호, 연생, 신 비 그리고 제주의녀와의 정을 통해 최 상궁 집안과 맺힌 한恨을 푼다. 마침

---

99) 오미영, "도덕적 판단이 드라마 시청 재미에 미치는 영향-MBC 드라마 '대장금' 사례분석,"
「동서언론」9(2005), 177.

100) 앞의 책, 181.

101) 앞의 책, 176.

102) 앞의 책, 177. 장금은 한 맺힌 부모의 죽음에 대한 의문과 원한을 갖고 부모의 한을 풀어주 기 위해 궁녀와 의녀가 된다. 장금은 최상궁의 계략으로 어머니의 친구 한상궁의 억울한 죽음을 보게 되고 한상궁의 한(恨) 마저 가슴에 품고 '복수심'을 키우게 된다. 의녀가 되어 다시 궁으로 돌아온 장금은 어머니와 한상궁의 한을 모두 풀어주게 되고 그녀의 악인들(최 상궁, 금영)과의 대결에서 승리하게 된다. 장금은 중종에게 '대장금'이란 칭호를 받으면서 세 가지 소원-한상궁의 명예회복, 어머니의 명예회복, 수라간 최고 상궁-을 모두 이루게 된다(조정례, "<대장금>의 서사적 특성 연구," 「현대문학의 연구」31(2007), 340-341 참조.)

내 최 상궁의 죽음과 일가의 몰락으로 장금의 한풀이는 일단락 짓게 된다. 하지만 최 상궁은 죽기 전에 장금의 어머니 무덤에 찾아가 눈물로 잘못을 뉘우치며 장금에게 용서를 구한다. 장금 또한 최 상궁에게 명예롭게 갈 수 있는 기회를 준다. 최 상궁 스스로 의금부로 가도록 하지만, 결국 최 상궁은 낭떠러지에서 떨어져 죽고 만다. 동서양 모두 선악의 대결구도가 드라마의 재미를 배가시키는 것은 분명하지만, 대부분의 한국 드라마는 <대장금>에서와 같이 선악의 대결이 화해로 종결된다. 한국 드라마는 악 또한 포용하여 하나가 된다. 해피엔딩이나 권선징악과 다르다. 서양의 설화나 드라마, 영화에서는 주체의 선의 의지나 욕망을 방해하는 적대자는 끝까지 적대자이지만 한류 드라마에서는 적대자가 주체의 선의 의지나 욕망을 돕는 조력자로 변한다. 서구 드라마처럼 선이 악을 제거하고 끝나는 것이 아닌, 선과 악의 화해가 궁극적 목표인 것이다. 한류 드라마가 갖는 풍류도의 체성體性이다.

<대장금> 열풍의 두 번째 요인은 여성 리더십이다. <대장금>의 선악 대결의 구도가 윤리성의 승리를 보여준 것이라면, 장금의 여성 리더십은 여성성의 승리를 나타낸 것이다. 오미영은 "<대장금>은 역사극으로서 새로운 여성상과 여성 영웅의 신화를 만들어냈다는 점에서 여성주의적인 드라마"라고 밝힌다.[103] <대장금>은 여성을 중심으로 하면서도 여성상에 있어서 긍정적인 변화를 보여준다. 권력다툼이나 궁중 여인들의 시기와 암투를 극대화했던 기존 사극과는 달리 요리, 의술 등 전문지식과 실력으로 경쟁하는 여성을 다루고 있다.[104] 여 주인공들은 전문적인 직업

---

103) 오미영, "도덕적 판단이 드라마 시청 재미에 미치는 영향-MBC 드라마 '대장금' 사례분석" (2005), 174.
104) 김은진, "한국 사극 속 여성성과 담론 분석,"「여성연구논집」15(2004), 3-4.

여성일 뿐 아니라, 남성과 동등한 능력을 가진 모습으로 등장한다. <대장금>은 여성 리더십에 대한 사회적 논의를 이끌어낼 뿐 아니라 새로운 여성영웅의 모습을 보여준다.105) 또한 <대장금>에서는 여성 사제지간의 관계, 동료애와 전문적인 일을 둘러싼 경쟁이 여성간의 중요한 관계로 설정되었으며,106) 여성 리더를 하나가 아닌 여러 명을 제시한다.107) 이러한 여성 리더십 때문에 <대장금>은 여성인권이 주된 관심인 지역에서 더 많은 인기를 얻게 되었다. 인도나 이란 및 이슬람 지역에서 <대장금>이 인기를 얻게 된 이유다.

<대장금>에서 보여준 윤리성과 여성성의 승리는 선인善人과 약자弱者의 승리이기도 하다. 선과 악, 강자와 약자의 조화調和가 <대장금>의 중심 주제다. 조화란 풍류도의 도道이자 체體이며 한韓이다. 그것은 세계인이 추구하는 공통된 가치인 것이다.

남은경은 <대장금> 드라마의 성공을 통해 '가장 민족적인 것이 가장 세계적인 것'임을 확인할 수 있었다고 한다.108) 이 말은 다시 말해 <대장금>이 갖는 한국적 특수성이 <대장금>의 세계화의 성공요인이라는 것이다. <대장금>에서 가장 민족적인 것이란 궁중음식과 전통적인 궁중 문화다. 하지만 특수성 뒤에는 풍류도의 보편성이 내재해 있다.『조선왕조실록』에 단편적으로 등장하는 장금이라는 인물의 이름과 신분만을 가지고 한국의 풍류도를 토대로 <대장금>은 만들어졌던 것이다.

<대장금>의 도덕성과 여성 리더십이 추구하는 목표는 체體인 조화와

---

105) 남은경, "'대장금(大長今)' 관련 기록의 현대적 수용,"「동양고전연구」43(2011), 56.
106) 김은진, "한국 사극 속 여성성과 담론 분석" (2004), 13.
107) 앞의 책, 29. 대장금, 수라간 최고 상궁이었던 정상궁, 한상궁, 최상궁, 제주 의녀 등 여성리더가 여러 명 등장하고 있다.
108) 남은경, "'대장금(大長今)' 관련 기록의 현대적 수용" (2011), 56.

아우름, 화쟁和諍, 화해에 있다. 이것은 풍류도의 도道이자 한韓이다. 도道의 세계는 한恨과 정情, 궁중음식과 궁중 문화 혹은 유교문화라는 상相을 통해 <대장금>이라는 드라마로 용화用化 된다. 세계 90여 개국의 시청자들이 열광할 수 있었던 것은 풍류도의 도道가 풍風으로 나타났을 때用였다. 다시 말해 공동선體인 화해와 조화의 도道가 한恨, 정情, 궁중음식, 궁중 문화, 유교문화라는 상相을 통해 드러났을 때 세계인들은 <대장금>에 감동했던 것이다. 체의 드러남(상)없이 체의 작용(용)은 불가능하다. 체體는 틀(相) 속에서 드러난다(用). '드러남'의 틀-한恨, 정情, 궁중음식, 궁중 문화, 유교문화 등-은 다양하다. <대장금>은 중국인들에게 잃어버린 유교문화를 되새기게 하였을 뿐 아니라 한국의 고유문화-궁중음식과 궁중 문화-에 열광하게 만들었다. <대장금>은 날실(體/보편성/道)과 씨실(相/특수성/風)의 어우러짐(用/드라마/流)이었다.

<강남스타일>의 풍류도

2013년 2월을 기점으로 유튜브 조회수 13억을 돌파하고 있는 싸이의 <강남스타일>은 미국, 중국, 독일, 브라질, 프랑스 등에서 베스트 뮤직 비디오 상을 수상했을 뿐 아니라 특히 미국에선 빌보드 차트 2위에 올랐으며, 2012년 빌보드 탑 10 싱글 앨범에 선정되었고, 북미, 남미, 아시아, 유럽, 오세아니아, 30여개가 넘는 나라에서 가요순위 1위를 차지하는 기염을 토하였다. 더욱이 최다 '좋아요 추천' 분야에서 기네스 세계 기록에 오르기까지 하였다. 유튜브에서 <강남스타일>과 관련된 패러디 영상물만 해도 2012년 10월 16일 기준 61만여 건에 달한다. 이렇듯 세계가 <강남스타일>을 열광하는 이유로 배성국은 세 가지를 내세운다. 첫째는 풍자와 해학을 담은 높은 완성도의 뮤직비디오이고, 두 번째는 춤과 노래다. '말춤'은 전 세계를 패러디 도가니로 만들었다. 사람들은 쉽고 재미있게 따라할 수 있는 싸이의 춤에 열광했던 것이다. 마지막으로 싸이 자체에 대한 관심이다. 싸이는 음악을 통해 사회에 대한 시선과 풍자를 자신의 춤과 노래로 표현했다. 배성국은 <강남스타일>은 심각하게 받아들일 수 있는 사회문제를 웃음과 해학으로 잘 버무려낸 '한식 스타일'의 음악이라고 평가한다.109)

    <강남스타일>은 '신명'과 '흥', '재미'를 통하여 강렬한 해체감을 경험하게 한다. 조동일의 연극이론에 따르면 <강남스타일>은 신명풀이에 해당된다. 한국전통의 신명풀이는 서구의 연극미학인 카타르시스와 달리 공연 진행에 관중이 능동적으로 개입하면서, 고통을 일으키는 공동의 문제에 대해 관중이 높은 식견을 가지고 참여한다.110) 신명풀이는 극중 갈등에 관중이 개입해 등장인물과 함께 조화를 이룩하려는 행위다.111) 연극을 보는 관객이 마음에 쌓인 괴로운 느낌을 씻어내고 깨끗하게 되는 정화를 체험하는 것을 카타르시스라고 한다면, 관객이 연극 진행에 참여해 마음속에 간직했던 바를 풀어내어 흥겨움을 누리는 것이 신명풀이다.112) 신명풀이가 잘 나타난 것이 탈춤이다. 탈춤은 여럿이 함께 노래 부르고 춤을 추면서, 흥겨워하고 신명을 푸는 행위를 한다.113) <봉산 탈춤>에서 보듯이 노래를 혼자 지어서 부를 때 느낄 수 있는 흥보다 여럿이 함께 부를 때의 흥이 더 크다. 노래 부르고 춤을 추기까지 하면 흥이 한층 고조

---

109) 배성국, "Why GANGNAM STYLE? 왜 강남스타일에 열광하는가?,"
    출처: http://www.therearguard.org/why-gangnam-style
110) 조동일, 『카타르시스 라사 신명풀이』(서울: 지식산업사, 1997), 39.
111) 앞의 책, 41.
112) 앞의 책, 59.
113) 앞의 책, 104.

된다. 흥이 고조되면 즐거울 뿐만 아니라 마음이 깨끗해진다.[114]

<강남스타일>은 마치 탈춤의 신명풀이와 같이 한국의 자본주의, 물질문화, 허영의 문화를 신명나게 풍자와 해학으로 비판한다. 여기엔 웃음과 유머가 있다. 반전과 역설이 있는 유머다. 강남 스타일이라면 BMW를 타고 섹시한 여성을 태우고 우아하게 해변을 달리지만, 싸이는 관광버스에서 몸만 비벼대는 막춤(허튼춤)을 춘다. 비싸 보이는 승마교육대신 놀이터의 목마를 탄다. 싸이는 남태평양 군도의 에메랄드 해변에서 식스 팩을 과시하며 여성을 유혹하는 게 아니라 어린이 놀이터에서 일광욕을 즐긴다. 더군다나 그는 호텔 풀장에서 멋 떨어지게 수영하는 게 아니라 동네 목욕탕에서 허우적거리면서 '강남 스타일'을 말한다. 이것은 일반 서민들의 동네 문화로 고급 소비문화를 패러디 한 것이다. 현대의 졸부들을 해학적으로 비판한다. 특히 그의 말춤은 무당이 굿판에서 수직으로 뛰는 춤과 동일하다. 대개의 춤은 수평적이고 평면적인데 싸이의 말춤은 무당의 춤과 유사하다. 이것은 탈춤에서도 마찬가지다. 수직적 춤은 관중들로 하여금 탈놀이에 함께 참여하도록 유도하는 힘이 있다. 싸이의 말춤도 세계인들을 춤추게 만들었다. 대사가 달리 필요 없다. 단순한 리듬에 맞춰 한판 신명풀이를 한다. 이것이 우리나라의 전통놀이고 '한식 스타일'이다. 한풀이, 신명풀이가 놀이를 통해 적대적 관계가 바람직하게 해결된다. 대등하고 평등하다는 것을 재확인하여 화해하게 된다. 춤 대목 자체가 싸움이 화해이고 극복이 생성임을 입증한다. 탈놀이의 마지막 승리대목에서는 관중 모두가 나서서 함께 춤을 추는 난장판 군무를 벌이는데,[115] <강남스타일>의 마지막 장면도 각 분야의 다양한 시민들이 싸이와 함께 춤을

---

114) 앞의 책, 102.
115) 앞의 책, 110.

추며 승리를 기뻐한다. 평등과 화해가 이루어진 한 판 신명놀이다.

　<강남스타일>에서 궁극적 목표인 화해는 한류의 체體이자 도道이다. 화해를 위해 신명풀이가 동원된다. 신명과 흥은 한류의 상相이다. 신바람과 흥바람을 일으키는 <강남스타일> 뮤직 비디오는 용用이다.

　<강남스타일>의 패러디가 61만 여건에 달할 수 있었던 것은 <강남스타일>이 담고 있는 웃음을 통한 사회풍자 때문이다. 세계인들이 겪고 있는 갈등과 부조리, 불합리한 모든 것들을 <강남스타일>의 신명풀이로 해소시키고픈 심리가 작용한 것이다. 화해(體)를 저마다의 신명풀이(相)로 패러디(用)한 것이다. 화해가 한류의 보편성(날실)이라면, 흥겨운 춤과 노래로 구성된 신명풀이는 한류의 특수성(씨실)이다. 날실과 씨실이 엮어진 것이 <강남스타일>이다. 세계인들은 싸이의 말춤을 추며 화해의 풍류도를 즐긴다.

　풍류도의 한류

　세계에 한류열풍을 일으킨 <대장금>과 <강남스타일>은 체體의 가치(조화와 화해=道)가 상相의 틀(恨과 情, 신바람과 흥=風)을 통해 용用으로 드러난(대장금, 강남스타일=流) 풍류도의 한류다. 풍류도의 '도'(體)는 화해와 조화를 통해 세상의 평화를 추구하는 영성이자, 유불선 삼교가 지향하는 영성이다. 한류가 갖는 보편성이 바로 '도'道의 영성에 있다. 체體로서의 도道는 한恨과 정情, 신바람과 흥, 무심, 서정 등 풍류도의 '풍'相의 형식을 담아 현현顯現한다. 도(道/體)를 담는 상(相/風)이 곧 한류의 독특성·특수성이다. 체와 상에 의해 표현表現된 드라마, K-Pop, 음식, 영화, 공연, 패션, 게임 등은 풍류도의 '류'(用)로서 세계로 흘러간다. '풍'(風/相)은 언어, 인종, 종교, 이념, 문화, 국가의 경계를 넘어 모든 차이를 포용하고 적응하며 승화해 동서남북으로 흐른다(流/用). 체상용 구조의 한류는 문화 근접성, 문화 혼종성, 문화 할인, 문화 초국가주의 개념을 탄생시키며 지구위에 풍류도를 실현한다. 화해와 조화, 평화의 풍류도 영성은 인류가 추구하는 보편가치다. 한류 드라마, K-Pop, 영화 등 다양한 한류의 상품들 속엔 평화의 영성인 '도'道의 체성體性이 내재해 있다. 때문에 한류는 어느 곳에서나 환영 받는다. 이상민이 말했듯이 한류의 체성 곧 보편성은 한류가 세계로 진입할 수 있는 전제조건이 되며, 한국문화가 갖고 있는 고유한 멋(相)-한恨, 정情, 신바람, 흥, 서정성116) 등-은 세계인들을 열광케 만드는 촉매제가 된다. 이상민은 한류의 높은 성공률은 한국적 특수성(독특성)에 있다고 역설한다.117) 체상용體相用의 풍류도를 바탕으로 형성된 한류의 상품들은 화해와 평화의 영성을 유유悠悠히 전하며 차별의 경계를 넘는다.

한류에서 배우는 '풍류도' 선교

선교도 한류처럼 문화를 통해 선교할 수 있다. 교리전파가 아닌 문화 안에 기독교의 가치를 담아 전하는 선교다. 문화선교는 거부감이 없고 배타적이지 않으며 강요하지 않는다. 유불선儒佛仙 삼교의 가르침인 풍류도가 한류를 통해 동아시아와 세계인들에게-의식적으로 혹은 무의식적으로-전해진 것처럼, 그리스도교의 진리도 문화를 통해 거부감 없이 '흥겹게' 전해질 수 있다. 한류의 체상용 원리를 통해 한국교회의 새로운 선교

---

116) 서정성은 특히 일본에서 폭발적 인기를 얻은 드라마 <겨울연가>의 중요 소재다.

117) 이상민, "한류드라마의 특성과 경쟁력-<사랑이 뭐길래>, <겨울연가>, <대장금>을 중심으로-" (2012), 67.

방법을 제시해본다.

첫째, 체體의 선교다. 체의 선교란 그리스도교의 절대 진리·하나님을 전하는 선교다. 하나님은 사랑이다. 사랑 안에 거하는 자는 하나님 안에 거하고 하나님도 그 안에 거한다(요일4:16). 하나님과 내가 하나가 되는 구원의 순간이다. 하나님과 하나가 되게 해주는 사랑을 땅 끝까지 전하는 것이 선교다. 사랑이란 인류가 추구하는 보편적 가치다. 여기엔 경계가 있을 수 없다. 사랑은 마치 풍류도의 '도'道와 같다. '체의 선교'란 사랑의 선교이고, 도道의 선교다.

둘째, 상相의 선교다. 상이란 체의 드러남이다. 풍류도의 '풍'風과 같다. 하나님의 사랑인 체가 표출된 것이 상으로서 '예수 그리스도'(사랑의 肉化)다. 상의 선교란 예수 그리스도와 그의 복음을 전하는 것이다. 예수의 복음-하나님 사랑과 이웃사랑-이 전해진 곳엔 사랑의 바람(風)이 일어난다.

셋째, 용用의 선교이다. 용用은 체의 작용으로서 풍류도의 '류'(流, 효용성)를 의미한다. '한 멋진 삶'의 '삶'이다. 예수가 일으킨 사랑의 바람은 동서남북으로 흘러가 작용한다(流). 사랑의 실천이다. 사랑의 바람이 부는 곳에는 불의不義 대신 정의正義가, 죽음대신 생명이, 폭력 대신 평화가 세워진다.

한국교회는 자自교회주의와 세속화(교회의 대형화, 기업화), 그리고 과도한 교회지상주의로 인해 세간에 부정적 주목을 받고 있다. 이것은 선교의 최대 걸림돌이다. 교회는 사회의 부정과 불의에 맞서며, 부조리와 모순을 직시하고, 예언자적 태도로 사회를 돌아보며, 물질적 부를 추구하지 않고, 약자들을 돕는 일에 힘써야 한다. 이것이 용用의 선교다. 용의 선교를 위해 교회는 원리주의적이고 배타주의적인 태도를 버려야 하며, 무조건적 신앙을 강조하는 공격적 선교활동을 멈춰야 한다. 체상용 원리에 따르면, 예수 그리스도의 복음을 통해(相의 선교) 하나님의 사랑을 실천(用의 선교)한다면 이미 체體의 선교는 실현된 것이다. 용의 선교(실천) 없이 교리만을 강조하는 선교는 배타적이고 공격적일 수밖에 없다. 타종교·타종파에 대한 적대주의나 무조건적 신앙 강요는 체의 선교에 역행한다. 한국 개신교의 평판이 나쁜 이유가 바로 이 배타성과 공격성 때문이다.118) 오늘날 한국 기독교는 용用 없이 체의 선교를 달성하려고 한다. 한류의 풍류도가 용用이 되었을 때 세계적 열풍이 일어났던 것처럼, 체의 선교는 용의 선교를 통해 실현되어야 한다. 하나님, 하나님 사랑을 전하기 위해(體의 선교) 사랑의 몸짓(用의 선교)이 있어야 한다. 체는 용을 통해 드러나기 때문이다. 교리로만 외치는 사랑은 "소리 나는 구리와 울리는 꽹과리"가 될 뿐이다(고전13:1). 한류의 드라마나 K-Pop처럼 용의 선교는 사람들을 흥겹게 감동시켜야 한다. <대장금>을 보며, 말춤을 추며 모두가 '저절로' 풍류도의 영성에 참여하는 것처럼, 그리스도인들의 정의·생명·평화의 실천은 사람들로 하여금 '저절로' 하나님의 사랑에 춤추게 만든다. 이때 체의 선교가 실현된다.

우리의 삶 속에 예수의 바람(相/風)이 하나님 사랑(體/道)을 일으킨다. 사랑의 바람은 삶의 현장에서 부는 대로 불고 가고 싶은 대로 간다(用/流). 선교란 '류'流다. 하나님사랑·이웃사랑의 바람을 '일으키는 것'이다. 사랑의 바람은 교리와 이념, 종교와 국가, 민족과 인종의 장애를 넘어 자유롭게 유행遊行한다. 마침내 사랑의 열풍이 전 지구를 달군다. '체상용의 선

---

118) 전문가의 설문 결과(2010. 10. 30, 브랜드평판연구소 조사) 한국 개신교가 평판이 좋지 않은 이유로 다음과 같은 것이 조사됐다. 1. 한국교회의 세속화, 2. 개신교 목회자들의 도덕적 일탈과 스캔들, 3. 공세적 선교행위, 4. 배타적 교리, 5. 교회의 분열, 6. 과도한 교회지상주의, 7. 무조건적인 신앙 강조.

교'는 한류처럼 모든 다양성과 차별성을 포용하고, 적응하며, 자기 안에서 승화시켜 하나님 사랑으로 하나 되게 만든다. 풍류도의 선교다. 드라마, K-Pop, 영화, 만화, 게임 등 수많은 한류의 상품들이 세계인들의 다양한 기호에 맞게 선택돼 인기를 누리듯이 선교 방법 또한 다양해야 한다. 체體는 다양한 상相과 용用으로 나타날 수 있지만 그렇다고 체의 본질이 변하는 것은 아니다. 상과 용의 다양성을 두려워할 필요가 없다. 풍류도의 삼즉일의 구조처럼 다양한 상과 용도 결국엔 하나의 체로 귀의하기 때문이다. 따라서 한국의 교회가 배타적 교리만을 강요하며 선교할 것이 아니라, 한류처럼 다양한 문화 콘텐츠(相)를 통해 하나님 사랑(體)을 전할 수 있어야(流) 한다. 교리의 선교는 갈등을 불러일으킬 수 있지만 풍류도의 선교는 사랑과 평화의 열풍을 일으킬 수 있다.

나오는 말

체상용의 원리로 풀어본 '풍류도'는 한국의 고유영성이자 한류의 오래된 뿌리라는 것을 알게 되었다. 유동식은 체상용, '삼즉일 구조'의 풍류도, '한 멋진 삶'으로서의 풍류도를 일컬어 "자유와 평화와 사랑이 실현된 하늘나라의 문화"라고 정의한다.[119]

"문화교류를 통한 동아시아의 평화"라는 제목으로 '자유와 평화, 사랑'으로서의 한류에 대해 기대하는 글을 기고한 일본의 미야타 마리에宮田毬榮 전「중앙공론中央公論」편집장의 글 일부를 소개한다.

---

119) 한국문화신학회,『한국문화와 풍류신학』(2002), 184.

"…그들은 교과서 문제, 야스쿠니 신사 문제, 영토 분쟁에 대해서도 고이즈미 수상보다도 유연하고 현명하게 대처할 수 있다고 나는 생각합니다. … 인간은 지성과 감각의 생물이기 때문에 문화 교류는 사람들의 마음에 가장 강하게 호소하는 힘이 있습니다. 아시아가 세계에서 가장 앞서는 평화 지역이 되기 위해서는 다른 나라들에 대한 이해, 사랑과 존경, 신뢰가 기초를 이루어야 합니다. 문화가 그것을 가능하게 하리라는 것이 몽상이 아니라고 하는 것을 회오리바람처럼 갑작스럽게 일어난 한류현상이 증명해 주고 있습니다. 그런 의미에서 한류 붐은 민중의 의식혁명으로서 사회적 대사건이었습니다. 거기서 배우는 바가 크다고 생각합니다."

'한류韓流'는 한국의 물줄기(혹은 바람)가 자연스럽게 흘러들었다는 뜻으로도 해석할 수 있다. 그런데 물의 본성이란 '적시며 아래로 흐르는' 것이다. 그리고 그 본뜻은 '기준'(準)이며, 물이 흐르면서 그 순간의 역동성으로 끊임없이 평정을 이루는 것(和)을 말한다. 흐르지 않는 물은 평형을 이룰 수 없다.[120] 흐르는 물이 모아지는 곳은 '하나'의 큰 바다다. 물은 여러 갈래로 흘러야 한다. 그래야 메마른 대지를 고루 축여 생명을 살릴 수 있다. 축여진 대지의 물들은 다시 큰 바다로 흘러든다. 고요한 심해에서 평안을 누린다. 풍류도의 '한'은 대립과 분열을 조화시킨다. 마침내 평화가 깃든다.

유교의 극기복례와 불교의 귀일심원, 도교의 무위자연을 토대로 하는 풍류도는 한류가 들어가는 세계 곳곳에 평화의 영성을 '흐르게' 해준다. 한류가 모든 세계인들에게 환영받는 이유가 한류의 평화영성 때문이다.

---

120) 김용환, 「단군사상과 한류」, 박성수 외, 『한류와 한사상』 (서울: 모시는 사람들, 2009), 101.

드라마에서 보여주는 한恨과 정情의 화해, K-Pop에서 들려주는 신명나는 노래와 흥겨운 춤, 이 모두가 평화영성의 전도사傳道師다. 홍익인간의 사명 감을 갖고 세계평화 구현을 이루어내기 위해 한류는 더 멀리 더 세게 '흘러 가야 한다.' 그 한류에 한국교회의 사랑의 바람도 뒤섞여 불어야 한다. 이 것이 '풍류도의 선교'다.

참고문헌

김봉진. 「글로벌 공공철학으로서의 한사상」, 박성수 외, 『한류와 한사상』. 서울: 모시는사람들, 2009, 143-180.

김부식/이병도 역주. 『삼국사기 상』. 서울: 을유문화사, 1997.

김상일. 「한류에는 해지는 곳이 없다」, 박성수 외, 『한류와 한사상』. 서울: 모시는사람들, 2009, 5-14.

_____. 「한의 '한 두어 개'를 논리적으로 표현하기의 한 시도」, 박성수 외, 『한류와 한사상』. 서울: 모시는 사람들, 2009, 51-64.

김옥자. 「중국 '한류'의 형성 원인에 대한 분석」, 임향란, 우상렬 외 공저, 『한류 한풍 연구』. 성남: 북코리아, 2009, 202-223.

김은진. "한국 사극 속 여성성과 담론 분석." 「여성연구논집」 15(2004), 81-114.

김현미. "글로벌 시대의 문화번역: 젠더·인종·계층의 경계를 넘어." 「또 하나의 문화」 (2005).

_____. "'한류' 담론 속의 욕망과 현실." 「당대비평」 19(2002), 216-233.

남은경. "'대장금(大長今)' 관련 기록의 현대적 수용." 「동양고전연구」. 43(2011), 33-64.

노순규. 『한류열풍(K-Pop)과 강남스타일』. 서울: 한국기업경영연구원, 2012.

박성수 외. 『한류와 한사상』. 서울: 모시는 사람들, 2009.

박소라. 「문화적 할인 관점에서 본 한류와 중국인의 한국 드라마 소비」, 장수현 외, 『중국의 한류, 어떻게 이해할 것인가』. 서울: 학고방, 2006.

백원담. 『동아시아의 문화선택 한류』. 서울: 펜타그램, 2005.

버크, 피터/강상우 옮김. 『문화혼종성』. 서울: 이음, 2012.

신윤환. 「동아시아의 한류(韓流)를 보는 눈: 담론과 실체」, 신윤환, 이한우 외, 『동아시아의 한류』. 용인: 전예원, 2006, 11-47.

신은경. 『風流. 동아시아 美學의 근원』. 서울: 보고사, 2006.

심광현. 『흥한민국』. 서울: 현실문화연구, 2005.

양가첩. "문화다원주의 시각에서 본 한류의 정체: 한국 드라마 중심으로." 서강대학교 대학원 석사학위논문, 2010.

오미영. "도덕적 판단이 드라마 시청 재미에 미치는 영향 -MBC 드라마 '대장금' 사례분석." 「동서언론」 9(2005), 175-201.

원효/은정희 역주. 『大乘起信論疏別記』. 서울: 일지사, 1995.

이도흠. 「한국 예술과 문화의 구성 원리와 한류」, 박성수 외, 『한류와 한사상』. 서울: 모시는 사람들, 2009, 267-304.

이동인. "유교문화와 한류."「동양사회사상」, 15(2007), 35-51.

이상민. "한류드라마의 특성과 경쟁력-〈사랑이 뭐길래〉, 〈겨울연가〉, 〈대장금〉을 중심으로
　　　-."「비교한국학」20(2012), 59-84.

이치한, 허진. "한류현상과 한·중 문화교류."「중국연구」, 2002.

장규수. "한류의 어원과 사용에 관한 연구."「한국콘텐츠학회논문지」, 11(2011).

장수현.「한류 이해의 몇 가지 논점」, 장수현 외,『중국의 한류, 어떻게 이해할 것인가』. 서
　　　울: 학고방, 2006, 5-20.

정혜선. "「동·서양 문화 비교」로 본 한류 -새로운 대중문화의 가능성-."『인문과학』
　　　48(2011), 253-276.

조동일.『카타르시스 라사 신명풀이』. 서울: 지식산업사, 1997.

조정례. "〈대장금〉의 서사적 특성 연구."「현대문학의 연구」31(2007), 333-356.

조춘영.「장단-풍류에서 한류로」, 박성수 외,『한류와 한사상』. 서울: 모시는 사람들,
　　　2009, 305-343.

조한혜정.「글로벌 지각 변동의 징후로 읽는 '한류열풍'」, 조한혜정 외,『'한류'와 아시아의
　　　대중문화』. 서울: 연세대학교 출판부, 2003.

한국문화산업교류재단.『한류, 아시아를 넘어 세계로』. 서울: 한국문화산업교류재단, 2009.

한국문화신학회 엮음.『한국문화와 풍류신학』. 서울: 한들출판사, 2002.

제 2 부

K-Pop과
춤추는 하나님

대중문화의 신학

- K-Pop을 중심으로

심광섭 │ 감리교신학대학교

'대중문화의 신학'이 가능한가? 신학이 대중문화를 신학적 사유의 대상으로 삼을 수 있는가? 일반적으로 '대중문화'란 보통 '대중매체'라고 불리는 TV, 라디오, 영화, 음반, 인터넷 매체, 만화, 복제회화, 신문과 잡지 등을 통해 많은 사람들이 손쉽게 닿을 수 있고 즐길 수 있는 통속적이고 가벼운 오락물이나 생활문화들을 가리킨다.[1] 반면, 신학은 통속적인 것과 거리가 멀고 진지한 지성적 행위로 생각해 왔다. 신학이 문화를 대화의 대상으로 취급하는 경우에도 전통문화나 시민적 고급문화 혹은 비판적 민중문화에 제한되었지 급변하는 대중문화를 다룬 적이 거의 없다.

이 글은 대중문화, 특히 한류 중에서도 K-Pop과 대화하면서 대중문화의 신학을 모색해보려고 한다. 나는 통기타와 청바지, 발라드풍의 가요와 포크송과 트로트를 교회와 신학 밖에서, 신앙과 무관한 것으로 여기면서

---

1) 박성봉, 『대중예술과 미학』(서울: 일빛, 2006), 19; 『대중예술의 미학』(서울: 동연, 1995), 30.

청년시대를 보낸 7080세대다. 그러나 우리나라의 음악은 90년대부터 서태지와 아이들을 시초로 현진영, 듀스, HOT, 젝스키스, 신화, 비, 보아 등 빠른 음과 강력한 비트, 랩과 힙합과 집단댄스(群舞)로 구성된 파워풀한 가수들이 주류가 되었다. 오늘의 K-Pop을 따라 부르기는커녕 여전히 감정이입도 되지 않은 채, 이것들에 대해 신학적인 글을 쓰고 더 나아가 신앙과 교회 안으로 끌어들일 생각을 하니 난감하기만 하다. 과연 한국교회와 신학에서 '대중문화의 신학(Theology of pop culture)'이 가능할까?

한국교회에서 문화신학도 뿌리를 내리기는커녕 터를 잡지 못하고 있는 판에 대중문화의 신학을 생각할 수 있을까? 최근 일각에서 문화가 신학의 담론이 되는 경우는 선교의 영역뿐이다. '문화선교'라는 화두 속에 문화가 접목된다. 이 경우 문화가 독립적으로 인정받지 못하고 선교에 문화가 기생한다. 문화는 선교에 도움이 되고 선교를 보다 효과적으로 잘 할 수 있다고 정당화되는 한 문화는 살아남을 수 있을 뿐이다. 문화는 선교의 도구이며 선교에 종살이 한다. 문화가 그 자체로서 인정받지 못한다. 고급문화도 이 정도거늘 대중문화는 오죽하겠는가. 한국 기독교에서 대중문화에 대한 판단은 지극히 부정적이다. 문화권력, 문화자본, 문화산업, 문화민족주의에 편승한 상업주의, 세속주의, 향락주의, 소비주의, 선정성, 성적 자극과 충동성, 문란한 도덕성, 인간우상(star)주의 등. 대중적, 통속적, 하루살이 같은, 저급한, 말초적, 도피적, 진지하지 않은, 정제되지 않은, 고상하지 않은, 등의 감시와 처벌의 말들만 난무하다.

기독교 신앙으로 볼 때 자연이 하나님의 창조라면 인간의 역사와 문화와 예술 그리고 대중문화까지도 하나님의 창조라고 볼 수 있을 것이다. "생육하고 번성하여 땅에 충만하라"(창 1:28)는 하나님이 인간을 창조하시자마자 인간에게 내리신 복은 단지 생물학적 계명만이 아니라 역사적이고 문화적 계명임에 틀림없다. 인간은 하나님의 창조 안에서 역사적으로 번영하고 문화적으로 충만해야 한다. 가인의 자손들은 놋 땅에 거주하면서 가축을 치는 농사문명, 구리와 쇠로 여러 가지 기구를 만드는 철기문명 뿐만 아니라 수금과 통소를 잡는 예술로써 삶을 충만하게 창조해 나간다.(창 4:20-22) 성경이 이해하는 문명과 문화는 기본적으로 인간에게 맡겨진 하나님의 창조행위의 지속이며 축복이다. 자연 창조의 차원에서 햇빛과 비는 악인과 선인 곧, 만인에게 차별 없이 선사하는 하나님의 은혜이다. 그렇다면 문화 창조의 차원에서 대중문화(음악, 미술, 영화, 드라마, 음식, 여행, 스포츠…)란 선교나 복음 전도의 매개나 수단이기 전에 대중들이 차별 없이 삶을 놀고 즐기며 공감하고 소통할 수 있는 하나님의 은혜의 단비라고 생각할 수 있을 것이다.(마 5:45) 신학적으로 대중문화는 선교와 구속의 문제이기 이전에 은혜와 창조의 문제로 볼 수 없을까. 사도 바울은 "하나님께서 지으신 모든 것이 선하매 감사함으로 받으면 버릴 것이 없나니 하나님의 말씀과 기도로 거룩하여짐이라"(딤전 4:4-5) 하였고, "범사에 헤아려 좋은 것을 취하"(살전 5:21)라 했다. 대중문화에는 취할 좋은 것이 없는가? 대중문화가 하나님의 말씀과 기도로 거룩해짐으로써 교회가 그것을 감사함으로 받을 수 있는 길이 열릴 수 없을까?

교회는 고급문화와 대중문화, 고급예술과 대중예술을 대립시키고 분리하는 이분법에 익숙해 있다. 이런 판국에 대중문화를 부정할 수 없는 신학적 고찰의 대상이며 대중예술도 신학적 미학의 대상으로 포함하는 길이 쉽지 않아 보인다. 그러나 세리와 죄인과 함께 먹고 마시는 예수와 제자들의 행위(눅 5:30)는 저급하고 통속적인 것이어서 비난과 배척의 대상이며 오직 소년 예수가 성전에서 랍비들과 함께 대화하고 토론하는 행위(눅 2:46)만을 치켜세울 수 없는 노릇이다. 온 땅에 하나님의 영광이 충만하기

때문이다.(사 6:3)

　　당대 예술의 실천은 그것이 명시적으로 종교적이거나 영적인 작품이 아닐지라도 하나님의 현존을 계시할 수 있어야 한다. 우리는 언뜻 보기에 세상 안에서의 하나님의 현존에 관한 우리들의 가정과 모순되는 작품들에서도 하나님의 현존이 계시됨을 인지하여야 한다."[2] 우리는 현대의 다양한 아방가르드 예술과 대중문화 속에서도 하나님의 영광의 현존을 지각할 수 있어야 한다. 그 방법이 전통적인 종교적 방법이거나 영적인 것이 아닐지라도, 또 하나님의 영광의 현존을 나타내는 것이 아닌 것처럼 보일지라도 그 일은 가능하다. 예술의 소재와 자리가 하나님의 영광이 현존하는 이 땅의 모든 것이며 인간의 모든 삶이라면, 그것들은 각자가 서로 다른 삶의 자리와 소명 속에서 제한 없이 해석하고 표현하며 아름다움을 만들고 즐기는 오늘의 예술 활동들이다.

　　대중문화의 신학은 대중문화를 무의식적으로라도 못 볼 것으로 생각하는 것에서 당당하게 볼 수 있는 것으로 끌어올리고, 신학을 높고 고상한 하늘의 지적 담론으로부터 낮고 천한 감각적 땅의 이야기로 끌어내리는 낮은 신학을 지향한다. 바르트는 세상 사람들이 음악을 배웠건 배우지 못했건 모차르트의 음악을 듣고 또 듣고 싶어 한다고 했다. 그러면서 이렇게 덧붙인다. "나는 천사들이 하나님의 존전에서 시중들 때에 바흐만을 연주하는지에 대해서는 잘 모르겠습니다. 그러나 내가 확신하는 바는, 천사들이 저희들끼리 있을 때에는 모차르트를 연주한다는 것이고 사랑의 하나님께서도 그것을 기꺼이 들으신다는 것입니다."[3] 오늘 우리는 하나님이

---

2) Daniel A.Siedell, *God in the Galley: A Christian Embrace of Modern Art* (Baker Academic, 2008), 164f.
3) 칼 바르트/문성모 옮김, 『(칼 바르트가 쓴) 모차르트 이야기』(서울: 예솔, 2006), 19.

한국 영화와 드라마를 기꺼이 보시고 대중들이 열광하고 몰입하며 흥에 취하는 K-Pop을 기꺼이 보신다고 말해야 할 것이다. 그러니까 대중문화의 신학은 광대로서 천국잔치의 주연이 될 수 있다는 권리주장을 하는 것이다.

대중문화와 신학

신학은 오랫동안 대중문화 혹은 대중예술을 진지하게 다루어야 할 영역으로 생각하지 않았다. 문화를 다루더라도 '고급문화' 혹은 '고전문화'라 분류할 수 있는 것들이었다. 고급문화가 질적으로 고급한 것, 순수함과 자율성, 도덕성과 창조성을 추구하는 반면 대중문화는 저급한 것, 표준적인 것, 심지어 모조적인 것을 추구하는 통속성의 차원에 머물러 있기 때문에 거룩함과 궁극적 구원을 추구하는 신학에 전혀 어울리지 않는 분야로만 생각해 왔다. 신학이 먼저 고급문화와 대화한 예로 니버, 틸리히, 트레이시와 한국 신학자들의 문화 접근 방법에 관하여 논의하고자 한다.

문화신학

리처드 니버
기독교와 문화의 다양한 모델을 고전적으로 제시한 학자는 리처드 니버 H.Richard Niebuhr이다. 그는 『그리스도와 문화』[4](1951)에서 기독교가 문화

---

4) 리처드 니버/홍병룡 옮김, 『그리스도와 문화』 (서울: IVP, 2007).

에 접근하는 이미 너무 잘 알려진 다섯 가지 모델을 제시한다. 니버의 중심적인 논지는 그리스도가 문화의 변혁자가 되어야 한다는 데 무게중심이 실려 있는 게 아니라 인간문화를 이해하는 일치된 기독교적 이해가 없다는 점이다. 니버는 다섯 가지 유형 중 어느 하나가 궁극적으로 옳다고 주장하지 않고 다만 그들의 부분적인 관점을 모아 큰 진리가 출현할 수 있다고 제시한다.

> "인간 문화가 제기하는 문제에 대한 그리스도의 해답은 그리스도인의 해답들과 서로 같지 않다. 그럼에도 그분을 따르는 자들은 그분이 그분의 목적을 달성하는 데 자신들의 노력을 사용하신다고 확신한다. 이 책의 목적은 그리스도와 문화의 문제에 대한 기독교의 전형적인 해답들을 소개하여 서로 다른 입장을 가진 또 서로 상반된 견해를 지닌 기독교 집단들이 서로를 잘 이해하도록 돕는 것이다. 이 작업의 배후에 있는 신념은, 그리스도께서 살아 계신 주님으로서 역사와 인생 전체를 통해 이 문제에 대한 해답을 제공하시되, 인간의 지혜를 초월하시면서도 그들의 부분적인 통찰과 필연적인 갈등을 사용하심으로써 그렇게 하신다는 확신이다."5)

기독교와 문화의 상호 대화에서 "문화에 속한 그리스도"와 "문화 위에 있는 그리스도" 유형은 인간문화를 진실되고 본래적인 존재로 문화 안에 있는 진리와 선함을 인정하지만 다른 세 유형, "문화와 대립하는 그리스도", "문화와 역설적 관계에 있는 그리스도"와 "문화를 변혁하는 그리스도" 유형은 하나님 안에 계시된 진리와 흠이 있는 인간문화의 진리와

---

5) 앞의 책, 74.

실천 사이의 큰 차이를 지적한다. 니버의 입장을 따르면 신학적 규범과 대중문화 사이의 대화는 불가능하다. 이 유형들은 보편적 진리인 신학적 규범을 인간문화에 적용시키려는 적용주의자의 입장을 취함으로써 대중문화의 목소리가 자신의 용어와 색깔로써 진지하게 이해되거나 평가되지 못한다.

폴 틸리히

신학과 문화 사이의 보다 상호적이며 대화적인 방법론을 폴 틸리히의 상관성의 방법에서 찾을 수 있다. 틸리히는 신학의 과제를 종교적 전통과 상징으로부터 현대인의 특별한 관심과 곤경에 대한 응답을 찾는 것으로 본다.

> "신학은 … 모든 문화 영역에서 막대하고 심오한 실존적 분석의 자료를 사용해야 한다. 그러나 신학은 그저 그것을 받아들임으로써 그 자료를 사용할 수 없다. 신학은 크리스천 메시지에 포함된 대답을 가지고 그것과 맞서야 한다. … 대답은 물음에서 추론될 수 없다. 대답은 묻는 자에게 주어지는 것이지만 묻는 자로부터 취해지는 것은 아니다. 실존주의는 대답을 줄 수 없다. … 그와 같은 대답을 주는 것이 교회의 기능이며, 이 대답은 교회 자신에게 뿐 아니라 교회 밖에 있는 사람에게도 주는 것이다."[6]

틸리히는 교회 밖의 광범위한 인간의 문화가 인간 실존을 이해하고 형성하는데 중요하고 구성적 역할을 한다는 점은 인정했지만 진리와 선의

---

6) 폴 틸리히/김경수 옮김, 『문화의 신학』(서울: 대한기독교서회, 1971), 59. 부분적으로 필자가 새롭게 옮김.

본성에 관하여서는 기독교적 전통 안에 머문다. 그는 교회의 예언자적 목소리를 중시한다. 그러나 그는 교회 밖의 문화가 가지는 진실한 예언자적 의미에 관해 "잠재적 교회"(latent Church)라는 용어를 사용하면서까지 포괄하려는 지적 노력을 보이고 있다. 틸리히의 방법은 인간 실존을 이해하고 형성하는데 종교적 전통 외에 문화가 구성적 역할을 할 수 있는 가능성을 열고 있지만 그의 대중문화나 부르주아 문화에 대한 입장은 매우 비판적이다. 이러한 태도는 자본주의 문화 비평적인 표현주의에 대해서는 매우 호의적이지만 19세기 부르주아 문화를 대변하는 인상주의 미술을 혹평하는데서 단적으로 들어난다.

데이비드 트레이시

다원주의 시대에 신학의 언어를 공적 담론의 장으로 끌어내어 학문적으로 정립하려는 데이비드 트레이시David Tracy의 방법론을 수정된 상관관계의 방법이라 말한다. 그에게 신학은 기독교 전통에 대한 해석과 당대의 상황에 대한 해석 사이에 상호 비판적인 상관관계를 수립하기 위한 시도이다.7) 신학의 대상은 기독교 신앙이며 이것을 차후에 방법론적으로 해석하는 과제가 부과되는 것이 아니라, 처음부터 신학의 대상은 기독교 전통과 당대의 상황이다. 기독교 전통과 당대의 인간상황을 비평적으로 해석하는 사이에 인간의 공동 경험의 구조가 밝혀지고 원칙적인 가치들, 인식론적 주장들, 실존론적 믿음 등, 둘 사이에 가능한 근본적 화해 관계가

---

7) David Tracy, ed. Peter C.Hodgson and Robert H.King, "Theological Method," *Christian Theology: An Introduction to Its Traditions and Tasks* (Philadelphia: Fortress Press, 1982), 36; David Tracy, *Blessed Rage for Order* (Chicago: University of Chicago Press, 1996), 34.

수립된다.

캐스린 태너Kathryn Tanner는 트레이시보다 한 걸음 더 나아가 성경을 고전적 본문이 아닌 대중적 본문으로 읽음으로써 고급문화와 함께 한 교회와 전통으로부터 성경을 해방하여 다중적이며 이질적인 성경 해석의 길을 열어놓는다.[8] 이 방법론에 따르면 현대의 대중문화도 고유한 진리와 선의 중재자로 권리를 주장할 수 있다. 현대의 대중문화가 종교적 전통에 의해 수립된 이념과 실천에 도전할 수 있고 수정을 제안할 수 있는 통찰을 생산할 수 있다는 것이다.

문화와 한국신학

한국의 문화신학은 주로 전통종교문화, 민속문화 그리고 민중문화와 관계하면서 문화신학을 전개하다가,[9] 1990년대에 봇물처럼 일상생활을 파고드는 대중문화를 의식하지 않을 수 없게 된 것이다.[10] 윌리엄 포어의 『매스미디어 시대의 복음과 문화』(대한기독교서회, 1998)가 번역 소개되었고 낮은울타리를 중심으로 문화사역을 위한 문화관련 책들이 출간되었다.[11] 이어 예영 커뮤니케이션을 중심으로 문화변혁적 기독교의 입장에서 현대 대중문화를 물신주의와 상업주의적 관점에서 비판하거나,[12]

---

8) Kathryn Tanner, "Scripture as Popular Text", *Modern Theology*, 14/2(1998), 279-298.

9) 기독교사상편집부 편,『한국의 문화와 신학』(서울: 대한기독교서회, 1991); 한국문화신학회 공저,『한국에 기독교문화는 있는가』, 한국문화신학회 제8집 (서울: 한들출판사, 2005).

10) 보수주의자들까지 문화인식에 참여했다. 카슨, 우드브리지 엮음/박희석 옮김,『하나님과 문화』(고양: 크리스챤다이제스트, 2001). "결론을 내리자면 교회가 미디어를 대할 때 취해야 할 태도는 다른 적대집단들, 로마의 다신론자들 … 을 대해왔던 태도와 동일하다."(416)

11) 신상언,『이제는 문화 패러다임입니다』(서울: 낮은울타리, 1998).

소비문화 중심으로 규정하면서 건강한 소비문화 형성의 주체로서의 교회 공동체를 제언하기도 한다.[13] 이들은 대중문화를 대중문화 자체로부터 나온 고유한 맥락과 논리에서 관찰하기 전에 문화를 선교의 대상으로 보거나 보다 바람직한 선교를 위한 도구로 본다.[14] 최근에는 소비문화를 일정정도 긍정하면서 소비문화의 변혁을 위한 대안적 공동체 문화로서 교회문화를 제언하지만 그 실체는 아직 모호하다.[15] 여기서 문화는 선교의 수단이나 방편이지 문화 자체에 성육신하려 하지 않는다. 문화는 선교에 의해 비인격적이고 기능적인 방법으로 취급당할 뿐이다.

대중문화를 있는 그대로 평가한 예로는 2002년 한일 월드컵 응원전을 중심으로 최준식 교수[16]가 종교학적 관점에서 그 현상을 한국인의 축제적 종교성으로 보았고, 손원영 교수는 그 현상을 신학적으로 해석하였다.[17] 그는 경기 현장이나 응원의 거리에서 계시체험에 해당하는 인간의 근원적 화해 사건이 생겼는데, 한국민의 연고주의로부터의 해방, 권위주의로부터의 해방, 붉은색 이데올로기로부터의 해방 그리고 공동체성의 경험 등을 유사한 계시체험으로 제시한다. 최근 이충범 교수의 대중문화에 대한 접근은 매우 흥미롭다. 그는 대중음악에서 설교를 듣는다.[18] "대

12) 박종균,『소비문화 대중문화 기독교』(서울: 한들, 1997).

13) 통합윤리학회 편,『21세기 도전과 기독교문화』(서울: 예영커뮤니케이션, 1998); 임성빈 엮음,『현대문화의 한계를 넘어서』(서울: 예영커뮤니케이션, 1997).

14) 문화선교연구원 엮음,『문화선교의 이론과 실제: 문화와 함께 호흡하는 새로운 교회 선교 전략』(서울: 예영커뮤니케이션, 2003).

15) 임성빈 외,『소비문화시대의 기독교 공동체』(서울: 예영커뮤니케이션, 2007).

16) 최준식, "축제에 나타난 한국인의 종교성",『갈등 화해 축제 문화신학』, 문화신학회 제6집 (서울: 한들출판사, 2003), 89-111.

17) 손원영, "한일 월드컵 축제문화의 신학적 해석",『갈등 화해 축제 문화신학』, 문화신학회 제6집 (서울: 한들출판사, 2003), 112-151.

18) 이충범,『노래로 듣는 설교』(서울: 대한기독교서회, 2011).

중문화 속의 하나님의 음성을 풀어내고 싶었다"[19] 그가 여기서 특별한 방법론을 전개한 것은 없지만 그는 대중음악의 노랫말 안에서 종교적 메시지를 읽어낸다. 이충범 교수는 노래의 주제에서 사랑, 희망, 믿음, 평화, 자유 등의 하나님의 말씀을 찾는다.

대중문화의 상업성, 자본주의의 확산, 저질, 선정성, 일회성, 소비성 등의 비판에도 불구하고 대중문화를 대부분의 사람들이 좋아하고 인정하는 이유는 대중문화가 갖고 있는 통속성 때문이다. 통속성을 긍정하면 제도권 예술계에 아첨하는 것으로 들릴지도 모르고 문화산업의 상업적 음모로 보일지도 모른다. 대중예술의 통속성의 체험이 대체로 말초적이고 찰나적인 것이라면, 때로 자발적이고 구체적인 것이기도 하다. 대중예술의 체험은 그 체험이 지고한 예술체험은 아닐지라도 일상인의 피부 가까이에서 바로 느껴지는 체험이다. 우리 각자의 삶의 길 위에서 한 순간의 일시적인 체험, 비록 덧없게 느껴질지라도 때로는 눈부시고, 짜릿하고, 흥미진진하고, 코끝을 시큰하게 하고, 배꼽을 쥐게 하고, 오금이 저리게 하고, 가슴이 뭉클해지게도 하는 등등의 구체적인 체험을 통해 우리로 하여금 신산고초의 삶과 오만 가지의 인간사의 난제에도 불구하고 바닥이 되어 받아주고 얼싸안고 위로함으로써 살아남게 하는, 그래서 그런 의미에서 사람 사는 문제라고 할 수 있다.

통속성의 본령과 한계는 우리의 일상생활에서 인간의 모든 문제를 해결하자는 데 있는 것이 아니라, 이러한 모든 문제와 함께 살아남자는 데 있다. 대중예술의 통속성의 정신은 우리의 모든 결함이나 악덕과 함께 다시 우리 자신일 수 있는 자유의 바람과 같은 것이다. 인간의 진지한 측면만

---

19) 앞의 책, 6.

을 감싸 안음으로써 우리의 통속적인 측면을 못 본 척한다면 우리가 소유할 수 없는 완벽함을 자만하는 것이고, 만일 우리의 통속적인 측면만을 강조하여 우리의 진지한 측면을 무시한다면 우리 자신의 한계를 지나치게 과장하는 셈이 될 것이다.[20]

한류(K-Pop)의 신학

한류(韓流, Korean Wave)는 대한민국의 대중문화 뿐 아니라 한국과 관련된 것들이 외국 사람들의 기호에 맞게끔 상품으로 만들어져 대중적 인기를 얻는 현상을 의미한다.[21] 1996년, TV 드라마가 중국에 수출, 2년 뒤에 가요 쪽으로 확대되면서 중국에서는 한국의 대중문화를 선호하는 열풍이 일기 시작하였다. 이는 2008년 북경 올림픽을 통해 확산 되었다. 일반적으로 한류란 한국의 대중문화가 큰 인기를 끄는 현상에 대해 중국인들이 붙인 명칭이다. '한류'란 1990년대 중후반부터 시작된 TV 드라마, 대중음악 등 한국 대중문화가 중국, 일본, 동남아시아 지역을 넘어 미국과 중남미, 유럽과 중앙아시아 심지어 북한에서의 유행현상을 의미한다.

한류로 향유되고 소비되는 K-Pop을 신학적으로 성찰하기에 많은 어려움이 따른다. 신학과의 접촉점을 발견하기가 쉽지 않기 때문이다. K-Pop에는 가령, 팝 게릴라 레이디 가가(Lady GaGa[22])의 경우처럼 진한 가톨

---

20) 박성봉, 『대중예술의 미학』(1995), 60.
21) 노순규, 『한류열풍(K-Pop)과 강남 스타일』(서울: 한국기업경영연구원, 2012), 33 이하 참조.
22) 김세광 외, 『팝 게릴라 레이디 가가』(서울: 예영커뮤니케이션, 2012).

럭적 배경을 가지고 있거나, 노랫말에 기독교적(혹은 반 기독교적) 언어나 상징이 나타난다거나, 퍼포먼스에서도 기독교적 혹은 반 기독교적 행위나 코드가 있는 게 거의 없다. 또, 70-80년대의 Pop에서처럼 사랑과 우정, 아름답고도 슬픈 세상, 자유나 해방을 노래하는 낭만적이고 시적인 노랫말을 찾아보기 힘들뿐더러 음악의 선율이 버들강아지처럼 하늘거리는 아름다움도 없다. 현재 K-Pop의 노랫말은 짧고 단순 명료하며, 직접적이고 즉흥적이며, 무의미한 기호와 반복이 두드러지며, 한글과 영어가 섞여 나온다. 또 음악은 록이나 힙합으로서 빠른 음, 강한 비트의 현란한 음악과 가창력만 중시된 음악의 구성보다는 몸의 움직임인 춤, 그것도 집단 춤(群舞)은 필수적이다. 현재의 K-Pop은 듣기만 하는 음악이 아니라 보는 음악이며, 음악 못지않게 춤이 중시되는 음악이다.

K-Pop의 해석학으로서의 놀이이론

대중문화의 본질이 의미의 창조적 생산과 특별한 의미체험에 있다기보다는 일상생활 속에서의 여가와 유흥과 예능이 위주인 통속성에 있기 때문에 대중문화를 이해하고 신학적으로 접근하는 이론으로 진지한 의미를 발견하려는 해석학보다는 사태를 그 자체 안에서 읽으려는 '놀이이론'이 적합하다고 본다. 대중예술의 미학자 박성봉에 따르면 "통속성의 정신은 놀이의 정신이다."[23] 진지하고 무거운 의미를 추구하고 강요받는 이 세계에서 무의미일수록 심장은 붉어지고 크고 게걸스럽게 달겨드는 것이 인간의 본성이다. 모든 인간 안에는 무위無爲와 실컷 놀다 갔으면 좋

---

23) 박성봉, 『대중예술의 미학』(1995), 50.

겠다는 욕망이 도사리고 있다.

"언제부터인가 예능프로가 반드시 어떤 감동과 교훈을 줘야한다는 의식이 팽배하게 되었는데, 예능은 그냥 웃기면 되는 것이다."(이경규의 말) 한 바탕 웃음과 함께 휴식을 취하며 하루를 또는 한 주일을 마무리하길 바랄 뿐이다. '전 국민을 웃다가 잠들게 하라'(개그맨 김형곤의 말)[24]

싸이의 <강남스타일>이 K-Pop 스타들과는 달리 세계적인 인기를 얻은 비결에 대해 노순규는 이렇게 말한다. "싸이의 음악은 사람들을 춤추게 한다. K-Pop 음악이 조금 진지한 데 비해 <강남스타일>은 자유롭다."[25] 싸이는 놀이꾼의 요소를 모두 갖추고 있다는 것이다. 그는 재미있고 웃긴다. 유튜브에서 수천만 뷰 이상을 돌파한 영상을 조사한 리모 슈프만의 연구에 의하면 싸이와 강남스타일은 인기의 비결 6가지 특징 곧, 평범한 인물, 결함있는 남성성, 유머, 단순성, 반복성, 기발하고 엉뚱한 콘텐츠[26]를 모두 담았다고 한다. 그의 음악에는 인류의 공통 정서에 호소하는 음악성, 중독성 있는 춤, 공감을 끌어내는 장면 등이 절묘하게 결합되어 있다. 대중은 보편적 정서인 재미(fun)에 쉽게 중독된다.

근대적 인간 이해는 "생각하는 인간"(Homo Sapiens)과 "노동하는 인간"(Homo Faber)이다. 이 두 가지 인간 이해는 근대의 기획이며 실험이다. 주체로서의 인간은 생각을 통해 세계를 파악하고 장악할 수 있는 지도를 그리고 노동을 통해 그 계획을 실천에 옮긴다. 근대의 기획 속에 놀이는 철저히 배제된다. 네덜란드의 역사학자 요한 하위징아는 이런 정의에 반해 "놀이하는 인간"(Homo Ludens)을 내세운다. 그는 놀이란 문명의 한 요

---

24) 노순규, 『한류열풍(K-Pop)과 강남 스타일』(2012), 30에서 인용.
25) 앞의 책, 217.
26) 앞의 책, 219.

소가 아니라 "문명이 놀이 속에서(in play), 그리고 놀이로서(as play) 생겨나고 또 발전해 왔다고" 확신하면서 자신의 목적이 "여러 문화 현상들 중에서 놀이가 차지하는 지위를 논하려는 것이 아니라, … 놀이 개념을 문화의 개념과 통합"27)하는 것이라고 밝히고 있다.

근대 이후의 인간은 '놀이'를 천시하도록 교육받아 왔다. 특히 교회에서는 놀이는 세상적인 것, 3S로 대변되고(영화와 성과 스포츠) 그것은 대개 그리스도인이면 피해야 할 속되고 죄악된 것으로 가르쳐졌다. 그러나 이 놀이를 천시하는 풍조는 산업사회의 편견으로서 탈산업사회에 진입한 시대 속에서 유효한 가치로서 계속 받아들일 수 없다.

인간은 생활에 유용하고 필요한 것을 생산하고 소유하는 것만으로 그 존엄성을 지킬 수 없다. 인간의 자유를 가장 잘 드러낼 수 있는 행위가 놀이다. 하위징아는 "놀이는 자유로운 행위이며 자유 그 자체"라고 말한다. "놀이는 필요와 욕구의 충족이라는 명제 바깥에 있으며, 그래서 생활의 욕구 과정을 방해한다."28) 하위징아는 언어, 경기, 법률, 전쟁, 시, 신화, 철학, 예술, 의례 등에 숨어있는 놀이 요소를 포괄적으로 연구하여 놀이를 이렇게 정의한다. "놀이는 특정 시간과 공간 내에서 벌어지는 자발적 행동 혹은 몰입 행위로서, 자유롭게 받아들여진 규칙을 따르되 그 규칙의 적용은 아주 엄격하며, 놀이 그 자체에 목적이 있고 '일상생활'과는 다른 긴장, 즐거움, 의식意識을 수반한다.29) 놀이는 인간의 발달과정에서 어릴 때에 나타나는 순진한 활동으로서 성인들에게는 회복할 수 없는 과거이거나 노동이 끝난 다음에 시작되는 특별한 여가 활동이 아니라 본원적인 인

---

27) 요한 하위징아/이종인 옮김, 『호모 루덴스』(파주: 연암서가, 2011), 21.
28) 앞의 책, 42.
29) 앞의 책, 78.

간의 특징이라는 것이다.

가다머H.-G.Gadamer에 따르면, 놀이의 본질은 주체가 자기를 떠나 놀이
가 중심을 떠맡는다는 것이다. 놀이의 매력은 놀이가 행사하는 매력이, 놀
이 그 자체가 놀이주체 위에 군림한다는 것이다. 놀이의 진정한 주체는 놀
이하는 이들이 아니라 놀이 그 자체이다. 가다머는 놀이는 예술작품의 존
재방식임을 주장하는 과정에서 근대의 미학과 인간학 전반을 지배한 주
관적 의미로부터 놀이 개념을 분리한다. 놀이하는 사람은 놀이하는 데에
전적으로 몰두할 때에만, 놀이함은 그 목적을 실현하게 된다. 놀이가 전적
으로 놀이가 되게 하는 것은 놀이로부터 벗어나 있는 진지성과의 관계가
아니라, 오직 놀이에서의 진지성이다. 놀이를 진지하게 받아들이지 않는
사람은 놀이를 망치는 사람이다. 예술을 경험할 때 우리에게 일어나는 사
건은 놀이할 때 우리에게 일어나는 사건과 매우 유사하다는 것이다. 우리
는 우리 자신을 잃는다. 먼저 우리는 진지함의 세계에 대한 관계, 세계를
진지한 목적으로 바라보는 관계를 잃는다. 그러나 우리는 그렇게 함으로
써 매우 다른 진지성을 획득한다. 이것이 가다머가 말하고자 하는 놀이의
존재 방식이다.[30]

"놀이의 주체는 놀이하는 사람이 아니고, 놀이는 놀이하는 사람을 통
해서 단지 표현될 뿐이다."[31] 놀이의 본질은 놀이자의 의식과 행위로부
터 독립해 있다. 놀이는 놀이자의 주관성에 의해 구성되거나 결정되는 것
이 아니다. 놀이는 놀이자가 그의 주관성을 철회할 것을 요구한다. 놀이자
는 놀이 속에서 자신을 상실한다. 놀이는 한 사람이 행하는 어떤 것이 아니
라 놀이는 놀이자를 자신 속으로 흡수한다.

---

30) 가다머/이길우 외 옮김, 『진리와 방법』(서울: 문학동네, 2000), 190.
31) 앞의 책, 192.

놀이의 이런 본질은 놀이의 무 목적성을 의미한다. 운동은 목적이나 의도가 없을 뿐만 아니라, 또한 긴장 없이 일어난다는 것이 놀이의 본질이다. 놀이의 경쾌함은 주관적으로 해방으로 경험된다. 놀이의 목적은 때로 승리라고 생각되지만 놀이의 유일한 목적은 잘 노는 것, 놀이되는 것이다.[32) 놀이의 매력, 놀이가 주는 매혹은 놀이가 놀이하는 사람을 지배한다는 데에 그 본질이 있다. 놀이의 원래 주체는 놀이하는 사람이 아니라 놀이 자체이다. 놀이하는 사람을 사로잡는 것, 그를 놀이로 끌어들여 놀이에 붙잡아매는 것은 놀이이다. 놀이의 과제는 무엇의 해결이 아니라 그 자체의 질서와 형상화, 즉 그 과제의 표현이다.[33)

대중예술은 일반적으로 보수적이라는 생각이 지배적이다. 왜냐하면 놀이적 태도라는 것이 그 성격상 비판적 태도와는 양립하기 어려워 보이는 것이 사실이기 때문이다. 그러나 비판적 태도가 모든 다른 사람들이 진실이라고 주장하는 것을 냉정하게 때로는 뒤집어 본다는 점에서 비판적이라면, 놀이태도는 우리의 행위 속에 문화적으로 조건 지어진 몸짓을 꿰뚫어 볼 만큼 '비판적'이다. 놀이태도와 비판적 태도의 차이는 비판적 태도에서는 일상적 의미의 세계와 그것이 뒤집어진 세계가 동시에 존재할 수 없는 반면에, 놀이태도의 경우 그 두 세계가 함께 존재할 수 있다는 점이다. 이것이 '자유의 느낌'으로 이해하고 싶은 요점이다.[34)

---

32) 앞의 책, 195.
33) 앞의 책, 198 이하.
34) 박성봉, 『대중예술의 미학』(1995), 295.

감각의 신학

K-Pop의 가사들은 오감을 풍성하게 자극하며 감각을 통해 욕구하는 인간의 욕망을 채워주며 부추긴다. 소녀시대의 댄스곡 <소원을 말해봐>는 "지루한 날들"을 보내고 "평범한 생활"에 묻혀 있는 일상인들에게 9명의 미녀들이 "꿈도 열정도 다 주고 싶어"를 반복하면서 게다가 "드림 카"를 태워주겠다고 매혹적으로 유혹한다. 이 곡의 노랫말은 마음에 차근차근 음미할만한 가사가 없다. 가사는 정신적 의미로 이해되는 게 아니라 몸의 감각으로 접촉된다. 천상의 천사를 연상할 수 있게 흰옷을 입고 예쁜 모자를 쓴 미녀 가수들은 대중에게 종교적 거룩함을 요구하지 않는다. 그들의 발랄하고 역동적인 칼 군무群舞는 철새들의 V자 대형을 기본으로 흩어졌다 다시 모이고, 모였다 다시 흩어지는 동작을 반복하면서 잡힐 듯 멀어지고 멀어지면서 다가오는 미美의 속성을 드러낸다. 종래의 가요가 각 절마다 노래를 중지하거나 그 사이 가수나 혹은 백댄서들이 등장해 춤을 춘다면 이들은 처음부터 끝까지 연속적으로 노래 부르며 춤을 춤으로써 청각적, 시각적 효과의 지속을 통한 감정의 극대화를 성취한다.

<Gee>라는 노래는 가사가 없다고 해도 지나친 말이 아니다. 이 노래는 "떨리고" "수줍은" 소녀의 마음을 표현하려는 듯하다.

"너무 너무 멋져 눈이 눈이 부셔 숨을 못 쉬겠어 떨리는 Girl Gee Gee Gee Gee Baby Baby Baby Baby …
Oh! 너무 부끄러워 쳐다 볼 수 없어 사랑에 빠져서 수줍은 Girl Gee Gee Gee Gee Baby Baby Baby Baby …"

서사형 가사는 없고, 명사도 아닌 부사와 형용사를 연속적으로 나열하여 황홀한 이미지를 연상케 하며 그 이미지가 감각을 타고 몸에 살에 꽃이도록 한다. 첫 눈에 반하도록, 그래서 "사랑에 타버려 후끈한 Girl"과 동화되면서 대중들의 욕망도 후끈하게 불타오른다.

너무 반짝 반짝 눈이 부셔 No No No No No

너무 깜짝 깜짝 놀란 나는 Oh Oh Oh Oh Oh

너무 짜릿 짜릿 몸이 떨려 Gee Gee Gee Gee Gee

- 소녀시대, <Gee>에서

Tell me, tell me, tell tell tell tell tell tell me

- 원더걸스, <Tell me>에서

샤이니의 <Ring Ding Dong>은 무의미한 울림과 소리의 강한 비트만이 남는다. 가히 모든 감각의 폭발이 일어난다.

Ring Ding Dong / Ring Ding Dong

Ring Diggi Ding Diggi Ding Ding Ding

Ring Ding Dong / Ring Ding Dong

Ring Diggi Ding Diggi Ding Ding Ding

··· we wanna go rocka, rocka, rocka,

rocka, rocka, rock (so fantastic)

go rocka, rocka, rocka, rocka, rocka, rock (so elastic)

노래와 춤 속에서 마음과 생각뿐 만이 아니라 가슴과 몸, 육체가 뛴다.

모든 감각이 소생하고 걷고 뛰기 시작한 결과이다. 그들은 묻는다. "can you feel my heart beat / heart beat heart beat"(2PM, <heart beat> 중에서) 오감을 통해 사랑을 느끼고 그 사랑이 종합적으로 오감을 타고 온 몸에 흐른다. 비오는 날 우산도 없이 빗속을 거닐 때 빗물이 온몸에 스며들 듯이,

> "I make it rainism the rainism 내 몸을 느껴버렸어 … 느껴봐 나의 모든걸"
>
> - 비, <rainism>에서

오감을 충분히 살려 자극받고 느끼고 몸에 젖어 오는 사랑, 이 사랑이 아이돌 세대가 느끼고 싶은 새로운 사랑(New Love)이다. 그들은 정신과 마음만이 아니라 감각과 몸과 살을 통해 사랑에 있는 새로운 길을 열고 거기서 새로운 세계를 보고, 새로운 세계를 그리고 새로운 세계의 주인이 된다. "We Opening New Doors New Show New World New Control"(카라, <루팡>에서) 그들은 사랑을 최대치의 감각으로 느끼기 위해 전자 에너지만이 아니라 흥분된 에너지, 초음속의 에너지, 생체공학적 에너지를 불러온다. "Electronic Manic Supersonic Bionic Energy"(보아, <Hurricane Venus>에서)

그들은 목이 터져 쉴 때까지 괴물이 될 때까지 더더더 놀고 춤추고 사랑에 미쳐야 한다.

> Louder
> 목이 터져 쉴 때까지
> Louder
> 큰일이라도 난 것 같이

Louder

괴괴괴 괴 괴물같이

Make it louder [더더더]

Make it louder [더더더]

Make it louder

- 슈프림팀, <땡땡땡>에서

구약의 아가서는 성서 66권 중에 유일하게 하나님에 대한 언급이 나오지 않는 책일 것이다. 어찌 보면 가장 세속적인 남녀의 사랑 이야기를 매우 감각적 언어와 시적인 언어로 표현한 시문학이다. 그렇지만 이 시의 상징적 힘은 그분이 창조한 피조물을 향한 하나님의 사랑을 이해하는데 이야기보다 더 심오한 길을 제시한다. K-Pop은 이 사랑을 시적 노랫말만이 아니라 그침 없는 음악과 집단 댄스와 전자 악기들로 노래하고 춤을 춘다. 그들의 사랑은 감각의 천국(제국)이다.

나를 묶고 가둔다면 사랑도 묶인 채

미래도 묶인 채 커질 수 없는데

자유롭게 비워놓고 바라봐

오직 너만 채울께 너만 가득 채울께(repeat)

- 샤이니, <루시퍼>에서

신학은 하나님의 계시에 대한 살아있는 경험으로부터 출발한다. 경험은 추상적인 것이 아니라 구체적인 것이며 인간의 몸과 감각 그리고 환경을 떠나 발생할 수 없다. 경험은 적합한 것들에 대한 전체적인 지각이다.

요한의 신학은 감각신학의 대명사이다. 요한은 생명의 말씀을 눈으로 본 것이요, 지켜본 것이요, 손으로 만져본 것이라고 응답한다.(요일 1:1) 이 구절은 감각의 신학을 위한 마그나 카르타$^{Magna Carta}$이다. 신학은 시므온이 그랬듯이 눈으로 보는 것을 넘어 손으로 만져보는 경험(touch), 더 나아가 아기 예수를 품에 안아보는 경험에까지 이르러야 한다.(눅 2:28) 그리스도인은 모든 감각을 동원하여 신앙을 고백해야 한다.

　"한 나병환자가 예수께 와서 꿇어 엎드려 간구하여 이르되 원하시면 저를 깨끗하게 하실 수 있나이다. 예수께서 불쌍히 여기사 손을 내밀어 그에게 대시며(Jesus reached out his hand and touched the man) 이르시되 내가 원하노니 깨끗함을 받으라 하시니 곧 나병이 그 사람에게서 떠나가고 깨끗하여진지라."(막 1:40-42) 나병 환자를 철저이 배제하는 것이 규범이고 율법[35])이었던 사회였다. 그러나 예수께서는 모든 구약의 규범에 반대하여, 모든 사회적 압력에도 불구하고, 모든 계명에 대항하여 나병 환자에게 다가가서 그를 만지신다. 신학자와 전문가는 우리에게 가르치려 든다. 정치가는 우리에게 연설한다. 시장은 투표하자고 한다. 의사는 처방전을 써준다. 그러나 이 모든 행위에는 감각적 섬세함과 몸의 사랑이 빠져있다. "복음은 몸과 함께 살아져야 한다."(로저 슈츠, 떼제 공동체)

놀이하는 인간, 춤추는 인간

　"정숙해 보이지만 놀 땐 노는 여자

　이때다 싶으면 묶었던 머리 푸는 여자

---

35) "나병 환자는 옷을 찢고 머리를 풀며 윗입술을 가리고 외치기를 부정하다 부정하다 할 것이요."(레 13:45)

가렸지만 웬만한 노출보다 야한 여자

그런 감각적인 여자

나는 사나이

점잖아 보이지만 놀 땐 노는 사나이

때가 되면 완전 미쳐버리는 사나이

근육보다 사상이 울퉁불퉁한 사나이

그런 사나이"

- 싸이의 <강남스타일>에서

싸이의 <강남스타일>은 가난과 사회적 불의와 지속되는 경제적 불황으로 즐거움을 잊은 삶의 고단함과 고된 노동으로 지쳐있는 사람들에게 놀이와 춤을 선물한다. 흥부의 박 속에서 온갖 금은보화가 쏟아지는 것처럼, 로또가 당첨된 것처럼 그들은 어이없이 춤추며 놀기 시작한다. 세계인이 싸이의 <강남스타일> 아래에서 갑자기 노래하고 춤추기 시작한다. 집단 댄스는 모든 K-Pop의 기본이다.

Let`s dance dance dance dance Let`s dance dance dance dance

Let`s dance dance dance dance dance dance

- 슈퍼주니어, <sorry sorry>에서

싸이의 세계적인 호감은 엘렉트로닉과 힙합이 결합된 강한 비트와 단순한 후크 멜로디에 있다고 한다. 미국과 유럽에선 이런 사운드에 익숙하다. 또 카우보이식 춤과 말춤의 원형은 글로발한 공감대를 갖는다. 유머러스한 행위, 섹시한 코드, 강렬한 퍼포먼스 등 개인기도 한 목 한다.

"옷은 고급스럽게, 춤은 싸구려처럼(Dress Classy, Dance Cheesy)"은 브리트니 스피어스에게 말춤을 가르치면서 했던 싸이의 특유한 소통방식이다. 싸이는 귀와 눈으로만 즐거워하는 것이 아니라 온몸으로 성의를 다해 무대를 꽉 채우는 열정적인 무대를 선사한다. 분위기를 고조시켜주는 요인들은 즐거운 음악과 춤, 솔직하고 명쾌한 즐거움, 그에게서 고조되는 특유의 흥이다. 젠 체하지 않고 기꺼이 온 몸을 던져, 보는 이를 열광케 만드는 옛 광대들이 보여줬던 그 서민적이면서도 어깨춤이 절로 나게 만드는 흥이다. 싸이는 주저리주저리 자신을 소개하거나 멋지게 포장하기보다는 대중들에게 '놀자'고, 함께 춤추자고 손을 내민다.

춤은 완전히 새로운 움직임이다. 달리기 또는 뜀박질은 새로운 움직임의 방식이라기보다는 그저 걷기의 속도를 높인 것일 뿐이다. 그러나 춤은 완전히 다른 움직임이다. 오직 인간만이 춤을 출 수 있다. 어쩌면 인간은 걷다가 깊은 심심함에 사로잡혔고 그래서 이런 심심함의 발작 때문에 걷기에서 춤추기로 넘어가게 되었는지 모른다. 걷기가 그저 하나의 선을 따라가는 직선적 운동이라면 장식적 동작들로 이루어진 춤은 성과의 원리에서 완전히 벗어나 있는 사치이다.

춤을 말하기 위해서는 몸을 말할 수밖에 없다. 몸은 오감으로 말하며, 춤은 몸을 드나드는 오감의 자극과 역동성을 보여주는 움직임이다. 오감으로 말하는 몸은 강한 매력과 파급력이 있다. 오감으로 말하는 몸은 우리의 존재를 새롭게 자각하도록 한다. 즉, 교환가치의 체계에 의해 고착된 몸이 아니라 감각적인 일상을 살아가는 몸이다. 춤이란 영혼의 울림과 물질적 질료의 떨림의 만남이다. 그리고 거기에 집단의 춤은 춤꾼 개개인의 율동을 통해 몸들 간의 화음을 만들어 낸다.

일찍이 하이데거는 그 앞에서 기도할 수도 없고 무릎을 꿇을 수도 혹은 노래하고 춤을 출 수도 없는 형이상학의 하나님을 비판한 바 있다. 형이상학의 하나님이 아닐지라도 우리는 과연 그분 앞에서 춤을 출 수 있는 하나님을 경배하고 있는가?[36)]

하나님 앞에서 춤춘 경우들을 우리는 성서와 기독교 전통에서 다시 발견하고 계승해야 한다. 다윗은 정치인이기 전에 본원적으로 미학적 인간, 가장 대중적인 스타인 놀이인이다. (1) 다윗은 용사이며 용감한 군인이기 이전에 수금 연주가, 예술가였다. (2) 다윗은 음악가일 뿐 아니라 시인이다. 150편의 시편 중 거의 절반에 가까운 73편이 다윗의 시편이다. (3) 다윗은 건축가이다. 삼하 7장에는 다윗이 하나님의 전을 지으려고 계획하고 있다. (4) 무엇보다 다윗은 춤꾼이다.(삼하 6:14-23)

법궤가 드디어 적의 수중에서 벗어나 통일왕국의 새 수도 예루살렘으로 옮겨진다. 다윗은 자신의 성공적인 생애와 함께 법궤의 도착을 기뻐하고 있다.[37)] 말로 다할 수 없는 감사와 기쁨이 흘러 넘쳐 축제적 무드가 조성된다. 기쁨이란 단순히 내향적일 수만은 없다. 기쁨은 밖으로 나와 표현되어야 한다. 춤과 놀이는 자신을 자유롭게 풀어놓는 방법들이다.

"다윗이 모시 베옷을 입고 야훼 앞에서 덩실거리며 춤을 추었다"

(삼하 6:14)

이 춤은 미리암의 노래와 춤(출 15:19-21)을 닮았다. 해방과 자유를 얻은 춤! 그러나 미리암의 춤이 모두 나와 함께 추는 군무群舞인데 반해 다윗의 춤은 홀로 춤이다. 그렇지만 다윗은 사울왕의 딸 미갈의 저항을 불러일으

---

36) M.하이데거/신상희 옮김, 『동일성과 차이』 (서울: 민음사, 2000), 65 참조.
37) 게하르트 마르틴/김문환 옮김, 『축제와 일상』 (서울: 한국신학연구소, 1985), 55-60 참조.

킬 정도로 자유롭고 경쾌하게 춤을 춘다. 미갈은 자신이나 남들에게 어떤 일탈도 허락할 수 없는 궁중 인물이다. 그녀에게 왕은 하나의 노출증 환자로밖에 보이지 않는다. 하나님과 백성들 보는 앞에서 "건달처럼 몸을 온통 드러내시다니!"(삼하 6:20) 이스라엘의 임금으로서 체통이 말이 아니다. 그녀의 눈에는 다윗이 오랜 율법38)을 범하는 것으로 비쳤을 것이다.

사람들은 자기중심적인 좁은 테두리 밖으로 튀어나오는 대신 가면을 쓴다. 다윗은 좁은 도덕성이라는 틀 속에 자신을 구겨 넣는 대신에, 종교적인 황홀에 충만하여 춤을 춘다. 다윗의 마음에는 이것 밖에 없다. "나는 그 야훼 앞에서 춤을 추었소. 나는 앞으로도 야훼 앞에서 춤을 출 것이며 이번보다도 더 경망히 굴 것이오."(삼하 6:21) 다윗, 그는 정치인이기 전에 수금을 타는 이, 시인, 풍부한 미적 감수성을 지닌 자이며 건축가이자 무엇보다 춤꾼으로서 성서 인물 중 대표적인 호모 루덴스이다.

구약에서 춤은 예언의 행위, 탄식의 제의, 온 심장으로 드리는 기도, 출생을 축하하는 잔치와 연결되어 있다. 근대 이후의 기독교는 춤을 멀리함으로써 춤은 모두 세속문화의 몫이 되었다. 그러나 춤은 종교적 경험의 은유만이 아니라 수단이다. 기독교가 지상화되기 위해서는 춤을 진지하게 받아들여야 한다. 기독교는 춤을 배제함으로써 기독교적 경험을 중재하는 중요한 역할을 상실했다. 춤은 기독교 영성에서 고전적 초월의 영성만이 중요한 것이 아니라 "대지에 충실히 머무르는"(니체) 영성의 중요성을 일깨운다. 네덜란드의 종교학자 반 델 레에우의 경고를 상기하자. "하나님은 사랑이다, 곧 운동이다, 라는 사실을 반복해서 잊는 것은 신학의 저주다. 춤은 그 사실을 상기시켜준다."39)

---

38) "또 층계를 밟고 나의 계단을 올라오지 못한다. 그 위에서 너희 알몸이 드러나서는 안 된다."
　　(출 20:26)

하비 콕스의 연구에 따르면 자기가 믿는 신 앞에서 춤을 출 수 있는 사람은 그러지 못하는 사람보다 더 많은 자유를 가지고 있고 억압감에서 오는 위축을 덜 느끼고 있다.[40) 춤은 육체의 구원을 거침없이 논의할 수 있는 소재이다. 춤은 언어나 심상으로 사고된 관념 혹은 통찰을 신체적 동작을 통해 표현하는 방식이 아니다. 춤은 실제로 육체와 더불어 사고하는 것, 즉 그것은 우리 사회가 오랫동안 간과했던 일종의 표현 형식, 상징화 형식이다.

춤은 기독교 신앙을 신체화하고 지상화한다. 춤은 '지상화된 기독교'를 향한 발걸음이다.[41) 우리는 기독교의 하나님을 인간 경험의 모든 차원에서 찾을 수 있어야 한다. 이것은 특히 몸의 경험을 포함한다. 우리는 은총의 눈으로 인간의 온갖 종류의 몸, 아름다운 몸, 섹시한 몸, 먹는 몸, 음악을 연주하는 몸, 추한 몸, 춤추는 몸 등을 볼 수 있어야 한다. 춤은 신의 실천(theo-praxis)이다. 기독교는 2,000년 동안 읽고 쓰고 설교하는 것을 통해 초월을 가르쳐 왔고, 그것은 몸으로부터 우리 자신을 해방하여 절대와 추상의 영역으로 들어가는 것이다. 그러나 우리가 춤을 추게 되면 감각적 경험의 영역에 눈을 뜨게 되고 우리 자신의 몸의 생성의 리듬 안에서 그리고 그 리듬을 통해 초월이 수용된다는 사실을 경험하게 될 것이다. 그때 우리는 주님이 춤의 왕이요, "나는 춤이요 계속 춤을 출 것이라" 하는 말씀을 알게 될 것이다.[42)

39) Gerardus van der Leeuw, *Sacred and Profane Beauty: The Holy in Art* (NY: Abongdon, 1963), 74.
40) 하비 콕스/김천배 옮김, 『바보제』 (서울: 현대사상사, 1977), 85.
41) Kimmerer L.LaMothe, Robert MacSwain ed. "'I am the Dance': Towards an Earthed Christianity," *Theology, Aesthetics, and Culture* (Oxford Univ.Press, 2011), 131-144.
42) 앞의 책, 144.

그림: N.Darsane, Christus am Kreuz, 1999.

예수님은 춤꾼들의 스승이라오

춤추시는 솜씨가 기막히다오

오른 쪽으로 도시고 왼 쪽으로 도시고 -

우리 모두 재치 있게 배워야 하오[43]

　　예수께서는 십자가상에서조차 춤을 추신다.

---

43) 하비 콕스,『바보제』(1977), 93.

놀이하는 하나님, 춤추는 하나님

놀이의 신학은 하나님의 놀이에서 가능하다. 그리스의 지혜는 이렇게 말한다. "신神만이 최고의 진지함을 행사할 수 있다. 인간은 신의 놀이를 놀아 주는 자(玩賞物)이고 그것이 그의 가장 좋은 역할이다. 따라서 모든 남녀는 이에 따라 생활하면서 가장 고상한 게임을 놀이해야 하고 지금과는 다른 마음을 가져야 한다. … 모든 사람은 가능한 한 평화를 유지하면서 살아야 한다. 그렇다면 올바른 생활방법이란 무엇인가? 인생은 놀이처럼 영위되어야 한다. 만일 그렇다면 어떤 놀이를 해야겠습니까? 일정한 게임들을 하고, 신에게 희생을 바치고 성가를 부르고 춤을 추는 생활이야말로 훌륭한 생활이 아닐까요. 이렇게 하면 인간은 신들을 기쁘게 할 것이고, 적들로부터 자신을 보호할 것이며, 경기에 승리하게 될 것이다."[44]

그리스의 철학이나 신화에서만이 아니라 성서의 계시 말씀에서도 하나님은 지혜와 더불어 놀이로써 세계를 창조하신다. 기독교 전통은 황금 송아지 상을 중심으로 행해진 광란의 춤(출 32장)과 살로메에 이르기까지 그릇된 방식으로 펼쳐진 춤에 대한 부정적인 인상을 벗어나지 못하고 있다. 그러나 성서 안에 춤에 대한 긍정적인 행위와 기억은 얼마든지 있다.

그가 하늘을 펼치셨을 때, 나는 거기에 있었고
깊은 바다 둘레에 테를 두르실 때에 내가 거기 있었다.
나는 그 곁에서 조수 노릇을 했다.
언제나 그의 앞에서 뛰놀며 날마다 그를 기쁘게 해드렸다.

---

44) 플라톤/최민홍 옮김, 『법률』, VII, 796 + 644 D, 803 BC. 『플라톤전집 2』(서울: 상서각, 1973), 221-222 참조.

나는 사람들과 같이 있는 것이 즐거워 그가 만드신 땅 위에서 놀았다.
(나는 매일매일 그의 기쁨이었고, 나는 날마다 그 앞에서 춤을 추었다. 나
는 그가 만드신 땅 위에서 춤을 추었다)

(잠 8:27-31)

"모든 것이 헛되다"라는 잠언의 격언을 제치고, "모든 것이 놀이다"라
는 더 긍정적인 결론이 우리를 끌어당긴다. 플라톤은 "인간은 하나님의
놀이를 놀아주는 자"라고 말했을 때 이런 결론에 도달했다. 잠언에도 지
혜의 말씀을 통해 놀이의 창조성을 강조한다. 사실 종교사에서 오래된 인
도의 시바Shiva 신은 춤추는 신이다. 위 본문은 세계 창조의 시적인 극화로
서 하나님의 지혜가 하나님 옆에서 하나님과 더불어 논다. 창조자가 그의
지혜에게 매력적인 눈짓을 보내며 세상의 보이는 것들을 창조한다. 예술
가가 이상적인 형상으로 그의 예술적 창작을 수행해나가는 추동력으로
삼듯이 지혜는 하나님과 함께 놀이로써 창조한다. 지혜는 하나님의 수양
아들, 혹은 귀염둥이였다. 이 지혜는 그 앞에서, 정확하게 말하면 그의 면
전에서 놀았다. 그는 걱정이 없는 아이처럼 놀았다. 세계의 창조자는 그의
놀이의 움직임에서 형성되어가는 우주의 아름다움을 보았다.

놀이하는 지혜라는 신비로운 단어는 삼하 6장 14절(6:5, 21 참조)에 다
윗이 법궤 앞에서 추는 춤으로 등장한다. "다윗과 온 이스라엘 백성은 수
금과 거문고를 뜯고 소구와 땡땡이와 바라를 치면서 마음껏 노래부르며
춤을 추었다."(삼하 6:5) "나는 그 야훼 앞에서 춤을 추었소. 나는 앞으로도
야훼 앞에서 춤을 출 것이다."(삼하 6:21) 여기서 우리는 하나님의 지혜의
춤 놀이, 세계 창조의 어린아이와 같은 놀이에 관하여 말할 수 있다. 성서
에서 바울은 "성령의 성소인 하나님께 너희 몸으로 영광을 돌리라"(고전

6:19-20)는 권고를 잊을 수 없다. 그리고 마태(11:17)와 누가(눅 7:32)는 모두 "우리가 너희를 향해 피리를 불어도 너희가 춤추지 않았다"라는 예수의 말씀을 인용하고 있다.

지혜의 신비적인 놀이가 동방 희랍 교부들(나지안주스의 그레고리, 고백자 막시무스)을 통해 삼위일체 하나님 이해의 가장 내적인 핵심에까지 스며든다. 교부들은 집단 춤을 인정했고, 여성들과 거리를 둔 남성들이 주님의 경건한 마음으로 장중하며 단정한 움직임으로 펼치는 행렬이나 원무가 전형적이었다.[45] 그러나 춤추는 몸은 예측불허였고, 개별적이라 미심쩍게 여겨졌으며, 유혹과 타락의 먹이로 혹평을 받았다. '이교도 관습의 잔재'로 인식된 난폭한 춤은 14세기에는 악마와 결부되기도 했다. 그렇지만 춤 고딕성당 장미창의 기본구도이며 보티첼리는 <신비스런 그리스도의 탄생도>(1500)에서 구유의 성가족 위에서 춤추는 천사들의 원무圓舞를 묘사했다.

철학자 헤겔에게 하나님은 자기 자신과 사랑놀이하시는 분이다. "신의 생명과 신적인 인식은 아마 자기 자신과의 사랑의 놀이로서 말해질 수 있을 것이다."(Das Leben Gottes und das göttliche Erkennen mag also wohl als ein Spielen der Liebe mit sich selbst ausgesprochen werden)[46] 신학자 몰트만이 동방 교부의 사상을 받아들여 삼위일체를 세상의 기쁨과 고통에 역동적으로 열려 있는 위격들 간의 사귐으로 본다는 생각[47]은 놀이의 하나님 이해에 폭발적 힘을 실어준다. 삼위 하나님의 상호동등한 사귐의 관계는 동방교

---

45) Gerald Jonas/김채현 옮김,『춤. 움직임의 기쁨, 움직임의 힘, 움직임의 예술』(파주: 청년사, 2003), 44.

46) F.Hegel, *Phänomenologie des Geistes* (Felix Meiner, 1952), 20.

47) 위르겐 몰트만/김균진 옮김,『삼위일체와 하나님 나라』(서울: 대한기독교서회, 1998), 210-213.

회에서 발전시킨 그리스 용어 페리코레시스perichroresis를 통해 발전적으로 전개되었는데, 이 용어는 순환운동 곧 바퀴의 회전과 같은 회전운동을 의미한다.48)

페리코레시스는 라틴어 circuminsessio와 circumincessio로 번역되는 바, 전자는 정적 의미로, 다른 위격 안에 그저 머무르거나 쉬는 것을 뜻하는 상호내재성을 의미하며, 후자는 스며들고 에워싸는 의미로서 보다 역동적으로 서로 섞여 짜여져 있는 것을 가리킨다. 존슨은 이것을 신적 생명이 "시공간적 선후 관계도, 하나가 다른 것에 대해 어떤 우월감이나 열등감도 없이 순환한다. 곧 손을 맞잡고, 생명의 교환을 널리 퍼트리며 서로를 에워싸는 진정한 순환으로 영원하고 활동적이며 신적인 친교를 구성한다"라고 해석한다.49)

에드먼드 힐은 perichoresis를 그리스어 perichoreuo(둘러싸고 춤추다)와의 어원적인 친연성을 고려하여 삼위 위격의 윤무, 리드미컬하게 빙빙 둥글게 돌아가며 덩실덩실 추는 원무圓舞에 비유한다. "원무의 움직임은 자유와 다른 관심들 안에서 인간적 상호작용에 대한 탁월한 모형의 동등한 관계의 충만한 움직임으로 서로 그 안에 존재하는 구별되는 세 위격 모두에 대한 개념을 불러일으킨다."50) 이러한 것들은 하나님의 생명력이 우리의 상상력을 넘어서는 구원의 관계성 안에서 일어나는 놀이임을 시사한다. 이러한 해석은 "하나님의 내적 존재를 묘사하려는 것"이 아니라 "다양한 방식으로 만나게 되는 하나님의 거룩한 신비의 근원적 생명력을 분명하게 말하려는 것"으로서 "세상의 모든 파괴와 악 때문에, 생명의 춤

---

48) 엘리자베스 존슨/함세웅 옮김, 『하나님의 백한 번 째 이름』(서울: 바오로딸, 2001), 328.
49) 앞의 책, 329.
50) 앞의 책, 330.

을 추는 하나님"[51]을 잘 그려낸다. 'perichoresis'는 영원하고 생동적인 생명의 교환 속에서 신적 사귐을 드러내는 자유 안에서 생명놀이를 추구하며 거기에 참여하기 위한 가장 탁월한 포괄적이고 통합적 틀이다.

하나님의 놀이와 춤은 안으로 하나님 자신의 사랑의 놀이로서, 밖으로 놀라운 창조의 놀이로서 나타난다. 하나님의 창조는 의미로 충만하지만 필연적인 것은 아니다.[52] 하나님의 창조는 완고한 세계내적으로 완성되는 사물의 형이상학의 인과론적 필연성의 과정이 아니라 그 자체 세계가 아닌 로고스의 놀이다운 아름다운 질서라는 생각이다. 삼위 하나님의 놀이에 상응하여 우주적 그리스도와 성령이 삼위일체적 연합 가운데 함께 놀이하는 것이다. 창세기 1장은 하나님이 놀이의 시간(낮과 밤의 교체)과 공간(하늘과 땅과 바다)을 만듦으로써 놀이의 규칙을 정하고 각각의 공간 안에 아름답고 잘생기고 생동감 있는 놀이감들을 만드는 놀이 이야기다. 신학적으로 놀이는 창조 안에 계신 하나님의 근본적인 움직임이다. 어마어마한 종의 다양성은 하나님께서 기꺼이 풍성한 놀이를 즐기심을 의미한다. 무지개의 다채로움은 하나님이 기꺼이 놀이를 즐기기 때문이다. 놀이적 자유, 놀이적 다양성, 놀이적 아름다움은 모두 처음부터 마지막까지 하나님의 창조 사역에 속하는 것이다.

자연과학에서 놀이 이론으로 진화적 상념들을 설명한다면 세계의 진화는 창조의 과정이며, 목표 지향적이 아닌 자유와 질서의 합성적 놀이로써 열린 체계이며, 놀이 가운데서 자연과 정신의 연합이 나타난다. 계속되는 창조(creatio continua)에서 모든 피조물은 하나님의 놀이판에 초대 되었다. 여기에는 하나님이 창조하신 위험스러운 리워야단으로부터(시

---

51) 앞의 책, 331.

52) Hugo Rahner, *Der spielende Mensch* (Johannes Verlah Einsiedeln, 1990), 18.

104:26) 예수께서 직접 놀이에 초대하시는 인간에 이르기까지 모든 피조물이 해당된다.

시인 신현정은 하나님과 놀 수 있는 사람, 아니 하나님에게 권면하고 충고할 수 있는 사람이다. 신학자들이 하나님에게 지운 무거운 짐을 벗겨주는 이는 시인 밖에 없다. "화내며 잔뜩 부어" 있는 하나님을 끌어내려 풀밭에서 한가로이 풀을 뜯는 염소와 어울리게 하는 '동물의 사육제'의 세계와 통한다.

> 하나님 거기서 화내며 잔뜩 부어 있지 마세요
> 오늘 따라 뭉게구름 뭉게뭉게 피어오르고
> 들판은 파랑물이 들고
> 염소들은 한가로이 풀을 뜯는데
> 정 그렇다면 하나님 이쪽으로 내려오세요
> 풀 뜯고 노는 염소들과 섞이세요
> 염소들의 살랑 살랑 나부끼는 뿔이랑
> 옷 하얗게 입고
> 어쩌면 하나님 당신하고 하도 닮아서
> 누가 염소인지 하나님인지 그 누구도 눈치채지 못할 거예요
> 놀다 가세요 뿔도 서로 부딪치세요
>
> - 신현정, <하나님 놀다 가세요> 전문

시인은 하나님에게 "내려오세요", "섞이세요", "놀다가세요", "서로 부딪치세요"라고 말한다. 권위에 찬 종교적 외경과 공포의 대상이 아니라 자신의 피조물과 섞이고 함께 노는 행복한 하나님, 아름답고 조화로운 세

계이다. 신성모독이라기보다는 세상의 작은 생명과도 같은 자리에 앉아 휴식을 즐기는 모습으로 '홀로 거룩하신' 권위적이고 독선적인 신의 모습이 아니다. 우리가 진정으로 바라는 천국의 모습이란 연일 찬양의 목소리만이 가득 찬 단성적인 세계가 아니라 세상 만물 모두가 크고 작음을 떠나 모두가 평화를 누리는 다성적인 세계가 아닐까. 신이 창조의 차원으로 내려와 온갖 피조물과 어울리는 신의 모습이다. 신과 사물과 생물과 인간이 모두 한데 어울려 놀며 소통하는 원융회통圓融會通의 세계가 창조의 세계이다.

놀이판, 춤판인 하나님 나라

실러는 "인간은 놀이하는 한에서만 온전한 인간"이라 보고 미적 국가론을 펼친다. 그는 "미적 국가만이 개인의 본성을 통해 전체의 의지를 실현함으로써 국가를 진짜 실현"할 수 있다는 견해를 피력한다.[53] 예수의 춤 놀이는 하나님 나라의 놀이를 미리 맛보는 놀이이다. 휴고 라너는 천상의 놀이에 대해 이렇게 멋지게 표현한다. "놀이는 마술에 걸리는 일이며, 전적 타자를 표현하는 것이며, 미래를 선취하는 것이며, 수고와 짐을 진 현실세계를 부정하는 것이다. 놀이에서는 지상의 것이 한꺼번에 일시적인 것이 되고 즉각 극복된 것이 되며 그 다음 마침내 해결된 것이 된다. 그러면 정신은 한 번도 듣지 못한 것을 청종할 준비를 갖추게 되며 전혀 다른 법의 세계로 걸어 들어가며 가벼운 존재가 되어 자유롭고 왕처럼 매인 것이 없으며 신적인 존재가 된다. 놀이하는 인간은 놀라운 해방감을 기대한

---

53) 프리드리히 실러/안인희 옮김『미학편지』(서울: Human Art, 2012), 124; 211.

다. 이 해방감은 지상의 짐으로부터 해방된 몸에서 천상의 춤을 추는 경쾌함에 이른 상태이다."[54]

하나님 나라에서는 놀이로부터 소외된 일이 아니라 일과 놀이의 통합이 일어난다. 칼 마르크스는 분업이 없고 소외된 노동이 사라진 공산주의 사회를 환상적인 필치로 그렸다. "공산주의 사회에서는 아무도 하나의 배타적인 활동 영역을 갖지 않으며 모든 사람이 그가 원하는 분야에서 자신을 도야할 수 있으며 … 바로 이를 통하여 내가 하고 싶은 그대로 오늘은 이 일, 내일은 저 일을 하는 것, 아침에는 사냥하고 오후에는 낚시하고 저녁에는 소를 치며 저녁 식사 후에는 비판하면서, 사냥꾼으로도 어부로도 목동으로도 비판가로도 한정되지 않는 일이 가능하게 된다."[55]

이사야 11장은 인간의 노동과 사랑이 어긋난 창세기 3장의 본문을 완성한 세상을 꿈꾼다. 이사야가 꿈꾼 새 하늘과 새 땅의 비전은 피조물들의 놀이판이다. 우리는 이 본문을 '놀이'로 바꾸어 읽어보자. "그 때에 이리가 어린 양과 함께 <u>놀며</u>, 표범이 어린 염소와 함께 <u>놀며</u>, 송아지와 어린 사자와 살찐 짐승이 함께 있어 어린 아이가 끌고 <u>놀며</u>, 암소와 곰이 함께 놀며, 그것들의 새끼가 함께 <u>놀며</u>, 사자가 소처럼 풀을 먹을 것이며, 젖 먹는 아이가 독사의 구멍에서 장난하며 젖 뗀 어린 아이가 독사의 굴속에 손을 넣고 <u>놀 것</u>이라. 내 거룩한 산 모든 곳에서 해 됨도 없고 상함도 업을 것이니 이는 물이 바다를 덮음 같이 여호와를 아는 지식이 세상에 충만할 것임이라."

하나님 나라는 거룩한 놀이가 지속되는 삶의 영역이다. 하나님 나라란

---

54) Hugo Rahener, *Der spielende Mensch* (1990), 59.
55) 마르크스, 「독일 이데올로기」, 『칼 맑스 프리드리히 엥겔스 저작 선집 1권』(고양: 박종철출판사, 1990), 214.

창조주가 창조 안에 거하고 창조가 창조주 안에 거하여 하나가 된 삶의 세계이며 온 피조물이 하나님의 신령한 영으로 충만하게 된 삶의 세계를 의미한다. 하나님과 하나가 된 삶이란 성령으로 충만한 삶이며 놀이와 유희가 있는 삶이며 자연과 생명 및 물질과 살가운 교감이 이루어지는 삶이다. 몰트만은 하나님의 충만함을 파악하기 위해 "도덕론적 개념과 존재론적 개념을 버리고 미학적 차원을" 수용할 것을 권고한다. 하나님의 충만함을 전달할 수 있는 것은 "하나님의 환상의 위대한 노래나 풍요로운 시나 아름다운 춤"과 같은 것들이다.56) 계시록 14장에서 중요한 핵심적인 단어는 숫자 144,000이 아니라 그 사람들이 부를 노래, 즉 새 노래와 춤임을 분명히 인식할 필요가 있다.

그동안 기독교는 변혁의 주체, 세상에 대한 재판관이며 심판관임을 자처해 왔다. 그러나 세상사람 누구도 교회에 그런 심판관의 자격을 부여하지도 않으며 인정하지도 않는다. 기독교에 의한 세속문화의 변혁이 아니라 세상문화에 의한 기독교와 신학의 변혁 가능성, 횡단 가능성57)을 진지하게 받아들여야할 시점이다.

---

56) 위르겐 몰트만/김균진 옮김, 『오시는 하나님』(서울: 대한기독교서회, 1997), 567; 571.
57) 나는 동아시아의 문화 소통의 과제에서 문화지배나 문화교류 대신 문화횡단을 말하는 이동연의 착상을 받아들인다. 문화의 일방적인 지배이든 단계적인 교환이든 이들은 한 방향에서 다른 방향으로 문화가 전단되는 방식을 주로 따른다면, 횡단은 중심과 주변, 주체와 대상, 발신자와 수신자, 생산자와 소비자를 미리 규정하지 않고 문화가 다방향으로 서로 교차되고 연계됨을 의미한다. 이동연, 『아시아 문화연구를 상상하기』(서울: 그린비, 2006), 80-81.

참고문헌

김문환.『문화선교와 교회갱신』. 서울: 엠마오, 1995.

김세광 외.『팝 게릴라 레이디 가가』. 서울: 예영커뮤니케이션, 2012.

김수이 편저.『한류와 21세기 문화비전: 욘사마에서 문화정치까지』. 파주: 청동거울, 2006.

김학선.『K-Pop 세계를 홀리다』. 서울: 을유문화사, 2012.

노순규.『한류열풍(K-Pop)과 강남 스타일』. 서울: 한국기업경영연구원, 2012.

_____.『싸이의 강남스타일 성공과 한류』. 서울: 한국기업경영연구원, 2012.

몰트만, 위르겐/김균진 옮김.『오시는 하나님』. 서울: 대한기독교서회, 1997.

문화선교연구원 엮음.『문화선교의 이론과 실제』. 서울: 예영커뮤니케이션, 2003.

박성봉.『대중예술의 미학』. 서울: 동연, 1995.

_____.『대중예술과 미학』. 서울: 일빛, 2006.

박양식.『성경에서 찾은 문화선교 전략』. 서울: 예영커뮤니케이션, 2011.

박종균.『소비문화 대중문화 기독교』. 한들, 1997.

백원담.『동아시아의 문화선택, 한류』. 서울: 펜타그램, 2004.

손호현. "춤의 신학: 한국인의 미의식에 드러나는 문화신학적 함의."「한국기독교신학논총」
　　　79(2012), 183-206.

신상언.『이제는 문화 패러다임입니다』. 서울: 낮은울타리, 1998.

이동연.『대중문화연구와 문화비평』. 서울: 문화과학사, 2002.

_____.『아시아 문화연구를 상상하기』. 서울: 그린비, 2006.

이영옥. "대중(예술)문화." 미학대계간행회 편,『현대의 예술과 미학: 미학대계 3권』. 서울
　　　대학교 출판문화원, 2007, 241-254.

이충범.『노래로 듣는 설교』. 서울: 대한기독교서회, 2011.

임성빈 엮음.『현대문화의 한계를 넘어서』. 서울: 예영커뮤니케이션, 1997.

임성빈 외.『소비문화시대의 기독교공동체』. 서울: 예영커뮤니케이션, 2008.

조한혜정 외.『'한류'와 아시아의 대중문화』. 서울: 연세대학교출판부, 2003.

카슨, 우드브리지 엮음/박희석옮김.『하나님과 문화』. 고양: 크리스챤다이제스트, 2001.

콕스, 하비/김천배 옮김.『바보제』. 서울: 현대사상사, 1977.

통합윤리학회 편.『21세기 도전과 기독교 문화』. 서울: 예영커뮤니케이션, 1998.

플라톤/최민홍 옮김.『법률』. 플라톤 전집2. 서울: 상서각, 1973.

한국문화신학회 편.『갈등·화해·축제와 문화신학』. 서울: 한들출판사, 2003.

Brown, Delwin; Davaney, Sheila Greeve & Tanner, Kathryn ed. *Converging on Culture
　　　: Theologians in Dialogue with Cultural Analysis and Criticism*. New York :

Oxford University Press, 2001.

Cobb, Kelton. *The Blackwell Guide to Theology and Popular Culture*. Blackwell Publishing, 2005.

Detweiler, Craig & Taylor, Barry. *A Matrix of Meanings: Finding God in Pop Culture*. Baker Academic, 2003.

Hegel, F. *Phänomenologie des Geistes*. Felix Meiner, 1952.

Jonas, Gerald/김채현 옮김.『춤. 움직임의 기쁨, 움직임의 힘, 움직임의 예술』. 파주: 청년사, 2003.

Lynch, Gordon. *Understanding Theology and Popular Culture*. Blackwell Publishing, 2005.

Macswain, Robert. ed. *Theology, Aesthetics, and Culture*. Oxford University Press, 2011.

Niebuhr, Richard H./홍병룡 옮김.『그리스도와 문화』. 서울: IVP, 2007.

Rook, Russell D. *Rhyming hope and History: Theology and Culture in the Work of Robert Jenson*. Pickwick Publications, 2012.

Siedell, Daniel A. *God in the Gallery: A Christian Embrace of Modern Art*. Baker Academic, 2008.

Tanner, Kathryn. *Theories of Culture. A New Agenda for Theology*. Fortress Press, 1997.

_____. "Scripture as Popular Text." *Modern Theology* 14/2(1998).

Tillich, Paul/김경수 옮김,『문화의 신학』. 서울: 대한기독교서회, 1971.

Van der Leeuw, Gerardus. *Sacred and Profane Beauty: The Holy in Art*. NY: Holt, Rinehart and Winston, 1963.

춤추는 하나님과 한류

손호현 | 연세대학교

"나는 춤출 수 있는 신만을 믿을 수 있다.

내가 악마를 만날 때,

그는 심각하고, 철저하며, 심오하며, 엄숙하다.

악마는 바로 중력重力의 정신이다.

그를 통해 모든 것이 추락한다."

- 니체

들어가는 말: 춤추는 하나님

춤추지 않는 신을 사랑할 수 있을까? 철학자 니체는 이렇게 말한다. "나는 춤출 수 있는 신만을 믿을 수 있다. 내가 악마를 만날 때, 그는 심각하고, 철저하며, 심오하며, 엄숙하다. 악마는 바로 중력重力의 정신이다. 그를 통해 모든 것이 추락한다."1) 오직 지적으로 사유할 수 있는 자만을 위한 존재는 철학자의 하나님이지 춤추는 하나님이 아니다. 하나님은 생각하는 자에게는 말씀을 주신다. 그러나 배울 시간이 없어서 혹은 지적인 장애로 인해 깊은 생각을 할 수 없는 자에게는 아름다운 몸짓을 주신다. 인간의 춤보다 앞서 하나님은 삶과 죽음, 생성과 소멸, 창조와 파괴의 격하게 아름다운 춤을 춘다. 하나님이 춤추기에 우주가 생겨나고 파괴되는 것이다. 하나님이 움직이기에 봄, 여름, 가을, 겨울이 온다. 자연의 모든 움직임은 사실은 아름다운 춤이다. 성서는 그것이 최초의 춤을 추신 하나님의 메아리라고 보았다. 하나님은 단지 최초의 부동의 동자가 아니라, 최초의 춤추는 무용수였다.

> 히브리 시인들은 홍수가 어떻게 손뼉을 치는지, 산들이 어떻게 염소처럼 기뻐 뛰어다니는지, 언덕들이 어떻게 양처럼 뜀박질하는지를 보았다. 세계의 모든 움직임은 리듬을 가진 질서이다. 동일한 원리가 춤에서처럼 우주에서도 적용되는 것이다. 모든 움직임은 최초의 움직임에서 기원하는 것이다.2)

신성한 움직임에 다가서는 움직임이 곧 춤이다. 만물은 춤이다. 하나님이 이 만물의 춤을 이끄시며 춤춘다. 우리는 이 글에서 하나님의 춤과 인간의 춤이 어떻게 만나는지를 한류를 통해 살펴보고자 한다.

---

1) Friedrich Nietzsche, *Thus Spoke Zarathustra*, trans. Walter Kaufmann (New York: The Modern Library, 1995), 41 (1부, 7장 "읽기와 쓰기에 대하여").

2) Gerardus van der Leeuw, *Sacred and Profane Beauty: the Holy in Art* (New York: Holt, Rinehart and Winston, 1963), 28.

한국인의 미감

한국을 한국적이게 만드는 한국성은 여러 표현 매체들을 통해서 드러날 수 있다. 그중에서 가장 중요한 것 중 하나가 바로 한국의 예술일 것이다. 야나기 무네요시에 따르면, "예술에는 민족의 마음이 나타나 있다. 어떤 민족이든 그 예술에 있어서만이 자신을 참되게 표현한다. 한 나라의 심리를 이해하려면 예술을 이해하는 것보다 더 빠른 길이 없다."[3] 예술을 통해 각 민족은 자신의 고유한 영성을 가장 분명하고도 집약적으로 표현하기 때문이다. 따라서 한국성과 오늘날의 한류 현상을 이해하는데 한민족의 고유한 심미감을 파악하는 것은 결코 주변적 문제가 아닐 것이다. 문화적 문법은 미학적 문법에서 가장 응축적으로 드러난다.

철학자 조요한은 자신의 저서 『韓國美의 照明』에서 우리 민족의 고유한 미의식에 대한 규정으로 야나기 무네요시의 "비애의 미", 고유섭의 "구수한 큰 맛"과 "무기교의 기교", 박종홍의 "무한한 내재미", 조윤제의 "은근과 끈기", 이희승의 "멋", 조지훈의 "멋의 연구", 천이두의 "한恨"의 연구, 김원용의 "자연주의" 등을 분석하고 있다.[4] 반만년을 이어온 한민족의 고유한 미의식과 예술적 영성이 단 하나의 개념으로 결코 요약될 수는 없을 것이다. 최근 들어 신은경은 『風流: 동아시아 美學의 근원』에서 이러한 다양한 민족적 미의식을 체계화하여 "한", "흥", "무심"이라는 세 가지 중심적 가치를 제시한다.[5] 그는 서구의 미학과 달리 풍류가 중국과 일본과 한국이라는 동아시아 삼국의 미의식을 묶을 수 있는 공통점이라

---

3) 야나기 무네요시/이길진 옮김, 『조선과 그 예술』(서울: 신구문화사, 1994), 85.
4) 조요한, 『韓國美의 照明』(서울: 열화당, 1999).
5) 신은경, 『風流: 동아시아 美學의 근원』(서울: 보고사, 1999).

고 보았다. 하지만 각 나라의 풍류 이해는 조금씩 차이를 보인다. 중국의 풍류가 형식에 매이지 않는 "정신의 자유분방함"을 특징으로 하고, 일본의 풍류가 세련됨, 섬세함, 장식성 등 "감각적 아름다움"을 부각시킨다면, "우리의 경우는 중국, 일본과는 달리 원래의 풍류개념에 '형이상학적 요소' 즉 '종교성宗敎性'이나 '사상思想'의 측면이 강조되고 있다는 점에서 그 고유성과 독자성을 찾아볼 수 있다."6) 우리는 아래에서 신은경의 분석에 기초해서 이러한 한국 민족의 형이상학적이고 종교적인 한, 흥, 무심의 미학을 성찰하고, 특히 한류와 관련하여 흥의 미학을 강조한 심광현을 살펴보고자 한다.

풍류

한국인의 미의식을 한恨으로 논한 최초의 미학자는 야나기 무네요시이다. 물론 조선의 미를 흐르는 선線에 기초한 비애悲哀의 미, 애상哀傷의 미로 그가 본 것은 한국미에 대한 단편적인 이해라고 후기 연구가들에 의해 정당하게 비판되어졌지만, 그의 『조선과 그 예술』은 1919년 3·1운동 직후의 역사적 순간에 놓인 조선의 마음을 스케치한 것으로 이해되어야 할 것이다.7) 슬픔의 미에 대한 우리 민족의 촉각은 일제 식민지 시대를 넘어서 유교적 질서가 통치하던 조선시대 여성과 민중의 경험으로 거슬러 올라갈 수 있다. 외부로부터 오는 억울한 외상의 경험이 모두 한으로 응고되지는 않는다. 그러한 경험이 의식적 혹은 무의식적인 차원에서 오랫동안 체화되고 반복되어질 때 한의 구조가 생성되는 것이다. 신은경의 주장처럼,

---

6) 앞의 책, 64.
7) 야나기 무네요시, 『조선과 그 예술』(1994), 88 참조.

"소외와 억압의 심리현상은 어떠한 사회문화적 환경에서도 찾아볼 수 있다. 그러나 '한'의 경우처럼 이 현상이 지속적으로 장기화, 되풀이되어 응어리로서 고착되는 양상은 그리 흔치 않다고 보인다. 그러기에 '한'을 우리 고유의 정서, 혹은 고유의 문화라고까지 일컫고 있는 것이다."[8] 신은경은 탈춤, 소설, 음악 등등의 예술이 일종의 한풀이의 기능을 담당하여 왔다고 지적한다. 가슴에 맺힌 한은 반드시 그러한 한을 불러일으킨 장본인이나 사회적 구조를 제거함을 통해서, 혹은 굿과 같이 직접적인 종교적 제의를 통해서 풀어지는 것만은 아니라는 것이다. 소설을 읽는 과정에서 혹은 탈놀이를 보는 과정에서 일종의 "간접적 한풀이" 혹은 "한풀이의 대리체험"이 이루어질 수 있다는 것이다.[9] 한의 승화는 실제의 정치적 혁명이 아니라 가상의 미학적 혁명을 통해서이다. "풍자는 맺힌 한의 보복과 같은 파괴적 행동으로 치닫는 것을 막는 차단장치, 내지는 중화장치가 되는 것이다."[10] 봉산탈춤의 양반과장에 나오는 말뚝이의 풍자와 조롱은 이러한 간접적 한풀이 혹은 신분질서의 미학적 전복으로 이해될 수 있다.

한국 민족은 항상 흑백의 상복喪服을 입고 지내는 슬픈 민족이라고 본 야나기 무네요시의 단편적 해석과 달리, 신은경은 한민족의 심미감이 보다 기쁘고 역동적인 흥의 측면도 가지고 있다고 비판한다. 우리는 여기서 흥의 집단성과 흥의 무교적 엑스터시라는 두 가지 핵심적 요소를 주목하고자 한다. 흥의 집단성을 먼저 고려할 때, 흥과 신명은 결코 혼자가 아니라 여럿이 같이 춤출 때 더한 것이다. 신은경에 따르면 흥은 우리말로도

---

8) 신은경, 『風流: 동아시아 美學의 근원』 (1999), 254. 아래의 신은경에 대한 분석은 손호현, "춤의 신학," 「한국기독교신학논총」 79(2012), 183 이하를 기초로 요약한 것이다.
9) 앞의 책, 355.
10) 앞의 책, 311.

볼 수 있고, 한자로도 볼 수 있다. 한자로 본다면, "'흥興'은 '마주 들다'는 뜻의 '여舁'와 '동同'의 합성으로 이루어진 글자로서 '힘을 합한다'는 의미를 내포한다."[11] 또한 흥을 우리말로 본다면 흥의 심미감이 지닌 무속과의 관계가 뚜렷하게 드러난다. '흥이 난다', '신이 난다'는 표현에서처럼 흥은 '무당이 신神이 오르는 것'과 어원적으로 관련되어지며 일종의 종교적 엑스터시의 경험과 유사하기 때문이다. 신은경에 따르면,

> '흥'에는 '신바람'의 요소가 내포되어 있다. … '신바람'은 집단제의集團祭儀나, 탈춤이나 굿 뒤의 난장亂場에서 볼 수 있는 혼란의 상태, 질서가 전도顚倒된 상태, 흥겨움이 조정수위를 넘어 절정에 이르고 결국은 흘러넘치는 방일放逸의 상태와 친연성을 가진다. 그러므로, 중中과 화和의 원리에 의해 감정의 균형을 유지하는 양반사대부 상층의 예술에 적용하기에는 부적절한 표현이다. 앞서 '신이 난다'라는 말은 어원상 무당이 신神이 오르는 것과 관련이 있다고 언급하였는데, 무당의 빙신상태憑神狀態는 정서의 고양과 몰입에 따른 엑스터시를 수반한다고 볼 때, '신바람'은 바로 이 같은 엑스터시 상태와 흡사하다고 하겠다.[12]

이처럼 무속적 엑스터시라는 종교적 기반을 지닌 '흥'은 향유층의 신분에 관계없이 전 영역에 걸쳐 발견되어지는 한국 민족의 신바람나는 역동성의 표현이다. 이처럼 흥은 수직적인 무속성과 수평적인 집단성의 차원에서 자신과 신과 이웃이라는 생명의 집단적 아름다움을 드러내는 한

---

11) 신은경, 『風流: 동아시아 美學의 근원』 (1999), 96-97. 흥의 미학에 대해서는 심광현, 『흥한민국』(서울: 현실문화연구, 2005)도 참조하라.

12) 신은경, 『風流: 동아시아 美學의 근원』 (1999), 101.

국 민족의 고유한 미감이다. 특히 유동식도 이러한 탈춤의 집단적 흥이 지닌 종교성을 무교에 기초하고 있는 것으로 본다. "쥐발이와 소무의 성행위는 천지융합의 상징이요, 아이를 낳는 것은 무교적 창조의 상징이다. 이러한 대립의 융합에 의한 창조적 생산이야말로 무교적 원리요 무교적 세계관의 중심이다."13) 탈춤은 존재의 흥겨운 대동굿이다.

무심無心의 미감은 종교적으로는 불교와 도교에 밀접한 관계를 가지며, 한국 예술에서는 자연주의라고 부르는 것의 기저를 형성하고 있다. 여기서 무심의 뜻은 단지 마음이 없다는 것 곧 문자적으로 "아무 것도 없는 상태"를 뜻하는 것이 아니라, "무한 다양한 유有를 머금고 있는 무無"의 체험 곧 감각체험이 가능한 유有에서 무無를 보는 것을 가리킨다.14) 이런 맥락에서 원효의 화쟁철학은 유有의 견해에 동조하면 공空의 견해에 맞서며 공空에 집착하면 유有에 맞서는 것이니, "동조도 말고 반대도 말고 설법하라"는 순이불순順而不順의 원리를 제시하였다. 또한 불교의 형이상학적 미학세계를 가리켜 야나기 무네요시는『미의 법문』에서 "부처의 나라에서는 미美와 추醜가 없다"는 뜻에서 미추미분美醜未分의 세계라고 하였다.15) 그는 천국과 지옥을 포함하는 모든 존재의 긍정이라는 윌리엄 블레이크의 기독교적 신비주의와, 미와 추를 나누지 않고 모두 부처의 나라에 속한 것으로 본 선불교적 신비주의에 기초하여, 국가 간의 정치적 평화는 미학적 다원주의라는 토대 위에서만 가능하다는 복합의 미美 사상을 제시한다. "들에 핀 여러 가지 서로 다른 꽃들은 들판의 아름다움을 상하게 하지

---

13) 유동식,『素琴 柳東植 全集』제2권 (서울: 한들, 2009), 518-519.

14) 신은경,『風流: 동아시아 美學의 근원』(1999), 420-421.

15) 야나기 무네요시/최재목기정희 옮김,『미의 법문』(서울: 이학사, 2005), 20; 이데카와 나오키/정희균 옮김,『인간 부흥의 공예』(서울: 학고재, 2002), 134 이하 참조.

않는다. 서로 서로 도와서 세계를 단조로움에서 복합의 미로 다채롭게 한다."16) 한국의 예술에서 무심의 초월성에 기초한 이러한 화쟁의 세계, 미추미분의 세계는 수묵산수화 전통에서 가장 뚜렷하게 드러난다. 풍속화가 집단적인 어울림이라는 흥의 미학에 기초하고 있다면, 산수화는 자연 속에서의 일종의 망아·몰아의 체험이라고 하는 무심의 미학이 그 토대를 이루고 있다. 한국의 수묵산수화는 모든 존재의 비본질성을 걷어내고 그 형이상학적 본질에 주목하는 흑黑과 백白의 색을 즐겨 사용하였다. 노자가 "덜고 덜어 무위에 도달한다"고 가르치듯(『도덕경』 48장), 모든 인위적인 경계를 초월하는 형이상학적 마음을 미학적으로 표현하고 있는 것이다.17)

흥겨운 아름다움

심광현은 자신의『홍한민국』에서 대체적으로 한국의 미학적 문법을 분석한 신은경에 동의하지만, 흥이 한국 문화의 보다 보편적인 특징이라고 보는 점에서 그와 입장을 달리 한다. 심광현은 "흥이 기본적이고 한은 보조적이거나 특수한 경우를 이룬다"고 보며, 이렇게 해석하는 데는 "역사적이고 풍토양식적인 두 가지 이유"가 있다고 주장한다.18) 먼저 역사적인 이유로 심광현은 흥이 한국 역사의 대부분을 구성한 오랜 평화시기의 심미감으로 주도적인 역할을 한 반면, 한은 몇 번의 짧은 전란 기간 동안에만 주도적 역할을 한 심미감이라고 본다. "한의 미감이 두드러진 것

---

16) 나카미 마리/김순희 옮김, 『야나기 무네요시 평전』 (파주: 효형출판, 2005), 5; 262-268.
17) 신은경, 『風流: 동아시아 美學의 근원』 (1999), 513.
18) 심광현, 『홍한민국』 (2005), 87.

은 수천 년 우리 역사에서 단지 17-20세기(이 중 18세기 중반-후반의 50여 년은 제외한) 250여 년에 불과했고, 나머지 기간에는 흥의 미감이 주조를 이루어 왔다."[19]

자연환경적 혹은 풍토양식적인 측면에서도 심광현은 흥이 보다 보편적인 한국 문화의 특징이라는 이유를 발견할 수 있다고 본다. 한반도의 화창하고 수려한 풍토적 기후와 지리가 한의 미감보다는 흥의 미감을 발전시키는데 영향을 주었다는 것이다. 특히 심광현은 일제강점기에 조선朝鮮을 "고요한 아침의 나라"로 의도적으로 잘못 번역하기를 좋아했던 일본인들을 강하게 비판하고, "맑은 아침의 나라"로 번역해야 한다고 주장한 러시아인 한국학 연구자 파냐 샤브쉬나를 이런 맥락에서 긍정적으로 소개한다.[20] 조선은 맑고 깨끗한 아침의 황홀하고도 흥겨운 아름다움을 가득 품은 나라였음에도 불구하고, 일본인들은 조선을 "고요한" 아침의 나라로 오역하며 순종적이며 저항하지 않는 식민지로 만들기 원하였다는 것이다.

한류 현상과 관련하여서도 심광현은 흥이라는 한국 문화의 보편적 심미감이 역사적이고 자연풍토적 요인들을 통해 성장하고 전파되어진 것으로 평가한다. 보다 구체적으로 왜 지금 우리의 흥의 문화가 한류를 통해 표출되는가에 대해 심광현은 미국화, 민주화, 선천적 감각의 세 요소를 한류의 성장 이유로 든다. 먼저 "미국은 자신의 동양을 서부에 갖다 놓았던 것이다"는 들뢰즈의 주장처럼 20세기 미국 문화는 가장 프랙탈한 역동적

---

19) 앞의 책, 87-88. 심광현에 따르면, "천 번 이상의 침략전쟁이 있었다고 하나, 기실 우리가 중국이나 일본과의 전쟁에서 지거나 직접 지배당한 것은 고려 때 130여 년의 기간, 병자호란, 일제강점기에 불과하다." 앞의 책, 216.

20) 앞의 책, 89-90.

문화 중 하나인데, 한국이 아시아의 여러 국가들 중에서 가장 미국화된 나라라는 것이다. 둘째로, 한 번도 정치적 민주화 경험을 갖지 못했던 일본이나 중국과 달리 한국은 1980-90년대 민주화 운동을 통해서 자유분방하며 저항적이며 퓨전적인 흥의 문화를 형성하게 되었다는 것이다. 셋째로, 심광현은 한국이 동이족 본래의 악, 가무에 대한 선천적 감각을 지녔으며 이러한 선천적 감각과 자연적 환경, 그리고 문화정치적 환경이 함께 융합되면서 한류를 형성하게 되었다고 본다.[21]

싸이의 〈강남스타일〉과 유튜브

한국 가수 싸이의 뮤직 비디오 〈강남스타일〉은 한류의 새로운 단계로의 진입을 보여주는 사건이다. 첫째, 이전의 한류가 아시아라는 공통 문화권 안에 머무는 현상이라는 경향성을 보였다면, 싸이의 〈강남스타일〉은 이러한 아시아를 벗어나 세계의 한류 가능성을 보여주었다. 기존의 한류 분석이 아시아 문화권의 동질성에 기초한 이론적 설명을 제시하였다면, 싸이의 경우는 이러한 이론적 틀로는 설명이 불가능한 변종이다. 둘째, 그것은 대형 기획사의 제작 구조에서 상대적으로 자유롭다. 〈강남스타일〉의 성공은 이전처럼 기획사의 토착화, 현지화, 대대적 홍보라는 철저한 기획 의도로만 환원되어질 수 없는 자생적인 '흥'의 미감이 인류의 보편적인 문화적 코드를 건드린 지구적인 문화 사건이다. 셋째, 인지도 측면에서 한류의 역사상 유래를 찾기 힘든 인기를 누리고 있다. 한국의 문화적 표현

---

21) 앞의 책, 307-309.

물 중에서 이처럼 유튜브에서 많은 조회수를 가진 현상은 이전에 없었다. 싸이의 <강남스타일>은 신은경과 심광현이 언급한 한국 문화의 고유한 '흥'의 미감이 현대의 인터넷이라는 보편적 전파 매체를 만나 춤의 사건으로 표출된 것이라고 규정할 수 있을 것이며, 우리는 아래에서 이러한 성공의 두 구체적인 이유로 유튜브와 춤이 지닌 종교성을 분석하고자 한다.

폴란드 민영방송 TVN은 2012년 9월 17일에 약 1시간 동안 싸이의 <강남스타일> 뮤직 비디오을 집중 조명하는 방송을 하였다. 출연진은 즉석 말춤 시연과 함께, 싸이의 '말춤'이 이전의 '람바다'나 '마카레나와'는 또 다른 즐거움을 준다고 말하였다. 이날 초청받은 폴란드의 한 유명 안무가는 "항상 문화적이어야 하고 교양이 있어야 된다는 강박관념에 사로잡혀 있는 현대인들에게 K-Pop <강남스타일>은 고정관념의 틀을 깬 것"이라고 평가하였다. 또 다른 출연자는 "<강남스타일>이 짧은 시간 내에 전 세계적으로 인기를 끌 수 있었던 것은 따라 하기 쉬운 가사와 춤, 재미있는 뮤직 비디오 그리고 전 세계 K-Pop 팬들의 SNS를 통한 전파 등이 주요 요인이었다"고 말한다.[22] 필자는 여기서 "따라 하기 쉬운 가사와 춤"이 "재미있는 뮤직 비디오"라는 형태로 "SNS"라는 전파 매체를 통해 전달된 것이 한류의 성공 비밀이라는 지극히 평범하지만 심층적으로 분석되지 않았던 가설을 살펴보고자 한다.

2005년에 시작된 '유튜브'YouTube는 인터넷 동영상 공유 사이트로서, 단지 문화에 대한 수동적 소비를 넘어서서 능동적 생산과 참여를 가능케 하는 문화적 가상공간이다. 왜 싸이의 <강남스타일>은 유튜브에서 성공적일 수 있을까? 필자는 리처드 도킨슨의 '밈' 이론에 기초하여 <강남스

---

22) 2012년 09월 20일 www.tvdaily.co.kr의 "싸이열풍 유럽도 강타 … 폴란드 방송사 <강남스타일> 집중 조명" 참조.

타일>이 유튜브라는 '밈' 풀에서 성공적으로 재생산되고 전파될 수 있었던 것은 그것이 문화적 진화에 있어서 모든 성공적인 문화 유전자가 보편적으로 가지는 속성들을 일정 정도 공유하고 있었기 때문이라는 가설을 제시하고자 한다. 쉬프만Limor Shifman은 '밈' 이론에 기초해서 이러한 유튜브 공간에서 유통되는 문화적 정보들 중에서 가장 대중적 인기를 얻은 동영상 30개를 분석하여, 이들의 공통 요소들 6가지를 제안하고 있다.23) 그는 대중적 인기를 얻어 빠르게 재생산되고 모방되는 동영상을 "밈적 동영상"(memetic videos)라고 부르며 다음의 6가지 특징들을 제시한다.

첫째, "일반인"(ordinary people)이 중심적으로 등장한다는 것이다. 연예인 중심의 동영상에 비해 일반인 중심의 동영상은 단지 방송을 목적으로 하는 것이 아니라 유사 관심을 가진 공동체로서 기능하는 유튜브에서 성취 가능한 이상으로서 보다 장점을 가진다. 싸이도 기존의 연예인이 상징하는 세련됨과 다름보다는 일반 시민과의 유사성이 더 돋보이는 인물이다. 둘째는 "흠 있는 남성성"(flawed masculinity)이다. 분석된 밈적 동영상에는 과체중의 살찐 남자, 난쟁이, 두꺼운 안경을 쓰고 끝없이 땀 흘리는 남자, 여성 같이 보이는 동성애자 등이 등장한다. 싸이의 경우도 이른바 이상화된 남성상과는 거리가 있다. 셋째는 "유머humor"이다. 동영상의 재미와 유머는 대체로 세 가지 요소에 기초하고 있다. 하위징아의 '유희적 인간'이라는 개념에서처럼 일상생활에서 벗어난 놀이의 시간 안에서 사람들은 동영상의 놀이성 자체에 재미있다고 반응한다. 혹은 동영상이 상식이나 기대를 벗어나는 비일관성을 보여줄 때도 재미있어 한다. 남자가 여장을 하거나 바나나가 춤을 추거나 하는 경우들이 여기에 해당할 것이

---

23) Limor Shifman, "An anatomy of a YouTube meme," *New Media & Society* 14(2012), 187-203.

다. 혹은 동영상이 우월감의 감정을 일으킬 때 유머를 일으킨다. 시청자가 자신보다 열등하다고 이해하는 등장인물의 동작을 반복해서 모방하는 것은 이러한 우월감의 표현이라는 것이다. 밈적 동영상의 성공의 넷째 요소는 "단순성"(simplicity)이다. 시청자들이 동영상을 모방하고 패러디하여 재생산하는 유튜브와 같은 밈 풀에서 문화적 유전자의 단순성은 그 생존 가능성에 결정적인 역할을 한다. 단순하지 않은 춤을 쉽게 따라할 수 없으며, 그래서 상대적으로 계속 생존해 남을 가능성이 희박하다는 것이다. 다섯째 요소는 "반복성"(repetitiveness)이다. 밈적 동영상 대부분에서 마치 후렴처럼 동일한 동작들이 여러 번 반복되어지는 경향을 발견할 수 있다. 단순성과 마찬가지로 이러한 반복성도 문화적 유전자의 기억 가능성을 더욱 높이게 되며, 따라서 문화적 진화에 있어서 성공적으로 생존할 보다 높은 가능성을 가지게 하는 것이다. 마지막 여섯째는 "변덕스러운 내용"(whimsical content)이다. 시청자들은 정치나 종교와 같은 문제들에 대해서는 다양한 의견을 가질 수 있고, 어떤 한 입장을 선택하게 되면 다른 입장을 지닌 시청자들을 소외시킬 가능성이 있다. 이런 이유에서 성공적으로 생존한 밈적 동영상은 대체로 이러한 내용을 표현하는 것을 피하고 다소 변덕스럽거나 비이성적으로 보이는 우스꽝스러운 내용에 집중하는 경향을 보인다는 것이다.

싸이의 <강남스타일>도 성공적인 밈적 동영상이 지닌 이러한 특징들(일반인, 흠 있는 남성성, 유머, 단순성, 반복성, 변덕스러운 내용)을 강하게 공유하기 때문에 유튜브라는 밈 풀에서 성공적일 수 있었을 것이다. 나아가 한류는 이러한 상대적 보편성을 지닌 우성의 문화적 유전자들로 이루어진 밈 풀에서 형성된 문화적 복합체 현상으로 이해될 수 있을 것이다. 이렇게 밈 전파에 우호적인 특성들을 한류가 잘 가지고 있기 때문에 그 감염적 전파성이 바이러스처럼 강력한 것이라 생각할 수 있다.

춤의 종교적 뿌리

  싸이의 <강남스타일> 성공에는 춤이라는 예술 장르가 지닌 보편적 호
소력과 그 중에서도 특히 보편적 종교성을 한 요인으로 꼽을 수 있다. 인간
은 왜 춤추는가? 춤의 이유에 대해 학자들은 이제까지 다양한 이론들을
제시하여 왔다. 먼저 인간은 재미와 오락을 가지기 위해 춤춘다는 것이다.
둘째, 인간은 어떤 생물학적 혹은 본능적 필요 때문에 춤춘다는 것이다.
셋째, 인간은 자신을 표현하기 위해 춤춘다는 것이다. 넷째, 인간은 자신
의 슬픔이나 기쁨과 같은 감정 때문에 춤춘다는 것이다. 다섯째, 인간은
어떤 종교적 힘이 자신을 지배하기 때문에 춤춘다는 것이다. 여섯째, 인간
은 억압된 감정의 카타르시스를 위해 춤춘다는 것이다.[24] 어쩌면 춤의 이
유에 대해 인류는 수많은 다른 이유들을 추가적으로 가질 수 있을 것이다.
여기서 필자는 춤의 종교적 이유에만 초점을 맞추고자 한다.

  신학자의 관점에서 볼 때, 춤에 대한 여러 설명들은 크게 종교적 설명
과 비종교적 설명으로 나누어질 수 있다. 19세기 이후로 제기된 종교와 자
연과학 사이의 이른바 '종의 기원'에 대한 논쟁은 이제 생물학적 영역에
서 문화 현상의 영역으로 옮겨져서 '춤의 기원'에 대한 논쟁으로 확장되
어졌다. 진화론적 해석자들은 춤이 선사시대 인류의 아주 초기에 발생한

---

24) Drid Williams, *Anthropology and the Dance: Ten Lectures,* 2nd edition (Urbana and
    Chicago: University of Illinois Press, 2004), 5-6. 윌리엄스는 이 모든 설명들이 단지 독립
    적인 이론으로는 춤의 의미에 대한 부적절한 환원주의를 가져올 수 있다고 경계한다.

것으로 그 기원은 다름 아닌 동물들의 모방이었다고 주장한다. 이러한 동물들의 원초적인 모방이 먼저 존재하였고, 오직 보다 후대에 와서야 비로소 신들과 동물들 사이의 상징적인 연관관계를 설정하는 두 번째 단계가 발전되어졌다는 것이다. 따라서 진화론자들에 따르면 종교적 해석자들이 주장하는 소위 '성스러운 춤'이라는 것은 인류의 무용사에 있어서 처음 단계가 아니라 두 번째 단계에 등장한 것이며, 따라서 인류에게 종교는 그리 본질적인 것은 아니라는 것을 보여준다는 것이다. 윌리엄스^{Drid} ^{Williams}는 춤에 대한 진화론자들의 핵심 주장을 두 가지로 요약한다: "(a) 인간은 동물로부터 진화하였다; (b) 종교에 대해 인류가 가지는 어떠한 충동도 춤추는 인간에게서 유래한 것이다."[25] 요컨대 종교가 춤을 만든 것이 아니라, 춤이 종교를 만들었다는 것이다. 그리고 이러한 종교 창조의 힘으로서의 예술적 춤은 오직 인간의 자연적인 모방 본능에 기초하고 있다는 것이다.

이에 대해 춤에 대한 종교적 해석자들은 인류가 초기에 동물들을 춤으로 모방한 것은 단순히 그러한 동물들의 모방 자체가 목적이 아니라, 그렇게 모방된 동물들이 신들을 상징적으로 대변하기 때문이라고 주장한다. 곧 춤을 통한 동물들의 모방은 그 심층적 구조에 있어서 춤을 통한 신들의 모방이었다는 것이다. 따라서 이들은 춤이 지니는 원숭이 혹은 유인원과의 관계성에 대해 연구하는 대신에, 아리스토텔레스의 철학적 모방이론 (Poetics II)에 보다 집중한다. 아리스토텔레스의 모방이론은 성스러운 춤의 기원을 초자연적인 종교적 힘의 모방에서 찾기 때문이다. 이런 이유에서 오이스털리^{W. O. E. Oesterley}와 반 델 레에우^{Gerardus van der Leeuw}같은 종교적 해

---

25) 앞의 책, 88.

석자들은 성속의 구분을 강조할 뿐 아니라, 성스러운 춤은 모든 세속적 형태의 무용들보다 시간적으로 선행하여 존재하였다고 본다.26) 요컨대, 클락 브라운Clark MacMillan Brown의 주장에서처럼, "모든 춤은 원래 종교적이었으며, 종교적 목적을 위해 행해졌다"는 것이다.27) 필자는 여기서 춤의 종교적 이유를 분석한 오이스털리와 반 델 레에우의 이론만을 살펴보고자 한다.

오이스털리는 구약성서의 제의적 무용에 대한 분석을 통해 춤이 종교적 이유, 특히 초자연적인 힘을 모방하려는 인간의 움직임에서 시작되었다고 본다. 왜 원시인들은 성스러운 춤을 추었는가? 오이스털리는 춤의 10가지 종교적 목적을 제시한다.28) 1) 춤은 가장 원시적인 예배 형식이다. 초자연적 힘들을 경배하는 목적을 위해 춤이 최초로 그리고 가장 중요하게 사용되어졌다는 것이다. 2) 춤은 신 앞에서 인간의 자기표현이자 자기 자랑이다. 마치 아이가 부모 앞에서 자신이 얼마나 높이 뜀뛰기를 할 수 있는지 자랑하듯, 춤도 초자연적 힘들 앞에서 인간의 자기 자랑이라는 것이다. 3) 춤은 신과 합일할 수 있는 방법이다. 마치 동물의 흉내를 통해 그 동물과 일종의 상징적인 존재론적 연대를 이루듯이, 춤도 신들의 움직임을 모방함을 통해서 그러한 신들과 하나가 되려는 시도라는 것이다. 4) 춤은 신이 인간 안에 내주할 수 있게 하는 방법이다. 마치 한국의 무속 춤에서 신명이 내려 춤을 추는 것으로 이해하였듯이, 성스러운 힘들이 인간의 몸 안에 내재함을 통해서 자연스럽게 춤으로 그 내재적 힘들이 표현되어

---

26) 앞의 책, 87.

27) W. O. E. Oesterley, *The Sacred Dance: A Study in Comparative Folklore* (Cambridge: Cambridge University Press, 1923), 21에서 재인용.

28) 앞의 책, 22-30 참조.

진다는 것이다. 5) 춤은 풍성한 수확을 신이 가져올 수 있게 하는 도구이다. 들판에서 높이 뜀뛰는 동작을 춤추는 것을 통해서 곡식도 유사한 방식으로 잘 자랄 수 있도록 신들에게 부탁하는 일종의 모방 마술(imitative magic)이 춤이었다는 것이다. 6) 춤은 희생제물을 성화시키는 수단이다. 아랍인들은 제물로 바칠 낙타 주위를 춤추며 도는 것을 통해 그 동물을 성화시킨다고 생각했고 이스라엘 백성도 제단 주위를 동일한 이유에서 춤추며 돌았다. 7) 춤은 통과의례 혹은 가입의식의 한 구성요소이다. 기록에 따르면 고대 기독교인들은 세례 전에 춤추었다고 한다. 8) 춤은 전쟁의 승리를 기원하는 기도이다. 여기서도 마치 전쟁에서 승리하는 것 같은 동작을 춤추는 것을 통해 실제 전쟁에서도 승리하기를 기원한 모방 마술의 기능을 하였던 것이다. 9) 춤은 결혼에 있어서 순결과 다산을 축복하는 방법이다. 구약의 칼춤은 순결을 지키기 위한 일종의 상징적 협박의 기능을 하였다는 것이다. 10) 춤은 죽은 자를 추모하는 방법이다. 장례식에서 춤을 통해 죽은 자를 임재하게 하고 또한 이들이 기쁘게 떠나갈 수 있도록 춤추었다는 것이다.

오이스털리와 마찬가지로 반 델 레에우는 춤의 시원적 뿌리에 종교가 있다고 주장한다. 인간은 '호모 사피엔스' 이전에 '호모 루덴스' 곧 놀이하는 인간이었으며, 이러한 인간의 놀이 중에서 가장 원초적이고 시원적인 놀이가 바로 춤이었다는 것이다. 그는 "춤은 가장 순수하고 가장 완벽한 형태의 놀이이다"는 하위징아의 진술을 인용한다.[29] 반 델 레에우에 있어서 춤은 모든 인간의 놀이와 예술 활동의 처음에 시원적으로 위치한 신의 모방이었던 것이다. 신 앞에서 춤추기 위해서 인간은 물감이나 나무

---

29) Van der Leeuw, *Sacred and Profane Beauty* (1963), 12.

나 돌이나 악기와 같이 그 어떤 것도 필요치 않고 오직 자기 자신의 몸만을 필요로 하기 때문이다.

> 아름다운 몸짓의 예술은 가장 오래된 시원적 예술이다. 인간이 어떤 도구들을 사용하는 법을 배우기 이전에, 인간은 모든 도구들 중에서 가장 완벽한 도구인 자신의 몸을 사용하였다. … 선사시대와 고대 인류의 문화사는 대부분 춤의 역사 외에 아무 것도 아니다. 우리는 이것을 문자적 의미에서 이해해야 한다. 선사시대는 대부분 춤의 역사일 뿐 아니라, 춤의 역사가 대부분 선사시대의 역사이다. 거대한 돌기둥처럼 춤은 인간의 변화하는 표현 형식들 한가운데에 우뚝 서있는 것이다.[30]

반 델 레에우에게 있어 춤의 시원성은 종교와 예술의 시원적 동일성과 밀접하게 관련되어 있다. 즉 종교와 예술이라는 "동심원"(concentric circles)적 구조 한 가운데에 춤이라는 거대한 돌기둥이 공통의 중심으로 서 있었다는 것이다. "예술과 종교가 너무나도 가깝게 서로의 곁에 서있어서 이 둘이 거의 동일시되던 때가 이전에 있었다. 그리고 이른바 미개인들에게는 이러한 때가 아직도 존재한다. 노래는 기도였고, 연극은 신성한 행동이었으며, 춤은 예배였다."[31] 이러한 원초적인 춤에서 예술과 종교는 아직 나누어지지 않은 미분화의 상태였으며, 또한 그것은 드라마, 문학, 건축, 음악, 미술 등과 같은 이후의 모든 예술형태들을 미분화의 상태로 포함하고 있던 기원적인 예술 혹은 예술의 기원이었다고 반 델 레에우는 본 것이다. 따라서 이러한 춤은 세속화의 과정을 거치기 이전부터 존재하는 "신

---

30) 앞의 책, 13.
31) 앞의 책, 11-12.

성한 하나님의 움직임"의 모방이라는 것이다.32) 엘리아데Mircea Eliade도 이 책에 서문을 쓰며, 반 델 레에우의 가중 중요한 주장 중 하나는 바로 춤이 모든 예술들의 최초의 "나누어지지 않은 통일성"(undivided unity)으로 기능하였으며 이것이 나중에 분화되고 분리되면서 "예술의 세속화와 예술의 절대적 자율성"을 가져왔다는 주장을 꼽는다.33) 엘리아데는 이러한 그의 이론이 현상학과 역사학에 기초한 예술신학을 제공하고 있다고 평가한다.

반 델 레에우에 앞서 독일 궁정 발레의 지도자였던 포스Rudolph Voss는 독일 민족의 춤의 역사에 대한 뛰어난 저술을 남겼다. 포스에 따르면 독일 문화에서 "마녀들"은 "춤추는 사람들"로 이해되어졌고, 반대로 "경건한 사람들"은 "춤추지 않는 사람들"로 정의되어졌다.34) 다시 말해 춤이 종교적인 선과 악을 가르는 기준점이 되었던 것이며, 포스가 살았던 독일에서 마녀가 아닌 것과 춤추지 않는 것은 매우 밀접한 연관을 가졌던 것이다. 춤과 악마의 연관성에 대한 문화적 선입견은 19세기 초기와 중기의 독일 문화에서 잘 드러나는데, 여기서 악마는 자신들의 부하들을 거느리고 춤추는 일종의 거대한 무용수 악마 곧 "춤을 보내라"(Schickt den Tanz; Send the Dance)는 이름으로 불리었다. 하지만 독일 문화에서 춤이 항상 종교적으로 부정적인 함의를 가진 것은 아니었다. 예를 들어 종교개혁자 마틴 루터는 춤과 관련하여 발생할 수 있는 악에 대해 "단지 춤추는 것의 잘못만이라고 볼 수는 없다. 왜냐하면 동일한 잘못이 식탁이나 교회에서도 일어날

---

32) 앞의 책, 265. 춤이 지닌 종교적 수동성, 판토마임(panthomime)과 엑스터시(ecstasy)로서의 춤에 대한 그의 논의는 손호현, "춤의 신학" (2012), 184-187 참조.

33) Van der Leeuw, *Sacred and Profane Beauty* (1963), vii.

34) Williams, *Anthropology and the Dance* (2004), 95.

수 있기 때문이다"고 말하였다.[35] 단지 먹고 마시는 것 때문에 사람들이 술고래나 폭식가가 된다고 비난할 수 없듯이 춤도 마찬가지라고 루터는 생각했던 것이다. 또한 흥미롭게도 '마녀=무용수'라는 동일화의 공식이 결코 인류 문화의 보편적 상식은 아니다. 아프리카의 몇몇 문화들에서는 정확하게 반대의 의미를 춤이 갖기 때문이다. 윌리엄스에 따르면, 아프리카에서 "마녀들은 춤추지 않으며, 오히려 전통적 종교와 관련이 있는 사람들이 춤을 춘다."[36]

물론 모든 인류학자들이 이러한 춤의 종교적 해석에 동의하지는 않을 것이다. 가장 대표적으로 윌리엄스는 반 델 레에우의 춤에 대한 종교적 해석이 "무용에 대한 오늘날의 연구에 있어서 재앙"같은 견해라고 혹평한다.[37] 그녀는 춤에 이러한 시원적이고 종교적인 의미를 부여하려는 보편주의자들의 시도는 역사적이고 경험적으로 논증될 수 없을 뿐 아니라 모든 이후의 연구들을 거의 소용없는 부수적인 분석으로 만들 뿐이라고 본다. 윌리엄스에게 있어 이러한 보편주의적 해석은 역사적 과정, 언어, 인간의 개별적 창조성, 혁신 등에 전혀 관계없이 인류의 총체적 문화에 어떤 보편적인 종교적 의미를 부여하려는 시도이다. 이에 반대하며 윌리엄스는 문화와 춤을 비트겐슈타인이 말하는 언어게임으로서의 언어적 상징체계와 관계시켜 해석하고자 한다. 다시 말해 그녀는 사회문화적 인류학(sociocultural anthropology)이라는 관점에서 볼 때 더 이상 춤의 '기원'이나 '본질'에 대한 질문은 의미 없는 것일 뿐 아니라 학문적으로 증명될 수도 없는 것이라고 평가한다. "그것은 아무 것도 말해주지 않는다. 왜냐하면

---

35) 앞의 책, 96.
36) 앞의 책, 95.
37) 앞의 책, 97 이하.

그것은 무용이 하나님 자신의 활동과 동일하다는 이미 전제되어진 구조 속에 들어맞게 해석되기 때문이다. 그것은 우리에게 무용을 다양한 인간 문화 속에서 그리고 다양한 사회언어적 상황 속에서 보는 대신에 그 자체로 신성한 어떤 것으로 이해하도록 강요하는 것이다."[38] 다시 말해 그녀는 춤의 '본질'을 춤에 대한 '종교적 이해'를 통해 밝힐 수 있다고 보는 종교적 본질주의 혹은 보편주의의 입장에 반대하고 있는 것이다. 춤이 종교적 의미를 가질 수는 있을지 모르지만, 그것이 춤의 본질을 설명하는 가장 근원적이고 배타적인 관점이 되어서는 안 된다는 것이다.

> 나는 개인들 혹은 개인들의 집단들이 춤을 추는 것에 있어서 종교적인 이유, 감정적인 이유, 성적이고 유희적인 이유 혹은 경쟁적인 이유를 가질 수 있다는 것을 부정하지 않는다. 하지만 나는 우리가 살펴본 이러한 이론들 중 그 어떤 것이 … 춤추는 행동이 무엇인지, 춤이 무엇인지, 혹은 우리가 춤에 대해 어떻게 유용하게 사유할 수 있는지를 설명해준다는 것을 부정하는 것이다.[39]

윌리엄스에 따르면 이러한 보편주의자들의 거시적 이론들은 대부분 무용수들에게 생소한 외래적이고 이질적인 설명으로, 그들이 이러한 설명을 듣는다면 도무지 동의하지 않을 것이라고 주장한다.

하지만 춤의 종교적 해석에 대한 윌리엄스의 이러한 비판은 텍스트의 의미는 곧 문법적이고 심리적인 저자의 의도(authorial intention)에 환원될 수 있다고 본 슐라이어마허F. Schleiermacher의 고전적 해석학 모델이 가졌던

---

38) 앞의 책, 99.
39) 앞의 책, 100.

오류를 동일하게 반복하는 것이 아닐까? 분명 무용수들에게 춤의 종교적 해석은 이질적인 것으로 혹은 자신의 의도 바깥에 존재하는 것으로 여겨질 수도 있다. 하지만 동시에 춤의 의미는 무용수의 의도에로 환원되어질 수 없고, 춤 동작에 대한 구조주의적이고 기호학적인 분석에로 환원되어질 수도 없는 비언어적 시원성과 언어적 해석의 풍부한 전통도 동시에 가지는 것이다. 예를 들어 반 델 레에우의 춤에 대한 종교적 해석은 서양이라는 기독교 문화권 안에서의 춤에 대한 해석학적 전통의 한 흐름을 분명 대변하는 것으로, 그녀의 주장처럼 춤에 대해 아무 것도 말해주지 않는 것은 아니다. 오히려 인류학은 객관적으로 보편적인 타당성을 지닌 학문이 아니라 본질적으로 "응용된 개인적 인류학"(applied personal anthropology)이라며 해석 주체의 역할을 그녀가 강조한 것처럼, 춤에 대한 종교적 해석의 전통도 분명 춤의 의미 분석에서 배제될 수 없는 대화의 파트너가 될 것이다. 하이젠베르크Werner Heisenberg가 "우리가 관찰하는 것은 자연 자체가 아니라 우리의 질문 방식에 노출되어진 자연이다"고 말한 것을 그녀가 긍정적으로 인용한 것처럼, 윌리엄스 자신도 이러한 해석의 이론 혹은 방법이 부분적으로 실재 자체를 구성하는 역할을 한다고 인정하고 있다.40)

나아가 폴 틸리히의 『문화신학』에서의 주장처럼 "종교는 문화의 내용이고, 문화는 종교의 표현형식"이라면,41) 춤에 대한 종교적 해석이 비록 무용수에게는 이질적인 것으로 여겨질지 모르지만 어쩌면 춤의 무의식적이고 종교적인 깊이를 보다 분명하게 드러내는 긍정적인 역할을 할 수도 있을 것이다. 분명 무용을 배우는 것은 마치 말을 배우는 것과 유사하기 때문에 우리는 그것이 지닌 사회적이고 역사적인 관계성을 구체적으로

---

40) 앞의 책, 32.

41) Paul Tillich, *Theology of Culture* (New York: Oxford University Press, 1959), 42.

분석해야 할 필요성을 가지면서도 동시에 이러한 사회역사적 현상이 기초하고 있는 보다 근원적인 형이상학적 혹은 종교적 의미에 대해서도 성찰해야 할 것이다. 오스카 와일드Oscar Wilde는 '자연 자체가 예술을 모방한다'는 입장에서 런던의 안개가 어떻게 인상주의를 통해 사람들에게 그 존재를 처음으로 드러내게 되었는지를 묘사하고 있다.42) 런던의 안개가 인상주의 화가들 때문에 그 경이로움을 드러낼 수 있었던 것과 마찬가지로, 춤도 종교적 해석가들 때문에 드러나는 어떤 신비함을 가질 수 있지 않을까? 존재와 해석은 분리될 수 없는 것이다.

나오는 말: 흥겨운 기독교

우리는 이 글을 한류, 춤, 기독교가 그 뿌리에서 만나는 세 접점, 곧 '참여·비판·놀이'에 대한 신학적 성찰로 마감하고자 한다. 첫째, 춤은 몸짓을 통한 타자에의 참여이다. 춤은 엑스터시의 심리학에서 참여의 형이상학으로 우리를 이끈다. 참여가 없이 배워질 수 없는 지혜가 춤이다. 춤은 확장적인 의미에서 우주적 리듬과 하나님의 춤에 참여하는 것이다. 춤의 시원적 종교성은 그 근본적 가난에 있다. 춤은 소유한 것이 없는 이들의 영적

---

42) "만약 인상주의 화가들이 아니었다면, 거리들을 스며들며 가스등을 흐릿하게 만들고 집들을 괴상한 그림자로 바꿔버리는 그런 거무스름한 안개의 경이로움을 우리는 어디서 가질 수 있겠어? … 지난 십 년간 런던의 이상기후는 전적으로 이 독특한 예술가들 때문이라구 … 이때에만, 그리고 오직 이때에만, 그것이 존재하기 시작하지. 요즘 사람들이 안개를 보게 된 것은 단지 거기 안개가 있기 때문이 아니라, 시인들과 화가들이 그 신비로움을 가르쳐 주었기 때문이야." 리차드 빌라데서/손호현 옮김, 『신학적 미학』(서울: 한국신학연구소, 2001), 37-38에서 재인용.

몸짓이다. 우주의 공기 속으로 우아한 동작을 꽃씨처럼 퍼뜨리는 것이다. 새로운 아름다움이 탄생한다. 소유가 아니라 빈 공간의 빈곤과 자유가 춤의 존재론적 핵이다. 이러한 중력과 소유에 대한 우주적 저항의 춤이 단지 인간의 행위라고 해석하는 데에는 항상 잠재적인 일반화의 위험이 있다. 동물도 춤춘다. 인간은 동물의 끝, 동물의 꽃으로서 춤추는 것이다. 동물신학은 존재의 군무를 주목해야 한다. 춤은 참여인 동시에 질서의 부여이다. 인간은 동물을 춤추며 그 동물의 리듬을 지배하고 자신의 통제 속으로 가지고 들어온다. 인간은 춤으로 동물을 덫 속으로 몰기도 하고 더 많은 새끼를 낳게도 한다. 원시의 춤은 예술인 동시에 노동이며, 노동인 동시에 기도이다. 멕시코에서는 춤과 일을 가리키는 말이 동일하다고 한다. 모두가 들에 나가 노동하는 동안 가족 중 한 사람은 집에 남아서 좋은 수확을 위해 그날 내내 춤춘다. 이는 가족 중 한 사람이 같은 목적을 위해 기도하는 것과도 동일한 것이다.[43] "노동이 기도이고, 기도가 노동"이라고 성 베네딕투스는 말했다. 춤은 몸으로 드린 기도이다.

춤은 존재 전체가 참여하는 군무이다. 춤을 통해 우리는 동물을, 자연을, 그리고 이미 죽은 영혼들을 춤춘다. 춤을 통해 우리는 존재를 하나의 직물로 베를 짜는 것이다. 모든 춤 중에서 판토마임 곧 모방적 춤이 이를 가장 잘 드러낸다. 춤추는 이는 모방을 통해 모방의 대상과 한 존재가 된다. 모방의 대상과 거기에 대한 모방 춤은 이미 둘이 아닌 것이다. 전쟁의 춤은 이미 일종의 전쟁이다. 사냥의 춤은 이미 실제의 사냥이다. 사랑의 춤은 이미 은밀한 사랑이다. 종교적 춤을 통해 인간은 삶과 죽음을 흉내내며 그 결과를 춤에 의존하게 만들고자 한다. 춤을 통해 인간은 동물이

---

43) 앞의 책, 16-17.

되기도 하고, 신이 되기도 하고, 다른 인간이 되기도 한다. 이런 동일화(identification)를 가능케 하는 것이 춤이다. 특히 춤의 가면은 동일성의 열망이 그 극치에 도달한 것이다. 학춤을 추는 동안 인간은 자연이 되고 자유로운 하늘의 학이 된다. 말춤을 추는 동안 인간은 대지를 뛰는 말이 된다. 춤은 존재의 변신이다. 그것은 하나님에게로 나아가는 몸짓이다. 그래서 그리스인은 춤을 금지하는 것을 신성모독으로 생각했다.44) 춤을 통해 무용수는 자신이 춤을 추는 것이 아니라 보다 큰 힘, 보다 깊은 리듬에 의해 춤추어지는 것이다. 능동이 아니라 수동이 춤의 비밀이다. 그것이 바로 흥겨움의 경험이자, 신神이 나는 경험인 것이다.

　싸이의 <강남스타일>을 포함해 K-Pop의 춤과 모든 세속무용은 충분히 거슬러 올라간다면 원래 종교적 의미에 연관되어진다. 춤은 존재론적으로 종교적이다. 춤은 그 기원에 있어 종교와 관련이 있으며, 그 기능에 있어 신에게 나아가는 걸음이다. 싸이의 '말춤'이 표면적으로 말이라는 동물의 움직임을 모방하는 것일 수 있지만, 더 깊은 차원에서 말의 모방을 통해 하나님의 "흥興"을 춤으로 표현한 것이기도 하다. 이스라엘의 다윗이 하나님 앞에서 춤춘 것은 하나님이 춤추는 평화라는 것을 그가 알았기 때문이다(사무엘하 6:12-23; 역대기상 16:28-29). 그것이 바로 '왜 단지 움직임인 춤이 종교적인가?'에 대한 신학적 대답이다. 춤은 하나님의 움직임에서 시작하기 때문이다. 우주의 창조는 하나님의 첫 번째 춤이었다. 창조는 하나님의 영이 수면 위에 그린 춤이다. 하나님은 자신의 백성을 사막에서 춤추는 불기둥으로 인도하셨다. 예언자들은 춤추는 비판의 목소리였다. 예수는 이 땅에 춤추는 평화로 오셨다. 그는 인류를 춤추게 하고자 한 하나

---

44) 앞의 책, 23-24.

님의 초대이다. 인류는 신(聖靈)이 나서 춤추며, 자신과 세계를 흥겹게 움직이며, 비로소 춤추는 하나님을 깨닫게 된다. 그리고 마지막 날 우리는 하나님과 듀엣을 출 것이다.45)

둘째, 춤은 비판과 해방의 몸짓이다. 춤의 종교적 측면 중에서 "신들림"(possession)의 춤이 있다. 신들림은 사회적 부조화가 가장 극적으로 표출되는 현상이다. 관객들은 이처럼 신들린 희생자를 봄을 통해서 사회 구성원들 중에서 희생자의 상황을 주목해서 보게 되고, 곤경으로부터 보다 자발적으로 그를 구출하고자 하는 것이다. 한류의 춤이 모두 동일한 종교적 의미를 가지지는 않을 것이다. 하지만 최소한 싸이의 <강남스타일>은 강남으로 상징되는 힘 있는 자들에 의해 희생되어진 힘없는 사람들의 인간됨, 인간으로서의 훼손된 자존감과 존엄성, 그리고 그들의 저항적 모방의 몸짓을 보여주는 것이다. 강남에서 쫓겨난 경제 문화적 주변부 사람들이 강남 사람들의 명품 백을 짝퉁 백으로 교란시키며 그들의 문화적 문법에 암시적으로 저항하는 것이다. 강남 모방에 기초한 싸이의 <강남스타일>도 이러한 사회적 계층의 구분선을 가상적으로 넘어서고 무너뜨리는 예술적 위반과 전복을 보여주는 비판의 춤이다. 무력을 통한 저항은 무력을 통해 진압될 수 있지만, 춤추는 평화의 저항은 동일한 방식으로 규제될

---

45) 물론 교회가 크게 두 가지 이유에서 춤을 반대한 때도 있었다. 춤이 이루어지는 극장이 주로 매춘과 관련되어졌다는 것과, 둘째로 매춘이 아니라 하더라도 춤은 성적인 자극으로 여겨졌기 때문이다. 하지만 이러한 금욕적 기독교도 춤이 지닌 종교적 뿌리와 신학적 깊이를 손쉽게 부정해서는 안 될 것이다. 서구에서는 춤을 지나치게 감각적인 것으로 보았기 때문에 여기에 대한 온전한 수용은 오직 천국에서만 천사들의 춤으로 가능하다고 보았다. 하지만 예수 그리스도는 이 땅에 성육하신 춤추는 하나님에 대한 궁극적인 선포이다. 불행하게도, 현대의 춤은 이러한 자신의 깊이를 완전히 망각하게 되었다. 춤추지 않는 자는 단지 아주 초라한 춤을 추는 것이다. 어떤 식으로든, 모두는 춤춘다. 그리고 흥의 신학이 지닌 사명이 바로 이러한 춤의 종교적 뿌리와 평화의 흥을 다시 기억하게 만드는 것이다.

수는 없는 것이다. 여기서 춤은 '힐링' 곧 치유라는 종교적 기능을 가진다. 하위징아는 인류학적 관점에서 볼 때 놀이와 종교는 밀접하게 관련이 있으며, 이러한 제의적 측면에서 이해된 놀이를 "보상적인 동일화"(identification compensatrice), 곧 "실제로 어떤 목적의 행동을 수행하는 것이 불가능할 때 이루어지는 대리적인 표현 행동"이라고 제안한다.46) 춤은 몸으로 드린 집단적이고 문화적인 비판과 치유의 기도이다.

호미 바바Homi Bhabha는 피지배자의 지배자 문화에 대한 의도적 모방은 식민 문화의 권위나 순수성을 훼손시키고 저항하는 제3의 공간, 경계선상의 공간, 이중적 목소리의 공간을 창조하게 된다고 한다. 이러한 제3의 공간은 문화의 경계선들을 넘나들며 서로에게 접속되어 있으나 동시에 분리되어 있다. 그리고 이러한 경계선상의 존재이기 때문에 혼종성은 항상 통제될 수 없는 역동적 운동성을 지니는 것이다. 싸이의 <강남스타일>은 이러한 혼종적 공간에서 유머와 자기 비하를 통해 강남의 헤게모니에 대한 문화적 저항으로 해석될 수 있다. 싸이는 브리트니 스피어스에게 <강남스타일>의 말춤을 가르쳐주면서 이렇게 말했다고 한다: "옷은 고급스럽게, 춤은 싸구려처럼!"(Dress classy, dance cheesy) 봉산탈춤의 말뚝이가 양반의 위선에 대해 풍자와 해학으로 저항한 것에서 민중 신학자 서남동은 "신의 역사개입"을 보았다.47) 현대 한국의 가장 상류층 문화를 상징하는 <강남스타일>을 B급 문화로 조롱하는 싸이의 말춤에서 우리도 동일한 신의 역사 개입을 볼 수 있지 않을까? 그것은 저항의 문화이다. 자신 안에 두 목소리가, 아니 여러 목소리가 혼재하게 만드는 것이다. 저급한 모방을 통해 춤추는 자는 주인의 문화적 제국주의를 은밀히 전복시킨다.

---

46) Johan Huizinga, *Homo Ludens* (Boston: Beacon Press, 1971), 15.

47) 서남동, 『民衆神學의 探究』 (파주: 한길사, 1983), 99-100.

싸이는 그러한 우리 시대의 말뚝이가 아닐까?

셋째, 춤은 존재의 놀이이다. 한류의 춤을 좋아하는 이유 중 빠지지 않는 것이 바로 재미이다. 하위징아는 이 "재미"(fun)가 결코 쉽게 정의될 수 없다고 한다.[48] 재미를 쉽게 정의내릴 수 없는 이유는 재미 자체가 다른 보다 기본적인 개념들을 가지고 설명할 수 있는 어떤 파생적인 개념이 아니라, 오히려 삶을 설명하는 가장 근본적인 개념 중 하나이기 때문이다. 재미는 놀이의 핵심이다. 이러한 재미의 추구는 인간의 영역뿐만 아니라 동물에게서도 발견되어지는 생명의 원초적 현상이다. 공놀이를 하며 흥분하고 재미있어 하는 강아지의 예처럼 동물도 재미를 경험한다. 놀이의 재미는 단지 이성적 활동과의 연관성으로는 설명할 수 없는 시원적인 생명의 문법인 것이다.

재미는 놀이의 집단성에도 관련된다. 놀이는 함께 놀 때 더욱 재미있다. K-Pop의 또 다른 특징이 바로 집단적 춤으로서의 군무이다. 한류 현상에는 커버댄스 경연대회, 유튜브의 패러디물과 같은 존재의 집단성에 대한 강한 표현들이 발견된다. 군무는 무리의 춤, 곧 우주적 외로움이라는 차갑고 무거운 존재론적 중력을 거스르는 집단적인 흥과 치유의 기도이다. '따라하기'를 통해 그들은 더 이상 혼자가 아닌 인간이 되는 것이다. 거기에 바로 타자에 대해 잃어버렸던 순수한 믿음이 가장 원초적인 형태로 재발견되는 것이다. 군무란 내 옆에 다른 존재가 함께 있다는 의식을 전제로 한다. 그들의 호흡과 몸짓에 같이 나를 맞추어 가는 재미있는 놀이를 하는 것은 자신이 우주에서 홀로 외롭게 존재하는 것이 아니라 보다 큰 질서와 리듬에 소속한다는 연대감을 준다. 곧 같이 춤추는 우리라는 보다

---

48) Huizinga, *Homo Ludens* (1971), 3.

큰 가치를 몸의 호흡으로 느끼는 것이다. 군무는 근본적으로 종교적인 표현 형태이다. 종교(religio)란 '다시 묶는다(re-ligo)'는 뜻을 어원적으로 가진다. 고독하게 흩어진 사람들을 다시 묶는 것이 종교이며 춤이다. 사람들은 함께 존재할 때 본래적으로 존재한다. 자폐적 고독을 치유하는 것이 바로 군무가 가진 종교적 기능인 것이다. 춤은 고독에 저항하는 생명의 아름다운 예술적 놀이이다.

이처럼 춤은 종교적 뿌리를 가진다. 아이돌의 의상은 우리 시대의 무복이며, 그들은 우리 시대의 춤추는 샤먼이다. 한류의 춤은 한풀이, 신명, 스포츠를 모두 합친 종합예술로서의 굿이다. 고수 대신에 컴퓨터 음악에 박자를 맞추지만 그들은 여전히 인류의 심장이 기억하고 있는 원시의 리듬에 따라 춤을 춘다. 북소리처럼 중독성 있는 리듬에 맞춰 초혼하며 신을 부른다. 그들의 노래 가사는 포스트모던의 설교이자 사설이다. 한류 공연장은 우리 시대의 원초적인 예배이자 굿 놀이 마당인 것이다. 그들의 기적은 이제 더 이상 작두 위에 서는 것 대신에 와이어를 타고 공중을 나는 것이다. 춤은 엑스터시와 누미노제의 경험이다. 신 앞에 발가벗겨져 집단 무의식 속에 내재하는 진정한 자아와 직면하게 되는 것이다. 그들의 춤동작은 새롭지만 또한 오래된 성스러운 제스처 곧 제의이다. 자연의 움직임, 인생의 고뇌, 생명의 에너지 자체가 성스러운 동작으로 반복된다. 게다가 춤의 제의는 참여할 수 있는 모방이 아닌가? 무대는 제단이다. 붉은 조명은 생명의 피를 뿌려주고, 무대의 높이는 성스러운 수직이다. 아이돌은 기계장치를 타고 무대 위에 올라서면서 신성화가 시작된다. 무대 없는 아이돌은 존재할 수 없다. K-Pop은 세속화된 메시아니즘이며, 일종의 세속적 구원을 제공하는 역할을 한다. 전자시대의 메시아, 인간의 초월적 이상의 아이돌이다. 한류의 군무는 일종의 신들의 종합선물세트인 것이다. 사람들은 자신의 이상화된 거울 이미지를 아이돌에서 본다. 포이어바흐와 프로이트의 지적처럼, 우상은 그 본질에 있어서 거울이기 때문이다. 그래서 춤은 위험하다.

함석헌이 보여주었던 세계의 하수구, 세계의 공창으로서의 한민족은 이제 세계의 문화 창조력을 상징하게 되었다. 바로 여기에 한류가 국수적인 자민족문화 우월주의를 넘어서서 세계의 문화적 연대주의를 위한 중요한 목소리로서 기능할 수 있는 이유가 있는 것이다. 우리가 목도하고 있는 인류의 지구적 자살의 현실에서 한류는 자신의 흥의 문화를 통해 평화의 놀이판을 세계에 제공해야 할 책임성을 가지는 것이다. 웅덩이가 흐르기를 그치고 가득 고이면 썩듯이, 한 민족의 마음도 사명감을 잃어버리면 망하게 된다고 함석헌은 말한다. 우리 민족이 세계의 짐을 진다는 종교적 사명감을 가져야 한다. 우리 민족의 사명은 이러한 세계의 아픔의 짐을 원망하거나 회피하지 않고 용감하고 진실되게 지는 것이라고 함석헌은 본다. 그것을 짐으로써 우리 민족을 건지고 또 세계를 건지게 되는 것이기에 인간을 위해 그리고 하나님을 위해 이러한 대속적 고난의 짐을 져야 한다는 것이다. 세계의 하수구가 되라는 것은 단지 더러워지라는 말이 아니다. 그것은 가장 바닥에 고인 세계의 아픔을 모아 하나님의 무한을 향하도록 세계의 생명을 살리는 일이다. "간디의 말과 같이, 수난은 결코 약한 자의 일이 아니요, 강한 자의 일이다. 자기 안에 보다 위대한 힘을 믿는 것이 수난의 도다. 우리 싸움은 불행을 남에게 떠밀자는 싸움이 아니라, 죄악의 결과인 고난을 내 몸에 달게 받음으로써 세계의 생명을 살리자는 일이다. … 이것은 세계의 하수구요, 공창公娼인 우리만이 할 수 있는 일이다."[49]

---

49) 함석헌, 『뜻으로 본 한국역사』 (파주: 한길사, 1983), 466-467; 백범 김구도 『백범일지』에서 자신이 원하는 한국에 대해 이렇게 말하고 있다: "나는 우리나라가 세계에서 가장 아

평화는 칼이나 정치의 일이 아니라 춤과 예술의 일이다.

한류가 선교에 보여주는 것은 바로 한국 기독교가 바로 흥겨운 기독교가 되어야 한다는 점이다. 하나님은 우리에게 흥겨운 춤의 리듬을 원하신다. 가름의 벽을 훌쩍 넘어 인류의 대동과 함께 일어섬의 신명남과 흥을 주목하는 기독교가 되어야 한다는 것이다. 두려움과 방어적 폐쇄성을 벗어난 기독교가 되어야 한다는 것이다. 즐거움과 평화의 기독교가 되어야 한다는 점이다. 흥의 평화, 흥겨운 하나님, 흥겨운 기독교를 주목해야 한다는 것이다. 흥의 본질은 물상화, 고착화될 수 없는 관계성의 춤추기에 있다. 흥은 몸과 몸의 움직임이 이루어내는 대동의 사건이다. 경계 넘나들기가 기독교 공동체의 혼종적 정체성이라는 것을 바울이 보여주었듯 우리도 지금 이러한 흥겨움을 회복해야 한다. 칼 바르트는 신학의 지겨움은 신학자들의 죄라고 했다. 그리고 그는 칼뱅의 이중예정설을 복음에 기초한 보편적 이중예정설로 흥겹게 재해석한다. 이처럼 흥의 신학은 무거움의 정신에 대한 신학적 가벼움의 저항이다. 마치 춤이 물리적인 중력의 힘을 저항하며 상승의 몸짓을 하듯, 흥의 신학도 정신의 무거움에 저항하여 창조적인 놀이를 춤추어야 하는 것이다. 춤은 중력에 대한 저항이며, 발레는 몸으로 만든 고딕 성당이다. 둘 다 중력의 무거움을 거스르며 상승하는

름다운 나라가 되기를 원한다. 가장 부강한 나라가 되기를 원하는 것은 아니다. 내가 남의 침략에 가슴이 아팠으니, 내 나라가 남을 침략하는 것을 원치 아니한다. … 지금 인류에게 부족한 것은 무력도 아니오, 경제력도 아니다. … 인류가 현재에 불행한 근본 이유는 인의 (仁義)가 부족하고, 자비가 부족하고, 사랑이 부족한 때문이다. 이 마음만 발달이 되면 현재의 물질력으로 20억이 다 편안히 살아갈 수 있을 것이다. 인류의 이 정신을 배양하는 것은 오직 문화이다. 나는 우리나라가 남의 것을 모방하는 나라가 되지 말고, 이러한 높고 새로운 문화의 근원이 되고, 목표가 되고, 모범이 되기를 원한다. 그래서 진정한 세계의 평화가 우리나라에서, 우리나라로 말미암아서 세계에서 실현되기를 원한다." 백범 김구, 『백범일지』 중에서 「나의 소원」; 심광현, 『흥한민국』 (2005), 13에서 재인용.

생명의 표현이다. 비밀은 가벼움이다.

함석헌은 생명 자체가 예술적 창조이며 씨알의 싹트임이며 "씨알의 춤"이라고 했다.[50] 예술이 없는 삶은 늙은 삶, 불모의 삶이다. 이에 저항하며 씨알의 노는 몸짓이 바로 춤이며 아름다움이다. 여기에서 새로운 우주가 터져나가고, 새로운 흥겨운 기독교가 태동하는 것이다. "우리는 터져 나가는 우주에 산다. 우리가 터져 나가는 우주다. 우주의 씨알이다."[51] 만물은 춤이다!

---

50) 함석헌, 『인간혁명』(파주: 한길사, 2009), 304.
51) 앞의 책, 196.

참고문헌

나카미 마리/김순희 옮김. 『야나기 무네요시 평전』. 파주: 효형출판, 2005.

리차드 빌라데서/손호현 옮김. 『신학적 미학』. 서울: 한국신학연구소, 2001.

서남동. 『民衆神學의 探究』. 파주: 한길사, 1983.

손호현. "춤의 신학." 「한국기독교신학논총」 79(2012).

신은경. 『風流: 동아시아 美學의 근원』. 서울: 보고사, 1999.

심광현. 『흥한민국』. 서울: 현실문화연구, 2005.

야나기 무네요시/최재목·기정희 옮김. 『미의 법문』. 서울: 이학사, 2005.

_____/이길진 옮김. 『조선과 그 예술』. 서울: 신구문화사, 1994.

유동식. 『素琴 柳東植 全集』 제2권. 서울: 한들, 2009.

이데카와 나오키/정희균 옮김. 『인간 부흥의 공예』. 서울: 학고재, 2002.

조요한. 『韓國美의 照明』. 서울: 열화당, 1999.

함석헌. 『함석헌 저작집 2: 인간혁명』. 파주: 한길사, 2009.

_____. 『함석헌 저작집 30: 뜻으로 본 한국역사』. 파주: 한길사, 2009.

Huizinga, Johan. *Homo Ludens*. Boston: Beacon Press, 1971.

Nietzsche, Friedrich. *Thus Spoke Zarathustra*. Trans. Walter Kaufmann. New York: The Modern Library, 1995.

Oesterley, W. O. E. *The Sacred Dance: A Study in Comparative Folklore*. Cambridge: Cambridge University Press, 1923.

Shifman, Limor. "An anatomy of a YouTube meme." *New Media & Society*.

Tillich, Paul. *Theology of Culture*. New York: Oxford University Press, 1959.

Van der Leeuw, Gerardus. *Sacred and Profane Beauty: the Holy in Art*. New York: Holt, Rinehart and Winston, 1963.

Williams, Drid. *Anthropology and the Dance: Ten Lectures*. 2nd edition. Urbana and Chicago: University of Illinois Press, 2004.

Wittgenstein, Ludwig. *Culture and Value*. Trans. Peter Winch. Chicago: The University of Chicago Press, 1980.

싸이(Psy)의 〈강남스타일〉

: 문화 리터러시와 선교의 과제

김정준 | 서울기독대학교

들어가는 말

21세기에 들어서면서 한국인들에 의하여 표출된 문화콘텐츠 '한류' (韓流, hallyu)는 대중매체를 통하여 전파·확산되면서 중국, 일본, 그리고 아시아를 넘어서 전 세계인들의 마음을 자극하면서 문화적 공감대를 형성하고 있다. 21세기에 한국인들은 한류문화 콘텐츠를 생산하고 소비하면서 세계인들과 소통하고, 공감대를 형성하는데 크게 기여할 수 있다는 위대한 문화적 경험을 하였다. 한 사회의 개인이나 사건의 특수성이 역사와 맞물려 보편성을 획득하는 의미있는 정점을 '위대한 순간'[1]이라고 한다면, 싸이의 〈강남스타일〉은 세계 대중문화의 역사적 흐름 속에서 '위대한 순간'을 경험한 것임에 틀림이 없다. 그것은 21세기 한류문화 K-Pop에

---

1) 윤혜준, 『바로크와 '나'의 탄생』 (서울: 문학동네, 2013), 4.

담겨있는 한국적 특수성이 세계인들과 보편적 공감대를 형성한 의미 있는 문화적 사건이라고 할 수 있다.

한류 문화콘텐츠는 드라마, 영화, K-Pop, 음식 등 다양한 장르를 포괄하고 있다. 한국인들이 창조해내는 한류문화의 콘텐츠에는 그것을 창조한 한국인들의 집단적 의식과 정서, 삶의 양식 등이 투영되어 있다. 본 논문에서 연구자가 관심을 갖는 것은 한류문화의 한 장르로서 K-Pop, 특히 싸이의 <강남스타일>이 세계인들의 마음에 광범위 하게 공감대를 형성한 원인이 무엇이냐를 질문하는 것이다. 그것은 이제까지 팝음악이 서구 대중문화의 전유물로서 서구인들은 당연한 문화콘텐츠의 공급자인 반면에, 한국을 비롯한 아시아인들은 그들이 공급했던 팝 음악의 소비자로만 작동되어 왔던 상황과 인식의 틀을 전복시켰다는데 있다. 과연 한국인 싸이와 <강남스타일>이 세계인들에게 즐거움을 제공하면서 보편적 공감을 이룩했다면, 과연 그의 작품들에 흐르고 있는 문화코드와 심리적 의미는 무엇이며, 그리고 그 의미들이 기독교회와 선교에 시사해 주는 바는 무엇인지 검토해 보려는 것이다.

한류의 문화심리적 해석: 싸이와 〈강남스타일〉

싸이의 <강남스타일>은 현재 미국을 비롯한 전 세계 대중문화에 큰 영향력을 끼치고 있다. 싸이는 이제까지 한류 대중음악 K-Pop은 샤이니, 2PM, 빅뱅 등과 같은 남자 아이돌 그룹이나 소녀시대, 원더걸스, 카라, 포미닛 등과 같은 여자 아이돌 그룹이 보여준 전형적인 댄스음악 스타일과는 달리 자신만의 창조적인 음악과 커뮤니케이션 방식을 구사한다는데 그 특징이 있다. 싸이의 <강남스타일>을 분석하기에 앞서, 그의 삶과 음악세계, 그리고 그의 활동결과 등을 간략하게 살펴보기로 한다.

싸이의 성장과 음악활동

한국 대중문화의 엽기 트렌드 싸이Psy의 본명은 박재상朴載相으로 1977년 12월31일 강남의 유복한 집안의 1남1녀 중 막내로 출생하였다. 그는 반포 초등학교, 반포 중학교, 세화 고등학교를 졸업하였다. 그는 강남에서 태어나 강남에서 청소년 시절을 보낸 진정한 강남의 아들이다. 그는 어릴 적부터 공부에 별다른 취미를 갖지 못했고, 중고등학교 학창시절 학교생활에 잘 적응하지 못해 방황하였다.[2] 그는 고등학교 졸업 후 경영학을 공부하겠다고 부모님을 설득시켜 미국 서부에 위치한 보스턴 대학교[3] (Boston University)에 입학했지만, 중도에 딴따라 기질에 눈이 떠 부모님 몰래 동부에 위치한 버클리 음대[4](Berklee College of Music)에 입학하여 작곡을 공부하였다. 이 사실을 알게 된 싸이의 아버지는 미국으로 건너가 제멋대로 행동한 아들에게 크게 분노했다는 일화도 있다. 싸이는 자신이 밝히

---

2) 이동연, "내가 아는 '싸이'에 관한 모든 것," 「문화과학」 72(2012), 309.

3) 보스턴대학교(Boston University)는 미국 매사추세츠 주(州) 보스턴 시내에 있는 오랜 전통의 명문 사립대학이다. 보스턴대학교는 처음에는 버몬트 주에서 감리교 계통의 성서연구소로 1839년에 시작되었고, 1867년에 보스턴으로 이전하여 보스턴신학교로 개편되었다. 이후, 1869년에는 종합대학인 보스턴대학교가 되었다.

4) 1945년 보스턴에 설립된 음악 전문대학이다. 일반인들에게 잘 알려진 버클리 대학교 (University of California, Berkeley)는 미국 서부 캘리포니아 주 버클리라는 도시에 위치해 있는 캘리포니아 주립 대학교를 말하며, 흔히 UC Berkeley로 불리어 진다. UC Berkeley와는 달리 버클리 음악대학(Berklee College of Music)은 미국 동부 보스턴에 위치하고 있으며, 영문으로는 Berklee로 표기하고 있다.

고 있는 바처럼 '하지 말라면 더하는 성격'이라고 한다.[5] 싸이는 1999년
부터 본격적으로 음악활동을 시작하였다. 싸이는 1999년 미국에서 함께
유학생활을 했던 랩퍼 조PD의 2집 음반 <In Stardom Version 2.0.>에 참
여하였고, 2001년 그의 첫 번째 앨범 제1집 <PSY From The Psycho
World!>을 발표 하면서 정식 데뷔하였고, 정규앨범 6집과 몇 개의 비정규
앨범을 연속적으로 발매하였다. 싸이가 발표한 대표적인 음반들은 다음
과 같다.

Discography[6)]

2001.01.08	제1집 <PSY From The Psycho World!>
2002.01.16	제2집 <Ssa 2 / 싸2 成人用 (성인용)>
2002.09.19	제3집 <3마이>
2004.11.08	디지털 싱글 <언젠가는>
2005.07.22	<Remake&remix 18번>
2006.04.10	디지털 싱글 <We are the one>
2006.07.24	제4집 <싸집>
2007.12.18	디지털 싱글 <쇼(Show)>
2010.03.26	김장훈, 싸이 디지털 싱글 <울려줘 다시 한 번>
2010.05.14	김장훈, 싸이 디지털 싱글 <다시 한 번 대한민국>
2010.10.11	디지털 싱글 <내 눈에는>

---

5) 싸이, <무릎팍 도사>, MBC. 2012. 4.25. from YouTube. 2013.3.3.접속.
6) 싸이의 Discography는 소속사인 YG Entertainment 홈페이지에 게시된 자료를 참조하였다.
  http://www.ygfamily.com/artist/About.asp?LANGDIV=K&ATYPE=2&ARTIDX=15.
  2013.3.8.접속.

2010.10.14	디지털 싱글 <Thank you>
2010.10.20	제5집 <PSYFIVE/싸이파이브>
2012.05.08	디지털 싱글 <아버지(at 섬머스탠드)>
2012.06.28	디지털 싱글 <KOREA>(런던올림픽 국악 응원가)
2012.07.15	제6집 <싸이6甲 Part.1>
2012.11.19	디지털 싱글 <강남스타일/2Legit /2Quit Mashup(feat. MC Hammer)>

　　싸이는 1999년 한국의 대중음악가로 활동을 시작한 이후 서서히 대중들에게 인기를 얻게 되었으며 대중매체들에 의해 소개되기 시작하였다. 1년 뒤인 2001년 1월에는 그의 첫 앨범 <PSY From The Psycho World!>가 발표되었다. 그러나 그의 활동은 시작과 함께 일련의 자신의 반사회적 사건들과 관련하여 상당 기간 동안 문제가 되었다. 그러므로 싸이가 음악 활동을 통하여 얻은 많은 상들은 기본적으로 자신의 음악적 재능에 대한 평가지만, 그의 작품에는 그가 경험한 자신의 많은 삶의 시련들이 고스란히 반영되어 있다. 그가 경험한 대표적인 인생의 시련은 대마초 흡입사건, 청소년 유해매체 판정 사건, 그리고 병역기피 사건 등이다.[7]

　　첫 번째 시련은 대마초 사건이다. 싸이가 2001년 데뷔작인 제1집 <PSY From The Psycho World!>를 발표한 그해 11월에 대마초 흡입 사건으로 입건되면서 사회적 파장이 일어나게 되었는데, 이 사건은 벌금 500만원을 물고 일단락되었다. 그를 세상에 알리게 한 제1집에 포함된 자신이 작사, 작곡한 타이틀 곡 <새>의 결정적인 멜로디 "나 완전히 새됐어"의

---

7) 이동연, "내가 아는 '싸이'에 관한 모든 것," 「문화과학」 72(2012), 309-313 참조.

가사는 그대로 현실이 되었다.[8] 두 번째 시련은 2002년 1월16일에 발표한 제2집 <Ssa 2 / 싸2 成人用(성인용)>이 불량한 가사로 인하여 '19금'이라는 청소년 유해매체 판정을 받은 것이다. 2집에 실린 <해지면>, <나쁜 년>, <처녀 논쟁>이라는 노래의 가사들은 지극히 저속하고, 선정적이며, 마초적이다.[9] 제2집 <싸2>는 싸이의 마초적 양아치 기질과 저속한 선정성을 거침없이 드러낸 작품이지만 청소년 유해매체 판정을 받으며 그렇게 대중적 호응을 얻지는 못했다. 세 번째 시련은 병역비리 사건이다. 싸이는 2003년부터 2005년 11월까지 컴퓨터 소프트웨어 개발 분야에서 병역 특례요원으로 선발되어 부친의 기업과 연관된 자회사에 근무하였는데, 이 사실이 2004년 MBC 시사프로그램 <사실은>에 보도되면서 사회적 논란이 되었다. 당시 검찰의 수사 결과 무자격과 금품 수수는 무혐의로 판정 났지만, 대체 복무의 주 업무로 담당한 일이 병역특례에 해당되지 않으며, 대체복무 중 잦은 공연을 문제 삼아 행정처분을 명령했다. 그 결과 싸이는 2007년 12월 17일 재입대하여 20개월의 군복무를 마치고 2009년 7월11일 제대하였다. 어찌되었든 싸이는 군복무를 두 번 하는 초유의 사

---

8) "나 한순간에 새 됐스/ 당신은 아름다운 비너스/ 이랬다가 저랬다가 왔다 갔다 나 갔다가는 너는 밤낮 장난하나/ 너만을 바라보던 날 차버렸어/ 나 완전히 새됐어 … 제발 날 떠나지마 더 이상 혼자는 싫어 정말 싫어/ 나 완전히 새 됐어."(<새> 중)

9) "병들어 가는 영혼들이여/ 아쉬움 없는 젊음이 미워/ 매일 만나는 쌍년 놈들이여/ 쉽게 돈 벌려는 미친년들과/ 돈이 남아도는 미친놈들아/ 매일 밤 접하는 좆같은 세상아"(<해지면> 중); "사랑한다 미치더니/ 돌아서서 욕하더니/ 더 세게 안아달라/ 흐느끼던 나쁜 년아/ 하고 싶다 미치더니/ 자고싶다 조르더니/ 더 깊게 느껴달라/ 속삭이던 독한 년아"(<나쁜 년> 중); "그래 너 처녀냐? 비켜 난 처녀같은 거 안먹어/ 좋다 너 사까시 끝까지 우리말 좀 합시다/ 한잔마시고 잡시다 그리고 잠시만/ 묻지도 않은 질문에 웬 대답/ 왜 오빠 보니까 벌렁벌렁했냐? 누가 했냐고 묻냐? 긴장 풀고 뒤로 돌아"(<처녀논쟁> 중); 이동연, "내가 아는 '싸이'에 관한 모든 것," (2012), 310.

건이 벌어지게 된 것이었다. 사실, 한국사회에서 남자들의 병역문제는 매우 민감한 문제로서, 연예인들은 자신들이 역량을 최고로 보여줄 수 있는 활동 시기에 병역의무는 큰 걸림돌로 작용하고 있다. 한국사회에서 연예인들의 병역기피는 대중들에게 결코 좋은 인식을 줄 수 없는 사안이다. 하지만 싸이는 재입대하여 군복무를 해결하면서 음악활동을 지속해 나갔다. 이후, 2010년에는 소속사를 지금의 YG 엔터테인먼트로 옮긴 후 바로 2010년 10월에 제5집 <PSYFIVE/싸이파이브>를 출시했다. 5집의 타이틀곡인 '싸군'에는 2001년 연예계 데뷔 이후에 겪었던 파란만장했던 자신의 경험을 그의 노래 말미에 싸이답게 직설적으로 표현하고 있다. "대마 1년, 자숙 1년, 대체복무 3년, 재판 1년, 현역 2년, 합이 8년, 데뷔 10년에 활동 2년" 그러나 싸이는 뒤이어 "이제부터 쉼 없이 달려 볼란다/ 큰일 난다 불이 난다 내 맛대로 멋대로 …"라고 자신의 각오를 본성 그대로 드러낸다.

드디어, 2012년 7월에 발매한 제6집 <싸이6甲 Part.1>에 수록된 <강남스타일>은 다른 앨범의 트랙 수에 비해 절반도 안 되는 EP 형식에 가까운 앨범으로 발표하였다. 이 앨범에 실린 <강남스타일>이 한국은 물론 전 세계적으로 메가 히트를 치는 바람에 한국 대중음악 역사상 가장 기념비적인 반열에 오르게 되었다. <강남스타일>은 싸군의 불행했던 8년간의 인생 역경을 한 방에 보상해주고, 2년여의 연예활동 공간을 전 세계로 순식간에 확장시킨 대중음악 문화사의 금자탑이 되었다. 이상에서 언급한 싸이의 인생과정과 음악세계를 살펴보면 그 특징은 크게 세 가지로 정리될 수 있다.

첫째, 싸이의 음악에는 자신의 음악적 재능은 물론 독특한 자신의 성격과 삶의 경험이 반영되어 있다. 우선 싸이의 음악적 재능이다. 싸이의 음악적 재능은 그의 작품과 수상경력에서도 확인할 수 있듯이 그의 음악 활동 수행영역은 매우 다양하다. 싸이는 랩퍼, 싱어송 라이터, 뮤직비디오 프로듀서, 라이브 콘서트 프로듀서 등 다양한 영역의 역할을 수행할 수 있는 능력 있는 뮤지션이다. 다음으로 싸이의 성격과 삶의 방식이다. 싸이의 성격은 근본적으로 자유로운 삶을 펼치는 자유인으로, 자신의 성격과 기질을 음악을 통하여 그대로 표현한다. 그것을 한 마디로 '싸군다와야 한다'고 말한다. 어쩌면 이러한 싸이의 성격과 음악적 표현이 자신의 삶에게 닥친 시련에도 불구하고 자신의 방식대로의 독특하고, 창조적인 음악활동을 지속할 수 있었던 것일지도 모른다. 사실, 싸이의 독립적이고, 반항적 기질의 삶의 방식은 자신에게 다가온 인생의 시련을 극복하고 지속적인 노력을 기울이게 한 원동력이며, 그의 음악과 인생을 새로운 차원으로 승화시켰다.

둘째, 싸이의 음악적 퍼포먼스에는 시대정신이 결합되어 있다. 싸이의 음악작품들의 스타일은 직설적이고, 노골적인 퍼포먼스 형태가 특징이다. 그래서 그에게는 '엽기 트렌드', '양아치 스타일', '싸이코'라는 캐릭터로 대중들에게 각인되었다. 하지만 그에게 붙여진 '엽기', '양아치', '싸이코'라는 캐릭터처럼 싸이의 음악이 개념이 없거나, 단지 무분별하다고 볼 수는 없다. 오히려 싸이가 구사하는 '엽기', '양아치', '싸이코' 등과 같은 그의 캐릭터는 포스트모던 시대의 비정형성이라는 시대적 특징을 반영한다. 그것은 기존 사회의 가치와 질서에 대한 하나의 도전이며, 해체의 시도이다. 그리고 시대정신에 터하여 자아와 삶의 새로운 방식을 추구하는 대중음악가 싸이의 아방가르드적 예술행위의 한 단면을 드러내고 있다.

셋째, 싸이가 생산하는 대중음악은 포스트모던 시대의 시대적 특성인

이질적이고, 다양한 요소들이 상호 결합된 키취kitsch10) 형식의 면모를 잘
보여주고 있다. 싸이의 음악 앨범은 주로 뮤직비디오 형식의 DVD로 만들
어졌는데, 그 진가는 자신이 작사작곡한 노골적이고 직설적인 가사, 랩과
록이 절묘하게 결합된 음악형식, 기존 팝 아티스트들의 인기 있는 음악을
샘플링하여 리메이크하거나 피쳐링하는 협업 스타일, 집단적이고 때로
노골적인 퍼포먼스 형식의 안무 등 다양한 요소들이 결합된 키취kitsch 형
식이다. 또한 싸이의 음악은 기존의 라이브 콘서트를 통하여 확인된 관객
들과의 상호소통, 그리고 참여의 경험을 토대로 DVD나 유튜브라는 미디
어를 통하여 표출시킨다. 그것은 음향과 영상을 합성하여 '듣는 음악'에
서 '보는 음악'의 흐름을 강조하는 혼종성(hybridity)의 전략으로, 미국의
음악전문 케이블 네트워크 MTV에서 지향하는 음악적 접근전략과 유사
하다. 즉, 듣는 음악뿐만 아니라 시각 이미지와 영상을 통합하여 감각적
만족을 극대화하는 하이퍼리얼적 접근을 시도하는 것이다. 이러한 싸이
음악은 정서적 중독성과 전염성이 강하여 한국인은 물론 전 세계인들에
게 즐거움(fun)을 주면서 큰 영향력을 끼치고 있다.

---

10) 키취(kitsch)는 보통 액세서리, 민속풍의 장식물, 기념물, 아프리카의 전등갓, 흑인의 가면
   등 저속한 싸구려 물건 등을 의미한다. 키취는 담화에서 '상투적인 문구'와 똑같은 기능을
   하며, 소비사회에서 실체를 갖고 존재하는 사물과는 성격이 다르다. 키취는 어디에서도 존
   재할 수 있지만 의사사물(pseudo-object), 즉 시뮬레이션, 복사품, 모조품, 스테레오 타입으
   로서, 또는 현실의 의미작용의 빈곤, 기호와 우의적 지시(寓意的 指示)로 뒤죽박죽인 함축
   작용(connotation)의 과잉, 세부적인 것에 대한 예찬이 포화상태에 도달한 단계로서 정의
   될 수 있다. 키취는 문화의 한 범주이다. 장 보드리야르/이상률 옮김, 『소비의 사회: 그 신화
   와 구조』(서울: 문예출판사, 2002), 154-155.

싸이의 수상 경력과 그 의미

싸이가 2001년 음악활동을 시작하면서 그의 작품이 한국과 세계에서 얼마나 많은 인기를 얻었는지 수상경력을 살펴보면 잘 알 수 있다. 그것은 오늘날 싸이가 분출하는 대중음악 행위가 얼마나 많은 사람들에게 공감과 호응을 불러일으키며, 소비사회의 소통의 문화 기제로 작용하고 있는지를 잘 보여준다. 싸이의 소속사인 YG 엔터테인먼트가 밝히고 있는 싸이의 수상 내용[11]은 다음과 같다.

2002.12.29	SBS 가요대상 [힙합부문상]
2004.12.10	제15회 서울가요대상 [최고 작사가상]
2004.12.29	SBS 가요대전 [올해의 작곡가상]
2005.11.27	M.net KM Music Festival [공연 비디오상]
2006.11.27	M.net KM Music Festival 뮤직비디오 [최우수 작품상]
2006.11.29	SBS 가요대전 [본상]
2009.07.10	강원도 도민의 날 기념 육군 군악연주회 [육군 참모 총장 표창]
2010.02.03	제19회 하이원 서울가요대상 [공연문화상]
2010.12.02	M.net Asian Music Awards [프로듀서상]
2010.12.04	서울가요대상 [최고앨범상]
2010.12.15	2010 멜론 뮤직 어워드 [공연문화상]
2011.01.10	제20회 하이원 서울가요대상 [최고앨범상]

---

11) http://www.ygfamily.com/artist/About.asp?LANGDIV=K&ATYPE=2&ARTIDX=15. 2013.3.8.접속.

2011.09.30	위문열차 50주년 특집공연 [국방 홍보원 감사패]
2011.10.27	희망 나눔 축제 [국방부 재능 기부자 감사패]
2011.12월	제1회 한국음악 저작권 대상 [싱어송라이터상, 힙합 부문 본상(DJ DOC - 나 이런 사람이야/ 작사, 작곡가상)
2012.11	2012 MTV EMA <강남스타일> [Best Video]
2012.11	2012 American Music Awards [뉴미디어 상]
2012.11	2012 대한민국 대중문화예술상 [문화훈장 수훈자] 선정
2012.11.30	M.net Asian Music Awards <강남스타일> [올해의 노래, 베스트 댄스 퍼포먼스 솔로, 베스트 뮤직비디오]
2012.12.04	자랑스런 한국인 대상 [대중예술부문]
2012.12.14	멜론 뮤직 어워드 [Top 10, T스토어 베스트송상, 글로벌 아티스트상, 뮤직비디오상]
2012.12	브라질 2012 Capricho Awards [바이럴 비디오상]
2013.01	제27회 골든디스크 <강남스타일> [음원 대상, 음원 본상]
2013.01	프랑스 NRJ Music Awards 2013 [International Song of the Year, Music Video of the Year, NRJ Award of Honor]
2013.01	제22회 하이원 서울가요대상 [대상, 본상]
2013.02	제2회 가온차트 K-Pop 어워드 <강남스타일> (8월) [올해의 가수상(음원부문)]
2013.02	한국 대중음악상 <강남스타일> [올해의 노래상], [올해의 음악인]

한국의 대중 음악가 싸이의 수상경력을 살펴보면 2012년을 기준으로 크게 두 가지로 구분할 수 있다.

첫째, 2012년 이전 국내에서의 수상이다. 싸이가 데뷔하던 해인 1999년부터 2012년 11월까지는 주로 국내 활동에 따른 수상이었다. 2012년까지 싸이의 음악활동은 대한민국 정부와 관련기관, 방송국, 대중음악 전문매체와 기관 등에서 실시한 수상이 대부분이다.

둘째, 2012년 이후에 국외에서의 수상이다. 2012년 7월15일 싸이가 제6집 <싸이6甲>을 통하여 발표한 <강남스타일>은 먼저 한국인들에게 인기를 얻기 시작하였고, 그 다음에는 국내에 거주하는 외국인들이 열광하는 모습이 포착되었다. 그리고 코믹하고 저질스러운 싸이의 <강남스타일>은 유튜브를 통하여 확산되기 시작하였다. 2012년 9월15일 NBC 방송국의 본부가 있는 뉴욕 록펠러 센터의 광장에서 미국 내 최고 인기 가수들만 초대되는'투데이 쇼 플라자 콘서트'에서의 공연을 계기로 싸이의 <강남스타일>은 영국, 호주, 홍콩, 브라질, 프랑스 등 세계 여러 나라로 공연이 확대되었다. 아울러 싸이의 <강남스타일>은 방송 매체를 통하여 전파되면서 인기는 더욱 확산되었다. 그 결과 싸이의 <강남스타일>은 해외의 방송매체와 함께 유명 대중음악 전문매체와 기관 등에서 실시한 2012년 '올해의 노래'라는 의미로 많은 상들을 받게 되었다. 2012년 7월에 발표한 '강남 스타일'로 싸이가 해외에서 수상한 내용을 살펴보면 2012년 11월 팝음악의 본 고장 미국에서 2012 American Music Awards '뉴미디어 상'으로 시작하여, 삼바축제의 나라 브라질에서 2012 Capricho Awards '바이럴 비디오 상', 2013년 1월에는 예술의 나라 프랑스에서 NRJ Music Awards 2013에서 '올해 세계의 노래', '올해 뮤직비디오', 'NRJ 영예의 상' [International Song of the Year, Music Video of the Year, NRJ Award of Honor] 등을 수상하였다. 싸이의 <강남스타일>이 세계 대중들에게 큰 호평을 받으면서 세계 대중문화계의 유명한 기관들은 앞 다투어 2012년부터 2013년 초까지 다양한 부문의 영예를 싸이에게 안겨주었다. 싸이의 <강남스타일>에 대한 세계 여러 나라에서의 인기와 수상은 K-Pop <강남스타일>에 대한 세계인들의 문화적 소통과 공감의 정도가 얼마나 큰 것인지를 잘 보여주는 사례라고 하겠다.

<강남스타일>의 유튜브 조회수

싸이의 <강남스타일>이 전 세계적으로 큰 인기를 얻었다는 것은 음악적 공감과 문화적 소통을 이루었다는 뜻이 내포되어 있다. 즉, 한국의 대중음악 K-Pop이 전 세계인들의 마음에 공감이 되고, 문화적 소통을 크게 이루었다는 의미를 갖는다.[12] 그런데 싸이의 <강남스타일>이 이렇게 전 세계인들과 광범위한 문화적 소통이 가능했던 이유는 무엇보다도 대중매체 TV와 인터넷 기반의 PC, 그리고 모바일 스마트폰 등을 통하여 전개된 문화적 소통방식에 있다. 그중에 유튜브, 페이스북, 카카오톡 등과 같은 소셜 네트워크 서비스(SNS)를 통한 소통방식은 광범위하고 신속한 소통과 문화 재생산에 큰 기여를 하였다. 21세기 글로벌 커뮤니케이션의 총아 유튜브에 탑재된 뮤직비디오 가운데 그동안 조회수가 가장 많은 콘텐츠는 미국의 미소년 가수 저스틴 비버Justin Bieber의 <베이비>로 2010년 2월 19일 업로드 된 이후 2년여 동안 조회수는 대략 8억 건이었다. 그러나 2012년 7월 15일에 등장한 싸이의 <강남스타일>은 4개월만인 2012년 11월에 조회수 8억 건을 달성했고, 2013년 2월 10일 기준 조회수 13억 건, 3월 10일 오전 기준으로 14억 20만 건의 조회수를 기록함으로 경이로운

---

12) 이기상, "문화는 소통이다: 문화 다양성 시대의 소통과 공감," 엄정식 외, 『문화는 소통이다』(서울: 철학과 현실사, 2012), 39-43.

기록을 수립하였다.[13)]

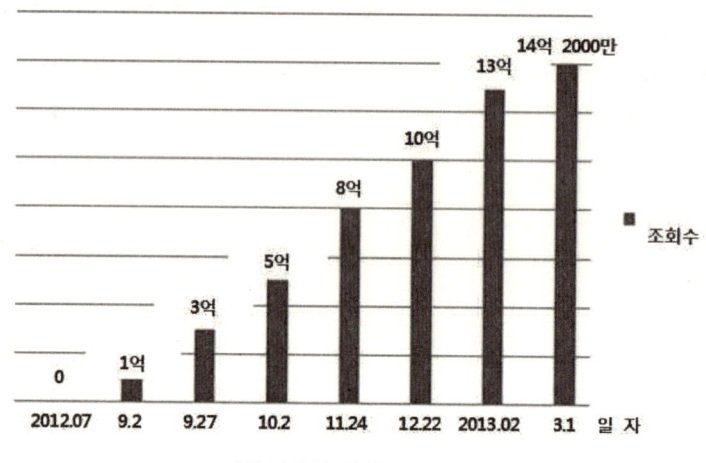

<강남스타일>의 유튜브 조회수

    싸이가 2012년 7월 15일 발표한 <강남스타일>은 그야말로 "자고 일어났더니 어느 순간에 스타가 되었더라"는 말을 실감나게 한다. 하지만 사실 싸이의 <강남스타일>이 얻은 세계적인 인기는 우연의 산물이라기보다는 그의 음악적 재능과 삶, 그리고 기술과학의 발전과 포스트모더니즘이라는 시대정신이 어느 지점에서 만나 생성된 문화적 산물인 것이다. 싸이의 <강남스타일>의 인기는 무엇보다도 재미있게 표현된 뮤직비디오의 내용이며, 그 내용이 SNS를 통하여 신속하게 전달되었다는데 큰 의미가 있다. 여기에 더하여 <강남스타일>은 패러디 형태로 다양하게 변종 복제행위가 이루어지면서 전 세계로 확대·재생산 되었다. 그리하여 전 세계 모든 사람들은 <강남스타일>이 제공하는 즐거움과 해방감을 공유하면서 마음껏 발산하였다. 그것은 모든 사람들이 문화적 경계를 허물고 즐

---

13) http://news.kukinews.com/article/view.asp?page=1&gCode=
    cul&arcid=0006972321&code=41171111&cp=nv1 2013.3.10. 접속.

거운 일체감을 공유하는 사건이었다. 싸이의 <강남스타일>이 세계 대중 문화의 지형에 큰 변화를 가져온 것은 유튜브와 같은 소셜 미디어 네트워크 서비스(SNS)가 새로운 문화의 전달자 역할을 하였다는데 있다. 21세기 소비사회의 문화전달에 있어서 유튜브, 페이스북 등과 같은 SNS는 대중적 커뮤니케이션 기능에 있어서 신속성(speed)과 광범위성(wide-spread)이 라는 특징이 크게 부각되었다. 이러한 맥락에서 향후, 문화전달의 효과적인 도구로서 SNS의 역할은 매우 주목된다.

싸이와 <강남스타일>의 문화 분석

문화현상으로서 싸이와 <강남스타일>에 대한 연구는 최근 현상이기 때문에 현재 국내외에서 학자들의 연구와 평가[14]는 제한적이고 단편적

---

14) 미국의 혁신 및 기업가 정신분야의 석학인 MIT공대 경영대학원 스턴 교수는 2012.10.22. 한국 기획재정부와 한국개발연구원(KDI)이 서울 서초동 JW메리어트호텔에서 주최한 <2012 산업혁신 서비스산업 선진화 국제 포럼>에 참석하여 싸이에 대하여 "한국인도 스스로 즐길 수 있고 서비스 중심의 기업이 될 수 있다는 점을 보여준 혁신사례"로 평가했다. 스턴 교수가 기업 혁신의 관점에서 평가하는 싸이의 특징은 다음과 같다. 첫째, 싸이는 창조성, 예술성 면에서 한국을 대표하는 세계적인 리더가 되었다. 즉 싸이는 한국인의 또 다른 면모를 보여주며, 기업가 정신을 잘 반영한 사례이다. 둘째, 한국이 제조업에서 서비스업 중심으로 전환하려면 혁신기반의 기업가 정신이 필요하다. 한국이 이미 잘하고 있는 제조업 분야를 진화시켜 서비스업 화해야 한다. 셋째, 한국이 다음 단계로 성장하기 위해서는 기업가정신 육성으로 정부주도의 하향식이 아니라 상향식의 더 많은 실험이 허용되어야 한다. 미국에선 기업가가 된다고 하면 많이 축하해 주는데 한국에선 서울대 나와서 대기업 직원이나 공무원이 되는 것이 아니라 창업한다고 하면 좋아하지 않는 것 같다. 한국에서 스티브 잡스 같은 사람이 나오려면 사회적 시각이 바뀌어야 한다고 하였다. 「국민일보」, 2012.10.23. 12면; 미국의 경제지 포춘(Fortune)의 편집장 앤디 서워(Andy Serwer)는 「코리아타임스」와의 인터뷰에서 한국 문화가 미국에서도 젊은이들 사이에 영향력을 미

이다. 국내에서 싸이와 <강남스타일>에 대한 주목할 만한 연구는 2012년에 발간된 문화이론 전문지 「문화과학」 72호에 게재된 이동연의 "내가 아는 '싸이'에 관한 모든 것"15)이라는 글이다. 이동연(2012)은 한국적 상황에서 싸이와 <강남스타일>의 특징을 음악적 코드, 시각적 코드, 이데올로기적 코드라는 세 가지 측면에서 분석을 시도하였다. 그는 싸이의 <강남스타일>이 글로벌한 공감을 일으키는 요소를 다음과 같이 제시하였다.16) 첫째로, 음악적 요소로서 <강남스타일>은 힙합과 팝적 요소가 결합된 '랩트로닉'이란 글로벌 사운드의 성격을 갖고 있다. 둘째로, 시각적 코드로서 <강남스타일>의 뮤직비디오에 등장하는 말춤은 사람들이 표현하고 싶지만 할 수 없었던 무의식의 욕망을 일깨우는 B급 문화 스타일의 매력이다. 셋째로, 이데올로기적인 요소이다. 지극히 탈이데올로기적인 노래 <강남스타일>이 글로벌한 인기를 획득하면서 역설적으로 한국인들에게 문화민족주의를 생산하는 국민문화의 아이콘이 되었다고 지적한다. 이동연은 한국적 상황의 관점에서 싸이의 <강남스타일>이 세계에서 큰 인기를 얻는 원인, 곧 공감과 소통을 잘 이루고 있는 이유에 대하여 문화현상의 분석을 시도하였다.

한편, 연구자는 전 세계적 상황의 관점에서 싸이의 <강남스타일>이

치고 있다면서, 스마트 폰, 자동차와 함께 한국 경제를 이끄는 성장 동력 중 하나라고 말했다. 그는 한류가 전 세계적인 현상이라며 "미국의 젊은 아시아인들은 한국 문화를 좋아한다. 한국 음악을 듣고, 한국 TV프로그램을 보고, 이것들을 미국 친구들한테 보여준다. 매우 영향력이 크다"라고 말했다. 그는 전자기기, 자동차, 그리고 한류는 한국 경제의 동력이며, 더 중요한 것은 이것들이 전 세계적으로 받아들여진다는 것이라고 평가하였다. http://www.koreatimes.co.kr/www/news/biz/2013/02/488_131288.html 2013.2. 28. 접속.

15) 이동연, "내가 아는 '싸이'에 관한 모든 것," (2012), 307-330.
16) 앞의 논문, 318-321.

글로벌한 공감과 소통을 이루게 된 원인을 문화와 심리의 관점에서 분석해 보려고 한다. 그리고 궁극적으로 기독교회의 선교에서 세계인들과 공감하고 소통하는 싸이의 <강남스타일>이 어떠한 가치와 의미를 제공하는지 살펴보려고 한다. 한류 대중음악 가수 싸이의 <강남스타일>이 전 세계의 대중들과 공감을 이루고 소통하는 문화현상의 심리학적 의미를 다음과 같이 네 가지로 구분하여 서술하고자 한다.

열정(passion): 공감의 문화적 언어

싸이의 <강남스타일>에 드러난 대중문화의 시대적 코드는 무엇보다 파격성을 동반한 '열정'(passion)이다. 싸이는 랩과 록을 결합한 형태의 일렉트릭 사운드의 외침형의 노래와 코믹한 춤, 그리고 남녀가 함께 어우러지는 집단적인 댄스와 다소 전위적인 퍼포먼스를 통하여 관객들과 일체감을 이루는 '완전히 미쳐버리는' 열정을 발산한다. 그의 열정은 한국이라는 역동적인 사회문화 텍스트에서 경험하고 습득한 삶의 지식이며, 리비도libido적 삶의 에너지를 뜨겁게 발산한다. 그것은 지금까지 한국사회를 통제하고 지배해 왔던 기존 가치와 규율 장치에 대한 싸이의 원초적 반감과 거부의 몸짓이며, 기존의 형식을 파괴하는 파격성과 열정으로 그의 존재감이다. 싸이의 열정과 파격성은 한국사회의 기존 가치와 질서를 뛰어 넘으려는 문화적 도발이며, 일종의 포스트모던적 '해체'(deconstruction)의 한 시도이다. 한국인들과 세계인들은 싸이가 표출하는 이러한 파격성과 열정에 큰 매력을 느끼면서 공감하는 것이다. 뿐만 아니라 그것은 SNS와 같은 미디어 도구를 통하여 패러디와 같은 콘텐츠 복제행위를 통하여 확대·재생산되면서 싸이의 열정은 문화의 생산과 소비의 시장에서 더욱 활성화 된다.

포스트모던 시대 열정의 심리적 원형(psychological archetype)은 푸코가 언급한 광기狂氣에서 발견할 수 있다. 푸코Michel Foucault는 하인로트Heinroth의 말을 빌려 와, 광기란 인간 정신의 밝고 성숙한 안정성에 반대되는 것, 즉 모호하고 축축한 요소, 어두운 무질서, 뒤섞이는 혼돈, 모든 사물의 싹이 자 죽음이 인간에게서 현현한 것이라고 해석한다.[17] 이러한 광기는 일종의 악마적 기질에서 발로되는 것인데, 그것은 시대적 불안과 모호함에 기인한다. 그 표현 양식에는 위협, 조롱, 엄청난 세계의 비 이성, 그리고 인간에 대한 보잘 것 없는 익살을 포함하고 있다. 광기는 시대에 따라 억압을 당하고 침묵되기도 했지만, 인간은 주체적 자각을 통하여 문학이나 예술 등 삶의 다양한 형식으로 자유롭게 표출되었다. 그것은 역설적으로 인간의 자유에 대한 갈망으로, 자유라는 의미의 자기 분열이며, 의미의 자기증식이라고 할 수 있다. 소바쥬Sauvages는 열정이 광기를 일으키는 가장 효과적이고 지속적인 원인이라고 하면서, 열정의 근본적인 역할을 다음과 같이 설명한다: "우리 정신의 일탈은 맹목적으로 욕망에 집착한 결과이며, 열정을 다스리거나 통제하지 못한 결과이다. 보다 구체적으로 호색, 적대감, 타락한 취미, 슬픔에서 비롯된 우울, 거부하는데서 오는 황홀감, 과음과식, 불쾌함, 육체적인 악 등이 가장 나쁜 질병인 광기의 원인이 된다"[18]고 하였다.

---

17) 미셸 푸코/김부용 옮김, 『광기의 역사』 (서울: 인간사랑, 1999), 31.
18) Francois Boissier de Sauvages, *Nosologie methodique* (Lyons, 1772). Vol. VII, 12; 앞의 책, 119.

에로티즘(erotism): 쾌락본능과 공감의 언어

싸이의 음악에서 에로티즘은 <강남스타일>은 물론 그의 모든 작품들에 흐르는 공통분모로서 인간의 성적 욕망을 자극하여 무의식에 잠재된 리비도 본능을 끌어올리는 강렬한 심리적 기제이다. 싸이가 그의 노래에서 표현하는 가사, 춤, 패션, 그리고 음악적 기법 등 모든 것에는 인간의 근본적 욕망인 성적 본능을 마초적으로 과감하게 표현하면서 자극한다. 그것은 차라리 오늘의 사회질서와 윤리의 경계를 뛰어넘을 뿐만 아니라, 경계와 질서를 파괴하는 형식을 취한다. 싸이의 에로티즘은 '갈 데까지 가보자'는, '완전히 미쳐버리는' 상태를 열정적이고, 극단적으로 추구한다. 그것은 일찍이 푸코가 지적하였던 '광기'에 다름없다. 싸이의 에로티즘은 인간 본능에 내재하는 리비도의 대극적 성격인 에로스와 타나토스를 극단적으로 결합하면서, 동시에 인간의 삶의 열정을 공격적 힘으로 폭발시킨다. 사실, 싸이의 <강남스타일>이 떠오르기 이전에 에로티즘의 심볼은 글로벌 팝의 본토 미국의 21세기 팝 스타 마돈나^{Madonna}, 레이디 가가$^{Lady GaGa}$ 등에서 발견할 수 있다. 그녀들이 생산해낸 팝 음악은 '글램 록$^{Glam Rock}$'이라고 불리어진다. 그녀들이 표출하는 음악의 주요 문화코드는 에로티즘으로 도발적이고 파격적인 여성의 섹시함을 과시한다.[19] 싸이의

---

19) '글램록'(Glam Rock)은 하나의 장르인 동시에 1970년대 영국의 문화이기도 했는데, 핑크 플로이드로 대표되는 1970년대 프로그레시브(progressive)의 진지함에 대한 반작용이었다. 원색적으로 물들인 머리, 두터운 화장, 무지개색을 휘날리는 복장 등 시각적 표현을 매우 중시했고 음악적으로는 종종 로큰롤에 기반을 두면서, 센세이셔널한 패션과 분위기로 인해 1970년대 영국 젊은이들에게 열광적인 지지를 받았다. 김세광, 「대중심리를 꿰뚫는 레이디 가가의 음악적 천재성」, 김세광 외 6인 공저, 『팝 게릴라 레이디 가가』(서울: 예영 커뮤니케이션, 2012), 18-19.

에로티즘은 마돈나, 레이디 가가와 같이 노골적이고, 본능을 자극한다는 점에서는 공통적이지만, 차이점은 싸이의 에로티즘이 남성적이고, 공격적이며, 마초적으로 섹슈얼리티를 표현한다는 점이다. 이동연은 이러한 싸이의 섹슈얼리티를 '수컷 나르시시즘'이라고 규정한다.[20]

오늘날 대중문화는 현대사회의 급속한 속도와 변화의 산물로서 자본주의와 물질문명의 속성을 철저하게 반영하고 있다. 이러한 맥락에 위치한 대중들은 문화의 생산자이자 소비자의 새로운 계급으로 그들은 군중심리에서 보여주는 동조주의, 유행에 민감하게 반응하는 세태, 감각적 자극을 추구하는 경향 등의 속성을 보여주고 있다.[21] 현대사회의 자본은 대중들의 문화적 욕구를 읽어내고 자본과 대중문화의 결합을 통하여 그들의 욕구에 적합한 형태의 저급한 문화로서 대중문화를 생산해 낸다. 그 가운데 에로티즘erotism[22]은 대중문화의 생산자와 소비자를 연결하는 공감적 커뮤니케이션으로 기능하는 보편적 문화코드이다. 싸이의 음악에서 인간의 본능과 감정을 여과 없이 드러내는 에로티즘은 기존의 가치와 질서에 대한 저항과 해체를 의미하며, 포스트모던 시대 인간성의 한 단면을 표현한다. 싸이가 표현하는 마초적 에로티즘은 대중들 사이의 자아와 타자의 경계를 허물고 하나가 되게 하는 심리적 공감의 메카니즘이다. 여기에는 다음과 같은 의미를 함축하고 있다.

첫째, 싸이의 <강남스타일>과 그의 음악세계에 등장하는 마초적 에로티즘은 기존의 관념과 질서를 전복시키는 심리적 메카니즘으로 작동한다. 인간의 삶에는 이성에 기초하여 합리성과 형식을 강조하는 아폴로

---

20) 이동연, "내가 아는 '싸이'에 관한 모든 것" (2012), 313.

21) 이태숙, 『문화와 섹슈얼리티』(서울: 인간사랑, 1999), 21.

22) 에로티즘(erotism)의 또 다른 이름은 섹슈얼리티(sexuality)이다.

apollo 유형의 문화가 존재하는 반면, 주관이 도취상태로 고양되어 몰아의 경지에 이르는 형식, 즉 질서와 형식의 파괴를 통하여 새로운 가치와 의미를 창조하고 삶에 활력을 불러일으키는 디오니소스dionysos 유형의 문화도 존재한다.23) 디오니소스 유형의 문화는 형식의 파격성破格性이 특징으로 파괴와 무질서를 통하여 새로운 삶의 에너지를 창출하는 대중문화의 한 양상이다. 싸이 에로티즘이 보여주는 마초적 파격성은 한편으로는 인간 내면에 자리하고 있는 타나토스thanatos적 리비도를 자극하여 삶의 역동을 불러일으킨다. 다른 한편으로 문화의 디오니소스적 속성은 '금기와 위반'을 통하여 삶의 정형성, 곧 이성에 기초한 통념적 가치와 질서를 전복시켜 삶을 새로운 차원으로 고양시킨다. 싸이의 폭력적이고 도발적인 에로티즘은 존재의 고립감을 느끼고, 기존의 질서와 규율에 억압된 모든 사람들에게 어떤 일체감과 연속성, 그리고 자유와 해방감을 느끼도록 자극한다.24) 싸이의 음악에 공감한 사람들은 금기와 위반을 함께 공유한 경험적 존재들서 그들은 쉐도우shadow25)적 일체감을 느끼게 된다.

둘째, 싸이의 에로티즘은 에로스적 본능을 자극함으로 개체 인간의 독립적 본성의 경계를 허물고 현실과 초월, 자아와 타자, 남자와 여자 모두

---

23) 루스 베네딕트/김열규 옮김, 『문화의 패턴』 (서울: 까치, 1993), 95-98; 프리드리히 니체/ 곽복록 옮김, 『비극의 탄생』 (서울: 범우사, 2006), 29-30.

24) 조르쥬 바타유/조한경 옮김, 『에로티즘』 (서울: 민음사, 2009), 17.

25) 쉐도우(shadow)는 분석심리학자 융(C.G. Jung)이 무의식의 한 단면을 설명하는 개념으로 우리말로는 '그림자'라고 번역되며, 인간의 의식과 가장 가까이 있으면서 자아가 모르고 있는 무의식의 일부분이다. 쉐도우는 우리 인생에 있어서 마음 깊은 곳에 잠재된 어둡고 열등한 부분, 즉 파괴적, 부정적, 열등성 등의 특성을 말한다. 그러나 우리 안에 있는 쉐도우는 어두운 측면만 있는 것은 아니라 창조적 능력, 곧 빛의 원천도 함께 내재되어 있다. 인간 정신의 온전함은 빛과 그림자의 융합으로 이루어진다. 이부영, 『우리 마음속의 어두운 반려자: 그림자』 (파주: 한길사, 2006), 52-53.

를 하나로 만드는 연속성의 심리적 메카니즘으로 작동한다. 바타이유는 에로티즘을 한 인간이 개체로서 존재의 소멸, 즉 죽음이후까지 연결하기 위한 인간의 한 본능으로 이해한다. 인간의 에로티즘은 자연적 속성의 동물들과는 달리 생명의 충일과 자아와 타자의 연속성을 느끼게 하는 인간의 활동으로 종교적 제의祭儀와 멀지 않다고 보았다.26) 예컨대, 싸이의 <강남스타일>에서 성적본능을 자극하는 말춤이나, 선정적인 춤동작은 에로티즘의 문화적 기호로서 두 남녀를 하나로 만들어 경계 없는 존재의 경험, 곧 하나가 되는 공감의식을 형성 해준다.

혼종성(hybridity): 조합과 융합의 미학

싸이의 삶과 음악에는 형식/비형식, 호감/비호감, 질서/무질서, A급/B급, classy/cheesy, 아름다움/추함, 동양/서양, 착실함/양아치 등 다양한 이항 대립적 가치들이 적절하게 키취적으로 조합되어 융합을 이루는 혼종성(hybridity)27)이 특징이다. 그는 자신을 '싸이코', '양아치'라고 스스로를 서슴없이 표현한다. 하지만, 사실 그는 상당히 탁월한 음악적 재능의 소유자다. 그는 자신의 노래와 춤을 B급이라고 표현하지만, 그의 노래와 춤에는 현대음악의 다양한 요소와 기법들이 탁월하게 녹아들어 있다. 싸이의

---

26) 조르쥬 바타유, 『에로티즘』(2009), 11-19.

27) '혼종성'(hybridity)이란 말은 동물이나 식물의 잡종을 가리키는 '하이브리드'(hybrid)에서 나온 말로, 흔히 혼혈, 잡종, 이종교배 등의 개념이 핵심적인 역할을 했다. 그러나 혼종성이라는 말은 학문의 여러 분야에서 채용되어 차용(borrowing), 혼종성(hybridity), 용광로(melting pot), 스튜(stew), 번역(translation), 크레올화(creolization) 등과 같은 은유적 용어로 사용되었다. 피터 버크/강상우 옮김, 『문화혼종성』(서울: 이음, 2012), 58-59;78-79.

표현대로 "Dress Classy, Dance Cheesy!"[28](웃은 점잖게, 춤은 웃기게!)이다. 그것은 싸이가 추구하는 음악의 전략적 측면을 단적으로 잘 표현하고 있다. 싸이는 오늘날 대중들의 음악적 취향인 이항 대립적인 가치들, 즉 적어도 두 가지의 상반된 특성들이 어우러지는 혼종성의 문화심리를 잘 이해하고 있다.

혼종성은 감성을 중시하는 포스트모던 시대의 하나의 특징으로 조합과 융합, 그리고 사고와 감정을 복합적으로 담아내는 문화적 접근방식이다. 서구 역사에서 중세시대의 대중들은 하나님의 계시와 교회를 중심으로 사고하고 생활하는 초월지향의 문화를 구성하였다면, 르네상스 이후로부터 18세기에 이르는 근대사회는 이성 중심의 사고와 생활에 기초하여 논리적이고, 합리성을 중시하는 과학주의 문화를 구성하였다. 그러나 20세기 이후 과학기술의 급격한 발달과 함께 이성과 논리에 기반하고 있는 모더니티modernity 합리주의의 한계를 극복하려는 포스트모더니티post-modernity는 감성, 비논리, 비정형성, 모호함, 다양성 등을 포괄하는 키취, 혹은 혼종성의 문화를 구성하려는 경향을 갖는다. 혼종성은 기존의 관습들과는 다른 대안이 있다는 문화적 의미를 함축한다. 그것은 대중들에게 기존 관습에 대한 대안적 인식으로 새로운 혁신과 창조적 가능성을 포착함으로 대중들에게 자유와 해방감을 느끼게 한다.[29] 이러한 맥락에서 싸이의 <강남스타일>에 내포된 다양성, 모호함, 비정형성 등을 포함하는 음

---

28) 미국의 한 방송국 토크 쇼 프로그램인 <The Ellen DeGeneres Show>에 출연해서 싸이가 <강남스타일>에 등장하는 말춤의 특징에 대하여 다음과 같이 말하였다: "The mindset of this dance is to dress classy and dance cheesy." from <The Ellen DeGeneres Show>, NBC in America, 2012. 9.11; http://news.heraldcorp.com/view.php?ud= 20120914000523&md=20120917003142_AO 2013.3.13. 접속.

29) 피터 버크, 『문화혼종성』(2012), 32.

악의 혼종성은 불안과 좌절을 경험하고 있는 포스트모던 시대 대중들(특히 젊은이들)의 마음에 새로운 대안과 가능성을 발견하게 함으로써 일종의 자유와 해방감을 느끼게 한다. 싸이의 <강남스타일>에 담긴 혼종성은 다음과 같은 두 가지 의미가 함축되어 있다.

첫째, 싸이의 <강남스타일>에는 음악의 다양한 기법들이 혼합되어 있는 혼종성이 음악적 전략이다. 싸이가 발표한 앨범에 수록된 기존의 곡들을 살펴보면 기존의 여러 가수들이 발표한 인기 있는 곡들을 리메이크30)하거나, 피쳐링31)하는 방법을 활용하여 자신의 음악을 재창조하는 특성이 있다. 싸이가 창조하는 이러한 음악기법은 과거와 현재, 남자와 여자, 동양과 서양의 가치와 내용들을 조합하고 융합하는 키취 스타일이며, 이종을 혼합하여 새로운 양식으로 재창조하는 형태의 음악이라고 할 수 있다. 그것은 대중들에게 새로운 가능성과 창조적 호기심을 강하게 자극한다.

둘째, 싸이가 무대에서 표출하는 노래, 춤, 퍼포먼스에는 자신의 다양한 삶의 요소들이 녹아져 있다. 그가 노래하는 가사에는 자신이 경험한 삶의 고통과 쾌락 추구라는 대극적인 양가의 감정의 요소들(opposite factors)이 조합을 이루면서 거침없이 표현되고 있다. 그의 춤에는 사회적으로 통제되고 감추어진 본능적 에로티즘을 저질스럽고 노골적으로, 그러나 재

---

30) 싸이가 활용하는 리메이크(remake)는 과거의 인기 있는 가수들의 노래를 자신의 곡에 새로운 방식으로 재창조한다. 이러한 리메이크 방식은 과거의 사건을 현재의 사건에 조합과 융합을 통하여 새로운 방식으로 재창조하는 싸이의 음악적 전략이다.

31) 싸이가 활용하는 피쳐링(featuring)은 2000년대에 들어서면서 주로 힙합과 댄스음악에서 활발하게 활용되는 기법으로 앨범을 내는 뮤지션이 음악적 표현의 폭을 넓히고 다양성을 추구하기 위하여 다른 가수나 연주자를 참여시켜 노래와 연주를 녹음하는 것이다. 싸이의 음악은 피쳐링을 통하여 동양과 서양, 남자와 여자, 과거와 현재의 음악적 조합과 융합, 그리고 협업을 통한 창조적인 음악스타일을 구사한다.

미있게 표현함으로 사회적 금기를 뛰어 넘는다. 싸이의 음악에서 표현되고 있는 저질스럽지만 재미있는 에로티즘은 사회적 금기를 위반함으로 대중들에게 자유와 해방감, 그리고 일종의 연대감을 느끼게 한다.

하이퍼리얼(hyperreal): 문화의 공감과 확산의 기제

싸이의 <강남스타일>은 적어도 2012년 한 해에 세계인들에게 엄청난 인기와 공감을 일으키면서 확산되었다. 그것은 기존 TV 중심의 대중매체와 함께 유튜브, 페이스북, 카카오톡 등과 같은 SNS를 통하여 복제·재생산되면서 신속하고도 광범위하게 소비되었다는데 그 특징이 있다. 오늘날 정보화 기반의 포스트모던 사회에서 사이버 공간(cyber space)은 문화의 생산과 소비의 양식인 '하이퍼리얼hyper-real'32), 혹은 '시뮬라시옹simulation'33)의 속성을 잘 보여준다. 보드리야르는 포스트모던 사회의 특성을 하

---

32) 하이퍼리얼(hyperreal)은 불어 hyperréel에서 온 말로서 우리말로는 '파생실재'로 번역된다. 하이퍼리얼은 시뮬라시옹에 의해 새로이 만들어진 실재로서 전통적인 실재와는 그 성격이 판이하다. 파생실재는 가장이기 때문에 전통적인 실재가 가지고 있는 사실성에 의해 규제되지 않는다. 파생실재는 어떠한 현실을 극도의 현실로 만드는 것이라기 보다는, 실재하는 현실과 어떤 관계를 가지고 있는 전혀 다른 현실이다. 장 보드리야르/하태환 옮김, 『시뮬라시옹』(서울: 민음사, 2001), 12.

33) 시뮬라시옹(simulation)은 보드리야르의 주요 저서인『시뮬라크르와 시뮬라시옹』에서 언급되고 있는 개념이다. 시뮬라크르(simulacres)는 실제로 존재하지 않는 대상을 존재하는 것처럼 만들어 놓은 인공물을 지칭한다. 시뮬라크르는 우리말로 '가장'으로 번역될 수 있으며 '위장', '흉내', '모방'과는 의미가 다르다. '가장' 곧 '시뮬라크르'는 흉내낼 대상이 없는 이미지이며, 이 원본 없는 이미지가 그 자체로서 현실을 대체하고, 현실은 이 이미지에 의해서 지배받게 되므로 오히려 현실보다 더 현실적인 것이 된다. 시뮬라크라는 어떤 기왕의 실제 존재하고 있는 것하고는 아무런 관계도 없다. 독자적인 하나의 현실이다. 오히려 우리가 지금까지 실제라고 생각했던 것들이 바로 이 비현실이라고 했던 시뮬라크르로부터 나오게 된다. 상황이 완전히 전도되었다. 흉내내거나 모방할 때 이미지는 실제 대상을 복사

이퍼리얼hyper-real로 설명한다. 하이퍼리얼은 스크린이나 미디어를 통하여 가상세계에서 이루어지는 복제된 현실로 '파생 실재'이다. 하이퍼리얼은 21세기 지식기반의 정보화 사회에서 나타난 실재(reality)에 대한 이해의 새로운 양상이다.34) 이제까지 인간은 자연의 지배자로, 객체 사물과의 관계에서 주체로 이해되어 왔다. 그러나 이제 포스트모던-정보화 사회에서 세계 내 인식의 주체인 인간은 가상 실재인 사물(객체)에 의하여 구성된 하이퍼리얼에 영향과 지배를 받는 관계적 존재로 파악되고 있다.

싸이의 <강남스타일>의 원 텍스트는 2012년 7월 15일 발매한 정규앨범 제6집 <싸이6甲 Part.1>의 세 번째 트랙에 위치한 타이틀 곡으로 듣는 것보다 보는 것이 더 강조된 형식의 뮤직비디오다. 이 뮤직비디오 <강남스타일>이 전 세계인들에게 큰 인기를 얻으면서 신속하게 확산되었는데, 그 이유는 크게 두 가지이다. 하나는 인터넷 기반의 SNS를 통하여 전 세계인들이 <강남스타일>의 즐거움을 공유하는 동시에 널리 확산시켰다는 점이다. 그리고 여기에 더하여 <강남스타일>은 패러디 형태로 확대·재생산 되었던 것이다. 다른 하나는 싸이의 <강남스타일>은 가상 세계(virtual space)와 현실 세계(real world)가 상호 간에 혼합(blended) 되면서, 즉 미디어 콘텐츠와 라이브 콘서트의 형식으로 대중들과 만남이 이루어지면서 그들의 즐거움은 더욱 증강된다. 뮤직비디오 <강남스타일>의 하이퍼리얼리티는 글로벌 소비사회에서 인간의 관계성이 가상세계와 현실세계 안에서 어떻게 작동될 수 있는지를 보여주는 새로운 사례이다. 싸이의 <강남스타일>은 하나의 문화콘텐츠인 K-Pop 대중가요 한 곡이 얼마나 많은

하는 것이었지만, 지금은 실제 대상이 가장된 이미지를 따라야 한다. 시뮬라시옹은 시뮬라크르의 동사적 의미로 '시뮬라크르를 하기'이다. 앞의 책, 9-10.

34) 리처드 J. 레인/곽상순 옮김, 『장 보드리야르: 소비하기』(서울: 앨피, 2008), 61-63.

사람들에게 공감과 소통을 이루며, 관계를 증진시키고, 삶의 공간을 확장시킬 수 있는지를 잘 보여준다.

소비사회에서 문화는 이제 일상생활의 분위기를 만들어 내는 여러 가지 메시지, 사물, 이미지와 똑같은 적응양식, 즉 호기심의 양식에 따르게 된다. 여기서 호기심의 양식은 경박한 것이 아니라 점차 유행을 쫓아가지 않으면 안 된다고 느끼는 열렬한 호기심이다. 이때 문화는 의미의 상징체계이기보다는 문화의 기호체계로서 소비사회의 대중들은 그 기호를 조합하며 놀고자 하는 것이다. 여기에서 매스 커뮤니케이션의 효과는 서로 무관심한 공범행위, 즉 생의 실질적인 내용들을 상호승인, 어떤 집단에의 결집, 신화적 참가라고 하는 가치를 만들어 낸다. 그리하여 대중문화의 참가자들은 생산자와 한패가 되는 것이며, 문화적 생산물의 동류 계급의 상징을 즐기게 된다.[35] 다시 말하면 소비사회에서 문화는 일상생활의 분위기를 만들어내는 호기심 양식으로 의미의 가치보다는 재미와 놀이의 기호 체계로서 작용한다. 이때 매스 미디어가 제공하는 하이퍼리얼은 대중문화 참가자들과 생산자들이 상호 간에 공감대를 형성하며, 일체감을 느끼게 하는 문화기제로서 새로운 존재의식을 생성하고, 삶의 공간을 확장하는 메카니즘으로 작용한다.

---

35) 장 보드리야르/이상률 옮김, 『소비의 사회: 그 신화와 구조』 (서울: 문예출판사, 2002), 151-152.

한류문화와 선교적 과제: 포스트모던 시대와 선교의 문화적 접근

21세기는 흔히 '문화의 시대'라고 한다. 오늘날 문화의 중요성이 강조되는 것은 도구주의적 이성과 합리성이 지배하는 현대사회 모더니티의 모순을 극복하고, 인간의 감성과 삶의 다양한 요소들을 고려하는 맥락에서 사람과 사람, 사람과 사물들 사이의 경계와 장애를 허물고 서로 소통하며, 공감을 이루어 인간다운 삶을 구성하는 중요한 매개로 작용하기 때문이다. 문화는 인간의 삶의 모든 것을 담아내는 광범위한 내용들을 담아내는 그릇과 같다. 한국인들에 의하여 생산된 한류문화의 콘텐츠들 가운데 최근 싸이의 <강남스타일>은 전 세계의 사람들과 깊은 공감과 의사소통을 교환하는 글로벌 문화행위의 한 사례로 지적될 수 있다. 연구자는 한국인들에 의하여 생산된 한류문화 콘텐츠로서 싸이의 <강남스타일>이 함의하는 문화적 심리와 그 성격이 문화적 관점에서 오늘날 기독교회의 선교에 제공하는 통찰은 무엇인지 다음과 같이 몇 가지를 제시하고자 한다.

포스트모던 시대와 문화선교

기독교의 선교는 일반적으로 하나님의 말씀을 전파하여 인간의 구원과 세상의 변화를 목표로 한다. 성서는 '하나님의 선교'(missio Dei)[36]를 말

---

36) 하나님의 선교(missio Dei)는 인간의 구원을 위하여 하나님께서 계획하고 계신 모든 것- 하나님의 구속의 나라가 완전히 성취되는 일- 을 하나님께서 보내신 사람들을 통하여 사람들에게 주어서, 사람들이 죄와 세상 나라로부터 해방되어 다시 하나님과 사귈 수 있도록 하시는 하나님의 역사(役事)이다. 그리하여 보내심은 잃어버린 인간에 대한 하나님의 사랑의 행위가 된다. 선교는 하나님의 자비의 표현이다. Georg F. Vicedom/박근원 옮김, 『하나님

하고 있다. 선교는 무한한 자비와 사랑의 하나님의 주권 하에 당신 자신의 온전한 신성神性에로 만물을 이끄시는 행위이다. 이 사명의 중심에는 우리가 예수 그리스도를 통해서 알게 된 것과 같이 개체들을 위한 하나님의 사랑이 있다. 그러나 개인들의 갱신을 약속하는 복음에는 그 개인들의 삶 전체를 갱신하는 약속도 포함되어 있다. 하나님의 구속 역사의 완성은 개체 '영혼'의 구원뿐만 아니라 인간의 생활사건, 구조, 관계성, 사회, 사상, 종교 등 전체의 구원을 포함하고 있다.37) 즉, 선교는 하나님의 구원의 역사와 사건으로서 개인의 존재변화와 세계의 문화변화를 지향한다. 여기서 선교의 실천적 주체로서 교회와 선교 사역자는 문화에 대한 이해가 필수 불가결하게 된다. 왜냐하면, 문화는 인간의 삶을 통하여 생성한 가치, 의식, 사고방식, 도덕, 관습, 건축, 예술 등 다양한 요소들을 포괄하는 것으로 인간의 사고방식, 가치관, 그리고 삶의 형식을 내재화(internalization)하며 외재화(externalization)하기 때문이다.

문화는 세계의 시대정신과 삶의 상황과 밀접한 관계를 맺고 있다. 기독교회는 문화에 대응하여 선교의 내용인 복음의 의미를 시대마다 적절한 방식으로 해석하고 설명해 왔다. 그리하여 시대에 따라 복음의 의미를 해석하는 신학적 작업으로 다양한 신학이 등장하였다. 예컨대, 20세기 이후에 삶의 상황과 시대정신에 기초하여 다양한 신학, 곧 신정통주의신학, 세속화신학, 급진주의신학, 정치신학 등이 등장하였다.38) 기독교회가 시도하는 복음의 신학화 작업은 선교적 관점에서 "교회는 세상에 대하여 무

의 선교』(서울: 대한기독교서회, 1980), 67.

37) John Fleming & Ken Wright/김정준·주재용 옮김,『새로운 선교와 교회구조』(서울: 대한기독교서회, 2002), 18-19.

38) 알리스데어 헤론/한승홍 옮김,『20세기 신학사상』(서울: 성지출판사, 1997), 227-248 참조.

엇을 말하려고 하는가?"를 의미한다. 한편, 문화의 상황이란 선교에서 복음이 전달되는 지역의 사람들과 효과적인 소통을 위하여 전개되는 사회문화에 대한 신학적 이해이다. 즉, 복음을 효과적으로 전달하기 위하여 선교지역 사람들의 생활방식, 가치관, 관습, 사고방식, 심리 등 다양한 요소들을 고려하는 신학의 실천적 작업이다. 그것은 관계를 향한 초청으로 "그들은 어떻게 들을 것인가?"[39])에 대한 관심을 의미한다.

오늘날 세계의 시대정신과 문화적 상황은 국지적 지역성을 뛰어 넘어 전 세계가 하나의 촌락을 이루는 지구촌화(global village society), 혹은 세계화(globalization)의 상황을 맞이하고 있다. 세계화의 상황에서 현대사회의 문화는 국지적 지역성과 세계적 보편성이 동시에 공존하는 소위 '글로컬리제이션glocalization'이라는 혼종성의 양상으로 전개되고 있다. 여기에는 시대정신으로서 '포스트모더니즘', 기술과학의 급격한 발전에 따라 등장한 '정보화 사회', 그리고 매스 미디어와 커뮤니케이션의 발달에 따라 대중들은 생산된 문화 콘텐츠에 신속하게 반응하는 '대중문화의 시대'라는 특징들이 혼종적으로 결합된 양상으로 전개되고 있다.

21세기 포스트모더니티의 시대적 상황 속에서 한류문화 K-Pop 싸이의 <강남스타일>은 세계인들에게 큰 즐거움을 제공하고 삶을 나누는 공감과 소통의 문화언어로 작용하였다. 세계인들은 싸이의 <강남스타일>을 거의 동시간성同時間性 안에서 함께 공유하고 즐긴다. 그리고 그들은 패러디와 같은 변종복제행위를 통하여 즐거움을 재창조하면서, 그들의 정보(information)는 네트워크network를 통하여 빠르게(speed) 전 세계적으로 확산시켰다. 그것은 우리 시대에 전개되는 문화의 새로운 양상이다. 이러

---

39) 랄프 윈터, 스티븐 호돈, 한철호 공편/정옥배 외 3인 옮김,『퍼스펙티브스 2: 문화적·전략적 관점』(서울: 도서출판 예수전도단, 2010), 13-14.

한 맥락에서 싸이의 <강남스타일>이 세계인들에게 복음을 전파하려는 기독교회의 선교사역에 제공하는 새로운 통찰은 무엇인가? 21세기 정보화에 기초한 포스트모던 시대에 선교의 문화적 접근은 선교의 내용으로서 복음의 본질에 대한 논의보다는 선교의 상황과 접근에 대한 논의, 즉 시대와 문화적 상황 속에서 복음을 효과적으로 전달하기 위하여 선교의 대상인 세계인들을 어떻게 이해할 것인지에 대한 관심이다. 그 구체적인 내용은 네 가지로, 곧 열정, 에로티즘, 하이브리디티, 하이퍼리얼 등에 초점을 맞추어 서술하고자 한다.

열정(passion)과 선교

한류 대중가요 <강남스타일>에서 싸이가 보여주는 '열정'(passion)은 문화 생산자와 소비자 사이에 유대감과 공감을 이루는 문화코드다. 싸이는 <강남스타일>뿐만 아니라 그의 모든 노래들은 노래와 춤이 함께 어우러지는 퍼포먼스이다. 그는 인간의 고통과 즐거움, 재미와 쾌락의 본능적 욕구를 자극하면서 열정을 불태운다. 그가 부르는 노래는 샤우팅 형태로, 관객들에게 함께 노래 부르며 춤추기를 권유하면서 참여를 유도한다. 싸이는 참여자들로 하여금 '지금 이 시간'(here and now)에 '완전히 미쳐 버리고', '갈 데까지 가보자'는 극단적인 선동적 권유를 통하여, 광기어린 열정의 일체감을 느끼도록 한다. 그리하여 싸이와 관객들은 동일한 시간과 공간 안에서 음악의 열정과 즐거움을 공유하도록 만든다. 싸이의 노골적이고 직설적인 가사와 금기를 위반하는 몸동작의 열정은 사회적 피로감이 누적된 젊은이들에게 자유와 해방감을 느끼게 한다. 오늘날 세계화와 신자유주의 경제체제의 영향으로 나타난 사회경제적 양극화, 빈부격차의

심화, 상대적 박탈감 등으로 내일의 희망을 상실한 젊은이들에게 싸이의 음악은 사회적 금기와 위반을 통하여 기존의 가치와 질서를 전복시키는 디오니소스적 즐거움을 제공한다. 그것은 오늘날 젊은이들이 느끼는 사회적 피로감, 좌절감, 억눌린 감정을 해방시키는 심리적 기제로 작용한다.

열정熱情은 우리말로 '어떤 일에 열렬한 애정을 가지고 열중하는 마음'을 뜻하며, 영어에서는 passion, ardor, fervor, enthusiasm 등으로 표기된다. 그 가운데 열정은 흔히 passion으로 표기하는데, 이 단어에는 '열정'과 '고난'이라는 두 가지 의미가 포함되어 있다. 영어의 passion은 어원적으로 라틴어 perpessio(고통)와 toleratio(참다, 인내하다)라는 두 가지 의미가 결합되어 발달되었다. 즉, 고통에서 격한 감정이 발생하며, 그것이 열정을 의미하게 되었다.[40] 열정은 인간의 감정의 한 요소로서 좀 더 본질적인 면에서 이해되어야 한다. 열정은 인간의 사랑의 행위와 깊이 연결되어 있는 뜨거운 감정으로 그 의미는 세 가지 차원에서 살펴 볼 수 있다. 첫째, 긍정적이고 창조적인 사랑의 열정이다. 사랑의 열정은 인간의 정념적 관계 속에서 발생한 것으로 사랑하는 사람이나 대상으로 인하여 발생한 뜨거운 감정이다. 이것은 우리의 일상에서 긍정적이고, 창조적이며, 생산성을 향상시키는 감정적 에너지로 삶의 역동성을 불러일으킨다. 둘째, 부정적이고 파괴적인 왜곡된 사랑의 열정이다. 왜곡된 사랑의 열정은 부정적이고 파괴적인 감정의 에너지를 발생시킨다. 인간의 정념적 관계 속에서 왜곡된 열정은 분노와 질투와 같은 현상으로 나타나게 된다. 긍정적인 사랑의 열정이 반전反轉[41]되면 공격적이며 파괴적인 힘으로 전환이 되며,

---

40) "perpessio; toleratio," *Cassell's New Latin Dictionary,* 5th ed. (Norwich: Fletcher & Son Ltd, 1975)

41) 분석심리학자 융(C.G. Jung)은 이러한 반전(反轉) 현상을 에난티오드로미아(enantiodromia)

때로 육체적 질병으로 나타나기도 하며, 더 나아가 반사회적 일탈현상으로 나타나기도 한다. 열정은 인간의 사랑이라는 숨겨진 욕망의 감정적 표출로서 인간의 본능적 감정과 긴밀하게 연관되어 있다. 인간의 본능인 사랑의 열정은 일상에서 두 가지 양상으로 발전한다. 하나는 지속적인 사랑을 유지하는 긍정적인 힘으로 작용하여 삶에 희망과 용기를 불러일으킨다. 다른 하나는 사랑의 관계를 단절시키고 파괴하는 부정적인 힘으로 작용하여 미움과 증오, 혹은 분노와 질투로 나타나기도 한다. 사랑과 질투는 서로 밀접하게 관련된 열정이다.42) 셋째, 신성한 존재에 근원한 사랑의 감정으로서의 열정이다. 신성과 연결된 열정은 영속성에 대한 인간의 근원적 갈망을 드러낸다. 신성한 하나님에 대한 사랑의 감정으로서 열정은 종교적인 생활뿐만 아니라 일상적인 생활에서 인간의 삶을 완성시키는 힘의 원천이다.43) 성서적으로 볼 때, 인간의 열정은 사랑에 기인하는 것으로 그 원형은 '사랑의 근원이신 하나님'(요일4:7-8)으로부터 출발된다. 세상의 문화에서 표현되는 사람들의 사랑에 대한 열정은 근원적인 사랑에 대한 목마름과 열망을 드러낸다. 역설적이지만, 21세기 포스트모던 시대의 젊은이들이 열광적으로 추구하는 사랑의 열정은 어쩌면 진정한 사랑의 감성적 결핍을 드러낸다고 볼 수 있다. 그러므로 오늘날 복음을 전파하는

라고 불렀으며, 인간 심리의 대극적 요소들이 어느 기회에 반대 방향으로 돌아서는 것을 의미한다. 융은 인간의 정신현상에 있어서 의식에서 하나의 기능유형이 우세하여 대극의 기능유형이 열등해지면 억압을 당하여 무의식에 숨겨지지만, 너무 억압이 되면 어느 기회에 반전이 되어 병리적 현상을 일으킬 수 있다고 설명한다. Carl G. Jung, *Psychological Types*, Vol. 6. Bollingen Series XX. (New York: Princeton University Press, 1990), par. 425.

42) 데이비드 버스/이상원 옮김, 『위험한 열정 질투』(서울: 추수밭, 2006), 35.

43) 로널드 롤하이저/오진탁 옮김, 『삶을 변화시키는 영성을 찾아서』(서울: 그루터기하우스, 2002), 23-24.

교회는 사랑의 근원이신 하나님으로부터 기원하는 사랑의 열정과 그 의미를 잘 드러낼 수 있어야 한다. 포스트모던 시대의 문화적 에토스인 열정은 감성과 체험을 중시하려는 삶의 경향이며, 문화적 트렌드이다. 오늘날 그리스도인들은 하나님과 사랑의 관계에서 발현되는 사랑과 열정의 삶의 의미를 세상 사람들이 함께 느끼고 체험할 수 있도록 돕는 삶이 요청되고 있다.

에로티즘과 영성

에로티즘은 동서고금 이래로 인간의 삶에 있어서 가장 근원적인 문제 중의 하나다. 일찍이 19세기 말에 등장하여 20세기 초반에 활동한 정신분석학자 프로이트Sigmund Freud는 인간의 중요한 삶의 원리를 무의식적 본능의 세계에 내재하는 성적 욕망에서 발견하였다. 그는 인간의 실존을 '쾌락을 추구하는 인간'(will to pleasure)으로 파악하였다.[44] 인간의 삶에서 쾌락을 추구하고 욕망을 자극하는 삶의 에너지는 무의식의 심층에 자리하고 있는 리비도libido로서 삶의 열정을 불러일으키는 생명의 본능이다. 리비도의 바탕에는 사랑과 긍정의 힘을 창조하는 에로스eros와 죽음과 파괴성의 타나토스thanatos가 존재하고 있다. 사랑과 긍정의 힘을 창조하는 에로스는 인간의 삶을 풍요롭게 하는 인간의 본능적 에너지로 이것이 억압되거나 좌절되면 병리적 현상을 야기하게 된다.[45] 이런 측면에서 인간의 억압된 성의 욕망을 자극하는 에로티즘은 인간의 삶에 즐거움을 불러일으

---

44) 빅터 E. 프랭클/이봉우 옮김, 『로고테라피의 이론과 실제』 (서울: 분도출판사, 1980), 5;
    C. S. 홀/지경자 옮김, 『프로이트 심리학 입문』 (서울: 홍신문화사, 1994), 30-31.
45) C. S. 홀, 『프로이트 심리학 입문』 (1994), 78-79.

키며, 대화와 소통을 활성화시키는 공감의 언어라는 것을 잘 알 수 있다.

　기존 사회관습과 통념은 에로티즘과 관련된 언어와 표현을 금기시하며 억압한다. 그러나 싸이의 <강남스타일>이 보여주는 노골적이고, 저질스러운 B급 에로티즘의 표현은 인간의 무의식의 본능적 욕망을 자극하면서 즐거움을 준다. 우리는 싸이의 에로티즘이 불러일으키는 대중적 인기, 즉 폭발적인 공감이라는 문화현상에 주목해야 한다. 에로티즘은 이제 우리 시대의 자연스런 공감의 언어이며, 보편적인 문화코드로 자리 잡고 있다. 왜, 대중들은 싸이의 노골적이고 저질스러운 B급 표현의 에로티즘에 열광하는가? 오늘날 문화적 기호로서 대중음악이 표출하는 에로티즘에 열광하는 인간의 본성에 대한 탐구가 필요하다.

　바타유George Bataille에 의하면, 인간은 존재가 덧없이 소멸할 수밖에 없는 현재의 상황을 견디지 못하여 존재가 지속되기를 애타게 염원하는 동시에 우리를 보편적 실재로 이어주는 최초의 연속성에 대한 향수와 집념을 버리지 못하는 존재로 파악한다. 그리하여 인간은 존재의 고립감과 불연속성을 극복하기 위하여 사랑의 행위로서 에로티즘을 촉발한다고 보았다.[46] 그는 이러한 에로티즘의 본질과 속성을 세 가지, 곧 육체의 에로티즘, 심정의 에로티즘, 신성의 에로티즘으로 구분하여 설명한다.[47] 첫째로, 육체의 에로티즘은 번식 차원의 성행위로서 침울하고 어두운 어떤 것을 예감하게 한다. 육체의 에로티즘은 개체의 불연속성을 유보해 두며, 그래서 그것은 항상 어느 정도 시니컬한 에고이즘 쪽으로 흐른다. 둘째로, 심정의 에로티즘은 비교적 자유롭다. 심정의 에로티즘은 겉보기에 육체의 에로티즘의 물질성과 별개처럼 보이지만, 그 역시 결국 육체적 에로티

---

46) 조르쥬 바타유, 『에로티즘』(2009), 16-17.
47) 앞의 책, 17-21.

즘의 안정된 한 가지 유형에 지나지 않는다. 연인들의 열정은 육체적 융합을 심정적 공감의 영역으로 연장시킨 것에 지나지 않는다. 셋째로 신성의 에로티즘은 인간의 존재의 유한성을 극복하고 현세 너머에 존재하는 영원함에 대한 추구, 곧 신의 사랑에 대한 인간의 염원을 반영한다. 기독교적 관점에서 신성의 에로티즘은 인간이 본질적으로 하나님의 형상으로 영적인 존재(homo spiritus)임을 설명해 준다. 즉, 인간은 하나님의 형상으로서 영원하며, 사랑의 근원이신 하나님과의 일치를 본성적으로 추구하는 존재임을 드러낸다. 오늘날 타락한 본성의 인간은 육체와 심정의 에로티즘에 함몰되어 있지만, 본질적으로 영속성에 대한 기대감, 혹은 자아와 타자 사이에 존재하는 단절의 극복으로서 일치감, 혹은 연대감을 추구하려는 본능적 열망을 갖고 있다.

선교가 인간의 구원을 위하여 세상에 그리스도의 복음을 효과적으로 전달하는 것이 주요 사역이라면 세상 사람들이 복음의 의미에 공감하며, 삶으로 소통하기 위해 그들의 일상적 삶의 보편적 언어로서 에로티즘의 본질과 의미에 대하여 깊은 이해와 성찰이 필요하다. 육체와 심정의 에로티즘에 매몰되어 있는 현대인들의 문제는 본질적으로 인간 존재의 소멸과 불연속성이라는 한계상황에 대한 질문인 셈이다. 기독교회는 성서의 진리가 가르쳐 주는 하나님과 인간의 본성에 내재하는 영원성, 곧 신성의 에로티즘을 문화적 상황 안에서 인간이 어떻게 추구하고 구현할 수 있는지, 또한 어떻게 승화시킬 수 있는지 탐구해야 할 과제가 놓여있다.

하이브리디티(hybridity): 조합과 융합의 미학

싸이가 말하는 "Dress Classy, Dance Cheesy!"[48]는 포스트모던 시대

에 그가 추구하는 음악적 전략을 잘 보여준다. 그것은 형식/비형식, 호감/비호감, 질서/무질서, A급/B급, classy/cheesy, 아름다움/추함, 동양/서양, 착실함/양아치 등과 같은 다양한 이항대립적 가치들을 적절하게 조합하고 융합을 이루어 내는 혼종성(hybridity)[49])이 특징이다. 싸이는 현대음악의 다양한 기법들을 융합하여 새로운 방식으로 자신의 음악을 창조한다. 포스트모던 시대의 삶과 생활양식의 주요한 특징들 중의 하나는 다양한 요소들을 조합하고 융합하여 새로운 것을 창조하는 혼종성이다. 생물학에서 비롯된 이종교배를 통하여 새로운 종을 창조하는 혼종성(hybridity)은 오늘날 삶과 생활의 새로운 대안으로 혁신과 창조성을 자극한다.[50])

21세기 현대사회는 과학기술의 발전에 따라 사회문화의 모든 영역에서는 변화와 혁신을 추구하고 있다. 이러한 변화와 혁신은 창조성과 수월성을 요구하며, 생존을 위하여 탁월함과 경쟁이 가속화 되고 있다. 이러한 시대적 변화의 상황에서 문화에 대응하는 기독교회는 딜레마에 빠져 있다. 기독교회는 역사와 전통을 유지·보존하려는 입장과 현대사회의 새로운 도전, 곧 변화와 혁신을 추구하는 문화에 직면하여 어떠한 입장과 태도

---

48) 미국의 한 방송국 토크 쇼 프로그램인 <The Ellen DeGeneres Show>에 출연해서 싸이가 <강남스타일>에 등장하는 말춤의 특징에 대하여 다음과 같이 말하였다: "The mindset of this dance is to dress classy and dance cheesy." from <The Ellen DeGeneres Show>, NBC in America, 2012. 9. 11; http://news.heraldcorp.com/view.php?ud=20120914000523&md=20120917003142_AO 2013.3.13. 접속

49) '혼종성'(hybridity)이란 말은 동물이나 식물의 잡종을 가리키는 '하이브리드'(hybrid)에서 나온 말로, 흔히 혼혈, 잡종, 이종교배 등의 개념이 핵심적인 역할을 했다. 그러나 혼종성이라는 말은 학문의 여러 분야에서 채용되어 차용(borrowing), 혼종성(hybridity), 용광로(melting pot), 스튜(stew), 번역(translation), 크레올화(creolization) 등과 같은 은유적 용어로 사용되었다. 피터 버크, 『문화혼종성』(2012), 58-59; 78-79.

50) 앞의 책, 78-79; 31-32.

를 가져야 할 것인지 고민하고 있는 것이다. 그러나 성서는 하나님의 백성이 세상의 문화에 순응하는 것이 아니라 변화시켜야 할 사명이 있음을 가르친다(창1:26-28; 롬8:19-21; 롬12;1-2).

싸이의 <강남스타일>은 21세기 세계인들에게 음악의 즐거움으로 큰 공감과 소통을 이루었다. 그러한 문화적 현상의 심층을 살펴보면 싸이의 음악적 재능과 함께 시대의 문화적 트렌드를 잘 읽어내는 능력이 한 몫을 하고 있다. 싸이는 포스트모던 시대의 특징인 혼종성, 곧 다양한 이항대립적 가치들을 적절히 조합하고 융합을 이루는 화융和融의 음악을 잘 구사할 줄 안다. 오늘날 변화와 혁신, 그리고 화융을 추구하는 문화의 시대에 기독교회는 과거와 현재, 아름다움과 추함, 선과 악, 동양과 서양, 성스러움과 세속성, 기독교와 타종교 등의 이항대립적 가치들로 인하여 갈등과 불화를 겪고 있는 세상에서 화해와 일치를 이루어내는 변화와 창조적 대안을 제시할 수 있어야 한다. 즉, 기독교회는 오늘날 소통부재와 불화를 겪고 있는 세상에서 '공감'과 '소통'을 이루어 내는 화해의 도구가 되어야 할 과제가 놓여 있다.

하이퍼리얼(hyperreal): 문화의 공감과 확산의 기제

2012년 한류문화 K-Pop 싸이의 <강남스타일>은 매스 미디어와 인터넷 기반의 컴퓨터와 SNS를 통하여 매우 빠르게 전 세계에 확산됨으로 글로벌 스타로 만들었다. 그런데 싸이의 <강남스타일>이 전 세계적으로 확산되는 양상이 이전의 것과 다른 점은 크게 두 가지 측면에서 발견된다. 첫째는, 싸이의 <강남스타일>이 대중들과 직접 대면하는 오프-라인off-line의 라이브 콘서트와 플래시 몹flash mob51)과 같은 면대면(face to face) 퍼포먼스 형태의 접근이다. 우선, 라이브 콘서트는 대중음악의 생산자 싸이가 자신의 음악을 소비자들과 직접 대면하여 놀이와 즐거움을 상호 교환하는 형태이다. 다음으로 대중들에 의하여 자발적으로 생산한 플래시 몹 퍼포먼스의 형태는 오늘날 좀 더 특이한 문화적 현상이다. 플래시 몹은 이제까지 문화의 소비자로만 인식되었던 대중들이 놀이와 즐거움을 자발적이고 집단적인 형태로 직접 참여하여 재생산하는 문화양식을 의미한다. 둘째는, TV 중심의 매스 미디어와 온-라인on-line중심의 뉴 미디어를 통하여 신속하고 광범위하게 놀이와 즐거움이 확산되는 문화양식의 접근이다. 싸이의 <강남스타일>은 방송 프로그램의 콘텐츠, 혹은 뮤직비디오 콘텐츠로 공중파 TV와 음악전문 케이블 TV를 통하여 전파됨과 동시에 유튜브, 페이스북, 카카오톡 등과 같은 SNS를 통하여 전 세계의 대중들에게 신속하고 광범위하게 전파되었다. 다시 말하면 싸이의 <강남스타일>은 TV 중심의 매스 미디어와 유튜브, 페이스북, 카카오톡 등과 같은 SNS 커뮤니케이션이 작동되지 않았다면 2012년 싸이의 <강남스타일>의 전 세계적인 인기는 상상할 수 없다. 특히, 싸이의 <강남스타일>은 TV와 모바일 뉴 미디어 SNS를 통하여 원본이 복제되고, 패러디 형태로 다양한 변종본이 재생산되었다. TV와 SNS를 통하여 재생산된 복제본과 변종본들은 신속하고 광범위하게 대중들에게 확산되면서 싸이의 <강남스타일>은 시대를 지배하는 문화 트렌드가 됐다.

　　싸이의 <강남스타일>은 한국, 미국, 영국, 브라질, 호주, 프랑스, 홍콩,

---

51) 플래시 몹(flash mob)은 네티즌들이 오프라인에서 벌이는 일종의 해프닝이다. 이메일과 휴대전화 문자메시지를 통하여 고지된 특정한 시간, 날짜, 장소 등을 택하여 불특정의 다수의 사람들이 미리 정한 장소에서 아주 짧은 시간동안 약속한 행동을 한 후에 아무 일도 없다는 듯이 바로 흩어지는 불특정 다수의 군중행위를 일컫는다.

중국 등에서 기존의 TV 방송매체와 함께 SNS 커뮤니케이션이 새로운 문화를 형성하는데 주도적인 영향력을 행사하였다. 즉, 싸이의 <강남스타일>은 소비의 사회에서 매스 커뮤니케이션, 인터넷, 그리고 SNS가 대중들에게 작용하는 힘으로서 하이퍼리얼리티hyperreality의 문화적 성격을 잘 드러냈다. 전 세계인들은 인터넷과 SNS를 통하여 싸이의 <강남스타일>의 원본을 복제하고, 모조품을 양산하면서 싸이의 열정, 에로티즘, 하이브리디티 등과 같은 문화의 기호를 함께 나누고 소비하였던 것이다.

보드리야르는 포스트모던 사회의 특성을 하이퍼리얼hyperreal로 설명한다. 하이퍼리얼은 스크린이나 미디어를 통하여 가상세계에서 이루어지는 복제된 현실로 '파생 실재'이다. 21세기 인류의 기술과학이 이룩한 지식기반의 정보화 사회에서 하이퍼리얼은 실재(reality)에 대한 이해의 새로운 양상을 보여준다.[52] 이제까지 인간은 자연의 지배자로, 객체 사물과의 관계에서 주체로 이해되어 왔다. 그러나 이제 포스트모던 정보화 사회에서 세계 내 인식의 주체인 인간은 가상 실재인 사물(객체)에 의하여 구성된 하이퍼리얼의 영향과 지배를 받는 관계적 존재로 파악되고 있다. 현대인들은 사물, 서비스, 및 물적 재화의 증가에 의해 이루어지는 소비와 풍부함으로 인해 삶의 생태계는 근본적으로 변화되었다. 그것은 사람들보다는 사물에 의하여 둘러싸여진 사회로서 사물의 리듬에 맞추어진 환경과 분위기에 인간이 지배당하는 사물의 시대를 의미한다.[53]

TV와 인터넷, 그리고 스마트 폰 등을 통하여 거래되고 소비되었던 대중음악 싸이의 <강남스타일>에 대한 전 세계인들의 큰 인기는 역설적으로 하이퍼리얼이 지배하는 포스토모던 시대 현대인들의 불안과 고립감,

---

52) 리처드 J. 레인, 『장 보드리야르: 소비하기』 (2008), 61-63.
53) 장 보드리야르, 『소비의 사회: 그 신화와 구조』 (2002), 15-16.

관계성 단절의 심리를 반영한다. 그것은 공감과 소통을 열망하는 포스트모던 인들의 심리 표출이며, 여기에는 적어도 다음과 같은 세 가지 의미를 함의하고 있다.

첫째, 21세기 포스트모던 시대 지나친 개인화에 따른 대중들의 '자기 상실감'을 반영한다. 보드리야르는 소비사회의 특징을 기호에 굶주리고, 또 기호에 의해 증폭되는 불안감에 기초한 현실의 부인이라고 설명한다.54) 프롬Erich Fromm에 의하면, 소비의 사회에서 자기를 상실한 대중들은 고독과 불안을 경험하며, 이를 극복하기 위하여 시대적 유행에 동조하는 '자동적 동조'(automaton conformity)의 경향을 보인다고 하였다.55) 즉, 대중들은 자신에게 주어진 본연의 모습보다는 '자기 상실'이라는 대가를 치르면서 사회문화에 의하여 지배되고 선호되는 유행을 채택하여 고독과 불안을 피하려고 한다는 것이다.

둘째, 정체성과 관계성에 대한 열망이다. 포스트모던 시대 소비사회의 특징은 모든 것을 사고파는 물건으로 인식하는 상업적 물상주의와 인간 존재의 의미를 효율성으로 판단하려는 시장적 성격에 있다. 효율성이 감정을 지배하는 세계에서 인간은 자기 정체성의 위기(identity crisis)를 경험하게 된다.56) 시장적 성격의 사회에서 인간의 큰 문제는 정서적 유대감(emotional tie)을 상실한다는 것이다. 그들은 가장 가까운 사람들은 물론 자기 자신과도 친밀하지 못하게 되어 고립감을 느끼게 된다. 그리고 물건에 대해서도 애착심을 상실하게 되는데, 그것은 물건은 오직 소비의 대상일

---

54) 앞의 책, 32.

55) 에리히 프롬/이규호 옮김,『자유로부터의 도피』(서울: 삼성출판사, 1986), 180; 노안영·강영신,『성격심리학』(서울: 학지사, 2006), 205.

56) 에리히 프롬/한완상·마상조 옮김,『소유냐 존재냐?』(서울: 전망사, 1986), 204-205.

뿐이기 때문이다. 물건의 의미는 위신과 위안으로, 물건 자체의 실체는 없다. 소비사회의 물상주의와 시장적 성격의 사회의 심리적 문제는 자아정체성의 상실과 함께 물건뿐만 아니라 친구나 애인도 소비의 대상으로 생각하는 물상주의에서 비롯된 유대감의 상실이다.[57] 그러므로 오늘날 포스트모던 인들은 소비사회의 효율성과 물상주의에서 벗어나 진정한 자아 정체성에 대한 탐구, 진정한 유대감의 회복, 그리고 관계성에 대한 추구와 열망이 강하게 표출되고 있다.

셋째, 소속감에 대한 열망이다. 소속감은 인간이 자신을 찾으려는 것으로 가족, 집단, 혹은 지역사회에서 애착을 형성하려는 욕구이다. 소속감은 자연과의 일차적 관계의 상실에서 비롯된다. 우리는 분리되어 홀로 있기 때문에 초기에 가진 소속을 대체하기 위해 타인과의 관계를 통해 새로운 소속감을 확립해야 한다. 그런데 소속감을 성취하는 방법 가운데 가장 만족스럽지 못한 방법은 아동기에 엄마와 형성된 안전한 유대감을 그대로 유지하려는 것이다. 민족주의는 근친상간의 한 유형이며, 특정집단에 소속감을 제한함으로 세계 인류로부터 스스로 고립되게 한다.[58] 소속감은 관계성에 기초한 자기 존재의 확인이며, 집단이나 공동체에 소속되어 유대감을 느낌으로 고립과 불안을 해소하려는 현대인들의 욕구를 반영한다.

요컨대, 싸이의 <강남스타일>이 TV와 SNS를 통하여 세계인들에게 소개되고 큰 인기를 끌게 되면서 <강남스타일>은 이제 개인의 취향을 넘

---

57) 에리히 프롬, 『소유냐 존재냐?』(1986), 205-206. 관계성의 실패는 자기애(narcissism)으로 나타난다. 자기애적 개인은 자신의 생각, 감정, 욕구를 주관적으로 이해함으로 세계를 객관적으로 지각하지 못한다. 노안영·강영신, 『성격심리학』(2006), 206.
58) 노안영·강영신, 『성격심리학』(2006), 205.

어 집단적 공유의 문화 트렌드로 전환되었다. 2012년 싸이의 <강남스타일>은 시대를 지배하는 문화의 트렌드로서 동시대 세계인들은 범세계적 관계성 안에서 자기의 존재감과 소속감을 느끼고 확인하는 문화코드로 작용하였다. 다시 말하면 싸이의 <강남스타일>은 고독과 불안을 경험하고 있는 21세기 포스트모던 인들에게 TV와 SNS를 통하여 존재감과 유대감을 새로운 차원에서 느끼고 공유할 수 있는 문화를 만들어 냈다는 것이다. 더 나아가 사이버 공간을 통하여 세계인들의 공동체적 삶의 의미를 새롭게 느끼게 하였다. 이러한 맥락에서 기독교회는 오늘날 사물의 리듬에 맞추어진 환경과 분위기에 인간이 지배당하는 사물의 시대에, 또한 고립과 불안으로 자신의 존재감과 관계성을 상실하여 새로운 방식의 공동체적 삶을 추구하고 있는 포스트모던 인들에게 보다 깊은 관심을 가져야 한다. 그것은 오늘날 기독교회의 선교가 세상에 존재하는 문화의 외형적인 형식보다는 내면의 본질, 곧 하나님과의 관계에서 단절되어 소외를 경험하고 있는 인간의 근원적인 욕구와 갈망을 읽어내는 것에서부터 출발되어야 함을 의미한다.

나가는 말

이제까지 연구자는 한류문화의 한 장르로서 최근의 대표적인 K-Pop, 싸이의 <강남스타일>의 문화적 성격을 살펴보았다. 그것은 오늘날 한류문화 K-Pop 뮤지션 싸이의 <강남스타일>에 공감하며 열광하는 전 세계인들의 문화심리와 시대정신은 무엇이며, 그것이 오늘날 기독교적 문화의 형성과 선교에 어떠한 시사점을 주고 있는지 살펴보려는 것이었다.

21세기 포스트모던 시대에 우리의 삶에 '공감'과 '소통'은 매우 중요한 문화 코드이다. 오늘날 기술과학의 발전에 따라 등장한 사이버 공간은 현실의 세계와는 또 다른 차원의 세계를 구성하고 있다. 싸이의 <강남스타일>은 TV를 중심으로 한 매스 커뮤니케이션과 함께 인터넷과 컴퓨터, 그리고 SNS를 통하여 우리 시대에 새로운 스타일의 문화를 창조하였다. 21세기 우리가 살고 있는 시대는 포스트모더니즘과 정보화라는 기술과학에 기반 하여 새로운 형태의 글로벌 문화를 조성하고 있다. 이 시대는 문화의 시대로서 문자보다는 미디어의 영향력이 지배적인 공감과 소통의 시대로 이성보다는 감성이, 논리보다는 체험이 보다 중요하게 고려되며, 일방적 전달보다는 쌍방향의 소통이 이루어지며, 자발적 참여가 의미 있는 삶의 형식이며, 개인주의를 넘어서지만 개인과 공동체가 함께 삶을 나누는 개인-공동체적 삶의 스타일을 지향하는 것이 특징이다.

오늘날 선교는 교회가 복음을 일방적으로 전달하고, 단순히 지적으로 이해하고, 올바르게 고백하는 것만으로는 부족하다. 복음을 바르게 이해하고 고백할 뿐만 아니라 바른 삶과 함께 세상을 변화시키는 문화변혁 차원으로까지 승화되어야 한다. 기독교회의 선교가 복음을 전달하여 개인을 변화시킬 뿐만 아니라 세상을 변화시키는 문화변혁의 차원까지 고려해야 한다면, 세상을 이해하고 그들과 삶을 공유하기 위하여 무엇보다 '소통'communication과 '공감'emphathy은 매우 중요한 가치이다. 그것은 인간의 삶의 상황인 문화와 인간의 근원적인 욕구와 갈망을 읽어내고 소통하려는 노력을 선교의 출발점으로 인식하는 것이다. 이러한 관점에서 2012년 전 세계인들의 인기와 사랑을 받은 한류문화 K-Pop 스타 싸이의 <강남스타일>이 함의하고 있는 '공감'과 '소통'의 가치를 문화적 접근의 차원에서 선교에 어떻게 적용될 수 있는지 다시 한 번 깊이 성찰해 볼 필요가 있다.

참고문헌

국민일보. 2012.06.21. 25면.
_____. 2012.06.06. 22면.
_____. 2012.06.25. 19면.
_____. 2012.06.27. 27면.
_____. 2012.10.23. 12면

김세광 외 6인 공저.『팝 게릴라 레이디 가가』. 서울: 예영 커뮤니케이션, 2012.

노안영·강영신.『성격심리학』. 서울: 학지사, 2006.

니체, 프리드리히/정경석 옮김.『짜라투스트라는 이렇게 말했다』. 서울: 삼성출판사, 1985.

니체, 프리드리히/곽복록 옮김.『비극의 탄생』. 서울: 범우사, 2006.

로널드, 롤하이저/오진탁 옮김.『삶을 변화시키는 영성을 찾아서』. 서울: 그루터기하우스, 2002.

바타유, 조르쥬/조한경 옮김.『에로티즘』. 서울: 민음사, 2009.

버스, 데이비드/이상원 옮김.『위험한 열정 질투』. 서울: 추수밭, 2006.

버크, 피터/강상우 옮김.『문화혼종성』. 서울: 이음, 2012.

베네딕트, 루스/김열규 옮김.『문화의 패턴』. 서울: 까치, 1993.

보드리야르, 장/이상률 옮김.『소비의 사회: 그 신화와 구조』. 서울: 문예출판사, 2002.

_____/하태환 옮김.『시뮬라시옹』. 서울: 민음사, 2001.

윈터 랄프, 호돈 스티븐, 한철호/정옥배 외 3인 옮김.『퍼스펙티브스 2: 문화작전략적 관점』. 서울: 도서출판 예수전도단, 2010.

윤혜준.『바로크와 '나'의 탄생』. 서울: 문학동네, 2013.

이기상 외.『문화는 소통이다』. 서울: 철학과 현실사, 2012.

이동연. "내가 아는 '싸이'에 관한 모든 것."「문화과학」. 72(2012), 307-330.

이부영.『우리 마음속의 어두운 반려자: 그림자』. 파주: 한길사, 2006.

이태숙.『문화와 섹슈얼리티』. 서울: 인간사랑, 1999.

이후천.『현대 선교학의 이슈들』. 서울: 대한기독교서회, 2009.

최상진·김기범.『문화심리학』. 서울: 지식산업사, 2012.

푸코, 미셸/김부용 옮김.『광기의 역사』. 서울: 인간사랑, 1999.

프랭클, 빅터/이봉우 옮김.『로고테라피의 이론과 실제』. 서울: 분도출판사, 1980.

프롬, 에리히/이규호 옮김.『자유로부터의 도피』. 서울: 삼성출판사, 1986.

_____/한완상·마상조 옮김.『소유냐 존재냐?』. 서울: 전망사, 1986.

헤론, 알리스데어/한승홍 옮김.『20세기 신학사상』. 서울: 성지출판사, 1997.

홀, C. S./지경자 옮김.『프로이트심리학 입문』. 서울: 홍신문화사, 1994.

홀, C. S. and Nordby Vernon J./김형섭 옮김.『융 심리학 입문』. 서울: 문예출판사, 2004.

de Sauvages, Francois Boissier. *Nosologie Methodique*. VOL. VII. Lyons, 1772.

Fleming, John. & Wright, Ken/김정준·주재용 옮김.『새로운 선교와 교회구조』. 서울: 대한
　　기독교서회, 2002.

Jung, Carl G. *Psychological Types*. Vol. 6. Bollingen Series XX. New York: Princeton
　　University Press, 1990.

Simpson, D.P., *Cassell's New Latin Dictionary*. (5th ed.). Norwich: Fletcher & Son Ltd,
　　1975.

Vicedom, Georg F./박근원 옮김.『하나님의 선교』. 서울: 대한기독교서회, 1980.

K-Christianity

: <강남스타일>과 선교 사이

신익상 │ 감리교신학대학교

들어가는 말: <강남스타일>로 선교하기?

반듯한 정장을 입고 선글라스를 끼고 말춤을 추는 싸이가 선교라고 하는 기독교적 주제에 어떤 충고를 할 수 있을까? 이 말도 안 되는 질문이 'K-Christianity'라고 하는 신조어에게 주어진 과제다. '한국적 기독교'라고 불러도 족할 것에 굳이 이런 신조어를 끌어들일 때는, K-Pop이라는 용어가 가지고 있는 어떤 특성과 함께 '한류'라는 물줄기 속에서 한국적 기독교를 말하고자 하는 의도가 있다. '한류'라는 흐름 속에서 한국의 대중가요가 K-Pop이 될 때, 'K-'는 단지 '한국적'이라는 순수한 수식어의 의미 이상을 내포하게 된다.

사실 'K-'라는 수식어는 '한류'가 그랬던 것처럼[1] 일본에 기댄 바가

---

[1] 연예산업연구소 소장인 장규수의 연구에 의하면 '한류'(韓流)라는 용어는 일본의 언어 사용에 일차적으로 기인한다. 일본은 1980년대 홍콩영화의 유행은 '항류'(港流)라고, 1990년대

크다. 원용진과 김지만이 흥미롭게 주목했던 것처럼, 한류의 시작과 이 수식어의 출현 사이에는 시간차가 존재한다. 한류의 시작이라고 볼 수 있는 1990년대 후반기가 아니라, 한류가 주춤할 때쯤 한국 아이돌 그룹들을 중심으로 한국의 대중음악이 동남아 등지에서 유행하면서 자칭 한류 2.0 또는 신 한류라는 기류가 형성될 때 일본에서 시작된 수식어다. 이때 'K-'는 과거와의 차별성과 상품성을 동시에 가리키는 이념을 담게 되었다. "과거에 비해 새로우며 — '도회적', '다문화적', '스타일리쉬'하며 — 일본 시장 혹은 아시아 시장에서 상품성을 가진 장르로 구획된 것이다."[2] 이념은 일종의 욕망이다. 그것은 지향한다. 'K-'에게 이러한 욕망은 자신으로부터의 단절을 통한 새로움과 이 새로움이 가져올 부를 향해 있다.

그렇다면 싸이의 <강남스타일>은 어떤가. 아이돌 일색의 K-Pop 무대에서 대마초와 병역기피로 시련을 겪었던 개그맨 뺨치는 용모의 중년 남자 연예인이 K-Pop의 다크호스로 급부상하였을 때, 숱한 사람들은 이 남자와 아이돌 그룹들과의 차이가 무엇인가에 대해 관심을 집중하기 시작했다 — 우연성이 기획을 넘어선 이 현상에서 둘의 같음과 다름은 무엇인가. 이 질문은 <강남스타일>로 선교하기라는 발칙한 생각과 이어지면서 또 다른 질문을 일으킨다. <강남스타일>이 선교에 해줄 수 있는 충고는 자신을 보고 이런 것을 좀 배우라는 쪽이 될 것인가, 아니면 그 반대로 이

일본 자신의 드라마, 애니메이션, 게임 등의 유행은 '일류'(日流)라고 불렸다. 이러한 용어사용이 동남아를 중심으로 일반화되면서 1990년대 후반기 한국의 드라마와 대중음악이 중화권을 중심으로 유행하기 시작하자 자연스럽게 '한류'라는 용어가 사용되기 시작했다는 것이다: 장규수, "한류의 어원과 사용에 관한 연구," 「한국콘텐츠학회논문지」 11(2011), 168-9. 참조.

2) 원용진·김지만, "연성국가주의에 편승한 연예기획사와 한류의 미래," <한국언론학회 심포지움 및 세미나> (2011), 34.

렇게 해 보았더니 안 좋았으므로 이런 것은 배우지 말라는 쪽이 될 것인가.

본고는 이러한 질문들에 대한 해답을 찾아가는 과정에서 'K-Christianity'라는 신조어로써 향할 수 있는 선교적 지향을 찾아나갈 것이다. 2장에서는 싸이의 <강남스타일>을 미학적·문화산업적으로 분석한 결과들을 가지고서 <강남스타일>이 거둔 신화와 현실 사이의 거리를 살펴보는 가운데 'K-'의 의미를 찾아본다. 3장에서는 기독교 신앙이 다문화·다종교 사회에서 선교를 하고자 할 때 발생하는 토착화의 문제를 문화정치와 예수의 복음이라는 관점에서 살펴봄으로써 선교의 장에서 Christianity가 의미하는 바를 살핀다. 마지막 결론에 해당하는 4장은 2장의 'K-'와 3장의 'Christianity'를 이어서 탄생하는 'K-Christianity'에 대한 명료한 이야기다.

'K-'를 찾아서: <강남스타일>의 미학과 현실

한류연구의 지형도

한류가 우리의 시야에 들어온 지 10여 년이 넘어서자 한류의 쇠퇴론이 고개를 들기 시작했고, 한편으로는 한류에 대한 연구들이 축적되면서 한류를 바라보는 시각에 대한 유형론도 등장하기 시작했다. 한류 및 한류연구의 지형이 형성되면서 한류연구의 지형도가 함께 그려지기 시작한 것이다.

김성수는 한류를 보는 입장들을 문화민족주의적 입장, 신자유주의적 입장, 탈식민·탈서구중심주의적 입장의 세 유형으로 구분하면서 이 세 입장이 모두 한류의 지속성에 한계를 보인다고 진단한다. 이어 그는 한류의 지속을 위한 요소로 한국인의 정서나 일본·홍콩의 대중문화 대체, 정부의 정책적 개입 등이 제안되고 있음을 소개하고, 이들 요소들로는 한류의 지속 가능성을 보장할 수 없음을 논한 후에, 자문화중심주의 이념을 넘는 "글로컬 융합"을 한류의 지속을 위한 요건으로 제시하고 있다.3) 이보다 일찍이 이준웅은 문화지배론, 시장 개척론, 문화간 공동체 구성론의 셋으로 한류의 문화적 효과에 대한 견해들을 구분한 바 있다.4) 최근 김승수는 윤선희의 "아시아 공동체의 문화 정체성"(2009년)을 인용하면서 한류에 대한 연구가 아시아의 한류수용 형태를 분석하는 문화연구, 산업론적 연구, 초국적성(trans-nationality)5) 연구, 이렇게 셋으로 구분될 수 있다고 소개했다.6)

이들 논의를 종합해서 살피건대 문화민족주의, 초국적 문화, 문화산업이라는 개념들이 한류를 이해하는 주된 키워드들이 되고 있음을 알 수 있다. 그런데 문화민족주의는 과거지향의 민족우월주의7)로 전개될 위험

---

3) 김성수, "글로컬적 관점에서 본 한류에 대한 재평가," 「인문콘텐츠」 18(2010), 321-331 참조.
4) 이준웅, "한류의 커뮤니케이션 효과: 중국인의 한국 문화상품 이용이 한국에 대한 인식과 태도에 미치는 영향," 「韓國言論學報」 47(2003), 13-15 참조.
5) 초국적성(trans-nationality)이란 "지역, 도시, 또는 지방, 또는 개인이 행위 단위가 되어 국경을 가로지르는 다중적 연결과 흐름"을 지칭하는 개념으로, "사건의 원인이나 설명"이 아닌 "사건의 결과나 현상을 기술"하는 측면에서 사용된다: 김수정, "동남아에서 한류의 특성과 문화취향의 초국가적 흐름," 「방송과 커뮤니케이션」 13(2012), 13.
6) 김승수, "한류문화산업의 비판적 이해," 「지역사회연구」 20(2012), 103.
7) 들뢰즈(Gilles Deleuze)와 가타리(Félix Guattari)는 우월주의가 타자화의 형식으로 배제하는 것이 아니라 계열화의 형식으로 차별을 실현한다고 설득력 있게 설명하고 있다. "백인의 자만인 유럽의 인종주의는 배제한다든가 누군가를 <타자>로 지적함으로써 진행된 것이 결코 아니었다. … 인종주의는 점점 더 특이해지고 지체되는 파동 속에서 적합하지 않은 특징들을 특정 장소나 조건, 특정 게토 안에서 용인하기 위해, 또는 결코 이타성을 지지하지 않는

성을 내장하고 있다. 초국적성은 문화의 본질주의를 비판하는 담론인 탈식민주의의 '혼종성'(hybridity)과 등치되면서 혼종성이 갖는 비판성을 희석시키며 다음과 같은 개념적·논리적 문제를 야기할 수 있다. 첫째, 초국적 문화현상을 과정이 아닌 특성들의 집합으로 물화·실체화하고, 둘째, 초국적성과 혼종성이 불일치하는 지점들을 간과하며, 셋째, 혼종화의 결과가 무국적성으로 귀결하게 된다는 논리적 모순에 빠지게 된다.[8] 문화산업 측면에서의 접근은 자칫 문화를 상품으로 인식하여 경제의 종속변수로 만들고[9] 결과적으로는 한류를 문화 비즈니스의 차원에서 조명하게 될 가능성이 있다.

무엇보다 주지할 것은 한류는 문화 콘텐츠라는 문화산업적 개념 없이 논의하기 불가능하다는 점이다. 문화민족주의든 초국적 문화론이든 한류와 만나는 지점은 바로 문화 콘텐츠인 것이다. 문화 콘텐츠라는 말 속에는 문화와 콘텐츠의 상호관계가 전제되어 있는 것인데, 이 상호관계를 형성하는 토대에 자본주의를 중심으로 하는 경제논리가 있다. 한류가 논의되어 온 장은 어디까지나 문화'산업'인 것이다.

벽에서 삭제하기 위해 그것들을 통합하는 척하는 <백색인>의 얼굴에 의해 일탈의 격차들을 결정함으로써 진행되었다."(질 들뢰즈·펠릭스 가타리/김재인 옮김, 『천 개의 고원』(서울: 새물결, 2003), 340.) 따라서 서구의 인종주의에 대한 반동으로 식민지인들의 독립과 함께 나타나는 식민지인들의 민족주의는 계열화에 대항하는 계열화로 자신의 활동을 이어감으로써 근본적으로는 서구 인종주의의 아류로 떨어져버릴 위기에 처하게 된다. 우월주의란 결국 줄세우기에서 비롯되는 자만으로서의 문명화된 야만을 나타낸다. 따라서 후기식민사회를 살아가는 식민지인들에게 민족주의는 어떻게 서구의 계열화를 따르지 않고서 자신의 정체성을 회복할 수 있을 것인가에 대한 개인적이고도 공동체적인 문제로 남아있다.

8) 김수정, "동남아에서 한류의 특성과 문화취향의 초국가적 흐름" (2012), 16-17.
9) 조흡, "한류와 이미지 공간의 정치: 비판적 리저널리즘을 위한 문화지리의 재구성,"「문학과 영상」12(2011), 847.

문화와 콘텐츠의 상호관계를 중심으로 한류를 분석하는 방식이 일반적이라는 사실은 한류와 직간접적으로 관련된 이들이 이를 학문적으로 감지하기 시작한 2005년과 최근의 동향 사이를 비교해보면 알 수 있다. 2005년에 작성된 MBC 프로덕션의 해외마케팅 담당 박제복의 한류 분석은 한류가 문화 콘텐츠라는 형태로 흐르며 문화할인율[10]에 영향을 받는 것으로서 수요·공급·마케팅 측면에서의 삼박자 성공을 요한다는 것에 초점이 맞추어져 있다.[11] 2012년 3월 매일경제신문 주최로 열린 한류에 대한 국민보고대회의 전후 결과물이 집결된 『한류본색』의 한류에 대한 주된 관심은 "지속적인 성장 동력"과 "경제적 가치", 그리고 문화민족주의적인 의제에 쏠려있다. 여기서도 한류는 콘텐츠를 기반으로 분석된다. 특히 이 책에서 국가 단위의 벤치마킹을 할 대상으로 지목한 것은 창조적인 영국(Creative Britain)을 기치로 한 영국의 문화산업 전략이었다. 바야흐로 문화자본의 시대를 살고 있는 것이다.[12]

한류연구의 지형도 내 K-Pop

K-Pop 또한 문화산업의 논리에서 크게 벗어나지 않는다. K-Pop 한류를 주도하고 있는 아이돌 그룹과 이들의 연예기획사가 이 점을 잘 보여주고 있다.

먼저 SM 엔터테인먼트(이하 SM)가 아이돌 그룹을 육성하는 과정을 간

---

10) 특정 문화에서 제작된 문화상품이 다른 문화권으로 넘어갈 경우 문화적 차이 탓에 그 상품의 소구력이나 상품으로서의 가치가 떨어질 수 있는데, 이러한 것을 문화적 할인이라고 하며, 그 정도를 문화할인율이라고 한다.
11) 박제복, 『한류, 글로벌 시대의 문화경쟁력』(서울: 삼성경제연구소, 2005).
12) 매일경제 한류본색 프로젝트팀, 『한류본색』(서울: 매일경제신문사, 2012).

단히 살펴보자. 오늘날 연예 매니지먼트 회사들은 예외 없이 요소시장뿐만 아니라 생산과 배급시장 모두에 관여하면서 동시에 사업다각화를 통한 수평적 확장을 꾀하고 있다. 보통 10대 때부터 연습생으로 길러지는 아이돌들은 이들 기획사에 의해 미리 만들어진 아이돌 그룹의 이미지에 따라 캐스팅 된다.13) 기획사는 젊은이의 감성과 세계인들의 공감대에 호소하기 위해 이들을 외국의 작곡가·안무가와 결합시킨다. SM의 이수만 회장은 캐스팅, 트레이닝, 맞춤형 이미지 메이킹, 데뷔의 순으로 이루어지는 과정론인 이른바 'CT 이론'(Culture Technology 이론)을 통해 'made by SM'을 이루어 수익을 얻고자 한다.14) 이들에겐 한류의 의의가 수익사업에서 한 치도 벗어나지 않는 셈이다. 이것은 SM이 문화 콘텐츠의 수출을 국익과 연결시키는 연성국가주의(soft nationalism)를 추구할 수 있음을 보여준다. 그리고 2011년 뉴욕 메디슨 스퀘어 가든에서 펼쳐진 SM 소속 아이돌들의 공연 직전에 이수만 회장이 했던 기도는 바로 이 점을 확인케 한다. 그는 이 공연이 "대한민국, 그리고 대한민국 국민들을 대표하는 것"이라고 기도하였다.15) 자신들의 수익사업을 국가주의와 연결시키면서 동시에 미국 중심도시에서의 공연에 역사적인 의미를 부여하였던 것이다. 따라서 연성국가주의는 필요에 따라 오리엔탈리즘에의 함몰이 될 수도 있다.16)

이러한 기획사에 의해 양산되는 아이돌 그룹들은 정형화된 파생실재

---

13) 이문행, "국내 연예 매니지먼트 회사의 아이돌 그룹 육성 전략에 관한 연구: SM 엔터테인먼트를 중심으로," <한국언론학회 심포지움 및 세미나> (2011.8), 13-15.
14) 원용진·김지만, "연성국가주의에 편승한 연예기획사와 한류의 미래" (2011), 43.
15) 이는 CJ엔터테인먼트와 SM이 공동 제작하여 2012년 6월에 개봉했던 다큐멘터리 영화 <I AM>에서 확인할 수 있다.
16) 원용진·김지만, "연성국가주의에 편승한 연예기획사와 한류의 미래" (2011), 48.

(hyper-real)[17]가 되어 문화산업에서 활약하게 된다. SM의 간판 아이돌 그룹인 소녀시대와 YG 엔터테인먼트의 2NE1을 살펴보자.

일단 이들 두 그룹들은 모두 빈번하게 외국인 작곡가 팀과 프로듀서에 의해 탄생한 곡을 가지고서 해외 무대에 진출하였다. 2NE1의 <내가 제일 잘나가>는 한국계 미국인인 Teddy가 작곡한 것으로 외국인들이 가장 좋아하는 K-Pop 중 하나다. 소녀시대의 경우, 2010년 10월에 발매된 3번째 미니앨범 <훗Hoot>에 수록된 5곡 중 3곡은 외국인 작곡가들로 구성된 팀에 의해서 작곡되었고, 이후 외국인 작곡가 팀과 프로듀서의 역할은 점점 비중이 커져서 2013년 1월 1일 발매된 정규 4집 <I Got A Boy>에 수록된 10곡 중 7곡이 외국인 작곡에 1곡은 외국인 작곡가 팀과 한국인 작곡가의 공동 작업에 의한 곡으로 무려 8곡이 외국인들의 손을 거쳐 작곡되었다. 이는 이들 그룹들이 해외 진출을 목표로 하면서 시장의 반응을 우선적으로 고려했기 때문에 이루어진 자연스러운(!) 일이다. "그들에게는 애초에 음악의 성취가 아니라 시장의 반응이 중요했다."[18]

소녀시대의 경우 일본 진출을 우선적으로 고려하면서 기획되었고, 그래서 일본 아이돌을 모델로 해서 여기에 파워와 카리스마를 더하여 "아시아에서만 나올 수 있는 아이돌 타입으로 생산"[19]되었다. "북유럽에서 받

---

17) 원본 없이 행해지는 복사본들의 복사는 오히려 더욱 생생하게 현실에서 힘을 발휘한다. 그러한 복사본들을 보드리야르(Jean Baudrillard)는 시뮬라크르(Simulacres)라고 부르고 시뮬라크르가 되는 운동성을 시뮬라시옹(Simulation)이라고 하였다. 세계는 사실 원형이나 본질이 아닌 원본 없는 복사본으로서의 시뮬라크르들과 이들의 생성으로서의 시뮬라시옹으로 구성되며, 이러한 복사본들이 원본을 대신하여 더 원본 같은 원본으로 기능한다는 점에서 파생실재라고 부른다. 가짜의 진짜화 현상이 바로 파생실재인 것이다: 장 보드리야르/하태환 옮김, 『시뮬라시옹』(서울: 민음사, 1996).

18) 나도원, "K-Pop 한류와 소녀시대, 환상과 진상의 회전체," 「플랫폼」 31(2012), 107.

19) 앞의 논문, 107.

은 노래를 한국에서 연습해서 일본에서 부르는 것이 소녀시대 모형이다
."20) 이들은 먼저 국내에서 검증의 시간을 갖고서 일본에 진출했던 것이
고, 일본 시장은 전략적으로 무국적성을 체질화하고자 하는 욕망을 담론
화한 공간이었기에21) 더 넓은 시장, 즉 서구적으로 보편화된 시장으로 가
는 두 번째 교두보가 될 수 있었던 것이다.

그렇다면 소녀시대는 잘 포장됐으나 빈껍데기뿐인 상품에 불과한 것
인가. 국내 언론이 과장하고22) 이미지화한 K-Pop의 세계진출은 그저 보
편화된 서구의 재생산인바 이미 "대중문화의 다양성이 발달한"23) 세계
문화산업 시장에 진열된 비슷한 여러 상품들 중 하나일 뿐인 것은 아닌가.

이 지점에서 소녀시대가 세계 대중문화 시장에서 통할 수 있었던 특성
을 살펴보는 것이 의미 있을 것이다. 나도원에 의하면 소녀시대가 SES나
보아의 단발성 해외진출과 차별화될 수 있었던 것은 작곡가의 세대교체
를 통한 음악적 완성도 향상, 팝과 가요의 혼합, 일본식 아이돌과 서구의
보편적 스타의 장점을 취합·절충한 한국형 아이돌 형성에 근거한다.24)
거기에 인터넷과 SNS 등의 지구촌화 된 네트워크가 정보전달의 시간차
를 제거하면서 한국 아이돌의 직수출을 견인했다.

그런데 대부분의 K-Pop 연구들은 문화혼종성에 근거해서 아이돌 그
룹의 세계 대중문화 시장 진출을 분석하고 있다. 이동연은 K-Pop, 특히 아

20) 이문행, "국내 연예 매니지먼트 회사의 아이돌 그룹 육성 전략에 관한 연구" (2011), 16.
21) 김수정, "동남아에서 한류의 특성과 문화취향의 초국가적 흐름" (2012), 15.
22) 오세정은 미국 내 K-Pop의 존재감을 "주변부 팝음악에 불과"하다는 표현으로 전하면서
   K-Pop에 대한 언론의 긍정적 평가가 과장됐다고 지적한다: 오세정, "K-Pop의 선호 요인:
   미주 지역의 K-Pop 소비자를 대상으로," 「주관성 연구」 24(2012), 207.
23) 나도원, "K-Pop 한류와 소녀시대, 환상과 진상의 회전체" (2012), 108.
24) 앞의 논문.

이돌 팝의 음악 스타일이 흑인음악에 기원을 둔 힙합과 유럽의 백인음악에 기원을 둔 일렉트로닉 팝을 혼용하면서 "이미 최근에 유행하고 있는 글로벌 음악 트렌드를 기본 재료로 사용하기 때문에 국지적 음악 스타일이 갖는 거부감을 해소"[25]할 수 있었다고 말하고 있다. 이러한 K-Pop의 음악적 특성을 오세정은 "다양한 문화를 녹여 내는 융합력"[26]이라고 요약한다. 나민구는 2NE1의 음악이 갖는 혼합적 배열에 주목했다. 랩과 가창의 경계가 모호한 혼합, 이국성·현대성·도시성을 우러나게 하는 한국어와 영어의 혼합, 단순한 리듬을 극복하게 하는 독창과 합창의 교차 반복, 경계가 허물어지고 소통하는 몸을 드러내는 기계음과 음성의 혼합 등과 같은 "통합적이며 혼합적인 배열이 관중들로부터 파토스Pathos를 불러일으키는 작용"을 한다는 것이다.[27]

대체로 K-Pop을 주도하는 아이돌 그룹들의 성공요인에 대한 평가들은 세계의 트렌드를 따라가는 현대성에 기울어 있다. 이 현대성은 단지 보편화된 서양 대중음악의 재판이 아닌 초국적인 성격을 가진다는 점에서, 글로컬의 산물이라는 점에서, 더 적극적으로 생각해 준다면 혼종적이라는 점에서 박하지 않은 점수를 받는다. 하지만 이러한 판단들은 현상과 지향, 결과와 목표를 혼동하지 않고서 수행되어야 한다.

문화혼종성을 현상과 결과로서 이야기하는 경우가 두 가지로 전개될 수 있는데, 하나는 지향과 목표가 고려되지 않은 채 하나의 객관적인 사실 보도처럼 이야기하는 것이고, 다른 하나는 지향과 목표를 전제로 해서 그

---

25) 이동연, "K-Pop: 신자유주의 시대 초국적 국민문화의 아이콘," 「내일을 여는 역사」 45(2011), 246.

26) 오세정, "K-Pop의 선호 요인" (2012), 208.

27) 나민구, "신한류의 리더, K-Pop의 '수사학적 힘' 분석," 「수사학」 15(2011), 146-149.

러한 지향과 목표에 따른 현상과 결과로서 이야기하는 것이다. 지향과 목표가 전제되어 있는 경우라고 해도 문화민족주의를 따르는 경우에는 혼종성이 갖는 정치적 함의를 훼손하게 된다. 문화민족주의 입장에서는 민족문화가 탁월한 혼종성을 갖는다는 식으로 논의를 전개하기 마련인데, 이것은 문화본질주의를 비판하고자 하는 혼종성의 정치적 의도에 반하는 것이기 때문이다. 혼종성은 그 이념상 어떤 특정 문화에 더 탁월하게 내재하는 것일 수 없다. 다른 한편 제국 이후의 시대를 살고 있다는 전제에서 출발하는 포스트 콜로니얼 문화이론은 "자칫하면 자본과 산업적인 측면을 간과하고 … 문화연구에서 혼종성 개념이 너무도 쉽게 '자유방임적 다원주의'와 등치되어 사용될 가능성"[28]이 있다. 그러나 한류의 지형이 자본주의를 기반으로 하는 문화산업 위에 놓여 있고 K-Pop의 융합력 내지 혼종화 능력이 이 지형도에서 드러나는 특성이라면 K-Pop이 보여주는 문화혼종성은 문화정치학적 함의를 배제한 채 문화민족주의나 자본과 산업적 측면이 간과된 포스트 콜로니얼 문화이론으로 설명될 수 없다.

K-Pop 위에서 '말춤' 추는 <강남스타일>의 'K-'

이 지점에서 싸이의 <강남스타일>은 기존의 아이돌 그룹이 걸어온 세계무대 진출 전략과 차별화된 돌풍을 일으키며 K-Pop의 꼭대기에 올라선다. 우선 그것은 철저하게 준비된 기획에 의해 등장한 것이 아니었다는 점에서 아이돌들과 달랐다. 이는 혹시 싸이는 아이돌 K-Pop의 문화산업

---

28) Kuan-Hsing Chen, "Not Yet the postcolonial era: The (Super)Nation-state and trans-nationalism of cultural studies," *Cultural Studies* 10(1996), 53; 이수안, "유럽의 '한류'를 통해 본 문화혼종화,"「한독사회과학논총」 22(2012), 125-126.에서 재인용.

적 특성들을 극복하고 진정한 한국적 문화 정체성을 드러냈던 것은 아닐까 하는 문화민족주의적 궁금증을 불러일으키기도 한다. 과연 어떻게 <강남스타일>은 기획의 틈을 비집고서 K-Pop 위에 올라 '말춤'을 출 수 있었을까? 어떤 이는 <강남스타일>이 주류와 구분되는 B급 문화를 대변함에도 음악적 완성도와 세련미로 경쟁력을 높였다고 본다. 또 어떤 이는 상위권에서 갈수록 멀어지며 상대적 박탈감을 느끼는 대다수 대중에게 잘 꾸며진 모습이 아니라 망가진 모습을 부각시킴으로써 호소력 있게 다가갈 수 있었다고 분석한다. 대중음악평론가 임진모는 <강남스타일>이 흉내 내고 따라 부르기 쉬운, 그야말로 '대중적인' 음악이기에 성공할 수 있었다고 말한다. 지은영은 이들을 종합하여 단순하고 중독성 강한 사운드, 당당하고 여유로운 자세, 가식 없는 유머가 <강남스타일> 신드롬의 비결이었다고 말한다.[29] 미주 지역 거주자들을 대상으로 한 체계적인 분석을 통해서 오세정은 <강남스타일>을 선호하는 요인 3가지를 뽑아냈는데 제1요인은 유머와 독특함, 제2요인은 쉽고 기억하기 쉬움, 제3요인은 자신과 비슷함이었다.[30]

이러한 평가들을 좀 더 체계적인 언어로 분석한 것으로 이동연의 "내가 아는 '싸이'에 관한 모든 것"이라는 논문이 있다. 이 논문에서 그는 <강남스타일>이 세 가지 코드를 가지고 있다고 본다.[31] 이 코드들은 이 곡의 미학과 현실을 가로지른다. 첫 번째 코드는 음악적 코드로서 이 코드로 인해 <강남스타일>은 보편성을 획득한다. <강남스타일>은 다른 K-Pop과

---

29) 지은영, "육갑(六甲)하는 '싸이월드(psy world)': 싸이 신드롬, 오버하지 말고 즐기자!" 「민족21」 140(2012), 164-165. 참조.

30) 오세정, "싸이 <강남스타일> 신드롬의 성공 코드: 미주 지역 거주자들을 대상으로," 「한국방송학회 학술대회 논문집」 (2012), 168-169. 참조.

31) 이동연, "내가 아는 '싸이'에 관한 모든 것," 「문화과학」 72(2012), 318-321. 참조.

마찬가지로 힙합과 일렉트로닉을 결합한 "글로벌 사운드"로 조율되어 있는 것이다. 두 번째 코드는 이 곡의 뮤직 비디오가 보여준 시각적 코드로서 이 코드로 인해 <강남스타일>은 국지적 스타일을 드러내면서 자신을 차별화한다. 이는 분리와 일치의 사이에서 발생하는 미분적 차이[32]다. <강남스타일>의 미학은 동일성과 다양성, 보편성과 특수성이 상호 관계함으로써 혼종적인 결과를 낳았다. 이에 비하면 아이돌 그룹들의 문화혼종적 성격은 세련된 현대성을 강조하는 획일화 속에서 빛이 바랜다. 그런데 <강남스타일>의 이 혼종적인 미학적 새로움은 곧장 애국주의라는 세 번째 이데올로기적 코드로 넘어감으로써 기존 K-Pop의 자리로 다시 돌아가고 만다. 이 음악콘텐츠는 분명 '강남'이라는 상징어 속에 자본주의의 속물적 이중성을 비판하는 메시지를 담은[33] 글로벌적·탈이데올로기적 한류로 작동하면서도 동시에 그 어떤 한류 콘텐츠들보다 더 강력한 문화민족주의를 생산하고 있는 것이다. 싸이는 서울 광장 한복판에서 외친다. "대한민국, 소리 질러!" 이 소리의 크기만큼 세계를 향한 애국주의의 욕망은 더욱 강고해져서 그를 떠받쳐준다. 이 애국주의는 문화국민주의의 형태로 미국을 극복하는 방식으로 미국을 재생산한다. "대한민국 최고"를 외칠수록 "미국 최고"의 전설적 그림자가 드리워지는 것이다 ― 소

---

32) 미분에서 분모는 끊임없이 0으로 달려가면서 차이를 제거하려고 한다. 이때 분자는 분모의 일치를 향한 운동 속에서 오히려 차이를 드러낸다. 미분에서 분모는 분자를 평가하는 기준으로서의 보편자 역할을 한다면, 분자는 분모가 동일성으로 수렴하면 할수록 드러나는 특수한 차이이다. 이런 측면에서 보자면 <강남스타일>은 세계 음악의 트렌드에 자신을 일치시키고자 하는 동일성을 향한 운동 속에서 오히려 "싸이스러운 국지적 B급 문화"(이동연, "내가 아는 '싸이'에 관한 모든 것" (2012), 320)라는 낯설음을 더욱 두드러지게 하였던 것이라고 볼 수 있다.

33) 지은영, "육갑(六甲)하는 '싸이월드(psy world)': 싸이 신드롬, 오버하지 말고 즐기자!" (2012), 166.

미국주의. 동시에 애국주의는 싸이의 상업성을 강화하면서 문화자본에게 힘을 실어준다.[34]

<강남스타일>은 문화혼종성의 특성을 보이면서 동시에 문화혼종성 자체만으로는 자본주의적 문화산업의 헤게모니를 극복할 수 없음을 보여준다. 이 문화 콘텐츠는 한국적 문화 정체성을 통해서 문화민족주의를 드러내는 것이 아니라 문화민족주의에 호소해서 상업성을 극대화한다. 여기엔 문화혼종성이 미학적으로 내장되면서 문화산업이라는 한류의 지형이 그리는 현실을 지탱하는 역설이 존재한다. 미학적 혼종성은 본질주의를 거부하지만, 현실적으로는 문화자본에게 실질적 본질성을 선물하는 것이다. 현실에는 문화산업 종사자들 사이에 존재하는 중심과 주변의 거리가 있다. 현실에는 말춤을 추며 '오빠 강남스타일'을 외치는 한국의 젊은이들 이면에 2,30대 사망원인 1위가 자살이라는[35] 통계가 있다. 현실에는 탈식민시대를 살아간다는 상상을 무색케 하는 중심과 주변의 다양한 계열이 있다. 더 절망적이게는, 중심에 편입되겠다는 주변들은 있어도 중심을 깨고 나가겠다는 중심은 찾기 힘들다는 현실이 있다.

반면에 한류의 생산자 측면이 아니라 수용자 측면에서의 한류 이해는 한류의 참된 모습이 무엇이어야 하는가에 시사하는 바가 있다. 싱가포르, 태국, 베트남, 인도네시아 등 동남아 4개국의 한류 수용자에 대한 심층 인터뷰를 바탕으로 한 김수정의 연구에 의하면 이 지역에서 한류의 인기는 "기존 문화를 휩쓰는 절대적 지위가 아니라 다른 문화적 경험과 함께 공존

---

34) 이동연, "내가 아는 '싸이'에 관한 모든 것" (2012), 323-327. 참조.
35) 2012년 통계청이 발표한 2011년도 사망원인 통계자료에 의하면 20대에서 30대까지는 자살이 사망원인의 1위였으며, 40대에서 50대까지는 자살이 암 다음으로 많은 2위였다. OECD 국가 중에서 한국이 자살률 1위라는 사실의 속사정은 자살이 젊은 층을 중심으로 이루어지고 있다는 것임을 시사하는 결과라고 할 수 있다.

하는 것"36) 이상도 이하도 아니다. 더 중요하게는 이 지역의 수용자들에게 한류는 "수행적인 사건"으로서 이해된다는 것이다. 여기에서 한국이란 상상적 구성물로서 정서적으로 경험된다. 수용자들에겐 한류가 국가주의의 재생산으로 경험되기보다는 자신의 문화취향의 일부를 구성하는 초국가적인 타 문화 중 하나로서 경험되는 사건 속에 놓여 있는 것이다.37) 한류는 정체성 강화를 통해서 의미를 갖는 것이 아니라 구성적 과정에 자신을 내어줌으로써 의미를 갖는 것이다.

이는 이미 한류 생산자 내부의 목소리에서도 감지된다. 문화산업 현장에서 들려오는 다음과 같은 염려의(!) 소리에 귀를 기울여 보자. "자포니즘을 보면 일본 문화의 뿌리가 보인다. 그러나 한류를 아무리 깊숙하게 들여다봐도 한국 문화의 뿌리는 보이지 않는다."38) 만일 이 말을 문화원형론자의 입장을 떠나서 이해한다면, 한류에게서 시뮬라크르를 발견하는 것이 가능할 것이다. 다시 말해서, 한류의 문화 콘텐츠가 담고 있는 것은 원본 없는 복사본의 복제로서 등장하는 파생실재임이 드러나는 것이다. 이는 한류가 몰고 다니는 팬덤fandom들과 이들의 소비를 가능케 하는 시장 속에서 탄생한다는 것이다. 거기에 "등가적이면서 연속적인 기호들로써 작용하는 통째로의 화면"39)에 떠오르는 시뮬라크르로서의 콘텐츠들이 "모든 방향으로 향한 작동성"40)이 되어 긍정적인 역량이 되고 있는 것인지도 모른다.

그러므로 <강남스타일>을 통해서 찾을 수 있는 'K-'의 모습은 무엇인

---

36) 김수정, "동남아에서 한류의 특성과 문화취향의 초국가적 흐름" (2012), 47.
37) 앞의 논문, 48-49 참조.
38) 매일경제 한류본색 프로젝트팀, 『한류본색』 (2012), 58.
39) 장 보드리야르, 『시뮬라시옹』 (1996), 138.
40) 앞의 책, 142.

가? 자신의 독특성을 강조하면 강조할수록 드러나는 자신의 허구성이다. 내적으로 'K-'는 본질주의와 반 본질주의의 경계에서 아슬아슬하게 줄타기를 하면서 본질주의의 재생산을 견인하고 있다. 외적으로는 정체성은 해체되고 자신을 내어주는 과정적 존재로서 작동하는 긍정적 역량이 되고 있다. 그리하여 'K-'는 다시금 자신의 외부에서 진입해오는 역량들을 통해 역설적으로 형성되는 '해체되는 정체성'의 영역에 자신의 정체성을 남겨두어야 한다. 요컨대 'K-'는 내적인 모순을 외적인 역량을 통해 교정해야 하는 것이다. 그렇다면 이러한 'K-'가 기독교와 만나서 형성될 'K-Christianity'는 무엇이어야 하겠는가?

Christianity: 해체되는 정체성

Christianity와 선교: 주체와 대상 사이

'K-'와 기독교의 만남을 선교의 장에서 말하기 위해 먼저 기독교를 선교의 장에서 생각해보자. 여기에서 우리는 또다시 본질주의와 반 본질주의라는 두 이름 사이에서 배회하게 된다. 특별히 여기서는 에반젤리칼evangelical 진영과 에큐메니칼ecumenical 진영이라고 고쳐 부를 수 있다.

에반젤리칼 진영은 본질주의 입장에서 에큐메니칼 진영의 선교신학을 비본질적이라고 비판하는 부류와 양자의 화해를 도모하는 부류의 사람들로 나눌 수 있다. 한국 개신교 내에서 전자는 에반젤리칼 진영 내에 있는 WEA(세계복음주의연맹)의 입장에 비판적인 태도를 보이고 후자는 긍정적인 태도를 보이는 까닭에 편의상 반-WEA파와 친-WEA파로 나눌 수 있을 것이다. 에큐메니칼 진영은 타종교에 대한 태도에 따라 포괄주의와 다원주의로 나눌 수 있을 것인데, 가톨릭의 공식적인 선교신학이 포괄주의를 기반으로 하고 있기에 여기서는 가톨릭의 선교신학을 포괄주의의 대표 격으로 살펴볼 것이다. 한편 WCC의 선교신학은 다원주의까지 수용하고 있으므로 다원주의의 대표 격으로 여기서는 WCC의 선교신학을 살펴볼 것이다.

이들을 고찰하기 위해 우리는 주체와 대상 문제를 들고 나올 수 있다. 에반젤리칼과 에큐메니칼이 선교의 주체로서 교회를 어떻게 보느냐에 따라 구분되는 측면이 있기 때문에 주체와 대상 문제는 양자를 비교해서 논하기에 알맞기 때문이다. 나아가서 이 문제는 선교를 문화정치의 입장에서 바라봄으로써 한류와 접속할 수 있는 여지를 허락한다. 우리의 문화정치는 삭제된 주체에 관심을 기울이기 때문이다.

먼저 에반젤리칼 진영에서의 선교를 살펴보자. 이 진영 중 반-WEA파는 교회를 선교의 주체로 인식하면서 복음전도와 세계복음화를 선교의 목표로 삼는다. 또한 선교의 대상인 세상을 부정적으로 인식하는 까닭에 복음화로써 이들이 추구하는 것은 이 세상으로부터의 구원, 즉 초월에 있다. 이렇듯 세상을 부정적으로 보는 시각은 기독교문화와 비 기독교문화, 기독교신앙과 타종교를 배타적인 이분법으로 구분하는 결과를 낳는다. 본질적인 주체로서의 교회와 비본질적인 대상으로서의 세상이 선교를 위한 전제로 설정되어 있는 것이다. 그래서 타종교를 통한 구원의 개연성은 근본적으로 수용할 수 없는 것이 되며,[41] 문화는 교회가 돌보고, 가르치고, 훈련시켜야 할 대상이 된다.[42] 다문화 사회를 '사회적 측면'에서 긍

---

41) 소윤정, "WCC의 타종교 선교정책에 관한 고찰," 「복음과 선교」 17(2012), 92.
42) 김남식, "다문화 사회를 위한 선교," 「신학지남」 77(2010), 224-226.

정적으로 다루는 경우라도, 그것은 어디까지나 선교전략을 수립하기 위한 사전작업일 따름이다.[43] 다종교는 다문화보다 더욱 배타적으로 다루어진다. 진리주장이라는 측면에서 다문화와 같은 중립적 성격을 갖기 어렵기 때문이다. 기독교의 진리주장만이 유일한 참된 진리를 가리킨다고 믿는 이들 반-WEA파에게 타종교들과의 어떤 대화 시도도 진리를 훼손하는 혼합주의일 수밖에 없으며, 그래서 같은 에반젤리칼 진영으로 인식하고 있는 WEA가 타종교와의 대화와 협력을 이야기할 때 우려의 목소리를 높일 수밖에 없었던 것이다.[44]

WEA는 1974년 로잔Lausanne에서의 선교대회를 통해서 '하느님의 선교'(missio Dei)라는 에큐메니칼 진영의 개념을 받아들임으로써 선교의 주체를 교회에서 하느님으로 옮겨놓았다. 이를 통해서 친-WEA파는 선교의 범위를 복음전도 뿐만 아니라 사회적 책임까지 포괄하는 것으로 넓힐 수 있었다. 개인구원과 교회설립이라는 에반젤리칼 진영의 전통적인 선교목표가 소극적일지라도 사회구원과 연결될 여지를 남긴 것이다.[45] 그래서 친-WEA파는 에큐메니칼 진영의 선교신학이 기여한 바가 있음을 인정하면서도[46] 교회와 문화, 기독교와 타종교가 단순히 주체와 대상, 본질과 비본질로 선명하게 나뉠 수 있다는 입장에서 한 걸음 물러선 것으로 보인다. 하지만 예수 그리스도 사건의 구원사적 유일성을 배타적으로 강조하면서 기독교의 본질을 상정한다는 점에서[47] 이들은 여전히 보수적

---

43) 김남식, "다문화 사회를 위한 선교" (2010) 참조.
44) 소윤정, "WCC의 타종교 선교정책에 관한 고찰" (2012), 94.
45) 신경규, "통전적 관점에서 본 두 선교신학의 합치성 모색,"「선교와 신학」29(2012), 204-216. 참조.
46) 안승오, "에큐메니칼 선교의 '선교 개념'에 관한 연구,"「장신논단」40(2011), 361-385 참조.

이다.

타종교에 대한 포괄주의에 입각한 토착화론은 일찌감치 선교에 대한 로마가톨릭의 공식적인 입장으로 정립되었다. 일차적으로 이들은 에반 젤리칼 진영의 '하느님의 선교'(missio Dei)에 대한 우려의 목소리와 함께 한다. 하느님의 선교는 기독론과 교회론을 위축시키고 종말론적 구원보다는 현세적 구원을 더 강조하는 측면이 있다는 것이다.[48] 그럼에도 로마가톨릭은 선교를 복음전파와 인간의 해방·발전이라는 두 면의 불가분한 관계에서 이해한다. 이 양자를 잇는 다리는 "그리스도의 인간에 대한 사랑"[49]이다. 이러한 선교 이해로부터 복음과 문화의 관계는 inculturation으로 이해된다. 이 용어가 의미하는 중요한 개념은 적응(adaptation),[50] 또는 조정(accommodation)이다. 교회의 복음선포와 다양한 문화들은 모두 신 앞에서 불완전하기에 양자가 서로에게 적응과 조정을 통해서 서로에게 내재해 있는 신성을 드러내고 승화시킬 때 상호 간의 쇄신과 풍성함을 획득할 수 있다는 것이다. 이를 한마디로 요약한다면 문화의 복음화, 복음의 문화화가 되겠다.[51]

그런데 교회의 복음선포가 불완전하다면 선교의 주체로 교회를 온전히 상정하는 것은 불가능하다. 그리하여 로마가톨릭은 삼위일체의 내적 사랑에 터한 하느님의 선교를 말함으로써 우려의 대상이기도 한 에큐메

---

47) 앞의 논문, 378.

48) 김준철, "선교학적 입장에서 본 세상,"「가톨릭신학과사상」14(1995), 48-49.

49) 앞의 논문, 55.

50) 김웅태, "선교 개념의 신학적 이해: 선교에 관한 교회 문헌들을 중심으로,"「가톨릭신학과 사상」5(1991), 63-67.

51) 앞의 논문, 62-65; 김웅태, "그리스도교 토착화의 여러 분야와 원리들,"「가톨릭신학과사상」28(1999), 139-146. 참조.

니칼 진영의 이해와 다시 만난다. 그러면서도 한편으로는 여기에 유일한 중재자인 예수 그리스도를 통한 평화와 구원을 명확히 전제함으로써 다원주의의 위험을 제거하고자 한다. 그렇다면 엄밀히 말해서 로마가톨릭의 하느님의 선교는 '그리스도와 성령을 통한 선교'로 이해할 수 있을 것이다.[52] 그리고 이로부터 불완전한 복음선포의 주체인 교회는 자신의 불완전한 실존(existence)을 넘어 '구원의 보편적 성사'요 '하느님의 백성의 보편적 부르심'이라는 실재(reality)의 자리에 오른다. 교회는 '본질적으로' 예수 그리스도로부터 선교 사명을 위탁받은 유일한 모임이기 때문이다.[53] 말하자면 교회는 실재를 구현하는 통로로서의 실제라는 것이다. 그렇다면 결국 로마가톨릭의 교회는 실재로서는(really) 불완전한 복음의 통로이지만 실제로서는(actually) 가장 유효한 복음의 통로로서 선교의 주체가 된다. 여기서 문화는 그리스도교적 사랑이 실현되어야 할 대상으로 마주서게 된다.

WCC의 선교는 개인·문화·사회경제 등 삶의 전 영역에서 예수 그리스도에 대한 공동의 증거를 제공하는 것과 관련된다. 분명한 복음 증거와 인간 존엄성의 존중, 배제·부정의·질병으로 인해 고난 받는 이들과의 연대 사이에 균형을 발견하는 것이 곧 선교라는 것이다. 이러한 선교적 사명은 종교적 다원성의 상황에서 일치(unity)라는 주제로 추구된다는 점에서[54] 우리를 포스트모더니즘의 현장으로 초대한다. WCC의 선교적 문제의식 속에서 다원주의는 상대주의에 관련된 것이라기보다는 인권과 정

---

52) 김웅태, "선교 개념의 신학적 이해" (1991), 49-50.

53) 앞의 논문, 51-52. 참조.

54) "Ecumenical perspectives on mission and unity," World Council of Churches: Mission and Unity, <http://blog.naver.com/PostView.nhn?blogId=yarut&logNo=120070733171&redirect=Dlog&widgetTypeCall=true>. (March 21, 2013).

의, 평화라는 주제와 관련하여 제기되고 있다는 점에서 포스트모더니즘의 주체 질문에 더욱 가까이 있다는 말이다. 이는 혹자가 지적하는바,

> … '무엇이 진리이냐'라는 질문보다 진리를 말하는 '권위'에 대해 질문하는 것이다. 이는 권위를 가지는 주체에 대한 질문이고 서구의 근대주체가 어떻게 구성되었는가에 대한 논의라고도 할 수 있고, 또한 이러한 근대 주체성으로 구성된 서양기독교 전통에 대한 도전이기도 하다.[55]

여기서 주체는 권력의 중심에 선 주체, 진리에 관한 지식과 결합된 권력의 독점자로 읽힌다. 말하자면 여기서 주체는 진리를 재현 내지 대표한다고 주장함으로써 권위를 획득하고 권력의 자리에 올라서게 되는 것이다. 이 경우 주체는 진리성을 근거로 본질적인 자기중심성을 주장하게 되며, 대상을 자신에 의거해서 재배치하고자 시도한다. 주체는 권력이며, 그래서 권력을 지향하는 욕망이다. WCC의 하느님의 선교는 이러한 권력 주체에 대한 포스트모더니즘적인 대안으로서, 본질과 비본질, 주체와 대상이 권력의 위계에 의해 틀지어진 선교가 아니라 자기중심성을 해체하는 관계성 속에서 대화하는 선교를 제시한 것이었다.

주체의 해체는 해체의 진원지인 주체와 주체의 '사이'(betweenness)로 우리의 시선을 이끈다. 사이는 관계 맺는 공간, 사건의 공간이기에 선교는 사건에 참여하는 것이 된다. 채수일은 이를 "존재로서의 선교"[56]라고 명명한바 있고, 방연상은 "예수의 사건에 참여하는 선교"[57]라고 명명

---

55) 방연상, "포스트모던시대 기독교 선교의 과제와 미래," 「기독교사상」 641(2012), 74.

56) 채수일, "기독교 선교의 본질과 과제," 「기독교사상」 52(2008), 233-234.

57) 방연상, "포스트모던시대 기독교 선교의 과제와 미래" (2012), 78-79.

한바 있다. 결국 주체와 대상은 사이에서 해체와 구성을 반복하며 나타나는 사건이기에 잠재성과 개연성에 노출된다. 그리하여 사건으로서의 선교에서는 교회와 문화가 주체와 대상의 관계에 있지 않고 잠재적이고 개연적인 주체와 주체의 관계에 있게 된다. 하느님의 선교라는 유토피아 속에서 교회와 문화는 평등한 동반자가 된다.

하지만 이러한 유토피아는 WCC에서조차도 주체의 망령에 시달린다. 주체의 망령은 포괄주의적인 대화를 말하는 로마가톨릭의 선교에서 이미 발견할 수 있었다. 여기서 하느님과 세상을 잇는 매개자로서의 교회는 완전한 실재는 아니더라도 "그리스도인들의 '이미' 구원받은 모습"58) 을 보여줄 거의 유일한 현실적 대안이라는 의미에서 '이미' 세상보다 우월한 실제적인 주체로서 대화의 이면에 숨어있다. WCC의 다원주의적인 하느님의 선교는 교회 자신과 관련해서 말할 때는 교회의 자기중심성을 벗어나 교회를 해체한다. 하지만 교회가 세상과의 관계에서 이야기될 때에는 교회가 종교변증의 부담감이 담긴 주체의 망령으로 재등장하게 된다. 이때 교회는 직접적으로 등장하지 않고 삭제된 채 "낡은 세계 안에서" "새로운 가치를 … 가능하게" 하는 혁명59)의 암묵적이고도 잠재적인 주체로서 언급되지 않고 언급된다. 이를테면, 종교(들)이 세상에 혁명적 희망이 된다고 하는 선언이 기독교인들에 의해서 언급될 때면, 그 언급의 언급되지 않은 이면에 교회가 여전히 잠재적으로 도사리고 있기 때문이다.

그리하여 교회는, 기독교를 대표하는 실체는, 선교의 장에서 전통적으로는 우월한 주체로 그려졌고, 아무리 진보적으로 나아가더라도 삭제된 주체로 남아 있다. 이 삭제는 기묘하다. 배제되어 삭제된 것이 아니라

---

58) 김응태, "선교 개념의 신학적 이해" (1991), 69.
59) 채수일, "기독교 선교의 본질과 과제" (2008), 239.

욕망의 은폐로서 삭제된 것이기 때문이다. 배제된 삭제는 자신의 목소리를 잃어버리지만, 은폐된 삭제는 목소리를 내지 않고서도 존재감을 재생산하는 법을 배운다. 분명 교회는 선교를 위해 '해체되는 정체성'에 자신을 내주었지만, 지체 없이 본질주의의 재생산이라는 위기에 처하는 것이다. 바로 이점에서 선교의 장에서의 'Christianity'는 한류의 장에서의 'K-'와 동일한 길을 걷는다. '해체되는 정체성'이 마땅히 의미해야 할 바에 대한 대답을 요구하기 때문이다.

Christianity와 해체: 서발턴들(Subalterns)의 함성

'해체되는 정체성'이 마땅히 의미해야 할 바가 무엇인가에 대한 대답은 예수의 복음에서 찾을 수 있을지 모른다. 예수는 들이닥치는 신국神國을 맞이할 유일한 방법으로 회개를 제시했고(막1:15), 생명을 얻기 위해서는 자기부정(self-denial)이 선행되어야 함을 강조했다(막8:34). 어쩌면 회개와 자기부정 사이를 오가는 동안에 '해체되는 정체성'에게 방향을 제시할 방도를 찾을 수 있을지도 모르지 않겠는가. 하지만 먼저, 여기서 해체는 무엇을 뜻하는가를 밝힐 필요가 있겠다. 해체는 그것이 어떤 맥락에서 작동하느냐에 따라 문제-풀이의 장이 달라지기 때문이다. 우리의 문제-풀이의 장은 문화산업으로 읽히는 한류를 선교와 관련시키고 있기에 해체를 문화정치적으로 전개하는 스피박Gayatri Spivak의 해체 기획을 도입하는 것이 의미 있을 것이다.

스피박의 해체 기획은 데리다Jacques Derrida의 해체와 비교할 때 분명해진다. 데리다에게 해체는 이항대립 속에 담겨있는 서구 철학의 진리 주장을 문제시하는 것에 있었다. 스피박은 이를 포스트 식민의 공간에 여전히 남아있는 식민주의의 유산을 인식하고 폭로하는 장으로 옮겨온다. 이 장에서 해체는 탈식민을 위한 기획이자 억압받는 주체의 목소리가 된다.[60] 즉, 데리다의 해체 기획에서도 여전히 소외되고 삭제되고 있는 식민지 여성의 목소리까지 염두에 두는 해체 기획을 수립한 것이다. 억압받는 자의 주체적 목소리로서의 해체는 마르크스주의와 교차하면서 문화정치적 옷을 입는다. 이를 잘 설명하기 위해서는 포스트 식민 지식인과 서발턴[sub-altern]이라는 두 이름을 이해하는 것이 중요하다.

우선 스피박 자신의 얘기를 들어보자. 스피박은 1980년대 초『제인 에어』를 읽고 가르치던 때를 상기한다. 그때 스피박은 비로소 어렸을 때의 『제인 에어』 읽기가 주던 즐거움을 넘어서 "젊은 식민지 주체의 생산" 과정을 발견한다. 이는 또한 어떻게 독자로서의 주체(reading subject)가 생산되는가를 보여주는 경험이기도 했다.[61] 서발턴의 자리에서 해체의 의미를 재음미하는 계기가 된 것이다. 바로 이 재음미의 자리에 포스트 식민 지식인의 역할이 있다. 요컨대, 포스트 식민 지식인은 다국적 자본주의 체제에서 양산되는 중산계급의 특권을 누리며 이 자리에서 언제든 서발턴을 위한다는 명목 하에 일반화된 주장과 이론을 내놓음으로써 지배서사 속에서 오히려 서발턴의 구체적 삶의 자리를 삭제하는데 공모할 수 있다는 점[62]을 정직하게 인정해야 한다는 것이다. 나아가서 서발턴의 구체적 삶의 자리와 그 자리에서 나오는 목소리를 막아버리는 문화정치적 구조를 해체를 통해 폭로하는 것에 서발턴과의 차이에 놓인 포스트 식민 지식

60) 스티븐 모튼/이운경 옮김,『스피박 넘기』(서울: 앨피, 2005), 58-69. 참조.

61) Donna Landry and Gerald MacLean eds., *The Spivak Reader* (New York/London: Routledge, 1996) 288.

62) "공모성의 사슬은 한 논문이 끝나도 멈추지 않는다."; 가야트리 스피박/태혜숙 옮김,『다른 세상에서』(서울: 여이연, 2003), 441.

인의 정치적 책임이 있다고 스피박은 본다.

그런데 포스트 식민 지식인의 양심을 일깨우는 저 서발턴이란 누구인가? 스피박은 이 이름으로써 "기존의 정치 담론들로 정의되지 않는, 피 식민지인·여성 등 다양한 종속적 처지"[63]에 있는 이들을 지칭한다. 스피박이 이 이름을 사용하는 이유는, "상황에 따라 변"하며 "이론적인 엄밀함이 없기 때문"이다.[64] 궁극적으로는 마르크스주의가 말하는 산업 노동자계급의 일관성이 가져오는 배제와 폭력에서 벗어날 수 있는 것이다.

그리하여 자연스럽게 억압받는 자의 주체적 목소리로서의 해체가 마르크스주의와 교차하면서 마르크스주의를 수정하는 계기에 접할 수 있다. 이는 마르크스주의를 토대로 서발턴의 역사를 회복하려는 서발턴 연구회(Subaltern Studies) 역사학자들의 초기 시도들을 비평하는 스피박의 목소리에서 확인할 수 있다. 요컨대, 이들은 마치 프롤레타리아라는 명칭 하에 통일성과 일관성을 가진 정치경제적 주체를 상정하듯이 서발턴을 "주권을 가진 정치 주체"[65]처럼 생각하였다는 것이다. 이는 "생산양식의 거대서사 안에서 봉건주의로부터 자본주의로 전환하는 서사가 함축하는 변화를 이론화"[66]하는 것과 맥을 같이 하는 것으로서, "위로부터 작동된 담론적 치환들"이 "인지적 실패"[67]에 처하게 됨을 보여줄 뿐이다. 오히려 마르크스는 서발턴 여성의 견지에서 다시 읽혀야 한다. "서발턴 여성은 지금 엄청난 정도로 생산을 지탱"[68]하고 있기 때문이다.

---

63) 스티븐 모튼, 『스피박 넘기』(2005), 21의 역자주.

64) 가야트리 스피박/이경순 옮김, 『스피박의 대담』, (서울: 갈무리, 2006), 318.

65) 스티븐 모튼, 『스피박 넘기』(2005), 104-105. 참조.

66) 가야트리 스피박, 『다른 세상에서』(2003), 398.

67) 앞의 책, 402-403.

68) 가야트리 스피박/태혜숙박미선 옮김, 『포스트 식민 이성 비판』(서울: 갈무리, 2005),

서발턴의 입장에서 마르크스를 다시 읽기 위해 스피박은 마르크스의 가치론에 주목한다. 이에 대한 모튼Stephen Morton의 설명을 정리해보자.69) 우선 스피박은 "'제3세계'는 '제1세계'의 부富와 그 문화적 자기재현의 가능성을" 국제적 노동 분업을 통해 "생산하고 있"70)기에 마르크스의 노동 가치론이 여전히 유효할 수 있다는 점을 지적하고 있다. 마르크스의 가치론은 사용가치에서 교환가치를 추출하는 과정에서 개별 상품의 물질적 특성이 말소될 뿐만 아니라 인간의 노동력도 함께 말소됨을 지적했다. 이 과정에서 남는 것은 똑같은 종류의 노동, 추상화된 노동이다. 그런데 스피박에 의하면 이 노동은 합리적 이해 불가능성을 담지한 채 "불확정성의 가능성"으로서 교환 및 자본 유통의 영역에 출몰한다. 따라서 이 지점에서 노동자와 자본가 사이에 모순으로 존재하는 노동의 사용가치 문제를 자본주의에서 사회주의로의 이항대립에 터한 이행으로 해소하고자 했던 마르크스의 밑그림이 비판될 수 있다. 교환가치만을 가지고서 문제를 해결하고자 하는 시도는 사용가치의 유령이 출현함으로써 실패할 수밖에 없기 때문이다.

이제 자본주의 체계의 불확정성은 자본주의를 비판하고 그 해결책을 모색하는 것의 불확정성으로 이행하게 되었다. 스피박은 이 상황을 그대로 수용하면서 정면 돌파하고자 한다. 복잡하고 다양한, 그래서 불확정적인 경로를 통해 끊임없이 제3세계의 젠더화 되고 지역화 된 노동가치가 국제적인 노동 분업이라는 형태 속에서 제1세계의 부와 문화를 떠받치고 있다는 사실을 강조하면서 드러내는 것이다. 이 지점에서 마르크스의 철

117-118.

69) 스티븐 모튼, 『스피박 넘기』 (2005), 190-196.

70) 가야트리 스피박, 『스피박의 대담』 (2006), 229.

학은 여전히 유효하다.

이 사실로부터 정치경제적인 상황을 무시하거나 삭제한 채 서술되는 포스트모더니즘은 비판의 대상이 될 수밖에 없다. "경제를 부인否認하는 태도가 경제를 은밀하게 합법화하는 조력자가 된다."[71] "지구적으로 작동하는 경제를 부인하는 '문화주의'는 그에 뒤따르는 야만주의의 생산을 포착할 수 없다."[72] 여기에 마르크스주의와 해체의 교차 속에서 마르크스주의가 해체에 기여하는 바 있다. 요컨대 포스트모던적 노동가치론 비평들이 낡은이론 취급을 하며 포스트 산업주의 하에서 실행 불가능하다거나 경제 지표들을 측정하는 것이 불가능하다거나 함으로써 제3세계에 자행되는 착취를 무시하고 있다는 점을 지적하면서 오히려 마르크스의 노동가치론을 신중하게 재음미함으로 세계를 아우르는 문화정치적 관점을 견지하는 포스트 식민 지식인의 역할을 다할 수 있다는 것이다.

그런데 스피박의 이러한 문화정치적 관점이 담고 있는 속내에 무엇이 있을까? 우리는 이에 대한 단초를 『포스트 식민 이성 비판』 서문의 한 구절에서 찾을 수 있다.

… 나는 메트로폴리탄 포스트 식민주의를 비판하는 입장이다. 그렇더라도 내 입장이 덜 지역주의기를, 공모성을 생산적으로 인정함으로써 더 많은 뉘앙스를 지니기를 바란다. 나는 항상 구석 주변을 보고, 다른 사람들이 우리를 보듯 자신을 보고자 애쓴다. 하지만 그렇게 하는 것은 작업을 중단시키기 위해서가 아니라 작업을 덜 배타적으로 하기 위해서이다. 내가 해체로부터 계속해서 배우는 바는 좀 특이한 것이다. 하지만 그것은 어디까

---

71) 가야트리 스피박, 『다른 세상에서』(2003), 346-347.
72) 앞의 책, 343.

지나 *나를 견제하는 고삐*로 남는다.73)

이 사실로 미루어보건대 스피박의 해체는 자기 성찰적이다. 공모성에 대한 인정은 이러한 입장에서 가능할 수 있었던 것이다. 학문의 칼을 들어 자신에게 휘두르는 것 — 이 해체는 예수의 복음에 가까이 다가서 있는 셈이다. 역으로 복음 또한 해체에 가까이 다가서 있다. 가장 배제된 서발턴들의 함성에서 출발하는 문화정치적인 힘으로서 말이다. "하느님께서 그들의 탄식 소리를 들으셨다."(출2:24a)

Christianity와 복음: 막1:15과 막8:34 사이

신국은 서발턴들의 탄식 소리를 듣고 들이닥치는 것일지 모른다. 기쁜 소식은 서발턴들의 탄식에 대한 응답인 것이고, 이 응답에 대한 응답으로서 회개가 요구된다. 회개의 헬라어 원어는 메타노이아metanoia다. 이는 마음의 변화(change of mind)라는 뜻으로 복음이 인간의 죄 상황으로부터가 아니라 마음으로부터 출발한다는 것, 따라서 신국을 맞이하는 방식도 심판이 아닌 변화에 있다는 것을 밝히고 있다. 이때 들이닥칠 신국은 새로운 세계로 진입할 변화의 가능성으로부터 시작되는 것이다. 기쁜 소식은 만물이 새로워질 수 있다는 것, 변화 가능성을 가진 세계, 즉 잠재성의 세계를 토대로 기쁜 소식일 수 있는 것이다. 이러한 복음을 말하는 마가복음 1장 15절은 신국이 급박하게 들이닥친다는(enggizow) 동사와 이에 대한 응답으로 회개하라(metanoeite)는 동사가 호응하는 구조로 되어있다. 예수의

---

73) 가야트리 스피박, 『포스트 식민 이성 비판』 (2005), 31: 볼드이텔릭체는 논자에 의한 것이다.

복음에서 신국은 해명의 대상이 아니며 회개는 개념화의 대상이 아니다. 양자는 모두 운동성이 되어 서로에게 다가선다. 이 다가섬 속에서 새로움이 탄생한다. 그렇다면 "회개는 우리의 마음을 새로워짐에 맞추어 조율하는 자기부정과 자기비판의 과정이 된다."74)

이런 자기부정의 과정은 "하느님의 일"(막8:33)이요 제자의 길로서 예수에 의해서 단호하게 선포된다 ― "누구든지, 나를 따라오려거든, **자기를 부인하고,** 자기 십자가를 지고 나를 따라오너라."(막8:34) 바른 길(orthovia)은 자기부정의 길이요, 십자가의 길이다. 이 길은 신국에 이르는 길이고, 그래서 죽어야 사는 이치를 알리는 도道이다(막8:35). 문익환이 "죽음은 나의 님/죽음을 살자"고 노래하듯, 삶과 죽음이 비로소 하나 되는 비 이원적인 삶이다. 비 이원적 삶에서 진술되는 모든 것들은 그 진술의 주체들 ― 삶과 죽음 ― 간의 거리가 반성과 부정 속에서 흔들린다. 압축되고 팽창되는 거리의 요동이 차이를 절대화하거나(상대주의) 차이 없음을 절대화하는 양극단을 횡단하면서 전개된다. 요컨대, "나는 더 이상 '나'가 아닌 한에서 참다운 '나'다." 적어도 예수의 제자가 되려고 따라나서는 이들에게 이 말은 뼈아프다. "누구든지, 나를 따라오려거든, 자기를 부인하고, 자기 십자가를 지고 나를 따라오너라."

그리하여 삶으로서의 제자의 길과 그 길이 지향하는 바로서의 신국은 자기부정을 매개로 이어져 있다. 마가복음 1장 15절과 8장 34절 사이에는 자기부정이 놓여 있는 것이다. 그렇다면 자기부정으로써 마땅히 의미하는 바는 제자의 길(막8:34)과 신국(막1:15) 사이에서 신국을 지향하는 '사이성'이다. 한편, 사이성은 해체되는 정체성의 진원지다. 그러므로 해체되

---

74) 신익상, 『변선환 신학 연구』(서울: 모시는사람들, 2012), 360.

는 정체성은 사이성을 매개로 다시 자기부정과 만난다. 우리가 앞서 설정했듯, 해체는 억압받는 자의 목소리, 그래서 억압을 폭로하고 해체하는 해체다. 이러한 해체를 통해 지양되는 수동적인 정체성이 곧 자기부정인 것이다.

이제 자기부정을 들고서 선교로 되돌아가보자. 여기서 교회는 아무리 잘해야 은폐된 주체로서 본질주의의 재생산에 기여한다. 이에 대해 예수의 복음은 만물의 평등을 예감하는 신국의 들이닥침에 응답하며, 가장 배제된 서발턴들의 탄식하는 함성에서 출발하는 자기부정으로서의 회개를 선포한다. 이 회개는 '해체되는 정체성'으로서 예수의 복음이 교회에게 요구하는 것이어야 한다. 그리하여 제자의 길에 들어선 삶과 죽음의 비이원적인 관계는 선교에서의 주체와 대상의 관계가 되어야 한다. 이는 사이의 회복이며, 사건의 복귀이자 주체의 해체이다.

하지만 주체의 해체는 주체의 죽음인가. 이에 대한 복음의 대답은, 죽어서 사는 죽음인 주체의 해체는 곧 주체의 죽음이라는 것이다. 이 말이 의미하는 바는, 교회는 선교의 장에서 죽어야 비로소 교회로서 산다는 것이다. 은폐된 주체로서의 죽는 척은 삶마저도 그런 척이 되게 한다. 선교의 장에서 정작 문제가 되는 것은 교회의 우월적 지위 주장에 있는 것이 아니다. 주체와 대상의 관계 내에서의 주체 주장이 문제인 것이다. 이는, 선교의 흐름이 문화·정치·경제적 우열의 흐름 내에서 전개되기 때문에 발생하는 일이다. 문화·정치·경제에서의 우열이 전제된 상황에서는 교회가 자신의 우위를 주장하지 않는 것만으로는 충분하지 않다. 이 상황에서는 다양성의 존중이 오히려 문화·정치·경제적 우열을 방치하는 결과를 낳을 뿐이다.[75] 이것이 은폐된 주체가 하는 일이다. 따라서 선교는 선교의 현장에서 만나는, 문화·정치·경제적으로 소외되고 삭제된 이들의 소리가 울려 퍼지는 것이며, 선교하는 이는 해체되는 정체성으로서 이들의 소리를 듣는 이이어야 할 것이다. 하지만 스피박이 지적하듯 말하는 이의 문제보다 듣는 이의 문제가 더 중요하다.[76) 이는 단지 듣는 쪽에서 말하기를 멈추고 일단 들어야 한다는 것으로 끝나는 문제가 아니다. 듣는 이의 성급한 일반화, "자신들이 듣고 싶어 하는 부분만을 취하고, 이 소재를 어떻게 처리할 것인지를 선택"[77)]함으로써 개별적으로 들려오는 소리들을 하나 또는 몇 개로 균질화 하는 것이 더 문제이기 때문이다. 이러한 문제에 맞서서 거대담론화하지 않고 개별적인 소리들을 생생하게 살리는 것, 그것이 바로 예수의 복음이 말하는 제자의 길, 자기부정이다. 즉, "누가 듣는가?"의 형식으로 발생하는 문제의 주체가 해체되는 정체성의 형식으로 상기되는 것이다. 선교는 예수의 복음에 대한 마땅한 응답이어야 한다.

결론: K-Christianity; '말춤' 추는 사이성(betweenness)

앞서 우리는 회개, 즉 자기부정을 통해서 선교가 문화·정치·경제의 장과 엮이면서 펼쳐진다는 사실에 이르게 되었었다. 한편 'K-'는 본질주의의 재생산으로 이어지는 본질주의와 반 본질주의의 내적 갈등구조를 타문화와의 과정적 관계망 속에서 정체성이 해체되고 자신을 내어주는 외적 역량으로 교정하는 K-Pop 문화 콘텐츠를 상징적으로 표현하는 수

---

75) 이점에 대해서 스피박은 다음과 같이 말한다. "우리는 다만 하나의 존재가 아닙니다. 여기에 정치적 의식이 들어오게 됩니다."(가야트리 스피박, 『스피박의 대담』(2006), 151)
76) 앞의 책, 150.
77) 앞의 책, 151.

식어다. 그렇다면 문화산업이라는 장에서 <강남스타일>이 제공하는 'K-'의 의미는 선교와 잘 어울릴 만한 교집합을 확보한 셈이다. 'Christianity'는 선교의 장에 삶과 지향, 제자의 길과 신국 사이에 놓인 회개-자기부정으로서의 사이성을 도입한다. 이 사이성은 '해체되는 정체성'이 생멸하는 장으로서 'K-'의 외적 역량과 조우하는 것이다.

그렇다면 이제 비로소 'K-Christianity'를 말할수 있겠다. 'K-Christianity'는 해체되는 정체성의 기독교성이다. 한국적인 것을 특성화하려고 하자마자 동시에 해체로 나아가는 기독교성이다. 한국적인 것과 그 해체 사이를 배회하는 사이성으로서 K-Christianity는 K-Christianity이기를 거부하는 관계적인 역량이어야 한다. 이 기독교는 선교의 장에 균질화 되지 않는 서발턴들의 함성을 담고 그 함성을 듣는 자기 주체는 해체하는 기독교다. 여기에서 <강남스타일>의 '말춤'은 처음엔 만주 벌판을 달리던 배달민족이었다가 태평양을 건너 서부를 달리는 카우보이가 되고는 이내 중원을 누비는 중국의 장수로 돌아온다. 아니, 이것으로도 충분치 않다. 몇 개의 기마민족 이미지로는 다 표현할 수 없는 개별적인 '말춤'들의 셀 수 없이 많은 지류들이 선교의 주체와 대상 사이에서 한판 논다 ― 'K-Christianity'다.

참고문헌

김남식. "다문화 사회를 위한 선교."「신학지남」 77.2(2010.6), 198-226.

김성수. "글로컬적 관점에서 본 한류에 대한 재평가."「인문콘텐츠」 18(2010.7), 313-335.

김수정. "동남아에서 한류의 특성과 문화취향의 초국가적 흐름."「방송과 커뮤니케이션」 13.1(2012.3), 5-54.

김승수. "한류문화산업의 비판적 이해."「지역사회연구」 20.4(2012.12), 101-117.

김웅태. "선교 개념의 신학적 이해: 선교에 관한 교회 문헌들을 중심으로."「가톨릭신학과사상」 5(1991.6), 43-69.

_____. "그리스도교 토착화의 여러 분야와 원리들."「가톨릭신학과사상」 28(1999.6), 137-180.

김준철. "선교학적 입장에서 본 세상."「가톨릭신학과사상」 14(1995.12), 48-65.

나도원. "K-Pop 한류와 소녀시대, 환상과 진상의 회전체."「플랫폼」 31(2012.1), 106-109.

나민구. "신한류의 리더, K-Pop의 '수사학적 힘' 분석."「수사학」 15(2011.9), 135-165.

들뢰즈, 질 · 가타리, 펠릭스/김재인 옮김.『천 개의 고원』. 서울: 새물결, 2003.

매일경제 한류본색 프로젝트팀.『한류본색』. 서울: 매일경제신문사, 2012.

모튼, 스티븐/이운경 옮김.『스피박 넘기』. 서울: 앨피, 2005.

박제복.『한류, 글로벌 시대의 문화경쟁력』. 서울: 삼성경제연구소, 2005.

방연상. "포스트모던시대 기독교 선교의 과제와 미래."「기독교사상」 641(2012.5), 70-80.

보드리야르, 장/하태환 옮김.『시뮬라시옹』. 서울: 민음사, 1996.

소윤정. "WCC의 타종교 선교정책에 관한 고찰."「복음과 선교」 17(2012), 75-106.

스피박, 가야트리/태혜숙 옮김.『다른 세상에서』. 서울: 여이연, 2003.

_____/태혜숙박미선 옮김.『포스트 식민 이성 비판』. 서울: 갈무리, 2005.

_____/이경순 옮김.『스피박의 대담』. 서울: 갈무리, 2006.

신경규. "통전적 관점에서 본 두 선교신학의 합치성 모색."「복음과 선교」 29(2012.2), 195-224.

신익상.『변선환 신학 연구』. 서울: 모시는사람들, 2012.

안승오. "에큐메니칼 선교의 '선교 개념'에 관한 연구."「장신논단」 40(2011.4), 361-385.

오세정. "K-Pop의 선호 요인: 미주 지역의 K-Pop 소비자를 대상으로."「주관성 연구」 24(2012.6), 205-223.

_____. "싸이 〈강남스타일〉 신드롬의 성공 코드: 미주 지역 거주자들을 대상으로." 「한국방송학회 학술대회 논문집」 (2012.11), 166-170.

원용진·김지만. "연성국가주의에 편승한 연예기획사와 한류의 미래." 「한국언론학회 심포지움 및 세미나」 (2011.8), 27-51.

이동연. "K-Pop(K-Pop): 신자유주의 시대 초국적 국민문화의 아이콘." 「내일을 여는 역사」 45(2011.12), 234-252.

_____. "내가 아는 '싸이'에 관한 모든 것." 「문화과학」 72(2012.12), 307-330.

이문행. "국내 연예 매니지먼트 회사의 아이돌 그룹 육성 전략에 관한 연구: SM 엔터테인먼트를 중심으로." 「한국언론학회 심포지움 및 세미나」 (2011.8), 3-25.

이수안. "유럽의 '한류'를 통해 본 문화혼종화." 「한독사회과학논총」 22.1(2012.3), 117-146.

이준웅. "한류의 커뮤니케이션 효과: 중국인의 한국 문화상품 이용이 한국에 대한 인식과 태도에 미치는 영향." 「韓國言論學報」 47.5(2003.10), 5-35.

장규수. "한류의 어원과 사용에 관한 연구." 「한국콘텐츠학회논문지」 11.9(2011.9), 166-173.

조흡. "한류와 이미지 공간의 정치: 비판적 리저널리즘을 위한 문화지리의 재구성." 「문학과 영상」 12.3(2011.9), 841-863.

지은영. "육갑(六甲)하는 '싸이월드(psy world)': 싸이 신드롬, 오버하지 말고 즐기자!" 「민족21」 140(2012.11), 162-167.

채수일. "기독교 선교의 본질과 과제." 「기독교사상」 52.11(2008.11), 226-240.

Landry, Donna and MacLean, Gerald eds. *The Spivak Reader*. New York/London: Routledge, 1996.

K-Pop과 글로컬 선교

이찬석 | 협성대학교

한류韓流는 한국의 대중문화를 아시아를 중심으로 확산시키면서 초국적 차원으로 발전시켰기 때문에 한국의 대중문화에 신선한 충격을 주었으며, 대중문화의 흐름을 바꾸어 놓고 있다. 그러나 K-Pop의 등장으로 한류는 아시아를 넘어서 미국, 유럽, 남미로까지 지평을 확장시키고 있으므로 K-Pop은 '신한류'新韓流 '탈한류'脫韓流라는 이름이 붙여지기도 한다. K-Pop은 팝의 한 장르이므로 글로벌적이고, 한국의 팝이라는 측면에서는 로컬적이다. 기독교의 선교는 개인의 영혼구원에 초점을 두는 '복음주의적 선교'와 사회구원에 초점을 두는 '에큐메니칼 선교'로 양분되어 있지만, 많은 선교학자들은 이 두 선교 개념을 통합하는 '통전적 선교'(holistic mission)를 모색하고 있다. 그러나 통전적 선교는 세계화의 부정적인 측면에 소극적으로 대응하는 모습을 지니고 있다. 세계화(globalization)는 획일화를 지향하면서 지역 공동체를 파괴하고 있으므로 '지역화'(localization)의 관점으로부터 계속적으로 비판을 받아 오면서, 진정한 세계화는 지역화와 조화를 이루어야 한다고 지적되고 있다. 즉, 세계화와 지역화는 동시에 추진되어야 한다는 것이다. 세계화와 지역화를 동시에 포괄하는 관점은 글로벌global과 로컬local의 합성어인 '글로컬Glocal'로 전개되고 있다. 따라서 본 글은 K-Pop을 고찰하면서 글로컬적 선교를 논의하여 보려고 한다. 본 글은 먼저 K-Pop의 글로벌/로컬/글로컬적 차원을 고찰한 후에 K-Pop과 글로컬 선교를 논의하여 보려고 한다.

K-Pop의 글로벌(global)적 차원

K-Pop의 글로벌적 측면은 무엇보다 먼저 한국이라는 지리적 국경을 넘어섰다는 점에서 찾아져야 한다. 초기의 한류가 한반도를 넘어서 동남아시아로 지평을 넓혀갔지만, 신한류/탈한류라고 불리기도 하는 K-Pop은 그 지평이 아시아를 넘어서 팝의 근원지라 할 수 있는 미국과 유럽 그리고 남미로까지 확산되고 있다.[1] 결국, "K-Pop은 국민문화로서 한류의 한 영역에 해당되지만, 글로벌 언어로 표현되고, 글로벌 팝 문화지형 안에서 자기 규정적인 대표성을 갖는다는 점에서 한류라는 기표보다도 초국적인 의미를 갖는다."[2]

아시아적 영역을 넘어서고 있는 K-Pop의 글로벌적 모습은 외국 미디어의 관심에서도 드러난다. 미국의 블룸버그 TV는 한국의 가장 강력한

---

[1] 이수안은 초기의 한류와 K-Pop의 차이를 다음과 같이 지적한다. "한류가 대체로 아시아 국가들, 특히 일본과 중국을 중심으로 시작되어 이제 동남아시아로 번지게 된 한국 대중문화의 확산을 통틀어 일컫는 것이라면, K-Pop은 한류의 한 지류로서 한국의 대중가요, 특히 아이돌 그룹 중심의 특정한 양식의 대중가요를 가리킨다." 이수안, "유럽의 '한류'를 통해 본 문화혼종화," 「한독사회과학논총」 22(2012), 119)

[2] 이동연, "K-Pop: 신자유주의 시대 초국적 국민문화의 아이콘," 「내일을 여는 역사」 45(2011), 238.

글로벌 파워 브랜드는 현대, 삼성, LG가 아니라 K-Pop이라고 말하였고, 2011년 10월 25일자 「뉴욕타임즈」는 SM 엔터테인먼트가 뉴욕 메디슨 스퀘어 가든에서 개최한 "SM Town Live in NY"을 비중 있게 보도했다. 「뉴욕타임즈」는 이 기사에서 한국의 K-Pop이 서서히 글로벌한 영향력을 보여주면서 아시아 팝을 대체할 수 있는 상태로까지 발전했다고 평가하였다. 또한 온라인 뉴스 사이트인 「롤링스톤」은 미국에서 가장 크게 흥행할 것 같은 K-Pop 그룹 10위를 뽑아 각 그룹의 특성을 비교적 상세히 다루기도 하였다. 더 나아가서 유튜브 동영상 통계에 따르면 2009년 발매된 소녀시대의 '지Gee'는 2012년 3월 당시 6,935만 번 조회가 되었으며, 2011년 유튜브에서 K-Pop 동영상 조회 수가 총 235개국 약23억 회에 이르는 기록을 세웠으며, 록 팝, R&B 등 주요 음악 장르를 중심으로 배열된 유튜브 음악 카테고리에 K-Pop이 추가되었는데 이것은 상당히 예외적인 것이다.3)

K-Pop의 글로벌적 측면은 K-Pop이라는 용어의 호명에서도 나타난다. K-Pop이라는 용어는 한국 내부가 아니라 일본에서 시작되었다. '한류'가 중국어권에서 형성된 용어라면 'K-Pop'은 일본어권에서 형성된 용어이다. J-Pop이 일본 대중음악을 포괄하는 용어이듯이, K-Pop은 한국 대중음악을 포괄하는 용어가 되었다. K-Pop은 용어 자체가 타자가 호명한 것이자 국경을 넘는, 이른바 월경越境적 실천의 산물에 속한다.4)

이동연은 K-Pop의 글로벌적 현상을 크게 세 가지 영역, 즉 음악적 스

---

3) 오세정, "K-Pop의 선호 요인: 미주 지역의 K-Pop 소비자를 대상으로," 「주관성 연구」 25(2012), 206; 앞의 논문, 245.
4) 신현준, "K-Pop의 문화정치(학):월경(越境)하는 대중음악에 관한 하나의 사례연구," 「언론과 사회」(2009), 8.

타일, 글로벌 마케팅, 초국적 팬덤 현상으로 구분해서 설명한다. 음악적 스타일에 있어서 K-Pop의 글로벌적 차원은 미국 흑인음악에 뿌리를 두고 있는 힙합과 유럽의 백인음악에 뿌리를 두고 있는 일렉트로닉 팝을 혼용한다. 대부분 아이돌 그룹의 노래는 힙합 및 일렉트로닉 비트가 강한 인트로-소프트한 유닛 멜로디-강한 메인 멜로디-랩핑-메인 멜로디-집단적 춤을 고려한 에필로그의 순으로 만들어진다. 아이돌 팝은 이미 유행하고 있는 글로벌한 음악 트렌드를 기본 재료로 사용하기 때문에 국지적 음악 스타일이 갖는 거부감을 해소할 수 있다고 이동연은 지적한다.[5]

K-Pop의 글로벌적 차원은 제작과정에도 나타난다. SM 오디션에는 매년 1만여 명이 지원을 한다. 오디션을 통과한 20여 명의 지원자는 SM 아카데미에서 노래는 물론 댄스, 연기, 외국어 교육까지 3-5년간 집중교육을 받는다. 교육 과정에서 SM은 각자의 개성과 기획 컨셉 및 트렌드에 누가 가장 잘 맞을지, 누구누구를 한 그룹으로 구성할 것인지 등을 연구하며, 심지어 성형수술을 권유하기도 한다. 한 지원자가 입교하여 첫 곡을 녹음 할 때까지 대략 1억 5천에서 2억 원 정도가 소요된다. 글로벌화를 위해 외국인을 스카우트하기도 한다. 10여 년 전부터 해외 작곡가들과 네트워크를 구성하여 세계적인 감각의 곡들을 받는다. 한 곡을 위해 수십 개 많게는 수백 개의 곡들을 받기도 한다. 또한 해외 유명 안무가를 초빙하여 노래와 가장 잘 어울리는 안무를 짜고, 감각 있는 패션 파트너들과 함께 노래와 가장 잘 어울리는 안무를 짜고, 감각 있는 패션 파트너들과 함께 각 그룹별 컨셉을 구상하여 개성 넘치는 최상의 비주얼을 구현하는 데 전력을 다한다.[6]

---

5) 이동연, "K-Pop: 신자유주의 시대 초국적 국민문화의 아이콘" (2011), 245-6.
6) 류은영, "프랑스, 글로벌 한류의 가능성," 「프랑스문화예술연구」 (2011), 457.

박근서는 J-Pop과 K-Pop의 차이에 대하여 J-Pop은 기본적으로 국내용으로 생산 유통되는 문화상품이지만, K-Pop은 적어도 아사아 시장 이상을 목표로 유통된다고 지적하면서 이렇게 적는다. "K-Pop은 외부에 의해 호명된 명칭임과 동시에 우리를 향한 것이 아니라 바깥을 향한 명칭이라는 점에서 J-Pop과는 그 출발이 다르다."[7] 즉, K-Pop은 국내보다는 외국을 향한 명칭이라는 점에서 J-Pop과는 다르다는 것이다. 이동연에 따르면, 일본은 자국 내의 음악시장의 규모가 크기 때문에 J-Pop이 생존을 위하여 글로벌화를 모색하지 않아도 되지만, K-Pop은 자국 내 음악시장의 협소함으로 자신의 정체성을 글로벌하게 변형시켜야만 한다는 것이다. 이러한 점에서 K-Pop은 '수출만이 살 길이다'라는 산업 근대화의 사명을 고스란히 물려받을 수밖에 없는 운명을 가지고 있다.[8] 「르몽드」는 K-Pop을 다음과 같이 평가한다.

아시아를 평정한 K-Pop이 유럽시장을 공략하기 시작했다. 6월 10-11일 양일간 파리의 제니트 공연장에서 유럽의 한국 팝 뮤직 팬들은 기획사들이 맞춤형으로 육성한 한국 아이돌 그룹, 샤이니, f(x), 그리고 소녀시대의 단편적이지만 리듬감 있는 한국 팝 뮤직을 만끽하게 된다. 한국 정부는 K-Pop을 한국의 역동적이고 긍정적인 국가 이미지를 세계에 널리 알릴 수 있는 수단으로 인식하고 있으며, 한국의 연예 기획사들은 이러한 한국 정부의 지원을 받아 K-Pop을 한국의 수출품으로 생산해냈다.[9]

---

7) 박근서, "한국대중음악의 식민성," 「현대사상」 9(2011), 103.
8) 이동연, "K-Pop: 신자유주의 시대 초국적 국민문화의 아이콘" (2011), 236-7. 박근서도 다음과 같이 적는다. " … K-Pop의 시장 논리는 1960년대 이후 우리나라의 산업화가 개발독재 체제하에서 '수출'을 목표이자 방법으로 삼았던 상황과 크게 다르지 않다."(박근서, "한국대중음악의 식민성" (2011), 105).

「르몽드」는 K-Pop을 '수출품'으로 규정한다. 한국의 연예 기획사들은 한국 정부의 지원을 받아서 K-Pop을 한국의 수출품으로 생산한다고 지적한다. 박근서도 "K-Pop은 '한류'를 통해 검증된 가능성을 전제로 본격화된 수출 주력 상품인 것이다"라고 평가한다.[10]

신현준의 분석에 따르면, K-Pop의 글로벌화는 IMF로 인한 1997년 한국의 경제위기와 깊은 관련성이 있다. 1990년대 중반까지 한국 대중음악은 근본적으로 내국적(domestic)인 것이었고 국경을 넘는 경우는 거의 없었다. 그러나 IMF의 위기에서 한국의 정부는 이 위기를 극복하기 위한 핵심적인 전략으로 정보기술IT과 연관된 부문에 집중적 투자를 선택하였다. 기존의 음악 산업은 IT에 매우 취약한 산업 가운데 하나였다. 그 결과 2000년대 중반 음반시장 규모는 4-5년 전에 비해 1/3로 떨어졌고, 2000년대 초부터 'mp3'를 둘러싼 논쟁이 사회적으로 큰 이슈가 되었다. 이 시기에 기존 음악 산업의 하부구조는 거의 붕괴되었고, 저작권에 대한 국가의 보호는 적극적이지 않았다. 따라서 1990년대 말 이후 한국의 음악 산업은 두 가지 방향의 전략을 취하였는데, 하나는 디지털화이고, 또 다른 하나는 아시아화이다. 아시아화의 경우 몇몇 아이돌 댄스 그룹이 중국 본토의 몇몇 도시에서, 조금 뒤에는 일본에서 갑자기 성공을 거둔 것이 시의적절 하였다. 이때부터 한국 대중음악의 문화경제는 '월경' 양상을 보이기 시작하였고, 다양한 계약과 하청계약을 포함하여 국제적이거나 초국가적인 합작을 통한 복합적 관계들이 발생하였다. 한류와 K-Pop이라는 용어가 형성되고 일반화된 것이 바로 이 시점이다. 결국 한류, K-Pop이라는 것이 탄생한 것은 새로운 시스템이 형성되고 있다는 것을 의미하는 것이고, 이

---

9) 「Le Monde」, 2009. 6.11. "La vague pop conreenne gagne l'Europe."
10) 박근서, "한국대중음악의 식민성" (2011), 105.

시스템은 이제 더 이상 국내적 시스템에 머물지 않는 것이다.[11]

K-Pop의 로컬적(local) 차원

반 고흐의 그림, '귀가 잘린 자화상' 안에는 기모노를 입은 일본 여인이 있다. 고흐의 뒤편에 걸려 있는 액자 안에는 일본여인이 있다. 이것은 19세기 중후반 유럽 미술계를 강타한 '자포니즘Japonism'과 관계가 있다. 소프트뱅크 벤터스 문규학 대표는 이렇게 말한다. "자포니즘을 보면 일본 문화의 뿌리가 보인다. 그러나 한류를 아무리 깊숙하게 들여다봐도 한국 문화의 뿌리는 보이지 않는다. 그것을 해결해야 한다."[12] K-Pop의 로컬적 측면은 한국적 음악의 특성을 지시할 수 있다. 그렇다면 K-Pop의 로컬적 측면은 한국의 전통 음악과 K-Pop의 관련성에서 규명되어져야 한다. 그러나 "미국의 음악 전문가들은 K-Pop 노래 대부분이 단순하고 변별력이 없다"[13]고 평가하며, K-Pop은 거의 노골적으로 상업적 팝 음악을 문화적 정체성에 대한 고려 없이 차용하고 있다고 평가된다.[14] 노구안은 K-Pop은 "가사를 제외하고는 서양 팝 음악과 별 차이가 없다"고 지적한다.[15]

한국의 전통적인 음악의 특성과 K-Pop의 연속성/공통점을 찾는 것은

---

11) 앞의 논문, 25-7.

12) 매일경제 한류본색 프로젝트팀, 『한류본색: 아시아를 넘어 세계로, 문화강국 코리아 프로젝트』 (매일경제신문사, 2012), 58.

13) 오세정, "K-Pop의 선호 요인: 미주 지역의 K-Pop 소비자를 대상으로" (2012), 205.

14) 박근서, "한국대중음악의 식민성" (2011), 103.

15) 나민구, "신한류의 리더, K-Pop의 수사학적 힘," 「수사학」 15(2011), 40.

쉽지 않고 많은 논란의 여지가 있다. 그러므로 K-Pop의 로컬적 차원은 팝의 본고장인 서구의 팝과 일본의 팝(J-Pop)과 어떠한 차이점을 가지고 있는지? 해외인들이 K-Pop을 어떻게 받아들이고 있는지? 타자의 눈을 통하여 찾아 볼 수 있다. 또한 이동연이 지적하듯이, "아이돌 팝은 초국적 음악 스타일을 생산하지만 그것의 제작과 생산 방식은 거의 독자적이고 독보적인 국적성을 보유"[16] 하고 있으므로, K-Pop의 제작과 생산 방식에서도 K-Pop의 로컬적 측면을 찾을 수 있다.

일반적으로 K-Pop이 서구의 팝이나 J-Pop과 차이를 지니고 있는 것으로 가장 많이 언급되고 있는 점은 춤이다. 아이돌 그룹들이 정교하게 추는 군무群舞는 K-Pop의 특성으로 평가되고 있다. 매일경제 한류본색 프로젝트 팀의 분석에 따르면, 소녀시대의 안무는 완벽에 가깝다. 그러나 일본 걸그룹인 AKB48은 어린 외모에서 귀여운 인상을 주지만 노래나 춤은 한국의 걸그룹에 비해서 어설프다. 소녀시대처럼 완벽한 안무와는 거리가 멀다. 그러므로 한국의 걸그룹은 완벽에 가까운 퍼포먼스에서 오는 '넘볼 수 없는 공주님' 같은 성적 코드를 갖고 있지만, 일본 걸그룹들은 이웃집 동생같이 친근하다.[17]

보아를 양성할 때 컨셉이 무엇이었냐? 라는 질문에 이수만은 다음과 같이 대답한다. "크게 세 가지입니다. 첫째는 좋은 음악이지요, 가수로서 당연한 것 아니겠어요. 둘째는 춤입니다. 똑같은 조명과 똑같은 크기의 무대가 주어진다고 합시다. 이럴 때 어떻게 해야 남보다 낫겠어요. 바로 춤으로써, 퍼포먼스로써 무대를 지배하는 게 필요한 것입니다. 셋째는 외국

---

16) 이동연, "K-Pop: 신자유주의 시대 초국적 국민문화의 아이콘" (2011), 244.
17) 매일경제 한류본색 프로젝트팀, 『한류본색: 아시아를 넘어 세계로, 문화강국 코리아 프로젝트』 (2012), 137-8.

어 습득 능력이었지요."[18] 또한 SM은 한국이 대중가요 시장을 10대 위주의 댄스뮤직 일색으로 바꾸었다는 비난에 대하여 이수만은 다음과 같이 답변한다. "한 가지는 분명히 짚고 넘어갑시다. 아시아의 음악시장을 강타한 한국 음악이 바로 이 댄스뮤직이라는 것입니다. 화려하고 또 열정적인 춤이 바로 한류열풍의 주역이었다는 점을 부인해선 안 됩니다."[19]

결국 K-Pop이 댄스가 수반되는 형식적인 측면에서는 유럽의 팝 음악적 요소가 충분히 그대로 반영된 것으로 볼 수 있다. 그러나 K-Pop의 이국적인 정서는 여러 명이 한꺼번에 매우 숙련된 댄스를 한다는 점이다. 이러한 모습은 유럽의 가수들이 대체로 한명의 스타 가수, 예를 들어 마돈나, 레이디 가가 등이 뛰어난 춤 솜씨를 발휘하는 것과는 확연히 다른 효과를 가져 온다는 점이 차별적인 요소이다.[20]

K-Pop의 로컬적 측면은 이동연이 평가하는 K-Pop의 '국민 문화적 성격'에서도 찾아 볼 수 있다. 이동연에 의하면, K-Pop은 "초국적 현상 안에 국민문화적 실체성을 내장한 독특한 국지적 문화"이고, "초국적 현상 안에 문화 민족주의(cultural nationalism)의 논리를 내포하고 있다."[21] 이동연은 한국 국민문화의 역사적 형성은 크게 세 가지 변형을 거쳤다고 분석한다. 첫 번째는 저항적 국민문화이고, 두 번째는 억압적 국민문화이며, 세 번째는 제3의 국민문화-초국적 국민문화이다. 첫 번째 저항적 국민문화는 일본 식민지와 산업근대화 시대를 겪으면서 외세와 독재에 저항했던 문화이다. 일제 식민지 시대의 카프문학, 1970년대의 민족문화론, 1980

---

18) 유상철, 안혜리, 정현목, 김준술, 정강현,『한류 DNA의 비밀: 소프트 파워, 소프트 코리아의 현장을 찾아서』(생각의 나무, 2005), 117.

19) 앞의 책, 118.

20) 이수안, "유럽의 '한류'를 통해 본 문화 혼종화" (2012), 138.

21) 이동연, "K-Pop: 신자유주의 시대 초국적 국민문화의 아이콘" (2011), 238.

년대 민중문화운동연합, 민족예술인총연합, 노동자문화운동연합 등이 저항적 국민문화의 유형들이다. 이것들은 모두 한국, 한반도, 국민이라는 총체적인 대상을 설정하고 지배계급, 지배적 외세로부터 독립과 자유를 외친다. 두 번째 억압적 혹은 지배적 국민문화는 권력의 정당화를 위해 국민을 동원하려는 문화전략을 의미한다. 민족의 이름으로 국민을 호명하면서 민족을 지배의 도구로 환원시키며, 반공, 안보의 이름으로 저항적 국민문화를 무력화하였다. 1970년 초에 시작된 아시아 주변부 축구대회 '박스 컵'과 1981년 전두환 정권 초기에 관 주도로 이루어진 '국풍 81'이 대표적인 억압적 국민문화이다. 세 번째 제3의 국민문화는 근대적 저항-억압의 이항대립에서 벗어나며, 문화자본의 논리가 지배하는 초국적 국민문화이다. 저항적 국민문화가 '국민'의 의미를 '민중', '민족'으로 번역하고, 억압적 국민문화가 '반공' '애국'으로 번역됐다면 초국적 국민문화는 '자본'과 '경쟁력'으로 번역한다. 1990년대 말부터 등장한 '한류'와 2000년대 중반부터 국제적으로 부상한 K-Pop이 초국적 국민문화의 대표적인 현상이다.[22]

K-Pop의 국민 문화적 특성은 J-Pop과의 비교를 통하여 드러난다. 일본의 대중문화 시장은 그 자체로 글로벌한 규모를 가지고 있다. 일본의 음악 시장 안에는 엔카를 부르는 흑인 가수가 있고, 컨츄리 음악을 하는 일본 가수가 있고, 일본어로 자연스럽게 노래하는 한국의 아이돌 그룹도 있다. 그러나 일본 대중문화의 특성은 이와부치 고이치가 지적하듯이 '무국적 성'(non-nationality), '연성 국민주의'(soft nationalism)이다. 이러한 무국적 성격은 한국에서와 달리 강한 국민주의가 아니라 연성 국민주의로 연결된

---

22) 앞의 논문, 239-41.

다. 일본의 대중문화가 문화적 미국화라 할 수 있을 정도로 서양의 팝 문화를 고스란히 흉내 내었지만, 그 결과물들을 개인의 문화취향 차원에서 즐기는 데 그쳤다. 이와는 달리 한국 국민들에게 K-Pop은 국력의 결과물로 동일시된다.[23] 그러므로 한국인들이 글로벌 기업으로 성장한 삼성이나 현대에 국가적 자부심을 갖고 있는 일반적 정서와 문화적 우세 종으로 아시아와 미주, 유럽에서 주목을 받기 시작한 K-Pop에 대해 갖는 특별한 정서는 사실 동일한 감정 구조를 갖는다.[24] 결국, K-Pop의 현상들이 대단히 초국적이지만, 그 실체는 대단히 국민 문화적이라는 것이다. K-Pop은 '비틀즈'를 시작으로 전 세계에 불었던 브리티시 팝 열풍과 1970~80년대 아시아 권역에서 인기를 누렸던 일본의 J-Pop, 그리고 J-Pop에 이어 1990년대 말까지 아시아 팝문화를 지배했던 홍콩의 칸토 팝Canto-Pop보다도 훨씬 국민 문화적 성격을 갖고 있다는 것이다.[25]

K-Pop의 로컬적 측면은 현지화 전략에서도 찾아 볼 수 있다. SM 이수만 회장은 유럽계 음악 인사들에게 '한류발전의 3단계'를 소개하였다. 2011년 6월 11일 파리 14구 메리어트 호텔에서 마이클 잭슨을 프로듀싱한 세계 3대 프로듀서 테디 라일리Teddy Riley를 비롯한 유명 작곡가 및 프로듀서 70여명이 참석한 가운데 열린 컨퍼런스에서 SM 이수만 회장은 K-Pop 한류는 이미 14년 전 아시아 마켓 진출 당시 기획한 전략, 즉 CT를 기반으로 한 3단계 전략을 통해 이뤄낸 결실이라고 밝혔다. 그는 "IT가 지배하던 90년대 이후에는 IT보다 더 정교하고 복잡한 테크놀로지인 CT의 시대가 올 것"이라 예측하고 다음의 CT 기반 3단계 전략을 세웠다고 설명

---

23) 앞의 논문, 242-3.
24) 앞의 논문, 236.
25) 앞의 논문, 237-8.

했다. 1단계: 한류 문화상품 수출 단계, 2단계: 현지 회사 또는 연예인과의 합작으로 시장을 확대하는 단계, 3단계: 현지 회사와 합작회사를 만들어 현지 사람에게 한국의 CT를 전수하는 단계. 특히 이수만 회장은 전 과정에서 글로벌 시장을 겨냥한 현지화 전략, 즉 산출된 부가가치를 합작 관계자들과 공유함으로써 K-Pop 한류의 현지화를 이뤄냈다고 설명했다. 말하자면 글로벌화하고 있는 21세기의 문화산업은 이제 made in(원산지)이 아닌 'made by'(제작자)가 중요하다고 지적하였다.[26) 이동연에 의하면, 한국에서 힙합과 알앤비, 일렉트로닉 팝과 같은 초국적인 음악 트렌드를 수용하여 현지화 할 수 있는 가장 효과적인 제작 방식은'아이돌 팝'을 만드는 것이었다. 그러나 아이돌 팝의 현지화는 일본의 J-Pop처럼, 자신들의 전통적인 음악 스타일로 변용하는 것이 아니라, 좀 더 초국적인 스타일로 만드는 것을 의미한다. K-Pop의 현지화는 내용에 대한 변용이라기보다는 형식과 양식에 대한 변용이다.[27)

K-Pop의 글로컬적(glocal) 차원

K-Pop을 지역적인 의미로 본다면 서구에 기원을 둔 팝 음악이 일본과 한국으로 들어오면서 변형의 단계를 거쳐 J-Pop이나 K-Pop을 형성하게 되는 과정은, 미국이나 영국이라는 로컬에서 일본과 한국이라는 아시아로 이행되는 과정, 즉 글로벌라이제이션Globalization을 거쳐 J-Pop, K-Pop의

---

26) 류은영, "프랑스, 글로벌 한류의 가능성" (2011), 457-8,
「헤럴드 경제」, 2011. 6. 11., http://nbiz.heraldcorp.com/view.php?ud=20110612000036
27) 이동연, "K-Pop: 신자유주의 시대 초국적 국민문화의 아이콘" (2011), 244.

탄생이라는 로컬Local의 단계로 환원된 상태라고 할 수 있다.28) 그러나 K-Pop은 일본과 아시아를 넘어서 유럽과 미국 그리고 남미로까지 지평을 확대하고 있으므로 로컬에서 글로벌로 움직이고 있다고 볼 수 있다. 이러한 측면에서 K-Pop은 글로컬적 차원을 가지고 있다. '글로컬'은 '글로벌'과 '로컬'의 합성어로 혼종적인 용어이다. 앞에서도 지적하듯이 이동연에 따르면, K-Pop은 양가적이다. 초국적이면서 국지적인 양가성을 지닌다. 즉, 혼종적이다. 글로컬도 양가적인 측면을 지니고 있다. 그러므로 K-Pop의 글로컬적 차원은 K-Pop의 혼종적인 측면을 통하여 규명될 수 있다.

이동연은 미국 캘리포니아 주립대학 얼바인 대학에서 K-Pop을 주제로 수업을 하였다. 학생들에게 수강 신청을 하게 된 동기를 물어 보았고, 그 대답을 분석하여 다음과 같이 정리한다. "미국 학생들에게 K-Pop의 음악 스타일은 이미 많이 접해본 힙합, 일렉트로닉 팝과 유사해서 거부감이 없는데다, 현재 미국 팝 시장에서는 볼 수없는 아이돌 그룹들의 화려한 비주얼과 춤 실력이 더해지면서 그들에게는 K-Pop이 아주 독특한 음악 트렌드로 여겨졌을 것이다.29) 결국 미국의 학생들이 K-Pop에 대하여 호감을 갖게 되는 이유 중의 하나는 그들에게 이미 익숙한 힙합과 일렉트로닉 팝과 유사함으로 거부감이 없다는 것이다. 미주 지역의 K-Pop 소비자를 대상으로 K-Pop의 선호요인을 분석한 오세정은 이동연과 유사하게 다음과 같이 정리한다. "⋯ 연구 결과, 4개의 선호 요인 즉, 서구의 팝 스타일과 쉬운 멜로디를 융합시킨 혼합성, K-Pop 가수들의 유창한 외국어 실력과 다양한 SNS를 통해 가수와 팬들과의 지속적이고 원활한 소통이 가능한

---

28) 이수안, "유럽의 '한류'를 통해 본 문화 혼종화" (2012), 128.
29) 이동연, "K-Pop: 신자유주의 시대 초국적 국민문화의 아이콘" (2011), 235.

커뮤니케이션 만족, 가수들의 외모와 현란한 춤, 퍼포먼스 등 시각적으로 볼거리가 많은 시각적 인상, 그리고 K-Pop을 들으며 친구들과 어울려 춤을 출 수 있고, K-Pop 가수들을 통해 에너지를 얻을 수 있다는 활력제가 K-Pop의 선호 요인으로 나타났다."[30]

이동연과 이수연의 지적에서 드러났듯이, K-Pop의 선호 요인 중에서 혼종성이 첫 번째 요인으로 분석되고 있다. K-Pop의 혼종적인 측면은 우선적으로 가사에서 나타난다. 소녀시대의 노래, <I got a boy>라는 곡의 가사를 살펴보면, "…Ha Ha Let me introduce myself Here comes trouble 따라 해/ 오 오오 예 오. 오오 예 오 너 잘났어 정말…/ Dont stop Let's bring it back to 140/ I got a boy 멋진/ I got a boy 착한/ I got a boy handsome boy 내 맘 다 가져간/ I got a boy 멋진/ I got a boy 착한/ I got a boy awesome boy 완전 반했나 봐…" 빅뱅의 노래, <거짓말>이라는 곡에서도 한국어와 영어의 혼종화가 눈에 띈다. "… 눈물조차 고이지 않아/ 더는 살고 싶지 않아/ 엿 같애 열 받게 니 생각에 돌아 버릴것 같애/ 보고 싶은데 볼 수가 없데 모두 끝났대/ I`ll be right there/ I`m so sorry but i love you 다 거짓말이야/ 몰랐어 이제야 알았어 네가 필요해/ I`m so sorry but i love you/ 날카로운 말 홧김에 나도 모르게 널 떠나보냈지만/ I`m so sorry but i love you/ 다 거짓말 I`m so sorry but i love you…"

영어혼용은 한국어를 사용하지 않는 아시아 지역이나 유럽에서 K-Pop 노래에 대한 접근성을 용이하게 만드는 의외의 효과로 작용한다. 즉 영어권이나 유럽 등지의 관객이나 팬들이 다른 부분은 몰라도 영어 혼용의 가사를 쉽게 따라 부를 수 있고 이를 계기로 노래에 친숙해지면서 다

---

30) 오세정, "K-Pop의 선호 요인: 미주 지역의 K-Pop 소비자를 대상으로" (2012), 205.

른 부분의 한국어 가사까지도 익히게 되는 결과를 가져온다. 아이돌 그룹의 멤버들 중에서 영어권에서 성장한 멤버를 영입하거나, 아예 외국인(태국, 중국인 등)이 멤버로 합류해있는 경우에는 이들의 존재가 언어 뿐 아니라 인종적 혼합으로서 글로벌 차원의 시장진출에서 더욱 유리한 조건을 만들 수 있었던 것으로 풀이된다.[31]

2NE1을 중심으로 K-Pop의 수사학적 힘을 분석한 나민구는 K-Pop에 있어서 혼종적인 측면으로 1)'랩과 가창의 혼합', 2)'한국어와 영어의 혼합', 3)'독창과 합창의 혼합', 4)'기계음과 음성의 혼합'을 지적한다. 첫 번째, 랩과 가창의 혼합적인 측면으로 2NE1의 노래에서 랩과 가창 혹은 랩, 아니면 그 중간 정도의 형식으로 대부분의 곡들은 각각 시작하고 일정한 순서 없이 전 곡을 장식하고 있다. "갈만큼 가겠지 오늘밤도 길겠지 ⋯I welcome you to my world(랩)/ 아름다운 Seoul City ⋯ Show show(랩과 가창의 중성)/ cuz I'm so bad bad ⋯"(가창) <Can't Nobody>. 이러한 랩과 가창의 구분이 모호한 부분이 많은데 도리어 이러한 구조가 양성혼합 또는 중성적인 매력을 전한다. 두 번째 한국어와 영어의 혼합적인 측면으로 영어 가사 단락과 한국어 가사 단락이 구별되기도 하지만 때에 따라서는 한 줄의 가사에 영어와 한국어를 혼용하는데 특정한 패턴을 나타내지는 않는다. 외국어나 외래어를 많이 사용하는 한국의 문화에서 한국어와 혼합적 배열은 이국적이면서도 현대적 도시감각을 우러나게 한다. 세 번째 독창과 합창의 혼종적인 측면으로, 구성원 각자가 랩이나 가창 부분들을 혼자 부르고 후렴구나 특정한 부분은 합창을 한다. 즉 각자의 음색과 가창력에 따라 돌아가며 개성적 독창을 이어가다 톤이 높아지는 부분에 이르

---

31) 이수안, "유럽의 '한류'를 통해 본 문화 혼종화" (2012), 135.

면 합창을 함으로 곡의 대단원을 장식한다. 대부분의 곡들이 독창과 합창의 순환을 반복하게 함으로써 단순한 리듬감을 탈피시키는 효과를 도모한다. 네 번째, 기계음과 음성의 혼합적인 측면으로, 때에 따라 신디사이저를 이용한 기계음이 음성 속에 절묘하게 스며들게 하는 기법을 사용한다. 기계음이 가사의 정확한 발성을 장애하기도 하지만, 변형된 음성이 신비하고 기묘한 사운드를 들려준다. 2NE1의 가사에서 '인간-기계(네그리), 인간-사이보그'가 섞이는 현상은 문화의 중요한 현상을 함축한다. 몸과 몸이 구분하는 경계가 허물어지고 물질과 비물질적 흐름들로 인해 몸은 서로 섞이고 침투하기 때문이다.[32]

로빈슨Robinson이 제시하는 수입 음악의 수용과 문화 접변의 단계는 크게 4단계로 나뉜다. 1단계는 모방 단계로, 이 단계에서는 서구의 새로운 음악적 요소의 흡수가 시작된다. 2단계는 서구화 단계로, 모방을 통해 새로운 형식의 음악이 시작된다. 3단계에서는 비로소 토착화, 혼성화 또는 문화변환이 시작되며 이 단계에서는 수입된 서양 음악적 요소와 토착적인 음악전통이 국경을 넘어 결합되는 상방향의 과정이 이루어진다. 마지막으로 4단계는 절충과 혼합의 단계로서 이 단계에서는 글로벌화에 따른 음악 장르의 분화 및 다양화와 후기 포디즘적 소량생산이 특징으로 부각되며 세계 각지로부터 유입된 다양한 음악적 요소의 창조적 혼합과 절충의 가능성을 보여주게 된다. 지금의 K-Pop을 이 4단계에 그대로 대입하기는 어려운 점이 있으나 좀 더 넓은 시각에서 K-Pop의 발전단계를 이 단계에 대입해 보자면 다음과 같이 요약될 수 있다. 1단계가 미군 주둔으로부터 시작된 미국문화의 유입에 따라 수용하게 된 팝을 모방하던 1950년대

---

32) 나민구, "신한류의 리더, K-Pop의 '수사학적 힘' 분석" (2011), 146-9.

라고 한다면, 2단계인 서구화 단계는 60년대로 볼 수 있고, 70년대에 들어서면서 적극적인 토착화, 혼성화 또는 문화변환의 단계가 전개되었다고 볼 수 있다. 1980년대를 거쳐 1990년대와 2000년대를 3단계에 걸쳐있는 4단계라고 할 수 있으며 이 시기에 다양한 팝의 하류체계에 속하는 발라드, 레게, 힙합 등이 절충과 혼합의 방식으로 발전해오면서 지금의 K-Pop의 토대를 마련했다고 할 수 있다.[33]

MBC-TV는 커버댄스 경연대회를 개최하였다. 커버댄스란 자신이 좋아하는 가수의 춤을 그대로 모방하여 추는 춤이다. 유럽의 K-Pop 열풍을 적극적으로 주도하는 연예 기획사들이 언론기관과 연합하여 커버댄스 경연대회를 개최하였다. 이 커버댄스 경연대회에 참가한 참가자들의 댄스를 자세히 관찰하면 여기에서도 문화적 요소가 혼종 되는 현상을 발견하게 된다. 이들이 K-Pop 아이돌 그룹의 안무를 노래와 함께 그대로 재현하여 얼마나 원래의 춤에 가깝게 추느냐를 기준으로 하여 아이돌 그룹의 멤버들이 심사를 하게 되는데 이들의 춤은 각 나라별로 그 나라의 춤 스타일과 기묘하게 혼합하게 된다. 예를 들어, 스페인에서 커버댄스 경연대회를 하면 스페인의 훌라춤의 리듬과 동작이 원래의 아이돌 그룹의 안무와 섞여서 나오는 것을 볼 수 있다. 남미에서 열리는 커버댄스 경연대회의 경우, 예를 들어 브라질 여성들이 경연대회에서 추는 춤에는 원래의 아이돌 그룹의 안무에는 없었던 삼바 춤의 허리돌리기가 들어가는 방식으로 재현된다. 또한 태국에서 열린 커버댄스 경연대회에서는 태국 전통춤에서 볼 수 있는 손가락을 이용한 춤이 가미되기도 한다. K-Pop 아이돌 그룹이 추는 춤 역시 그 기원으로 거슬러 올라가면 힙합이나 재즈댄스 등의 요소

---

33) 이수안, "유럽의 '한류'를 통해 본 문화 혼종화" (2012), 131-2.

가 들어와서 새롭게 변형시키는 방식으로 안무가 이루어진다고 하면 이 춤을 모방하는 서구나 아시아의 팬들은 여기에 다시금 각자의 문화적 전통에 다라 추던 춤의 요소가 가미되어 이중적인 혼성 문화를 만들어 내는 것이다.[34]

K-Pop과 선교, 글로컬 선교를 지향하면서

세계화와 글로컬화

스타벅스가 자사 고유의 커피 맛으로 세계인들의 입맛을 길들이는데 주력하는 반면, 영악한 맥도날드는 한국인들의 입맛에 맞는 불고기 버거를 만들어 한국 시장 공략에 나서고 있다. … 전자인 스타벅스의 전략을 세계화의 일환으로, 후자인 맥도날드의 전략을 글로컬라이제이션이라고 말할 수 있지 않을까?[35]

세계화globalization는 이제 경제만이 아니라 모든 영역에서 일반화 되어진 용어이며 현상이다. 이 시대를 살아가는 사람들은 경제만이 아니라 문화, 학문 등 모든 영역에서 이 시대가 세계화의 시대임을 절감하고 있고, 국가라는 경계는 활동의 영역으로서 좁은 울타리로 간주되며 초국적으로 활동의 영역이 넓혀진다. 지역성, 특수성의 한계를 인식하면서 세계성,

---

34) 앞의 논문, 133.
35) 박치완 외,『글로컬문화콘텐츠, 어떻게 그리고 왜?』(서울: 한국외국어대학교 출판부, 2009), 15.

보편성으로 지평을 확대한다.

세계화는 세계 여러 지역의 사회 및 그 사회 내 각 부분이 범세계적으로 서로 밀접하게 그리고 자유롭게 연결이 되는 상황 내지 과정을 총칭하는 말이다. 세계화는 온 세계가 정치적으로, 경제적으로, 사회적으로, 문화적으로, 과학, 기술적으로 하나가 되어가는 과정을 말한다. 그러나 세계화의 심층에는 강대국 중심의 세계 질서 형성과 유지라는 내막이 자리하고 있다.36) 세계화의 미명아래 정치, 경제적 권력을 지닌 강대국들은 구조적으로 취약한 제3세계 국가들 및 약소국가들과 무역 장벽을 허물고 시장을 확대하여 제3세계와 약소국의 구조적 취약성을 더욱 강화시켜 영구화시키고 있다. 현재 미국이 세계 최강대국이므로 촘스키는 세계화를 미국의 모습대로 세계를 만들어 가려는 주의, 미국식으로의 통일화 또는 표준화와 동일한 의미라고 지적한다.37)

세계화의 배후에는 신자유주의가 있으며 본래 신자유주의는 대공황 이후 경제활동의 자유에 제한을 두었던 케임브리지의 케인즈 학파에 대한 반동으로 경제 활동에 거의 무한대의 자유를 주자고 주장하는 시카고 학파의 이론에서 출발하였다. 신자유주의는 자유로운 경제, 사회 활동을 통해 인간 자아의 실현, 사회의 끊임없는 발전을 주장한다.38) 보호무역의 철폐를 이상으로 하는 신자유주의의 심층에는 사회진화론에서 비롯된 강자의 논리, 곧 강자들이 자신들의 지위와 세력을 보호하고자 하는 힘의 논리가 숨어있다. 그러므로 촘스키, 기든스는 신자유주의는 인간들에게 불평등을 당연한 것으로 받아들이게 한다고 지적한다.39) 결국 세계화는

---

36) 앞의 책, 235.
37) 앞의 책, 236.
38) 앞의 책, 236.

신자유주의의 보호무역의 철폐를 기반으로 국가 간의 경계를 허물면서 강대국 중심의 동일화를 지향한다. 동일화는 곧 획일화를 의미하며 약소국들의 지역성은 파괴되어진다. 그러므로 세계화에 반대하는 저항의 목소리는 지역성, 지역 공동체에 주목한다.

세계화에 대한 대안으로 새롭게 등장한 것이 글로컬라이제이션(glocalization 세계지역화)이다. 글로벌global과 로컬local로 구성된 이 합성어는 문자 그대로는 '세계적인 동시에 지역적이며, 세계성은 지역성에 의해 수정되고 변경된다'는 내용을 함축한다.[40] 글로컬라이제이션은 전 지구적 압력들과 수요들이 어떻게 지역적 상황에 맞추어지는가를 기술하는 용어다. 힘 있는 회사들은 자신들의 생산품을 지역 시장들에 '맞춘다'고 생각하겠지만, 글로컬라이제이션은 정반대 방향으로 작용한다. 지역의 관계자들은 전 지구적 가능성들로부터 요소들을 선택하고 변형시켜, 지역적인 것과 전 지구적인 것 사이에서 어떤 민주적이며 창조적인 참여engagement를 이끌어낸다.[41] "결국 글로컬라이제이션에는 '국제적 회사의 상품이나 전략이 지역에 맞도록 어떻게 변모하고 적응하느냐'라는 면과 '지역적인 것이 세계성을 갖도록 어떻게 변모되고 맞추어 지느냐'라는 면, 두 가지 모두가 용해되어 있다고 말할 수 있겠다."[42] "글로벌과 로컬은 선과 악, 전체와 부분, 정신과 육체, 좌파와 우파 등처럼 서로 상반되는 두 개념이지만, '글로컬'로 합쳐져 새로운 맥락에서 제3의 개념이 만들어져 사용된다는데 그 특이성이 있다."[43] 글로컬은 당연한 것으로 간주되던 일

---

39) 앞의 책, 237.
40) 앞의 책, 227.
41) 앞의 책, 228.
42) 앞의 책, 228.
43) 앞의 책, 229.

상의 논리의 경계를 허물며, 단순 이분법적 논리가 더 이상 현실을 제대로 반영하지 않음-엄밀히 말하면, 현실을 반영해서는 안 됨-을 드러내는, 즉 전래의 논리 극복을 표상하는 단어가 될 수 있다. 글로컬이란 단어의 통용 자체는 이분법 중심적 패러다임이 서서히 쇠퇴하는 현실을 실제로 반영한다는 해석도 가능하다.44)

통전적 선교에서 글로컬 선교로

오늘날 세계선교는 크게 두 진영이 연합체로 나뉘어져 진행되고 있다. 하나는 세계교회협의회(WCC)의 세계선교와 전도위원회(CWME)로서 소위 에큐메니칼 선교를 대표하고 있고, 다른 하나는 1974년 로잔에서 결성된 로잔 세계복음화회의(LCWE)로서 소위 복음주의 선교를 대표한다.45) 선교에 대한 보수적인 관점인 복음주의 선교와 진보적인 관점인 에큐메니칼 선교를 아우르려는 시도는 '통전적 선교'라는 개념을 통하여 전개되어지고 있다. '통전적 선교'는 복음주의적 선교와 에큐메니칼적 선교의 통합을 지향한다. 한마디로 통전적 선교란 '모든 교회가 온전한 복음을 온 세상에 있는 모든 사람에게 전하는 것'을 말한다. 다시 말하자면, 선교란 개신교회, 카톨릭 교회, 정교회, 오순절교단 등 '전 교회'(the whole church)가 전도와 치유와 인간화와 해방과 사회 변혁이란 온전한 구원을 가져오는 '온전한 복음'(the whole gospel)을 전통적인 피선교지로 간주되던 제3세계뿐만 아니라 서구 유럽 세계를 다 포함하는 6대륙으로서의 '온 세상'(the whole people)에게 전하는 것이다. 이러한 선교관을 '통전적 선교

---

44) 앞의 책, 229.
45) 김은수, 『현대선교의 흐름과 주제』 (서울: 대한기독교서회, 2010), 275.

관'이라 한다.46)

한국일에 따르면, 현대선교 운동의 기원에 대한 학자들의 일치된 견해
는 18세기 경건주의로부터 시작한다는 것이다. 18세기 경건주의는 개인
의 회심을 목표로 하는 복음전도와 개인의 영혼구원에 강조점을 두었
다.47) 그러나 현대선교에 직접적 동인을 제공하고 복음주의 선교에 지금
까지 지대한 영향을 미치고 있는 운동은 18-9세기에 일어난 제1,2차 각성
운동이다. 이 각성운동은 개개인의 회심과 성화를 강조하며 신앙의 인격
적 체험을 중시하였다. 그렇기 때문에 선교는 개인적 회심을 목표로 하는
복음 전파였으며 대부분의 지도자들은 개인의 회심을 통해서 자연스러
운 결과로 사회가 정화된다고 믿었기 때문에 선교에서 사회적, 정치적 차
원은 주목되지 않았다. 그러나 이 각성운동은 교회들의 선교적 소명의식
을 일깨웠고, 서구 교회들은 활발한 해외 선교 활동에 참여하였다. 그러나
선교 현장에 교파주의적 선교현상을 초래하였다. 당시 선교운동의 특성
은 개인의 영혼구원을 위한 복음전도와 함께 서구 교회의 경험과 비전을
선교현장에 전달하는 것이었다.48)

에큐메니칼 선교운동의 시작은 선교현장에서 교파들 사이의 갈등과
충돌에서 시작되었다. 서구교회의 해외 선교 활동이 활발해지면서 초기
에 초교파적 선교활동이 교회를 자극하여 교파주의 선교로 변하면서 선
교현장은 서로 다른 교회 간에 각축장이 되어갔다. 이러한 교파들 사이의
갈등과 충돌의 문제를 인식하고 교파를 초월하여 연합관계에서 함께 선

---

46) 김영동,『교회를 살리는 선교학』(서울: 장로회신학대학교 출판부, 2003), 99.
47) 한국일,『세계를 품는 교회: 통전적 선교신학』(서울: 장로회신학대학교 출판부, 2010),
    20.
48) 앞의 책, 21-2.

교활동을 하려는 방향을 모색하였으며 이것이 현대 에큐메니칼 운동의 시원이 되었다.49) 에큐메니칼 선교에 대한 복음주의 비판의 핵심은 다음과 같은 표현에 압축되어 있다. "에큐메니칼 복음주의는 복음이 없는 전도와 교인들의 선택(등록)을 규정하지 않고 어디에서나 누구에게 교회 없는 기독교를 발전시키기 위해 십자가 없는 그리스도를 전파하고 있는 것처럼 보인다." 복음주의 선교와 에큐메니칼 선교의 갈등과 대립은 전도와 사회참여의 관계, 사회참여 방식과 정도, 불신자 전도를 통한 직접적 관심의 표명, 개인이 인격적 체험, 구원 이해 등에 집중되어 있다.50)

나이로비 대회에서 처음으로 '통전적 선교 개념'이 등장한다. 선교란 전 교회가 전 복음을 전 세계를 위해 전파하고 실천하는 것으로 이해하였다. 나이로비는 웁살라 총회의 사회 참여적 특성을 약화시키지 않으면서도 복음전도를 강조함으로 선교의 두 요소의 통전적 연결을 시도하였다.51) 에딘버러 대회 이후 세계교회의 선교는 한 세기를 지나오면서 세계 상황의 변화만큼이나 내용과 모형에 있어서 변화와 의미의 확장을 경험하였다. 복음주의가 세상의 급진적 변화에 맞서서 전통적 선교이해와 모형을 보전하려는 태도를 추구하는 반면, 에큐메니칼 선교는 이러한 변화를 부정적으로만 보지 않고 오히려 교회의 선교적 과제로 수용하여 적극적으로 반응하며 대안을 모색하려 한다.52) 김영동은 통전적 선교를 통한 복음주의적 선교와 에큐메니칼 선교의 수렴을 강조한다. 역사적 상황의 변화와 함께 회심과 개인 영혼 구원을 우선시하는 복음주의자와 가난한

---

49) 앞의 책, 23.
50) 앞의 책, 32.
51) 앞의 책, 33.
52) 앞의 책, 36.

자, 소외된 자, 갇힌 자, 억눌린 자를 위한 인간화와 해방을 선교로 보는 에 큐메니칼 측은 양극화 시대를 넘어 상호 배움과 상호 협력의 통전적 선교 관으로 수렴하게 되었다.[53] '통전적 선교' 개념에 근거한 선교신학을 살 펴보면서 필자의 눈에 아쉽게 보이는 점은 세계화와 선교를 깊게 관련시 켜 고찰하지 않고 있다는 점이다. 한국일은 통전적 선교를 말하면서 복음 전도와 사회적 참여를 통전하는 선교 개념, 선교와 교회를 통전하는 선교 적 교회론, 선교하는 교회와 현지 교회의 통전으로서의 협력관계, 선교와 문화의 통전, 증언과 대화의 통전을 주장하고 있지만,[54] 신자유주의와 세 계화로 인한 이 시대적 과제와 통전적 선교를 접목시키지 않고 있다.

이후천은 세계화 시대의 선교 모델을 다음과 같이 제시 한다; "문화간 (intercultural) 상호의존의 강화를 통해 맹목적인 세계화Globalization에서 복 음의 철저한 세계지역화Glocalization에로…."[55] 이후천은 일반적인 세계화 를 글로벌로 제시하고, 복음의 철저한 세계지역화를 글로컬로 제시하면 서 세계화 시대의 선교 모델을 향하여 세 가지를 제시한다. 첫째로, 세계 화 시대의 문화적 상호교류를 이유로 모든 문화적 가치를 '하나의 단지나 범주 안에 잡아넣을 수는 없다'는 견해를 반영해야 한다. 둘째로, 세계화 시대 선교 모델은 세계화가 일방통행 식으로 전개되는 것이 아니라, 지역 문화와의 상호의존과 공존의 모색을 통해서 이루어질 수 있다는 통전적 사고이다. 셋째로, 기든스의 제3의 길-제3의 길이란 거부할 수 없는 신자 유주의의 국제적인 거센 흐름을 수용하며, 거기에서 파생하는 문제점들 을 보완해야 한다.[56] 이후천이 제시하는 세계화 시대의 선교 모델은 '글

53) 김영동,『교회를 살리는 선교학』(2003), 44.
54) 한국일,『세계를 품는 교회: 통전적 선교신학』(2010), 37-69.
55) 이후천,『현대 선교학의 이슈들』(서울: 대한기독교서회, 2008), 237.

로컬 선교'Glocal Mission로 정리되어질 수 있다. 이후천은 다음과 같이 정리
한다.

> 이러한 원리[기든스의 제3의 길]를 기독교 선교의 세계화 과정과 지역문
> 화들과의 갈등에 적용하면 세계화 흐름에 지역 문화와의 조화를 이루자
> 는 입장을 만들어 낼 수 있다. 바로 이때 세계화의 역동성이 살게 된다. 유
> 명한 세계화 연구가인 롤런드 로버트슨은 이 같은 세계화의 역동성을 "보
> 편적인(세계화)것을 특수화(지역화)하고 특별한 것을 보편화시키는 이중
> 적 과정"이라고 설명하고 있으며 이것을 '세계지역화'Glocalization라고 칭
> 한다."57)

한국일은 통전적 선교는 통전적 신학에 기초하고, 통전적 신학이란 부
분들의 총화가 아니라 온전함과 성숙함을 향한 전체성을 의미한다고 주
장한다. 또한 통전성 안에는 다양한 입장의 차이들이 존재하며, 통전성은
이 차이들을 무시하여 억지로 통합을 추구하는 것이 아니며 또 차이로 인
한 양 극단화를 허용하는 것도 아니며, 서로 다른 입장들이 차이를 존중하
면서도 긴장을 잃지 않는 관계에서 상대를 보완함으로 함께 온전함에 이
르게 되는 과정이라고 규정한다.58) 결국 한국일의 정리에 근거한다면,
'통전적 선교'는 복음주의적 선교와 에큐메니칼적 선교의 차이를 존중하
면서도 긴장성을 상실하지 않고 서로 보완함으로 함께 온전함에 이르는
선교이다. 그러나 신자유주의와 세계화로 전 세계의 자본화와 동일화가

---

56) 앞의 책, 238-9.

57) 앞의 책, 238-40.

58) 한국일, 『세계를 품는 교회: 통전적 선교신학』 (2010), 16.

가속화되는 21세기의 상황에서 세계화와 지역화의 갈등 구조는 선교에 대한 신학적 논의에 추가되어져야만 한다. 그러므로 '통전적 선교'는 '글로컬 선교'로의 전환이 요구되어진다. 글로컬 선교는 차이성을 존중하면서 양 극단화나 억지로의 통합을 추구하지 않는다는 점에서 통전적 선교와 동일성을 지니지만, 세계화의 모순을 적극적으로 극복하기 위하여 보편적인 것을 특수화하고, 특별한 것을 보편화시키려는 이중적 과정을 추구한다는 점에서는 '글로컬 선교'는 '통전적 선교'를 넘어선다.

K-Pop과 글로컬 선교

주변부가 중심으로 들어오면서 다중심화를 형성하고 있다는 측면에서 한국교회의 해외 선교와 K-Pop은 유사성을 지닌다. 20세기 중반까지 한국교회는 서구교회로부터 선교적 지원을 받는 선교의 대상이었다. 그러나 20세기 후반에 들어서면서 특별히 아시아 지역에 해외 선교를 적극적으로 수행함으로 선교의 주체로 부상하기 시작하였다. K-Pop이 등장하기 이전에 한국은 팝 음악의 생산자라기보기는 소비자에 머물렀다. 서구에서 생산되어진 팝 음악을 소비하는 주변부의 위치에 있을 때 한국의 팝 음악은 월경越境하는 초국적이고 글로벌적 모습을 찾아 볼 수 없었다. 그러나 K-Pop의 등장으로 한국의 대중음악은 중국과 일본을 중심으로 동아시아에서 대중음악의 생산자로서 팝 음악의 중심에 진입함으로 J-Pop으로 일자一著 중심적이던 아시아 팝 음악을 다자 중심으로 바꾸어 놓았다. 선교 있어서도 서구의 기독교가 선교의 주체로서 중심에 서 있었지만, 이제는 아시아, 아프리카, 등 제3세계가 선교의 주체로 중심으로 진입하면서 선교 주체의 변화를 가져오고 있다. WCC 전 총무 코비야 박사

Samuel Kobia는 다음과 같이 주장한다. " … 세계선교의 중심축이 이동한다. … 특히 아프리카와 남아메리카 지역에서의 오순절 교회들의 성장은 21세기 새로운 교회 상황을 예고하고 있다."59) 이러한 변화는 기독교 중심축의 변화나 기독교 선교 주체의 이동으로 해석하기 보다는 중심의 다원화로 읽어가야 한다. 윌버트 쉥크Wilbert R. Shenk는 21세기의 과제를 다음과 같이 제시한다. "21세기의 과제는 기독교 신앙이 다양한 심장지역들을 지니고 있을 뿐 아니라 글로벌하다는 사실에 비추어 신학을 개념화하는 것이다. … 전 세계를 에워싸는 다원적인 중심의 주도권과 교회들과 함께, 선교신학은 전통적인 유럽 중심적 편향으로부터 자유로워졌음에 틀림없다."60) 선교의 주체에 있어서 주변부이던 아시아, 아프리카, 남아메리카가 선교의 주체로 등장하면서 서구의 기독교 중심적이었던 선교의 세계에 변화를 가져오고 있는 것이다. 주변부가 중심으로 진입하면서 유일 중심주의가 다자 중심주의로 모형의 변화를 이루고 있다는 점에서 현대 선교, 한국교회의 선교 그리고 K-Pop은 유사성을 지닌다.

또한 K-Pop과 한국교회의 해외 선교는 국내적 포화/위기로 인하여 해외로 눈길을 돌린다는 점에서 유사성을 지닌다. 필자는 신학대학과 신학대학원 학생들에게 신학 공부를 마친 후에 계획을 물어보곤 한다. 최근에 들어와서 많은 학생들로부터 해외 선교를 꿈꾸고 해외 선교사로서의 사역을 계획하고 있다는 이야기를 종종 듣는다. 해외 선교에 대한 학생들의 동기와 근거를 조심스럽게 물어 보았을 때 학생들로부터 자주 듣게 되는 대답은 '국내 선교의 포화상태'이다. 한국교회의 성장의 멈춤과 신학생

---

59) 앞의 책, 324.
60) 로버트 캘러거, 폴 허티그/문전섭, 문은영, 박형국, 백충현 옮김,『세계기독교와 선교의 미래』(서울: 한국장로교출판사, 2012), 227.

의 증가로 기존 교회를 담임한다는 것이 현실적으로 어려워졌고, 새로운 교회를 개척하는 것도 교회의 포화상태로 치열한 경쟁에 참여하는 것이면서 개척자금의 확보도 어려운 숙제이기 때문에 해외 선교사의 길을 선택하고 있는 것이다. 국내 선교의 포화상태가 신학생들이 해외 선교로 눈을 돌리게 하고 있다. K-Pop도 IMF 위기와 디지털화로 인하여 국내 음악시장이 위기에 처해졌기 때문에 새로운 활로로서 중국과 일본 시장을 목표로 삼으면서 해외로 눈길을 돌리기 시작하였다.

K-Pop이 팝의 세계에 다자중심주의를 창출하였듯 한국교회의 선교도 글로컬 선교를 수행함으로 이미 모형의 변화를 이룬 선교를 심화 발전시켜야 한다. 라틴아메리카 해방신학이 서구신학을 보편신학에서 하나의 지역신학으로 자리매김 시켰듯이, 선교도 글로컬 선교를 수행함으로 선교 주체의 다원화와 선교 내용의 다양화를 가져와야 한다.

K-Pop은 지역적인 정체성의 글로벌화를 위하여 다방면에서 다각적인 노력을 한다. 미국의 힙합과 유럽의 일렉트로닉 팝과 같은 다양한 음악 장르를 수용하고, 곡의 가사에 있어서 한국어와 영어를 혼용하고, 그룹을 구성함에 있어서 태국/중국 출신의 다국적 멤버들로 구성하고, 작곡에 있어서도 해외 작곡가들을 참여시킴으로 세계적인 감각의 곡들을 만든다. 선교도 선교하는 교회들의 지역적 정체성을 넘기 위한 노력들이 요구되어진다. 그러나 글로컬 관점은 세계적인 동시에 지역적인 것을 추구하기 때문에 지역적인 것과 전 지구적인 것의 창조적인 참여를 이끌어낸다. 글로컬적 관점에서 K-Pop을 바라본다면, 글로벌적 측면은 확보하였지만 로컬적인 측면에 있어서 빈약한 모습을 벗어나지 못하고 있다. 그룹 멤버들이 군무를 춘다는 점에서 서양의 팝이나 J-Pop과의 차이성을 드러내면서 로컬적(한국적)인 모습을 지니고 있다고 볼 수 있다. 그러나 전술하였듯

K-Pop을 깊숙하게 들여다보면 한국문화의 뿌리는 보이지 않는다. 한국 교회가 수행하고 있는 해외 선교에 있어서 한국적 기독교의 독특성은 드러나지 않는다. 국내교회와 국내 선교에 있어서도 한국적 기독교의 독특한 모습은 찾아보기 어렵다. 이러한 측면에서 한국의 기독교는 국내외적으로 로컬화(토착화, 현지화)에 충실하지 못했다. 성육신 사건에서 하나님은 철저하게 로컬화, 토착화, 현지화 하신다. 매일경제 한류본색 프로젝트 팀은 한류의 미래를 위하여 'K-Food'(한식), 'K-Mobile'을 준비하자고 제언한다. 하나님의 나라를 세워가는 참다운 선교를 위하여 한국교회는 K-Christianity를 형성하여 세계 기독교와 세계 선교에 기여해야 한다. 한국교회는 한국의 종교/문화인 토착화 신학과 사회/정치신학인 민중신학을 선교적으로 심화시키면서 'K-Christianity', 'K-Mission'을 발전시킴으로 글로컬 선교의 장을 열어가야 한다.

혼종성과 혼합주의

혼종성은 글로컬과 K-Pop의 공통분모라 할 수 있다. 전술하였듯이 K-Pop에 대한 선호요인중의 하나는 혼종성이다. 혼종성이라는 용어는 긍정적인 의미보다는 부정적인 의미를 지니고 있었지만, 탈식민지담론이 혼종성의 의미에 대한 전복을 가져왔다. 로버트 영Robert J. C. Young에 따르면, 영어 '혼종'(hybrid)이라는 단어는 '사육 암퇘지와 야생 수퇘지의 새끼'라는 의미를 가진 라틴어 '히브리다hybrida'에서 나온 것이며, 자연적이고 원래의 종(species)에서 벗어난 위반을 의미했다. 이 의미는 언어, 인종, 정체성, 문화와 관련된 담론에서 비유적으로 전유되어 부정적 혹은 긍정적 의미로 사용되고 있다.[61] 혼종성은 양가성을 근거로 하여 일방적/획일적 담론을 해체하고 이분법적 사유방식을 해체한다. 글로컬은 글로벌과 로컬이라는 동시에 추구한다는 점에서 양가적이므로 혼종적인 개념이라 할 수 있다. K-Pop도 역시 'Korea'와 'Pop'이라는 양가성을 지니고 있으므로 혼종적인 용어이다. 혼종성이라는 개념은 비록 탈식민지담론에 의하여 의미의 전복을 가져 왔지만 개념적 지평은 탈식민지 담론을 넘어서야 한다. 윌슨Edward O. Wilson이 제시하는 '통섭'(consillience)도 혼종성과 연속성을 지닌다. 그러나 혼종성(Hybridity)은 '잡종성'으로 번역되고 이해되어지면서 혼합주의와 동일한 의미로 오해되어지는 경향이 있으나 혼종성과 혼합주의는 구분되어져야 한다. 혼합주의는 이질적인 것의 종합으로 정체성의 혼란을 가져오는 것이라면, 혼종성은 이질적인 것의 통합을 시도하지만 정체성의 혼란을 가져오지 않는다. 종교적으로 근원적인 신앙을 왜곡하면서 정체성의 혼란을 가져오는 이단/사이비 사상은 혼합주의로 규정되어야 한다. 그러나 초기의 기독교가 희랍의 로고스 사상을 흡수하여 로고스 기독론을 발전시킨 것은 혼합주의가 아니라 혼종화로 읽어가면서 복음의 희랍화로 규정되어야 한다. 그러므로 혼종성/혼종화는 변화를 동반하면서 왜곡이 아니라 새로운 창조성을 실현한다. K-Pop은 팝이라는 정체성을 보유하면서 새로운 팝의 형태를 창출하였다는 점에서 혼종적이라 할 수 있다. K-Pop은 글로벌한 힙합, 일레트로닉 팝들을 한국에 현지화(로컬화)하는 동시에 전 지구적으로 글로벌화하면서 서구적 팝이나 J-Pop과는 차별화되어지는 새로운 팝을 창출하였다. 21세기의 선교도 초월적이고, 보편적인 복음을 로컬화하고 글로벌화하고 또 다시 선교지에 재 로컬화(re-localization) 되어지는 '글로컬 선교'로 전개되어져야

---

61) 하상복, "비판적 혼종성의 가능성과 실코의 『의식』," 「새한영어영문학」 (2011), 137.

한다. 그러나 이러한 글로컬화 과정에서 기독교의 정체성이 왜곡되거나 변질되는 혼합주의적 경향은 늘 배제되어야한다.

저항성과 상업적 자본주의

에드워드 사이드Edward Said에 따르면 오리엔탈리즘Orientalism은 서구가 동양을 경험하기 전에 동양을 지배하기 위하여 조작한 담론이며, 서구는 우월하고 동양은 열등하다는 이분법에 근거하여 형성된 담론이다. 식민지 담론은 피 식민지 국가와 국민들을 본국의 관점에서 평가하고, 본국의 문화와 질서를 이식시키면서 동일화를 추구한다. 이런 측면에서 식민 담론은 본질주의와 맥락을 같이 한다. 본질주의는 동질화를 지향하고 고착화시키는 과정인 반면에 혼종성은 고착화된 동질화에 균열을 만들고 전복시키고자 한다. 이런 측면에서 혼종성은 저항적인 속성을 가지고 있다. 실제로 "혼종성의 개념은 역사주의에 기초한 서구중심의 단선론과 수렴론의 속박으로부터 벗어나게 해줌으로써 서구 중심주의를 극복하고 비 서구사회의 주체성을 회복시켜줄 가능성을" 마련해 준다.[62] 그러나 탈식민주의적 혼종성 개념은 텍스트주의적 토대를 지니므로 추상화되고 저항성을 상실한다고 비판 받는다. 혼종성의 추상화는 주변적이라 여겨지는 인종, 문화, 정체성 모두를 혼종성의 상태로 환원함으로 사회적 불평등과 착취를 조명하지 않고 은폐시킬 결과를 초래할 수 있다. 나아가서 혼종성 자체를 사회적, 역사적 위치에서 분리시킴으로 다른 혼종들의 차별적인 권력관계를 은폐하고 봉쇄하기에 이 경향이 지배 권력에 전유된

---

62) 이수안, "유럽의 '한류'를 통해 본 문화 혼종화" (2012), 125.

다면 기존 권력 지형을 강화하고 유지하는 수단이 되어 버린다.63) 이동연은 K-Pop을 "'글로벌 경쟁력'을 앞세우는 자본과 경쟁의 논리에 따른 새로운 국민문화"로 규정하며, 박근서는 K-Pop의 생산 메커니즘은 "확실히 문화적이라기보다 산업적이고 예술적이라기보다 상업적인 것"64)이라고 비판한다. K-Pop은 국가적 이미지를 가지고 있음에도 국가가 주도하는 것이 아니라 연예 기획사들이 주도하고 있다는 점에서 신자유주의/세계화와 상관성을 갖는다. 한국의 해외 선교도 경제적 성장으로 인한 원화 가치의 상승이 중요한 동력 중 하나이므로 세계화의 부정적 측면과 상관성을 갖는다. 이런 측면에서 한국의 해외 선교와 K-Pop은 세계화의 부정적 기능에 저항하기보다 편승한다고 볼 수 있다. 그러므로 기독교의 선교는 로컬에서 글로벌로의 움직임을 넘어서 로컬에서 글로벌로 다시 로컬로의 동선을 그려가는 글로컬 선교를 지향하면서 신자유주의와 세계화의 어두운 측면에 저항하면서 하나님의 나라를 확산시켜 가야한다.

---

63) 하상복, "비판적 혼종성의 가능성과 실코의 『의식』" (2011), 144-5.

64) 박근서, "한국대중음악의 식민성" (2011), 105. 영국의 BBC는 '한국 대중음악의 어두운 측면' (The dark side of South Korean Music)이라는 제목의 보도를 하면서 한국 연예기획사의 제도적 관행과 산업적 이해를 중심으로 한 투자 마인드를 소위 '노예계약' 문제를 중심으로 비판하였다. 「프랑크푸르터 알게마이네 차이퉁」 기사에서는 한국의 아이돌 그룹의 탄생을 유교와 자본주의적 생산양식이 혼합된 결과물이라고 해석하면서 한국의 대형기획사들이 소속 아이돌 그룹 멤버들과 갖는 관계는 유교적 온정주의적 관계로서, 기획사에서는 '베풀어주면' 가수들은 이를 '고맙게 생각하면서' 적극 수용하는 방식으로 관계가 이루어지게 된다고 비판한다.

글을 마치면서

모던적 세계관이 이성과 과학을 근거로 보편성을 추구하면서 '여럿이 하나가 되는 것'을 추구했다면, 포스트모던은 거대담론을 해체하여 다양성을 추구하면서 '하나가 여럿이 되는 것'을 추구한다. K-Pop은 팝의 다양성과 다원성을 가져왔다. 글로컬적 관점은 통합과 혼종성의 과정을 통하여 포스트모던적 문화를 창출할 수 있는 사유구조의 틀을 제시해 준다. 해외 선교에 열정적인 한국 기독교는 K-Pop의 글로컬적 차원을 비판적으로 평가하면서 'K-Christianity'를 창출하여 통전적 선교를 넘어서 글로컬 선교를 모색하고 실천함으로 세계화의 시대에 적합한 하나님의 나라를 확장해야 한다.

참고문헌

김영동. 『교회를 살리는 선교학』. 서울: 장로회신학대학교 출판부, 2003.

김은수. 『현대선교의 흐름과 주제』. 서울: 대한기독교서회, 2010.

매일경제 한류본색 프로젝트팀. 『한류본색: 아시아를 넘어 세계로, 문화강국 코리아 프로젝트』. 서울: 매일경제신문사, 2012.

박치완 외. 『글로컬문화콘텐츠, 어떻게 그리고 왜?』. 서울: 한국외국어대학교 출판부, 2009.

유상철, 안혜리, 정현목, 김준술, 정강현. 『한류 DNA의 비밀: 소프트 파워, 소프트 코리아의 현장을 찾아서』. 서울: 생각의 나무, 2005.

이후천. 『현대 선교학의 이슈들』. 서울: 대한기독교서회, 2008.

한국일. 『세계를 품는 교회: 통전적 선교신학』. 서울: 장로회신학대학교 출판부, 2010.

허티그, 로버트/문전섭, 문은영, 박형국, 백충현 옮김. 『세계기독교와 선교의 미래』. 서울: 한국장로교출판사, 2012.

나민구. "신한류의 리더, K-Pop의 수사학적 힘." 「수사학」 15(2011), 135-165.

류은영. "프랑스, 글로벌 한류의 가능성." 「프랑스문화예술연구」 38(2011), 443-465.

박근서. "한국대중음악의 식민성." 「현대사상」 9(2011), 94-109.

신현준. "K-Pop의 문화정치(학): 월경(越境)하는 대중음악에 관한 하나의 사례연구." 「언론과 사회」(2009), 7-36.

오세정. "K-Pop의 선호 요인: 미주 지역의 K-Pop 소비자를 대상으로." 「주관성 연구」 25(2012), 205-223.

이동연. "K-Pop(K-Pop): 신자유주의 시대 초국적 국민문화의 아이콘." 「내일을 여는 역사」 45(2011), 234-252.

이수안. "유럽의 '한류'를 통해 본 문화 혼종화." 「한독사회과학논총」 22(2012), 117-146.

하상복. "비판적 혼종성의 가능성과 실코의 『의식』." 「새한영어영문학」 52(2011) 135-158.

제3부

한국적 시선과
여성의 눈짓

닫힌 시공간으로부터 탈주와 희생

: 김기덕의 한류 영화에 대한 기독교 신학적 비평

박종현 | 명지대학교

서론: 김기덕의 영화 세계와 기독교적 비평

2012년 9월 6일 김기덕(1960-현재) 감독의 18번째[1] 극영화 <피에타 (Pieta)>가 개봉되었다. 이 영화는 2012년 9월 9일 베니스 국제영화제에서 황금사자상을 수상하였다.[2] 기존의 그의 영화들이 논란의 대상이 되었 듯 이번 그의 <피에타> 역시 많은 긍정적 부정적 기대를 낳았다. <피에 타>는 영화의 제목이 시사하고 있는 것처럼 그리스도교적 구원의 동기를 영화 서사의 축으로 삼고 있다. 사실 그의 영화들은 이번 영화 뿐 아니라 대부분의 작품을 통해서 인간의 구원의 문제를 추구하고 있다고 필자는 추론한다.

이 글은 한류영화 김기덕의 영화에 나타난 구원의 문제에 대한 기독교

---

1) 김기덕의 영화에 대해서는 이 글 부록의 김기덕의 Filmography를 참조하라.
2) 김기덕의 18번째 영화, 조민수, 이정민 주연.

신학적 비평을 시도한다.[3] 왜 김기덕인가? 김기덕은 영화감독이 되기 전 한국에서는 단 한편의 영화도 본적이 없는 노동자였다. 그러던 그가 프랑스 체류 중에 세 편의 영화를 보고 영화를 만드는 사람이 되기로 결심하였다.[4] 그리고 그는 현재까지 18편의 극영화를 제작하였다. 그의 영화는 국내에서는 소수의 마니아를 형성한 한편, 해외에서는 많은 주목을 받았고 성공한 한국의 영화감독이라는 평가를 받았다. 그는 첫 번째 영화가 1996년 스웨덴 국제영화제에 초청받은 것에서 시작하여 밴쿠버, 베를린, 베니스 영화제 및 부산국제영화제에 초청되는 국제적인 영화감독으로 자리매김하였다. 이 연구는 한류와 기독교라는 집단 연구의 일환으로 시도되었다. 김기덕의 영화는 한류 드라마나 K-Pop과는 분명히 다르지만 글로벌한 한국문화로서 한류를 대표한다고 말할 수 있다. 이 연구는 한류 현상으로서 김기덕의 영화를 이해하고 기독교적 이해가 가능한 것인가를 묻는데 있다.

영화는 인간이 경험하는 세계를 2차원적 스크린에 투영한다. 영화는 본질적으로 환영이고 그 환영은 감독의 이야기적 상상의 공간을 투영하게 된다. 이 글에서는 먼저 김기덕의 영화 서사에 나타난 공간과 시간의 구조들을 분석한다. 특히 그가 그려내는 공간은 닫힌 공간의 성격 즉, 폐쇄적인 성격을 지니고 있다. 이 공간과 시간의 폐쇄성 근거를 역사적 사회적 성격의 토대로 이해하려 한다.

김기덕의 영화 속 시공간에 존재하는 인물들은 격렬한 폭력에 시달리는데 이 역시 단순한 영화적 시도가 아닌 역사성의 문제라고 필자는 해석

---

3) 이 글은 문화신학회의 한류에 대한 종교적 이해라는 연구 프로젝트의 일환으로 수행하였다.
4) Marta Merajver-Kurlat/조영학 옮김, 『나쁜 감독 김기덕의 바이오그라피 1996-2009』(서울: 가쎄, 2009), 22.

할 것이다. 그들은 희생당하거나 희생하거나 폭력과 깊이 연관되는데 이 폭력 속에 희생되는 인물들을 통해서 구원의 이미지를 추구하는 것이다. 그 구원에 대한 갈망은 신학적으로 어떻게 이해될 수 있는가를 기술하여 김기덕 영화에 반영된 세계와 구원의 문제를 다룰 것이다. 기독교의 입장에서는 이 세계에서 일어나는 일들 곧 모든 역사적 사건들은 신학적 해석을 요청한다고 본다. 김기덕의 영화 서사는 감독의 상상력에 투영된 한국인의 역사와 삶이 구원에 대한 갈망으로 나타난다고 본다. "내가 무엇을 하여야 영생을 얻으리이까"라는[5] 율법사의 질문은 단순한 종교적 질문의 범위를 넘어선다. 그것은 모든 인간이 던지는 의식적인 동시에 무의식적인 질문이다. 그런 의미에서 종교영화가 아님에도 김기덕의 영화에서 발견되는 구원을 향한 질문에 신학적으로 동참하고 대답을 시도하려는 것이다.

한류 영화로서의 김기덕의 영화적 성격

김기덕은 1960년 경북 봉화 출신으로 초등학교만 졸업하고 철공장 노동자로 살았다. 1990년부터 3년간 프랑스로 건너가 미술 공부를 하였다. 그때 처음 영화 세 편을 보고 영화감독이 되기로 작정하였다. 1995년 영화진흥공사 시나리오 공모에 <무단횡단>이 당선되어 이듬해인 1996년 그의 첫 장편 영화 <악어>를 감독하였다. 3억 5천만 원을 들여 만든 저예산 영화였지만 충격적인 영상으로 김기덕의 존재를 관객에게 각인시켰다.

---

5) 누가복음 10장 25절.

이 영화는 스웨덴 국제영화제에 초청되었다.

이를 시작으로 그의 영화 대부분이 국제영화제에 초청받았다. 1997년 <야생동물 보호구역>은 밴쿠버 국제영화제에 1998년 <파란대문>은 베를린 국제영화제, 모스크바, 카이로 등 20여 개 국제 영화제에 초청되었다. 1999년 <섬>은 베니스 국제영화제 경쟁부문 초청작으로 선댄스와 로테르담 영화제 등에 초청되었고 아시아 영화상을 수상하였다. 2000년 작품 <실제상황>은 모스크바와 부산국제영화제 초청작품으로 2001년 <수취인 불명>은 베니스 국제영화제 경쟁부문 초청작으로 2002년 <나쁜 남자>는 베를린 국제영화제 경쟁부문 초청작 2002년 <해안선>은 부산국제영화제 초청작이었다. 한국 관객들에게 가장 잘 알려진 영화는 2002년에 만든 <봄 여름 가을 겨울 그리고 봄>이 아닌가 생각한다. 그때까지 그의 영화 중 가장 구도적이고 아름다운 영상을 보여주었기 때문에 대중에게 가장 호평을 받았던 것으로 여겨진다.

2004년 <빈집>은 베네치아 영화제 감독상 수상, 2004년 <사마리아>는 베를린 영화제 감독상 수상, 2005년 <활> 제작, 2006년 <시간> 제작, 2007년 <숨> 제작, 2008년에는 <비몽>을 제작하였다. 2011년 민족분단을 다룬 <풍산개>를 제작하였고, 같은 해 자전적 영화 <아리랑>으로 칸국제영화제에서 '주목할 만한 시선' 상을 수상하였다. 2011년 <아멘>을 제작하였고, 2012년 그의 열여덟 번째 영화 <피에타>가 9월 6일 개봉하였다. 이 영화는 베니스 영화제 경쟁부문에 출품되어 수상이 유력시 되고 있다.

김기덕에 관한 연구는 그간 꾸준히 진행되었다. 늘 충격적인 영상화 소재로 소위 마니아 층을 형성하고 있는 반면, 주류 평론가들에게는 외면당하기도 하였다. 김기덕의 영화를 종교적 측면에서 다룬 것은 그의 <봄

여름 가을 겨울 그리고 봄>에 관한 논문이다.[6] 그 외에 김기덕의 영화에 관한 연구는 영화 전공자들의 논문이 대다수이다.[7]

김기덕은 한류의 선두 주자라고 할 수 있다. 그러나 또 최근 주류를 이루고 있는 K-Pop이나 한류 드라마와는 구별되는 한류라고 생각된다. 대개 한류는 대중적이고 국내에서 그 문화의 흐름이 형성되어 해외에 진출하는 형식을 띠고 있었다. 그런데 김기덕의 경우는 대중 다수의 호응을 받은 작품들이 아니라 소위 마니아 층을 형성하는 감독이었다. 국내 최대 흥행작이라야 몇 만 명 관객을 끌어 모으는데 그쳤지만 해외에서는 같은 영화로 수십만이 넘는 관객을 모을 수 있었다. 이런 이유로 김기덕은 국내 관객들의 무관심에 불편함을 드러내기도 하였다.[8] 해외 영화제에서 받은 수많은 수상 경력이 무색하게 한국 내에서는 그의 영화가 흥행에는 성공하지 못하였다.

이와 같이 그의 영화가 대중의 관심을 끌지 못한 이유는 우선 그의 영화가 '난해'하다는 평가가 주를 이룬다. 메시지 전달이 너무 어렵다는 것이다. TV 드라마 서사와 할리우드 영화의 서사에 익숙한 한국 관객들에게 김기덕의 영화는 난해하게 여겨질 측면이 강한 것은 사실이다.[9] 멜로드라마나 블록버스터 등 기존의 한국 영화는 대중의 기호를 어느 정도 길들여 놓았다고 할 수 있는데 김기덕의 서사와 충격적인 영상은 다수의 관

---

6) 박종천, "영화가 종교를 만났을 때 - 김기덕의 <봄 여름 가을 겨울 그리고 봄(2003)>을 중심으로," 「종교연구」 44(2006), 291.

7) 이글 각주의 참고 문헌 참조.

8) 인터넷 신문 「마이 데일리」 2006년 8월 7일자. 그의 영화 <봄 여름 가을 겨울 그리고 봄>은 미국에서 33만 관람, <빈집>은 이탈리아에서 20만이 관람했는데 한국에서는 개봉관 찾기도 어렵고 2006년 개봉한 <시간>은 10개 스크린을 얻었을 뿐 이었다. 김기덕은 한국에서는 자신의 영화를 더 이상 개봉하지 않겠다고 선언하기도 하였다.

9) 예를 들어 비할리우드 계열인 짐 자무쉬의 영화들도 한국 관객에게는 익숙하지 않다.

객들에게 낯선 이미지로 다가 왔고 실험적이고 모호하다는 평을 주로 들어야 하였다.

그러나 대중들의 이러한 평가와는 별도로 김기덕의 영화는 한류 문화로서 가장 리얼리즘에 접근한 경우라고 할 수 있다. 한국 현대사의 아픔이나 한국인의 정신세계를 이처럼 조밀하게 들여다 본 경우는 김기덕이 처음이라 할 수 있다. 소위 압축 성장으로 표현되는 한국의 산업화와 정치적 갈등, 한국전쟁과 같은 집단과 개인과 문화 속에 잠재하는 트라우마를 영상으로 되살려 한국인의 정신세계를 근본적으로 드러내고 치유의 가능성을 묻는다는 점에서 김기덕 영화의 본질적 특성과 공헌이 있다.

그의 영화는 일종의 하이퍼리얼리즘hyper-realism으로 명명할 수 있을 것이다. 그는 영화적 상징을 과도하게 사용해 한국사회와 한국인의 내면에 잠재하는 아픈 기억들을 드러내려 한다. 영화가 환상과 꿈이라는 통념과는 달리 그는 현실이 일종의 고통과 아픔을 은폐하려는 꿈이고 가공이기 때문에 영화에서 과도하게 현실을 드러내려 한다. 경험과 기억의 현실은 물질적 구조가 아니다. 물질적 구조들은 제한된 시공간 안에 계속 명멸하고 특히 역사적 트라우마는 인간의 본성과 정치적 이유로 인해 망각을 강요당하거나 기억의 왜곡을 요청한다. 이 억압된 기억 또는 망각을 되살려 놓으려는 시도가 김기덕 영화의 본질이고 대중적 또는 오락적 한류가 놓치고 있는 가장 중요한 부분이다.

주류 한류는 유흥과 소비를 위한 문화상품이다. 그러나 김기덕의 한류는 현대 한국의 상처와 내면을 여과 없이 드러내는 문화 기호로 자리매김한다. 이러한 김기덕의 영화에 대한 기독교적 혹은 신학적 대화는 이중적 의미를 가진다. 하나는 신학은 세상의 목소리에서 예언적 음성을 듣고 답하여야 한다는 것이고, 다른 하나는 한국사회의 트라우마와 하느님의 말씀이 대화를 통해 치유의 가능성 또는 구원의 가능성을 탐색한다는 의미이다.

김기덕의 영화 속의 닫힌 공간들

김기덕의 영화는 <야생동물보호구역>(1997)과 <아멘>(2011)을 로드무비로 볼 수 있고 그 외 모든 작품은 극도로 제한된 공간 속에서 벌어지는 이야기이다. 그의 첫 번째 영화 <악어>(1996)는 한강 다리 아래 거주하는 부랑인과 자살 실패자들의 이야기이다. 그들의 공간은 다리 아래와 강물 속으로 제한된다. <파란대문>(1998) 역시 포항의 낙후된 해변의 여인숙을 배경으로 진행된다.10) <섬>(1999)은 한 저수지의 멍텅구리 낚시 배를 중심으로 이야기가 진행되고, 이러한 섬의 강렬한 이미지는 <봄 여름가을 겨울 그리고 봄>(2002)에 다시 사용된다.11) 이러한 물에 부유하는 공간은 <활>(2005)까지 이어진다. 감옥이라는 폐쇄된 공간만을 사용한 것은 <빈집>(2002)과 <숨>(2007)이 있다.

이 탈출할 수 없는 공간 안에서 전개되는 이야기들의 근원은 무엇인가? 김기덕의 영화는 여러 편의 영화를 통해서 감독이 그려내는 영화의 공간이 한국인의 공간 인식을 반영하며 그것은 역사적 경험들과 관련되어 있음을 조금씩 나타내어 준다. 김기덕의 영화에 인물들은 치열한 갈등을 보여준다. 그러나 그것이 어디에서 기원하는지 뚜렷한 이야기로 보여

---

10) 김기덕은 포항에서 해병으로 복무했기 때문에 이곳을 영화의 촬영지로 삼았다고 했다. 정성일 편저, 『김기덕 양생 혹은 속죄양』(서울: 행복한 책읽기, 2003), 5.
11) 이 영화의 이미지의 아름다움은 유명한데 그 장소는 경북 청송군의 주산지라는 저수지이다.

주지는 않는다. 오히려 김기덕은 이야기를 통해서 개인들이 겪는 갈등의 뿌리가 매우 오래된 가족과 가족사에 반영된 사회와 사회에 반영된 역사의 트라우마와 연결고리를 암시한다. 그런 이유로 김기덕의 영화의 시청자들은 그 격렬한 갈등에 의문을 표기하기보다는 관객의 내면에 숨어 있던 갈등의 뿌리를 찾아낸다.

그것이 역사적이라는 것은 <수취인 불명>(2001), <해안선>(2002)에서 뚜렷이 드러난다. 양동근(창근 역)이 주연한 <수취인 불명>은 우리에게 익숙한 기지촌 이야기를 보여준다. 주연 양동근은 미국으로 돌아간 흑인 미군 아버지와 기지촌 양공주인 어머니(방은진 분) 사이에서 태어났고 기지촌을 한 번도 벗어나지 못하고 살았다. 그의 어머니는 미국에 대한 환상을 가지고 미국에 있는 흑인 남편에게 편지를 쓰지만, 그 편지는 항상 수취인 불명으로 돌아온다. 한국 사회에서 주변인들은 미국으로 이주하는 희망의 꿈을 꾸지만 늘 좌절된다. 어머니의 배신당한 꿈과 척박한 현실에 좌절한 주인공은 오토바이를 과속으로 몰다가 논에 몸이 거꾸로 박혀서 죽고, 어머니는 얼어붙은 아들의 시신에 짚더미를 쌓아 태워버리고 떠나간다.

<해안선>에서 김기덕의 공간 이해는 더 선명하게 드러난다. 강 상병은 여느 대한민국 청년처럼 군복무를 위해 해병대에 입대한다. 그리고 군대의 위계와 훈련에 집중하며 전쟁기계 혹은 살인기계로 탈바꿈한다.12) 강 상병(장동건 분)이 겪은 병영 내의 폭력과 부대 밖 잡화점 정신박약 소녀를 성폭행하는 병사들 그리고 가상의 적을 향해 끊임없이 적대감을 부추기는 부대의 생활은 강 상병을 과잉 적대감과 공격성을 가진 괴물로 탈바

---

12) 이러한 영화의 모티브는 스탠리 큐브릭의 <풀 메탈자켓(1987)> 마이클 치미노 <디어 헌터(1979)>의 연장선에 있다. 전쟁기계로 만들어지는 인간에 관한 이야기이며 모든 전쟁 영화는 반전영화라는 메시지를 확인한다.

꿈 시킨다. 결국 과도한 공격성으로 정신병 진단을 받은 강 상병은 강제로 제대 조치된다. 그러나 강 상병은 부대 근처를 떠나지 않고 배회하며 자신이 진정한 군인이라고 소리치며 난동을 부린다. 결국 강 상병은 서울 한복판에서 완전무장을 하고 총검술을 하다가 사람을 쏘아 죽이고 경찰에 사살된다. 강 상병이 사살되고 난 후 마지막 장면에서 강 상병이 군 생활 중 동료들과 족구 하는 장면이 나온다. 그 족구장에는 자갈로 한반도의 그림이 그려있고 한반도 지도 위에서 병사들은 행복한 웃음을 지으며 족구를 하고 있다. 김기덕의 영화 속에 나타나는 폐쇄적인 공간들은 바로 한국인의 내면에 경험되고 축적된 분단과 단절 그리고 섬 의식을 반영한다. 지도상으로 한국은 북한과 연결되어 대륙으로 이어지지만 현실 속에서는 정치적 군사적 대립과 증오가 그 어떤 장벽보다 높이 설치된 분단의 현실을 김기덕은 그의 영화 속에 반영하고 있는 것이다.

한반도의 분단 현실을 다룬 최근의 작품은 <풍산개>(2011)이다. 어떤 사람도 북한에서 세 시간 안에 데려 올 수 있다는 해결사(윤계상 분)는 남한에 정착하여 성공한 탈북자의 애인을 데려오라는 부탁을 받고 그 여인(김규리 분)을 데려온다. 그러나 그 남자는 자신의 애인이 탈북 과정에서 해결사와 바람을 피웠다고 의심한다. 탈북자를 죽이려는 북한의 테러리스트들과 남한의 보안 요원들은 상호 과장된 적대감과 근원적인 편집증을 노출한다. 결국 탈북자도 암살되고 여성도 북한 테러리스트들에게 살해되고 해결사도 휴전선을 넘다가 철망 위에서 사살되어 죽음을 맞이한다.

<수취인 불명>에서 시작한 한반도 역사의 비극은 고통의 문제에서 <해안선>을 거치면서 내면화의 문제로 진화한다. <섬>(2000)[13], <봄 여

---

13) 백문임, 「낚시 교육, 상처를 통한 관계 맺기」, 정성일 편저, 『김기덕 양생 혹은 속죄양』 (2003), 217. 백문임은 <섬>의 공간적 특징을 닫혔으나 열린 공간으로 분석한다.

름 가을 겨울 그리고 봄>(2002), <빈집>(2004), <활>(2005), <숨>(2007)의 고립적 성격은 한반도의 역사적 성격이 내면화 된 것 즉 한국인의 의식 속에 공간적 감각은 고립된 섬의 감각으로 살아가고 있다는 경험적 리얼리티를 반영하다. 이 고립된 공간에서 벌이는 인물들의 갈등과 투쟁의 양식 역시 현실의 삶을 반영한다. 김기덕의 영화 공간을 관람하는 사람은 그 공간이 영화를 위한 미학적 공간을 넘어서 물리적 공간이 정치와 역사적 이유로 단절되어 있다는 것을 암시하고 있음을 알게 된다.

가장 미학적인 영상을 보여준 <봄 여름 가을 겨울 그리고 봄>에서도 호수 위에 고립된 사찰에서는 세속의 카르마가 끝없이 밀려온다. 수도승들의 침묵과 수행의 공간이라는 정결함 속에 인물들은 욕망과 살인이라는 카르마가 그 섬으로 돌아오는 것을 보게 된다. 불교의 시선으로는 윤회하는 카르마지만 카르마의 내용은 한반도가 겪는 거대한 욕망과 파괴라는 것을 영화는 보여준다.[14]

김기덕의 영화 공간의 고립된 특징이 한반도의 정치사회적 상황의 반영이 한 측면이라면, 다른 한 측면은 고립된 공간에서의 탈출 혹은 탈주는 구원의 상징처럼 보인다. <섬>의 여주인공은 멍텅구리 낚시 배를 운영하며 생계를 유지하지만 과거의 범죄를 숨기고 들어온 남자를 사랑하면서 구원을 꿈꾼다. 그녀는 호수를 사랑이 가능한 유토피아로 전환하려 하지만 이 낚시터의 섬들은 도피를 위한 잠정적 공간에 불과하며 이 섬들에서 사랑은 성매매의 형식으로만 존재하게 되고, 이 주인공 여성의 사랑은 몇 번에 걸친 성적 유희로 전락하면서 남자는 결국 여자를 '창녀'라고 부르

---

14) 함충범, "영화에서 공간적 배경설정 및 의미작용에 관한 연구-김기덕 영화에서 주제, 내용, 인물과의 관련성을 중심으로-," 「디지털영상학술지」 5(2008), 285이하. 한충범은 김기덕 영화의 공간 배경에 한반도의 사회현실과 관련성에 주목하고 있다.

고 자신의 남자에 대한 헌신을 사랑으로 승화시키지 못한 여인은 나체로 익사하여 반쯤 물에 잠긴 채로 호수를 배회하게 된다. 여성은 사랑이라는 구원을 갈망하지만 결국 섬에 갇혀 죽음을 맞이하게 된다.[15)]

<봄 여름 가을 겨울 그리고 봄>에서 동자승은 소년승이 되어 섬 가운데 있는 사찰에 요양 온 소녀와 사랑을 나누게 되고 이를 계기로 노승의 만류에도 불구하고 사찰을 떠나게 된다. 수년이 지난 후 그는 살인자가 되어 다시 섬으로 돌아오지만 깨달음에는 이르지 못한다. 그가 깨달은 것은 자신의 죄 값을 치러야 한다는 사실 뿐. 이 영화는 아름다운 풍광을 보여주었지만 인간의 구원이 불가능한 것이 아닌가 하는 의문 부호를 남긴 채 끝이 난다.

그러나 공간에서 탈주가 구원의 형식으로 성취된 경우도 있다. 예를 들어 <활>(2005)은 바다의 멍텅구리 낚시 배에서 생활하는 할아버지와 소녀라는 모티브는 <섬>과 유사하다. 칠십은 되어 보이는 노인은 스무 살도 안 된 소녀와 혼례를 치르려 한다. 어느 날 이 배에 낚시를 하러 온 친절한 젊은 청년을 만난 소녀는 노인과의 혼인을 거부한다. 그리고 그 청년은 다시 찾아와 이 소녀가 더 넓은 세계로 돌아가 자신의 삶을 되찾아야 한다고 주장한다. 그 말에 노인은 동의하고 청년은 소녀를 데리고 배를 타고 떠나가는데 그 배에 연결된 밧줄에 노인은 자신의 목을 붙들어 맨다. 결국 배는 다시 돌아오고 노인과 소녀는 혼례를 치른다. 혼례를 치르고 소녀는 잠이 들고 그 사이 노인은 바다에 뛰어든다. 노인의 소녀에 대한 사랑은 에로티시즘으로 진화하지 않고 자기희생의 모습으로 반전된다. 그리고 잠든 소

---

15) 정하제, "<섬>, 외로움 그리고 김기덕," 「공연과 리뷰」30(2000), 72. 정하제는 김기덕의 영화에서 섬과같은 고립된 공간과 그 공간을 채우는 물의 이미지에 주목한다. 그것은 물은 죽음을 상징한다고 본다.

녀는 꿈속에서 첫날밤을 치르고 고립된 멍텅구리 배는 침몰하고 소녀는 그 바다를 떠나 육지로 가게 된다. <활>에서 처음 등장하는 것이 희생의 모티브와 그 희생의 모티브가 해방과 구원으로 연결 될 수 있다는 김기덕 영화의 전환을 보여 준다. 구원도 가능하다.

김기덕의 영화에서 고립된 공간이 포획과 폭력 그리고 구원 없는 세계의 절규였다면 구원의 가능성이 그의 영화에 나타나면서 그의 공간은 긴 길 곧 탈출구를 보여준다. <아멘>(2011)은 유럽을 여행하는 주인공 여성의 궤적을 따라가는 로드무비이다. 이 영화는 김기덕이 여주인공을 통해 구원을 탐구한다는 것을 보여준다. 미혼 임신인 여주인공은 자신의 남자 친구를 찾아 나선다. 그 남자 친구와 함께 했던 프랑스 전역을 돌아다니며 임신한 아이의 아버지가 될 그 남자를 찾아다닌다. 여주인공의 갈등은 아이를 낙태할 것인가 아니면 출산할 것인가이다. 그런데 그 여주인공의 가는 길목 마다 그림자처럼 남자 친구가 나타나 여주인공을 보살핀다. 구원은 곧 생명의 출산이라는 모티브를 통해 나타난다.

김기덕 영화에서 구원은 그의 18번째 작품 <피에타>에서 출현한다. 주인공 이강도(이정진 분)는 잔혹한 사채업체의 채권회수 일을 하는 사람인데 그는 사람을 불구로 만들고 그 보험료로 채무를 갚게 하는 잔혹한 자이다. 그런 그에게 자칭 그의 어머니(조민수 분)가 나타나고 어머니는 자기 아들이 지옥에 빠져있음을 알게 된다. 어머니는 자기 아들이 자신이 저질렀던 악행과 같은 고통을 알아야만 그의 속죄가 가능하다고 깨닫고 아들의 죄악을 깨우치기 위해 자신의 목숨을 희생한다. 어머니의 죽음을 통해 자신의 실체를 알게 된 아들은 자신의 몸을 트럭에 묶어 자기 생명을 바쳐 속죄를 감행한다. 마지막 장면은 아들이 트럭 아래 매달려 끌려가면서 뿌연 새벽길에 남긴 긴 핏자국이다. 김기덕은 고립된 공간에서 주인공을 나오게 하여 로드무비로 전환하면서 구원의 가능성을 보여준다.

김기덕의 영화에서 닫혀있거나 순환하는 시간들

김기덕의 영화는 고립된 공간에 축약된 한국의 사회와 역사를 몰아넣었다. 영화의 본질이 서사라면 서사는 영화 안에서 시간을 따라 진행한다. 김기덕의 영화에는 독특한 시간 배치가 나타나는 경우가 있다. 그 시간은 순환하는 시간의 형태를 띠고 있다. 순환의 형식은 두 가지인데 하나는 나선형 시간의 구조를 보여주는 경우가 있고, 다른 하나는 뫼비우스 띠의 순환의 형식을 보여주는 것이다.

김기덕이 시간의 순환을 처음 시도한 영화는 <실제상황>(2000)이다. <실제상황>의 주인공은(주진모 분) 대학로에서 초상화를 그려 파는 거리의 화가이다. 그런데 그 거리에 자릿세를 뜯으러 다니는 깡패들이 나타난다. 그리고 그 거리에서 벌어지는 지저분한 비리와 범죄들이 영화의 전개와 함께 드러난다. 불륜과 배신, 갈취와 폭력, 평화로운 거리의 이면은 부도덕과 범죄로 얼룩져 있다. 주인공은 이러한 인간 군상들을 따라가다가 우연히 획득한 권총으로 사람들의 삶을 오염시키는 무리들을 하나 둘 씩 처단하여 나간다. 이야기는 마치 <택시 드라이버>(1976)를 연상시킨다.[16] 그러나 이야기는 이러한 무리들을 처단하는 것은 사실 거리의 화가인 주인공의 상상에 불과하다는 현실로 돌아온다. 이 점이 <택시 드라이

---

16) <택시 드라이버(1976)>, 마틴 스콜세지 감독. 로버트 드 니로와 조디 포스터가 출연했다. 월남전에서 귀환한 뉴욕의 내성적인 택시 운전사인 로버트 드 니로가 뉴욕의 갱들과 포주와 맞서 그들을 처단한다는 내용이다.

버>와 다른 점이다. 영화는 주인공이 대학로에서 그림을 그리는 장면에서 격렬한 이야기를 거쳐 다시 주인공이 그림을 그리는 장면으로 돌아온다. 그것은 마치 백일몽처럼 나타났다가 사라지는 이야기의 구조를 가지고 있다. 그러나 이야기의 공감 능력은 관중을 자극하는데 주인공의 꿈 즉 야비하고 부도덕한 범죄자들을 처단하고 싶다는 영화적 환상은 충족과 좌절을 동시에 일으킨다.

시간의 순환의 나선형 구조는 <봄 여름 가을 겨울 그리고 봄>에 나타난다. 영화는 봄에서 여름으로, 가을에서 겨울로, 그리고 다시 봄을 가져온다. 봄은 동자승의 이야기로 시작한다. 동자승은 인간 특유의 잔인성을 보이는데 뱀과 개구리 등을 실에 매어 익사시키는 놀이를 한다. 여름 이야기는 동자승이 자나라 소년승이 된 이야기로 이어진다. 소년승은 사찰에 휴양 온 소녀와 연애에 빠지고 노스님은 '욕망이 자라면 살인이 된다'는 선문답을 소년승에게 주어 그가 사찰에서 계속 수행하기를 권고하지만 소년승은 사랑을 찾아 떠난다. 가을 이야기는 사랑을 찾아 속세로 갔던 소년승이 살인자가 되어 호수 가운데 사찰로 숨어든다. 노스님은 살인의 카르마를 짊어진 파계한 청년에게 절의 마룻바닥에 <금강반야바라밀>경을 각인하게 한다.

남자는 며칠에 걸쳐 온갖 정성으로 불경을 각인한다. 그러던 중에 형사들이 찾아오고 노스님은 형사들에게 각인이 끝날 때 까지 말미를 달라고 요청하고 각인을 끝낸 파계한 남자는 압송된다. 겨울 노스님은 눈과 입에 닫을 폐閉자를 붙이고 소신공양을 하여 입적한 후 얼어붙은 호수 위로 새로운 스님이 절에 도착한다.[17]겨울 한 여인이 얼음 위를 걸어와 아기를

---

17) 이 스님 역을 김기덕 감독이 카메오로 출현하였다. 김기덕은 여기서 숨겨진 무술수련 실력도 잠깐 보여 준다.

사찰에 맡기고 돌아가다가 낚시 구멍에 빠져 익사 한다. 스님은 여인을 건져 장례를 치러주고 아이를 기르기 시작한다. 다시 봄이 되면 아이는 자라나 동자승이 되고 이 아이는 맨 처음 동자승처럼 뱀과 개구리를 돌에 매여 물에 빠뜨려 죽이는 놀이를 한다.

<봄 여름 가을 겨울 그리고 봄>은 불교적 윤회의 모습을 담담하게 그려나간다. 그리고 불교의 카르마가 어떻게 진행되는지 아름다운 풍광 속에서 그려나간다. 봄에서 다시 봄이 되었을 때 동자승의 한 생애가 지나갔지만 새로운 동자승 역시 새로운 카르마를 지고 살아가게 됨을 담담하게 보여준다.

그 카르마는 수행하는 곳에서 온 것이 아님이 확실하다. 이 수행의 장소에 카르마를 끌고 온 것은 사람들이기 때문이다. 김기덕의 이야기 솜씨는 카르마라는 교리가 사람들의 삶의 궤적을 따라 온다고 서사적으로 풀어낸다. 거기에는 정신분석학적인 암시도 나타나는데 인생에는 세대에서 세대로 흘러 온 무의식적인 상실과 억압 그리고 욕망이 끊이지 않는다는 것을 이 영화는 암시한다. 봄에서 봄으로 돌아온 영화의 시간 전개는 나선형의 윤회의 고리를 정확하게 나타낸다.

반면에 <시간>(2006)에서는 나선형 고리가 아니라 뫼비우스 고리처럼 완전히 순환하는 시간을 그려낸다. 주인공(성현아 분)은 한 남자(하정우 분)를 사랑하는 여성인데 자기 애인이 다른 여성에게 눈길을 주는 것조차 허용하지 못하는 집착하는 정서의 소유자이다. 이 여인은 결국 남자를 완전하게 붙들기 위해 완전히 새로운 얼굴로 성형을 한다. 성형외과에 문을 두드리는 순간 방금 수술을 끝낸 어떤 여인과 살짝 부닥친다. 여인은 수술을 끝내고 완전한 미인으로 남자 앞에 나타난다. 그러나 남자는 이 여인이 자신의 애인인 줄 모른다. 여인은 남자가 과거의 자신을 계속 사랑하는 것을 보며 기묘한 갈등에 빠진다. 새로워진 자신을 더 사랑하지 않고 과거의 자신을 계속 찾아다니는 남자에게 안도와 불안을 동시에 느낀다. 여인은 사실 자신이 남자의 애인으로 완전히 모습을 바꾸었다고 고백한다. 남자는 분노하면서 같은 일을 당해보라고 하며 사라진다. 남자는 여인에게 모습을 드러내지 않고 자신도 다른 모습으로 바뀌었다고 말한다. 여인은 남자를 알아 볼 수 없어서 남자를 계속 찾아다닌다. 결국 남자를 찾아내지만 남자는 교통사고로 사망하고 만다. 여자는 다시 성형외과를 찾아서 누구도 닮지 않은 아주 추한 모습으로 수술을 하고 병원 문을 나선다. 그 순간 병원을 들어서는 옛날의 자기 자신이 처음 병원을 들어서며 바뀐 자신과 살짝 부딪친다. 이 영화는 성형외과 앞에서 자신과 부딪히는 장면에서 계속 순환하는 이야기의 고리를 가지고 있다.

2008년 개봉한 <비몽> 역시 꿈을 매개로 하는 시간의 순환 고리를 보여준다. 주인공 남자 진(오다기리 죠 분)은 꿈을 꾸는 모든 것이 현실로 이루어진다. 여자 주인공 란(이나영 분) 역시 비슷한 경험을 하는데 그것은 남자의 꿈이 여인의 현실이 된다는 것이다. 마치 장자의 호접몽과 같은 일이 한 개인 꿈과 현실이 아니라 두 사람의 꿈과 현실로 연결되어 있는 구조를 보여준다. <봄 여름 가을 겨울 그리고 봄>에서 인간의 삶의 시간이 갖고 있는 카르마의 성격이 <시간>에서 일상의 삶을 살아가는 사람들에게 더 강한 포획의 형태로 재현되고 있다는 사실이다.[18]

이러한 시간 이해는 시작과 끝 직선으로 진행되는 서구적 혹은 기독교적 시간과 강하게 대비된다. 서구 영화에서도 이러한 갇힌 시간의 구조는 영화 속에서 종종 표현된다.[19] 서구 영화에서 갇힌 시간은 병리적 심리학

---

18) 이 영화의 불교적 해석은 박종천, "영화가 종교를 만났을 때 김기덕의 <봄 여름 가을 겨울 그리고 봄>(2003)을 중심으로" (2006)를 참조하시오.

의 한 표현처럼 보인다. 김기덕의 영화에서도 이런 갇힌 시간은 구원이 불
가능한 인간의 한 조건으로 예시된다. <봄 여름 가을 겨울 그리고 봄>은
서사의 기본 골격이 불교의 윤회론적이지만 <시간>에 나타난 갇힌 시간
역시 구원받지 못하는 인간의 욕망과 내면적 순환의 알레고리라고 할 수
있다. 그러나 김기덕은 초기의 작품들에서부터 후기로 진행 할수록 구원
의 문제에 대해 사유하고 있다고 보인다. 고립된 공간 속에 인간들과 갇힌
시간 속의 고통 받는 인간을 그려냈다는 점에서 이미 영화는 인간의 구원
의 문제에 질문을 던지고 있는 것이다. 인간의 고통과 고뇌의 상황이 갇힌
시공간이라면 구원의 시공간은 새로운 시공간을 통해서 표현될 것이다.

새로운 시공간은 <아멘>(2011)과 <피에타>(2012)에 나타난다. <아
멘>의 주인공과 <피에타>의 주인공은 영화의 서사를 통해 출구가 마련
된 공간으로 인도된다. <아멘>의 여성은 여행자이다. 그러나 그 여행은
출구 없는 순환하는 여행이 아니다. 그 여행은 목적지를 가지고 떠나지는
않았지만 무언가를 발견하려는 여행이다. 그 여행은 마지막에 생명의 존
귀함을 발견하고는 긴 여행 끝에 안식을 발견한다.

김기덕의 영화에서 안식의 발견은 극적인 전환이다.[20] 김기덕의 영화
에는 안식이 없었기 때문이다. 그렇기 때문에 <아멘>은 김기덕 영화가 닫
힌 시공간에서 고통 받는 세계로부터 새로운 탈출구를 모색하고 있다는
증거이다. 김기덕의 영화는 곧게 뻗은 길을 발견하려 한다. 그리고 순환하
는 시간의 고리에서 나아갈 길을 찾는다. 그 길이 나타난 영화가 <피에타>
이다.

---

19) B급 공포물로 유명한 <헬레이저> 시리즈 중 5편인 <인페르노>(2000)에서는 비위를 저지
　　르는 한 형사가 겪는 지옥의 경험이 끝없이 순환한다.
20) 김기덕은 포항에서 해병제대 후 1년간 개신교신학교에서 수학하였다.

<피에타>는 김기덕의 영화에서 처음으로 갇힌 세계로부터 탈출이 시도되고 성공한다. 물론 그 성공의 대가는 생명이라는 점에 주목해야 하지만, 그의 영화에서 구원의 가능성과 함께 삶으로부터의 탈출과 구원의 가능성이 처음 나타난 것이다. 그러므로 김기덕의 영화에는 순환하는 시간과 미래라는 가능성의 시간이 이중적 대립 구조를 취하고 있으며 순환의 구조가 갇힌 시간을 표현한다면 직선적 시간은 구원의 가능성을 암시하는 것이 되고 시간 구조에 따라 하나는 순환하는 고뇌의 삶을 나아가는 시간은 희망의 암시로 연결된다.

폭력의 의미: 사랑 또는 구원의 갈망의 메타포

김기덕 영화가 비난 받았던 중요한 두 가지 이유는 여성의 비하와 과도한 폭력의 표현이었다. 폭력의 표현은 김기덕 영화에 거의 일관되게 나타난다.[21] 최병학은 김기덕의 영화에 나타난 여성의 이미지가 구원의 이미지라고 주장한다. 그는 <나쁜남자>(2001)와 <사마리아>(2004)의 분석을 시도하였다. <나쁜남자>의 여주인공은 남자 주인공에 의하여 끌려와 사창가에서 몸을 파는 여인인데, 그 여인이 바로 영원한 구원의 상징으로서의 여성성이라고 본다. 특히 <사마리아>에서 유럽 여행을 위해 몸을 파는 여고생 재영(서민정 분)은 자신이 사실은 몸을 파는 여고생이 아니라 힌두 신화의 구원을 위해 몸을 파는 여신 '바수밀다'라고 말한다.[22] 그래서 영

---

21) 김기독 영화에서 폭력의 의미에 대한 탐구는 최병학, "김기덕 영화의 폭력의 미학: 밟혀서 밝혀준다," 「문학과 영상」 6(2005), 101-121. 참조.
22) 영화제목 <사마리아>는 요한복음의 남편이 다섯명 있었던 사마리아 여인을 암시할 수도

화는 밝혀서 밝혀주는 구원의 모티브가 작용하고 있다고 말한다. 폭력을 감수하는 자들을 통한, 특히 그 피해자가 여성이기 때문에 그들을 통한 구원의 가능성을 논한다고 본다.

사실 김기덕의 영화는 과도한 폭력이 나타난다. 그 폭력은 여성에게만 한정되지는 않는다. 여성이든 남성이든 가리지 않고 폭력의 대상이 되고 있다는 점이다. 그 폭력이 자연스럽지 않은데 흔한 폭력물과는 구별되기 때문이다.23) 김기덕의 영화에서 폭력은 사랑의 실패의 상징이다. 그리고 끝없는 사랑을 얻기 위한 폭력의 실패를 보여준다.

그의 첫 번째 영화 <악어>(1996)는 자살에 실패한 여성을 데리고 살면서 그를 성적 소유물로 여기는 주인공(조재현 분)을 보여준다. 그는 다른 외부세계의 폭력에 계속 시달리고 있기 때문에 자신이 여성에게 가하는 폭력이 인간의 일반적 질서라고 여긴다. 그러나 폭력에 의해 그 여성의 사랑을 얻으려던 그의 시도는 실패하고 결국 두 사람은 수갑에 얽혀 한강 다리 아래에서 함께 익사한다.24)

<섬>(2000)에서도 사랑을 얻기 위한 두 남녀의 폭력은 시종일관 지속된다.25) 주인공 여성은 자신이 사랑하는 남자를 찾아 구애하는 티켓다방의 여종업원을 감금하고 유배한다. 폭력은 남성의 전유물이 아니며 김기덕 영화는 주인공들의 폭력이 억압된 사랑의 갈구 즉 구원의 갈망의 역설

있다.

23) 예를 들어 김지운 감독의 <달콤한 인생>(2005)은 조직폭력 세계의 폭력을 액션영화로 이끌며 폭력집단에서 폭력이 권력을 유지하는 하부 장치로 작용하고 있음을 보여준다.

24) <악어>의 마지막 익사 장면은 김기덕의 첫 번째 영화에 대한 강렬한 인상을 남기기에 충분했다.

25) 안성의 고삼 저수지를 배경으로 촬영한 이 영화는 뿌연 안개 속에 드문드문 늘어선 멍텅구리 낚시 배들을 배경으로 이야기가 진행된다.

적 표현인 것을 나타낸다. <나쁜남자>(2001)의 주인공(조재현 분)은 폭력을 통해 사랑을 갈구하는 가장 전형적인 인물이다. 사랑하는 여인을 발견하고 납치하여 그녀를 사창가에 가두고 매춘부가 되어가는 것을 지켜본다. 그러던 중 그 여인이 매춘부의 지위로 떨어졌을 때 그 여인의 존재가치가 소멸되는 것을 보고 그 여인을 데리고 탈출을 시도한다.

김기덕의 영화에서 폭력은 사랑의 갈망에 대한 우화인 것이다. 그 우화는 자본과 권력으로 사랑을 소유하고 구매하려는 모든 폭력에 대한 비판을 드러낸다. 즉 사랑은 결코 소유할 수 없다는 것을 강하게 드러낸다. <빈집>(2004)은 소유와 폭력에 의해 사랑을 유지하려는 것이 현대문명의 중심에 들어와 있음을 보여준다. <빈집>의 주인공(이승연 분)은 거부의 부인인데 그녀의 남편은 돈을 많이 주었기 때문에 자신이 아내를 사랑하고 있다고 강변한다. 김기덕 영화의 폭력의 의미는 소유하려는 욕망이다. 사랑을 소유하려는 욕망의 표현이라 할 수 있다. 그렇기 때문에 사랑을 소유하려는 욕망의 표현으로서 폭력은 항상 실패하는 것이다. 사랑은 소유가 아니고 자유이기 때문이고 소유를 내어 줌으로써 상대방을 소유하지 않으려 하고, 자유롭게 하려할 때 사랑은 일어나기 때문이다. <활>(2005)은 그런 점에서 사랑의 성공을 보여주었다. 이 불가능한 사랑은 노인과 소녀의 혼인에 대한 의지로 나타났다.26) 그리고 이 사랑은 극적으로 성공하는데 그것은 노인이 자기 자신의 목숨을 던짐으로써 가능해 진다.27) 사랑은 소유하는 것이 아니라 소녀를 자유롭게 풀어주고 그 마음을 간직하고 소

---

26) 최근의 정지우 감독의 <은교>(2012)는 노인의 욕망이라는 소재를 다루고 있다. 얼핏 비슷해 보이는 이 영화는 사랑을 욕망이라는 것으로 전제하고 있지만 김기덕은 사랑은 욕망이지만 욕망 너머에 어떤 것이어야 한다고 보는 것 같다.
27) 심청전 설화의 모티브도 작동하고 있는 것 같다.

멸하는 노인을 통해 김기덕은 사랑이 때로는 에로티시즘 너머에 있다고
보여준다.

사랑을 소유로 보려는 시도는 실패한다는 것은 <시간>(2006)에서 여
주인공이 남성을 소유하려는 욕망으로 환원할 때 완전히 실패하였고,
<풍산개>(2011)에서도 탈북하여 남한에 정착한 여자 주인공의 남편은 여
자를 소유물로 간주한다. 반면 남자 주인공 해결사는 여인을 자유롭게 하
는 자로 등장한다. 사랑은 소유가 아니라 자유라는 명제는 김기덕 영화에
서 지배적이다.[28]

<피에타>(2012)에서도 폭력은 사랑에 대한 갈망의 표현으로 나타난
다. 폭력의 종식은 진정한 사랑 피에타가 나타나면서 소멸된다. 폭력의 에
너지는 자기희생으로 초월한다. 그리고 거기에 비로소 사랑이 나타난다.
그리고 사랑의 출현은 구원의 길을 열어 준다.

신학적으로 폭력은 어떤 의미인가? 폭력은 타인에게 가해지는 금지
된 계명인가? 폭력의 본질은 무엇인가? 마조리 수하키는 폭력의 본질은
이중적 인간본성의 타락의 증거라고 본다. 창세기 1-3장의 주석이 흔히
하느님에 대한 교만으로서 인간의 타락이라는 고전적 주석에 대하여 수
하키는 타락의 일차적 본질은 하나님에 대하여 일어나기 전에 피조물과
자기 자신에 대하여 먼저 일어났다고 본다. 인간이 자기 본성에 대한 배반
으로 피조물에 대하여 타락한 것이 '폭력으로의 타락'으로 발생하여 신성
에 대한 타락으로 이어졌다고 본다.[29] 인간의 타락의 본질이 자기 배반이

---

28) 김기덕의 자전적 영화 <아리랑>(2011)에서 김기덕은 영화에서 폭력의 위험성을 솔직하게
   고백한다. 영화 촬영도중 여배우가 자살하는 장면에서 실신했던 경험을 회상하면서 폭력
   적 장면에 대한 회의적 반응을 보여주었다.
29) 마조리 H. 수하키/김희헌 옮김,『폭력에로의 타락』(서울: 동연, 2011), 59-83.

아니라 순전히 타자인 하나님을 향한 것이라면, 그 타락은 제한적인 해석에 불과할 것이다. 자기 배반으로서의 타락이 자신과 피조세계 그리고 하나님께 저지르는 폭력으로 나타났다는 주장은 폭력의 순환의 고리를 통해보면 적절한 이해를 돕는다.

김기덕의 영화에 노출된 폭력은 인간의 자기 배반으로서의 타락이라는 파괴적 특성을 보여준다. 폭력은 자기를 파괴하고 타인을 파괴하는 폭력의 일차적 본질을 보여준다. 그러나 다른 한편 폭력은 사랑에 대한 갈구 즉 사랑을 소유하려는 구원의 소망의 그림자의 형식을 띠고 있다는 점이 김기덕 영화에서 폭력의 본질에 대한 개성적인 이해라 할 것이다. 즉 폭력은 일종의 아우성, 피조세계의 아우성일 수 있다고 보는 것이다. 그의 영화에서 폭력이 신체적 가해의 형식이 아닌 정신에 가해지는 상처이거나 치유의 양식 역시 신체적 회복이 아니라 구원의 형식을 띠고 있다는 점에 주목해야 할 것이다.

희생양의 리얼리티: 출구의 발견 혹은 구원으로 전환

희생양에 관한 인류학적 연구를 진행한 르네 지라르는 대부분의 문명에 나타난 희생양 양식은 희생양 제의를 통해 거대 폭력을 잠재우는 긍정적 의미가 있다고 설파한 바가 있다.[30] 기독교에서 예수의 희생은 종종 구약성서의 희생양의 이미지와 중첩되는 경우가 많다. 그리고 그것은 이른바 대속의 교리 즉 예수가 십자가에서 다수의 인류의 죄를 대신 짊어지고

---

30) 르네 지라르/김진식 옮김, 『희생양』 (서울: 민음사, 2010), 185이하.

죽었다는 것이다. 대중적 기독교에서 일반적으로 주장하는 이러한 일방적 희생양의 교리는 근원적인 질문을 제기한다. 어떻게 한 인격체가 저지른 죄가 다른 사람에게 완전하게 전가될 수 있는가? 희생양에게 전가된 폭력은 어떻게 정당화 될 수 있는가? 신약성서가 이러한 희생양 제의를 정당한 것으로 수용하는지 확인할 필요가 있다.

김기덕의 영화에는 희생양의 이미지가 지속적으로 등장한다. 그리고 희생양이 등장함으로써 김기덕의 영화 공간은 제의적 장소로의 전환이 나타난다. <악어>에서 나타난 세 사람의 죽음은 갇힌 세계에서 일어난 죽음이다. 그들의 죽음은 이 세계의 폭력의 침입에 의한 죽음이다. 여자 주인공의 자살의 동기도, 다리 밑 노인의 자판기 안에서의 죽음도 거대한 폭력 앞에서 무력한 죽음이다. 그것은 이들의 죽음이 희생의 모티브를 가지고 있음을 보여준다.

<야생동물 보호구역>은 프랑스에서 만난 떠돌이 한국인들의 비극적 운명을 그리고 있다. 남한과 북한에서 온 남자들 그리고 스트립쇼로 돈을 버는 여자 주인공은 그들의 결코 공유할 수 없는 민족적 문화적 정체성에 갈등한다. 프랑스의 자유로운 공기와 생존을 위해 무엇이든 해야 하는 자본주의 세계 속에 떨구어진 이방인들인 이들은 결국 프랑스 갱단이 절벽에서 떨어뜨려 구사일생으로 살아난 순간에 총으로 쏘아 죽임으로 비극적 결말을 맞는다. 이들은 부유하는 삶의 최종 정착지가 죽음이며, 그 배후에는 민족의 분단과 대립 그리고 개인의 자유와 타락한 시장의 틈바구니에서 이들이 희생되고 있음을 보여준다.

<파란대문>(1998), 한국이 국제통화기금에서 구제금융을 받아 전례 없는 위기에 직면했을 때 나온 이 영화는 포항의 낙후한 해변에서 벌어지는 이야기이다. 주인공은 두 명의 여성인데 한 여성은 여인숙 주인의 딸인

대학생 혜미(이혜은 분)와 그 여인숙에 고용되어 매춘을 하며 살아가는 여인 진아(이지은 분)이다. 여대생인 주인공은 시장경제의 먹이사슬의 고리에 따르면 학비의 일부는 매춘부의 수입에서도 나온다. 그럼에도 불구하고 여대생은 성을 파는 행위를 경멸하고 그 행위를 하는 그 여성을 경멸한다. 그러던 중 이야기의 전환점은 여대생과 매춘부가 상대방의 공간을 방문하면서 벌어지는 소통의 시작이다.

여대생은 매춘부의 삶에 접속하면서 그녀가 자신과 같은 동일한 범주의 소망을 가진 여성임을 발견한다. 그것은 마치 성육신과 같은 타자 안에서 자기의 발견이라 할 것이다. 이 발견은 매춘부 진아를 매춘하는 여성으로서가 아닌 한 인간으로서의 발견으로 전환점이 된다. 진아 역시 여대생 혜미의 방에서 혜미의 꿈을 발견한다. 매춘부 진아는 고된 노동으로 지쳐 쓰러지고, 그 무렵 손님이 들어오자 여대생 혜미는 진아를 부르러 가다가 돌아서서 자신이 그 남성 고객을 접대하러 방으로 들어간다. 마지막 장면은 여대생 혜미와 매춘부 진아가 바다 위 레저용 다이빙 대 위에 앉아 바람을 맞으며 대화하는 장면으로 끝이 난다. <파란대문>은 새장 여인숙이라는 김기덕 특유의 닫힌 공간에서 벌어진 이야기로 여기에서 일어나는 인물들의 갈등은 여인숙 너머 거대 사회에 뿌리를 둔 것임을 보여준다.[31] 그리고 그 구원은 거대사회에서 오지 않고 두 여성의 소통 즉 삶의 자리의 교환을 통해 일어나고 있다고 보여준다. 구원은 사랑에 있다는 것은 그의 영화의 핵심적 주제이다. 김기덕은 사랑의 자리를 이렇게 말하였다.

---

31) 김기덕은 대부분의 그의 영화에서 그렇듯이 인물의 이력을 소개하지 않는다. 인물과 스토리는 상징적이다. 김금동, "김기덕의 감독의 영화<파란대문>에 나타나는 미학적 특징과 관객의 새로운 역할," 「영화연구」 25(2005), 7-36.

사랑이란 정확히 이런 것이다. 나의 지적인 수준과 도덕성, 사회적 위치와

계급 같은 것이 모두 소멸하는 지점에서 사랑은 시작한다.[32]

얼핏 욕망의 표현처럼 보이는 성애의 장면들, 폭력물처럼 보이는 폭력
의 표현들이 구원의 여정이며 갈망의 형태로 승화하는 장면은 바로 희생
을 통해서이다. 강요된 희생이 아닌 자기희생의 순간, 그의 영화에는 사랑
이 등장한다. 그런 점에서 그의 영화는 욕망에서 사랑으로의 성장의 이야
기를 품고 있다.[33]

희생의 이중성은 그의 영화를 끈질기게 따라다닌다. 하나는 강요된 희
생이다. 그리고 다른 하나는 자발적 희생이다. <파란대문>은 자발적 희
생의 처음 나타난다. <나쁜 남자>의 주인공인 포주는 납치한 여인을 사창
가에서 매춘을 시키다가 집요하게 강요하는 폭력을 비로소 자신에게 되
돌린다. 죄과를 치른다는 측면도 있지만, 그것은 여인을 둘러싼 폭력의 그
늘을 자신이 뒤집어쓴다는 점이다. 그리고 영화는 출구를 찾게 되는데 간
혀있던 여인과 그를 훔쳐보던 남자는, 남자가 스스로 폭력의 희생에 서기
로 하는 순간 그래서 칼을 맞고 쓰러지면서 새로운 공간으로 나아갈 수 있
게 된다.

구원 모티브가 없이 좌절된 <수취인 불명>은 주인공 남자가 논바닥에
거꾸로 박혀 죽고[34] 이 죽음은 기지촌에 갇혀 수취인 불명의 편지를 발송
하던 그의 어머니가 기지촌을 떠나는 동기를 부여한다. <사마리아>는 바

---

32) 정성일 편저, 『김기덕 양생 혹은 속죄양』(2003), 58.
33) 김소연, "김기덕 혹은 (불)가능한 사랑의 연대기 - 욕망과 사랑에 대한 라캉의 관점을 통한
    접근," 「영상예술연구」 17(2010). 이 논문의 3장을 참조하라.
34) 십자가에 거꾸로 달려 죽은 베드로의 전설이 강한 이미지로 각인 된다.

수밀다를 자칭한 여고생의 원조교제를 테마로 한다. 먼저 원조교제를 시작한 재영은 어느 날 단속 나온 경찰을 피해 여관 건물에서 실족사하여 죽고 만다. 재영의 친구 여진은 친구의 죽음에 충격을 받고 그들에게 받은 돈을 돌려주기 위해 재영이 만났던 남자들을 만나 원조교제를 하고 돈을 돌려준다. 이 모티브는 <파란대문>의 여대생과 매춘부의 이야기와 유사하다. 그런데 여기서 이 여고생들은 보호받지 못한다. 이들을 대하는 남자들은 변하지도 바수밀다의 전설처럼 독실한 불자가 되지도 않았기 때문이다. 오히려 여진의 아버지인 형사는 두 여학생의 사랑을 짓밟는 세계를 심판한다. 여전히 강요된 희생은 구원이 될 수 없다는 김기덕의 메시지는 여기서도 유효하다.

<활>에서 소녀와 혼인하려던 노인의 욕망은 자기희생을 통해 사랑의 모습으로 변모한다. 사모관대를 쓰고 혼례를 치른 두 사람은 배 위에서 시간을 기다리는데 소녀는 잠이 들고 노인은 소녀가 잠든 사이 바다로 뛰어든다. 그리고 소녀는 꿈속에서 누군가와 사랑을 나눈다. 희생 없이는 자유가 없고, 자유 없이는 사랑이 없으며, 사랑이 없이는 구원이 없다는 구원의 주제는 신학적 이해와 맞닿아 있다.

김기덕이 신학적 의미에서 구원의 문제에 도달한 것은 바로 18번째 영화 <피에타>이다. 정확하게 말하자면 구원에 도달한 것이 아니라 구원의 조건이 무엇인가에 대한 삶 또는 서사의 리얼리티에 도착했다고 말해야 할 것이다. 두 주인공 아들과 어머니는 청계천의 낡고 지저분한 좁은 그래서 곧 철거 예정인 공구상 골목에서 30년 만에 조우한다.[35] 아들은 병원에서 너무 어렸던 어머니에게 버림받았고 밑바닥 생활을 전전하다가 잔

---

35) 그러나 어머니는 사실 이강도의 어머니가 아니다. 이강도 때문에 죽은 어느 공원의 어머니로 이강도에게 복수하기 위해 나타난 것이었다.

혹한 채권회수업자가 되었다. 채무자들을 찾아다니다가 그들을 불구로 만들어 그 보험료로 빚을 청산하게 하는 자가 되었다.

어머니는 아들에게 나타나 자신이 불가피하게 너무 어려서 출산했기 때문에 아들을 버렸던 사실을 이야기하며 절실하게 용서를 구한다. 아들은 어머니를 용납하지 못하지만 결국 받아들이고 자신의 집에서 함께 생활하게 된다. 어머니는 아들의 일상에 참여하면서 아들이 저지르는 잔혹한 죄악을 목도하게 된다. 수많은 사람들의 보험금을 타기 위해서 팔과 다리를 부러뜨리고 자살하게 하고 파멸로 이끈다. 아들은 이러한 죄의식을 해결하기 위해 밤마다 몽정을 한다.

어머니는 아들이 죄악에서 구원받아야 한다고 결심하게 된다. 그것은 말과 교훈으로 이루어지지 않고 결국 아들이 타인에게 가했던 것과 동일한 고통을 통해서 자신이 저지른 죄악의 실체를 알게 될 거라고 여긴다. 어머니는 아들이 사람들을 밀어 떨어뜨린 공사장에서 뛰어내린다. 어머니의 죽음과 자신이 가해했던 사람들의 비참한 삶을 찾아본 아들은 스스로 속죄하기로 결단한다. 아들은 자신의 몸을 피해자 여인의 행상 차량 아래에 쇠사슬로 묶고 그 행상 차량이 움직이는 대로 끌려 다니며 자신의 몸을 산산이 부수며 죽어감으로써 속죄를 죽음으로 실천한다.

영화의 첫 장면은 청계천 구 아세아 극장 간판에 걸려 있는 개신교 신학교 간판을 비추어 준다. 그 간판에는 '할렐루야는 영원하다'는 출처 불명의 글귀가 쓰여 있다. 이 글귀는 영화 도중 세 번 화면에 등장한다. 이 글귀에 대한 감독의 의도는 명확해 보인다. 작동이 중지된 한국의 개신교 교회의 속죄 장치와 구원의 장치에 대한 질문이자 조롱이 섞여 있다. 종교를 통한 속죄와 구원이 가능하냐고 그는 이 영화를 통해 묻는다. 자신이 저지른 죄악은 그 당한 사람이 겪은 고통을 동일하게 경험함으로써 가능한 것이 아니겠느냐고 묻는다. 이창동 감독의 <밀양>에서[36] 물었던 질문 '어떻게 값싼 용서가 가능할 수 있느냐'고 물었던 질문을 넘어선다. 김기덕은 그 특유의 리얼리즘을 극단으로 밀어붙여서 속죄가 가능한 자리 또는 출발점을 묻는다.

그래서 이 비 기독교 영화감독은 신약성서의 가장 핵심적인 메시지에 도달한다. 인간이란 도무지 살아왔던 방식으로 속죄에 이를 수 없다는 것, 속죄는 반드시 그 값을 생명으로 치러야 한다는 것을 보여준다. 이 리얼리즘은 기호이거나 소비행위로 전락한 현대 종교에 대한 통렬한 비판이자 구원에 관한 질문이다. 바울은 인간이 자신의 죽음을 통해서만 자신의 죄를 속죄하고 구원받을 수 있다고 선언하였다.[37] 김기덕의 영화에서 바울과 같은 그리스도의 대속은 나타나지 않았지만 어머니의 죽음은 아들의 실체를 드러내는 죽음으로 그리스도의 희생을 암시한다. 그러나 그 여인은 자신이 죽음으로 이강도에게 고통을 안기려 했다는 점에서 아이러니한 희생이 된다.

조 라이트 감독의 <어톤먼트>(2007)[38]는 속죄의 실현 불가능성을 보여주었다. 언니의 애인을 사랑한 어린 동생은 언니와 형부의 불화를 일으키고 형부는 2차 세계대전에 참전하여 전사한다. 돌이킬 수 없는 욕망의 결과 그 동생은 평생을 죄의식 속에 괴로워 하다가 한 편의 소설 쓴다. <속죄>라는 소설이다. 이 소설 안에서 형부는 전사자가 아닌 생존 인물로 살

---

36) 이창동, <밀양>(2007). 이영화로 주연를 맡은 전도연은 칸느에서 여우주연상을 수상했다. 이 영화는 값싼 용서가 가능한가를 묻고 있다. 현대 한국 개신교의 인스턴트 은총과 한국 종교문화의 소비주의 성격에 질문을 들이댄다.
37) 로마서 6장 1-14절. 오직 그리스도와 함께 죽은 자들만 새로운 생명을 얻는다고 바울은 말한다.
38) 이언 매큐언의 원작 소설을 영화한 작품. 사랑 때문에 언니의 애인을 죽게 한 여성의 회고와 죄의식을 다룬 영화.

아 돌아와 언니와 행복한 결혼 생활을 하고 수줍게 자신의 과오를 고백하는 어린 처제와 화해하는 장면을 보여준다. <어톤먼트>는 현실적인 모든 속죄가 불가능하다는 것을 보여주고 속죄는 오직 상상과 이야기를 통해서만 이루어진다고 암시한다. 그것은 기독교의 속죄가 실제가 아닌 상상물 혹은 문학적 상상물에 지나지 않을 수 있다는 질문을 함의 한다.

김기덕은 속죄는 자신의 행위의 역사와 직면해야 한다고 말한다. 오직 피해자의 고통을 동일하게 감각함으로써 속죄의 바탕이 형성된다고 본다. 김기덕은 속죄의 가능성을 부인하는 것이 아니라 속죄의 어려움을 제시한다. 속죄는 결코 가벼울 수 없다는 냉정한 정의의 요구와 인간 역사의 본질을 드러낸다. 그럼에도 불구하고 속죄를 통해서만 인간이 구원받을 수 있음을, 그 가능성을 보여준다. 주인공 아들이 트럭 아래 끌려가며 만든 긴 핏자국은 속죄의 본질이 고난과 피의 길이라는 성서의 말씀으로 가는 길과 연결 된다.

김기덕 영화 서사의 신학적 이해

앞서 분석한 필자의 김기덕 영화의 이해에 의하면 김기덕의 영화는 한 편씩 완결되는 이야기이면서 아울러 구도적 발전 단계를 거쳐 온 것으로 보인다. 그 과정은 치열한 인간 이해 그리고 기독교에서 구원이라고 부르는 것의 가능성을 탐구하여 왔다. 불교적 색채가 강한 <봄 여름 가을 겨울 그리고 봄>, 기독교적 세계관이 나타난 <사마리아>, <아멘>, <피에타>, 현대 한국의 역사적 상처를 직접 드러낸 <야생동물 보호구역>, <수취인 불명>, <해안선>, <풍산개> 그리고 주변적 인간 군상이 사랑과 화해를 통한 구원의 추구라는 보다 실존적인 주제를 택한 것이 <악어>, <파란대문>, <섬>, <나쁜 남자>, <빈집>, <활>, <시간>, <숨>, <비몽>이라고 보았다.

그의 서사는 현실적이지 않다. 매우 상징적인 이미지를 사용한다. <풍산개>의 주인공은 세 시간 안에 북한에 있는 어떤 사람도 남한으로 데려올 수 있다. 현실에서는 절대로 불가능한 이야기의 설정이다. 김기덕은 한국 현대사의 상처 입은 굴곡진 이야기를 김기덕 식으로 영상의 공간에 끌어들인다. 그리고 새로운 시간 배치를 통해 어떤 출구를 모색한다.

그의 영화 공간의 폐쇄성은 한국인의 경험과 역사의 무의식 속에 있는 집단적으로 상처 입은 자아가 숨어 있다가 드러나는 공간이다. 그의 <비몽>처럼 현실이 꿈으로 나타난 것이다. 김기덕의 영화는, 지나간 역사이기에 돌이킬 수는 없으나, 그 대신 영화라는 꿈의 공간에서 감추어진 상처를 드러내고 악몽에서 깨어남으로서 치유의 가능성을 모색한다. 백일몽 같은 꿈을 통해 드러내고자 하는 것은 현실 속에 은폐된 리얼리티이다. 영화라는 꿈의 공간에 드러내고자 하는 것은 끊임없이 감추고자 했던 현실이기 때문에 김기덕의 영화는 폭력과 사랑과 죽음을 통한 구원의 하이퍼리얼리즘hyper-realism이라고 할 수 있다.

김기덕의 영화는 신학적 질문을 담고 있다. 한국사회가 겪은 폭력과 그 기원에 대한 영상적 묘사는 신학적 질문을 동반한다. 그의 영화는 가르치고 선포하는 것이 아니라 질문을 던진다. 그 질문이 직접적이고 한국인의 정신적 트라우마이거나 더 나아가 인간의 아픔이기에 당혹스럽게 다가오는 것이다.

그의 영화에 묘사된 폭력은 일종의 우화의 형식을 빌고 있다. 폭력의 동작은 갱스터 무비나 슬래시 무비의 육체적 통증이나 육체의 난도질이 아니다. 김기덕 영화에서 폭력은 정신적인 것의 표현이다. 그것은 발레나 무용처럼 상징성으로 과장되어 있다. 그 이유는 그 폭력은 관람자에게 육체적 고통으로서 폭력이 아니라 어떤 형태의 갈망을 암시하기 때문이다. 폭력은 욕망의 좌절을 의미한다. 그 욕망은 사랑이다. 폭력은 사랑을 하지 못하는 영혼이 사랑을 소유하려 할 때 나타난다. 사랑을 소유로 대체하려는 시도는 그의 영화에서 폭력으로 나타난다. 사랑을 갈구할 때도 사랑에 실패 할 때도 소유하려는 욕망은 폭력의지로 나타난다.

김기덕의 영화에서 사랑은 구원의 출구이다. 영화의 인물들은 사랑을 갈구한다. 그리고 그 사랑의 가능성을 희생에서 찾아낸다. 사랑은 소유하려는 욕구를 털어냄으로 그러나 소유하려는 욕구에 뼛속까지 지배당하는 인간은 결국 자기희생이라는 형태로만 사랑의 문턱에 도달한다고 김기덕은 그려내고 있다. <파란대문>의 여대생은 심하게 앓아누운 매춘부를 대신해 조용히 아무도 모르게 매춘 행위를 함으로써 자신을 낮추고 두여성의 극적인 화해가 이루어진다. <나쁜 남자>의 남자 주인공은 사랑하고자 하는 여성에게 소유욕을 통해 폭력과 감금과 매춘을 시키지만, 그들의 출구가 마련된 것은 남자의 목숨을 건 자기희생이 나타났기 때문이다. <빈집>의 여자 주인공은 남편의 소유욕에 갇혀 사는 여성이다. 그런데 이여성을 구원한 것은 가진 것이 아무것도 없는 수리공이다. 이 여성은 자신이 남편의 소유물이 아닌 자유로운 인간이 될 때 가능해짐을 보여준다. 소유가 권력이고 이 권력은 소유자도 소유된 사람도 노예가 된다는 것을 암시한다.

소유라는 욕망에 의한 파국은 <시간>에서도 드러난다. 여주인공은 사랑을 소유물로 치환하였다. 육체적 아름다움을 성형수술로 가공할 수 있다면 남자의 사랑도 그렇게 소유 할 수 있을 것이라는 현대인의 욕망이

이 영화에 드러난다. 그러나 시장경제의 부산물인 이 미와 사랑과 인간의 소유라는 방식의 삶은 파국이라는 것이 드러난다.

그의 영화에서 후반부에 해당하는 특히 기독교적 주제를 담고 있는 <사마리아>, <아멘>, <피에타>에서 구원의 가능성을 깊이 탐구한다. <사마리아>의 두 여고생은 바수밀다라는 인도의 성스런 매춘부의 삶을 따른다. 이 두 소녀는 돈과 쾌락을 위한 매춘이 아니라 불교에서 말하는 성스런 보시로서 남자 어른들을 만난다. 그것은 이 두 소녀의 내면적 결의이지 외적인 슬로건은 아니었다. 아마도 김기덕은 이러한 소녀들의 미숙한 종교 행위가 어른들의 제도적 사회에 어떤 구원의 메시지가 될 수 있는가를 질문하는 것처럼 보인다. 그러나 이때까지도 김기덕의 대답은 구원이 가능하지 않다고 우리의 삶과 제도는 구원의 소망이 맷돌처럼 갈려나가는 삶이라고 보는 것 같다. <파란대문>(1998)에서 보여주었던 화해와 구원의 가능성은 <빈집>(2004), <활>(2005)에서 어떤 가능성을 찾지만 <시간>(2006)과 <풍산개>(2011)에서는 개인들이 넘을 수 없는 엄청난 장벽, 예를 들면 <시간>에서는 우리 안에 깊이 침투한 소유욕과 혼란으로 <풍산개>에서는 개인들이 해결 할 수 없는 분단을 유지하는 거대한 폭력 앞에 구원의 가능성은 와해된다.

그러나 <아멘>(2011)은 한 개인이 독립적인 의지로 구도적 여행으로 생의 전환이 가능하지 않겠냐는 서정적 가능성을 보여주었다. 그리고 그의 15년간에 걸친 폭력이라는 것이 한편으로는 구원의 갈망이며 다른 한편으로는 소유욕의 노출이라는 그의 인간 이해는 자기희생의 문제에서 타인을 위한 희생의 이야기로 나아가 인간 구원의 가능성을 타진한다. 그것이 <피에타>이다.

잔혹한 해결사인 아들과 유아인 아들을 유기한 죄의식을 가지고 갑자기 아들 앞에 나타난 어머니의 이야기는 어머니와 아들의 맹목적 애착이라는 상황을 여과 없이 보여준다. 사랑은 철학의 산물이 아니라는 뜻인 것으로 보이는데, 김기덕은 구원을 학교에서 배우는 것은 아니라고 하는 것처럼 보인다. 두 모자의 사이가 어느 정도 복원 된 후 어머니가 발견한 아들의 모습은 악마였다. 그는 여러 사람의 목숨을 빼앗고 신체를 장애로 만들고 영혼을 황폐하게 만들었다. 사채업자 사장의 말처럼 '돈을 가져 오랬지 사람을 병신으로 만들랬냐'는 질문은 악독한 사채업자의 자기변명만은 아니었다. 아들의 행동에는 깊은 분노가 자리하고 있었다. 어머니는 아들의 이 깊은 증오와 분노가 유기됨으로 인한 것에 부분적으로 책임이 있음을 깨달았을 것이다. 어머니는 모성과 죄책감 그리고 아들이 인간으로서 구원받아서 지금의 지옥에서 나와야 한다는 것을 깨닫고 아들에게 아들 자신의 모습을 보여주기로 한다.

그것은 자기가 저지른 악한 행위의 결과가 다른 사람에게 어떤 결과를 미쳤는지 스스로 겪어보아야 한다는 것이었다. 그것은 구약성서의 '눈에는 눈 이에는 이'라는 정의와 입법의 원리를 보여준다. '할렐루야는 영원하다'는 어느 개신교 신학교의 간판은 영화를 통해 세 번 등장하지만 더 이상의 종교 기관에서 오는 메시지는 없다. 구원은 종교 기관을 통해서 얻을 수 없고 정직한 자기 결정과 행위의 결과물이라는 바울의 메시지와 김기덕의 영화는 일치한다.

어머니는 아들이 다른 가족들을 해칠 때 당했을 고통을 아들에게 맛보게 하기 위해 아들이 보는 앞에서 투신하여 죽는다. 어머니의 아들을 구원하기 위한 자기희생이 여기서 실현되고 아들은 비로소 회심을 경험한다. 그는 어머니와 자신이 자살하게 한 사람과 무덤에 누워 죽음을 체험한다. 이 장면은 아들이 자신의 죽음을 경험하고 싶어 하는, 그래서 자신의 죽음으로 과거에 악인으로 살았던 자신도 그리고 이제 자신의 악을 깨달은 지금 자신과 악을 함께 소멸시키고자 하는 소망을 이중적으로 표현한다.

그러나 그것은 자신의 악행으로 아직도 괴로움 속을 살고 있는 사람들로부터의 도피이고 자신의 괴로움으로부터의 도피라는 이기적 동기가 살아있음을 나타내는 것이다. 아들은 마지막 속죄를 위해 어느 피해자의 행상 트럭 아래 자신의 몸을 쇠사슬로 묶고 그 트럭은 어스름한 새벽길에 긴 핏자국을 남기면서 아들의 고통스런 죽음을 통한 속죄를 알려준다.

<피에타>의 메시지가 신약성서와 일치하는 것은 우선 인간이 지은 죄는 개인의 것이든 집단의 것이든 그 행위의 결과는 소멸되지 않는다는 것이다. 죄악의 행위는 하나의 완결된 행위로 그 행위 자체의 소멸이 불가능하다는 것이다. 속죄의 첫 번째 요건은 자신의 행위를 직면하는 것인데 그것은 동일한 악행에 자신을 놓아보는 것이고 동일한 고통을 경험해야 한다는 것이다.

그리고 속죄의 가능성은 자신의 죄를 지고 죽거나 살아야 한다는 것이다. 그렇기 때문에 김기덕의 영화에는 초기작품부터 <피에타>에 이르기까지 사랑도 자기희생의 결과이지 하느님의 은총은 아니며 아들의 속죄도 자신의 죽음으로 갚아야 하지 대속의 불가능성을 암시한다. 김기덕은 묻는다. 자기를 드림으로 속죄하는 것 외에 대속과 은총이 과연 가능한 것인가?

김기덕의 질문은 아주 오랫동안 유효할 것으로 확신한다. 영화 잠깐씩 등장하는 개신교 신학원의 간판에는 '할렐루야는 영원하다'라고 쓰여 있다. 이 슬로건은 사람을 과연 구원할 수 있을까? 모든 것을 포기하고 희생해야 얻어지는 것이 사랑이고 속죄가 자신의 과거의 악을 희생함으로써만 얻어진다는 영화의 메시지는 은총을 공짜로 인식하게 만든 개신교

신학에 경종을 울린다.

바울에 의하면 은총은 공짜가 아니다. 김기덕의 영화에 나타난 요구, 자기의 악행은 소멸되지도 않고 반드시 속죄해야하는 것이 정의의 원리이고 그것은 바울에 의하면 하나님의 분명한 요구이기도 하다. 김기덕의 <피에타>가 요청한 속죄는 바울의 은총의 선행 조건인 것이다.

그런즉 우리가 무슨 말을 하리요 은혜를 더하게 하려고 죄에 거하겠느냐 그럴 수 없느니라. 죄에 대하여 죽은 우리가 어찌 그 가운데 더 살리요. 무릇 그리스도 예수와 합하여 세례를 받은 우리는 그의 죽으심과 합하여 세례를 받은 줄을 알지 못하느냐. 그러므로 우리가 그의 죽으심과 합하여 세례를 받음으로 그와 함께 장사되었나니 이는 아버지의 영광으로 말미암아 그리스도를 죽은 자 가운데서 살리심과 같이 우리로 또한 새 생명 가운데서 행하게 하려 함이라. 만일 우리가 그의 죽으심과 같은 모양으로 연합한 자가 되었으면 또한 그의 부활과 같은 모양으로 연합한 자도 되리라. 우리가 알거니와 우리의 옛 사람이 예수와 함께 십자가에 못 박힌 것은 죄의 몸이 죽어 다시는 우리가 죄에게 종노릇 하지 아니하려 함이니, 이는 죽은 자가 죄에서 벗어나 의롭다 하심을 얻었음이라. 만일 우리가 그리스도와 함께 죽었으면 또한 그와 함께 살줄을 믿노니, 이는 그리스도께서 죽은 자 가운데서 살아 나셨으매 다시 죽지 아니하시고 사망이 다시 그를 주장하지 못할 줄을 앎이로라. 그가 죽으심은 죄에 대하여 단번에 죽으심이요 그가 살아 계심은 하나님께 대하여 살아 계심이니 이와 같이 너희도 너희 자신을 죄에 대하여는 죽은 자요 그리스도 예수 안에서 하나님께 대하여는 살아 있는 자로 여길지어다. 그러므로 너희는 죄가 너희 죽을 몸을 지배하지 못하게 하여 몸의 사욕에 순종하지 말고 또한 너희 지체를 불의의 무기로 죄에게 내주지 말고 오직 너희 자신을 죽은 자 가운데서 다시 살아난 자 같이 하나님께 드리며 너희 지체를 의의 무기로 하나님께 드리라 죄가 너희를 주장하지 못하리니 이는 너희가 법 아래에 있지 아니하고 은혜 아래에 있음이라.

(롬 6:1-14)[39]

오랜 기독교 신학의 핵심이 속죄라고 할 때 그 속죄의 가능성에 대한 김기덕의 질문은 자기의 죄과를 지기 위한 속죄는 가능할지언정 과연 대속이 가능한 것인가를 묻고 있다. 그것은 결코 공짜라는 개념의 은총이 아닐 것이라는 점이다. 대중적 기독교에서는 대속의 은총이 공짜로 주어진 것이라고 하지만, 김기덕은 그것은 공짜로는 얻어질 수 없는 어떤 것이라고 보여준다. 자기 행위의 소멸은 자신의 죽음과 함께만 가능하다는 김기덕의 예시는 바울의 그것과 일치한다. 자신이 죽어야 속죄가 가능한 것이다. '죽은 자가 죄에서 벗어나 의롭다 하심을 얻었음이라.'

<피에타>의 아들은 죽음으로써만 속죄가 가능하다는 것을 보여준다. 즉 바울 신학에서 은총은 값싼 것 그냥 주어지는 것이 아니라는 것이다. 김기덕이 요청한 관점에서 바울을 해석하면 두 가지 필수적인 것이 요청된다. 바울 신학에서 속죄는 반드시 죽음을 통해 새로워지는 것을 요구한다는 것이다. 그렇기 때문에 은총은 그냥 주어지는 것이 아니라 그리스도의 십자가의 죽음과 나의 죽음을 동반해야 한다는 것이다. 김기덕의 영화는 바울의 은총 즉 자기 자신의 속죄가 아닌 타자에 의한 속죄에는 이르지 못하였다. 그러나 그의 영화는 참을 수 없이 가벼워진 기독교의 은총과 은

---

39) 이 구절에 나타난 그리스도와 신자의 죽음의 결합은 세례의 상징성으로 주석되어 왔다. 그런데 김기덕은 이 구절이 리얼리티를 가질 때에만 의미가 있다고 해석하게 만든다.

총의 언어에 새로운 요청을 제기한다. 은총은 결코 가벼운 것이 될 수 없으며 자기 죽음의 의지와 경험 속에서만 이루어 질 수 있다는 것이다.

나가는 말

김기덕의 영화는 일종의 구도의 길을 걸어 왔다. 그 길이 때로는 여러 갈래 길이기도 하고 좌절의 형상을 띤 채 멈추어 있기도 하였지만, 기독교인 관객으로서 그의 영화의 이야기와 대화를 통해 몇 가지 대화의 가능성을 찾아낼 수 있었다. 그의 영화의 격렬한 외침은 이 글에서 따라온 영화 읽기 방식의 사랑과 구원의 구도적 여행이라는 방식을 통해 기독교인의 성서와 세상읽기에 도전을 한다. 그것은 성서와 세상 읽기가 더 치열하고 더 리얼해야 한다는 것이다. 그래야 성서를 통해 말씀하시는 것을 정확하게 들을 수 있다고 하는 점이다.

김기덕의 영화가 보여준 것은 대개의 경우 답이 아니라 질문이었다. 그 질문들은 먼저 우리가 한국 사회가 은폐하고 싶어 하는 악몽은 무엇인가를 묻는다. 우리는 왜 과거의 역사를 은폐하고 트라우마를 감추고 평온한 현실을 연출하려는가 묻는다. 그 질문은 하나의 대답을 요구하는데 은폐된 진실을 통해 우리는 평온을 진정으로 얻을 수 없다는 것이다.

그리고 한반도에서 겪었던 역사와 상처 그리고 트라우마를 정직하게 회상하지 않으면 거기에서는 어떤 치유도 불가능하며 그것은 그 폭력의 원인을 직면하고 거기에 반응함으로써 출구가 열린다고 본다. 그 출구의 끝에는 사랑이 있다. 사랑이 구원을 이룬다는 그 명제는 김기덕이 제시한 이야기를 통해 사랑의 보편성을 보여준다.

신약성서는 정의로운 율법을 넘어서 하느님으로부터 온 사랑에 구원의 방점을 찍는다. 정의를 이루는 것은 하느님에게서 와서 인간을 구원하고 확장되는 사랑이다. 그런 의미에서 선교란 하느님의 사랑의 실천이 되어야 한다고 김기덕의 영화는 지시한다. 김기덕의 영화가 제기한 질문을 통해 우리는 신학적 실천의 한 모델을 대답하게 된다. 기독교의 선교는 정의를 추구하는 사랑의 행위라는 것이다.

김기덕의 Filmography

1. 악어 (1996)

2. 야생동물 보호구역 (1997)

3. 파란대문 (1998)

4. 실제상황 (2000)

5. 섬 (2000)

6. 나쁜 남자 (2001)

7. 수취인불명 (2001)

8. 해안선 (2002)

9. 봄 여름 가을 겨울 그리고 봄 (2002)

10. 빈집 (2004)

11. 사마리아 (2004)

12. 활 (2005)

13. 시간 (2006)

14. 숨 (2007)

15. 비몽 (2008)

16. 풍산개 (2011)

17. 아리랑 (2011) - 자전적 영화

17. 아멘 (2011)

18. 피에타 (2012)

참고문헌

김금동. "김기덕의 감독의 영화 〈파란대문〉에 나타나는 미학적 특징과 관객의 새로운 역할." 「영화연구」 25(2005).

김소연. "김기덕 혹은 (불)가능한 사랑의 연대기 – 욕망과 사랑에 대한 라캉의 관점을 통한 접근." 「영상예술연구」 17(2010).

르네 지라르/김진식 옮김, 『희생양』. 서울: 민음사, 2010.

「마이 데일리」. 2006. 8. 7.

마조리 H. 수하키/김희헌 옮김. 『폭력에로의 타락』. 서울: 동연, 2011.

박종천. "영화가 종교를 만났을 때 – 김기덕의 〈봄 여름 가을 겨울 그리고 봄〉(2003)을 중심으로." 「종교연구」 44(2006).

정성일 편저. 『김기덕 양생 혹은 속죄양』. 서울: 행복한 책읽기, 2003.

정하제. "[섬], 외로움 그리고 김기덕." 「공연과 리뷰」 30(2000).

최병학. "김기덕 영화의 폭력의 미학: 밟혀서 밝혀준다." 「문학과 영상」 6(2005).

함충범. "영화에서 공간적 배경설정 및 의미작용에 관한 연구-김기덕 영화에서 주제, 내용, 인물과의 관련성을 중심으로-." 「디지털영상학술지」 5(2008).

Marta Merajver-Kurlat/조영학 옮김. 『나쁜 감독 김기덕의 바이오그라피 1996-2009』. 서울: 가쎄, 2009.

한류와 겨울 소나타

: 기독교 선교의 시뮬라크르 예수 & 시뮬라시옹 그리스도

김정숙 | 감리교신학대학교

들어가는 말

인기 소설가 폴 셸던은『미저리』시리즈의 마지막 완결편을 탈고한 후 숲속의 호텔에서 나와 집을 향해 운전하던 중 휘몰아쳐 온 눈보라로 인해 벼랑 아래로 떨어지는 사고를 당한다. 다리와 어깨가 부러지고 의식불명이 된 폴을 애니 윌크스라는 여성이 구출하여 자신의 집으로 데려간다. 전직 간호사였던 애니는 폴의 열렬한 팬으로『미저리』시리즈의 애독자다. 애니는 폴을 정성껏 간호했으나 병원에 데려가지 않았고 외부에 연락을 못하도록 차단했다. 그렇게 몇 달이 흐른 어느 날 애니는 마을에 나가 이제 막 출판된『미저리』완결판을 사다 읽게 되고 소설의 여자 주인공 미저리가 죽는 것으로 소설이 끝나자 폴에게 광분한다. 애니는 회복되어 가던 폴의 다리를 커다란 망치로 다시 부러뜨려 감금한 채 마을에서 타자기와 종이를 사다주며 주인공 미저리를 다시 살아나는 내용으로 시리즈 다음 편을 쓰도록 강요한다. 한편 행방불명된 폴을 찾던 마을의 보완관이 『미저리』 책과 타자기와 종이를 사간 애니를 수상히 여겨 애니의 집을 수색하게 된다. 애니의 집을 둘러보던 보안관이 감금된 폴을 발견하자 애니는 보안관을 총으로 쏴 죽여 버리고 만다. 철저하게 감금당한 채 휠체어에 앉아 애니가 원하는 대로 소설을 써야 했던 폴은 마침내 책을 탈고한다. 탈고하는 날 폴은 축하파티를 하는 기회를 틈 타 애니와 사투 끝에 애니가 죽게 되며 마침내 자유의 몸이 된다.

위 이야기는 잘 알려진 공포 영화 <미저리>의 내용이다. 영화 속 애니는 폴의 소설 속에 나오는 여주인공 미저리를 자신과 동일시함으로 현실이 아닌 소설 속의 가상현실을 실재 세계로 살아간다. 즉 애니에게 실재란 실제로 존재하지 않는 대상을 존재하는 것처럼 만들어 인식하는 시뮬라크르의 세계 속에서 현실과 자신을 파괴하고 잃어버린다. 관객들이 드라큐라나 유령 혹은 귀신 영화보다도 <미저리>를 공포물의 진수로 꼽는 이유는 실재가 아니지만 실재보다 더 실재 같은 비실재적 세계를 현실로 살아가는 한 여성의 이야기가 한낱 영화에 그치지 않는다는 공감 때문이다. 애니가 갇힌 가상의 세계, 그녀의 실재를 대체해버린 모사의 세계, 애니의 현실 세계를 장악하고 있는 시뮬라크르의 세계가 우리가 살아가는 현실일 수 있다는 생각 때문이다.

시뮬라크르란 "실제로는 존재하지 않는 대상을 존재하는 것처럼 만들어 놓은 인공물을 지칭한다."[1] 프랑스어 시뮬라크르를 우리나라 말로 번역할 때, "위장"이나 "가장" 혹은 "모방"이나 "가상"과 같은 유사 언어로 번역하기 쉬우나 이 같은 용어와는 섬세한 차이가 있기에 시뮬라크르

---

[1] 장 보드리야르/하태완 옮김, 『시뮬라시옹: 포스트모던 사회문화론』(서울: 민음사, 1993), 9. 각주 1번에서 인용.

원어로 사용한다고 한다. 왜냐하면 흉내나 모방은 모방하고 흉내 낼 원 대상이 있어야 하겠지만 시뮬라크르는 흉내 낼 원 대상, 즉 원본이 없는 이미지만을 말한다. 이렇게 원본이 없는 이미지가 그 자체로서 현실을 장악하고 대체하여 현실이 이 이미지에 의해 지배받게 됨으로 오히려 현실보다 더 현실적이 되는 것이 바로 시뮬라크르라고 프랑스 사회학자 장 보드리야르는 설명한다.2) 영화 <미저리> 속의 애니가 소설 속의 여주인공과 자신을 동일시하며 현실이 아닌 세계를 마치 현실인양 살아가는 것이나, 영화 <미저리>를 보고 그 이미지로 인해 한동안 저녁이면 혼자 바깥출입을 못했다는 관객의 이야기는 비실재적인 이미지가 마치 현실보다 더 현실적으로 현실을 지배한 시뮬라크르의 예라고 할 수 있다.

프랑스 사회학자 장 보드리야르는 포스트모던 사회 문화를 분석하는 자신의 저작『시뮬라시옹』에서 현 사회는 포스트모던 사회로서 시뮬라크르가 실재를 지배하는 사회라고 한다. 현대 자본주의가 대중매체를 통해 생산해 낸 대중문화, 대량 문화의 세계가 바로 우리의 현실성을 구성하고 현대인의 일상성이 귀속되어 있는 가상현실, 과잉현실, 혹은 파생현실이기 때문이다. 왜냐하면 오늘과 같은 현대 사회에서는 문화를 생산해내는 주체가 인간이라기보다는 컴퓨터나 텔레비전, 영화 등과 같은 정보매체 그리고 영상매체라고 할 수 있다. 특히 청각과 시각을 이용한 기호와 이미지를 통해 생산되는 모든 문화는 부정적 의미든 긍정적 의미든 시뮬라크르가 지배하는 실재라고 할 수 있다. 마치 영화 <미저리> 속의 애니가 시뮬라크르의 세계에 속한 것처럼 현대를 살아가는 많은 사람들이 정보매체와 영상매체가 생산한 시뮬라크르의 과잉 실재 혹은 파생현실hyper-reality

---

2) 앞의 책. 역자 하태완은 각주를 통해 보드리야르의 주요 용어를 쉽게 설명함으로 이해를 돕는다.

를 살아간다는 것이다.

이 글을 통해 실재가 부재하는 시뮬라크르가 실재보다 더 강력한 실재로서 우리의 삶을 장악하고 지배하는 우리의 대중문화를 분석해 보고자 한다. 특별히 한류 열풍을 일으킨 주역 드라마 <겨울연가>의 분석을 통해 어떻게 드라마라는 영상매체를 통해 시뮬라르크가 현실의 삶 속에서 작동하는지 살펴볼 것이다. 더 나아가 원본 없는 사본, 실재와는 전적으로 무관한 모사가 우리 삶의 현실뿐만 아니라 인간의 영혼까지도 장악하는 종교문화의 시뮬라크르와 시뮬라시옹을 고찰해 보고자한다. 따라서 대중매체를 통해 영상화된 드라마의 이미지가 현대인에게 끼친 영향력의 예로서 한류의 붐을 가져온 드라마 <겨울연가>와 남자 주인공 준상이 일본 주부들의 삶에서 시뮬라시옹 욘사마 열풍을 가져온 파행현실을 살펴볼 것이다. 또한 현대인의 삶을 규정하는 시뮬라크르의 현상은 일상적 삶뿐 아니라 가장 심오한 종교적 영적 삶의 영역과도 무관하지 않음을 밝히고자 한다.

시뮬라크르가 생산한 파행현실의 한 예로서 한류를 처음 주도한 드라마 <겨울연가>를 살펴보며, 이어서 시뮬라크르가 한국 기독교 문화와 교회 현실과 어떻게 연관되는지도 살펴보고자한다. 기독교를 비롯한 모든 종교의 목적이 선교, 포교에 있다면 사회적 현상으로서의 종교 문화가 어떻게 형성되는지를 시뮬라크르 이론을 통해 분석할 때 선교의 방향을 재정립할 수 있는 기회가 될 것이다. 이를 위해 이 글은 먼저 시뮬라크르의 개념의 기원과 의미를 살펴보고, 철학자에 따라 어떻게 독해되었는지를 설명할 것이다. 즉 플라톤과 장 보드리야르 그리고 들뢰즈 등 각각의 철학자들이 이해하고 독해한 시뮬라크르의 개념들에 대해 공통점과 차이점을 분석하며 설명할 것이다. 그리고 보드리야르의 시뮬라크르, 시뮬라시옹 개념을 이용하여 한류 현실의 핵심적 공헌을 한 <겨울연가>와 남자 주인공 역의 배용준에 대한 일본 주부들 사이에서 시뮬라시옹 욘사마 신드롬의 파행실재를 분석하고 설명할 것이다. 그리고 마지막으로 한국의 기독교 문화, 교회 현실에서 그리스도로서의 예수에 대한 고백을 분석하기 위해 들뢰즈의 사건으로서의 시뮬라크르를 통한 역사적 예수 이해와 장 보드리야르의 시뮬라시옹 분석을 통해 교회에서 고백되는 그리스도의 모습을 살펴볼 것이다. 따라서 이 글은 각종 매체를 통해 대량으로 생산되는 문화 산업 속에서 작동되는 시뮬라크르가 어떻게 우리 문화를 지배하고 정신적 영적 세계를 지배하는 이데올로기로 작동되는지를 보여주게 될 것이다. 이 같은 시뮬라크르 개념을 통한 문화 분석은 한국 문화의 주역 한류와 정신적 영적 세계를 이끄는 한국 기독교 선교의 새로운 방향을 재정립 하는 데 공헌할 것이라 기대한다.

시뮬라크르: 플라톤, 장 보드리야르 그리고 질 들뢰즈의 이해

프랑스의 저명한 사회학자, 장 보드리야르는 현대 포스모던 사회는 비실재적인 시뮬라크르가 현실을 지배하는 사회라고 주장한다. 존재하지 않는 대상을 존재하는 것처럼 만들어 놓은 인공물을 지칭하는 명사가 시뮬라크르이며, 그 동사형이 시뮬라시옹이다. 즉, 시뮬라시옹은 시뮬라크르의 작용, 시뮬라크르 화, 시뮬라크르 운동, 시뮬라크르 하기 등으로 이해할 수 있다. 보르리야르에게 현대의 시뮬라시옹은 이미지나 기호가 지시하는 대상이나 실체가 없으며 원본이나 사실성도 없는 실재지만 현실보다 더 현실적인 실재로서의 가상현실로 작동하는데, 이로 인해 파생

실재(hyper-realty)가 구성된다고 말한다. 영화 속 애니에게 소설『미저리』의 세계가 바로 시뮬라크르 세계로서, 시뮬라크르가 애니에게 작용하는 즉, 시뮬라시옹은 현실보다 더 현실적인 실재인 파생실재가 된다. 보드리야르는 현대의 포스트모던 사회를 이러한 시뮬라시옹의 사회로 규명한다. 보드리야르의 독특한 개념인 시뮬라크르와 시뮬라시옹의 의미와 그의 사상을 더 잘 이해하기 위해서는 플라톤의 이데아 사상과 시뮬라크르에 대해 먼저 알아보는 것이 필요하다. 왜냐하면 장 보들리아르의 시뮬라크르, 시뮬라시옹 개념이 바로 플라톤의 이데아와 시뮬라크르의 사상에서 비롯되었기 때문이다.

플라톤의 저작『공화국(the Republic)』7권에는 유명한 동굴의 비유가 나온다. 한 동굴 안에 죄수들이 사지와 목을 사슬로 결박당한 채 정면의 동굴 벽을 바라보고 있다. 목도 돌릴 수 없도록 결박당한 죄수들이 볼 수 있는 것은 오직 정면에 있는 동굴 벽뿐이다. 동굴 벽에는 여러 사물들의 그림자가 비치고 있다. 죄수들의 위쪽으로 멀리 불빛이 타오르고 있는데 죄수들과 그 불빛 중간쯤에 길이 있고 길을 따라 긴 담이 세워져 있다. 긴 담을 따라 사람들이 여러 가지 사물들의 모형을 들고 지나간다. 불빛에 의해 모형들의 그림자가 죄수들이 바라보고 있는 동굴 벽면에 비친다. 어려서부터 본 것이라곤 벽에 비친 모형들의 그림자뿐인 죄수들은 모형들의 그림자들이 참된 실재라고 믿었다. 그러던 중 죄수들 중 한명이 풀려나고 일어서서 뒤를 돌아 불빛을 바라보고 오르막길을 따라 올라가 마침내 동굴 밖으로 나간다. 세상에 태어나 처음 동굴 밖을 나가본 이 죄수는 사물들의 그림자, 물속에 비친 여러 이미지들을 보게 되고 이미지들의 실제 모습들을 보게 되고, 그 후 하늘을 보며 마침내 보이는 모든 것, 모든 영역을 지배하는 근원인 태양을 바라보게 된다. 마침내 태양을 본 죄수는 내키는 일은 아니지만 동굴 속 동료 죄수들에게 진실을 말하기 위해 다시 동굴로 내려가, 여전히 모형의 그림자를 참된 실재라고 믿는 동료 죄수들에게 자신이 본 사실을 말하면 비웃음을 당하고 마침내 죽임을 당할 것이라는 이야기가 플라톤의 동굴 비유의 내용이다.[3]

플라톤이 동굴의 비유를 통해 이야기하고자 하는 것은 참된 진리와 그렇지 않은 허상의 영역을 구분하고자 함이다. 동굴 안의 세계에 해당하는 현상의 세계는 존재론적으로도 완전하지 않으며, 인식론적으로도 부정확한 감각 기관에 의해서만 인식되는 세계다. 반면, 동굴 밖에 해당하는 실재의 세계는 참된 진리의 영역이며 오직 사슬을 풀고 일어나 몸을 돌려 동굴 밖으로 걸어 나와야 알 수 있는 참된 실재의 영역, 즉 이데아의 세계다. 다시 말해, 이데아의 세계는 오직 감각에서 벗어나 지성을 통해서만 알 수 있는 진리의 영역이다. 죄수들이 참된 실재로 오인하고 있는 동굴 벽면의 그림자는 사물의 모형들이 불빛에 의해 생긴 그림자들로 실제 사물을 복사한 모형을 다시 복사한 그림자로 복사물에 의한 복사물, 허상에 불과하다. 이렇게 플라톤은 이원론적 시각으로 세계를 인식한다. 동굴 밖의 태양은 참된 진리의 근원이며 동굴 밖의 사물들은 참된 실재로서 동굴 속에서 진리로 오인되고 있는 복사물들의 원본이 되는 참된 이데아의 세계다. 그러나 플라톤에게서 중요한 것은 우리가 감각을 통해 인식하며 살아가는 현상의 세계도 그 가치에 따라 참된 것과 거짓된 것이 구별되는 존재론적 계층으로 형성되었다는 것이다.

존재론적으로 완전하지 않으며 단지 불완전한 감각기관을 통해 인식되는 현상의 세계를 위계적으로 서열화 시키는 플라톤의 기준은 무엇인

---

3) Plato, John M. Cooper ed., *Plato: Complete Works* (Indianapolis, Cambridge: Hackett Publishing Company, 1997), 1132-1134.

가? 플라톤에게 복사물에 불과한 우리가 사는 현상세계의 사물들 가운데서도 좀 더 참된 것과 그렇지 않은 것을 구별하여 서열화 시킬 수 있는 근거는 역시 이데아의 형상이다. 플라톤은 같은 복사물, 같은 그림자일지라도 이데아의 형상을 잘 모방하고 복사해서 참된 사물의 본질을 좀 더 보유하는 복사물을 eicon(icon, copy) 즉 모상이라 하고, 이데아의 형상을 보유하지 않은 복제의 복제를 phantasma 즉 환각이라고 한다.4) 플라톤에게 하나의 사물이 갖는 가치는 그 사물이 본래적 원형이라 할 수 있는 이데아의 형상을 얼마나 충실히 모방하고 재현하고 있느냐에 있다. 이데아의 형상이 잘 재현된 것일수록 완전에 가까워지고 계층의 서열이 높은 반면 이데아의 형상과 멀어지고 질료가 많아질수록 존재와 가치에 있어 그 서열이 낮아진다. 존재의 서열에서 가장 낮은 계층을 차지하고 있는 것은 이데아의 본질인 형상을 전혀 부여받지 못한 환각, 혹은 환영으로서 플라톤은 이를 가리켜 시뮬라크르라고 한다. 5)

　플라톤에게 모방, 흉내, 복사는 저급한 기술이다. 플라톤은 당시 참된 지식인 것처럼 가장하고 떠들고 다니지만 결코 참된 진리를 갖지 않은 모방일 뿐이라고 소피스트들을 궤변론자로 폄하한 것처럼 화가들이나 예술인들도 실재를 단지 모방하여 사람들을 현혹하는 자들로 평가한다. 그러나 모방일지라도 원본과 다름없이 완벽하게 모방하는 경우 icon이라 하여 모방, 복사 등의 좋은 이미지로 분류하지만, 모방 대상을 변형하는 경우 사람들의 감각을 혼란스럽게 하는 나쁜 이미지, 즉 시뮬라크르로 구별한다. 모방, 복사 즉 icon은 이데아의 형상을 모방하므로 원본이 있지만, phantasma(fantasy), 환각은 이데아의 형상을 거부하기 때문에 원본이 없

---

4) 이정우, 『시뮬라크르의 시대: 들뢰즈와 사건의 철학』 (서울: 거름, 2000), 69.
5) 앞의 책, 64.

다. 즉 원본이 있는 복사, 모방은 icon 복제인 반면, 원본이 없는 모방, 형상의 모방이 아닌 다른 가상의 모방을 환영 또는 시뮬라크르라 한다. 따라서 플라톤에게 시뮬라크르의 위상은 나쁜 이미지, 실재가 아닌 다른 복제의 복재로서 존재의 위계 서열에서 가장 아래를 차지한다. 플라톤의 시뮬라크르의 이해 즉 원본이 없는 복제, 모방의 모방으로서의 부정적 이미지로서의 시뮬라르크 이해와 보드리야르의 시뮬라크르 이해는 어느 정도 그 맥을 같이한다.

플라톤은 이원론적 관점에서 이데아의 세계와 현상의 세계, 원본으로서의 실재의 세계와 복제로서의 두 세계를 수직적 차원에서 나누는 반면 보드리야르는 모방의 모방을 끝없이 반복하는 수평적 차원의 시뮬라크르를 말하며 그에게 플라톤과 같은 원본으로서의 실재는 더 이상 존재하지 않는다. 들뢰즈는 플라톤의 이원론적 구분에 대해 비평적으로 재해석하기를 플라톤에게 정작 중요한 것은 "원본과 복사본의 구분이 아니라 복사본들과 시뮬라크르의 구분"6)이라고 말한다. 다시 말해 들뢰즈가 플라톤을 새롭게 해석하면서 플라톤주의의 전복을 꾀하는 것은 플라톤의 이원론적 해석의 참된 동기가 이데아와 모상을 구분하는데 있는 것이 아니라는 것이다. 플라톤의 구별 핵심은 복제와 시뮬라크르의 구분으로, 이미지들 중에 이데아를 모방한 소위 좋은 이미지인 모상과 나쁜 이미지인 허상들인 시뮬라크르들을 나눔에 있다는 것이다.

플라톤의 시뮬라크르의 이해와 일정 부분 공유하는 보드리야르와는 달리 들뢰즈에게 시뮬라크르는 플라톤과 정반대의 위상을 갖는다. 플라톤의 시뮬라크르는 이데아의 원본과 동일한 것이 전혀 없는 허상, 나쁜 이

---

6) 질 들뢰즈/이정우 옮김, 『의미의 논리』(파주: 한길사, 2006), 44; 김기정, "들뢰즈의 시뮬라크르를 통한 문화 분석 시론," 「인문콘텐츠」22(2011), 39에서 재인용.

미지에 불과하기에 존재론적 가치 면에서도 비존재에 불과하다. 그러나 들뢰즈의 시뮬라크르는 이데아의 형상을 소유하지 않기에 원본과는 무관한 존재로서 차이를 담지하고 생성하는 존재들이다. 플라톤은 이데아의 형상을 동일성이 나타나는 기준으로 하여 원본을 잘 재현해낸 유사한 모사들과 그렇지 못한 것으로 구분하지만, 들뢰즈에게는 동일한 것, 비슷한 것은 단지 반복되는 것들의 상호간의 차이를 기준으로 생성된 것일 뿐이다. 플라톤은 이데아와의 동일성을 규범으로 삼아 현상의 세계를 재현으로 제시하며, 이데아 원형과 얼마나 다른가의 정도에 따라 각각의 차이를 규범에서 벗어난 불완전한 것, 비정상적인 것으로서 배제해 버리지만, 들뢰즈는 동일성이 아닌 차이와 다름을 기준으로 판단하고 설명하기에 우리가 사는 세계는 차이와 다름이 생성을 반복하는 출발점이자 목적지가 된다.7)

들뢰즈는 플라톤의 시뮬라크르를 새로운 시각으로 재해석한다. 들뢰즈의 시뮬라크르는 이데아의 원본과는 무관한 차이를 생성한 존재다. 들뢰즈에게 시뮬라크르는 영속하고 불변하는 이데아의 실재성을 부여받지 못한 순간적인 실재들로서, 동적인 실재들인 사건들, 이미지들, 그리고 감정적인 언표들이다.8) 들뢰즈는 시뮬라크르를 순간적으로 나타났다 사라지는 그리고 다시 나타나는 사건의 차이와 반복을 의미 화시키는 작업을 통해 사건의 철학을 전개한다. 들뢰즈에 의하면 우주에서 일어나는 크고 작은 모든 사건은 순간적이고 영속성이 없고 자기 동일성을 갖지 않으나 각각의 사건이 삶에 있어 큰 의미와 변화를 줄 수 있는 존재로서 이를 시뮬라크르라고 정의한다.

---

7) 윤성우, 『들뢰즈: 재현의 문제와 다른 철학자들』 (서울: 철학과현실사, 2004), 80-81.
8) 김기정, "들뢰즈의 시뮬라크르를 통한 문화분석 시론" (2011), 46.

452   제3부 | 한국적 시선과 여성의 눈짓

들뢰즈의 사건으로서의 시뮬라크르는 의미 없는 복사의 복사, 모방의 모방이 아니라 각각의 사건이 특이성, 차이성을 가진 독립적 존재로서 의미와 영향력을 갖는다. 들뢰즈에게 사건으로서의 시뮬라크르는 플라톤의 허상이나 환각에 불과한 것이 아니다. 하나의 사건이 순간적으로 나타났다 사라질지라도 그 사건이 나타나기 전의 준비와 그리고 사건이 소멸된 후에도 사건은 잠재적 방식으로 존재한다.[9] 비록 이데아의 영속성이나 불변성과는 다를지라도 개별적 독특성과 독립성을 담보하고 있는 순간의 사건으로서의 시뮬라크르는 비록 현실성은 아닐지라도 잠재성으로서의 실재성을 가진 존재이며 삶에 큰 변화와 의미를 창출하는 존재론적 가치를 지닌다.[10]

지금까지 보드리야르의 시뮬라크르 개념이 플라톤과 들뢰즈의 이해와 어떻게 다른지 간략하게 살펴보았다. 시뮬라크르의 이해가 플라톤의 이데아와의 관계에게 비롯되었지만 플라톤과 보드리야르 그리고 들뢰즈 각각의 시뮬라크르 이해는 상호간의 독특한 차이점과 공통점을 가지고 있음을 설명했다. 플라톤과 보드리야르의 시뮬라크르는 원본의 실재성을 보유하지 못한 복사의 복사, 모방의 모방에 불과한 것이며, 또한 예술과 같은 인위적인 문화 영역에 해당되는 것으로 두 철학자 모두에게 부정적 의미를 갖는다는 점에서 공통점을 갖는다. 그러나 플라톤 시대에 시뮬라크르로 지칭된 것과 오늘날의 대량산업 문화 현상을 지칭하는 시뮬라크르는 차이가 있다. 한편 들뢰즈는 이데아와의 동일성이 아닌 차이의 생성에 강조하며 시뮬라크르를 사건의 의미화로 재 개념화하여 독특한 시뮬라크르 이해를 발전시킨다. 들뢰즈의 시뮬라크르는 보드리야르와

---

9) 이정우, 『시뮬라크르의 시대: 들뢰즈와 사건의 철학』(2000), 83.
10) 앞의 책, 81.

는 달리 인위적이고 문화적 영역이 아닌, 순간의 사건과 연결함으로 자연적 본래적 영역에 제한한다.[11]

오늘날과 같이 자유시장경제의 자본주의가 대량 생산하는 대중문화를 분석하는 유용한 개념은 역시 장 보드리야르의 시뮬라크르, 시뮬라시옹 개념이라고 할 수 있다. 인터넷과 텔레비전, 영화 등의 영상매체, 정보매체를 통해 쏟아져 나오는 이미지와 기호가 우리의 일상성을 지배하는 현실은 보드리야르가 지적한대로 시뮬라크르가 실재를 지배하는 사회라고 할 수 있다. 다시 말해 현대 사회에서 시뮬라크르의 현상은 대중매체의 발전에서 생겨났다는 것이 보드리야르의 이론이다. 다음 장에서는 보드리야르의 시뮬라크르와 시뮬라시옹의 개념을 통해 한류 붐을 가져온 <겨울연가> 드라마의 시뮬라시옹의 현상, 욘사마 신드롬이 여성들 특히 일본 중년 주부들의 삶을 귀속시킨 파생실재를 분석하겠다.

보드리야르의 시뮬라시옹: <겨울연가>와 파생 현실 로서의 한류

한류라고 하는 문화적 파생실재를 생산하는데 혁혁한 공헌을 한 주요 매체 가운데 텔레비전 드라마를 꼽을 수 있다. 텔레비전 드라마를 통해 국

---

11) 들뢰즈의 시뮬라크르가 자연적 본래적 시뮬라크르뿐만 아니라 오늘날 대중 산업 문화를 포함하는가에 대해 학자들의 의견이 다르다. 『시뮬라크르의 시대: 들뢰즈와 사건의 철학』의 저자 이정우 씨는 책을 통해 자연적 본래적 영역에 한정시킨다. 김기정은 신족과 거인족의 투쟁에서 이정우가 명시적으로 들뢰즈의 시뮬라크르가 자연적 영역에 속한다고 주장했음을 기술한다. 김기정, "들뢰즈의 시뮬라크르를 통한 문화분석 시론" (2011), 22;46.

가의 이미지와 브랜드를 높이는 한류 현상에 대해 국내뿐 아니라 국외에서도 큰 관심이 집중된다. 현재의 한류를 발생시키고 성장시킨 수많은 한류 드라마 중에서도 가장 큰 주역은 역시 <겨울연가>라고 해도 과언이 아니다. <겨울연가> 이전에도 그리고 <겨울연가> 외에도 한류의 흐름을 생성한 여러 드라마들이 있었다. 예를 들어, <이브의 모든 것>, <가을동화>, <천국의 계단>, <대장금> 등이 있으며 이러한 드라마가 국외로 수출되어 각각의 다른 나라에서 한류의 붐을 일으켰다. 중국어 문화권에서는 안재욱과 김희선이 한류 스타로 인식된 반면 동남아 문화권에서는 다른 배우들이 한류 스타로 인식된다. 즉 나라에 따라 드라마에 대한 선호도와 취향이 다르며 한류를 받아들이는 기호가 나라마다 다르다는 것을 알 수 있다. 각 나라에서 방영된 드라마와 영상 매체를 통해 이른바 한류 사천왕이라는 명성을 얻은 배우들도 있다. 그러나 우리가 가장 가깝고도 먼 나라 일본의 경우 한류의 주역은 단연코 <겨울연가>이며 특히 <겨울연가>의 남자 주연배우 배용준이다.

<겨울연가>가 2002년 1월부터 3월까지 일주일에 두 번씩 한국 KBS에서 방송되었을 때 시청률 23.1 퍼센트를 기록하며 드라마 자체로나 주연 역할을 맡은 배용준과 최지우가 상당한 인기를 얻었다. 그러나 드라마 방영 당시 <겨울연가>가 그리고 배용준이 한류의 역사뿐만 아니라 한국과 일본이라는 양국의 외교적 관계와 국민적 정서까지도 바꿀 수 있는 소위 대박 드라마가 될 것이라고는 아무도 상상하지 못했다. 공공연히 회자되는 말에 의하면 한국 외교관 100명이 한꺼번에 달려들어도 해낼 수 없는 일을 한편의 드라마에 나온 주인공 배용준이 해냈다는 것이다. 일본 NHK의 연구결과에 따르면 일본인의 38%가 <겨울연가>를 시청한 것으로 나타났으며 이 같은 시청률은 곧 이어서 경제 효과로 나타났다는 것이

다. 즉, 2004년 한 해 동안 <겨울연가>가 한일 양국에 가져온 경제효과가 약 2조 4156억 원에 이른다고 분석했다.[12] 한국 국적을 가지고 배우라는 직업을 가진 인간 배용준은 이 한편의 드라마로 대한민국 국민의 민족적 자존심을 회복시키고 국가의 브랜드를 높였다고 평가받는가 하면 일본 여성들, 특히 일본의 중년 여성들의 마음을 사로잡은 주역으로서, 이른바 욘사마로 등극한 것이다.

　<겨울연가>가 일본에서 방영된 시기는 2003년 4월부터 일주일에 한 번씩 밤 10시에 위성방송인 NHKBS에서 방송되었고 시청률은 다른 드라마에 비해 시청률이 다소 높았던 1.1 퍼센트였다. 드라마가 끝나고 2003년 11월 말에 <겨울연가>의 남자 주연배우 배용준과 만나는 한국관광에 약 900명의 일본 팬들이 참가해서 당시 화제가 되었다. 2003년 12월 <겨울연가>가 재방영되었고, 2004년 4월 3일 배용준이 일본을 방문했을 때 공항으로 배용준을 만나러 나온 일본 팬들은 약 5000명에 달했다고 주요 신문에서도 이 사건을 대대적으로 보도했다,[13] 이같은 획기적 사건에 힘입어 2004년 <겨울연가>가 지상파로 재방송되었고, 같은 해 12월에는 더빙이 아닌 자막으로 축약판이 아닌 완전판으로 네 번째 재방송됨으로 외국 드라마 한편이 2년 사이에 4번이나 재방송되는 이례적인 일이 일본 방송 역사에 일어났다고 전해진다.

　일본인 시청자들을 인터뷰한 결과에 따르면, <겨울연가>를 즐겨보는 이유 가운데 가장 큰 비중을 차지하는 것은 단연코 남자 주인공으로 등장하는 배용준 때문이다. 단순한 인기를 넘어 동경심과 사모의 마음을 담은 사마(님)이라는 호칭으로 추앙받으며 일본 여성 팬들을 사로잡은 배용준

---

12) 함한희·허인순, 『<겨울연가>와 나비환타지: 일본한류를 만나보다』(서울: 소하, 2005), 140.
13) 앞의 책, 108.

신드롬의 원인은 무엇일까? 혹 한번 불면 꺼져버릴 거품과 같은 일시적인 인기를 넘어 아직도 여전히 그를 사모하고 추앙하는 일본 여성들의 마음을 차지하고 있는 이유에 대한 해답을 시뮬라시옹 욘사마에서 찾고자 한다.『<겨울연가>와 나비환타지: 일본 한류를 만나보다』를 저술한 함한희와 허인순이 일본 여성 팬을 상대로 배용준의 팬이 된 원인을 묻는 설문지와 인터뷰의 결과를 책에서 분석하고 있다.

그들의 분석에 따르면, 일반적으로 일본 팬들은 자신들이 배우들을 좋아하는 이유를 배우들이 가지고 있는 자질로서의 연기력과 용모를 꼽는데, 배용준의 경우는 특이하게 그의 인격적인 측면을 중요하게 여기고 있다는 것을 발견했다고 기술한다. 팬들에 의하면 실제의 배용준이 드라마 속의 인물과 매우 닮았다고 느끼면서 그에게 빠지게 되었다는 것이다. 배용준의 매력은 지적이고 부드러운 외모와 음성, 삶에 임하는 태도, <겨울연가> 속의 민영처럼 상냥하고 정중하며 자상해서 다른 일본 남성배우와는 차별되는 점을 가졌기에 더욱 좋아하게 되었으며 그래서 그를 욘사마라고 부른다고 한다. 함한희와 허인순은 팬들이 욘사마로 부를 때 그들이 진심으로 애정과 존경을 동시에 표현하는 의미로 호칭하고 있다는 것을 알았다고 보고한다. 14)

그러나 여기서 주목할 것은 일본 팬들이 인격적으로 평가하는 실제의 배용준은 보드리야르의 이론에 따르면 욘사마로 재현된 배용준이다. 좀더 정확히 말해 일본 팬들이 배용준을 욘사마로 등극시키게 된 근본적 원인은 인간 배용준 자체가 아닌 극중의 이민형 혹은 이준상으로 재현된 인물로서, 보드리야르가 밝힌 것처럼 시뮬라시옹 욘사마라고 할 수 있다. 인

---

14) 앞의 책, 115.

간 배용준의 실체를 본 사람, 아는 사람은 극히 드물며 특별히 일본 여성 팬들 중에서는 거의 전무할 것이다. 더욱이 그가 부지런한지 혹은 게으른지, 성격이 급한지 혹은 털털한지에 대한 배용준의 실체는 사실 일본 여성 팬들에 중요하지 않다. 준상이와 민영이로 재현된 모습들이 배용준의 실체를 대신해서 그의 팬들 사이에 존재하며 그들의 세계를 구성하고 있다는 사실이다. 준상과 민영으로 재현된 배용준의 이미지는 인간 배용준 실체보다 훨씬 더 강력하게 배용준 자신과 그의 팬들 사이의 관계를 형성하고 있는 것이다. 우리 개개인이 텔레비전 드라마에서 접하는 배용준이나 최지우는 재현되고 재현된 그리고 복제에 복제를 거듭한 이미지의 배용준과 최지우로서 오리지널 배용준과 최지우의 실체와는 무관한 시뮬라크르인 배용준과 최지우로서 시청자와 그리고 팬들과 관계를 맺는다.

드라마 <겨울연가>를 통해 보는 흰 눈의 배경, 배경음악, 배우들의 의상과 헤어스타일 등 드라마 속의 모든 것은 시뮬라크르다. 즉 우리가 드라마로 접하는 모든 것은 구조화된 기호들로서 보드리야르의 시뮬라시옹의 세계라고 할 수 있다. 인간 배용준의 실체가 우리에게 영향을 미치는 것이 아니라 갈색으로 염색한 바람머리의 스타일, 설경 속 스키장의 배경과 어울리는 코트와 목도리, 이지적인 면을 강조하기 위해 쓴 검은 뿔테 안경 등으로 이민영 화 된 이미지의 배용준이 현실의 배용준 실체를 지배하는 시뮬라시옹이며, 바로 시뮬라시옹 배용준이 욘사마라고 하는 파생실재를 형성하며 바로 이같은 파생실재가 배용준과 시청자와 팬들이 만나고 교류하는 현실세계다.

시뮬라크르 이민영의 이미지를 구성하는 많은 요소들이 욘사마의 파생실재를 형성한다. 부드럽고 이지적이고 신비주의적인 이민영의 이미지를 만들기 위해 수많은 요소들이 기호화되어 시뮬라시옹된 것을 관찰할 수 있다. 드라마 속 배우의 이미지를 위해 사용된 목도리와 안경 그리고 머리스타일이 많은 사람들의 패션으로 시뮬라시옹 되어 유행을 가져오기도 했다. 이민영의 이미지를 만들기 위해 사용된 요소들을 통해 이민영이라는 시뮬라크르가 형성되고, 이민영의 시뮬라시옹이 욘사마라는 파생실재가 되어 일본의 여성, 특별히 일본의 중년 여성들의 팬덤을 형성하게 되었다고 할 수 있다. 시뮬레시옹으로 인해 형성된 파생실재는 관계성 속에 있는 사람들에게 때로 긍정적으로, 때로 부정적으로 영향력을 미치기도 한다.

배용준의 팬들은 그의 언행이 다른 배우들과 달리 친절하고 진실성이 있어 극중 민영의 대사들이 실제 배용준이 할 수 있는 말이라고 생각한다고 전한다. 극중 민영의 성품과 동일한 훌륭한 인품을 가진 배용준과 한 가족이 된다는 것을 팬들이 매우 자랑스러워 한다는 것이다.[15]

70년대와 80년대 일본 소녀들에게 유행했던 <캔디>의 남자 주인공이자 당시 소녀들의 영원한 로망인 테리우스의 추억을 가진 일본의 중년 여성들에게 마치 <겨울연가>의 이민영은 소녀시절 간직한 테리우스의 이미지를 연상시키는 것 같다. 팬이 인터뷰에 직접 응답한 글에 의하면 "소녀만화에서 나온 것 같은 욘사마의 자상함과 아름다움, 누구라도 이상의 왕자님 같다고 마음속에 생각하는데 그 이상 속의 사람이 현실에 나타난 것 같다."[16]고 말한다. 현실과 이상 사이의 건널 수 없는 결혼의 현실은 욘사마로 인한 파생현실 속에서 현실 파괴적 요소로 나타나기보다는 일상에 지친 일본 주부 팬들에게 삶의 희망과 활력을 준다는 것을 알 수 있었다.

시뮬라시옹 욘사마를 중심으로 가족이 된 일본 여성 팬들은 인터넷을

---

15) 앞의 책, 116.
16) 앞의 책, 117.

통해 가족으로서 정보를 서로 공유하며 때로 사적인 일일지라도 고민거리가 있으면 연대감 속에 서로 상담해주고 격려해 준다고 한다. 욘사마의 팬이 된 이후로 인터넷으로 서로 교류하기 위해 컴퓨터를 몰랐던 일본 중년 여성들도 컴퓨터를 배우는가 하면 이전에는 관심 밖이었던 언어였지만 욘사마가 사용하는 한국어를 배우기 위해 다시 학습에 도전하기도 한다. 욘사마의 가족이 되기 이전에는 무관심과 무시의 대상이었던 한국이 이제는 가장 가보고 싶은 나라가 되어 <겨울연가> 관광에 참여하기도 한다. 욘사마 이전 한국은 일본 남성들이 기생관광을 위해 가는 나라였지만, 욘사마 이후 춘천의 준상이 집, 준상이와 유진이가 데이트 하던 남이섬을 방문하고 욘사마가 자주 간다고 하는 찻집에서 차를 마시는 꿈의 여행지가 되었다. 집에서 주부로 갇혀있던 중년 여성들을 다시 학습하게 하고 여행하게 한 원동력이 시뮬라시옹 욘사마인 것을 알 수 있다.

몇 년 전에 비해 일본 중년 주부들 사이에 욘사마를 향한 열기가 많이 식었음에도 그렇다고 해서 그들 사이에 시뮬라시옹 욘사마가 다시 배용준으로 탈이미지화 된 것은 아니다. 준상이 집과 준상이와 유진이가 데이트하던 곳을 찾아 한국을 여행하는 일본 여성들의 숫자는 많이 줄었지만 드라마 <겨울연가>가 만든 시뮬라시옹 욘사마의 이미지는 영원한 것이다. 보드리야르는 이러한 현상을 지적하며 시뮬라크르의 역사는 이미지와 그 힘의 역사라고 한다.[17] 대량 미디어에 의해 생산된 이미지가 실재와 분리되어 자율적인 지위를 획득한 시뮬라크르의 힘을 드라마 <겨울연가>의 욘사마를 통해서 경험할 수 있었다. 보드리야르는 시뮬라크르, 시뮬라시옹이 현대 사회의 다양한 영역 " 즉 미디어, 광고, 패션, 디자인, 예

---

17) 배영달, "보드리야르: 시뮬라크르라는 악마,"「한국프랑스학논집」80(2012), 269.

술, 건축, 성, 육체, 소비주의, 정치적인 것, 사회적인 것"과 같은 영역을 어떻게 지배하는지 밝히면서 현대 사회의 본질과 현상을 구체적으로 논의한다. 현대 사회 문화의 본질을 분석하며 보드리야르는 시뮬라크르, 시뮬라시옹의 이미지와 그 힘이 어떻게 이데올로기로 작동하는지를 보이고자 했다. 그런 면에서 시뮬라크르는 엄청난 파급력과 영향력을 가진 것으로서 때로 폭력적 힘으로 때로 악마적 힘으로 작동할 수 있음을 보여주고 있다.

드라마 <겨울연가>가 생산해낸 욘사마의 이미지, 즉 시뮬라시옹 욘사마가 일본 중년 여성들 사이에 어떤 영향력을 끼쳤는지에 대해서는 다양한 관점에서 다양한 의견과 평가가 있을 것이다. 욘사마의 팬클럽에 속한 일본 여성들, <겨울연가> 촬영지를 찾아 한국여행을 온 여성들과 그의 가족들의 인터뷰, 설문조사 등의 결과를 보면서 <겨울연가>의 시뮬라크르의 힘과 영향력이 일본 중년 여성들 사이에 삶의 긍정적인 에너지로 작동했음을 보고 느낄 수 있었다.

이미지를 사고파는 사회, 보드리야르는 현대사회는 사물을 소비하는 것이 아니라 이미지를 소비하는 시대라고 말한다. 시뮬라크르, 시뮬라시옹의 개념을 통해 보드리야르가 현대사회를 분석한 것에 대해서 학자들 사이에 다양한 평가가 있다. 그러나 현대 문화 분석에 대한 보드리야르의 이론에 대해 긍정적 평가와 함께 부정적 평가가 있는 것이 사실이지만 박치완의 글을 인용하며 김기정이 이야기한 것처럼 "보드리야르의 시뮬라크르 개념은 이미 연구실에서 빠져나와 시장에서 소비 유통되고 있으며 … 대중들의 머릿속에서 자리를 잡았다."[18] 사람이 문화를 만들고 문화

---

18) 박치완, "J. 보드리야르의 시뮬라크르, 시뮬라시옹 개념에 대한 일 반역," 「해석학 연구」 21(2008), 140; 김기정, "들뢰즈의 시뮬라크르를 통한 문화분석 시론" (2011), 35. 재인용.

가 사람을 만드는 현실에서 모두가 문화를 만드는 힘을 가진 것은 아니지만 현대 대량 미디어 매체가 생산해내는 시뮬라크르가 어떤 힘으로 작동하고 있는지를 분석하고 비판하고 어떤 방법으로든 시정을 요구하는 것은 우리 모두의 몫이다.

시뮬라크르와 시뮬라시옹의 개념을 통해 대량매체를 통해 생산되는 대중문화를 분석한 보드리야르의 이론은 현대 사회와 문화의 주요한 부분을 이루는 종교적 영역에서도 예외가 아니라는 것을 보여준다. 보드리야르가 설명한 시뮬라크르는 현대인들의 일상의 영역을 포함한 문화, 정치 뿐 아니라 소위 인간의 정신적, 영적 영역까지 침투해 있다. 따라서 다음 장에는 현대 기독교인들이 고백하는 그리스도가 시뮬라크르화된 그리스도 즉, 시뮬라시옹 그리스도임을 주장하고자 한다. 이를 위해 그리스도 고백의 규범이 될 수 있는 역사적 예수를 들뢰즈의 사건으로서의 시뮬라크르를 통해서 그리고 기독교인들이 고백하는 그리스도의 이미지를 보드리야르의 시뮬라시옹을 통해 분석해 보고자 한다. 한국 교회에서 고백되고 회자되는 예수 그리스도의 이미지를 들뢰즈의 시뮬라크르 이론과 보드리야르의 시뮬라시옹 이론을 통해 살펴봄으로 한국교회의 선교적 방향을 재 모색하도록 하겠다.

들뢰즈의 사건의 시뮬라크르, 역사적 예수와 보드리야르의 시뮬라시옹, 그리스도

비실재적인 시뮬라크르가 현대 포스트모던 현실 사회를 지배한다고 주장한 보드리야르는 문화예술 영역뿐만 아니라 종교적 영역에도 예외가 없음을 시사한다. 시뮬라시옹의 문제는 "종교와 신성의 영역으로 거슬러 올라가야 한다"19)고 보드리야르는 주장하며 성聖의 영역, 소위 신성불가침의 영역이라고 할 수 있는 종교의 영역까지 예외 없이 시뮬라크르와 관계되어 있음을 밝힌다. 보드리야르는 특별히 기독교 역사에 일어났던 성상파괴, 성상숭배 문제를 언급하여 말한다. 보드리야르가 언급하는 성상파괴 논쟁은 그간 관행으로 행해졌던 성상숭배에 대해 730년 비잔틴 제국의 황제 레오 3세가 성상파괴 칙령을 내림으로 불붙게 되었다. 레오가 죽은 후 그의 아들 황제 콘스탄틴 5세는 콘스탄티노플에서 대종교 회의를 소집해 성상숭배는 성서에 상반되는 우상숭배이며 반 기독교적 행위라고 규정하며 성상숭배 반대뿐만 아니라 성상파괴령을 결의했다. 이에 대해 로마가톨릭교회는 비잔틴 제국의 결의를 반대하고 성상숭배 전통을 계속할 것을 결의했다. 842년 3월 11일 성상숭배를 다시 공인할 때까지 비잔틴 교회는 성상숭배가 우상숭배이며 성서의 가르침이 아니라는 이유로 140여 년 동안 성상숭배금지 및 성상파괴령을 지속했던 역사를 가지고 있다.

보드리야르는 비잔틴 황제가 성상숭배 금지와 파괴를 명한 것에 대해, 신성을 재현한다는 것은 불가능하기에 어떠한 성상이라 할지라도 이는 시뮬라크르이며, 시뮬라크르에 불과한 가시적 성상이 결국 인간의 의식에서 신을 지워버리고 신을 대체해 버릴 것이라는 것을 두려워 한 성상파괴자들이 성상숭배 금지와 파괴를 주장했다고 설명한다. 보드리야르는 더 나아가 성상이 신성, 즉 신이 가지고 있는 속성이나 본질 혹 플라톤적 이데아를 감추거나 숨길뿐이라고 믿었다면 굳이 성상을 파괴할 필요는

---

19) 장 보드리야르,『시뮬라시옹: 포스트모던 사회문화론』(1993), 22.

없을 것이라고 말한다. 무엇인가를 감춘다는 것은 실상은 가지고 있으면서 없는 척하는 것이기에, 신의 성상이 정작 신의 속성 신의 본성을 감추고 있거나 숨길 뿐이라고 생각했다면 파괴하지는 않았으리라는 것이다. 그러나 시뮬라크르란 원본이 없는 부재의 모상이며, 대상이 없는 이미지로서, 시뮬라크르는 아무것도 없는데 있는 척 하는 것, 갖고 있지 않은 것을 가진 척하는 것이기에 신을 인간의 머리에서 지워버릴 수 있는 파괴적인 막강한 힘을 가졌다는 것을 성상파괴주의자들이 감지했을 것이라고 말한다.20)

보드리야르는 더 나아가 "성상파괴주의자들의 형이상학적 절망은 이미지가 아무것도 숨기고 있지 않으며 이미지가 요컨대 이미지가 아니라는 것으로부터 온다"21)고 설명한다. 왜냐하면 이미지란 모델이 되는 대상이 있지만, 성상의 이미지가 대상의 모델에서 비롯된 것이 아니라 이미지의 이미지 결국 "완벽한 시뮬라크르"였다는 것이다. 따라서 "결국 본질적으로 신이란 없었기 때문이고, 오직 시뮬라크르만이 존재하고 있었으며, 더군다나 신 자체도 시뮬라크르였기 때문이다"라고 분석한다.22) 보드리야르는 신의 이미지를 경멸하고 부정한다고 비난받았던 성상파괴자들이야말로 성상의 이미지가 다름 아닌 시뮬라크르였다는 것을 간파한 그래서 이미지에 정확한 가치를 부여한 자들이었다고 평가한다. 반면 성상숭배자들은 성상의 이미지에서 단지 신의 그림자만을 보았고 그저 정교한 선으로 그려진 이미지로서의 신을 공경하는 것으로 만족했던 자들이었다고 지적한다.23)

---

20) 장 보드리야르, 『시뮬라시옹: 포스트모던 사회문화론』(1993), 23.
21) 앞의 책, 24.
22) 앞의 책.

기독교 종교개혁자들이 성상숭배를 금지한 이래 개신교에서는 성상이 금지되었다. 예배뿐만 아니라 신자들의 신앙생활에서도 성상을 금지하고 있어 성상을 통한 신성의 시뮬라크르가 없다. 그러나 현대사회에서 영화, 텔레비전 드라마, 각종 영상 매체를 통한 이미지뿐만 아니라 각종 예술과 소설의 이미지가 예외 없이 보드리야르적 시뮬라크르라고 한다면, 지금도 신성의 시뮬라크르는 이전과는 다른 방식으로 개신교식 예배 속에서 그리고 신자들의 삶 가운데 함께 한다고 할 수 있다. 신은 예배에서 그리고 신앙생활 가운데 직접 신 자신의 이미지를 현현하지 않는다. 그러나 성상이 금지된 개신교에서도 예배에서의 설교와 성경공부 등을 통해 이미지화된 그리스도의 신성이 재현된다. 그러나 실체로서의 신을 대상으로 할 수 없기에 강단에서 설교를 통해 그려지는 그리스도의 이미지는 보드리야르가 지적했던 시뮬라크르라고 할 수 있다. 원본 없는 모사, 모사의 복제, 복제의 복제를 거듭한 시뮬라크르로서의 그리스도 이미지는 매우 다양하다. 한국 교회에서 대중적으로 받아들여지는 그리스도의 이미지는 천상의 그리스도, 로고스로서의 그리스도, 우주적 그리스도, 종말의 심판자로서의 그리스도 등 다양한 이미지를 갖는다. 실제의 모델이 되는 대상을 원본으로 삼지 않은 시뮬라크르서의 그리스도 이미지는 신자들의 신앙과 삶에 방향을 제시하고 인도하기 보다는 보드리야르가 지적한 것처럼 사람들의 머리에서 신을 지워버리고 만다.

역사적 한 인물 예수를 구체적 실체의 대상으로 삼지 않은 그리스도의 이미지는 원본 없는 실재, 실재의 부재의 이미지로 시뮬라시옹이 된다. 특별히 역사적 예수가 아닌 부활사건 이후의 그리스도 화 된 이미지를 실재

---

23) 앞의 책.

화 시키고 복제하는 시뮬라크르는 신자의 삶 속에서 방향을 제시해 줄 수 있는 실재의 모델이 되는 예수를 지워버리는 막강한 힘을 갖는다. 한국교회 그리스도인들이 신앙과 삶이 분리된다는 비난을 받는 이유가 바로 삶의 방향을 근거 지워 줄 수 있는 토대가 되는 역사적 예수를 잃어버린 결과다. 역사적으로 구체화된 예수의 실재가 부재한 그리스도의 시뮬라크르가 기독교 역사를 통해서 왜곡된 파생실재를 형성했음을 증거하고 있다. 로마제국의 식민지에서는 다윗의 왕권의 전성기를 회복시킬 것이라는 그리스도의 이미지는 이제 기독교가 로마제국의 종교로서 세계에 대한 지배력을 갖게 되었을 때 제국을 통치하는 황제의 이미지로 시뮬라시옹되고 있는 것을 볼 수 있다.

이미지의 구체적 모델이 되는 성육신한 역사적 예수라는 모델이 부재한 그리스도의 이미지가 형성한 파생실재는 제국의 왕권 이데올로기를 옹호하고, 기존의 정치사회적 체제를 보호하는 신성한 보호막을 제공하기도 했다.[24] 천상의 그리스도, 신적 로고스로서의 그리스도의 이미지는 로마황제의 통치를 승인하는 지배자의 이미지로 형성되기도 했다는 것을 기독교 역사를 통해 쉽게 찾아 볼 수 있다. 또한 통치자로서의 그리스도 이미지는 주인이 노예를 통치하고 남자가 아내를 지배하는 지배체제를 옹호하는 가부장제 권력의 상징이 되기도 했다.[25] 이렇게 통치자의 이미지로 시뮬라시옹된 그리스도의 이미지는 사람들의 머릿속으로부터 예수의 삶 속에서 보여주신 낮아지신 사랑의 하나님의 모습을 지워버렸고, 사회적 약자와 여성들, 가난한 자들과 더불어 함께하신 그리스도의 기억을 신자들의 삶으로부터 상실하게 만들었다. 보드리야르가 말한 시뮬라

---

24) 로즈마리 류터/안상님 옮김, 『성차별과 신학』(서울: 대한기독교서회, 1985), 137.
25) 앞의 책, 138.

크르의 막강한 힘은 성육한 하나님이 신자에게 예시하고 계시하신 삶을 교회에서 신자의 삶으로부터 멀리 떼어놓는 결과를 만들었다.

구체적 실재의 모델을 제거한 부활 이후의 그리스도의 시뮬라크르는 현대의 자본주의 사회에서 물질주의, 소비주의를 옹호하는 맘모니즘의 파생실재를 형성하고 있는 현실로 경험할 수 있다. 왕으로서 군주로서 시뮬라시옹된 그리스도의 이미지는 자발적으로 낮아지시고 자발적으로 가난해지심으로 당시의 신분 질서, 사회체제를 스스로 전복하며 새로운 하늘나라의 질서를 세우셨던 성육신한 하나님을 인식하지 못하도록 신자들의 귀와 눈을 닫아버린다. 이와 같은 가부장적 자본주의, 군사주의, 물질주의의 파생실재를 형성한 그리스도의 시뮬라크르는 실재의 부재, 원본의 상실에 기인한 것이라고 할 수 있다. 부재된 실재, 상실된 원본, 시뮬라크르 화 된 이미지의 본래적 실재는 되찾아 복원해야 할 역사적 예수의 모습이다. 들뢰즈의 사건의 시뮬라크르는 상실된 원본을 재현할 수 있는 실마리를 제공한다.

플라톤과 보드리야르 그리고 들뢰즈 각각의 철학자들의 시뮬라크르 이해가 어떻게 다른지 간략하게나마 앞에서 설명 했다. 플라톤주의를 전복하고자 시도했던 들뢰즈가 독해한 시뮬라크르는 보드리야르의 시뮬라르크와는 그 존재와 가치의 위상이 다르다고 할 수 있다. 들뢰즈는 자신의 시뮬라크르의 이해를 사건이라는 독특한 이해로 자신의 철학을 전개한다. 플라톤의 이데아가 동일성의 원리, 불변성, 완전성의 원리라고 할 때 이데아의 형상과 동일성을 전혀 담보하지 못한 시뮬라크르는 생성 소멸하는 감각적인 것이며, 유동적이고, 지속성이 없으며 영적 형상의 이데아와는 달리 질료적이라고 할 수 있다. 들뢰즈는 바로 이같은 시뮬라크르의 특성에 실재성을 부여함으로 시뮬라크르의 존재론적 위상과 가치론적 위상을 부여한다. 들뢰즈가 시뮬라크르에 부여한 실재성은 동일성이 아닌 차이와 잠재성이라는 실재성을 부여하는 것이다. 그럼으로써 들뢰즈의 시뮬라크르는 사건으로 특별한 위상을 갖는다.

들뢰즈의 사건으로서의 시뮬라크르는 크로노스적 세계사의 흐름에 카이로스적 사건의 발생을 정당화시키는 근거를 마련한다. 동일성과 영원성, 불변성의 이데아의 세계와는 전혀 다른, 물질과 생성과 소멸이라는 변화와 차이로서 시뮬라르크는 잠재성의 형태로 실재화 되었다가 순간이라는 형태로 역사 속에서 현실화된다. 역사적 현실의 한가운데 성육신이라는 사건의 발생은 성육신 사건 이전과 이후 나타났다가 사라지고 소멸하는 것이 아니라 잠재성이라는 형태로 실재화 되었다가 카이로스의 때에 사건으로 현실화되고 다시 잠재성으로 실재하는 것으로 설명할 수 있다. 신이 역사 한가운데 한 인간의 모습으로 성육신한 예수 사건을 들뢰즈의 시뮬라크르의 이론을 통해서 설명할 수 있다. 들뢰즈의 사건으로서의 시뮬라크르로서 성육신한 역사적 예수를 실재의 모델로 한 그리스도의 모사, 재현은 우리 기독교가 선교할 올바른 지침을 마련해 줄 것이라 믿는다.

나가는 말

지금까지 현대인들의 삶을 주도하는 문화 사회적 현상을 시뮬라크르와 시뮬라시옹을 통해 살펴보았다. 현대인이 주체적인 삶을 산다고 노력하고 생각하지만 내가 깨닫지 못하고 의도하지 않은 실재보다 더 실재 같은 비실재적 현실이 우리의 삶을 주도할 수 있다는 것도 살펴볼 수 있었다.

현대 문화가 현대인의 생활에 미치는 영향을 분석해 볼 수 있는 개념적 틀로써 장 보드리야르와 플라톤 그리고 들뢰즈까지 각각의 철학자들의 독특한 개념, 시뮬라시옹과 시뮬라크르에 대한 의미를 분석했고, 그 개념적 틀을 통해 한류 드라마 <겨울연가>와 선교에서의 역사적 예수와 그리스도의 이미지를 살펴보고자 시도했다. 특별히 보드리야르의 시뮬라크르 개념을 통해 대중적 이미지로서의 그리스도 이미지와 들뢰즈의 사건으로서의 시뮬라크르 개념을 통한 역사적 예수 이해를 통해 앞으로 기독교 선교의 내용과 방향을 재정립 해보고자 하는 시도도 했다. 원하건 원하지 않건 일정부분 이미지가 생산한 시뮬라크르의 영향권에서 벗어날 수 없는 우리의 문화현실에서 영상을 비롯한 다양한 이미지가 우리의 삶을 풍성하게 할 수 있는 방향으로 자리매김 되어야 한다는 것을 설명했다. 더욱 이 시뮬라크르의 현상은 문화영역뿐만 아니라 종교영역도 예외가 아니라는 것을 보이고 올바른 역사적 예수이해가 모델이 된 그리스도의 이미지를 통해 참된 복음을 전해야 한다는 선교적 방향도 제시하였다.

참고문헌

김기국. "드라마의 신드롬과 미디어의 탈신화화."「한국언어문화」 29(2006).

김기정. "들뢰즈의 시뮬라크르를 통한 문화분석 시론."「인문콘텐츠」 22(2011).

들뢰즈, 질/윤성우 옮김.『재현의 문제와 다른 철학자들』. 서울: 철학과현실사, 2004.

류터, 로즈마리/안상님 옮김.『성차별과 신학』. 서울: 대한기독교서회, 1985.

박치완. "J. 보드리야르의 시뮬라크르, 시뮬라시옹 개념에 대한 일 반역."「해석학 연구」
    21(2008).

배영달. "보드리야르: 현대 사회와 이미지."「프랑스문화예술연구」 8(2006).

_____. "보드리야르: 시뮬라크르라는 악마."『한국프랑스학논집』 80(2012, 11) 267-290.

_____. "보드리야르: 이미지의 폭력에 저항하기."「철학과 현실」 74(2007).

보드리야르, 장/하태완 옮김.『장, 시뮬라시옹: 포스트모던 사회문화론』. 서울: 민음사, 1981.

이문행. "아시아 8개국에 수출된 한국 드라마 특성에 대한 연구."「한국콘텐츠학회」
    9(2007).

이정우.『시뮬라크르의 시대: 들뢰즈와 사건의 철학』. 서울: 거름, 1993.

정혜경. "〈겨울연가〉의 패러독스: 삶과 죽음의 Text Coherence."「동아시아 일본학회」
    41(2012).

한류와 한국 유교전통
그리고 여성의 살림영성

시작하는 말

　한류의 물결이 동구에까지 퍼져서 전개되기 시작할 즈음 불가리아를 방문하고 온 한국의 김황식 국무총리는 TV 인터뷰에 나와서 "좋은 의미로 어쩌다 이렇게 되었는지는 모르겠지만" 이라고 감탄하면서 런던과 파리에 이어서 동유럽 불가리아에도 불고 있는 한류의 열풍에 크게 놀라고 고무된 심정을 드러냈다. 가는 곳마다 그곳의 젊은이들이 한국 한류 스타들의 노래를 따라하고, 한국어를 배우고, 가장 여행하고 싶은 나라로 한국을 꼽는 것 등을 보면서 그는 한국의 국무총리로서 매우 감격스러워 했다. 그러면서 한 편으로 어떻게 이런 일이 가능하게 되었는지 어리둥절해 했다. 비단 김황식 총리만이 아니라 대부분의 한국인들은 세계 곳곳에서 불고 있는 한류의 열풍을 보면서 처음에 이와 유사한 감정을 가졌을 것이다. 세계 전쟁사에서 가장 많은 수의 시민이 희생된 전쟁으로 이야기되는 6·25 전쟁을 겪은 세대일수록 더욱 그러한 감정을 느낄 것이다.

이러한 한류 열풍에서 특히 여성 주역들의 역할이 두드러지는 것을 부인할 수 없다. 물론 2012년 <강남스타일>의 싸이가 있지만 일찍이 한 한류 드라마 연구가도 잘 지적해 낸 대로 한류의 물결에 여성들이 중심에 서 있는 것을 잘 볼 수 있고,[1] 그것은 예를 들어 한국의 여성작가 신경숙이 자신의 소설『엄마를 부탁해』를 가지고 미국 도서시장에 불러일으킨 한류 바람에서도 확인되었다. 그것은 그 글을 쓴 작가가 여성이라는 것뿐 아니라 내용에 있어서도 '엄마'(motherhood)라고 하는 인류 보편의 여성체험을 가지고 어떻게 한국적인 여성체험이 그 보편적 정서의 지극한 예가 될 수 있는지를 보여주었다고 하겠다. 당시 신경숙은 자신의 소설『엄마를 부탁해』의 미국 착륙이 자기 개인뿐 아니라 한국 문학으로도 "미국에 내리는 첫눈"과 같다고 소감을 밝혔는데,[2] 나에게 이 말은 매우 상징적으로 들렸다; 미국으로 대변되는 서구 문명을 환하고 포근하게 감싸주는 첫눈과 같은 한국 여성성, 한국의 모성과 생명정신, 이런 것들을 생각했다.

오늘날 세계 곳곳에서 일고 있는 이러한 한류의 정체는 무엇일까? 한국 문화와 정서의 무엇이 오늘날 그토록 세계인들의 정서에 보편적인 호소력과 감흥을 불러일으키고 있는가? 또한 거기서 두드러지는 한국 여성들의 역할과 활동을 어떻게 이해할 수 있을까? 한류 드라마 <가을동화>와 <가을연가>로부터 시작해서 <대장금>은 말할 것도 없고 <올인>을 포함한 몇몇의 경우를 제외하고는 모두 여성이 주인공이 되어서 여성 중심적 시각에서 구성되어 인류 정서에 보편적으로 감동을 주는 이유와 근거는 무엇일까를 묻게 된다. 이러한 물음들과 관련해서 특히 한국의 유교전통에 대해서 다시 생각해보고자 한다. 21세기 오늘날 세계 문명의 판도는

---

1) 이수연,『한류 드라마와 아시아 여성의 욕망』(서울: 커뮤니케이션북스, 2008), 104.
2)「MBN」mbn뉴스, 2011.4.7.

미국과 중국이라는 두 나라로 대변되는 기독교 문명권과 유교 문명권의 대대^{對待} 형상으로 크게 그려볼 수 있다. 여기서 인류 삶의 각 분야에서 점점 더 부상하고 있는 중국과 그 공산주의 본토에서도 불고 있는 유교 가치관의 부흥을 굳이 들지 않더라도 오늘날 유교 전통에 대한 관심은 점점 더 고조되고 있다. 이러한 가운데서도 유독 현대 페미니즘과의 관계에서만은 그 소통이 여전히 소원한 상태이다. 그것은 모두가 주지하다시피 과거 유교 남존여비 실행의 악명이 워낙 높았고, 거기서의 존양억음^{尊陽抑陰}의 이론이 오늘날도 여전히 드물지 않게 (여)성 억압적 이데올로기로 작용하고 있기 때문이다. 하지만 지난 90년대 이후 세계 곳곳의 유교 여성들은 20세기 페미니즘의 도전과 확산과 더불어 어떻게 그러한 여성 억압적 유교 전통을 새롭게 구성해낼 수 있을까의 문제로 씨름해왔고, 유교 문명권의 나라들 중에서도 오늘날까지 가장 생생하게 유교 전통이 살아있는 한국에서도 유교와 페미니즘 간의 대화는 꾸준히 진행되어 왔다.[3]

본 연구는 이러한 유교와 페미니즘 간의 대화의 연속선상에서 어떻게 오늘날 전 세계에 퍼져 있는 한류의 밑바닥에 한국 여성들이 오랜 기간 유교 전통의 삶 속에서 일구어 온 살림과 생명의 영성이 흐르고 있고, 그 정신이 어떤 방식으로 21세기 여성을 위해서도 역할 할 수 있으며, 인류 보편적 삶을 위해서도 의미를 줄 수 있는지를 탐색하려는 것이다. 20세기에 들어와서 서구로부터 전래된 기독교 복음이 한국 여성들 삶에서 해방과 주체성 형성을 위해서 지대한 영향을 끼쳤고, 또한 20세기 후반에 만난 서구 페미니즘은 한국 여성들의 삶을 다시 한 번 크게 변화시켰다는 것을 부인

---

3) 이은선, "21세기 한국 여성 리더십에 있어서의 유교와 기독교(I), (II)," 「동양철학연구」 제 62(2010), 63(2010); 김서세리아, "강화학의 실학적 특징을 통해 본 한국의 여성 주체성," 「양명학」 20(2008), 221이하.

할 수 없다. 하지만 오늘날은 동서의 인류모두가 공통적으로 그러한 기독교 정신이 낳은 근대 산업문명과 주체성 문명의 한계 앞에 노정되어 있고, 또한 그 근대정신의 딸인 페미니즘에 대해서도 가족의 삶도 포함해서 인간 공동체적 삶이 크게 훼손되어 가고 있는 상황에서 다시 그 진행 방향에 대해서 재고가 있어야 한다는 비판이 비등하다. 본 연구는 이러한 상황 가운데서 어떤 점에서 우리가 유교 전통으로부터 배울 수 있고, 어떻게 유교 문명과 기독교 문명이 서로 대화할 수 있는지를 특히 한국 페미니스트의 시각에서 시도해보고자 한다. 현대 페미니즘을 서구 기독교 문명의 계몽주의적 딸이라고 본다는 점에서 일종의 유교와 기독교의 대화가 될 것이고, 그것을 특히 오늘의 한류 해석과 더불어 시도해보고자 한다.

일상의 삶을 성화(聖化)시키고 예화(禮化)시키는 유교 종교성과 한국 여성의 삶

세계 근대 산업화 역사에서 그 유례를 찾아볼 수 없을 정도로 짧은 기간 동안 압축적으로 산업화되고 근대화된 한국에서도 크게 다르지 않게 세계는 지금 모두가 너나 할 것 없이 자신의 사적 영역의 이익을 위해서 동분서주하는 노동자가 되어서 공적 영역의 함몰이라는 고통 속에 빠져 있다. 여기에 반해서 유교는 그 역사에서의 구체적 실행에 있어서는 꼭 그렇게 이루어지지 않았다 하더라도 '천하의 모든 일은 공의 실현을 위해 나아간다'(天下爲公, 『예기』)[4]는 구절이 잘 일러주는 대로 서구 기독교 문

---

4) 김상준, 『맹자의 땀 성왕의 피-중층근대와 동아시아 유교문명』(서울: 아카넷, 2011), 270에서 재인용.

명보다도 훨씬 더 공적인 세계와 거기서의 화합의 일을 강조해 왔다. '자기를 이기고 예로 돌아가는 것이 참된 인간성이다'(克己復禮爲仁)라는 것이 공자의 핵심사상이고, '이익을 보거든 먼저 의義를 생각하라'(見利思義)가 맹자의 끊임없는 가르침이었던 것에서도 잘 드러나듯이 유교전통은 인간 공동 삶에서의 차이(別)의 인정과 거기서의 개별적인 욕망의 조절과 화합(禮)을 인간 삶을 지속하기 위한 가장 중요한 테제로 보아왔다. 유교적 내성외왕內聖外王과 하학이상달下學而上達 등의 가르침은 바로 공公과 사私, 이념적 삶과 물질적 생활, 타자와 자아 등 오늘날 여성들도 포함해서 현대인들이 크게 고통을 받고 있는 삶에서의 근본적 간극들을 지극히 현실적이고 탈종교적인(secular) 방식으로 조화시키고자 하는 노력이었다. 그러므로 이렇게 대극에 서 있는 요소들(內/外, 下學/上達, 理/氣)을 실천적이고 세속적으로 세간의 삶에서 조화롭게 엮어내는데 대한 가르침으로서의 유교적 도는 현대 여성들의 경우도 포함해서 오늘날 '세속화'(secular), 또는 '탈세속화'(post secular) 시대의 현대인들에게 좋은 시사가 될 수 있다고 본다.

그러나 본 논문은 여기서 더 나아가서 그 유교 전통 속에서의 한국 여성들의 삶에 주목하고자 한다. 왜냐하면 그들의 삶이야말로 지금까지 인류 동서의 어느 시대, 어느 배경에서의 경우보다도 혹독하게 '초월'(聖, the sacred)과 '내재'(俗, the profane)를 통합해내어야 하는 삶이었다고 보기 때문이며, 거기서 억음존양과 남존여비의 지난했던 삶의 조건에도 불구하고 무수한 경우수의 조건에 따라서 구체적으로 자신의 몸과 마음으로 생명을 낳고, 살리고, 보살피는 생명 창조와 살림의 역할을 해왔다고 보기 때문이다. 그들의 삶은 한 마디로 '사기종인'(捨己從人, 나를 버리고 남을 좇는다)의 삶이었다고 할 수 있다. 이 정신은 언뜻 보기에는 자아와 주체성은 부재하고 한없이 수동적이고 소극적인 삶의 정신이었다고 말할 수 있지만, 맹자가 대순大舜의 인격적 특성을 그 언어로 특징지은 데서도 잘 드러나듯이 그렇게 간단한 것이 아니다. 이 경지야말로 오히려 좁은 의미의 자아와 주체성의 차원을 벗어나서 더 큰 대인大人의 인격을 그리는 서술로서 여기지금과 자아의 상대성을 자각하고 매 순간과 만물 속에서 다가오는 하늘의 현현으로서의 타자를 깊이 받아들이는 유교 영성으로 이해할 수 있다고 보는 것이다.5)

나는 조선 시대 유교 여성들의 삶이 특히 남존여비의 시각에서 한 면에 치우쳐져서 이해되는 이유가 바로 이러한 유교 종교성에 대한 시각이 간과되었기 때문이라고 본다. 유교는 거의 사회정치적인 체제나 도덕/윤리 체계로만 알려져 있지 그 종교성에 대해서는 주목받지 못했다. 거기서 '성인지도'(聖人之道, To become a sage)를 향한 유교 종교성의 깊은 차원이 무시되어져 왔다. 이러한 유교 종교성의 이해가 조선 시대 남성들의 삶뿐만이 아니라 여성들의 삶을 이해하는데 있어서도 매우 중요한 기제가 된다고 본다. 속俗의 차원으로부터 성聖의 차원을 래디컬하게 구분하는 불교와는 달리 유교는 그러한 구분을 그렇게 급진적으로 하지 않는다. 오히려 유교는 일상과 속俗의 차원에서 성聖을 실현하기를 원했고, 그 일을 하기 위해서 '리일분수'(理一分數, The principle is one but its manifestations are many)라고 하는 형이상학적 원리를 제시하면서 이 세계의 모든 영역을 거룩의 영역으로 변화시키고자 했다. 그 원리에 따르면 이 세계의 모든 영역은 그 안에 성스러운 핵을 가지고 있고, 그 핵을 현실화시키는 일이 존재와 삶의 일이라고 보았으며, 그 일을 위해서 유교는 인간 삶을 크게 세 가지 영역으

---

5) 이은선, 「페미니즘 시대에 신사임당 새로보기」, 『한국 생물(生物)여성영성의 신학』(서울: 모시는 사람들, 2011), 114.

로 나누었다. 즉 '국가'(國)와 '가정'(家) 그리고 '자아'(身)의 세 영역을 말한다. 이렇게 고려시대 불교의 출세간적 성속 이해와는 다른 세계 이해 아래에서 조선 유교 사회는 국가와 가정, 개인을 전체적으로 성(聖)의 영역으로 화하게 하고자 했다.6)

사실 원래 (신)유교의 궁극(宗)개념인 '태극太極'이나 '(천)리(天)理'는 성적性的인 차별과는 관계가 없었다. '리일분수'(理-分殊)의 리理는 여남의 차이는 물론이거니와 인간과 동물, 물질과의 차이도 상관하는 것이 아니어서 이 세계의 만물 속에 내재하는 거룩한 하늘의 원리로 파악된 것이다. 그러므로 그 리理의 온전한 실현(聖人之道)은 여남 누구나 도달 가능한 목표가 되며, 온 세계 전체가 한 가족이 되는 것(萬物一體)이 가능하다고 보는 입장이었다. 그러나 그러한 (신)유교의 태극론적 우주론은 거기에 머물지 않고 그 리(理)의 현실적인 활동을 위해서 다시 음陰과 양陽의 우주론적 기氣의 원리를 받아들여 형이상학적으로 존재의 구별과 차별을 말하기 시작했고, 그리하여 현실의 인간 삶에서 여성과 남성의 구별은 점점 차별이 되어갔으며 종법의 질서는 그리하여 지독한 남성중심의 가부장주의 위계질서가 되었다. 이것이야말로 유교 성속체계의 사각지대라고 할 수 있다. 이 사각지대와 한계로 인해서 유교 전통사회 속에서 여성들은 열등한 존재로 낙인 받았으며, 몸과 섹슈얼리티는 매우 터부시되었다. 그러나 앞에서도 여러 가지로 지적되었듯이 이러한 한계와 사각지대에도 불구하고 (신)유교체계는 어떠한 다른 종교체제보다도 더 포괄적으로 속俗의 영역을 끌어안으려고 했다. 그리하여 그 현실적인 시도인 가례의 생활화로 지금까지 성聖의 영역과 별로 상관이 없다고 여겨지던 삶의 세세한 부분

---

6) 이은선, 『잃어버린 초월을 찾아서-한국 유교의 종교적 성찰과 여성주의』(서울: 모시는사람들, 2009), 74 이하. 본 논문에서 이 부분의 서술은 본인의 이 책에서 많이 가져왔음을 밝힌다.

들과 특히 여성들의 삶을 성화聖化와 예화(禮化, ritualization)의 과정으로 끌어들여서 변화를 이루고자 했다. 즉 유교는 비록 남성들과 차별을 두기는 했지만 여성들과 그들의 삶을 그대로 속俗의 영역에 둘 수 없었고, 그래서 여성들에게도 제한적이긴 했지만 교육을 주기 시작했고, 그들만의 책을 만들기 시작했으며, 그들의 모든 살림살이에 질서가 있고, 규모가 있으며, 구별이 있기를 원한 것이다.

이러한 일들은 조선시대 유교전통 이전의 삶에서는 드문 일이었다. 이것은 물론 남성들을 위한 것과 비교한다면 한없이 차별적이었지만 앞에서도 지적했듯이 우리 삶 전체를 거룩한 영역으로 만들고, 일상의 속俗에서 성聖을 실현하려는 기도를 가진 유교 성속체계가 가질 수밖에 없는 한계라고 본다. 리일분수의 세계관을 가졌지만 현실에서는 속俗의 전 영역을 성聖의 영역으로 화하게 하기 위해서는 '출발점'(the starting point)을 필요로 했을 것이고, 그 출발점을 모든 가정의 적장자 가부장으로 본 것으로 이해할 수 있다. 독일의 역사사회학자 노버트 엘리아스(Nobert Elias, 1987-1990)는 중세기 이후 서구 유럽사회의 전개를 "매너의 역사-문명화의 과정"(der Prozess der Zivilisation)으로 그려냈다. 그것은 "매너의 세련화" 과정인데 특히 인간의 일상적인 본능과 관련된 삶에서 본능적인 충동이 억제되고 다른 사람과의 관계에서 자율적인 자기 통제가 증가되는 예禮와 매너 의식의 전개로 이해했다.[7] 나는 조선 시대 여성의 삶도 그러한 해석의 틀 안에서 잘 파악될 수 있다고 보았는데, 그러나 나는 여기서 한 걸음 더 나아가고자 했다. 즉 조선시대 여성들의 삶의 변화를 단순히 계몽적이고 세속적인 의미에서의 문명화 과정으로만 볼 것이 아니라, 거기에서 더

---

7) 앞의 책, 51 이하; 노버트 엘리아스/유희수 옮김, 『매너의 역사-문명화 과정』(서울: 신서원, 1995), 382이하.

깊은 종교적인 의미를 보고자 한 것이며, 그것은 유교 종교성을 그의 '성인지도聖人之道'의 추구 속에서 보면서 조선 시대 여성들의 삶의 추구와 노력도 또 하나의 '성화'(聖化, To become a sage)의 과정으로 보고자 하는 것을 말한다. 이와 더불어 그러한 유교적 성인지도聖人之道의 종교성이 지금까지의 통상적인 이해에서의 종교 실천의 모습과는 많이 다르다 하더라도 오히려 오늘 세속의 시대에서는 그러한 성속일치의 세간적世間的 시도가 더 큰 의미가 될 수 있고, 그것은 겉으로는 종교처럼 보이지 않지만 내적으로는 깊은 영성의 차원을 가지고 있는 또 하나의 새로운 종교성의 모습, 즉 포스트모던적인 종교성postmodern religiosity의 모습으로 볼 수 있음을 지시했다.『中庸』의 '불성무물不誠無物'의 가르침에 따라서 바로 각자의 삶의 정성이 속된 세계와 물건을 성물聖物과 성사聖事로 변화시킬 수 있는 것처럼 그렇게 조선시대 유교 여성들의 삶은 지극한 정성의 삶에서 뛰어난 모범을 보였으며, 나는 그들의 삶을 일상의 많은 영역을 성화聖化시켜온 삶으로 보고자 한 것이다. 물론 유교도 다른 모든 종교 전통들과 마찬가지로 나름의 사각지대를 가지고 있다. 그러나 그 사각지대라는 것은 절대적인 것이 아니고, 각 종교 전개의 역사란 바로 그 사각지대를 나름의 방식으로 줄여 가는 역사라고 했을 때, 오늘날 유교전통이 페미니즘과 만난 것은 유교전통을 위해서는 자신의 사각지대, 즉 실체론적인 가부장주의를 풀 수 있는 또 하나의 좋은 기회가 된다고 생각한다.

나는 이러한 이해 속에서 유교 여성들의 삶이 우리가 보통 평가하듯이 단지 주체적이지 못하고 비천했던 것이 아니라 끊임없이 자신의 상대성과 한계를 살피면서 자신을 닦으려는 성학聖學의 실천 속에서의 '사기종인舍己從人'과 '수기안인修己安人'의 노력과 연관된 것임을 보고자 한다. 그들은 자신들의 살림살이 가운데서 그 살림살이 전체를 질서지우고 아름답게 다듬으려고 노력하였고, 바로 이러한 노력이야말로『중용』이 지시한 대로 '지극히 높은 것을 추구하되 일상을 따르는'(極高明命而道中庸) 유교적 도를 어느 경우보다도 생생히 실행해온 예로 볼 수 있다고 여겼다. 이제 앞으로 여성들도 전통적인 가정의 테두리에서 벗어나서 보다 더 활발하게 공적인 역할과 삶을 살아갈 21세기의 삶에서, 특히 거기서 삶의 다양하고 개별적인 요소들과 사람들을 창조적으로 조화롭게 잘 엮어내는 것이 정치적인 힘과 능력이고 그 정치력 능력이 여남 모두의 리더십의 중요한 조건으로 요청되고 있다면, 바로 한국 여성들이 과거 자신들의 삶에서 수많은 다양한 요소들을 잘 엮어서 삶을 뛰어나게 예화시키고 다듬어 온 살림살이의 능력과 영성이야말로 그러한 리더십의 형성을 위해서 좋은 가르침과 지혜가 될 수 있다고 본 것이다.[8] 그들의 살림살이야말로 바로 자신과 타자, 사적인 영역과 공적인 영역, 수많은 관계와 요소들의 조화와 화합의 일이었기 때문이다.

오늘날 전 세계로 번지고 있는 한류의 바람과 그 바람의 밑바닥에도 이러한 한국 여성들의 살림의 영성과 리더십이 잘 녹아있다고 생각한다. 그것은 특히 오랜 기간 유교적 살림의 영성체험에서 다듬어진 것이라고 보는데, 한류의 인기 있는 드라마의 여성 주인공들이 많은 어려움 가운데서 역경을 이겨내고 "커리어 우먼"으로 우뚝 서는 것이 한 중요한 특성이고,[9] 그 성취에 있어서도 그들의 의지와 노력이 중요하지만 서구의 다른 드라마들과는 달리 "권선징악"이나 "진실한 사랑의 승리" 등의 "보다 높은 차원의 질서"가 "궁극적인 나침반"이 되어서 이루어지는 것이 한류 드

---

8) 이은선, 「21세기 한국 여성리더십에서의 유교와 기독교」, 『한국 생물(生物)여성영성의 신학』(2011), 229 이하.
9) 이수연, 『한류 드라마와 아시아 여성의 욕망』(2008), 70.

라마의 특징이라고 했다면,[10] 나는 이러한 한류 드라마의 특성들이 바로 위에서 살펴본 포스트모던적 유교 종교성과 유교적 살림 영성의 표현들이라고 이해하고자 하는 것이다.

한국 유교의 '사기종인'(舍己從人)의 종교성과 한국 여성의 삶

이상과 같이 오랜 기간 유교적 살림의 영성과 종교성을 수행해 온 한국 여성들이 21세기 오늘날 가장 따르기 힘들어하는 도는 앞에서도 지적한 '사기종인'(나를 버리고 남을 따른다)의 도라고 할 수 있다. 이미 밝혔듯이 이 도는 맹자에 따르면 미美와 선善과 효孝의 대성大聖 순임금의 인격을 핵심적으로 지시해주는 언어이다. 맹자는 한국인의 심성을 가장 잘 대변해주는 사상가로 여겨지는데, 그런 그는 말하기를, "자로는 사람들이 그에게 허물이 있다고 말하면 기뻐하셨다. 우임금은 선한 말을 들으면 절을 하셨다. 대순大舜은 (그보다도) 위대했으니, 선을 남과 함께하여 자신을 버리고 남을 따르며, 다른 사람에게서 취하여서 선을 행하는 것을 기뻐하셨다"라고 했다.[11]

20세기 페미니즘의 등장이 여성들의 주체성과 자의식의 강조와 더불어 시작되었다고 한다면 이렇게 '자기를 버리고 남을 따르라'라는 가르침은 자칫 여성들을 다시 비 주체와 수동적 삶과 자아 없음의 게토로 몰고 갈 수 있다. 특히 오랜 기간의 존양억음의 논리 속에서 여성들을 자기 목소

---

10) 앞의 책, 105.

11) 「公孫丑上」, 『맹자』, 8.

리 없음의 삶에 가두어 두었던 한국 사회에서 유교가 다시 전통의 이야기를 들어서 이 이야기를 한다면 심한 의심의 눈총을 받을 수 있다. 하지만 나는 여기서 먼저 순임금이 그러한 덕을 실행하고자 했던 이유와 목적에 대해서 서술한 것에 주목하면서 그것과는 다른 해석을 해보고자 한다. 즉 맹자는 여기서 순임금이 왜 스스로를 버리고 남을 따랐는가의 이유를 분명히 밝히고 있는데, 그것은 "다른 사람과 더불어 선을 행하려고 한다"는 '선여인동善與人同'의 덕을 세우기 위해서였고, 순임금이 스스로에 대한 집중보다는 공동체를 세우는 일에 먼저 관심했기 때문이라는 것을 분명히 밝혀준다. 다시 말하면 순임금은 자신의 선한 삶을 넘어서 사람들로 하여금 함께 선을 행할 수 있도록 노력했고, 그들이 선을 행하는 일에는 관심이 없고 자신밖에 모르는 삶을 살아가는 것을 깨우치도록 하기 위해서는 스스로가 먼저 희생하고 남을 따르고 존중하는 삶을 살아야 하는 것임을 깨달았다는 의미이다. 그런 뜻에서 여기서 순임금의 도는 언뜻 보기에는 매우 수동적이고 소극적인 것으로 오해받을 수 있지만, 이 경지야말로 좁은 의미의 자아와 주체성의 차원을 벗어나서 더 큰 의미의 주체성과 '대인大人'의 삶을 산 경우라는 할 수 있다는 것이다. 맹자는 순임금의 위대함을 그렇게 보았다는 점에서 다시 한 번 유교적 도는 앞에서 지적한 대로 '천하위공天下爲公'의 도처럼 먼저 공적 세계를 세우는 일에 집중하는 일이라는 것을 잘 말해 준다고 하겠다.

오늘날 한류의 여러 드라마 속에는 이러한 한국 여성들의 오래된 사기종인의 주체성과 리더십의 모습이 여러 모양으로 그려져 있다. 그중 제일 큰 인상을 남긴 것이 <대장금>의 장금이의 리더십이라고 할 수 있다. 즉 장금이가 자신을 희생하고 포기하면서도 더 큰 덕을 이루고 노력하면서 성취한 리더십과 주체성이 오늘날 전 세계의 많은 여성들에게 깊은 인상을 남기고 있는 것을 볼 수 있다는 것이다. 예를 들어 2004년 대만의 국회 의원 선거에서 한 여성정치인은 장금이 복장을 하고서 장금이처럼 대만 사회의 병을 고치겠다고 유세를 하여 호응을 얻어서 당선되었다고 한다.12) 나는 이러한 유교적 사기종인의 주체성과 리더십이 단지 한류 드라마 등의 허구 안에서만이 아니라 오늘을 살아가는 한국 여성 리더들의 구체적 삶에서도 여러가지로 나타나고 있다고 보는데, 그 좋은 한 예가 미국 동부 '동암연구소'의 공동 창시자 전혜성 여사가 제안한 "역할완수"(Role dedication)의 리더십이라고 생각한다. 일찍이 미국으로 건너가서 기독교적 영성과 유교적 영성을 자신의 삶과 일에서 뛰어나게 조화시킨 그녀는 "역할완수는 한국 문화의 전통에서 돋보이는 우수한 가치"라고 하면서 차세대 여성들을 위한 한국적 여성 리더십을 제안하는 자리에서 "서양에서는 자기 성장, 자기 계발이 중요하다고 하지만 한국에서는 꼭 자기 성장을 추구하지 않아도 역할을 완수하다 보면 자기완성도 이루어진다고 본다."고 지적하였다.13) 나는 여기서 전혜성 여사가 한국적 특수성으로 지적한 '역할완수'의 리더십이야말로 바로 위에서 맹자가 말한 사기종인의 덕목이 오래도록 체현되어서 나온 결실이라고 이해한다. 그것은 오늘날 근대 주체성 원리의 과도한 적용이 가져오는 공적 영역의 쇠퇴와 서로를 점점 더 고립된 섬으로 만들어 가면서 자아 외에는 남아있는 것이 없도록 하는 '세계부재'(worldlessness)와 '세계소외'(world alienation)의 현상을 치유할 수 있는 좋은 가능성이 될 수 있다고 여긴다.

하지만 현실에서는 이러한 한국적 여성 리더십의 이상과 서구적 근대 페미니즘의 주체성의 원리가 곧잘 충돌한다. 지난 2008년 한국에서 5만

---

12) 신윤화/이한우외 편, 『동아시아의 한류』 (용인: 전예원, 2006), 61.
13) 전혜성, 『여성야망사전』 (서울: 중앙books, 2007), 124-125.

원 지폐가 새로 만들어지면서 거기에 들어갈 화폐인물을 선정하는 과정에서 한국 사회에서 일었던 논쟁이 바로 그 경우라고 생각한다. 지금은 많은 논의를 거쳐서 조선조 유학자 율곡의 어머니 신사임당이 선정되어서 일단락되었지만, 당시 한국의 페미니스트들은 주로 먼저 누구의 어머니와 처로 이야기되는 유교전통의 신사임당을 첫 여성 화폐인물로 선정하는 것은 시대에 맞지 않는다고 강하게 반발하였다. 하지만 앞에서 살펴본 대로 '사기종인' 도의 목적이 바로 '공公'을 세우는 일이고, 특히 오늘 우리 시대는 대중의 뿌리 뽑힘과 익명성의 분자화가 더욱 가중되어가는 상황인 것을 상기하면 자아와 개인을 넘어서 가족을 꾸리고 다음 세대를 가능하게 하는 일인 어머니와 처의 일을 더 이상 여성 주체성의 이름으로 폄하할 이유가 없다고 본다. 우리가 모두 주지하다시피 오늘 세계는 한국 사회도 예외가 아니지만 광범위하게 진행되는 가족적 공동체의 해체로 인간 공동 삶의 기반이 무너지고 있다. 그것은 단순한 숫자의 문제가 아니라 어떤 종류의 인간 공동체이든지 도무지 그것이 가능하기 위해서는 필수적인 '관계를 맺을 수 있는 능력', '인仁', '인간성'이 자라나는 장이 해체되는 것을 말하는데, 그 인간성이란 바로 공동체적 삶이 아니고서는 싹틀 수 없고, 그것도 아주 긴밀하고 친밀한 반경에서 오랜 동안의 지속적인 관계를 통해서 얻어질 수 있는 것이므로 오늘날의 가족적 공동체의 해체는 매우 우려되는 일인 것이다. 지금까지 현대 페미니스트들은 유교 전통 여성들이 오직 사적 영역에 갇혀 지냈을 뿐이라고 비판하였다. 하지만 예를 들어 유교 전통 사회에서의 '입후제도'(立後)도 다시 생각해보면 거기서 유교 여성들은 당시 하나의 공적 영역이기도 했던 가계의 유지와 계속됨을 위해서 자신들의 신체적인 결정론도 뛰어넘어서 의식적인 인간적 선택으로 맺어진 모자관계를 극진히 일구어온 경우였으므로 이 일은 많은 경우 그들 나름대로 자신들의 한계 속에서 공적인 일을 수행해온 것이었다고 할 수 있다는 것이다. 그런 의미에서 어쩌면 오늘날 주체성의 이름으로 밖으로 나가서 공적 영역에서 일한다고 하는 현대 여성들이 오히려 더 사적 영역에 갇혀 있다고도 할 수 있는데, 왜냐하면 그들 노동의 관심은 대부분 자신들의 사적 이익의 취득과 관련되어 있기 때문이다.14) 그렇게 본다면 나는 신사임당의 여성 화폐인물의 선정을 현대 페미니즘이 좀 더 긴 안목에서 보아서 단지 전통에 다시 사로잡히는 것으로만 이해하는 시각에서 벗어나야 한다고 보는 것이다.

신사임당의 아들 율곡은 자신의 『성학집요(聖學輯要)』 「위정편(爲政篇)」에서 위 맹자의 '선여인동(善與人同)'을 강조하였고, 맹자가 남과 더불어 선을 행하는 일이란 "남에게서 취하여서 선을 행하는 일이고", "군자에게는 남이 선을 행하도록 도와주는 일보다 더 큰 일은 없다"라고 설명한 것을 계속해서 언급하면서 천하의 모든 일이 공(公)을 세우는 일에 수렴됨을 분명히 밝혔다.15) 여기서도 드러난 것은 그렇게 인간 공동 삶의 지속을 위해서 필수적인 공적 영역을 위해서는 누군가는 자신을 버려야 하고, 인간의 삶에서 그 버리는 일이 "위대한 일"(所以極其聖也)로 평가받았다는 것이다. 여기서 나는 율곡의 이러한 이야기와 더불어 매우 유사하게 인간 삶에서 공적 영역을 세우고 보살피는 일의 중요성을 강조하였고, 진정한 인간 주체성의 일이란 바로 자신을 그러한 공적인 영역에로 던지는 일과 관련시켜 이해했던 서구 여성 정치철학자 한나 아렌트가 생각난다. 그녀는 특히 인간 주체성의 상징인 '자유'(freedom)의 개념에서 자유란 결코 개인의 내면적 '의지'(will)의 문제가 아니라 다원성의 공적 삶에서 정치적 "행

---

14) 이은선, 『잃어버린 초월을 찾아서-한국 유교의 종교적 성찰과 여성주의』(2009), 194이하.
15) 栗谷, 『聖學輯要』(七) 제4 爲政 下, 제3장 取善.

위"(acting)와 '실천'(doing)과 관련되어 있고, 그래서 자유는 원래 타자의 존재가 요청되는 공론 영역이 아니고서는 드러나지 않는다는 것을 강조하였다. 그녀의 분석에 따르면 서구 정신사의 전개는 그러나 시간이 갈수록 그 자유를 철저히 인간 내면의 문제로 환원시키고, 그 자유를 '주권'(sovereignty)과 동일시하면서 '완전한 자유는 사회와 결코 병립할 수 없다'는 서구적 개인주의를 불러왔다고 한다.16) 그녀는 현대 페미니즘이 강조하는 여성 주체성도 유사한 오류 앞에 놓여있다고 본다. 그래서 당시 페미니스트들의 세찬 비판에도 불구하고 로자 룩셈부르크를 기리는 자리에서 로자와 더불어 자신의 마음을 'Vive la petite difference!'(작은 차이 만세!)라는 말로 표현하면서 진정한 여성 주체성의 일은 단순히 여성과 남성의 '차이'(別)를 없애는 데에 있는 것이 아니라 오히려 공적 행위력과 행위 할 수 있는 능력으로서의 '자유' 속에서 보아야 한다는 입장을 드러냈다.17) 그런 의미에서 여기서 우리가 한국 유교 여성들의 어머니와 처로서의 사기종인의 행위를 자신을 넘어서서 가족과 다음 세대라는 공적 영역을 살리기 위한 나름의 주체성의 행위, 더 큰 의미이 주체성의 행위로 이해하는 것이 가능함을 보여준다.18)

물론 우리가 모두 주지하다시피 21세기 오늘날은 로자 룩셈부르크나 아렌트가 생각했던 것보다 성(性)의 역할이 훨씬 더 신체적 결정론을 벗어나 있다. 그래서 자궁의 모성이 아니라 '체험'으로서의 모성, '마음의 자궁'이 말해지고 대리 자궁의 모성도 가능해졌다. 그러나 그럼에도 불구하

---

16) Hannah Arendt, "What is Freedom?," *Between Past and Future* (NY: Penguin Book), 143 이하.
17) Hannah Arendt, *Men in Dark Times* (A Harvest Book, 1983), 44.
18) Jean Bethke Elshtain, "Antigone's Daughters," Anne Phillips (ed.), *Feminism and Politics* (NY: Oxford University Press, 1998), 363-367.

고 어떤 방식의 자궁과 모성의 역할이든지 거기서 자기를 버리고 공적 세계로서의 가족과 다음 세대를 세우는 행위는 인간 삶의 지속을 위해서는 반드시 필요한 일임을 부인할 수 없다. 오늘날 세계는 '가족'과 '모성'이라는 공적 영역이 한없이 무너져 내리고 있고, 그렇지만 이 일은 인간의 삶에서 필수불가결한 일이므로 여남의 구분을 떠나서 누군가의 사기종인의 희생과 책임의 행위는 반드시 있어야 하는데, 오늘 우리 주체성의 시대에는 이 일은 거의 '불가능한 일'(impossibility)이 되어버렸다. 그래서 예를 들어 포스트모던 종교학자 카푸토John D. Caputo 등이 오늘의 탈세속화 사회에서의 종교를 '불가능한 것이 가능해지도록 하는 노력과 행위'라고 보았다면 나는 세계 어느 문화에서보다도 극진하게 가족적 삶이나 모성이 실현되고 있는 한국 문화의 토대는 바로 한국 여성들의 사기종인의 행위와 실행이 놓여있는 것을 지적하고자 하고, 그것을 오늘 우리 시대의 또 다른 종교의 일로 볼 수 있다고 생각하는 것이다.[19] 그런 맥락에서 한국 유교의 사기종인의 종교성과 영성을 오늘 21세기에 우리가 새롭게 요청하는 '포스트 모던적 종교성', 즉 '가장 적게 종교적이면서도 풍성하게 영적인 종교성', '세속주의적 종교성'(secular religiosity), 아니면 '탈세속적인 종교성'(post-secular religiosity)이라고 불러도 손색이 없다고 본다.[20] 그것은 전통의 기독교나 불교와는 달리 지극히 세속적인 영역의 일(下學)을 통해서 궁극에 도달하려는(上達) 이상으로서 그러한 유교적의 종교성은 오늘 우리의 탈세속화 시대에 "최소적 종교"(minimal religion)로서[21] 생명을 낳고, 살리고, 보살피면서 공적 영역을 가능케 하는 더 극진한 의미의 주

---

19) John D. Caputo, *On Religion-Thinking in Action* (Routledge, 2001)

20) Charles Taylor, *A Secular Age* (The Belknap Press of Harvard University Press, 2007), 533 이하.

21) 앞의 책, 533-534.

체성의 표현으로 이해될 수 있다는 것이다. 오늘날 전 세계로 퍼지고 있는 한류 드라마 등을 통해서도 핵심적으로 전파되고 있는 건강한 가족주의의 메시지는 바로 그동안의 한국 여성들이 체득한 이러한 생명과 살림의 영성이 밑받침된 것이라고 생각한다. <가을연가>, <가을동화> 등 많은 한류 드라마에서 표현되어진 가족관계와 인간관계는 이미 현실에서는 보기 힘든 인간관계의 이상적인 모습을 보여주는 것이라고 지적되었고, 그것은 세계 사람들로 하여금 "사라진 유토피아"에 대한 향수를 일깨운다고 하는데,22) 그러한 이상적 인간관계의 표현을 가능하게 한 기초적인 힘이 바로 한국의 오랜 유교 전통에서 나온 사기종인의 덕성이라고 보는 것이다.

한국 유교의 '구인성성'(求仁成聖)의 종교성과 한류

상대방과 더불어 같이 선을 행하기 위해서 자신을 버리고 상대방을 따르는 한국적 대순大舜의 사기종인의 영성을 나는 또 다른 표현으로 '구인성성求仁成聖'의 영성이라고 부르고자 한다. 구인성성이란 '인을 구해서 (seeking the humanity) 성인됨을 이룬다'(accomplishing the sagehood)라는 뜻으로 퇴계선생은 그의『성학십도(聖學十圖)』에서 인간의 일이란 "인을 구하는(求仁)" 종신사업이며, 그 인을 구하는 일은 성인聖人됨을 추구하여 자신을 성장시키는 일생의 여정(成聖)이라고 밝혔다.23) 여기서 인仁이란 무엇인가에 대한 답으로서 그는 주자가『중용』의 언어로 "천지가 만물을 낳고

---

22) 이수연,『한류 드라마와 아시아 여성의 욕망』(2008), 65.

23) 퇴계,『聖學十圖』,「第2西銘圖」,「第7仁說圖」.

살리는 마음"(天地生物之心)이라고 한 것을 받아서 "천지에 있어서는 한없이 넓은 만물을 낳는 마음"(在天地則快然生物之心)이고, "사람에게 있어서는 따뜻하고, 사람을 사랑하고, 만물을 이롭게 하는 마음"(在人則溫然愛人利物之心)이라고 설명하였다.[24]

한국의 유학자 이기동에 따르면 '인仁'이라는 글자는 '엄마가 배속에서 아기를 배고 있는 모습', 또는 '사람과 사람이 서로 껴안고 있는 모습', 아니면 '한 사람이 한 사람을 부축하는 모습' 등의 형상화로 바로 한국인의 심성을 잘 설명하는 언어라고 한다.[25] 그렇게 인은 '생명'과 '사랑'과 '관계'와 같은 매우 여성적인 특성의 일을 나타내주는 언어로서 함석헌도 그의 『뜻으로 본 한국역사』에서 한국인들이 만일 하려고만 한다면 앞으로 그것을 가지고 세계에 기여할 수 있는 인격적 특성으로 이러한 인의 "착함", '차마 못하는 마음'(不忍之心)을 들었다.[26] 그는 한국인들이 그 이름을 짓는데 많이 쓰는 낱말인 '인, 의, 예, 지, 신, 순, 화, 덕, 명, 양, 숙'(仁, 義, 禮, 智, 信, 順, 淳, 和, 德, 明, 良, 淑) 등이 모두 착함을 좋아하는 한국인들의 국민적 이상을 드러내주는 일이라고 하면서,[27] 이 사람의 '알맹이'와 '씨앗'(桃仁), '알짬'이고, 동물에서 하면 '활동하는 생명력'이고, 사람에게 하면 사람 된 본 바탈인仁이야말로 민족을 살리고 세계를 살리는 일에서 "일루의 희망"이라고 지적하였다.[28]

이렇게 인을 통해서 참된 인간성을 이루고, 인간다운 세상, 사람 사는

---

24) 『聖學十圖』, 「第7仁說圖」
25) 이기동, 「유학의 세 요소와 한국 유학의 상생철학」, 한국기독자교수협의회, 한국교수불자연합회 공저, 『생명과 화쟁』 (서울: 동연, 2010), 111.
26) 함석헌, 『뜻으로 본 한국역사』 (과주: 한길사, 1986), 324.
27) 앞의 책, 68.
28) 앞의 책, 323.

세상을 이루고자 했던 유교적 가르침은 한국 땅에서 세대를 거쳐서 영향을 주었다. 퇴계 선생은 그의 '서명도西銘圖'에서의 설명대로 "성학(聖學, 성인이 되고자 하는 공부)이란 바로 인을 구하는 일에 있다"(蓋聖學在於求仁)라고 하면서 그러한 유교 성학 공부의 궁극점인 "천지만물과 일체가 되는 일"(天地萬物一體)은 진실로 인을 구하는 측은의 공부와 보살핌과 배려의 공부를 통해서 이루어지는 것임을 강조하였다. 그러면서 그는 여기서 우리 시대를 위해서도 아주 중요한 이야기를 했는데, 당시 자신의 시대가 "인물위기지병"(認物爲己之病), '세상을 자기 마음대로, 또는 자기 자신으로 보는 병통'에 빠져있다고 지적하면서 구인성성의 일로 그 병을 치유할 수 있다고 말했다.[29] 이 인물위기의 병이라 바로 앞에서 한나 아렌트 등도 "세계부재"(worldlessness)와 "세계소외"(world-alienation) 등과 같은 말로 지적한 우리의 주체성 강조의 시대가 자칫 빠져들기 쉬운 병이다. 그것은 세계의 다원성과 그 사이에서의 '별別'과 차이의 구별성을 인정하지 않고, 마치 19세기 영국의 제국주의자 세실 로즈(Cecil J. Rhodes, 1853-1902)가 "할 수만 있다면 저 별들을 훔쳤으면 좋으련만"(I would annex the planets if I could)이라는 탄식이 나올 정도로 그렇게 전 지구를 넘어서 우주까지도 자신의 소유로 만들어서 세상의 모든 것을 자신의 욕구와 처분대로 하려는 과격한 자아 중심주의를 말하는 것이라고 할 수 있다.[30]

여기에 대해서 퇴계 선생이 강조한 한국 유교의 구인성성의 도는 그러한 전체주의적 주관주의나 자아중심주의와는 달리 '우리'를 세우고, '공公'을 확립하는 일을 관건으로 보며, 타자와 내 밖의 세계를 나의 목적을 위한 수단으로 보지 않는다. 오히려 그 타자와 세계의 존재를 나의 인간됨

---

29) 『聖學十圖』「第2西銘圖」.
30) 한나 아렌트/이진우·박미애 옮김, 『전체주의의 기원1』 (파주: 한길사, 2006), 268.

의 근거이고 필수불가결한 조건으로 본다. 퇴계 선생은 주자의 말을 들어서 밝히기를, "공公은 인을 체득하는 방법이니, '자기를 극복하여 예로 돌아가면 인이 된다'고 말하는 것과 같다"(公者, 所以體仁, 猶言克己復禮爲仁也)[31] 라고 하였다. 즉 인은 우리가 '천지의 낳고 살리는 마음'(天地生物之心)을 받아서 "우리 마음으로 삼은 것"(人之所得以爲心)이지만 그 인간성을 체득하고 다듬는 방법과 길은 혼자서, 또는 이론이나 머릿속의 생각만을 가지고는 안 되고, 다른 사람과의 관계 안에서, 삶의 다원성의 인정을 통해서, 거기서의 구체적인 관계맺음의 행위를 통해서라는 것을 밝혀주는 의미이다. 우리가 진정으로 우리 자신의 인간성을 키우고 싶다면 공적으로 자신을 드러내야 하고, 사람들과의 관계 속에 들어가야 하며, 거기서 자아중심주의와 비인간적인 힘이나 폭력을 버리고 인간적인 말과 행위로 세계와 타자와 관계하는 일을 지속해나가야 한다는 의미이다. 그러한 공公한, 관계적인, 인간적인 삶의 방식을 통해서만이 우리의 만물을 낳고, 사랑하고, 배려하고, 보살필 수 있는 인간적인 능력(仁)이 길러진다는 가르침이다.

여기서 나는 다시 한나 아렌트가 생각나는 것을 막을 수가 없다. 그녀의 "전체주의" 비판과 "정치의 약속"에 대한 신뢰에 따르면 인간의 자유와 행위의 능력은 바로 삶의 다원성의 인정 아래서 그 다원성과 더불어 "조화롭게 행위 하는 일"(acting in concert)을 통해서만 길러지고, 정치의 의미인 '자유'(freedom)란 바로 인간과 현실의 다원성으로 인해서 생기는 세계의 '사이'(間)에서 "새로 시작하는 힘"(the great capacity of men to start something new)을 말한다. 그녀는 몽테스키외가 인간 공동 삶의 이상 형태인 공

---

31) 『聖學十圖』, 「第7仁說圖」

화정의 정치원리로 "평등에 대한 사랑"(love of equality)을 들면서 그것을 "덕"(virtue)으로 표현한 것을 상기시키면서, 덕이란 "자신이 다른 사람들과 더불어 같이 있을 수 있는 축복에 대해서 자신의 한정된 힘에 대해 즐겁게 대가를 치르는 일"(Virtue is happy to pay the price of limited power for the blessing of being together with other men)이라고 밝힌다.[32] 그리고 우리가 자유와 행위의 존재라는 것의 의미는 바로 그 덕이 우리의 행위의 원리가 됨을 말하는 것이라고 강조한다. 이렇게 여기서 몽테스키외나 아렌트가 밝힌 '자유'나 '덕'이 바로 동아시아 유교 전통에서의 덕, 그 중에서도 유교 인의예지 네 가지 덕을 모두 포괄하는 인仁과 매우 닮아있는 것을 알 수 있다. '인간 고유성의 핵심'(仁者人也.『중용』20장)이며, '만물을 낳고 살리는 따뜻한 사랑의 원리'(所謂生之性, 愛之理, 仁之體也.『聖學十圖』第7 仁說圖)이고, 공자가 '자기를 버리고 예로 돌아가는 것이 인仁'(克己復禮爲仁)이라고 한 의미처럼 타인의 존재에 대한 즐거운 인정과 배려인 것이다. 아렌트는 그녀의 전체주의 비판에서 "인간은 주변의 현실이나 동료들과의 관계의 상실과 더불어 경험과 사고의 능력 모두를 잃는다"라고 하면서 어떻게 관계능력의 상실이 인간성 자체의 상실로 이어지는지는 잘 밝혔는데,[33] 바로 유교적 구인성성의 도가 인仁을 인간성의 뿌리와 핵으로서 지적하는 것과 다르지 않다.

다시 율곡으로 돌아가 보면 그는 앞에서 우리가 더 지극한 의미의 주체성의 원리로 이야기한 순임금의 '사기종인'의 덕을 논하는 자리에서, "천

---

32) Hannah Arendt, "On the Nature of Totalitarianism," *Essays in Understanding 1930-1954* (Harcourt Brace & Company, 1994), 337.

33) Hannah Arendt, *The Origins of Totalianism* (A Harvest/HBJ Book 1973), Preface to the first edition, ix.

하의 눈을 내 눈으로 삼는다면 보지 못하는 것이 없고, 천하의 귀를 내 귀로 삼는다면 듣지 못하는 것이 없으며, 천하의 마음을 내 마음으로 삼으면 생각하지 못할 것이 없을 것이니, 이것이 성스런 임금과 현명한 군주가 천하의 사람들을 고무시키면서도 마음과 힘을 들이지 않는 이유입니다"라고 하였다.34) 순임금이 위대한 임금이 될 수 있었던 근거는 스스로가 모든 지혜를 가졌다고 자만하지 않고, 이웃과 삶의 다원성을 인정하면서 그 다원성에 의지하고, 그들을 신뢰하고 고무하면서 거기서 도움을 구하고, 그렇게 얻어진 다양한 지혜를 취해서 하나로 엮어서 "치우치지 않는 판단"(得中)을 내릴 수 있었기 때문이라는 설명이다. 나는 여기서 서술된 사기 종인의 리더십이 삶의 다원성과 관계성에 대한 인정을 말하는 구인성성의 리더십과 다르지 않다고 보면서 오늘날은 그것이 '트위터'나 '페이스북' 등의 소셜 미디어를 통해서 새롭게 실천되고 있다고 본다. 오늘날 세계의 창조적인 리더들은 트위터 등의 활동을 통해서 세계 다중의 지혜와 연결하면서 '다중지성'과 '집단지성'의 한 사람으로서 살아간다. 오늘 그렇게 페이스북이나 트위터 등으로 나와 연결되어 있는 나 밖의 사람들을 나의 '외 뇌', 내 몸 바깥에서 활동하는 나의 또 다른 뇌로 이야기한다면, 유교 전통의 구인성성의 도가 21세기 오늘날에는 그러한 모습으로 새롭게 재현되고 있다고 보는 것이다. 그런 의미에서 21세기에 한국이 IT 강국이 된 것은 우연이 아니며, 그것은 한국의 인仁사상과 내적으로 깊이 연결되어 있음을 보고자 한다. 인仁이란 '복수성'(plurality)이고, 세상 사람들이 모두 나름의 지智가 있다는 것을 아는 것이며, 그래서 그들을 고무하며 연

---

34) 栗谷,『聖學輯要』(七) 제4 爲政 下, 제3장 取善: 蓋以天下之目, 爲目則明無不見, 以天下之耳, 爲耳則聰無不聞, 以天下之心, 爲心則睿無不思, 此聖帝明王所以鼓舞天下, 而不勞心力者也.

결하여 함께 가는 것이라는 율곡의 설명이 그런 의미에서 매우 포스트 모던적인 지혜로 들린다.

　나는 이렇게 한국 유교 전통에서 퇴계나 율곡이 그들의 구인성성求仁成 聖과 선여인동善與人同의 덕으로써 뛰어난 사상적 위치를 점하게 된 배경에 그들의 극진한 모성경험이 있고, 또한 그들의 부인이나 처가, 여자 형제들과의 관계가 당시의 일반적인 가부장주의 삶에서의 모습과 많이 달랐음을 지적하고자 한다. 율곡의 어머니 신사임당뿐 아니라 일곱 남매를 두고 일찍 세상을 뜬 남편을 대신해서 경제적 삶뿐 아니라 자식들의 바른 인성 교육을 위해서 끊임없이 염려했던 퇴계의 어머니 춘천 박씨(1470-1537), 퇴계가 상처한 후 서른의 나이에 맞은 둘째 부인 권씨는 정신이 박약했지만 퇴계가 어떻게 그녀를 돌보고 배려했는지의 이야기, 손이 없는 처가의 제사를 오랜 동안 극진히 모셨다는 그의 행적, 신사임당의 맏딸 매창으로부터 남동생 율곡이 어떻게 조언을 얻었으며, 율곡의 부인 노씨 부인의 덕성 등이 모두 이들 사상가들의 삶의 배경이었던 것을 들고자 한다.35) 오늘날 우리 시대를 위해서 퇴계의 삶을 한 뛰어난 리더십의 전형으로 보는 한 연구는 그래서 퇴계의 인성에 깃든 "여성적 리더십"을 이야기하면서 "즉 지배하기보다는 섬김으로써 오히려 다스릴 수 있는 고차원의 윤리와 철학은 구체적으로 그의 삶을 만들고 영향을 준 여성과의 관계 속에서 재검토될 필요가 있다"라고 쓰고 있다.36) 오늘날 여러 장르의 한류 속에 흐르는 정신들이 바로 이렇게 퇴계의 존재를 가능하게 했던 한국적 여성리더십의 정신과 다르지 않다는 것을 지적하고자 한다.

---

35) 이은선, 「페미니즘 시대에 신사임당 새로 보기」, 『한국 생물(生物)여성영성의 신학』 (2011), 124.
36) 김병일, 『퇴계처럼-조선최고의 리더십을 만난다』(파주: 글항아리, 2012), 13.

한류 정신의 핵심으로서의 인(仁)과 한국 여성의 살림영성

『孟子』의 「진심장盡心章」에 보면 "인仁하지 못하고도 한 '나라'(國)를 얻는 자는 있었으나, 인(仁)하지 못하고서 '천하天下'를 얻는 자는 없다"라는 구절이 있다.37) 이 구절이 가르쳐주는 지혜는 인간의 리더십이 진정으로 참된 리더십이 되려면 그것은 섬세하게 닦여진 인간적 마음에 기초해야 하고, 그 기초적인 마음의 힘이야말로 오늘날 많은 사람들이 추구하는 '천하를 위한 리더십'(CEO의 리더십)의 출발이 됨을 지적해 주는 것이라고 하겠다. 몇 년 전 서울에 거주하는 외국인들을 상대로 서울을 매력적인 도시로 만드는 요인이 무엇인가를 묻는 조사에서 한국의 음식, 특히 주 요리보다 더 풍성히 제공되는 많은 가지 수의 반찬 등이 첫손으로 꼽혔다. 또한 "친절하고 따뜻한" 시민들도 서울을 살기 좋은 도시로 만들어주는 주된 요인으로 꼽혔다. 오늘날까지도 이어지는 이러한 매력들이 나는 모두 한국 유교 전통의 인仁의 덕목, 특히 여성들의 살림과 접빈객의 덕과 관련이 깊다고 생각한다. 세계 어느 나라에서 이렇게 적은 돈을 가지고 건강하게 잘 차려진 한 끼의 식사를 할 수 있겠는지 묻고 싶다. 바로 한국 여성들의 사기종인의 수고와 구인성성의 정성이 그 밥 속에 녹아있기 때문이라고 생각한다. 그러한 한국 여성들의 구인성성의 마음은 하루아침에 이루어진 것이 아니라 장구한 세월 속에서 진정성 있게 수행되어져 왔다. 한국 전통 종가에서 한 종부의 접빈객의 예를 보면, 그녀는 사랑채에 머무는 손님을 위해서 안채에서 작은 문구멍을 통해 그의 체구를 미리 가늠해 두었

---

37) 『孟子』 「盡心下」, 不仁而得國者有之矣, 不仁而得天下未之有也.

다가 그가 떠날 때 그의 발에 꼭 맞는 버선을 내놓았다는 이야기가 있다. 이것은 한국 유교 전통 여성들의 접빈객을 위한 인(仁)의 실천이 어느 정도 였는지를 잘 보여주는 예라고 하겠다.[38] 또한 몇 해 전 한국 무용단과 춤을 유럽에 소개하기 위한 프로젝트를 위해서 방한한 독일 뒤셀도르프 탄츠 하우스의 총감독은 한국 전통제례의 춤에는 "유럽에 없는 섬세함"이 있 다고 하면서 한국이 유럽과 좀 더 소통할 수 있기를 원한다고 하였다.[39] 이러한 모든 예들은 한국 여성들의 구인성성의 영성과 리더십이 오늘날 인류문화가 그 물질주의적 산업화로 인해서 점점 더 잃어가는 인간적인 섬세함과 인간성의 무늬를 되살리도록 하는데 좋은 역할을 할 수 있다는 것을 시사해준다.

한국의 한 정치학자는 서구적 자연법사상의 한계를 밝히면서 자연법 적 전통에서와 같이 법이 정치세계 외부에 존재하면서 정치의 내용과 형 식을 규정하고 제약하는 방식의 한계를 잘 지적해주었다.[40] 이 외적 법의 한계에 대한 지적은 춘추전국 시대 당시 유가가 법가에 대해 가했던 비판 과 유사하게 들리는데, 이 비판은 얼마 전까지만 하더라도 그렇게 진지하 게 경청되지 않았다. 하지만 오늘날 서구식 금융자본주의의 탐욕으로 전 세계가 큰 어려움을 당하고 있고, 가장 부자 나라였던 미국의 심장부 월가 에서 민중시위가 일어났고, 또한 바로 그 미국이 상위 1%가 소득의 23% 를 차지하는 기형국가가 되어서 수많은 노숙자와 실업자를 배출하고 있 고, 빈부격차 수준이 가나나 니카라구와 수준과 비슷하게 되었다는 보도

---

38) 이순형,『한국의 명문 종가』(서울: 서울대학교출판부, 2000), 105; 이은선,『잃어버린 초월을 찾아서』(2009), 185 재인용.

39)「한겨레신문」, 2011.10.12.

40) 이동수, "한국사회에서의 법과 정치-공화민주주의 관점에서,"「오늘의 동양사상」 17(2007), 194.

가 나오는 상황이고 보면,[41] 그러한 지적은 다시 설득력을 얻는다. 왜냐하면 아무리 외부적 법이 잘 갖추어졌다 하더라도 내부적 인간성의 자연이 작동하지 않는 곳에서는 그 외부적 법도 쉽게 무용지물이 될 수 있다는 것을 서구 발 신자유주의 금융 위기가 잘 보여주었기 때문이다.

오늘 한국의 상황도 이와 크게 다르지 않지만, 그래도 한국과 미국의 현실에서 뿌리 뽑힌 민중들이 이 모든 상황에도 불구하고 삶이 견딜만하다고 느끼고 삶에 머무르도록 하는데 역할 할 수 있는 삶의 기제는 무엇일까를 생각해본다. 모성과 관계의 배려가 살아있는 가족과 같은 힘인가 아니면 실업자 수당과 같은 외부적 법적 장치인가 라는 것을 묻게 된다. 나는 한국 구인성성의 마음과 리더십은 특히 내재적 자연법인 인仁과 덕德의 영성에 근거한 리더십으로서 이 두 영역을 포괄하면서 앞으로 21세기의 인류에게 줄 것이 많다고 본다. 일찍이 맹자는 극심한 약육강식의 전국戰國 시대에 크게 유행하던 양주楊朱와 묵적墨翟의 사상을 반박하면서 인의仁義의 도를 자신의 대안으로 제시했다. 그에 따르면 "내 몸의 터럭 하나를 뽑아 천하를 이롭게 할 수 있어도 나는 그렇게 하지 않는다"고 하는 양주의 '위아爲我' 사상이나 "(부모나 형제, 친척을 타인과 구별하지 않고) 겸하여 사랑할 것"을 주장하는 묵적의 '겸애兼愛' 사상은 결국 사람들이 서로를 잡아먹는 비 인간의 세상을 불러온다고 경고하였다.[42] 그는 양주의 위아사상을 '무군無君', 즉 군주(국가)를 인정하지 않는 사상으로 파악하였는데, 오늘 우리의 언어로 하면 '공적 영역'의 일을 인정하지 않는 것, 자신을 포함하여 인간의 삶을 철저히 사적 영역의 일과 존재로 환원시키는 태도로서 심지어는 나라의 최고의 공직자들까지도 그 공직을 자신의 사적 이익을 채

---

41)「한겨레신문」,"‘ 언제실업자 될 지 무섭다’ 미중산층 붕괴 공포," 2011.10.18.
42)『孟子』,「滕文公下」9장.

우는 기회로 삼는 모습을 말한다고 하겠다. '무부無父', 즉 '부모가 없는 것'으로 묘사되는 묵적의 '겸애사상'은 종종 유가의 좁다란 가족주의를 넘어서는 기독교적 범애汎愛사상과 유비되어서 평가되기도 하지만 나는 오늘날 동서양의 인간적 삶이 공통적으로 바로 이 무부의 오류를 보지 못하는 데서 오는 위기에 직면해 있다고 본다. 오늘날 급속도로 해체되어가는 가족적 삶을 대신할 어떤 다른 대안적 인간적 공동체의 삶이 제시되고 있지 않는 한에서 지금까지와 같은 가족적 삶의 친밀성과 책임성 밖 어디에서 인간이 그 인간적 삶을 계속해 나가는데 있어서 필수적인 인仁과 의義의 의식을 배울 수 있겠는가 하는 물음인 것이다. 오늘 우리들은 주변에서 맹자가 예언한 것과 같이 사람들이 서로를 잡아먹는 시대의 증거들을 많이 경험한다. 1%의 부자가 99%의 사람들을 잡아먹는 사회, 미래의 성공을 위해서 아이 잡는 교육을 강요하던 엄마를 결국 죽인 중학생 아들, 아버지가 자신의 친딸을 성폭행하는 시대, 이러한 인간이 인간을 잡아먹은 세계의 뒤편에는 바로 '무부모'無父母, 즉 가족의 해체가 있다고 보는 것이다.

인仁과 의義를 통해서 궁극적으로 '만물일체萬物一體'의 경지를 추구하는 유교『大學』의 마지막 10장「平天下」장에는 천하가 태평해지는 경지에 대한 설명으로 "나라가 이利를 이익으로 삼지 않고, 의義를 이로움으로 삼는다"는 원칙으로 다스려지면 나라의 '친/현/락/리'(親·賢·樂·利)가 각각 그 마땅한 자리를 얻어서 평천하가 이루어진다는 설명이 있다. 여기서 이 네 영역을 각각 오늘의 언어로 풀어보면, '친親'이란 가족적 삶을 이끄는 원리이고, '현賢'이란 인재등용과 관련한 정치의 원리이고, '락樂'이란 인간 마음과 감정의 다스림과 관련되어 국가의 문화와 교육이 바른 길을 찾는 것을 말하고, 마지막으로 '이利'란 바로 경제를 의미한다고 풀 수 있다. 이 네 가지 영역과 그것을 인도하는 네 원리는 우리 삶의 전 영역을 포괄하는 원리이고, 이렇게 유교적 도道는 우리 삶의 전 영역이 바르게 다스려지기를 추구하는 도라는 것을 드러내 준다. 이것이야말로 바로 궁극의 성聖이 지극한 일상과 세속의 삶에서 실현되기를 바라는 소망이고, 이것이 유교 종교성의 고유한 표현이고, 한국 유교 여성들의 살림살이도 바로 이 영성을 실천하는 일과 다르지 않았다고 본다. 나는 현대 여성들의 삶과 리더십이 이러한 포괄적인 안목과 성실성에 기초해야 한다고 생각한다. 가정의 안녕을 기초로 해서 정치와 문화와 경제를 모두 통괄해서 보는 안목, 드러나는 일순간의 효과에 좌우되지 않고 지속적으로 노력하여 뜻을 실현하고자 하는 결심, 자신의 가정이나 사적 울타리를 넘어서 온 세상의 만물에 마음과 관심을 두는 포괄적 배려심과 책임적 생명감, 이런 덕목과 리더십이야말로 오늘의 여성들에게도 반드시 필요하고, 그것을 유교 전통 여성들의 삶에서 배울 수 있다고 여긴다. 오늘날 한류의 드라마에 환호를 보내는 많은 아시아 여성들은 한국 드라마 속의 여성들이 매우 밝고 씩씩한 모습에 매료된다고 한다. <대장금>, <다모> 등의 새로운 스타일의 사극이 여성들에게 인기 있는 이유도 바로 거기서의 주인공들이 매우 적극적이고 능력 있는 여성의 모습을 보여주기 때문인데, 이렇게 한국 여성들이 가정의 주부로 역할을 한다 하더라도 결코 수동적이거나 나약한 모습이 아니라 삶 전체에 대해서 매우 적극적이고 주체적으로 역할을 하는 모습으로 그려져서 그러한 여성들을 통해서 대리만족을 느낀다고 한다.[43] 나는 이렇게 오늘날까지도 지속되는 한국 여성들의 모습에서 바로 오랜 기간의 유교 영성의 실천을 본다.

『中庸』은 자신을 이룰 뿐(成己) 아니라 타인成人과 만물成物을 이루는

---

43) 이수연, 『한류 드라마와 아시아 여성의 욕망』 (2008), 70-71.

'성실함'(誠)에 대해서 끝없이 이야기한다. 자신을 이루는데 그치지 않고 그 성실함의 배려와 생명 살리기의 일이 온 만물에 지속적으로 끼쳐지기를 추구해야 함을 말하는 것이다. 그런 지속함(不息則久)을 통해서 변화가 나타나고(久則微), "유구함은 물物을 이루는 까닭"(悠久所以成物也)이기 때문이다. 한국 유교 전통의 여성들이 실천해온 '살림'과 '생명'의 영성이 이 중용적 '성물成物'과 '생물生物'의 원리와 다르지 않고, 그들의 삶이야말로 바로 이 만물을 살리는 생물의 영성을 지극하게 실천해온 삶이었다고 하겠다. 한국 여성들로 하여금 삶의 온갖 어려움과 고난에도 불구하고 여전히 삶에 남아있도록 한 것은 어머니로서, 자식으로서, 또는 아내로서, 아니면 자기 밖의 타자가 그들에게 부과한 삶의 역할이었다. 그 사기종인의 역할완수의 덕이 그들로 하여금 바로 그들 되게 한 초월적 근거였다는 것이다.[44] 그런 의미에서 본다면 그들에게 있어서 궁극은 전통적인 의미에서의 종교적 신앙에서처럼 어떤 하늘 위의 초월자이거나(기독교) 자기 안의 내면적 신(불교) 등의 모습이 아니라 바로 내 눈 앞에서 구체적인 타자로서, 자식이거나 남편이거나, 조상이거나, 손님이거나, 가난한 이웃이나 자연, 민족이거나 하는 모습으로 현존해 있는 '타자'였던 것이다. 또한 그녀들의 입장에서도 그 타자가 다수로서 거기 있음으로 인해서 세상에 대한 소망과 믿음을 잃지 않을 수 있었다고 할 수 있다. 그렇게 그들에게 있어서 초월은 바로 자신들 앞에 적나라하게 현존하여서 그들의 도움과 배려와 사랑을 요청하는 생명이었다고 할 수 있으며, 그 생명의 외침을 섬

---

44) 이은선,『잃어버린 초월을 찾아서』(2009), 194 이하; Hannah Arendt, ed. and with an Interpretive Essays by Joanna Vecchiarelli Scott and Judith Chelius Stark, *Love and Saint Augustine* (Chicago: The University of Chicago Press 1996); John D. Caputo, *On Religion* (2001).

세하고 듣고, 그 음성에 화답하면서 자기를 버리는 수많은 날들을 지내오면서 한국 여성들의 생명을 낳고 살리고 보살피는 생물生物 여성 영성이 다듬어져 왔음을 알 수 있다. 이제 오늘날 세계 페미니즘이 새로운 페미니즘의 방향으로 돌봄과 배려, 관계성의 페미니즘을 찾고자 한다면 이와 같은 한국 전통 여성들의 경험에 귀 기울일 수 있다고 생각하고, 한류 물결 속에 여러 모양으로 녹아있는 이러한 정신이 바로 오늘 한류의 붐을 이룰 수 있게 한다고 생각한다.

21세기 인류 삶에서의 한국 여성의 주체성과 한류

지금까지 우리는 21세기 벽두에 전 지구적 삶이 공통으로 놓여있는 세계소외의 위기 앞에서 한국 유교 전통 여성들의 삶에 녹아있는 사기종인과 구인성성의 삶의 원리를 살펴보았다. 그러면서 그것을 오늘 우리 시대를 위한 대안적 영성과 리더십으로 제시하고자 했다. 하지만 그 일이 또한 얼마나 어려운 일인지는 바로 사기종인과 극기복례의 덕을 제안했던 공자도 다음과 같은 이야기를 해주고 있는 것에서도 드러난다. 공자는 『논어』 「헌문憲文」 36장에서 다음과 같은 대화를 나누고 있다; "누가 물었다. '덕으로 원망을 갚는 것은 어떻습니까?' 선생님이 말씀하셨다. '그럼 덕은 무엇으로 갚을 것인가? 곧음(直)으로 원망(怨)을 갚고, 덕은 덕으로 갚을 것이니라.'(以直報怨, 以德報德)"

나는 여기서 공자도 인간의 삶에는 덕이 아니라 솔직한 언어와 의의 차원으로 갚아야 하는 억울함과 불의의 차원이 있음을 밝힌 것이라고 생각한다. 그러면서 지금까지 우리가 21세기 새로운 여성 주체성의 덕목으로 제안한 사기종인과 구인성성의 덕 실행이 현실에서는 얼마나 왜곡될 수 있으며, 전통적으로 여성들의 길이었던 이 길이 어떻게 다시 그들을 자기 부정과 굴종, 억압의 덫에 빠지게 할 수 있는지도 알려준 것이라고 생각한다. 그래서 원망(怨)은 덕德이 아닌 정직한 대화와 정의로운 보상과 바로잡음으로 해결할 것을 권고한 것이라고 여긴다. 하지만 그럼에도 불구하고 앞에서도 이야기했듯이 지금 세계의 현실은 공공성과 공적 영역을 다시 세우기 위해서 누군가의 자기희생을 요구하고, 만인 대 만인의 투쟁의 상태가 되어버린 인간 삶을 치유하기 위해서 무엇이 인간적인 것인가라는 것을 원형적으로 보여주는 일이 시급히 요청되는 때라는 것이다. 모든 인간 문화가 근본적으로 가능할 수 있는 가족과 같은 인간적 토대가 이렇게 빠른 속도로 무너지고 있는데, 그래서 일찍이 맹자가 묵적에게 지적했던 무군無君과 무부無父의 폐해가 오늘 우리 시대에 급속도로 현실화되고 있는데, 여기서 누가 사기종인과 구인성성의 도를 행하는 사람이 되어서 다시 인仁을 세우고 공公을 세울까 하는 것이 관건이라는 의미이다. 나는 이 일은 인간과 세계에 대한 믿음을 다시 회복하는 일이고, 그 새로운 근거를 찾는 일이라고 본다. 그래서 단순히 정치사회적이고, 경제적인 안목만 가지고는 안 되고 훨씬 더 '궁극'으로 밀고 가서 '존재론적'으로 또는 '영적'으로 탐구해야 할 일이라고 보는 것이다. 즉 오늘 우리 시대의 문제는 페미니즘의 문제도 포함해서 일종의 세속화이후 시대(post secular age)의 "영적 혁명"의 일이라는 것이다.[45] 그러나 이 일에 있어서 과거 전통적으

---

45) Rosi Braidotti, "In Spite of the Times: The Postsecular Turn in Feminism," <The 13th Symposuim of the International Association of Women Philosophers>, IAPH 2008 "Multiculturalism and Feminism," Proceedings of the IAPH 2008, Ewha Womans

로 '종교'의 방식이라고 일컬어졌던 성속분리의 방식으로는 더 이상 설득력을 얻지 못하므로 가장 이 세상적이면서도 동시에 이 세상을 넘어서는, 즉 성속의 급진적인 하나 됨에서 세계의미 물음을 풀려는 유교적 도의 가르침을 한 번 진지하게 살펴보자는 것이다. 그 유교 도는 세계 존재와 인간 삶의 핵심을 인仁과 공公이라는 '다원성'과 '복수성'으로 보는 것이며, 단순한 '주체성'(independence)이 아닌 '상호주체성'(interdependence), 자신을 스스로 부정할 수 있는 사기종인과 선여인동의 예가 관건이라는 메시지를 주고 있다. 이 일에 있어서 나는 한국 유교 전통의 여성들이 줄 것이 많고, 오늘 현대 페미니즘의 세례를 받은 한국 여성들이 다시 이 전통에 접목하면서 답을 찾을 수 있기를 바란다.

나는 오늘날 이러한 유교적 인의 가치가 단지 아시아나 한국 여성들의 것 만이라고 생각지 않는다. 이미 '보스턴 유교'(Boston Confucianism)을 말한 R.C. Neville 교수도 지적했듯이 플라톤이 단순히 서구 대학이나 서구인들에 의해서만 연구되고 읽혀지는 것이 아닌 것처럼, 또한 희랍어를 아는 사람만이 희랍철학을 할 수 있는 것이 아니듯이 그렇게 유교 전통이 이제 인류 모두의 지혜가 되어서 오늘의 세계 문제를 푸는데 기여할 수 있기를 바란다.[46] 유교 전통 안에는 그렇게 인류 전체를 포괄할 수 있는 보편성이 담지되어 있다고 보기 때문이다. 지금까지 아시아인들이 서구를 배우기 위해서, 그 언어를 습득하기 위해서 그렇게 많은 시간과 노력을 들였듯이 이제는 서구인들이 동양과 아시아를 배우기 위해서, 그래서 그것들을 인류 공동의 유산으로 잘 전수하기 위해서 역할을 해야 한다고 본다. 한국 전통의 여성들이 나름대로 섬세하게 가꾸어 온 인간성의 원형적 모습이

University, Korean Association of Feminist Philosophy, 44-76.

46) Robert Cummings Neville, *Boston Confucianism* (SUNY Press, 2000).

21세기 여남 모두가, 특히 21세기 세계 여성들이 진정으로 천지의 만물을 살리는 생명과 생물의 주체로 거듭나서 다시 공公을 살리고 인仁을 전수해 주는 일에 힘을 합할 수 있도록 기여할 수 있기를 바라는 마음이다. 오늘날 세계가 주목하는 한류의 바람이 그런 일을 가능하게 하는데 한 편의 역할을 하고 있는 것이라고 생각한다. 오늘날 세계 인류 문화에서 점점 더 인간 고유의 정신성과 사고(仁)가 위협을 받고 있는 상황 속에서 한국 전통 여성들의 삶 속에서 체화된 생명과 살림의 영성이 다시 이러한 정신성과 인간성을 살려내는 원동력이 되기를 바란다. 한국 여성들의 삶과 의식 속에 기초적으로 녹아있는 이러한 정신들이 이제 21세기 인류 모두를 위해서 보편적으로 의미화 될 수 있다고 본다. 그러한 일들이 이미 부분적으로 이루어진 현상들이 바로 오늘날의 한류라고 생각한다.

일찍이 함석헌 선생은 세계 인류사 속에서의 한국 민족의 존재 이유를 탐구할 때 당시 일제 식민지 치하의 한없는 비참함 속에서 자신들의 인간성을 잃고서 끝없는 비참과 싸움, 갈등과 불신과 배반에 빠져있는 한민족에게 그래도 자신들의 고유한 "착함"에 대한 믿음을 잃어버려서는 안 된다고 설득하였다. 당시 비참한 환경 속의 한국인들 어디에 그러한 착하고, 자신을 희생하는 선한 성질을 볼 수 있냐는 비판적인 질문이 비등했지만 그는 오히려 삼국 시대로부터 그때까지의 실패도 그 이전의 무수한 시간에 비하면 그렇게 긴 시간이 아니라고 대답하였다.[47] 그리하여 많은 실패와 갈등에도 불구하고 한민족의 기본적인 특성을 착함과 선함에서 보고 그것을 다시 회복할 것을 촉구하였는데, 나는 그와 유사한 이야기를 오늘 21세기 신자유주의 세계화의 경쟁 속에서 무척 갈등하고 있는 한국 사회

---

47) 함석헌, 『뜻으로 본 한국 역사』, 함석헌전집1 (파주한길사, 1986); 이은선, "仁의 사도 함석헌 사상의 유교적 뿌리에 대하여,"「陽明學」, 한국양명학회 33(2012), 306.

와 문화를 위해서 해주고 싶다. 한국 문화의 역할은 바로 그러한 비참 속에서도 잃어버려서는 안 되는 인간성과 선함을 다시 원형적으로 보여주어야 하고, 그런 의미에서 앞으로도 한류가 계속되려면 그런 선함을 우리 사회와 각자의 삶에서 회복해야 한다는 의미이다. 한류의 물결을 과거 서구적 제국주의나 민족주의를 따라가려는 의미에서의 한국의 부흥으로 보아서는 안 되고 오히려 지금 인류 문화가 잃어버리고 있는 참된 인간성과 착함과 선함을 한국 문화가 다시 밝혀주고 제시해주는 방식의 한류여야 한다는 것을 강조하고 싶은 것이다. 그것이 우리가 '한류'와 '정의'justice를 같이 생각한다는 것의 의미이고, 이것은 또한 일찍이 백범 김구 선생님이 "문화"로서 대한민국의 세계 최고의 아름다운 나라가 되는 소원을 밝힌 것과 같은 의미라고 생각한다. 오늘 21세기 한국인은 전 세계에 일고 있는 한류와 더불어 반드시 이러한 의미들을 생각해야 하고, 특히 한국 여성들의 주체성과 리더십은 이러한 측면들과 씨름해야 한다고 여긴다.

참고문헌

김병일. 『퇴계처럼-조선최고의 리더십을 만난다』. 파주: 글항아리, 2012.

김상준. 『맹자의 땀 성왕의 피-중층근대와 동아시아 유교문명』. 서울: 아카넷, 2011.

김서세리아. "강화학의 실학적 특징을 통해 본 한국의 여성 주체성." 「양명학」 20(2008).

신윤화/이한우 외 편. 『동아시아의 한류』. 용인: 전예원, 2006.

엘리아스, 노버트/유희수 역. 『매너의 역사-문명화 과정』. 서울: 신서원, 1995.

이기동. "유학의 세 요소와 한국 유학의 상생철학." 『생명과 화쟁』. 서울: 동연, 2010.

이동수. "한국사회에서의 법과 정치-공화민주주의 관점에서." 「오늘의 동양사상」 17(2007).

이수연. 『한류 드라마와 아시아 여성의 욕망』. 서울: 커뮤니케이션북스, 2008.

이순형. 『한국의 명문 종가』. 서울: 서울대학교출판부, 2000.

이은선. 『잃어버린 초월을 찾아서-한국 유교의 종교적 성찰과 여성주의』. 서울: 모시는 사
　　　람들, 2009.

＿＿＿＿. "21세기 한국 여성 리더십에 있어서의 유교와 기독교 (I)." 「동양철학연구」
　　　62(2010).

＿＿＿＿. "21세기 한국 여성 리더십에 있어서의 유교와 기독교 (II)." 「동양철학연구」
　　　63(2010).

＿＿＿＿. "仁의 사도 함석헌 사상의 유교적 뿌리에 대하여." 「陽明學」 33(2012).

＿＿＿＿. 「페미니즘 시대에 신사임당 새로보기」, 『한국 생물(生物)여성영성의 신학』. 서울:
　　　모시는 사람들, 2011.

전혜성. 『여성야망사전』. 서울: 중앙books, 2007.

함석헌. 『뜻으로 본 한국역사』, 함석헌전집1. 파주: 한길사, 1986.

「한겨레신문」. "한 인턴기자 '분노의 글'이 〈도가니〉 만들었다." 2011.9.29.

＿＿＿＿. "'언제 실업자 될지 무섭다' 미중산층붕괴공포." 2011.10.18.

孟子. 『孟子』.

栗谷. 『聖學輯要』.

退溪. 『聖學十圖』.

Arendt, Hannah. *The Origins of Totalitarianism*. A Harvest/HBJ Book, 1973.

＿＿＿＿＿＿＿. *Men in Dark Times*. A Harvest Book, 1983.

＿＿＿＿＿＿＿. "On the Nature of Totalitarianism." *Essays in Understanding
　　　1930-1954*. Harcourt Brace & Company, 1994.

＿＿＿＿＿＿＿. "What is Freedom?." *Between Past and Future*. Penguin Book, NY.

＿＿＿＿＿＿＿/Joanna Vecchiarelli Scott & Judith Chelius Stark, ed. *Love and*

Saint Augustine. The University of Chicago Press, 1996.

Braidotti, Rosi. "In Spite of the Times: The Postsecular Turn in Feminism." The 13th Symposuim of the International Association of Women Philosophers. IAPH 2008 "Multiculturalism and Feminism." Proceedings of the IAPH 2008. Ewha Womans University, Korean Association of Feminist Philosophy.

Caputo, John D. *On Religion*. Routldege, 2001.

Elshtain, Jean Bethke. "Antigone's Daughters." Anne Phillips, ed. *Feminism and Politics*. NY: Oxford University Press, 1998.

Neville, Robert Cummings. *Boston Confucianism*. SUNY Press, 2000.

Taylor, Charles. *A Secular Age*. The Belknap Press of Harvard University Press, 2007.

한류, 여성, 그리고 K-컬쳐로서의
한국 기독교

김수연 | 이화여자대학교

들어가는 말

한국의 문화는 이제 '한류'(韓流, Hallyu)라는 이름으로 전 세계에 공유되고 있다. 얼마 전까지 동남아를 중심으로 이루어졌던 한류가 최근에는 미국과 유럽으로까지 확대되고 있고, 또한 한국 대중문화에서 비롯된 관심은 한국 문화 전체로까지 확산되고 있다. 국경, 계층, 성별을 넘어 전파되고 있는 이러한 한류가 앞으로 어떻게 이어질지 그리고 한류의 추진력 혹은 원동력은 무엇인지 주목하게 된다. 무엇보다도 이러한 한류의 흐름이 보다 긍정적인 방향에서 지속될 수 있기 위해 한국 문화 전체가 보다 적극적으로 한류의 형성에 이바지하며 문화 전반에 포괄적으로 개입하여 문화 창조적 역할을 수행해 나갈 수 있어야 할 것이다.

이러한 상황에서, 한국 문화로서의 한국기독교는 K-드라마나 K-팝에 업혀가는 그저 트렌디한 기독교가 아니라, 대중문화를 넘어 K-문화의 저변을 넓혀가고 있는 한류의 중심에서 구심점 역할을 할 수 있어야 할 것이다. 이러한 관점을 가지고 한류의 역할과 의미 등을 분석하고 특히 한국 문화로서의 기독교 내에 잠재된 문화 재구성 혹은 문화 변혁의 가능성에 대해 검토해 보려고 한다. 한류가 건전하게 지속되기 위해 한국의 기독교가 대중성과 진정성을 가지고 지배 문화에 의도적으로 개입하여 한류의 큰 흐름을 형성할 수 있어야 한다고 본다. 더 나아가 한국의 대중문화에 재현되는 여성의 역할까지도 비판적으로 검토하여 한국의 대중문화 한류가 보다 총체적인 시각을 지닐 수 있도록 도전해야 한다.

따라서 이 글은 한류와 한국 문화로서의 기독교, 그리고 덧붙여 그러한 문화현상에서 늘 타자로 재현되며 배제되는 여성의 문제에 주목할 것이다. 한국의 대중문화와 한국기독교가 그저 수동적으로 자본의 흐름을 따라 가는 것이 아니라, 문화에서 배제된 타자들을 적극적으로 포괄하는 문화 환경을 만들어, '하나님 나라'가 확장되는 계기를 마련해야 한다. 한류가 현재의 다문화 시대에 문화 변동의 중심에 서서 비판적 틀로서 작용할 수 있는 그래서 주변인 혹은 비인간으로 재현되는 여성까지도 포괄할 수 있는 틀이 되기 위해 기독교의 창조적 역할이 요구된다. 역사 속에서 타자화 되었던 대상들이 주체로서 설 수 있게 되는 한국 대중문화의 힘과 한국기독교의 역할을 기대해 볼 때, 현재 한류는 그 좋은 출발을 했다고 보인다.

몸말

현재 특히 전 지구적 자본주의의 영향 아래서 세계는 하나의 문화권으로 세계화 혹은 서구화되고 있으며 그 가운데서 사실 문화적 다양성이라는 것은 무시되고 있다. 이러한 상황에서 한국 문화로서의 기독교가 문화 행위를 주도하며 창조적이고 비판적인 역할을 구체적으로 해 나간다면 한국 문화로서의 한국기독교는 그 의의를 지닐 수 있을 것이다. 사실, 문화를 둘러싼 자본의 논리가 여전하고 또한 현재 패권의 이동 중인 동북아 상황에서 한국의 문화가 차지하는 역할은 자못 크다고 할 수 있다. 이러한 때에 한류의 부상은 중요한 의미를 지니고 있고 또한 한국 문화로서의 기독교의 역할 또한 중요하다고 본다.

한류가 현재 이토록 주목을 받는 것이 어떠한 이유에서인지 그리고 현재의 한류를 가능하게 한 원인은 무엇인지에 대한 논의가 진행 중이다. 한국 문화에 내재한 한국적인 독특한 것이 한류의 원인이라 하기도 하고 혹은 한국적인 것과는 무관한 보편적인 것이 그 원인이라 하기도 한다. 물론 둘 중 하나만이 그 답이 되는 것은 아니며, 한류에 특이성과 동시에 보편성이 함께 어우러질 수 있기 때문일 수 있다. 한류의 원인 혹은 원류에 대한 기독교의 문화 종교적 이해 역시 폭넓게 특이성에 초점을 두고 일반적으로 유동성과 역동성으로 한류를 이해한다. 신학자 김경재는 한류의 바탕이 소위 한국적 신학이라 할 수 있는 민중신학과 토착화 신학도 공유하는, 그리고 탈춤놀이 혹은 풍류에서 발견되는, 역동성과 창발성과 연관이 있다고 본다.[1] 이러한 이해는 문화연구가인 심광현에 의해서도 나타나는데, 그는 한국 대중문화의 콘텐츠에 내포된 끊임없는 풍류, 흥의 미학이 한류의 원인이라 한다.[2] 2012년의 한류를 대표한 싸이의 음악에도 역시

---

1) 김경재, "한류에 대한 문화신학적 조명," <한국 문화신학회 심포지엄> (2011, 13, 16.)
2) 심광현, "한류의 미학적 특성과 문화정치적 의미," http://kofice.or.kr. 심광현은 한국 문화의 역동성 혹은 유동성에 주목하며 그러한 흐름을 유지하는 열린 문화정책을 강조한다. 김경재가 '질서는 있지만 반복하지는 않는' 창발성, 역동성으로 한류를 묘사한다면, 심광현은 혼돈 이론의 대표적 예라 할 수 있는 프랙탈을 통해 한류에 있는 끊임없는 유동성, 혼돈 속의 질서

역동적인 춤사위가 있고, 한류의 중심에는 분명 역동적으로 표현되는 잠재된 힘이 있다.

이러한 한류에 대한 일반적인 이해 외에도, 한류라는 문화현상에 대해 문화산업적인 측면에서 문화정치적인 면에서 문화민족주의의 입장에서 다양하게 분석할 수 있을 것이다. 그러나 이 글에서는 특히 기독교와의 관련 하에서 한류의 기능과 역할 그리고 전망을 다루려고 한다. 무엇보다도 한류가 대중성을 유지하면서도 대중 속에 매몰되지 않고 비판적 기능을 할 수 있도록 하는 한국 문화로서의 K-기독교의 역할을 기대해 보며, 신학의 한류를 전망해 보고 또한 기독교 선교의 방향을 모색해 볼 것이다.

한류와 K-기독교의 '문화번역 (불)가능성'

사실, 기독교는 그리고 한국의 기독교는 문화와 동떨어져 존재하지 않으며 문화와의 상호 관계 속에서 영향을 주고받으며 변화한다. 즉 기독교 그 자체로서 기독교는 없기에, 여성신학자 캐드린 태너Kathryn Tanner가 지적하는 것처럼 문화의 일부로서 기독교는 자기 비판적으로 끊임없이 변화하며 열린 체계를 유지해야 한다.[3] 태너의 탈근대주의 입장은 전 근대적 문화 이해에 대항해서 권력 중심의 문화적 기획을 비판하며 근대적인 가치 체계가 자기중심적으로 타 문화를 이해했음을 지적한다. 사실, 권력 관계의 지배를 벗어난 문화적 순수성은 없으며,[4] 탈근대주의 입장이 강조

(chaosmos)를 설명한다. 9; 12.

[3] Kathryn Tanner, *Theories of Culture: A New Agenda for Theology* (Minneapolis: Fortress, 1997), 13-14.

하듯이 문화는 어떤 특정 집단이 갖고 있는 본질적인 실체를 일컫는 것이 아니라 오히려 역사를 통해 계속해서 변화하며 구성되는 것이라 할 수 있다. 근대화라는 기획 아래 서구화를 강요하며 문화적 순수성을 가정하고 정체성을 추구하는 문화제국주의적인 입장에 한류가 그리고 한국기독교가 비판적으로 열려 있어야 하는 이유다.

이제 한국 문화는 K-드라마, K-팝 등을 중심으로 해서 한류를 형성하며 대중문화로는 그 영향력이 어느 때보다도 크다. 이러한 한국 문화를 이해하는 데 있어 2012년 한류를 대표한 가수 '싸이'를 빼놓고 논하기는 어려울 것이다. 그의 노래 <강남스타일>은 문화 현상이라기보다는 사회 현상이라 불릴 정도로 사회적으로 그 파장이 컸다. 즉 K-팝이 사회 전반에 미치는 영향이 적지 않기에 오래전 싸이의 반전 운동에 관한 노래가 다시금 관심의 대상이 되기도 했다. K-팝에 대한 관심을 계기로 이전의 사회 문제들이 다시 주목 받게 된 것은 문화의 힘이 정치적 이념보다도 때로는 더 정치적일 수 있다는 것을 보여준다.

이렇게 대중의 관심을 받고 있는 한류의 중심에는 유동성과 역동성의 동적인 흐름과 더불어 문화 재배치를 시도하는 비판의 정신이 있다고 본다. 예를 들어 싸이의 노래 <강남스타일>은 비록 그 노랫말이 저항과 비판의 심오한 메시지를 담고 있지는 않지만 노래를 전달하는 방식에 있어서 지배적인 획일화하는 문화에 대한 도전과 문화의 재배치를 함의한다. 국내뿐 아니라 국외에서도 그 노래가 통하는 것을 보면, 분명 언어가 전달하

---

4) 김택현, "(포스트)식민주의와 문화 혼종," 미간행 논문, 2-3. 김택현에 의하면 탈식민주의 이론이 비판하는 전근대 혹은 근대주의 문화 이해는 문화의 순수성을 가정하며 문화에 서열을 두어 평가한다. 문화적 다양성을 인정하지 않는 이러한 문화제국주의 입장은 식민지 문화를 열등하고 낯선 것으로 인식하게 하며 지배의 우위를 점하게 된다.

는 메시지에 그 힘이 있는 것이 아니라 할 수 있을 것이다. 물론 어떤 음악 평론가는 강남을 비꼬는 풍자가 있다고 하나, 국외에서의 반응을 고려하면 오히려 그 풍자는 몸짓 혹은 춤사위에서 표현되는 풍자라고 보아야 할 것이다. 언어가 무의미해도 좋을 흥과 재미가 그 노래에 배어 있고, 자연스럽게 떼춤과 떼창을 불러일으키며 참여하게 하는 한류의 비 권위적이고 탈위계적인 즉 위계적 권위에 도전하는 모습이 한류의 중심에 있다고 하겠다.

말하자면 현재의 한류는 한국 문화 특유의 역동성을 가지고 심광현의 표현대로 거시적 맥락에서 적어도 서구 중심의 문화적 패권에 탈중심화를 시도하는 것이라 볼 수 있다.[5] 이러한 한류는 분명 개별 문화를 타자화하여 우위를 주장하는 것이라기보다는 오히려 서구 중심적인 지배 문화에 대항하는 긍정적 역할을 하고 있다고 볼 수 있다. 물론 한류가 문화 변혁의 힘으로 작용하기보다 문화를 둘러싼 자본의 논리에 종속되어 때로는 서구문화를 답습하는 것이 되기도 한다. 한류가 전 지구적 자본주의 시대에 문화행위를 주도하며 비판적 역할을 할 수 있기 위해서는 끊임없이 문화제국주의적인 서구중심주의에 도전이 될 수 있어야 할 것이다.

한류는 현재 한국의 문화를 전달하며 '문화번역'[6]을 시도하는 것에서 탈중심화 혹은 서구중심주의에 도전이 되고 있다. 문화번역이라는 것은 사실상 번역이라는 것이 가능하지 않은 문화를 표현하며 문화적 차이를

---

5) 심광현, "한류의 미학적 특성과 문화정치적 의미," 3.

6) Robert J. C. Young, "Hybridity and the Otherness of Cultural Translation," <Ewha HK International Conference> (2011). 문화번역은 어떠한 문화번역도 객관적인 것이 될 수 없다는 그 사실을 바탕으로 한다. 따라서 번역행위에 관여하는 권력을 간과하고 마치 객관적인 지식행위가 가능하다고 하는 근대적이고 전근대적 사고는 비판적으로 검토되어야 한다는 입장을 갖는다.

드러내고 그러한 차원에서 문화를 전달하는 것을 말한다. 즉 문화번역의 불가능성은 누구도 자신의 문화에서 자유로울 수 없기에 사실 어떠한 문화번역도 객관적인 것이 될 수 없다는 그 사실을 드러내는 것이라 할 수 있다. 한국기독교 역시 기독교 복음을 있는 그대로 다른 문화 선교 현장에 전달하기보다는 문화번역의 불가능성을 인지하며 역동적으로 기독교 문화를 창출해 내야 한다. 현재의 한류는 적어도 서구문화 중심의 세계화 속에서 한국 문화를 전달하며 문화라는 텍스트가 순수하게 번역될 수 있는 것이 아니라는 '문화번역의 불가능성'을 드러내고 있다. 그리고 문화 번역의 불가능성을 드러내는 것에서 한류는 과거의 선형적인 문화 배열과 평가에 저항하며 문화의 재배치를 실현하고 있는 것이다.

문화번역의 입장에서 생각해 볼 때, 기독교는 그 자체로 번역되어 전달될 수 있는 것이 아니며 혹은 그렇게 전달되더라도 그것이 의미 있는 것은 아니다. 문화번역은 호미 바바Bhabha, 로버트 영Young 등 탈식민주의 학자들에 의해 논의되듯이, 한 언어를 다른 언어로 옮기는 일반 번역과는 달리 문화 전반에 포함된 가치관 그리고 행동양식 등 그 안에 내재된 의미들이 전달될 수 없다는 전제를 확인하며 문화가 전달되는 행위 전반에 대해 비판적으로 검토하는 것이다.[7] 이러한 맥락에서 볼 때, 한국 문화로서의 기독교를 다른 문화적 상황에 강요하거나 혹은 한국 문화로서의 기독교가 다른 문화의 기독교를 그대로 답습하는 것은 의미 없는 일이며 가능하지

---

7) Homi Bhabha, *The Location of Culture* (London; New York: Routledge, 1994),
164; Robert Young, "Hybridity and the Otherness of Cultural Translation" (2011) 재인용. 문화번역은 월토 벤자민의 언어 간의 소통 (불)가능성을 새로이 해석하여 문화 일반에 적용한 것이다. 이경원, 『검은역사 하얀이론: 탈식민주의의 계보와 정체성』 (파주: 한길사, 2011), 418. 호미 바바에 의하면, 번역이란 그래서 고정된 의미를 파괴하는 과정이며 동시에 파편화된 의미 속에서 이질성(foreignness)을 드러내는 것이 된다.

도 않다. 선교적 차원에서 기독교는 문화번역이 하나의 문화를 다른 문화로 바꾸어 표현해 내는 것이라기보다는 차이를 강조하며 드러내는 실천적인 개념이라는 것을[8] 염두에 두어야 한다.

적어도 2012년 싸이를 중심으로 한 한국의 대중문화는 한류라는 흐름을 통해 한국 문화를 전달하며 서구문화 중심주의를 대항해 문화적 차이를 생산하며 문화번역을 시도하고 있다. 탈식민주의 이론가 로버트 영이 강조하는 것처럼, 문화번역은 오히려 문화의 번역 가능성이 붕괴되는 순간에 나타나는데, 이러한 의미에서 성공적인 언어번역은 고의적인 문화번역의 실패를 포함하는 것이라고 한다.[9] 따라서, 한국기독교 문화가 전달되는 것 역시 그 역동성을 가지고 문화 변혁의 가능성을 통해 차이를 생산하는 것이지 한국의 기독교를 다른 문화적 환경에 그대로 옮겨놓는 것을 말하는 것이 아니다. 기독교의 문화번역은 번역의 가능성을 보여주는 것이 아니라 그 반대로 불가능성을 드러내는 것이라 할 수 있으며, 번역의 실패로부터 시작되는 실천인 것이다.

앞으로 한국의 기독교가 더욱 적극적으로 문화번역에 개입하여, 문화번역의 불가능한 요소들을 포함하는 개별적 특수성들을 드러낼 수 있을 때, 문화 변혁의 가능성이 실현 될 수 있을 것이다. 영어를 쓰는 영국인들에 의해 계기가 된 지구화, 앵글로벌라이제이션Anglobalization[10] 상황에서 보다 적극적으로 문화적 차이들을 드러내는 것에서 문화번역의 정치적

---

8) Robert J. C Young, *Colonial Desire: Hybridity in Theory, Culture and Race* (London: Routledge, 1995), 194.

9) 앞의 책, 193.

10) Catherine Keller, eds. Catherine Keller, "The Love of Postcolonialism: Theology in the Interstices of Empire," *Postcolonial Theologies: Divinity and Empire* (Chalice Press, 2004), 223.

효과 그리고 사회-문화의 변혁을 경험할 수 있을 것이다. 문화의 변화 혹은 변혁은 문화번역이 불가능하다는 사실이 드러나는 것에서 비로소 시작되는 일이다. 현재의 한류라는 문화현상은 적어도 이러한 문화번역의 불가능성을 전달하며 문화의 재배치를 시도하고 문화의 중심을 이동시키는 역할을 한다. 앞으로의 한류 그리고 한국기독교 역시 번역될 수 없는 문화적 시각이나 실천들에 의해 매개되어, 획일화하고 지배하려는 서구 문화 중심주의에 대항하며 탈중심화 혹은 문화의 재배치의 가능성을 실현해야 한다.

이천 년 전 기독교의 지속성과 한류의 대중성

이천 년 전의 기독교는 일찌감치 문화 제국주의적인 가치 체계에 대항하며 각 문화의 개별성 안에 복음의 보편성을 담아내며 지속될 수 있었다. 오래 전 그리스로마 문명 하에서 즉 로마 제국이라는 공간에서 기독교는 식민화하는 헬레니즘의 언어로 하나님을 표현하며 그들의 철학을 흡수하기도 했지만 또한 동시에 저항하면서 기독교를 표현해 내었다.[11] 그렇게 종교 문화적 하이브리드를 낳으며, 시대마다 다양하게 기독교는 하나님을 번역해 왔다. 즉, 이집트 제국에 맞섰던 중다한 잡족 합비루의 야훼 하나님으로, 바벨론 제국에 저항하며 창조와 피조 사이의 공간에서 위계적 지배 권력에 균열을 내는 소피아 하나님으로, 그리고 로마 제국 아래에

---

11) 앞의 책, 222. 기독교는 로마 제국 하에서 그리고 그리스 철학의 영향 아래서 문화 혼종으로서 '신학'을 낳았다. 신학이라는 용어, 즉 'theo-logos'가 말하듯이 그리스의 철학적 언어로 성서의 하나님에 대해 논하는 것이 소위 '신-학'인 것이다.

서는 문화적인 특수성과 구원의 보편성을 함께 아우를 수 있었던 바울을 통해 새롭게 기독교의 하나님으로 각각 번역되었다. 그리고 한국의 문화적 토양에서는 한국의 기독교로서 토착화하며 상황화 되었다.

이렇게 기독교는 당시의 종교 문화적 상황에서 이질화 혹은 토착화를 경험하며 다양하게 변화하고 적응해 왔다. 사실 문화는 현재적 상황의 요구로부터 절대 자유로울 수 없으며 한국 문화로서의 한국기독교 역시 사회문화적 상황과 떨어져 추상적으로 존재하지 않는다. 즉 기독교 신학은 토착 문화와의 상호작용 속에서 변화하며 문화의 일부로서 그리고 문화 행위의 한 형태로서 존재하게 되는 것이다.[12] 말하자면 문화는 특정한 이해에 따라 구성되어 지는 것이기에 기독교 역시 비판적인 열린 인식을 통해 변화해 왔다. 이러한 열린 체계를 통해 기독교는 문화 민족주의적 차원을 넘어서는 보편적인 구원의 복음을 지켜 낼 수 있었고, 또한 획일화 혹은 동질화하려는 문화적 제국주의에 저항하며 끊임없이 적응해 나갈 수 있었다.

대중성과 지속성이 있는 문화 현상에는 개별 문화의 특이성을 부정하지 않으면서도 또한 보편성을 아우르는 특징이 있다. 현재의 한류, 예를 들어 싸이의 음악은 영어제국주의 논쟁과 관련하여 보면 중심부 언어를 전유하고 재구성하며 그 언어를 새로운 용도로 전환하여[13] 대중문화의 중심에 선다. 중심부의 표준영어와 주변부의 토착화된 영어들 사이의 긴장을 논의하며 전개되었던 영어제국주의 논쟁은, 영어를 전유하는 것과 거부하는 것이 상호 배태적인 일이 아니라 오히려 상호보완적인 일이라

---

12) Kathryn Tanner, *Theories of Culture: A New Agenda for Theology* (1997), 63.
13) 이경원, 「아체베와 응구기의 영어제국주의 논쟁」, 『검은역사 하얀이론』 (파주: 한길사, 2011), 316.

고 정리한다. 한국어를 통해 또한 일정 부분 영어로 전달되는 현재의 한류는 서구의 문화 형식을 전유하며 또한 거부하는 상호보완적인 작업으로 문화의 특이성과 함께 보편성을 지닌다. 말하자면 영어의 탈식민적 전유를 통해, 적어도 신학자 곽퓨란Kwok Pui-lan이 식민지 경험의 특징이라고 부르는 '불편함'을 넘어서14) 한류는 문화번역의 실천적 역할을 감당하며 대중성을 확보해 가고 있는 것이다.

대중적인 한류와 그리고 이천 년을 지속해 온 기독교에 잠재되어 있는 이러한 반-식민주의적 가치는 문화제국주의적 태도 안에 내재된 문화적 기획에 저항하는 것에서 볼 수 있다. 문화제국주의는 타 문화를 낯선 것으로, 열등한 것으로 평가하고 개별 문화의 차이들을 지워버리는 그래서 결국 식민화하려는 지배 권력을 드러낸다.15) 이제 한류라는 것이 시작된 지 10여 년이 지나며 한류에 대한 논의가 평가와 함께 진행되고 있다. 한류를 대중문화 산업의 측면에서 다루기도 하고 혹은 미학적 측면에서 평가하기도 한다. 또한 대중문화로서의 한류의 기원에 대해서는 오래전부터 한국 문화에 배태되어 있던 한국 고유의 특성에서 비롯된 것이라고 보기도 하고,16) 한국 문화가 갖고 있는 특이성 보다는 전 세계적으로 통하는 문화

---

14) Kwok Pui-lan, eds. Laura E. Donalson and Kwok Pui-lan, "Unbinding Our Feet," *Postcolonialism, Feminism and Religious Discourse* (London: Routledge, 2002).

15) 김택현, "(포스트)식민주의와 문화 혼종," 5. 김택현의 글은 식민주의 지배 담론이 타자를 재현하는 것에 대한 비판적 분석을 문화비평가의 입장에서 보여 주고 있다. 특히 거부된 타자의 흔적이 기입되어 있는 식민 담론의 양가적인 모습이 전복의 계기로 전환되는 과정을 표현하고 있다.

16) 민족문화연구가 임재해는 이러한 입장에서 한국적인 것, 한류의 기원을 수천 년 전부터 이미 가지고 있었던 민족정신에서 연루한 것으로 보며 한류에 내재된 문화적 특성을 연구한다. 한류를 한국의 민족문화 안에 오래전부터 배태되어 있던 고유의 것에서 기인하는 것이라 보는 것이다. 심광현은 한류가 오래 전부터 있던 것이라기보다는, 타 문화를 자국화하는

적 보편성이라고 한류의 원인을 규명하기도 한다.[17) 무엇보다도 한류가 문화의 큰 흐름을 형성하고 있는 것 그리고 이 천년 전의 기독교가 현재까지 지속적으로 번역되고 있는 것에는 보편성을 담지하면서도 또한 개별성을 부정하지 않는 태도가 있다고 볼 수 있다.

기독교가 유대인의 민족주의적 차원을 넘어서서 또한 로마 제국의 지배적 문화를 벗어나서 오랜 생명력을 가지고 지속해 온 데에는 기독교의 열린 입장과 비판적인 변용이 있다고 할 수 있다. 문화의 보편성을 강조하고 우위를 점하여 타 문화에 대한 폭력으로 작용해서는 지속성과 대중성을 가지고 오랫동안 존속할 수 없을 것이다. 따라서 문화에 대한 열린 이해를 가지고 문화 변혁의 가능성을 실현하며 변화를 거듭해야 한다. 한국 문화로서의 기독교가 한류의 저변 확대에 구심점 역할을 하며 K-문화 전반에 개입하며 문화적 실천으로 연결되기 위해서는 닫힌 체계로서는 불가능하다. 한류의 물결이 일방적인 흐름으로 흘러가는 것이 아니라 다른 문화와의 교류 가운데 더욱 확대되어 끊임없이 흐름을 유지할 수 있도록 타 문화에 대한 개방적 입장이 요구된다고 하겠다.

사실, 문화를 이해하는 데 있어 혹은 좁혀서 한류를 이해하는데 있어 문화를 보편적인 실체로서 규정하고 개념화하여 이해하는 것은 바람직하지 않다. 문화의 본질을 추구하며 특유의 정체성을 주장하는 것 역시 결국 지배 담론에 의해 재현되어 종속되는 결과를 가져오기 때문이다.[18) 한

방식에서 일어난 혼종화 또는 잡종화의 방향에서 진행된 것이라고 보며 한국 문화의 특이성을 강조한다.

17) 「중앙일보」, "프랑스 문명비평가, 기 소르망 교수 인터뷰", 2012. 4. 23.

18) 김택현은 문화의 정체성을 추구하며 본질을 규정하는 것에 대해 비판적이다. 왜냐하면, 문화를 정체된 것으로 여기고, 다양한 문화들을 선형적 시간대 위에 배열하여 우열을 두거나 혹은 동시간대에 공존하는 것으로 여기며 문화적 평등을 주장하는 것이나 모두 그 이면에

류를 이해하는 데 있어, 특이성을 지나치게 강조하는 것도 예를 들어 동적인 특징만을 강조한다면 또 다른 K-문화가 지닌 정적인 특징을 배제할 수 있고 또한 한국 문화의 다양한 특징들을 제한하며 결국 한류를 한국의 대중적 문화에로만 국한시킬 수도 있다. 이렇게 치우치지 않기 위해서 구심점으로서 한국기독교의 역할은, 신학자 김경재가 틸리히의 표현을 빌려 강조하는 것처럼, 개별성과 사회성, 역동성과 형태성, 그리고 자유와 숙명이라는 상호관계성에서 균형 잡힌 관점을 가져야 한다.[19]

무엇보다도 현재의 기독교를 가능하게 한 바울의 기독교 사상의 바탕에는 구원의 보편성을 강조하면서도 또한 개별 문화의 특수성을 무시하지 않는 열린 태도가 있다.[20] 철학자 바디우Badiou가 바울의 사상에서 주목하는 것은 바로 개별성을 인정하면서도 동시에 상대주의적 입장을 극복하는 바울의 철학이다. 그는 바울의 텍스트들이 갖고 있는 '산문의 탈시간성 그리고 사유의 핵이 가진 보편적 가치'를 분석하며,[21] 바울의 삶에 대한 열정과 의지, 즉 보편적 진리를 위한 끊임없는 열정의 바탕을 이해한다. 간단히 말하자면, 이천 년 전 종교 문화적 하이브리드 낳으며 발전한 기독교와 현재 국경을 넘어 다양한 방식으로 읽히고 소비되는 한류에는

는 여전히 문화를 서구의 잣대로 제한하려는 의도가 숨어 있기 때문이다. 김택현, 앞의 글.

19) 김경재, "한류에 대한 문화신학적 조명" (2011), 11.

20) 알랭 바디우/현성환 옮김, 『사도 바울』(서울: 새물결출판사, 2008). 알랭 바디우(Alain Badiou)의 철학은 열린 진리, 억압적이지 않은 진리를 강조하며, 탈근대주의가 함의하고 있는 상대주의에 도전하고, 다시 고전적인 철학의 주제들을 바울의 텍스트를 중심으로 혁명적으로 읽어 내고 있다. 바디우의 철학은 실천과 변혁을 전망하는 철학으로서 말하자면 '출현하는(분출하는) 주체' 즉 진리의 작용으로 생겨나는 주체화의 과정으로 주체를 이해하며 진리의 문제를 다룬다. 이전의 철학이 중요하게 다루는 진리의 문제 그리고 주체의 문제, 비록 지극히 전통적인 주제들이지만, 그가 다루는 진리와 주체는 이전과는 다른 의미를 가진다.

21) 제이슨 바커/염인수 옮김, 『알랭 바디우 비판적 입문』(서울: 이후, 2009), 15;17.

개별 문화의 특이성을 낯선 것으로 열등하게 여기지 않으면서도 보편성을 담아내는 문화 이해가 있다는 것이다.

'유튜브-친화적인' 한류와 '도로-친화적인' 기독교의 콘텐츠

한류가 전 세계로 전파되는 데에 유튜브-친화적인 내용이 있었다면 오래 전 바울의 선교에는 '도로-친화적인' 복음의 콘텐츠가 있었다. 한류가 세계적으로 확대될 수 있었던 것은 한류가 갖고 있는 특별한 내용과 또한 그것을 전달할 수 있는 유통 경로가 확보 되었기에 가능하다고 한다. 즉 한류가 지닌 유튜브 친화적인 콘텐츠와 동시에 그것을 전달하는 유통과 재생산의 통로가 모두 필요하다는 것이다. 말하자면 싸이의 음악이 인터넷 망을 타고 전 세계에 보급되어 유튜브 조회수로 이전에 없던 기록을 세우며 한류를 전파할 수 있었던 것은[22] 생산 유통 조건이 마련되어 그 경로가 확보되었기에 확대 재생산 될 수 있었고, 또한 거기에는 SNS(소셜네트워크서비스)로 대변되는 새로운 미디어 환경에 맞는 콘텐츠가 있었기에 가능하다.

오래 전 기독교가 전파될 당시 모든 길은 로마로 통한다는 말이 있을 정도로 도로는 발달되어 있었고 복음은 바로 이러한 도로들을 통해 전달

---

22) 싸이의 동영상은 유튜브 조회수로 기록을 세우며 가장 많이 본 동영상 1위에 올랐다. 싸이를 통해 전 세계는 이전의 잘 기획된 그룹들의 음악과는 다른 K-Pop을 경험하고 있다. 가수 싸이로 대변되는 한류는 그것이 K-Pop의 연장인지 혹은 또 다른 문화현상인지를 생각하게 하며 한류를 유럽과 미국으로 확대하고 있다.

되었다. 바울이 직접 로마에 가지 못했어도 이미 로마로 통하는 길들을 통해 복음은 스스로 전달되고 있었다. 길 혹은 도로 친화적인 기독교문화의 콘텐츠가 있었기에 기독교 문화가 지속적으로 파급될 수 있었을 것이다. 원형 극장, 경기장, 광장 그리고 무엇보다도 효과적으로 길을 통해, 육로 혹은 뱃길을 통해, 마치 유튜브를 통해 한류의 콘텐츠가 공유되듯이 복음은 살아있는 일상어로 당시에 공유되며 전파된 것이다. 이렇게 문화가 대중화되며 지속되는 데에는 유튜브-친화적인 혹은 도로-친화적인 내용 콘텐츠가 그 중심에 있다.

이천 년 전 기독교 안에 내재한 그러한 콘텐츠가 일상어를 통해 그리고 개별적 문화를 배타시하지 않으며 선포된 것이다. 물론 기독교가 점차 제도화되고 제국의 논리와 맞물리면서 배타적인 종교가 되어 그 생생한 전달력을 상실하고 도로 친화적인 특성을 잃어 정체되기도 했을 것이다. 그러나 기독교가 현재까지 이어 온 데에는 개별 문화의 특이성을 무시하지 않는 복음의 보편성이 있다. 구원의 복음이 지닌 보편성은 적어도 문화적 차이들을 지워버리고 식민화하려는 지배 권력의 모습과는 거리가 멀다. 이 천년 전 바울이 전한 기독교나 또한 현재의 한류가 세계로 확대되며 유통될 수 있었던 것에는 개별성을 부정하지 않으면서도 보편성을 담아내는 열린 체계가 있고 또한 유통 경로 친화적인 내용이 있었다.

지금 이 시대는 바울이 처했던 로마 제국의 상황을 연상시키는데, 소위 제국이라고 할 만한 힘의 지배 하에서 여러 문화적 다양성들이 충돌하며 조우하고 있다. 현재 다문화 사회를 경험하듯이, 이천 년 전 바울은 유대인의 율법과 그리스인의 철학이라 상징되는 문화적 다양성과 맞닥뜨리며, 그는 각 문화의 개별성을 인정하고 그러면서도 또한 개별적 특이성에 매몰되지 않으면서 보편적 진리를 선언한다. 오래 전 바울이 획일화하고 동질화하는 제국의 논리에 맞서 개별적 문화의 특수성을 배타시하지 않고 진리를 지켜낼 수 있었던 것은, 철학자 바디우가 바울의 특별한 주체 이해에서 비롯된 것이라고 여기는, 바로 '문화적 주체들의 술어적 특수주의를 해지함으로써' 가능했다.[23)]

덧붙여, 표적을 요구하는 유대인에게 그리고 지혜를 요구하는 그리스인에게 복음이 전달될 수 있었던 것은 바울의 사상이 차가운 정체된 언어가 아닌 살아있는 일상어를 통해 도로-친화적인 내용으로 전달될 수 있었다는 데에 있다. 바디우가 지적하는 것처럼, 기독교에서 보편적으로 받아들여지는 소위 진리라는 것은 거창한 필로소피아에 의해 지지되는 혹은 수사학으로 무장하여 전달되는 그러한 것이 아니다. 바울이 전한 콘텐츠는 반-철학적인 언어로 표현되는 것으로 일상적인 것들과 연관이 있다. 그리고 바디우가 강조하듯이, '갈등은 바로 살아 있는 일상어 안에서 일어나는 것이다.'[24)] 바울의 기독교 사상은 유대인의 민족중심주의적인 사상과 그리스 철학의 논리를 벗어나는 일상어를 통해 도로-친화적인 내용으로 공유되었다. 바울의 이러한 콘텐츠 공유 방식이 얼어붙은 언어들을 주고받는 방식으로는 이루어질 수 없는 진리에 대해 전달하는 방식이었다.[25)]

---

23) 바울의 신학은 주체를 전통의 영속화로서보다는 분열로 정초하는 것이 특징이다. 즉 바디우에 의하면 주체의 구조화에서 주체는 하나의 상태가 아니라 도정이다. 그리고 사건을 통한 분열이 주체를 분열된 형태로 구성하며, 바로 그러한 형식이 보편성을 담보하게 된다고 한다. 바디우는 주체의 분출(eruption)을 주체를 이해하는 중요한 특징으로 간주하며, 그리스인들의 지혜와 또한 마찬가지로 유대인들의 율법에도 맞서는 주체 개념을 정립한다. 알랭 바디우, 『사도 바울』(2008), 113-4.

24) 앞의 책, 59-60.

25) 앞의 책, 57-8. '차가운 철학적 언어로 진리를 전달할 수 없었다'는 것은 바울이 그리스에서 특별한 지지를 받지 못했다는 것에서 알 수 있다고 한다. 바디우는 바울의 행적에 대해 사도

로마 시대 기독교의 복음이 전달되던 도로, 그리고 현재의 한류를 실어 나르는 유튜브와 SNS 기반의 유통 경로에서는 보편성을 담지하며 또한 개별적 문화의 특성을 품어 내는 콘텐츠가 있다. 바울이 여러 상황의 각기 다른 계층에게 보편적인 선언이 될 수 있는 진리를 전하게 되는 것에는 아마도 이러한 개별 문화에 대한 인정과 그리고 일상어로 거부감 없이 전달되는 콘텐츠에 있을 것이다. 즉 바울의 복음 전파가 확실해지는 것은 복음의 진리 안에 내포된 구원의 보편성과 개별성이 있기 때문이다. 다시 말해 바디우의 표현에 의하면, 폐쇄적 특수성들에 의해서가 아니라 사건에 의해 열리는 과정에서 주체를 이해함으로 바울은 복음을 지켜낼 수 있었던 것이다.[26] 바울의 사상의 바탕에 진리와 주체에 대한 특별한 이해가 있었기 때문에 기독교 복음의 전파가 가능했다는 것이다.

말하자면, 최근의 한국의 대중문화가 그리고 특히 2012년 싸이의 음악이 일부 매니아 층에 국한되었던 한류의 인기를 전 세계로 확대하고 또한 이 천년 전의 기독교가 대중화되며 지속 가능했던 것은 문화적 다양성

행전은 할리우드식의 설명의 제공하며 아테네의 아레오파고스 언덕에서의 연설이 위대했다고 전하나, 아테네에서의 바울의 연설이 성공을 거두었을 가능성이 거의 없다고 보며, 반철학적 언어로 기독교의 복음이 전해졌음을 강조한다.

26) 바울을 통해서 바디우는 기독교적 주체의 본질에 접근하며 자신의 철학적 주체 개념을 정립한다. 유대 담론의 질서에 속하는 표징들도 그리스 담론에 속하는 지혜도 명백히 거부하며, 바울은 주체의 허약함, 찬양의 주체적 담론, 사로잡혀 있는 주체, 기적이 임재한 주체로, 즉 약함에 대한 비참한 증거에서 얻게 되는 주체를 주장한다고 한다. 주체의 타자적 부분, 말하자면 언표될 수 없는 것들 즉 무언의 보충물, 혹은 낮춤을 대면할 때에 갑자기 출현하는 주체성, 이것을 바디우는 찌꺼기의 주체성이라 부르며, 새로운 주체 개념을 정립한다. (100;103;111). 바울의 주체 이해의 특징은 바디우에 의하면 정제된 주체성으로 주체를 통일시키는 것이 아니라 오히려 분열된 주체의 도입을 통해 주체를 영속화시키지 않는다는 것이다. 그리스의 지혜나 유대의 율법은 소위 나누어지지 않는 주체를 영구히 유지할 것을 요구하나, 그러나 바울은 수사적 구성물로서는 주어질 수 없는 주체를 강조하는 것이다.

에 대한 태도 즉 문화적 차이를 생산하는 열린 체계에 있다. 즉 바울의 기독교 사상은 다양성을 획일화하려는 제국 하에 있으면서도 제국의 영향 속에 있지 않았다. 이천 년 전의 기독교에 잠재된 이러한 타 문화에 대한 배려와 문화 재배치의 가능성은, 한국 문화로서의 K-기독교가 그러한 반-제국주의 잠재성을 실현하며 문화 변동의 중심에서 긍정적 역할을 할 것이라 기대하게 한다. 당시 제국이라는 공간 안에서 기독교가 제국의 거대한 무게를 이겨내며 유지될 수 있었던 것은 어떠한 민족이나 철학에 제한되지 않는 그래서 특권 없이도 보편적으로 받아들여 질 수 있는 구원의 복음이라는 내용, 즉 도로-친화적인 콘텐츠가 있었다.

현재 로마 제국과는 또 다른 형태의 보이지 않는 제국의 지배 하에서 한국의 기독교는, 이 전의 바울의 사상처럼 보편적 진리를 포기하지 않으면서 또한 다양성과 개별성을 인정하고 포용하는 기독교의 한류를 형성할 수 있어야 한다. 끊임없이 문화번역의 불가능성을 드러내며 개별적 차이들을 드러내고 그러한 가운데 한국기독교가 일방적 흐름이 아니라 상호 교류하며 한국 문화를 전 세계적으로 지속시켜 나가야 한다. 기독교를 하나의 기독교로 획일화하려는 문화 제국주의에 저항하며 문화 수용자가 보다 적극적으로 수용 행위를 할 수 있도록 비판적 틀로서 기능해야 한다. 또한 한국기독교가 기독교의 한류를 이루려면 기독교가 그저 수동적으로 문화산업에 의해 끌려가는 것이 아니라 비판적이고 주도적인 역할을 할 수 있어야 할 것이다.

사실, 대중문화에서 대중이 주체가 될 수 없다는 현실은 비극이다. 대중문화를 둘러싼 자본의 역할을 분석하는 아도르노^{Adorno}논리에 의하면 거대 자본에 의해 유지되는 문화 속에서 대중의 능동적 문화 행위를 기대하는 것은 불가능하다. 문화현상을 주도하고 조절하는 문화자본의 지배를 벗어나 자율성을 갖는 것이 쉬운 일은 아니다. 현재에도 문화를 둘러싼 독점자본의 논리가 여전하기에 대중문화를 수용하는 입장에서 능동적인 수용 행위를 한다는 것은 힘든 일이다.[27) 수동성을 벗어나기 어려운 것이 현실이지만, 그럼에도 불구하고 능동적 주체로서 문화 행위를 할 수 있도록 문화 종속에 저항할 수 있는 비판적 힘을 기독교에 잠재되어 있는 가치에서 보게 된다. 제국 안에 살지만 제국에 속하지 않는 주체로서의 가능성을 이천 년 전의 기독교는 보여 주고 있다.

이제 유튜브-친화적인 한류가 문화자본으로서의 경제적인 가치를 창출한다는 의미 그 이상으로 문화적 잠재 능력까지도 발휘할 수 있어야 할 것이다. 문화자본에 대한 부르디외Bourdieu의 분석 역시 권력에 의해 조작되는 문화의 심각성을 지적하며, 문화가 생활양식을 통해 습관(Habitus, 아비투스)을 지배하며 사회의 권력 관계가 쉽게 가시화되는 것을 막아 사람들로 하여금 지배 관계에 익숙한 채 살아가게 한다고 설명한다.[28) 비록 현실적으로 어렵지만, 대중문화에서 대중(the mass)이나 혹은 다중(the multitude)[29)이 문화적 실천을 통해 정말 문화의 주체가 될 수 있기 위해서 한국

---

27) 아도르노의 문화산업론은, 대중매체를 생성하는 독점자본과 그것을 가능하게 하는 사회에 대한 비판적 관점에서 문화를 분석한다. 아도르노의 이론은 대중의 수동성을 강조하는 것이 특징이나, 심혜련은 대중이 수동적이지만은 않다고 지적한다. 심혜련,『20세기의 매체 철학』(서울: 그린비, 2012), 95.

28) 부르디외의 문화자본 개념은 자본이 갖고 있는 경제적 의미 그리고 그 이상의 문화적 잠재 능력까지도 포함하는 말이다. 문화비평가 이동연은 이러한 문화자본이라는 용어를 한류에 적용하여 한류와 자본과의 관계를 분석한다. 이동연, "한류 문화자본의 형성과 문화민족주의,"『한류와 21세기 문화비전』(파주: 청동거울, 2006), 180.

29) 안토니오 네그리, 마이클 하트/윤수종 옮김,『제국』(서울: 이학사, 2001), 13;14. 다중의 의미는 이미 존재하지만 또한 아직 실현되지 않은 하나의 잠재력이라 볼 수 있다. 한 마디로, 주체적으로 욕망과 주장을 결집해 나가는 무리가 다중인데, 수동적 주체인 대중(the mass)과 달리 다중은 통일성 없는 복수적 주체지만 권위와 압제에 저항하는 힘을 지닌다.

문화로서의 한국기독교가 기독교의 탈식민주의의 잠재성을 실현하며 대중문화에 대안적인 해방적인 계기를 놓을 수 있어야 할 것이다.

타자로서 재현되는 여성과 K-기독교의 역할

여성이 대중문화의 전면에 등장하고 또한 한류를 소비하는 대부분이 여성이어서 언뜻 과거에 수동적으로 재현되는 여성의 입장이 많이 바뀐 듯 보인다. 그러나 여성이 수동성을 벗어나서 적극적으로 문화적 차이를 생산하고 있는가 하는 것에 대해서는 회의적이다. 여성주의와 탈식민주의 문화 비평이 인식하는 것처럼 여전히 남성 중심적인 획일성의 논리가 지배하며 여성은 타자화 되어 재현된다. 물론 탈식민주의 이론에 지나치게 의존하여 여성의 문제를 해결할 수는 없지만, 분명한 것은 여성이 한류 전면에 등장한다고 해서 여성이 주체적이고 능동적인 것은 아니며 사실 한류 현상에서 여성의 개입은 아직 미미하다고 할 수 있다.

한국의 대중문화 한류가 진정으로 대중에게 특히 최하층의 여성들에게도 의미 있는 문화이기 위해서는, 그저 새로운 문화를 더해 가는 것이 아니라, 권위적 문화 기저에 있는 함의들을 반박하고 굴절시키는 작업이 우선 요구된다.30) 특히 스피박Spivak의 여성주의 이론은 이러한 입장에서

---

30) 김택현, 『트리컨티넨탈리즘과 역사』 (서울: 울력, 2012), 45. 스피박의 이론에 대한 정리가 잘 드러나 있다. 김택현은 탈식민주의 이론을 서구의 입장에서가 아니라 우리의 시각으로 바라보고자 하여 포스트식민주의의 또 다른 이름으로 '트리컨티넨탈리즘'을 소개하고 있다. 트리컨티넨탈리즘은 아시아, 아프리카, 남아메리카 세 대륙의 반식민주의 저항과 연대의 의미를 포함하는 개념이다. 로버트 영/김택현 옮김, 『포스트식민주의 또는 트리컨티넨탈리즘』 (고양: 박종철출판사, 2005), 468;488.

특유의 비판적 자의식을 가지고 하층민이 스스로 말할 수 있는 가능성을 분석하며 서구 중심의 문화에 비판적으로 접근한다. 그는 '최하층민 (subaltern)은 말할 수 있는가'라는 글에서 그 가능성에 대해 다소 비판적인 결론을 내리며, 그러한 하층민 즉 잡다한 무리를 위해 그들의 의식을 복원하려는 작업을 시도한다.[31] 대중문화로서의 한류 역시 보다 주도적으로 다문화 사회에서 소외된 여성이 스스로 목소리를 낼 수 있도록 가부장제와 제국주의 담론에 묻혀버린 여성의 역사를 읽어 내야 한다.

여성을 타자화 하는 문화적 재현은 근대 제국주의 안에만 내재해 있는 것이 아니라 현재에도 여전히 암묵적으로 진행되고 있기에 지배적인 문화 권력에 대항하는 도전과 비판이 있어야 한다. 이 때, 기독교의 탈식민주의 잠재성은 배제된 타자들을 포괄하는 틀로서 유효하게 사용될 수 있을 것이다. 한류도 그리고 한국의 기독교도 대중과 함께 그리고 여성과 함께 하는 공감이 없다면 지속되기 어렵다. 현재 대중적 인기를 얻고 있는 한류나 혹은 이제까지 지속된 기독교에는 보편성과 일상성 즉 쉽게 말하자면 공감의 성격이 있다. 남성의 시선에 의해 읽혀지는 여성을 재현하는 문화가 아니라 문화제국주의적 권력의 기획에 대항하며 문화의 재배치를 실현하는 그리고 여성을 배려하는 문화이어야 지속적으로 대중성을 확보할 수 있을 것이다.

---

31) 임옥희, 『타자로서의 서구』 (서울: 현암사, 2012), 25. 이러한 맥락에서 여성주의 입장의 탈식민주의자 스피박은 그람시의 철학에서 하위주체라는 개념을 차용하며 주체 개념을 느슨하게 붙잡고 그러면서도 포기하지 않는 전략적인 입장을 취하여 여성 주체를 논한다. 여성주의는 '탈-중심화된 주체,' 혹은 객관적 주체라는 것을 무비판적으로 수용하지 않는다. 사실, 문화와 역사 속에서 여성은 늘 타자로 재현되며 대상화되어 왔기에 여성주의는 오히려 역사적 문화적으로 불연속적이고 이질적인 보편화할 수 없는 주체 개념을 전략적으로 주장하며 여성의 연대를 추구한다.

대체로 여성은 사회문화적 상황에서 그 자체로 표현되기보다는 성과 관련되어 타자로서 재현되고, 지배 담론은 이러한 타자에 대해 권위를 행사하고자 한다. 이러한 상황에서 한류와 한국 대중문화가 단지 문화자본으로서 경제적 부의 창출이라는 측면에서만 평가되고 추진된다면 그 한계는 분명하다. 자본에 대한 규제를 느슨하게 해서 이를 최대한으로 보장해주는 신자유주의 기획에 맡겨서는 문제를 해결할 수가 없다. 그러한 자본주의 체제 하에서 최하층 여성이 문화에 개입할 여지는 거의 없어 보인다. 이것은 시혜적 차원에서 해결될 수 있는 일이 아니며 문화적 가치를 공유할 수 있는 삶을 통해 이루어지고 검증되어야 하는 일이다.[32] 따라서 보다 개방된 문화 담론을 구성하며 한국기독교가 문화적 차이를 인정하는 데서 더 나아가 문화번역을 통해 차이를 만들어내는 능동적인 입장에 서야 한다.

이제 한국의 기독교는 전 지구적 자본주의 시대에 배제되고 타자화 된 여성을 대변하며 다양한 방식으로 문화 변혁의 가능성을 열어 가야 할 것이다. 특히 자 문화와 타 문화를 나누는 혹은 다양한 문화를 획일화하는 제국주의적 태도에 저항하며,[33] 이주 노동자와 같은 최하층의 여성들도

---

32) 여성주의 입장에서 볼 때, 특히 제3세계의 탈식민주의라는 모호한 이름 대신에 '트리컨티넨탈리즘'이라는 용어를 사용하는 김택현의 탈식민주의 이론은 여성의 연대를 고민하는 아시아 여성주의 이론에 많은 통찰을 주고 있다. 김영옥 외, 『국경을 넘는 아시아 여성들』 (서울: 이대출판부, 2009).

33) 동아시아의 복잡한 상황 속에서 그리고 문화적 다양성 속에서 여성의 연대를 이루는 것은 어렵고도 중요한 일이다. 중국의 민족중심주의적 지구화에 맞서면서 동시에 일본의 무국적성 문화를 내세운 국가중심주의에 맞서서, 문화비평가 이동연이 제시하는 국가에 바탕을 둔 민족주의가 아닌 '탈국가화'하는 한류 문화민족주의는 여성주의 입장에 많은 통찰을 준다. 윤혜린, 「내 문화 당신의 문화를 넘어서, 우리의 문화생성을 위한 철학」, 김성옥 외, 『국경을 넘는 아시아 여성들』(2009).

돌아보아 함께 연대할 수 있어야 할 것이다. 남성 중심적인 가치 체계는 현재에도 여전히 탈영토화하며 팽창하는 제국의 이해와 함께 공모하여 여성을 문화에서 배제시킨다. 더욱이 변 국가적인(transnational) 현재의 상황에서 여성은 그리고 특히 최하층 여성은 국제적인 자본의 흐름 속에서 초과 착취의 대상이 되며 더욱 소외된다.[34] 서구 중심의 오리엔탈리즘 그리고 메트로폴리스 중심의 '시골차별주의,' 즉 서양이 아니면 다 동양이고 서울이 아니면 다 시골이라 단순화하여 경시하는 논리는 결국 제국주의적인 남성중심주의와 연합하여 여성을 더욱 소외되고 밀려나게 한다.[35] 문화에서 배제된 여성이 다시 문화의 주체로 설 수 있고 더 나아가 흩어진 디아스포라 여성의 연대를 이끌 수 있는 한국기독교의 역할이 절실하다.

이천 년 전 바울의 혁명적인 기독교가 지속성과 대중성을 가지고 존속할 수 있었던 데에는 여성을 배제하지 않는 혁신이 있었다. 앞서 언급되었던 바디우를 계속 인용하자면, 당시의 기독교는 그리스인의 지혜 혹은 유대인의 율법에 맞서는 복음의 보편성을 선언하며, 그 안에서 성의 차이가 중요하지 않은 것이 되도록 성차를 횡단하고 균형 맞추기를 시도한다고 설명한다.[36] 바디우의 표현으로는 '보편성이 다시 특수화하는 차이들 속

---

34) 임옥희, 『타자로서의 서구』 (2012), 17.
35) 김택현은 문화의 정체성을 주장하는 것이 결국 서구 중심의 논리에 의해 지배되는 것임을 인식한다. 따라서 문화적 정체성을 추구하는 것은 국가의 정체성에 기인한 것이든 혹은 폭넓게 아시아성에 바탕을 두는 것이든 간에 보다 조심스럽게 접근해야 할 일이라고 지적한다. 말하자면, 한국 민족의 특수성을 강조하는 것은 우선 국가적 자긍심을 고취하는 긍정적 효과가 있지만 또한 암묵적으로 문화적 패권주의를 답습하는 것이 될 수 있기 때문이다. 때로는 민족주의적인 시각이 서구 중심적인 이해 못지않게 문화의 속성에 어긋난 정의를 하며 문화를 정체된 것으로 주장할 수 있다는 것이다. 로버트 영, 『포스트식민주의 또는 트리컨티넨탈리즘』 (2005), 423.

에서 관철될 수 있도록 하는' 그러한 바울의 시도가 그리스도 안에서 남자도 여자도 없다고 하는 그의 핵심적 진술을 일관성 있게 전달하게 한다. 여성신학의 입장에서도 강조하듯이 바울의 전체 사상에는 어떠한 특권도 복음의 진리 앞에서는 무력해지게 되는 평등의 보편적인 사상이 있다. 그리고 더 나아가 그러한 열린 이해가 창의적으로 상황화하며 토착화할 때 기독교의 의의가 있을 것이다.

다시 말해, 한국 문화로서의 한국기독교가 타 문화를 향해 열려있으면서 다양한 문화들의 개별성을 인정할 때 기독교 선교의 가능성이 열릴 것이다. 문화의 차이를 인정하며 배타시하거나 열등하게 여기지 않는 반-제국주의의 잠재성이 기독교 안에 있다. 이제 역사와 문화에서 배제되는 여성과 자연을 돌아보고 문화적 다양성들에 주목하며 주류 문화에 침투할 수 있어야 할 것이다. 한류와 한국 문화로서의 K-기독교가 타자를 지배하려는 식민주의 담론의 논리에 도전하며, 타자와 나, 타 문화와 자 문화로 분리하는 것에 저항하고 주변 문화에 열린 태도를 유지하며 늘 자기-비판적으로 성찰할 때, 한국 교회의 미래를 기대할 수 있다.

나가는 말

이제 K-드라마, K-팝에서 시작한 한류는, 한글, 한식에 이어 그리고 또

---

36) 바디우, 『사도 바울』(2008), 202;204-5. 예를 들면, 바울이 여자가 남자에게서 났음을 선포하지만 곧이어 모든 남자가 한 여자 몸에서 나왔다는 것을 환기하는 식이라고 바디우는 정리한다. 그는 신보적 혁신이라고 불러야 할 이러한 바울의 시도를 일컬어 '보편 지향적인 평등주의가 불평등한 규범의 가역성을 통해 나타나도록' 하는 것이라고 표현한다.

다른 K-문학, K-무비 등의 가능성을 낳으며 K-컬쳐를 이루어 가고 있다. 이러한 한국의 대중문화가 보다 능동적으로 비판적인 문화 행위를 주도할 수 있기 위해, 한국 문화로서의 K-기독교에 잠재된 문화 변혁의 가능성은 이러한 한류의 저변에서 구심적 역할을 하며 변혁의 기회를 제공하는 창조적 역할을 수행할 수 있어야 할 것이다. 한류가 그저 동남아에서나 통하는 K-팝 혹은 K-드라마 중심의 문화가 아니라 한국 문화 전반을 포함하는 그리고 세계적으로 공유되는 문화이기 위해서는 그저 수동적으로 자본과 맞물려 돌아가며 체제 유지에 이용되어서는 안 될 것이다. 한류가 단순히 자국민을 먹여 살리는 문화산업으로 이해될 것이 아니라 이제껏 역사와 문화 속에서 배제된 타자들을 돌아보며 문화 변혁의 힘으로 작용할 수 있도록 K-기독교가 함께 지렛대 역할을 해야 한다.

요약하자면, 한류가 지속적으로 그리고 체계적으로 전개되기 위해 한국 문화로서의 한국기독교는 단순히 한류의 인기에 업혀가는 것이 아니라 문화적 차이들을 인정하고 드러내며 끊임없이 문화번역을 시도하여 기독교의 한류를 형성해야 한다. 이미 이천 년 전의 기독교는 그러한 가능성을 실현하며 개별 문화들의 다양성들을 품으면서도 보편적인 진리의 복음을 전달할 수 있었다. 이제 한국 문화로서의 한국기독교가 서구화하는 세계화에 맞서 위계적이고 패권주의적인 문화제국주의의 힘에 저항하며 다양성을 인정하고 차이를 생산하는 문화 현상으로서 기능할 수 있어야 한다. 한류가 한국 문화 전체를 대표하는 구심점 역할을 하기에는 미약하다는 평가도 있지만 한국기독교와 한류와 더불어 문화 변혁의 중심에서 함께 한다면 한국 문화의 창조적 역할을 확대해 갈 수 있을 것이다.

한국의 대중문화 한류와 한국 문화로서의 K-기독교가, 대중의 지지를 발판으로 삼아 지배 문화의 위치에 서는 것이 아니라, 오히려 문화와 역사에서 배제된 타자, 최하층, 여성을 돌아보며 지배 권력의 문화적 기획에 끊임없이 도전하기를 기대해 본다. 바울을 통한 기독교 선교 역시 당시의 다문화 상황에서 다양한 문화적 차이들을 경험하며 배제하거나 무시하지 않고 개별 문화를 아우르며 복음의 진리를 전달하고 구원의 메시지를 전할 수 있었다. 현재의 다문화 상황에서 이제 한국 문화로서의 한국기독교가 타자-배제적인 문화제국주의의 입장에 서는 것이 아니라, 타자-포괄적인 기독교로서 거듭나서 새로운 기독교 선교의 길을 열어 가야 할 것이다.

참고문헌

김경재. "한류에 대한 문화신학적 조명." 〈한국 문화신학회 심포지엄〉, 2011.

김택현. 『트리컨티넨탈리즘과 역사』. 서울: 울력, 2012.

로버트 영/김택현 옮김. 『포스트식민주의 또는 트리컨티넨탈리즘』. 서울: 박종철출판사, 2005.

심광현. 『홍한민국: 변화된 미래를 위한 오래된 전통』. 서울: 현실문화연구, 2005.

_____. 『프랙탈』. 서울: 현실문화연구, 2005.

알랭 바디우/현성환 옮김. 『사도 바울』. 서울: 새물결 출판사, 2008.

양민석. 「아시아 여성 재현, 전통과 경계 사이」, 김영옥·김현미 외,『국경을 넘는 아시아 여성 들』. 서울: 이대출판부, 2010.

이동연. 「한류 문화자본의 형성과 문화민족주의」, 김수이 편,『한류와 21세기 문화비전』. 파주: 청동거울, 2006.

임옥희. 『타자로서의 서구』. 서울: 현암사, 2012.

제이슨 바커/염인수 옮김. 『알랭 바디우 비판적 입문』. 서울: 이후, 2009.

Bhabha, Homi K. *The Location of Culture*. London: Routledge, 1994.

Tanner, Kathryn. *Theories of Culture: A New Agenda for Theology*. Fortress, 1997.

Keller, Catherine. eds. Keller, Catherine. "The Love of Postcolonialism", *Postcolonial Theologies: Divinity and Empire*. Chalice Press, 2004.

Minh-ha, Trink T.. *When the Moon Waxes Red: Representation, Gender, and Cultural Politics*, New York: Routledge, 1991.

Young, Robert J. C.. *Colonial Desire: Hybridity in Theory, Culture and Race*. London: Routledge, 1995.

Spivak, Gayatri Chakravorty. *A Critique of Postcolonial Reason: Toward a History of the Vanishing Present*. Cambridge; Mass.: Harvard University Press, 1999.

Pui Lan, Kwok. eds. Donalson, Laura E. and Pui-lan, Kwok. "Unbinding Our Feet," *Postcolonialism, Feminism and Religious Discourse*. London: Routledge, 2002.

제4부

선교와 한류, 그리고 선교의 한류

한류의 문화신학적 이해

- 새로운 선교신학적 통찰

서창원 | 감리교신학대학교

시작하는 말

현대사회는 문명의 전환기를 맞고 있다. 지금까지 영위해오던 생활의 구조와 의식이 획기적 변화를 겪고 있다. 농업혁명과 산업혁명에 이어 전자혁명을 맞이하면서 아날로그적 생활에서 디지털적 생활에 이르는 지구촌의 면모는 문명적 전환으로 표현될 수밖에 없는 상황이다.

정치적 관심과 경제적 관심을 넘어 글로벌화 시대는 문화적 요소가 더 큰 관심과 주제가 되고 있다. 이제 문화적 교류는 국가체제와 민족적 구별을 넘어서 큰 물결을 일으키고 있다. 이 문화의 시대에 한국 대중문화는 획기적 파장을 일으키고 있다. 이 파도를 '한류'라 부른다.

한류는 최근 한국의 대중문화가 해외에서 일으키는 반응에 대한 호칭이다. 한류의 현상적 상황을 살펴보자. 이는 2003년 일본 NHK에서 방송된 드라마 <겨울연가>가 방영되면서 배용준의 '욘사마' 신드롬을 시작으로 파장되는 문화적 파장이 시작되었다. 일본에서 한류 초기에 중장년 층의 팬이 있었다면 이후 K-Pop의 젊은 층에 이르는 폭넓은 계층으로 연장되었다.

초기에는 <겨울연가>, <천국의 계단> 등 멜로드라마에 이어서 사극으로 <대장금>, <주몽> 등이 인기를 차지했고 <미남이시네요> 등 히트 드라마에까지 확장되었다. 그 후 일본의 경우 2005년 동방신기 이후 10-20대가 열광하는 K-Pop, 슈퍼주니어,2PM, 샤이니, 비스트, 초신성, 인피니트 등으로 폭넓은 영역으로 확산되었다.

일본사회는 이런 한류의 현상은 홍콩영화 붐처럼 식어질 것으로 비판하면서 반 한류, 혹은 혐 한류 운동까지 일으키는 등 정치적 갈등이 독도 문제 이후 불거지면서 저항하는 조짐도 있다. 그러나 일반적 일본 서민들은 주요 방송매체가 한류 프로그램 또는 TV의 연속 드라마를 규제하면서 한국방송이 방영되기를 애타게 기다리는 계층도 쉽게 발견할 수 있다.

이후 한국대중 문화계는 한류의 호응이 일본을 넘어서 대만, 태국, 베트남, 인도네시아 등 폭넓게 퍼지는 현상에 대해 스스로 놀라워하게 되었다.[1] 그리고 이러한 한국 대중문화의 확산이 가져오는 다양한 파장적 효과를 확인하게 되었다. 영화에 심취한 팬들이 한국의 영화 촬영지를 목적으로 하는 테마 관광까지 생기고, 무역에 있어 한국 공산품의 인지도 상승과 화장품 가전제품들의 수출규모가 확연하게 증가하는 경제적 효과까지 확인하게 되었다.[2]

---

1) 이러한 문화의 교류는 유교사상의 경우에도 드러나고 있다. 예를 들어 黃俊傑의『東アジア 思想交流史』(岩波書店, 2013)을 참고하라. 중국의 유교가 중국 일본 대만 사이에서 어떻게 교류되어 동질성과 차이성이 전개되었는지 다루고 있다.
2) 한류는 대중문화의 한 장르로 자리 잡아 문화 콘텐츠 수출에 직접적 영향을 주고 있다. 그 외 상품수출의 증가는 간접적인 경제적 효과로 볼 수 있다. 참고로 2006년 기준으로 조사한 문

이에 국내의 문화계와 정부의 주관부서인 문화관광부를 중심으로 한류현상을 주목하게 되었고 이를 계기로 K-컬쳐로 발전시켜 지속적 문화강국으로 발돋음 하려는 의지를 보이고 있다.

이러한 현실적 상황에서 한국문화가 가지고 있는 스스로의 잠재력에 주목하게 되었다. 물론 현대사회가 후기 산업사회에 접어들면서 물질적 소비뿐만 아니라 영화산업, 연예사업과 스포츠 그리고 출판과 관광에 이르는 제3차 산업으로 새로운 문화의 힘을 이미 파악한 바 있기 때문이다. 이제는 다양한 분야에서 한류 현상을 분석하고 새롭게 이해하여 한국사회가 향유하고 있는 대중문화가 지금까지 할리우드 종속시장으로 불리는 것처럼 소비문화의 무분별한 소비자와 소비지역으로 취급되는 것에서 벗어나야 한다. 이것은 한국 대중문화를 한류를 매개로 문화의 창조와 수출에까지 발전시키려는 야심찬 기획으로 볼 수 있다.[3]

이러한 현실에서 한국교회와 한국신학계도 한국문화에 대해 관심을 새롭게 하기 시작하였다. 물론 문화신학적 성찰과 시도가 지속적으로 진행되어 왔고 새로운 신학적 동향으로 주목을 받아 왔다. 그러나 이제는 한류의 물결과 연결하여 특히 대중문화의 전반에 대한 신학적 이해와 관심을 심도 있게 사고 할 필요가 대두되고 있다.[4]

화 콘텐츠 수출액은 13억7천31만 달러로 나타났다. 이 산업의 분야는 출판, 만화, 음악, 게임, 영화, 애니메이션, 방송, 광고, 캐릭터, 에듀테인먼트 등이다.

3) 할리우드는 미국의 영화 산업에서 형성된 대중문화의 브랜드로 자본주의적 계획에 의해 생산되는 소비문화 콘텐츠를 가리키는 의미로 사용된다.

4) 논자는 현재 일본 동지사대학에서 1년간(2012-2013년) 연구학기를 지내고 있다. 한류가 일본 교회와 관련되는 점에 관심을 두어 주목하고 있다. 예를 들어 한국의 온누리교회가 중심이 된 일본청소년 대중 선교집회에서 한류스타일의 복음찬양집회가 여러 번 열렸다. 참고로 일본 그리스도교는 특히 개신교는 '일본 그리스교 협의회'(JNCC) 와 '일본 복음주의 동맹'(JEA), 그리고 '일본 부흥동맹'(NRA)으로 나누어져 있다.

이러한 범례로 1970년대 태동된 민중신학의 경우에서 획기적인 신학의 전기를 맞이한 것을 성찰할 필요가 있다.5) 1970년 박정희 정권의 유신체제 이후 이어지는 정치적 억압과 경제적 왜곡 그리고 문화적 계층적 소외감은 심각한 사회적 갈등을 낳게 되었다. 이러한 시대적 상황에서 김지하를 위시한 작가들과 문인들은 민중문학 운동을 일으켰다. 이것은 시대적 아픔을 문화적 감수성으로 대응하는 문학정신이 따른 반응이었다. 이시대에 가장 소외되고 취약한 계층인 민중의 삶에 대한 문학적 관심사는 조세희의 작품 『난장이가 쏘아올린 작은 공』처럼 기계처럼 쉼 없이 노동하는 생산의 주체는 소외되었고 경제적 소득은 자본주의와 경영주의 일방적인 수익이 되어가는 민중 현실이었다. 그리고 '전태일 사건'이 말하는 것처럼 '노동자는 기계가 아니다'라는 절규의 메아리를 노동자의 입이되어 외쳐 줄 문학이 필요했던 것이다. 그래서 민중문학 그리고 민중미술등 문화적인 감수성으로 시대를 고발하고 폭로하고 저항하는 민중문학과 민중 문화운동이 크게 확산되었다.

이러한 시대적 감수성에 자극을 받아 민중운동과 연대하는 민중경제학 그리고 민중사관을 중심하는 민중역사학이 등장하였다. 민중은 역사의 주체이며 주인이 되어야 하고 그들이 역사의 담지자라는 자각이 학문적 담론으로 엮어진 것이다. 또 사회학 분야에서 민중사회적 시각에서 사회분석과 사회인식의 의식이 넓혀지기 시작했다.

---

5) NCC신학연구위원회 편, 『민중과 한국신학』(서울: 한국신학연구소, 1982); 서남동, 『민주신학의 탐구』(파주: 한길사, 1983). 1970년대 유신체제의 독재정권에 저항하는 운동으로 민중운동의 영향을 받아 한국신학이 민중적 시각에서 그리스도교 상징과 전통을 비판적으로 재해석하면서 민중운동과 합류하게 된다. 서남동의 해석학은 "성령론적 공시적 방법론"으로 하나님의 영적 현존이 모든 만물 모든 것에 영향을 미친다는 역사적 실재에 대한 이해가 자리잡고 있다. 구체적 방법론으로 '합류'(合流)를 주장했다.

이 같은 독재 정치체제에 저항하는 민중운동에 교회와 신학도 현장에 참여하게 되었다. 이것이 한국교회사에서 민중신학이 등장하게 된 사회적 지형도이다. 이런 참여에 따라 신학은 자신의 상징체계와 담론의 계보 그리고 성서적 재해석 등을 통해서 그리스도교 신앙의 시대적 성찰과 참여를 시도했다. 그 결과 한국교회의 민중신학 운동은 한국교회를 중심으로 아시아 교회와 아시아 신학의 주제가 되어 가난한 민중의 현실과 민중이 역사적 중심이 되어야 한다는 아시아의 민중은 신학적 실천을 제기하였다.

물론 70년대 신학의 주류는 서구의 몰트만을 중심으로 사회정치신학으로 종말적 희망과 약속에 따라 현재적 현실을 비판하여 하나님의 정의와 사랑의 공동체를 지향하는 정치적 체제변화를 추구하였다. 그리고 이 신학운동의 파장은 제3세계 신학으로 퍼져 공유되는 신학적 물결을 일으키며 한국교회의 사상과 신학에 지대한 방향 전환의 계기가 되었다.6)

이 범례에서 보듯 2010년 이후 한국교회와 신학을 또 다른 물결의 파장에 새롭게 몸 던져야 할 운동과 만나고 있다. 이 파장의 대표적이며 현상적 물결이 "한류"로 불리어지는 한국 대중문화 활동이며 한국 대중공연문화 또는 연예문화이다. 이에 한국신학은 이 한류와의 서로의 만남을 위하여 구체적 현상을 몇 가지 정리된 관점으로 이해할 필요가 있다.

우선 문화 일반에 대한 심도 있는 이해에 앞서 구체적 현실로 포착되고 있는 한국문화의 국내외적 파장을 현상학적으로 접근할 필요가 있다. 상식적으로 말하는 것처럼 한류 1.0이 드라마 중심이며 한류 2.0 이 K-Pop인 것처럼 공연 중심이었다면 한류 3.0 은 K-Culture처럼 지속적이고 한

---

6) 자세한 논의는 다음 책을 참고하라. 서창원,『제3세계신학: 새로운 신학의 지평』(서울: 대한기독교서회, 1993).

국문화의 가치를 심도 있게 표현하려는 물결을 적극적으로 이해하는 것이다. 그래서 K-Way 에서 K-Style 로 나가려는 문화운동의 방향에 함께 연대 할 필요가 있다는 적극적 자세를 가져야 한다는 것이다. 왜냐하면 싸이가 유튜브를 통해서 파급한 <강남스타일>의 말춤처럼 한류의 유행성과 인기를 애써 무시할 필요가 없다.[7] 물론 이러한 대중문화는 한국교회와 별개의 세속적 문화 활동이다.

그러나 이런 현상을 연예활동으로 방치하지 말고 한국교회에 유행되고 있는 유사한 문화활동을 살펴 볼 필요가 있다. 한국교회 특히 청소년 집회는 1980년 이후 세속적인 유행 가수나 연예인을 넘어서는 CCM (Contemporary Christian Music) 가수와 복음성가 팀으로 넘치고 있다.[8] 이들의 공연무대는 교회 예배나 전도집회를 넘어 더 큰 규모의 집회로 이어지는 것을 힘들이지 않고 확인할 수 있다. 최근에는 몸 찬양으로 이어지는 복음 무용단의 집회까지 그 형태는 다양하다.

본 논자는 신학대학에 봉직하기에 대학의 채플예배 전후에 진행되는 CCM 성가 지휘 팀과 예배 참석 학생들의 열기 어린 대중 문화적 공연 색채의 찬양에 이미 익숙해 있다. 초기에는 세대적 격차와 신학적 이해 때문에 퍽 서먹했지만 시간이 지나면서 오늘날에서 설교자와 예언자적 메시지의 중심성과 역할이 복음성가 지도자에게로 옮겨진 것이 아닌가 생각이 들 때도 종종 있다.

---

7) 한류가수 싸이의 '강남 스타일'의 YOUTUBE 접속은 2012년 10억건을 돌파하였고, 집계 결과 226개국에서 '강남 스타일'을 조회하였고 가장 많이 조회한 나라는 미국으로 1억 888만건이다. 싸이 무비는 시간 당 25만명이 접속한 셈이다.

8) CCM이란 Contemporary Christian Music으로 현대적인 음악 장르의 성격을 그대로 살리면서도 그리스도교 정신이 드러나는 신앙적이고 성서적 내용을 담아 대중들에게 전달하는 음악으로 정의된다.

P. 틸리히가 말한 것처럼 오늘은 문화의 시대이며 당연히 문화적 형태 속에서 그리스도교의 케리그마가 선포되어져야 한다.9) 여기서 신학적 패러다임이 모더니즘에서 포스트모더니즘으로 전이 되어야 한다는 거시 담론적 전개보다, 강조하고 싶은 것은 한국교회 특별히 개신교회를 중심으로 살펴 볼 때 선교가 한국 사회 전반에 흐르고 있는 대중문화의 한류의 현상과 결코 분리되어 있지 않다는 현실적이며 직관적인 시대인식이 필요하다는 것을 강조하고 싶다.

이런 점에서 한국교회와 한국신학은 다양한 신학적 합류가 필요하지만 특별히 한류와 한국교회의 합류가 필요하다. 이 착상은 한국교회가 한국사회의 민중운동에 참여하면서 민중신학이라는 이름을 처음 제기했던 서남동으로부터 배운 것이다. 서남동은 그의 신학의 방법론으로 성령론적 공시성을 말하면서 하나님의 활동을 통한 역사적 실재가 민중운동에 나타나 있기 때문에 한국의 민중운동과 그리스도교의 민중운동 특히 성서의 민중적 전거가 합류하여 한국사회에서 민중의 한을 품고 민중이 해방되어 역사적 주체가 되는 민중신학을 전개했다.10)

위와 같이 역사적으로 검증되고 실천된 합류(conflux)의 방법을 차용하고 싶다. 그래서 한류의 물결과 한국교회가 창조적인 관계에 만남이 이루어질 때 한국문화 창조의 물결은 넓어지고 깊어지기 때문이다. 동시에 이 만남에서 한국 대중문화와 한국교회가 서로의 사이에 변혁과 창조의 사

---

9) P. 틸리히는『문화신학』에서 예술, 정신분석학, 과학, 교육 등을 다루면서 서로에게 소외된 종교와 문화 사이의 간격을 연결시키는 이론을 전개하고 있다. 여기서 인간의 문화 활동의 다양하고 특수한 영역에 나타난 종교적 차원을 보여준다.

10) 이 방법은 일본신학에서 나타나고 있다. 자세한 내용은 다음을 참조하라. 栗林輝夫,『日本民話의 神學』(日本キリスト教團出版局, 1997). 지금까지는 이야기(story) 중심의 합류였으나 공연예술(performance art)에 까지 확장시키는 것이 모색되어야 한다.

건이 일어나고 지속적인 가치와 영성의 의미가 공유되는 과정을 전개 할 수 있기 때문이다.

연예문화를 보는 신학적 시각

포스트모던 사회에는 다양한 문화적 현상들이 문화의 특징이 되고 있다. 문화비평과 인식에서는 여전히 소위 고급문화와 대중문화로 나누어 보는 시각과 클래식 문화와 유행문화로 나누어 보는 관점이 있다. 이러한 논의에 앞서 한류의 현상에 주목하고자 한다. 한류가 한국적 음식문화, 패션문화 등으로 확장 될 수 있겠지만 한류에서 최근의 연예문화 현상인 공연문화로 국한하여 한국교회의 선교를 목적으로 하는 내용으로 제한하여 연계를 시도하고자 한다.

한국교회 목회 현장에서 바라보는 연예공연 문화에 대한 대체적인 시작은 두 가지 방향으로 나누어지는 것 같다.

첫째의 태도는 성聖과 속俗의 이원론적 인식에 따라 세속적 공연문화, 또는 연예문화 자체를 폄하하여 배척하는 태도이다. 이러한 태도에는 한국 사회 전반이 가지고 있는 형식적이며 도덕적인 유교문화의 영향이 크다고 볼 수 있다. 신분제도와 직업의 분류에 비추어 볼 때 예능 종사자나 연예인 예술기능인이 역사적으로 전통적으로 크게 대접을 받을 수 없는 사회적 인식이 지배적이다.[11] 농공상의 평민계층은 지배층인 양반의 사

---

11) 유교시대의 신분제도는 양반, 중인, 상민, 천민으로 나누어진다. 상민은 농업, 수공업, 상업 등에 종사했는데 농민이 가장 많았다. 천민에는 백정, 무당, 기생, 광대, 노비 등이 있다. 대표적인 천민은 노비였다.

대부가 누리는 생활문화와 차별이 있었기 때문에 이러한 지배적 인식이 한국 교회들에 자연스럽게 스며들어 있는 것이다. 여기에 교회의 신앙체계가 거룩함과 세속적임을 나누어 보면서 세속의 가치를 적대적이며 극복해야 하는 이원론적인 문화인식에 따라 자연스럽게 대중문화의 전체적 흐름에 부정적이거나 적극적 접근을 자제하도록 유도하고 있다. 특히 대중문화 일반이 지니고 있는 에로스적 성적 동기 또는 남녀교제 등에 있어서 풍기문란하게 보이는 개방적 경향이 보수적인 교회에서 환영받기가 힘든 것이다.[12]

둘째의 태도는 기능적이며 목회현장의 요구에 따라 대중문화를 선별적으로 활용하려는 실용주의적 태도이다. 목회현장이 지니고 있는 기능적 요구 때문에 전국교회는 세속사회에서 유행하고 있는 노래방이나 유행가요 등에 대칭적으로 병행해서 복음성가 또는 교회연주 밴드를 구성해서 목회 활동에 활용하는 등 적극적인 태도의 교회도 있다. 청소년 목회와 연예인 선교 등 특정한 선교를 지향하는 교회는 주일 오후 특별예배나 저녁예배를 찬양예배로 할애하면서 한류의 흐름에 병행하는 모습들을 보여주고 있다. 최근에는 몸 찬양 등을 통해 한류 가수들이 노래와 댄스를 결합한 공연을 이어가는 것처럼 선교의 예배에서 손과 몸동작을 활용하는 찬양 활동이 증가되고 있다.[13]

이러한 두 가지 태도가 교회현장에서 대부분 접할 수 있는 한류의 현상에 대한 태도라고 볼 수 있다. 그렇다면 이런 현실에서 오늘 한국교회를

---

12) 로마시대 이후 그리스도교는 금욕(askesis, 연습, 단련)은 육체와 영혼을 분리하여 육체의 자연적 욕구를 폄하하기 시작하였다. 청교도의 영향을 받은 한국교회의 근본주의적 태도는 영국의 초기 빅토리아 시대의 사고방식이 윤리적 시스템으로 작용하고 있다.

13) 이러한 구체적인 예로 국제 찬양율동 선교단, 워십댄스 선교단, 몸 찬양 선교단 등의 블로그나 카페를 인터넷 상에서 쉽게 볼 수 있다.

위해 보다 적극적인 대중문화에 대한 인식을 위한 접근 방법은 무엇인가 고민해야 할 것이다. 물론 신학자들 중에 대중문화에 대한 신학적 비평이나 관계성의 접근 방법에 대한 눈에 띄는 연구가 있었다. 교회목회 현장 또는 교회의 신앙생활의 현실과 보다 더 쉽고 적극적으로 접근할 수 있는 방법을 미국의 흑인교회와 흑인신학이 흑인영가와 세속적 음악이었던 블루스를 적극적으로 접목했던 사례를 활용할 필요가 있다.[14]

현재 미국 인구의 약15%가 되는 흑인인구는 역사적으로 살펴볼 때 매우 불행하며 고통스러운 배경 가운데서 살고 있다. 그들은 스스로가 'Afro-American'으로 불리어 지기를 바란다. 지금 북미대륙 그리고 금세기의 가장 힘 있는 국가인 미국에 살고 있지만 그들의 조상은 결코 자발적으로 또는 자유와 새로운 희망의 꿈을 가지고 이민 온 조상의 후예가 아니다. 그들의 미국생활 300년의 역사는 채찍과 린치와 굶주림의 노예생활의 지금 기억할 수밖에 없는 인종차별의 억압 속에서 살고 있는 계층들이다. 비록 흑인 대통령 오바마가 당선되어 재선에까지 이르렀지만, 흑인들은 아직도 미국의 주류세력으로 충분히 대접받고 있지 못하다.

흑인 조상들은 피부가 검다는 한 가지 특징을 빼놓고는 실제는 다양한 인종적이며 지역적인 배경을 가지고 있다. 지역적으로 북부아프리카, 서부아프리카, 내륙아프리카, 또는 중남미 등에서 인신매매로 팔려온 노예 후손들로 형성된 흑인 공동체는 그들의 인간적 존엄성과 정체성 그리고 해방의 희망을 추구하는 모든 표현을 흑인영가에 담겨져 내려오고 있다.

그런 점에서 흑인신학자 J. 콘Cone은 흑인영가는 흑인들의 실존적이며 역사적 실체를 표현하는 모태(soul)로 보고 있다.[15] 태양이 이글거리는 낮

---

14) 자세한 논의는 다음 책을 참고하라. James H. Cone, *The Spirituals and Blues: An Interpretation* (seabury press, 1972)

동안 목화밭의 노동과 주인의 채찍이 끝난 밤에 헛간에 모여서 흑인노예들이 울부짖었던 노래가 흑인영가가 되어 그들의 고통과 좌절과 희망을 담아냈다. 그들은 피부는 같은 검은색이었지만, 언어조차 각기 달라 이방 언어인 영어 사투리를 통해서 힘겹게 소통하는 흑인들이었다. 흑인들의 멜로디, 몸짓, 백인 주인의 음악, 음계와 다른 박자와 음정의 노래는 영가와 블루스로 발전되었다. 영가가 주로 예배와 집단적인 공동체를 통해서 전승되고 발전되었다면, 블루스는 세속적인 상황인 술집과 개인적인 연민과 슬픔의 지평을 통해서 전승되고 발전되었다.

한 때 흑인 공동체의 오직 합법적인 공간이었던 교회의 예배에서 조차 흑인영가를 통해서 표현되는 가사 내용 때문에 비판적 곤혹을 치르기도 했다. 흑인들의 해방의 염원이나 인종차별을 극복하려는 의식을 고취하기보다 이 세상을 부정하고 황금마차를 타고 저 세상으로 승천하려는 내용 등의 가사는 사회 개혁주의자들의 시각에는 흑인 대중음악인 영가는 흑인 민중을 길들이는 아편처럼 보였던 것이다. 모순과 부조리의 역사적 현장과 현실을 과학적으로 분석하고 비판하는 의식과 의지 대신 현 상황을 합리화하고 고통의 현실을 도피하여 잊게 하는 대중적 마취로 흑인대중 예술을 평가하기도 했다.16)

그러나 마틴 루터 킹의 인권투쟁이후 흑인 대중예술에 대한 새로운 인식의 시각이 촉발됐다. 새로운 흑인의식으로 흑인 대중문화를 다시 보기 시작한 것이다.17)

---

15) 앞의 책. 여기서 콘은 African-American 문화의 입장에서 영가(Spirituals)와 블루스(Blues)를 탐구한다. 이 음악을 통해서 흑인 노예들이 억압의 현장에서 인간의 존엄성을 지켜왔는지 밝히고 있다. 영가는 인간존재를 매 순간 존재의 존엄성을 지키려는 열의의 표현으로 블루스는 문화적 정치적 반역을 시도하려는 세속적 표현으로 보고 있다.

16) 앞의 책. 서론부분을 참조하라.

첫째, 흑인의 시각으로 주체적으로 흑인 대중문화와 예술을 바라보면서 백인문화와 음악 그리고 예술은 가치 있는 고급이며, 흑인 공연예술은 질이 떨어지는 하급예술이라는 의식을 비판하기 시작했다. 음악이나 예술을 백인들이 만들어 놓은 하나의 가치에서 평가하려는 예술의식이야말로 식민주의적 의식이라는 비판적 각성이 시작되었다. 백인들이 전승하고 이어 온 예술계보에 모든 것을 통일시키려는 가치체계야말로 문화제국주의적 횡포라는 것이다.

이제 흑인문화와 흑인 대중문화, 특히 흑인 음악은 그 자체로 'Afro-American'의 역사적 산물이며 글자로 표현할 도구를 갖지 못하였던 노예 후손 공동체에서는 그들의 삶의 전체를 드러내는 역사의식의 표현이었다. 악기가 다르고, 연주방식이 다르고, 백인들과 다른 문화적 연주체계가 다른 것 그것이 흑인(Blackness)의 '흑인됨'의 정체성이라는 발견이다.[18]

사실 문화를 고등 고급문화와 하등 저급문화로 나누는 이원론적 방식은 경제적 계층의 차이를 합리화 시켜주는 의식의 대변일 뿐이다. 흑인에게 흑인 대중문화가 그리고 문화가 실존적이며 주체적으로 역사적 맥락 안에서 형성된 것이다.

둘째, 흑인 인권 투쟁에서 대중적 동원에 있어서 흑인 대중음악 <We shall overcome>처럼 효과적인 실천 능력을 이룬 음악도 드물 것이다. 마틴 루터 킹의 워싱턴 집회에서 "I have a dream"의 명연설은 그 연설 내용에서가 아니라 흑인 공동체의 특히 교회 설교에서 흑인 설교자가 전형적

---

17) James H. Cone, *A Black Theology and Black Power* (1969)에서 콘은 black power 의 의식에서 생성된 '흑인됨'의 의미를 밝히고 있다.

18) 앞의 책.

으로 독특하게 뽑어내는 리듬의 가락을 이해하지 않으면 알 수 없는 연설이다. 마틴 루터 킹의 연설은 참석장에서만 흑인들의 몸으로 맞추어 주는 추임새가 있어서 집단적인 절정감을 일으킨 하나의 원대한 정치해방 공연이 된 것이다.

어떤 공연예술도 대중공연이 지니고 있는 보편적 대중성과 대중적 꿈과 해방의 열정을 끌어내는 열기를 따라 갈 수 없을 것이다. 흑인영가는 섬세한 미학적 예술로서가 아니라 대중성 호흡과 집단적 참여를 가능케 하는 주술적 감흥 때문에 그들의 좌절을 극복하고 희망을 바라게 만드는 에너지라는 것이다.

셋째, 대부분의 흑인영가가 교회에서 공연될 때 흑인교회의 특수한 보수성 때문에 가사 내용이 문제가 되었다. 그러나 그 가사 내용은 오히려 역설적 비유이며 해학적 농담(ironic joke)처럼 사회비판적 메타포가 된다는 이해이다.

이와 비슷한 범례로 민중신학에서 현영학은 민중들의 마당극을 통해 즐기며 함께 웃고 추임새를 넣는 탈춤을 신학적 주제로 다룬 바 있다.[19] 탈춤의 초월적 사회비판의식을 신학적 담론으로 연결시킨 것이다. 이처럼 흑인영가에는 "우리가 살 곳은 여기가 아니라, 저 하늘나라이며 우리는 황금마차를 타고 구름타고 아버지 집에 가고 싶다"는 형식의 현실 도피적이며 내세희망적인 가사 내용들이 매우 흔했고, 그 가사가 있는 영가들은 흑인 공동체에 자주 공연되었다. 그래서 의식 있는 흑인 지도자들은 이러한 흑인 대중문화의 현상을 비판하며 안타까워했다. 그러나 이러한 흑인 대중문화에 대한 이해는 흑인대중의 인종차별적 현실 극복을 염원하

---

19) 자세한 논의는 다음 책을 참조하라. 현영학, 『예수의 탈춤』(서울: 한국신학연구소, 1997).

는 흑인 대중문화의 숨은 의지를 읽어내지 못한 외재적 접근이다. 흑인 대중예술의 내재적 비판과 이해는 다음과 같다. 정말 흑인들은 지긋지긋한 인종차별과 피부색깔 때문에서 오는 미국의 백인사회 주도의 숨 쉴 수 없는 현재를 절규하는 표현이다. 이 현재를 바꾸어 변혁시켜 하나님과 같이 있는 하늘과 같은 땅의 현재를 갈구하고 또 염원하고 영가로 표현한 것이다. 이것보다 확실한 사회비판적 현실인식은 드물 것이라는 새로운 인식이 표출되었다.

이러한 맥락에서 흑인신학자 J. 콘은 미국의 흑인 사회의 흑인음악, 대중음악을 흑인사회의 숨결로 본 것이다. 흑인사회를 떠받치며 지탱하는 정신적 기반이라는 확신으로 그는 흑인신학과 흑인영가를 연결시켰다. 이것은 단지 흑인 대중예술을 우상화하거나 흑인 대중예술이 순수하거나 하다는 순박한 대중예술 이해는 아닐 것이다 버려진 대중예술도 시대정신과 시대적 감수성을 담지할 수 있는 역사적 사회적 실재라는 예술론일 것이다. 따라서 한국교회는 한국 대중예술 또는 예술 공연을 세속사회의 또는 무신론적 허무주의자들의 반 그리스도적 문화로 보려는 시각을 새롭게 교정을 할 필요가 있다.

대중문화는 대중大衆 또는 다중(多衆, multitude)이 정서적으로 함께 공감하며 즐기고 나누는 예술이다.[20] 여기서 신학자 헬무트 골비쳐Helmut Gollwitzer의 세속성에 대한 이해를 받아들일 수 있다. 골비쳐는 세속화와 세속사회의 신학적 이해를 원용하여 세속사회와 거룩한 교회로 나누는 이원론적 대중예술 이해를 벗어나 세속화의 이해처럼, 이 세계 속에서 다양

---

20) 다중은 대중(mass)과 다른 각자의 주체성을 지닌 자율적 존재이다. 안토니오 네그리는 제국과 다중에서 그 개념을 새롭게 전개하고 있다. 다중의 의미는 계급 개념과 대비해서 그 정치경제적 성격을 발견할 수 있다.

하게 활동하시는 하나님의 자기표현의 무대이며 표현 장르로 적극적으로 이해하려는 시각을 가질 수 있을 것이다.[21]

한류와 합류하기 위한 신학의 변화

한국교회는 현대사회의 변화를 받아들여야 할 다양한 이유가 있다. 심각한 이유 중 하나는 한국사회의 정치의식이 급격하게 변화되고 있는데 한국교회는 교회의 통치 체제(governance)가 이러한 변화된 의식에 뒤쳐져 현실을 유지할 수 없는 조직이 되어가고 있다는 것이다. 어떤 조직이나 공동체이든 시대정신과 구성원들의 의식에 뒤쳐진 조직 운영체계를 가지고 있다면 그 조직은 구성원의 주체적 의식이나 의사를 효과적으로 집약할 수 없을 뿐 아니라 운영조직의 합법성과 정당성을 가질 수 없는 물리적이며 폭력적 집합으로 변질된다. 한국교회의 최고의 의결집행 기관인 총회가 시대착오적 태도와 의식 때문에 끊임없는 분규와 헤어날 수 없는 정치적 갈등 속에 빠져 있는 것을 볼 수 있다. 그 이유는 여러 가지가 있겠지만 분명한 이유 중 하나는 현대사회의 변화에 대처하지 못하거나 할 수 없기 때문이다.

한류의 큰 물결 앞에 한국교회와 신학은 문화선교 또는 문화신학이라는 큰 전환을 해야 한다. P. 클레이톤Clayton이 『신학이 변해야 교회가 산다』에서 제기한 것처럼 우리가 살고 있는 시대가 포스트모던 시대로 변했기

---

21) 헬무드 골비쳐(Helmut Gollwitzer)는 세속화와 세속주의는 분명한 차이가 있음을 지적해 냈다. 세속주의는 하나의 잘못된 이데올로기를 가리키며 세속화 과정 속에서 세속성은 성인됨의 세계가 교회 또는 종교로부터 올바른 해방을 이룩하는 과정으로 볼 수 있다.

때문에 포스트모던 상황에 맞는 신앙으로 변화 되어야 한다는 신학적 주장에 주목할 필요가 있다.[22] 한국사회가 경제적 성장 일변도 경쟁성취 일변도에서 벗어나 진정한 삶의 행복을 추구하려면 그러한 변화의 물결로 등장한 문화적 치유의 파장을 한국교회가 적극적으로 연대할 수 있어야 한다. 이런 점에서 '한류'를 받아들이기 위해서는 한국교회의 신학지평의 확장적 융합과 변혁이 필요하다.

그리스도교는 신앙의 공동체이지만 이미 역사적으로 흘러오는 문화적 유산과 활동의 보고이며 창고이다. 인류의 문화적 활동은 종교적 연관을 벗어날 수 없다. 초월적 존재와의 만남을 위해 초월과 초청하고 영접하고 함께 만나서 축제를 나누는 것은 예배의 근원이다. 이 예배에서 춤, 노래, 시, 연극. 그림 그리고 무대장치 등이 유래한 것이다. 이 점에서 성聖과 속俗의 이원론적 차별을 두어 한류의 문화적 물결을 무시하거나 폄하한 것이 아니라 공연예술의 근원적 시발점에서 이해하게 될 때 공유할 수 있는 접촉점을 가지게 된다.

물론 이는 한류로 대표되는 문화활동 또는 대중문화가 그대로 문제가 없다는 무비판적 가치판단을 전개하는 것이 아니다. 적어도 현상적으로 합류를 위한 매개적 공통점이 당연히 존재한다는 적극적인 이해가 필요하다는 것을 강조하고 싶다. 인간은 영적 양식도 필요하고 문화적 식음료도 필요하고 육체적인 음식물도 먹고 향유하는 공동 생명체이다.

한국교회의 문화 이해 특히 한국적 문화유산과 문화적 현실에 대한 이해는 역사적으로 살펴 볼 때 매우 편협하고 왜곡된 것을 파악할 수 있다. 개신교의 경우 초기 선교사들이 복음과 문화와의 관계에 통찰력이 풍부

---

22) 자세한 논의는 다음 책의 1장을 참고하라. 필립 클레이튼/이세형 옮김, 『신학이 변해야 교회가 산다』(서울: 신앙과 지성사, 2012).

하지 못했던 까닭도 있다. 지금도 일부 교회 지도자들은 한국문화의 전개나 유산 또는 문화재를 비 그리스도적 또는 반 그리스도적인 것으로 매도하며 우상적 문화 현상으로 적대시하기도 하는 것을 발견할 수 있다. 이러한 유치한 문화적 이해는 가끔 사회적 지탄과 문제로 전락하는 사건을 만들기도 한다. 이 태도로는 한국교회가 '한류' 자체를 적극적인 그리스도교 선교 합류의 대상으로 받아들이기에는 적절치 않다. 이러한 관점은 극복되어야 한다.[23]

이를 위해 먼저 한국교회가 '한류' 활동을 성령론적 공시적 입장에서 역사적 실재로 만나려는 적극적 시도를 해야 한다. 물론 이러한 만남을 위해서는 접촉점이 있어야 하고 현상을 이해하는 해석학적 원리가 있어 선택과 비평의 연결고리가 있어야 할 것이다. 그러나 무엇보다도 우선적 한국신학은 한국교회를 위해 한류의 문화현상과의 적극적인 만남을 위해서는 한국교회의 신학적 인식의 변화가 있어야 한다.

지금까지 한국교회는 '한류' 물결을 선교의 한 기능적 도구로 접근하려는 태도에 매몰되어 있는 현상처럼 보인다. 논자가 2011년 8월 아프리카 남아공 요하네스버그의 세계 신학교육자협의회에서 만난 인도의 신학자의 이야기를 전달하고 싶다. 그가 살고 있는 인도의 북부지역은 중국의 영향을 받은 중국계 소수민족이 다수인 지역이다. 한국교회가 이 지역의 교회에서 해외선교 활동을 하면서 한류의 영향을 힘입어 인기가 높은 복음성가 찬양단과 CCM 가수들이 대형 전도집회에 활용되고 있다는 것

---

23) 근본주의적 신앙과 문화의 관계는 세속문화와 과학을 부정하는 반문화적 정서를 가진다. 따라서 해외선교에 있어서 현지 토착 또는 전통문화를 몰이해하여 개종의 대상으로 보는 경향이 있다. 미국의 근본주의(Fundamentalism)는 A. A. Hodge와 B. Warifield 에 의해서 시작된 미국개신교 운동이다.

이다. 이 방법이 선교지역에서 지역교회 설립과 성장에 크게 도움 된다는 소식을 전해주었다. 이렇게 한류는 선교에 중요한 역할을 담당하고 있는 것이 분명하다. 충분히 상상해 볼 수 있는 현실이다. 그러나 이런 방법은 효과적이지만 아쉬운 점이 있다. 대중문화와 선교는 보다 깊은 문화신학적 관련이 모색되어야 한다.

간단히 선교역사를 살펴보아도 19세기 식민지 시대에는 정치적 세력에 편승해서 서구의 그리스도 교회가 아시아 아프리카 각지에서 정복적이며 개종적인 선교활동을 하였다. 그리고 경제적 우위를 내세워 물질적이며 생활 개선적이고 계몽적 교육 선교를 펼쳐왔다. 그러나 문화선교를 중심한 선교를 위해서는 선교의 이해를 새롭게 하여야 한다. 한국교회는 한류를 만나 함께 합류하여 국내외적으로 선교하려 한다면 먼저 선교의 이해를 문화 선교적 시각으로 바꾸어야 한다. 물론 선교가 전개되는 곳에는 당연히 문화 접촉이 일어나기 마련이다. 지난날의 토착화 신학(inculturation)은 복음의 기독교적 가치를 '텍스트text'로 보고 구체적 선교 현장을 '콘텍스트context'라는 문화적 신학을 전개한 시도가 있었다. 그러나 해외선교에 있어 text와 context의 입장에 선 문화이해는 R. 니버의 『그리스도와 문화』의 형태론에서 볼 수 있는 것처럼 많은 신학적 의미가 있지만 현재의 한류와의 합류를 통해서 시도하려는 문화선교와는 다음과 같은 차이점이 있다.

복음 즉 케리그마kerygma는 역시 이미 특정한 시간적 그리고 공간적 요소와 구성된 담론체계이다. 복음은 원原 그리스도 공동체의 상황적 동등성을 재연(reenact of equivalence)시켜 인간의 자유로운 주체성을 세워서 모든 불의에서 해방시키고 희망의 공동체의 일원으로서 하나님의 사랑과 평화 세계를 이루어 나가는 행동에 참여하도록 하는 사건을 형성하는 것이다. 따라서 복음선교는 예수그리스도 사건이 통시적(diachronic)이며 공시적(synchronic)으로 실현되게 한다는 점에서 모든 문화와 합류되는 것이다. 이 사건을 실현하기 위해 한국교회는 선교하는 것이다. 이 선교를 위해서는 한류와 만나는 것이며 한류의 더불어 할 수 있는 핵심가치가 선택적으로 만나 이를 확산시키고 연결시키기 위해 연대하는 선교활동이 필요하다.24)

선교를 다중적으로 이해 할 때 한류와 만날 수 있다. 선교는 단지 교회의 이식이나 교인수의 증가나 교회건물의 신축이나 증축이 아니라 예수그리스도의 운동이 선포하고 사건으로 일으켰던 '하나님 나라'의 실현으로 이해 할 때 더불어 합류할 수 있는 다양한 협력운동 또는 협력대상을 만날 수 있고 연대할 수 있게 된다. 이제 한국교회를 위한 한국 신학은 문화적 현상으로 출현된 한류활동과 만나기 위해 문화적 선교신학의 가능성을 열어야 한다. 즉 선교를 다중적(multiplicitly)으로 이해해야 한다.25)

선교의 주체가 여전히 그리스도교의 '하나님 나라'의 케리그마라 하더라도 방법론적이며 전략적으로 다중적 선교이해는 다양성을 넘어 한류문화 자체에도 영성적 힘이 있어 주체가 함께 되어 연대할 수 있다는 철저한 개방적 선교이해다. 누구든지 선교의 주체의 일부가 될 수 있다는 성

---

24) 통시적으로 한국종교와 문화는 연결되어 있기에 이 연속선 상에 있는 한국 그리스도교회와 한류는 공시적으로 어긋나 있지만 상호연결이 가능하다. 이 발상은 임재해 "민족문화의 전통과 한류의 민속학적 인식"에서 얻은 착안이다. 이 내용은 2012년 3월 문화신학회에서 강연 후 토론이 되었다.

25) 다중성은 Ken 윌버(Wilber)의 holon적 그물망과도 연결되는 전망이다. 생명의 진화 현상에 있어서 다양성(diversity)의 전개인지 복잡성(complexity)의 전개인지 아직 정리가 되어 있지 않다. 여기서 말하는 다중성은 다양성이나 통합성이 착종(錯綜)을 일으키기 쉬운 중심성의 통일보다 차이와 사이의 관계성을 강조하기 위한 이해이다. 여기서 다중성의 의미를 multiplicity, plurality, singularity의 개념과 대비하여 유추할 것을 제안한다.

령론적 공시성의 입장에서 합류의 가능성을 열어 놓는 선교 이해이다. 진정한 연대는 주체와 타자가 서로 배려하여 주체와 주체의 만남과 연대에서 가능한 것이기 때문이다.

한국문화와 한국교회의 해외선교

한국교회는 한류의 현상으로 표현되는 대중문화와 적극적으로 협력하여 '하나님 나라'의 선교를 펼쳐나갈 길을 모색해야 할 것이다. 문화는 시대별 지역별 계층별로 다양한 분류가 가능할 것이다. 그러나 분명한 역사적 실재가 있는 문화현상이라면 그것은 그것대로 인정되는 것이 바람직하다. 마치 하루를 피고 지는 야생화라 할지라도 생명의 지고한 지평에서 볼 때 고귀한 것과 마찬가지다.

본 논고에서는 한류의 연계 범위를 좁혀 실험적으로 한국교회의 해외선교와 한류와의 합류 가능성을 시도하고자 한다. 먼저 한국교회의 해외선교활동의 현황을 살펴볼 필요가 있다. 한국세계선교협의회(KWMA: Korean World Mission Association)의 2012년 해외선교 현황의 발표는 고무적이다. 한국교회는 현재 169개국에 24,742명(1,847명은 이중소속)이 해외에서 선교사로 활동 중이다. 이 보고서는 교단 선교부 소속 선교사가 43%이며 선교단체 소속 선교사가 57%이다. 예장 합동 측 총회 소속 선교사가 2,263명으로 가장 많으며 논자가 소속된 감리교회 소속 선교사는 1,302명이다.[26] 물론 선교사들이 미국, 동북아 x국, 필리핀, 일본, 인도, 태국,

---

26) 위 자료는 한국세계선교사협의회가 2012년 12월 말에 발표한 보고서에서 인용한 것이다.

러시아, 인도네시아, 캄보디아, 독일 등 특정지역에 몰려 있는 것도 사실이지만 세계 169개국에 흩어져 선교 사역을 하고 있다. 한류활동의 대중성과 한류의 파급력은 해외에서 선교활동을 하는 한국 선교사들에게 커다란 선교적 후원이 되고 있는 것이 당연할 것이다.

그렇다면 여기서 한국교회 해외선교사들과 한류활동과 만날 수 있는 신학적 매개는 무엇일까 하는 점이다. 그래서 해외에서 활동하는 선교사들이 한국 대중문화 활동이 해외에서 보여주는 강력한 전파력에서 새로운 선교 신학적 통찰과 영감을 얻을 수 있는 가능성을 찾아보자는 것이다.

현대 대중문화는 다양한 미디어를 통해서 실시간으로 지구촌을 무대로 공연되어 전파된다. 우선적으로 대중문화를 즐기고 따라주는 현상을 통해서 그 영향력을 느끼고 문화적 힘을 가늠하게 된다. 21세기의 세계 문화권은 각자의 문화적 색깔과 전통 그리고 위력을 나타내면서 자신의 문화적 힘을 드러낸다. 2차원적 아날로그적 문화에서 3차원적 디지털 문화에로의 전이 과정에서 특별히 영향력을 발휘하는 것이 한국의 한류 대중문화라면 거기에는 보편적 설득력이 있는 특정한 성격과 요소가 있을 것이다.

이 점에서 한국교회는 해외선교의 현장에서 더불어 공유할 수 있는 한국 교회의 선교적 방향을 점검할 필요가 있는 것이다. 그리스도교의 선교를 말할 때 한국 그리스도교의 정체성은 한국화의 과정을 통하여 발효되고 동시에 한국적 정서와 문화적 상황에서 재형성된 그리스도교인 것이다. 그래서 한국교회의 신앙적 형태가 무속 그리스도교 또는 유교적 그리스도교 등으로 불리어지기도 한다. 결국 한국교회는 해석학적 순환을 거쳐 그리스도교의 신앙적 성격이 한국화 된 그리스도교 인 것이다.[27] 한국에서 파견되어 해외에서 활동하는 선교사는 단지 좁은 의미의 그리스도교 전파자가 아니다. 그들은 한국화 된 그리스도교의 내용적 형태와 다른 문화권의 종교적 지평에서 종교 문화적 교류를 맺어가는 첨단 문화전달자이기도 하다.[28]

이제 한류와 연대하기 위해 한국문화를 보다 적극적으로 이해해야 한다. 유동식이 이미 『한국 문화와 기독교』에서 제시한 이론을 원용할 필요가 있다.[29] 그는 한국교회가 복음을 이해하기 위해 한국문화 특히 종교문화를 새롭게 이해하기를 제안한 바 있다. 하나님은 결코 선교사의 등에 업혀 온 분이 아니기 때문이다. 하나님의 현현은 한국 종교사를 통해서 무교 불교 유교 그리고 삼국시대 현묘도인 유불선儒佛仙에서 드러나 있다고 본다. 이 같은 한국인의 하나님 체험은 한국교회와 연결되고 그래서 한국인의 하나님 체험의 신학적 이해는 한국 종교사적 맥락과 지평에서 전개되어야 한다는 것이다. 문제는 한류라는 대중문화 또는 현재의 한국문화와 종교사적 입장에서 이해하는 문화와의 연결점이 무엇인가 하는 점이다.

이 점에서 유동식은 한국문화의 원형적 성격을 무속신앙의 전통에서 찾을 수 있다는 것을 제시했다. 부여夫餘와 예濊에서 찾아 볼 수 있는 제천祭

---

27) 한 예로 다음 책을 참조하라. Lee Jong Yong, *Theology of I Ching* (Orbis Books, 1976).

28) 하비 콕스/김창락 옮김, 『종교의 미래』 (서울: 문예출판사, 2010). 그리스도교가 이전 여러 종족이 지키던 많은 계절축제들이 어떻게 그리스도교 안으로 들어 왔는지 상기시키고 있다.

29) 이것은 유동식이 풍류신학에서 전개하는 통전적 삼태극의 원리를 말한다. 유동식의 이해에 따르면 "소립자들이 상호작용으로 새로운 세계가 전개되듯 우리의 뇌 세포 하나 하나가 상호작용을 일으켜 새로운 정신세계를 만든다."고 한다. 이러한 통전적 우주원리가 내재되어 있는 것이 종교로 본다. 기독교의 삼위일체도 이 통전적 우주의 원리에 근거해 있다고 주장한다. 유동식은 풍류신학에서 이 이해를 근거로 하여 그리스도교를 한, 멋, 삶의 복음으로 정리하고 있다. 이러한 유동식의 풍류신학을 Trinitarian Polydoxy를 주장하는 다음 저서와 대비하여 성찰하면 도움이 될 것이다. C. Keller & L. Schneider, *Polydoxy: Theology of Multiplicity and Relationality* (London: Routledge, 2011).

天행사와 무천舞天의 군취가무群聚歌舞의 전통이다. 동이족이 '군취가무'와 '가무음주歌舞飮酒'를 밤낮 쉬지 않고 며칠씩 계속했다는 것이다. 이 후 고구려의 동맹, 부여의 영고, 예의 무천 등 극중대회의 축제를 기억할 수 있다. 이 축제에는 남녀노소, 주야무휴, 군취가무, 연일 음주가무 등이 나타나는 표현으로 정리할 수 있다.[30]

따라서 한국문화의 원형적 전통에는 술을 잘 마시고 노래를 잘 부르며 춤을 잘 추고 밤낮을 즐기는 밤 문화가 특징이 있다. 이 때 억압에서 눌렸던 표현이 밖에까지 뻗어 나오는 신바람이 드러나는 것이다. 그래서 신명을 푸는 것이다. 신명풀이가 신기발현神氣發現으로 노래와 춤 그리고 풍물이 이어지는 기본적 표현 양식이며 해방을 추구하는 예술 활동이다. 이 놀이에서 연극과 드라마가 나오는 것은 당연하다. 이 공동체적 무대가 신을 영접하는 제의 양식과 관련되어 있는 굿이기도 하다. 이처럼 한류의 주류는 종교 문화적 원형과 그 맥을 함께하는 것이다.[31]

이 메타포에서 한국교회의 해외선교신학과 한류는 보편적 성격을 찾아 볼 수 있다. 한국문화의 원형을 수직적 천신 차원과 수평적 지모신이 변형되어 곡식으로 표현된 단군신화에서 찾는 유동식의 삼태극적 문화신학의 모형을 보면 한국적 신학의 해외선교의 방향과 한류의 파급이 가져오는 보편성을 찾을 수 있다. 노래와 춤으로 신을 즐겁게 하며 소망을 비는 것이 한국의 굿문화의 전통이며 가무오신歌舞娛神의 제의 양식의 굿문화의 전형이라는 것이 유동식의 제안이다.[32]

---

30) 유동식,『한국무속의 역사와 구조』(서울: 연세대학교 출판부, 1975), 47-48; 김인혜,
　　『한국무속사상연구』(서울, 집문당, 1987).
31) 앞의 책. 그리고 본 논문의 각주 24번을 다시 참조하라. 임재해는 한국인의 문화유전인자를
　　말한다.
32) 자세한 논의는 다음을 참조하라. 사진실,『공연문화의 전통-樂.戱.劇』(파주: 태학사,

이런 점에서 한류의 문화적 현상에서 찾아 질 수 있는 보편성은 한국적 그리스도교의 문화적 정체성 일 수 있는 것이다. 그것을 세 가지 점에서 성격화 시킬 수 있다.

신학 방법론에서 역사적이고 문화적인 실재와 그리스도교와 연결시킬 때 어떻게 하는 것이 작업가설에 적절할까 하는 것은 당연한 문제이다. 한국 그리스도교와 한국 대중문화는 공시적 시각에서는 거리가 있지만 하나의 문화적 실재로 통시적으로는 연결되어 있기에 상호 접촉과 해석이 가능하다. 그래서 합류할 수 있고 서로가 지속적인 상승효과를 도모할 수 있다.

같은 한국적 문화현상으로 한국 교회와 특히 해외선교현장 그리고 해외선교신학과 실험적으로 연결시켜 관계를 모색하는 것은 의미가 있을 것이다. 따라서 한국교회의 해외선교의 현장에서 한류 같은 한국 대중연예문화와 협력의 관계를 모색하기 위한 접촉점을 다음 세 가지로 그 가능성을 제시하고자 한다.

첫째, 성령론적 선교신학의 입장에서 집단적 공동체의 화합을 불러내기 위해 한류의 문화와 상호관련을 맺는다.

해외선교의 현장 중 한국교회가 앞으로 관심을 가져야 할 선교지는 남반부 지역으로 앞으로 이 지역이 확대될 가능성이 있다. 예를 들면, 남미와 아프리카의 지역에서 획기적인 대중선교를 이끌고 있는 선교운동의 성격은 카리스마적 성령운동이다. 이미 교황청은 남미 가톨릭교회에서 불어오고 있는 성령의 은사운동, 카리스마적 운동의 현상을 대처하기 위하여 카리스마적 운동에 관심을 가졌다.

2002). 원초적인 제의 형식에서 비롯된 악, 희, 극의 갈래를 제시하였다.

성령운동이 가지고 있는 적극적인 현상은 H.콕스Harvey Cox의 『미래의 종교』에서 잘 다루어지고 있다.33) 초대교회 이래 성령론의 위치는 제도화 되어 자기 정체성을 이루어 나가는 교회의 신학적 방향에서 배척하던 이단적 운동의 대표적 지도자의 신학적 성격과 일체화 되어 부정적으로 폄하되고 소홀히 여겨졌다. 중세의 가톨릭교회의 정치적 의지에 따라 통일성과 단일성을 강조하는 교회정치의 구조와 기독론 중심성 때문에 다양성과 개체의 차별성으로 연결되는 성령론은 신학적 위치를 차지하기가 힘들었다. 그러나 최근 포스트 모던적 사고와 신학적 추구에 따라 삼위일체론의 논의에서 성령론의 위치는 새롭게 부각된다. 그리고 새로운 신학적 상상력으로 실천적 관계성을 이루어 내는 핵심적 주제가 되고 있다. 이 관점에서 공시성을 엮어낼 수 있는 성령론을 전개한다면 한국의 한류문화의 스타일과 문화적 신명의 에너지는 한국교회 해외선교와 합류하여 특별히 남반부 선교에 실천적인 집단적 공동체의 대중성으로 이끌어낼 수 있는 가능성이 있다. 아프리카의 최대교회인 김방구 교회운동에서볼 수 있는 것처럼 아프리카의 복잡하고 다차원적 조상숭배와 토착적 아프리카 문화의 역사적 현실을 포괄적으로 받아들여야 할 것이다.34) 종교교류를 어떻게 이해하느냐의 다양한 논의가 있지만, 표층적 접근으로부터 심층적 내면으로 진행되어야 한다. 그리고 아래로부터 위에로의 상승

---

33) H. Cox, 원 제목은 *The Future of Faith: The Rise and Fall of Beliefs and the Coming Age of the Spirit*이다. 특히 14장을 주목하라. H. Cox, *Fire from the Heaven: The Rise of Pentecostal Spirituality and the Reshaping in the 21st Century*의 제3부를 자세히 참조하라.

34) 김방구교회에 대해서 다음 책을 참조하라. 김상근, 『교회를 바꾼 30명의 인물』(서울: 은성, 2003). 이 책 25장에서 아프리카 대륙의 선지자 사이몬 김방구를 참조하라. 아프리카에서 김방구교회는 아프리카적이며 주체적인 토착적 교회로 신학적 문제가 논란이 되고 있지만 아프리카 대중의 지지를 받고 있다.

적으로 진행되어야 하며, 다른 문화적 스타일과 형태는 합류되어 교류되는 가운데 가로지르는 지평융합이 가능하기 때문이다.

아시아와 아프리카 그리고 남미의 경제적 박탈과 문화적 소외계층을 대상으로 하나님의 정의와 평화와 생태 보전을 향한 선교에서 한국 교회 해외선교는 다양한 문화활동과 만나고 있다. 한류 문화활동과 만날 때 한국교회는 더욱 큰 대중적 화합과 열기를 불러일으킬 수 있다.

둘째, 한국교회와 한류가 한국문화의 근원적 인식에서 포괄적 관점인 하늘의 종교와 땅의 종교를 수렴할 수 있는 계기가 있기 때문에 다양한 종교문화의 현장에서 연대적 관계를 맺을 수 있다.

종교학자들은 종교문화의 형태를 천신天神적 형태와 지신地神적 형태로 나누어 본다. 유일신론적 문화의 유대교, 기독교, 이슬람교를 수직적 초월을 강조하는 천신계열로 분류하기도 한다. 다신론적 문화의 종교는 지모신의 수평적이며 내재적인 차원으로 본다. 유동식이 주장하는 것처럼 단군신화에서 보여주는 한국 종교문화 또는 문화의 원형은 천신과 지신의 변형인 곡신의 만남으로 이루어진 문화이며 이 문화는 풍류문화이며 삼태극의 문화가 한국문화의 원형으로 본다.[35]

이런 종교 문화 속에서 종교 교류로 지평 융합된 한국교회는 양적 질적의 총체적으로 변혁된 그리스도교인 것이다. 이 같은 한국교회는 한류의 공연문화와 통시적 시각에서 합류할 수 있다. 문화의 교류는 심층심리학이 말하는 것처럼 의식의 교류뿐만 아니라 집단 무의식 세계에 까지 연장되는 교류일 수밖에 없다. 한국교회의 해외선교가 한류의 문화적 스타일을 접목하여 협력한다면 매우 포괄적인 선교 성격을 띨 것이다. 문화와 종

---

35) 유동식,『한국무속의 역사와 구조』(1975), 47-48.

교의 교류에서 흔하게 일어나는 현상은 다중적 혼합(hybrid) 현상이다. 그러나 지평과 지평이 만나 융합되는 과정에서 혼합적 현상을 부정적으로 보는 시각은 문화적으로 서구적 동일성을 유지하려는 식민주의적 담론의 영향이 크다. 그래서 탈식민주의 문화 담론에서 서남동은 합류론을 전개한 것이다. 다행히 포스트 모던적 담론에서 퓨전^{fusion}으로 대표되는 이해는 결합과 융합을 적극적으로 평가한다. 한국교회의 해외선교는 거대한 종교문화와 문화현상을 포괄하는 그물망을 펼쳐야 한다.36) 이 같은 한국교회의 해외선교는 수직적 신관 일변도에서 수평적 신관에 이르는 종교문화권에 까지 소통이 가능한 그리스도교적 선교로 전이될 수 있을 것이다.

셋째, 모든 억압과 단절로부터 소통과 해방을 지향하는 생명의 선교에서 한류와 합류할 수 있다.

교회선교의 종말론적 기대는 교회의 이식이나 종교의 확산이 아니라 '하나님 나라'가 하늘에서 이루어진 것처럼 땅에서 이루어지는 역사적 현실이다. 이처럼 한국교회는 이 공동선(common good)의 목표에서 다른 단체와 조직과 공동협력이 가능한 것이다. 공공의 신학(Public Theology)이 제시하는 것처럼, 해외선교 현장에서 모두를 불러 대화하면 서로를 이해하고 협력하는 대동 결속의 방향을 제시할 수 있게 된다.37) 일반적인 대중문화에 대한 부정적 평가와 같이 한류가 자본주의 체제에서 소비문화의 생산과 재생산이라는 문화상품의 하나라고 이해하는 주장이 있다. 그럼에

---

36) 켄 윌버(Ken Wilber)가 말하는 영성은 사상한(four quadrants)에 근거하여 의식진화론적 명상과 수행까지도 포함하는 것에 주목할 필요가 있다

37) '공공의 신학'에 대한 소개로 다음 책을 참조하라. 문시영, 『공공의 신학이란 무엇인가?』 (성남: 북코리아, 2007).

도 불구하고 인간은 향유하는 어떤 의미의 대중문화가 없이는 살아 갈 수 없는 존재이다. 논자는 최근 일본 사회에서 한국과 정치적 갈등 때문에 한국드라마 방영이 중지되면서 일부 한류 팬들은 저녁에 할 일이 없어지고, 다음 드라마의 시청을 기대하는 기다림이 없어져 우울하다고 말하는 것을 들었다. 대중연예문화의 힘이 느껴지는 감정이다. 대중문화에 접하면서 인생의 심각한 부담에서 벗어나는 감정을 느끼고 이 문화를 통해서 가수 싸이의 <강남스타일>의 말춤처럼 대중이 열광하는 소통은 귀중한 것이다.

한국교회는 해외선교에서 한류문화가 공연하는 해방과 소통의 능력과 협력할 수 있다. 해외선교는 궁극적으로 우주적 하나님과 소통하고 이 하나님이 다중적 실재로 역사에 현현됨을 발견하게 하고 그래서 단절되고 소외되고 자폐적 자기중심성을 넘어 모든 생명의 실재와 연결되는 해방을 얻는 인간과 만물의 구속을 격려하는 실천적 활동이다. 이 처럼 한국교회는 물질적이고 경제적인 나눔에 그치지 말고 한류문화도 나누어 주고 한류적 그리스도교를 소개하여 해외선교의 현장에 생명을 얻고 더 얻게 하는 풍성한 선교에 참여 할 수 있는 것이다.[38]

지금까지 세 가지 접촉점을 정리하고자 한다. 한국교회는 선교를 다중적으로 이해한 가운데 한국교회의 해외선교와 한류가 연계되고 연결되어 협동적 협력과 확산할 수 있다는 것이다.

이 논지는 신학화의 작업으로 한국교회의 해외선교와 한국 대중문화의 한류와의 연결이 마치 '한류 스타일'의 한국교회 해외선교, 그리고 '한

---

38) 문화전파에는 직접전파, 간접전파, 자극전파 등이 있다. 선교는 문화전파와 교류에 있어 상호작용의 중심적 역할을 한다. 그리고 '풍성한 선교'란 WCC의 "정의 평화 생태보존"(JPIC)과 S. 맥페이그(McFague)의 *Life Abundant*와 이어지는 전망이다.

국교회의 해외선교 스타일' 같은 한류공연예술을 추구하는 '비빔밥 스타일'로 평가하며 대수롭지 않은 담론으로 보여 질 수도 있을 것이다. 또는 비빔밥 문화론자 같은 신학으로 여겨질 수 있다.39) 현대사회에서 다중은 정신적이며 영적인 음식 못지않게 일상적이며 대중적인 문화적 음식이 또한 필요하다. 음식에 다양성이 있어 지루하지 않게 먹고 마시며 인간의 삶을 이룩하는 것처럼 문화적 음식이야말로 오늘의 시대에 있어서 생명을 살려나가는 가장 중요한 음식이다. 이 중 한국의 대표적인 음식은 비빔밥이라 해도 과언이 아니다. 비빔밥이야말로 한국 철학에 근거한 오행원리와 영양가를 대표하는 다양한 색깔 그리고 맛들이 아우러진 하나의 걸작이다. 날 것과 삶은 것, 그리고 볶은 것, 발효된 것 등 모든 것이 창조적으로 합류되고 융합되어 엮어지는 음식으로서 생명을 살리는 양생養生의 기본 원료이다. 그래서 한류문화의 기본적 스타일은 비빔밥으로 나타날 수도 있을 것이다.40)

나가는 말

한국교회는 해외선교를 중시하고 열정적으로 참여하고 있다. 반면 깊은 신학적 성찰 없이 한국교회의 특성이나 역사적 과정에서 창의적으로 자각하고 인지한 그리스도 복음의 의미를 활용하지 못하고 있다. 단지 서

---

39) 이 방법은 H. Cox의 방법론인 병렬적(juxtaposition)인 것과 연결될 수 있다. Cox는 이 방법론에서는 연결점(hingepoint)가 중요하다고 말한다.

40) 음식과 문화는 주요한 주제이다. 엄원대 편,『음식과 문화』(서울: 학문사, 2006). 이 책을 식생활 문화학 입문서로 추천한다.

구의 교회가 세계복음화의 열기를 잃어버렸기 때문에 그 전통을 이어서 세계복음화를 이룩하겠다는 열정과 의지가 투철할 뿐이다. 왜 서구의 그리스도교회가 세계선교의 열정을 잃어 버렸고 해외선교지에서 배척받고 선교에 실패하는가에 대한 비판적 점검이 부족했다.[41]

이제 한류의 물결이 한국 그리스도교 해외선교에 새로운 가능성을 열어 주고 있다. 개종적 전도 일변도이며 십자군적 태도로 다른 문화권에서 종교적 갈등과 정치적 위기를 일으키는 해외선교에서 한류처럼 호응 받는 문화적 선교로 전환해야 할 시점이다. 문화는 서로 교류되는 것이며 합류되고 재형성 되어 새롭게 지속되는 것이다. 이처럼 문화 현상은 창발적이고 융합적 진화현상으로 볼 수 있다.

그리스도교의 선교의 지형이 동서東西의 문제에서 남북南北의 문제로 관심사가 바뀌고 있다. 가톨릭교회를 보더라도 남반부 교회가 양적인 면에서나 영향력에서 새로운 자리를 잡아가고 있다.[42] 이러한 갈등의 현장에서 한국 그리스도교의 해외선교는 다중적 선교를 이끌어 갈 수 있는 문화적 특성을 가진 그리스도교의 정체성을 가지고 있다.

더구나 한류의 거울에 비추어 자각되는 문화적 특성은 한국교회의 문화적 특징을 잘 부각시켜 준다. 그리스도의 복음은 문화 교류적 성격을 지니고 있으며 예수운동의 일정한 성격이 문화적이었다. 한국 그리스도교

---

41) 서구 개신교의 해외선교의 가장 근원적 실패는 식민주의적이고 패권주의적 형태의 선교신학에 근거한 무비판적이며 몰이해적 선교 활동 때문이다. 자세한 논의는 다음 책을 참조하라. eds. Ogbu U. Kalu, *Mission After Christendom: Themes in Contemporary Mission* (Westminster John Knox Press, 2010).

42) 남반부교회(Southern Church) 는 서구교회(Northern Church)에 대칭되는 개념으로 3분의 2나 되는 세계의 비 서구교회를 지칭하는 용어이다. 남반부교회 사이에는 이상, 환상, 기적, 방언 등이 자연스러운 선교활동이라는 주장이 일어나고 있다.

해외선교는 이 점에서 '한류'와 합류하여 예수의 복음운동에 참여할 수 있게 만드는 원동력이 될 수 있다.

한류가 세계인이 함께 향유할 수 있는 문화라면, 한국적 문화의 지평에서 형성된 한국 그리스도교야말로 종교개혁의 지평을 넘어 제2의 새로운 물결을 일으킬 수 있는 그리스도교 선교가 될 수 있는 가능성이 있다. 종교개혁의 물결을 타고 시작된 서구의 그리스도교 선교 특히 해외선교는 문화적 선교로 전환되어야 한다. 모든 종교와 함께 모든 문화와 더불어 해방의 탈춤과 드라마를 연출해 나가는 그리스도교 선교를 지향한다.

그래서 가수 싸이의 <강남스타일>의 말춤처럼 신명나는 무대, 삶을 긍정하고 세계의 현실을 긍정하며 손에 손을 잡고 원무를 추면서 '하나님 나라'의 희망을 찾아가는 축제의 선교를 전개해야 한다. 43)

끝으로 한국 문화에 대한 신학적 자각과 전망을 통한 한류의 연구는 한국 그리스도교의 해외선교의 신학적 방향과 성격을 새롭게 볼 수 있는 가능성이 될 수 있다. 이 문화신학적 전망에서 한류와 한국교회의 해외선교는 합류하여 세계를 해방과 희망의 축제로 이끌어가는 큰 물결의 파도가 되어야 한다.

---

43) 삼위일체의 핵심 내용인 'Perichoresis'는 생명의 삼위 하나님의 '원무'를 말하는 것이다.

참고문헌

김인회. 『한국 무속사상 연구』. 서울: 집문당, 1987.

김지하. 『예감에 가득찬 숲 그늘』. 서울: 실천문학사, 1999.

서남동. 『민중신학의 탐구』. 파주: 한길사, 1983.

안병무. 『민중신학 이야기』. 서울: 한국신학연구소, 2005.

유동식. 『한국무속의 역사와 구조』. 서울: 연세대학교 출판부, 1975.

NCC 신학연구위원회 편. 『민중과 민중신학』. 서울: 한국신학연구소, 1982.

임재해. 『민족설화의 논리와 인식』. 서울: 지식산업사, 1992.

_____. 『고대에도 한류가 있었다』. 서울: 지식산업사, 2007.

조동일. 『한국의 탈춤』. 서울: 이화여자대학교 출판부, 2005.

_____. 『동아시아 문명론』. 서울: 지식산업사, 2010.

_____. 『한국설화와 민중의식』. 서울: 교보문고, 2011.

현영학. 『예수의 탈춤』. 서울: 한국신학연구소, 1997.

Clayton, P. *Transforming Christian Theology: For Church and Society.* Fortress Press, 2009.

Cone, James. *The Spirituals and Blues: An Interpretation.* Seabury Press, 1972.

_____. *The Black Theology and Black Power.* 1969.

Cox, Harvey. *The Future of Faith.* HarperOne, 2009.

_____. *Fire from Heaven: The Rise of Pentecostal Spirituality and the Reshaping of Religion in the 21st Century.* Da Capo Press ,1994.

Keller, C. & Schneider, L.. *Polydoxy: Theology of Multiplicity and Relationality.* London: Routledge. 2011.

Tillich, Paul. *Systematic Theology: Three Volumes in One.* Chicago: Chicago University, 1974.

_____ and Kimball, Robert C.. *Theology of Culture.* Oxford University Press, 1958.

한류의 미래

- 선교로부터 배우기

박숭인 | 협성대학교

문제 제기

1990년대부터 중국, 일본에서 시작하여 아시아 전역으로 번져가고 있는 한류 열풍은 그 현상 자체, 현상의 분석과 평가, 지향해야 할 바른 방향 설정 등에 있어서 다양한 모습을 보여주고 있다. 한류를 "한국발發 대중 문화예술의 국제적인 문화 흐름"[1]이란 관점에서 한국적 문화 콘텐츠의 아시아를 중심한 국제 사회로의 외연으로 해석하는 긍정적인 입장이 있는가 하면, 한류를 "거대 자본들에 의해 기획되고 조직되는 21세기 초반 문화산업 버전"[2]이라고 비판하는 가운데, 중국이나 동아시아를 "문화산업의 공략대상"[3]으로 삼을 것이 아니라, "진정한 소통과 상생의 관점에

---

1) 강철근,『한류 전문가 강철근의 한류 이야기』(서울: 이채, 2006), 104.
2) 백원담,『동아시아의 문화 선택 한류』(서울: 펜타그램, 2005), 9.
3) 앞의 책, 36.

서 한류의 나아갈 바를 모색해 나가야 할 것"4)이라는 입장도 있다.

한류 콘텐츠의 근본적 내용성에 관해서도 다양한 견해가 등장한다. 한류 문화 콘텐츠의 근원을 한국의 무형 민속문화 유산으로 이해하는 임재해는 민속문화의 경제적 가치를 여섯 가지로 상세하게 분석 설명한다: ① 무형문화 자산으로서 민속문화의 경제적 가치, ② 국가 이미지 창조로서 민속문화의 경제적 가치, ③ 문화주권 확보를 위한 민속문화의 경제적 가치, ④ 미래의 문화사회를 겨냥한 민속문화의 경제적 가치, ⑤ 민속문화에 의한 문화상품 개발의 경제적 가치, ⑥ 민속문화에 의한 신기술상품 개발의 경제적 가치.5) 반면에 이동연은 현재 한류의 상징적 전위대 역할을 하는 음악, 영화, 드라마를 분석하면서, 이들을 이끌어가는 실체를 "한류 문화자본"6)으로 정의한다.

> 한류 문화자본은 화폐자본으로만 환산되는 것이 아니라 자본, 제도, 담론이 혼합된 일종의 문화구성체 안에서 형성된다. 가령 앞서 언급한 보아의 문화자본은 그녀를 아시아 최고의 글로벌 팝 스타로 호명하려는 SM 엔터테인먼트의 상업적 전략과, 우호적 한일관계를 상징하는 문화대사로 호명하려는 정부의 문화 관료들과, 역동적인 댄스와 파워풀한 보컬, 그리고 세련된 귀족적 스타일의 감각들이 노쇠하지 않기를 바라는 팬덤들에 의해 형성된다. 보아를 한류스타로 이해하는 데 있어 중요한 것은 그녀를 개인적인 존재로 보지 않고 문화자본, 제도, 담론과 함께 혼용된 문화구성체

---

4) 앞의 책.

5) 임재해, 「문화자산으로서 민속문화 유산의 경제적 가치 재인식」, 김수이 편저, 『한류와 21세기 문화비전』 (파주: 청동거울, 2006), 40-101 참조.

6) 이동연, 「한류 문화자본의 형성과 문화민족주의」, 『한류와 21세기 문화비전』 (2006), 257.

로 보는 것이다.[7]

위에서 일부 간략히 소개한 한류에 대한 상이한 견해들 외에도 한류에 대한 담론은 각양각색의 형태를 띠고 있다. 그러므로 한류에 대한 담론을 시작하고자 하는 사람은 우선 여러 다양한 담론들을 정리하고, 그 중에서 스스로의 입장을 정립하는 작업부터 시작해야 할 것이다. 이 정리 작업은 몇 가지 범주에 따라 본론에서 수행될 것이다.

본 논문은 그러나 한류에 대한 분석 내지 해석 차원에 머무르고자 하지 않는다. 한류와 선교와의 관계 내지는 한류와 선교의 공동 담론을 추출해 보고자 하는 것이 본 논문이 지향하고자 하는 방향이다. 한류와 선교의 공동 담론을 추구하고자 하는 이유는 다음과 같다. 첫째, 지금까지의 한류 연구는 아시아를 출발로 세계로 뻗어나가는 한국의 대중문화를 연구하는 것을 중심 주제로 삼아왔다. 이러한 연구들도 현상을 분석하고 평가한다는 점에서 나름대로 의미가 있다. 그러나 한류 연구가 그러한 분석 차원에 머무르는 것은 한류의 미래를 고려할 때 한계가 있다. 드라마나 K-Pop 등의 대중문화로서의 한류를 연구하는 학자들도 한류의 미래에 대해서는 고민하는 태도를 보인다. 본 논문에서는 이러한 고민을 한국의 선교의 미래와 연계하여 공유하고자 한다. 그 어떤 문제든 자체의 범주 안에 갇혀 있을 때에는 해결 방안이 보이지 않거나, 해결 방안을 강구한다 할지라도 지극히 협소하고 단견적인 결론에 이르기가 쉽다. 일견 서로 상관이 없는 듯이 보이는 한류와 선교 간에도 공동의 논의를 추구할 수 있는 근거가 있다. 한국의 문화가 퍼져나가는 한류처럼 선교는 한국의 기독교가 전파되

---

7) 앞의 책.

는 것이다. 한류와 마찬가지로 선교에 있어서도 전파의 문제는 중심 주제가 된다. 이 두 가지 전파의 문제를 서로 비교하면서 상대방에게 도움 내지 교훈이 되는 길을 모색하는 것은 가능할 뿐 아니라 충분히 가치 있는 연구라고 생각한다.

둘째, 한류의 중심은 한국의 (대중)문화이다. 그런데 한 사회의 문화는 언제나 그 사회의 종교의 문제와 내적으로 깊은 연관이 있다. 폴 틸리히의 말처럼 "종교는 문화의 실체요, 문화는 종교의 형식이다." 우리가 한류를 연구하기 위해서 한국의 문화의 근원을 탐구하고자 한다면 그것은 필연적으로 문화의 궁극적 실체인 종교의 문제와 연결이 된다. 이러한 점에서 한류와 선교의 문제를 연계하여 연구하는 것은 뜻있는 일로 보인다.

셋째, 한류와 선교는 각자의 영역의 주요 주제가 서로 공통분모로 작용하는 바, 그것은 문화 교류의 문제이다. 한류 연구에 있어서 문화 교류의 문제 내지 두 문화의 상생적, 호혜적 만남의 문제는 한류의 미래를 고려할 때 가장 중요한 연구 과제이다. 이러한 문제는 선교도 비껴갈 수 없다. 한류와 선교, 이 두 주제가 공동으로 가지고 있는 연구 과제인 문화 교류의 문제를 생각할 때 한류와 선교의 연계 연구는 가능할 뿐 아니라, 필요불가결한 연구이다. 이 논의가 한류의 다양한 담론 정리 이후에 등장하는 본론의 중심부를 형성할 것이다.

지금까지의 논의가 본론에서 바르게 수행되면 우리가 그러한 논의를 통해 얻어낼 수 있는 미래지향적인 가치 구조가 선명해질 것으로 보인다. 한류와 선교 각자의 영역에서만 논의되었던 주제들을 공동으로 논의하는 과정을 통하여 각자 개념 영역에서 이전의 논의보다 더 깊고 폭넓은 새로운 논의 구조를 형성해 보고, 그 논의 구조에서 얻어지는 새로운 가치를 지향하는 길을 모색하는 것이 본 논문이 도달할 목표이다. 이러한 공동의 가치 지향 안에서 한류와 선교가 갖추어야 할 필수 덕목인 정의의 문제도 같이 논의될 것이며, 이러한 모색이 본 논문의 결론으로 마무리 될 것이다.

한류 담론의 정리

한류 연구의 상이한 접근 방법들

한류라는 주제로 논의를 할 때, 무엇보다도 선행되어야 할 과제이면서도 정리되지 않은 주제가 있다. 그것은 우리가 한류라고 말할 때, 과연 서로 동일한 내용을 이야기하는가 하는 질문이다. 한류라고 하는 단어가 가지는 다양한 내용의 스펙트럼을 서로 인지하면서 논의가 진행 되는가 혹은 그러한 차이는 무시하면서 서로 동일한 의미로 의사소통을 하고 있다고 착각하는 가운데 서로 다른 말을 하고 있는 것인가 하는 것이다. 물론 한류에 관하여 획일화된 연구를 해야 한다는 의미로 이 말을 하는 것은 아니다. 그러나 최소한도 서로 간에 다양한 이해의 가능성은 열어두고 논의를 진행하자는 의미이다. 그렇지 않으면 서로 다른 말을 하면서 같은 말을 하는 것으로 착각하는 최악의 경우가 발생할 수 있기 때문이다.

한류의 상이한 이해 지평에 따라 한류 연구에도 상이한 접근 방법이 뒤따른다. 지금까지 한류에 대한 기존 연구의 접근 방법을 고정민은 크게 세 가지로 구분한다: ① 산업적 관점, ② 문화인류학적 관점, ③ 문화제국주의적 관점.8)

---

8) 고정민, "한류 지속화를 위한 방안," http://www.seri.org (삼성경제연구소), 1-2 참조.

산업적 관점은 한국 대중문화 상품의 경쟁력, 한류의 경제적 효과를 분석하고, 그 활용방안을 찾는데 주력한다. 대중문화 상품의 제작과 유통 과정에서 효율성을 높이는 방안을 모색하고, 한류가 미치는 경제적인 효과를 분석한다.

문화인류학적 관점은 수용자의 입장을 중시하여, 동아시아 지역에서의 한국문화의 수용배경과 수용과정을 분석한다. 수용이 가능한 문화적 근접성 및 수용자의 내면화 등이 분석 대상이다. 문화교류의 측면에서 한류의 지속 가능성을 모색해야 한다고 주장한다.

문화제국주의적 관점은 한류가 서구의 문화를 대신한다는 연구이다. 자본주의 문화의 글로벌화 과정에서 중국 등 후발국에서 겪고 있는 문화적 정체성의 혼돈 상태를 한국의 대중문화가 파고들었다는 이론이다.

고정민의 분류에서 드러나듯이 한류 연구의 접근 방법 분석 자체도 연구자의 전공 분야 및 몸담고 있는 기구에 따라 크게 다르게 나타나는 것을 볼 수 있다. 삼성경제연구소에 몸담고 있는 수석연구원으로서의 연구는 그 어떤 분석 과정을 통하든지 한류의 경제적 효과에로 귀결된다는 것을 고정민의 논문 후반부에서 확인할 수 있다. 그러나 이러한 논의 또한 인문학적 연구에 집중되어 있는 우리 주변의 연구에 새로운 활력소가 될 수 있다고 생각한다. 더욱이 그가 논문 후반부에 제시하는 한류 지속화 방안은 학문 영역을 넘어서 공유할 수 있는 방안으로 사료된다. 이에 대해서는 다음 장에서 논의하기로 한다.

민속학자 임재해의 한류 분석은 민족문화의 전통으로 소급된다.『사기』,『동이열전』,『후한서』,『삼국지』등 고대 문헌들의 기록을 분석하는 과정을 통하여 한류의 민족적 근원을 고대의 '군취가무'와 '가무음주'로 정의하는 임재해는 "한류열풍은 우연한 것이 아니라 민족문화의 유전자가 지속되다가 시대적 상황 속에서 자연스레 나투어진 일반화 현상"9)으로 해석한다.

백원담과 이동연의 한류 분석이 고정민, 임재해와는 또 다른 길을 걷고 있다는 것은 이미 서론에서의 언급으로 분명하게 밝혀진 바 있다. 이러한 상이한 접근 방법은 그에 따른 미래의 지향점 내지 문제 해결 방안도 상이하게 제시한다.

한류의 지양/지향점에 대한 상이한 해석들

한류 열풍에 대한 우려의 안목으로 해결 방안을 제시하고자 노력했던 일련의 노력들을 조한혜정은 세 가지 입장으로 분류한다: ① 문화 민족주의적 입장, ② 신자유주의적 입장, ③ 탈상업주의, 탈식민주의적 입장.10)

문화 민족주의적 입장은 현재 한국의 대중 문화생산물을 미국 문화의 수입품이자 아류로 해석하며, 한류 열풍이 이러한 문화 식민지에서 벗어나는 계기를 형성할 수 있는 아이덴티티 정립의 기회가 되어야 함을 역설하는 입장이다. "과연 우리 대중문화에 우리만의 문법과 코드가 있는 것인지, 가요가 진정한 한국 음악인지, TV 드라마가 창의적인 것인지에 대한 고민이 있어야 한다. … 한류를 한중의 문화연합으로 상승시켜야 하며 그것을 구미(유럽과 미국)에 맞선 동아시아의 위상을 견인하는 발걸음으로 만들어야 한다."11)

---

9) 임재해, "민족문화의 전통과 한류위 민속학적 의식," 미간행 논문, 12.
10) 조한혜정, 「글로벌 지각 변동의 징후로 읽는 '한류 열풍'」, 조한혜정, 황상민, 이와부치코이치, 이동후, 김현미, 『'한류'와 아시아의 대중문화』 (서울: 연세대학교 출판부, 2003/2005), 19-31 참조.
11) 앞의 책, 20.

신자유주의적 입장은 말 그대로 무한경쟁 시대에 경쟁력 있는 상품을 길러 수출하자는 입장이다. 이 입장은 한류가 성공한 요인을 "한국적 정서 때문이 아니라 '터보 자본주의화' 과정에서 화끈하게 몸을 맡김으로써, 다시 말해서 '전통'이나 '한국적인 것'을 버림으로써 획득한 결과"[12]로 해석한다. 자본주의 경제 성장의 논리에 추종하는 대중의 동의하에 만들어진 것이기에 계속 그 논리로 나아가야 한다는 주장이 신자유주의적 입장이다.

탈상업주의, 탈식민주의적 입장은 한류 열풍을 "탈식민주 탈서구 중심주의의 계기"[13]로 보는 입장이다. 문화식민주의의 경험을 가진 우리의 언론에서 주장하는 한류에 의하면 "중국 혹은 동아시아는 철저하게 문화산업의 공략대상으로만 산정되어 있음을 알 수 있다."[14]

이상의 세 가지 입장을 분석, 논의한 후에 조한혜정은 이 모든 논의가 적절한 어느 하나의 입장을 올바른 것으로 판단하고자 하는 것이 아니라, 그 "다양성을 인식"[15]하고자 한 것임을 밝힌다. 이 모든 다양함 속에서 각각의 입장을 통하여 배울 것을 배우고 나름대로의 고충과 문제점들을 직시하는 것, 그런 연후에 우리가 논의할 공통분모를 찾아가는 것, 그것이 바로 조한혜정이 추구하는 한류 해석 방식이며, 본 논문에서도 그 기본적인 방법론에 동의하는 방향이다. "이런 상황에서 필요한 것은 다른 입장들을 알고 자신의 입장을 상대화하면서 '소통'을 하는 능력, 그를 통해 생산적 논의를 할 수 있는 틀을 마련해 가는 일일 것이다."[16]

---

12) 앞의 책, 24.

13) 앞의 책, 26.

14) 백원담, 『동아시아의 문화 선택 한류』(2005), 36.

15) 조한혜정, 「글로벌 지각 변동의 징후로 읽는 '한류 열풍'」, 조한혜정, 황상민, 이와부치코
   이치, 이동후, 김현미, 『'한류'와 아시아의 대중문화』(2003/2005), 33.

생산적 논의의 틀을 조한혜정은 "한국 사회가 거쳐 온 근대성, 후기 근대적 상황에서의 '문화 개념', 그리고 글로벌라이제이션과 지역화에 관한 개념"17)으로 귀결 짓는다. 한류 열풍에서 보이는 "한국 대중문화의 '승리'는 민족주의자들이 바라는 것과 같은 '민족 문화의 승리'가 아니라 그간 혼을 빼놓고 질주해 온 결과, 즉 '터보 자본주의의 승리'"18)로 보아야 할 것임을 명백히 하는 조한혜정은 한류 열풍 현상을 "우수한 문화의 저급한 문화로의 전파 현상으로 보기보다는 국경을 넘나드는 초국적 자본과 미디어의 이동, 그리고 사람의 이동으로 일어나는 복합적이고 역동적인 '초문화화' 현상의 일부이자 '권력 재편'의 과정"19)으로 이해한다. 아울러 글로벌라이제이션도 "쌍방향 진행형 과정"20)으로 정의하는 가운데, 한류를 계기로 새로운 문화 교류, 새로운 대중문화 공유 집단의 형성을 기대하는 것으로 조한혜정은 한류 열풍에 대한 분석을 마친다.

한류가 국가적 아젠다로 부상한 이유를 "한류의 문화적 성과나 의의보다는 한류의 경제적 파급력이 중요한 요인으로 작용했다"21)고 보는 김수이는 한류의 발전을 위한 세 가지 아젠다를 제시한다. 첫째 '한류미학'의 정립이다. 지금까지 아시아인들이 한류에서 얻은 문화체험이 "'항상심'과 낭만적 열정, 감상주의적 취향이 융합된 독특한 미적 체험"22)이라고 한다면, 이제 한류가 지향해야 할 아젠다는 상기한 아시아의 전통적인

---

16) 앞의 책.
17) 앞의 책.
18) 앞의 책, 35.
19) 앞의 책, 39.
20) 앞의 책, 40.
21) 김수이, 「한류, 21세기 한국문화의 국가적 아젠다」, 김수이 편저, 『한류와 21세기 문화 비전』(2006), 14.
22) 앞의 책, 17.

미학관을 발전시켜 "감상주의적 차원을 넘어선 성숙한 미학"[23], 즉 "독자적이고 생산적인 '한류미학'을 정립"[24]하는 것이다.

둘째, 호혜적 문화교류의 확립이다. "'일방통행'은 문화교류의 가장 부정적인 방식이며, 일방통행과 독주獨走는 한류가 직면한 가장 위험한 요소의 하나다."[25] 이러한 위험을 방지하고 한류의 장기적 발전을 위해서는 "한류를 수용하는 나라들과 호혜적인 문화 교류 체계를 제도적으로 마련하는 일이 시급하다."[26]

셋째, 전통문화 콘텐츠 개발과 동양정신의 부흥이다. 이러한 아젠다의 좋은 예로 <대장금>을 언급하는 김수이는 "전통문화의 자산을 현대 대중문화 속에 부활"[27]시키는 작업이 중차대함을 역설한다.

지금까지 한류의 다양한 지양/지향점들이 조한혜정과 김수이의 글에 의지하여 논의되었다. 여타의 다른 방향 제시도 큰 틀로 볼 때, 이러한 범주에서 크게 벗어나지 않는 것으로 보인다. 여기에서 하나의 경제적인 접근 방식으로 한류를 해석하고 그 미래 시나리오를 그려내는 해석을 우리가 염두에 두어야 할 새로운 논의로 소개하고자 한다. 실제로 학자들, 그 중에서도 특별히 인문과학자들은 구체적이고 실제적인 접근에 등한하거나 무지하기 쉽다. 그런 면에서 경제적인 접근의 예를 고찰해 보는 것은 앞으로의 논의에 도움이 될 것으로 보인다. 편의상 이 경제적인 접근 방식은 새로운 장으로 독립해서 고찰하기로 한다.

---

23) 앞의 책, 18.
24) 앞의 책.
25) 앞의 책, 21.
26) 앞의 책, 22.
27) 앞의 책, 27.

한류 지속화 방안(고정민)

고정민은 한류의 미래 시나리오를 두 가지로 대별한다. 하나는 한류와 문화 콘텐츠가 선순환 관계를 유지하면서 확대 재생산되는 시나리오로서 그는 이것을 '지속' 시나리오라고 명한다. 사실 이러한 지속 시나리오의 경우 특별히 지속화 방안을 이야기할 필요가 없다. 문제는 한류가 '일시적' 유행으로 끝나게 되는 시나리오이다. 이러한 일시적 유행으로 끝나게 되는 한류의 미래 예측의 주요 원인으로 고정민은 세 가지를 언급하는 바, 반 한류 정서의 확산, 한류 콘텐츠의 경쟁력 상실 및 제작비의 지나친 상승이 그것이다.[28)]

한류의 지속적 성장을 저해하는 주요 원인들을 제거하고 지속 시나리오로 승화시키기 위한 대응 방안으로 다음의 네 가지가 제시된다.

콘텐츠의 경쟁력 강화

홍콩 영화가 쇠퇴한 배경에는 일부 스타에 대한 지나친 의존과 동일한 소재 반복이 그 원인으로 자리 잡고 있었음을 상기하여, 한류 문화 콘텐츠도 다양한 소재를 개발하고, 작품성과 상품성을 제고하는 지속적인 노력 및 제도적 뒷받침이 보완되어야 한다. 특별히 한류의 내용을 대중문화에서 한국문화 전반(한국 상품, 한국음식 등)으로 확대시킬 필요가 있다.[29)]

---

28) 고정민, "한류 지속화를 위한 방안," 64-65 참조.
29) 앞의 논문, 68-72.

반 한류 정서에 대응

반 한류 정서 확산의 가장 주요한 원인은 한류가 일방적인 문화침투로 비쳐지는 데 있다. 이를 극복하기 위하여 상호호혜적인 문화교류가 필요하다. 이를 위해서는 지금까지 대중 문화예술의 전파 차원에만 머물렀던 한류의 내용의 질적 제고는 필수 요소이다. 또한 해외의 문화도 국내에 유입하여 쌍방적인 문화교류를 통한 범 아시아적 공감대를 형성해야 한다. 한걸음 더 나아가 공동 제작, 공동 마케팅, 기술협력 등을 통해 아시아 문화 코드의 세계 시장 진출을 노릴 수도 있다. 한류의 콘텐츠가 담는 정신이 한국만의 것이 아니라 아시아의 가치를 아우르는 것일 때 한류에 대한 반발은 완화될 것이고 아시아 공동의 문화 가치를 추구하는 새 물결로 거듭 날 수 있을 것이다[30]

한류 활용의 극대화

고정민은 한류의 확산 내지 발전 과정을 네 단계로 구분한다: ①대중 문화 유행단계, ②파생 상품 구매단계, ③한국 상품의 구매단계, ④'한국' 선호단계. 이 각각의 단계마다 적합한 전략을 활용하는 것이 중요한데, 한류는−나라마다 다르기는 하지만−②단계와 ③단계가 주도적인 상황이다. "한류가 한국 상품 구매로 이어지기 위해서는 '상품력'이, '한국' 선호단계로 발전하기 위해서는 '국가 경쟁력'이 뒷받침되어야"[31] 한다.[32]

---

30) 앞의 논문, 72-74.

31) 앞의 논문, 75.

32) 앞의 논문, 74-77.

한류 인프라 구축

무엇보다도 한류가 상대국의 반감으로부터 자유롭고자 하면 민간이 한류를 주도하고 정부의 직접적인 개입은 최소화해야 한다. 그러나 최소한으로 자리매김 된 정부의 역할이 한류의 미래를 위해서는 오히려 절대적인 요소로 보인다. 고정민은 정부의 역할로 첫째, 제작, 마케팅 뿐 아니라 대상 지역의 인적 네트워크까지 담당하는 한류 인력의 양성, 둘째, 국내 뿐 아니라 해외 시장의 상황까지 아우르는 지적 재산권 등 법 제도의 정비, 셋째, 대중문화의 원천일 뿐 아니라 한국 문화에 대한 긍정적인 이미지를 제고할 수 있는 순수예술의 진흥을 꼽는다.[33]

기독교 선교로부터 배우기
: 복음과 문화/ 해석학적 고찰

앞에서 살펴본 것처럼 한류를 논함에 있어서, 특별히 한류의 미래 비전을 이야기할 때, 한류에 대한 다양한 입장에도 불구하고 모든 논의는 공통적으로 문화의 문제와 연계되어 있다. 한류 해석의 다양성에도 불구하고 한류가 쌍방향 문화 교류의 역할을 하지 못했음은 모든 입장의 공통된 해석이다. 그래서 한류의 미래를 제시하는 모든 논의에는 - 경제적 논의에서 까지도 - 호혜적 쌍방향 문화 교류의 중요성이 제시된다. 한류 열풍의 역사가 아직 짧음에도 불구하고 이러한 자각이 일어났다는 것은 한류의 미래에 대한 희망적인 징후로 보인다. 그러나 아직은 역사적인 경험이

---

33) 앞의 논문, 77-82.

축적되지 않았고 학문적인 성찰이 본격적으로 정착되지 않은 한류의 영역에서의 문화 논의에는 한계가 있을 수밖에 없다. 더욱이 단순한 문화론이 아니라 문화 상호간 이해의 해석학적 틀까지 고려할 때, 한류의 영역에서의 논의는 이미 설정된 타 학문 분야에서의 논의에 귀 기울일 필요가 있다. 서론에서 제시한 것처럼 문화 문제, 특히 쌍방향 문화 교류의 문제에 관한 한, 기독교 선교의 분야에서 이루어진 성찰의 역사는 한류에 비해서 역사가 길 뿐만 아니라, 더 다양한 논의 구조를 가지고 있다. 그리하여 본 장에서는 문화와 연관된 기독교 선교의 문제를 살펴보는 과정을 통하여 한류와 선교 간의 연관 관계를 밝히고자 하며, 이러한 논의를 통하여 서로가 상대방 영역을 통하여 이해의 폭을 넓히는 계기로 만들고자 한다.

기독교 선교에 있어서 문화의 문제

김영동은 선교의 이론과 실천에 있어서 문화 연구의 중요성을 다음과 같이 설파한다. 1)선교 현지 문화를 무시한 일방적인 선교는 결국 실패한다는 역사적 교훈, 2)선교사의 문화에 대한 맹목적인 추종과 현지인들의 문화적 전통에 대한 이해 없는 무시는 결국 선교에 반감을 불러일으킨다는 점, 3)현지인들로 하여금 선교사의 문화를 답습케 함으로 성경이 말하는 주 예수 그리스도의 복음의 핵심을 전하는데 많은 부분 실패한 점, 4)인종차별을 하고, 인종적 우월주의에 젖어서는 결코 하나님이 원하시는 선교적 효과를 기대할 수 없다는 점, 5)선교사가 타 문화권에 잘 들어가며 현지인들과 좋은 이웃으로 살며 존경받게 되어 복음을 효율적으로 전달할 수 있다는 점, 6)현지의 문화에 맞는 교회 개척을 하며, 현지에 영향력 있는 리더십을 형성할 수 있다는 점, 7)현지 언어로 성경을 번역해 현지

교회의 부흥을 가져 오게 한다는 점.34)

선교에 있어서 복음과 문화의 문제를 중요하게 다루어야 할 이유를 한국일은 다음과 같이 설명한다. "선교에서 복음은 문화에 영향을 줄 뿐만 아니라 문화로부터 영향을 받는 상호조건적 관계에 놓여 있다. 복음은 문화의 형태로 전달되고 수용되며 이해되어진다. 복음의 전파와 수용 과정은 모두 각자의 문화적 조건과 영향을 벗어나서 이루어질 수 없다. … 여기에서 복음과 문화의 상호 관계에 대한 연구는 선교에서 복음에 대한 올바른 이해와 한 문화권에 적응 과정을 바르게 인식하는 데 매우 중요한 것일 뿐 아니라 불가피한 과제로 나타난다."35)

복음과 문화의 상호 관계를 설정할 때, 우리는 문화의 해석학적 기능을 간과할 수 없다. 전통적인 선교 논의에 따르면 "복음은 고정적이며, 불변한 것으로서 언제나 문화를 해석하는 주체이고, 반면에 문화는 가변적인 것으로서 복음에 의해 해석의 대상으로만 간주되었다."36) 그러나 "선교 현장에서 어떤 문화적 조건이나 영향을 받지 않은 '순수한 복음 자체'에 접근하는 것이 불가능하며, 선교사의 문화권에서 영향을 받은 해석된 복음이라는 점에서 볼 때 기존의 텍스트, 즉 복음의 해석학적 역할에 관한 일면적인 강조는 수정되어야 한다. 문화는 복음의 해석의 대상으로만 머무는 것이 아니라 복음을 새롭게 이해하게 하는 역동적이며 적극적인 해석학적 기능을 수행하고 있다는 사실을 주지해야 한다."37)

선교에 있어서 문화의 문제가 제기된 계기는 선교의 수혜자인 소위 제

---

34) 김영동, 「선교와 문화인류학」, 한국선교신학회 , 『선교학개론』 (서울: 대한기독교서회, 2001), 122-123.

35) 한국일, 「복음과 문화」, 한국선교신학회, 『선교학개론』 (2001), 143-144.

36) 앞의 책, 149.

37) 앞의 책.

3세계의 신생 교회들의 문화권에서의 신학적 성찰이다. 이 신학적 성찰은 다시 복음의 전달자인 제1세계로 피드백 되어 그들이 종래에 간직하고 있었던 소위 정통 신학이라고 하는 도그마를 해체하는 역할, 즉 소위 서구 신학이 다른 새로운 신학들의 정당성 여부를 판단하는 시금석으로서 정통 신학의 자리를 차지하는 것이 아니라, 그것 또한 따른 신학들 옆에 있는 또 하나의 상황신학이라고 하는 자기 정체성의 발견을 하게 되었다. "새로운 질문들 앞에서 낡은 대답들은 더 이상 타당하지 않게 되었다. 이와 함께 서구 신학이 보편적이고 영원히 타당한 신학(theologia perennis)이어야 한다는 요청도 부인되었다."[38]

복음과 문화의 관계에서 보이는 전달하는 내용(복음)과 전달받는 곳의 문화에 대한 논의가 한류의 영역으로 확대 해석되는 것은 불가능할까하는 것이 본 논문에서 제기하는 물음이다. 한류가 받아들여지는 곳에서의 전달하는 내용(한류)에 대한 이해 역시 그 곳의 문화의 영향을 받게 되어 있으며, 우리가 한류의 미래를 논의하는 과정에서 그러한 현지 문화로부터의 피드백은 필요불가결한 것이 아닐까?

타 문화권의 기독교 선교를 위한 해석학적 고찰

테오 순더마이어는 지금까지의 선교에서 일방적인 의사소통만이 강조되어 왔음을 비판하며, 해석학적 과정을 전제하는 의사소통의 원리를 이야기한다. "의사소통이란 발신자와 수신자 사이에서 일어나는 일방적인 사건이 아니어서, 전하는 내용 자체가 하나의 문화적 상황에서 다른 문

---

38) Volker Küster, *Theologie im Kontext: Zugleich ein Versuch über die Minjungtheologie* (Nettetal, 1994), 18.

화적 상황에의 변화를 야기하는 수신자1과 수신자2의 전달 과정에서나 혹은 전달 수단 자체, 즉 발신자가 동시에 수신자이기도 한 '연결 통로'에 의하여 변화된다."[39]

선교에 있어서 순더마이어의 새로운 인식은 우리의 주의를 불러일으 킨다. 복음의 증인이 된다는 것은 우편물 집배원이 편지를 배달하듯이 하 나의 소식을 자신과는 무관하게 그저 전달하는 것이 아니라, 그 소식을 받 아들이는 사람과 맺는 사랑의 관계까지 포함한다. 이러기 위해서는 전달 되어야 할 텍스트 이해 뿐 아니라, 그 소식을 받아들이며 동시에 그 소식의 일부가 되는 수신자에 대한 이해까지도 전제되어야 한다. "그리하여 해석 학은 의사소통에 선행하며, 그것을 대치하지는 않는다 할지라도 동반하 기는 해야 한다."[40]

그러나 이러한 문화 간의 소통을 추구하는 해석학은 순더마이어에 의 하면 전통적인 서구 해석학의 패러다임에서 탈피해야 한다. "그러나 무엇 을 이해한단 말인가? 서구의 해석학이, 특히 실존주의적 해석학에서는 언 제나 나 자신의 이해와 관련되어 있다는 것은 주목할 만하다. 다른 인간, 낯선 텍스트의 이해가 아니라, 나 자신에 대한 새로운 이해, 텍스트와의 만남에서 출발하는 나 자신에 대한 새로운 이해와 서구의 해석학은 관계 되어 있다."[41]

이러한 서구의 인식론적 동일성의 명제는 몰트만에 의해서도 비판된 다. 동일성의 명제에 사로잡힌 인식론적 기초는 그 인식론에 기초한 사회

---

39) Theo Sundermeier, *Konvivenz und Differenz. Studien zu einer verstehenden Missionswissenschaft, hg. Volker Küster* (Verlag der Ev.-Luth. Mission, 1995), 89.
40) 앞의 책, 90.
41) 테오 순더마이어/채수일 옮김, 『선교신학의 유형과 과제』 (서울: 대한기독교서회, 1999), 157.

를 자기중심적이고 폐쇄적인 사회로 만든다. 왜냐하면 이 인식의 원리를 다른 사람들에게 적용할 때, 우리는 다른 사람 속에서 단지 나에게 상응하는 것만을 인식하며, 나와 다른 것이나 낯선 것 등을 인식하지 못하기 때문이다.[42]

　문화 간의 만남을 이야기할 때, 서구의 전통적 해석학은 아무런 도움이 되지 못한다. 그렇다면 우리는 문화 상호간의 대화를 위하여 어떤 해석학적 입장을 가져야 하는가? 순더마이어에 의하면 다른 문화권에 있는 사람과의 만남에서 중요한 것은 바로 그의 타자성이다. "이해는 낯선 사람, 타인을 견디는 데서 발생하든지 아니면 이해는 전혀 시작되지 않는다."[43] 이러한 해석학은 더 많이 알려는 지식욕이나 이국적인 것에 대한 관심에서 유도되지 않는다. "함께 사는 삶에 대한 경험이 해석학의 기초다. … 타자성에서 나는 무엇이 현존재이고 무엇이 삶이고 자유인지를 경험한다."[44]

　문화 간의 이해를 위한 이러한 해석학적인 논의는 문화 간의 만남을 전제하는 한류의 논의에서도 동일하게 적용되어야 한다고 본다. 서구 해석학이 스스로의 틀 속에 사로잡혀 있음으로써 타자에 대한 이해의 가능성을 상실했던 것이 우리의 한류 담론에 반면교사로 작용할 수는 없을까? 우리가 한류의 미래를 논의하는 경우에서조차도, 혹 한류 문제의 해결 방안을 논의하는 자리에서조차도, 우리의 논의는 우리 자신에게로 집중됨을 본다. 지금까지의 한류 담론에서 드러나듯이 한류의 바람직한 미래를

---

42) 위르겐 몰트만/김균진 옮김, 『신학의 방법과 형식 – 나의 신학 여정』(서울: 대한기독교서회, 2001), 169 참조.
43) 테오 순더마이어/채수일 옮김, 『선교신학의 유형과 과제』(1999), 158.
44) 앞의 책, 161.

연구하는 일은 중요한 일이다. 그리고 한류를 멋있게 발전시키고자 하는 노력, 한류의 대중 문화적 요소를 지양하고 우리의 전통 문화 요소를 살려 내고자 하는 시도, 한류의 문화 콘텐츠를 더 세련되게 만들고자 하는 모든 연구는 한류의 바람직한 미래를 위하여 중요한 작업이다. 그러나 이 모든 노력이 우리 자신에게로만 향한다면, 스스로의 틀 속에 사로잡혀 있음으로 인해서 타자에 대한 이해의 가능성을 상실했던 서구 해석학이 저지른 과오를 되풀이하는 것일지도 모른다. 이러한 과오를 되풀이하지 않고 문화 상호간 상생과 호혜의 관계를 정립하는 가운데 한류를 발전시키기 위한 방안을 모색하는 것이 한류 담론이 기독교 선교의 역사와 그 해석학적 논의로부터 배워야 할 점이며, 본 논문을 통하여 정리하고자 하는 내용이다.

한류와 타 문화의 긍정적 만남을 위한 방안들

기독교 선교와 문화 상호 만남의 문제를 논의하는 가운데 분명해진 것은 그 어떤 소식의 전파도 일방적인 의사소통의 방식으로 진행되지 않는다는 점이다. 지금까지 논의된 한류 분석 및 한류 평가 담론에서도 호혜적 쌍방향 문화 교류의 필요성은 강조되었다. 특별히 아시아 여러 국가에서 일고 있는 반 한류 정서에 직면해서 쌍방향 문화 교류의 필요성은 더욱 강조되는 현실이다. 문제는 이러한 논의가 흔히 방법론의 차원에서의 논의만으로 오해되는 것이다. 필자가 쌍방향 문화 교류를 이야기할 때, 그것은 한류를 더 잘 전파시키기 위한 전략만을 말하고자 함은 아니다. 물론 한류가 긍정적으로 받아들여질 수 있는 상황 내지 조건을 만들기 위한 노력은 중요하다. 예컨대 한류 드라마나 영화에 현지인 배우를 참여시키는 일이나 현지 제작사와의 공동 제작 같은 것은 이러한 목적에 부합하는 노력이라고 생각한다. 그러나 우리가 논의하는 '한류와 타 문화의 긍정적 만남'을 위해서는 그러한 노력만으로는 부족하다. 방법론적인 모색은 언제나 이차적인 노력이다. 일차적인 문제는 콘텐츠 자체의 문제이다. 방법론적인 접근과 내용적인 접근, 이 두 가지가 조화를 이루는 가운데 현지 문화와의 진정한 교류를 지향하는 한류의 모습이 바로 정의로운 한류의 모습이라 생각한다. 아직은 불확실할 수밖에 없고, 미래형으로 기술될 수밖에 없는 한류의 전망 내지 긍정적 방안을 다음과 같이 정리해 보고자 한다.

타 문화권 안에서의 한류 이해의 문제

지금까지 한류에 대한 논의는 그 형식에 있어서든 내용에 있어서든 '한국으로부터'의 사고를 벗어나지 못하였다. 물론 한류는 그 기원상 '한국으로부터'라고 하는 입장을 떨칠 수 없다. 한국의 문화유산 ─ 그것이 한국문화의 원류이든 대중문화이든 ─ 으로부터 한류가 비롯된 것이라고 하는 점은 누구도 부정할 수 없다. 그러나 한류에 대한 우리의 논의가 언제나 우리 자신에게로만 향할 때, 그것은 우리 스스로의 해석의 틀에 갇힌 한류의 모습일 수밖에 없다. 그리고 이렇게 우리의 해석의 틀에 갇힌 한류는 긴 시간이 흐른 뒤에는 실제 타 문화권 안에서 드러나는 구체적인 한류의 모습과 동떨어진 것이 될 수도 있다.

기독교 선교의 핵심인 복음이 새로운 문화와 만나면, 복음과 문화의 상호작용에 의하여 기존의 복음과는 다른 모습으로 드러나고 이해된다는 것을 우리는 기독교 선교의 역사에서 배웠다. 상황화된 혹은 토착화된 복음은 각각의 상황 속에서 각각의 고유한 방식으로 스스로를 드러내며 이해된다. 이러한 복음에 대한 상황신학적 이해가 우리의 한류 이해에도 적용될 수 있다고 보인다.

타 문화권 안에서 수용된 그래서 타 문화권의 눈과 귀로 이해된 한류는 우리의 문화권 내에서의 이해와 공통의 이해의 영역을 가지는 동시에 우리가 미처 깨닫지 못했던 새로운 이해의 차원을 열어 줄 수 있다. 그러하기에 우리가 깨닫고 이해한 한류만을 한류의 전체로 파악한다면 그것은 한류의 미래지향적 가능성을 축소하는 일이 될 수도 있다. 한류의 미래를 고려한다면 우리의 눈과 귀는 타 문화권 안에서 벌어지는 한류의 수용 과정과 한류에 대한 반작용, 그리고 타 문화를 통한 한류의 이해 등에 열려있어야만 한다. 타 문화권 안에서의 한류의 다양한 이해의 스펙트럼이라고 하는 피드백을 통하여서만 우리는 우리의 문화유산인 한류를 바르게 이해할 수 있게 될 수 있을 뿐 아니라, 이러한 피드백을 통하여서만 우리는 우리의 한류가 특정한 기획사 등의 경제적 이익만을 위한 수단으로 전락하는 것을 방지할 수 있다. 한류의 미래에 대한 불안한 예견의 중심에는 언제나 일방적인 전달이라고 하는 요소가 자리하고 있다. 더욱이 그것이 세계화의 어두운 그림자와 결합하여 문화 유입을 통한 일방적인 경제적 수탈로 이해될 때, 한류의 미래는 암울할 수밖에 없다. 세계화와 연계하여 부정적인 모습으로 한류가 각인되고 난 이후에 그 이미지를 극복하는 일은 아마도 거의 불가능한 일이 아닐까 생각된다. 우리 스스로 현재 혹은 가까운 미래에 현실화될 수도 있는 한류의 부정적인 모습을 먼저 읽어내고자 노력한다면 가능할 수 있는 한류의 암울한 미래를 미리 차단하고 수정 보완할 수 있을 것이다.

타 문화권 안에서의 한류에 대한 이해, 그것은 일차적으로는 한류 이해의 지평을 넓혀주는 일이거니와, 이차적으로는 한류의 부정적 영향을 최소화 혹 바람직하게는 없이할 수 있는 성찰이다. 전술한 것처럼 한류가 세계화의 부정적인 측면, 즉 일방적 문화 유입을 통한 경제적 수탈등의 모습으로 전락하지 않기 위해서는 쌍방 호혜적인 문화 이해는 물론이거니와 세계화와 결부된 정의의 문제가 같이 논의되어야 한다. 이러한 정의의 문제를 논할 때 일시적으로는 현재 한국의 이익에 반하는 주장이 제기될 수도 있다. 그래서 혹은 그러한 비판적 문제제기를 한류 자체에 반대하는 주장으로 오해할 수도 있다. 한류를 통한 한국의 문화적, 경제적 가치 상승, 더 나아가 한국 국가 브랜드의 제고에 반대하며, 오히려 타 문화권의 보호를 외치는 나이브한 세계 평화주의자로 인식될 수도 있다. 그러나 사실은 장기적인 안목으로 고찰할 때 이러한 문제제기가 한류의 지속적인 성장은 물론이려니와, 정치적, 경제적, 문화적 식민지의 역사로 점철되어 온 세계화의 역사에 단절의 획을 긋고 새로운 세계화의 가능성을 여는 선구자 역할을 하는 데에 기여할 것이라고 믿는다.

한류 콘텐츠의 생산 주체의 문제

한류에 대하여 부정적인 평가를 내리는 견해의 중심에는 언제나 상업주의적인 투기 자본에 의하여 주도되는 한류 콘텐츠의 생산이라는 문제가 자리하고 있다. 한국 문화유산의 자연스러운 발현, 그리고 발현된 한국 문화유산의 자연스러운 전파 및 그를 통한 문화 상호간 교류의 모습으로서가 아니라, "한국의 상업주의 대중문화가 국경을 넘어 동아시아에 돌연 두드러지게 유통되며 반향을 일으킨 문화현상"45)으로서의 한류는 이미

---

45) 백원담, 『동아시아의 문화 선택 한류』(2005), 9.

태생적으로 한계를 지닐 수밖에 없다. 상업주의 대중문화가 한류를 통하여 경제적 이익을 추구하는 데에만 집중한다면, 그러한 생산 주체를 통하여 생산되고 전파될 한류의 내용은 이미 부정적인 미래를 그 안에 내포하고 있다. 지금까지 소개된 바, 한류의 미래를 위한 제언을 하는 학자들에 의해서 주장되는 한류의 바람직한 모습은 쌍방향 및 호혜적 문화 교류, 한국 문화유산의 재 발굴, 아시아에 공유된 미학의 재발견, 아시아적 문화 콘텐츠의 공동 생산 등이다. 그런데 이러한 논의는 한류 생산 주체의 문제를 도외시하고는 그 해결 방안이 도출될 수 없는 논의이다. 그렇다고 해서 이미 한류 생산 주체로서 주도적 역할을 하고 있는 대형 엔터테인먼트 기획사의 활동을 중지시킬 수도 없는 노릇이다.

여기서 당장 생산 주체의 변동이나 질적 변화를 가져오는 방안에 대해서 특별한 견해를 밝히는 것은 불가능하다고 생각한다. 한류의 미래를 위해서 필자는 우회적인, 그러나 궁극적으로는 오히려 더 근원적인 한류 생산 주체의 질적 제고 방안을 제시하고자 한다.

현재 한류라고 하는 주제는 문화의 문제와 연관된 일부 전문가의 연구를 통해서만 논의되고 있다. 지극히 소수의 전문가에 의해서만 학문적으로 논의되기에 그것은 일반 대중들에게는 학자들의 탁상공론으로 비쳐질 수 있으며, 아시아를 위시한 전 세계에서의 코리아 브랜드의 자랑스러운 위상에 역행하는 쓸데없는 논의로 지탄받을 위험까지 있다. 그것이 국가 내지 한국 기업의 경제적 이익의 문제와 결부될 때에는 더욱 더 그러하다. 이러한 문제를 도외시하고 일반 대중과의 괴리된 견해를 어쩔 수 없는 지식인의 고뇌처럼 인지하며 스스로를 위로하는 일은 문제의 해결이 아니라 문제의 회피이다. 그 어떤 문제든 회피하거나 도외시함으로써 해결되는 경우는 없다. 문제의 유일한 해결책은 문제 자체를 직면함으로써만 얻어질 수 있다.

상기한 한류 담론의 문제를 직면하여 해결하기 위한 방안으로 필자는 한류 담론의 양적 확대와 질적 제고를 주장하고자 한다. 그런데 한류 담론을 양적으로 어떻게 확대시키며, 질적으로 어떻게 높일 것인가? 필자는 대학의 역할이 바로 이런 점에서 중요하다고 생각한다. 한류라고 하는 주제를 각 대학의 교과목으로 지정하여 그 학문적 논의를 발전시켜야 한다는 것이 필자의 주장이다. 문화 콘텐츠학과, 실용음악과 등의 극히 일부 전공학과의 방법론적이고 기술적인 교과목의 한계를 넘어 거의 모든 대학생들이 참여하게 되는 교양 교과목으로 한류를 지정하여 모든 전공의 지식인들이 공감하고 논의에 참여하는 학문적 구조를 만들자는 것이다. 이러한 폭넓고 깊은 학문적 성찰을 위해서는 대학에 몸담고 있는 학자들의 꾸준한 노력이 요구된다. 일부 학자들의 논의라고 하는 상황과 한국의 지성인 대부분이 모든 학문 분야에서 참여하는 논의라고 하는 상황은 양적인 문제만이 아니라, 그 논의의 질적인 차이를 낳게 된다. 이렇게 한류 논의가 대부분의 지식인의 공동의 주제가 된다면 현재 이윤 추구를 지상 과제로 삼는 일부 대형 기획사에 의하여 주도되는 한류 콘텐츠의 내용 및 그 생산 방식도 질적으로 전혀 새로운 양상을 띠게 될 것으로 믿는다.

결론

지금까지 본 논문은 한류에 대하여 나름대로 분석하면서 한류에 대한 이해의 다양한 스펙트럼을 소개하는 가운데 그에 따른 한류에 대한 다양한 평가를 비교해 보았다. 이러한 다양한 이해의 바탕 위에서 우리가 한류를 논의할 때 가져야 할 기본적인 접근 방식 및 자세를 정리해 볼 수 있었다. 문제는 이러한 논의를 앞으로 어떻게 긍정적인 방향으로 발전시켜 나아갈까 하는 것이다. 본 논문은 한류의 긍정적인 미래를 조망하기 위하여, 구체적으로 두 가지 과제를 던져보았고, 이 두 가지 과제를 해결해가는 방안을 기독교 선교 역사로부터 파생된 문화에 대한 이해의 문제 및 타자를 위한 해석학적 논의에 의지하여 도출해 보았다.

첫째로 한류에 대한 이해의 문제이다. 한류를 보다 넓고 깊게 미래 지향적으로 이해하기 위하여 본 논문은 타 문화권 안에서의 한류 이해라고 하는 화두를 제시하였다. 지금까지 한류 이해 및 한류 논의는 그 내용에 있어서 언제나 '우리의 것'에 머물러 있었고, 타 문화권은 오직 시장의 역할 내지 경제적 이윤 창출의 도구로서, 그리하여 방법론적으로 극복 내지 정복해야 할 객체로만 연구되었다. 그러나 본 논문에서 필자는 타 문화권 안에서의 한류 이해를 진정한 한류 이해를 위한 내용적 필수 요소로 제시하고자 한다. 타 문화권 안에서의 이해를 통하여 한류는 일차적으로는 스스로 보지 못하던 그릇된 모습을 새롭게 보게 될 수 있을 것이고, 이차적으로는 아직 우리에게 덜 알려진 우리 문화의 모습을 깨닫게 될 것이다.

둘째로 한류 콘텐츠 생산 주체의 문제이다. 한류 콘텐츠 생산주체가 이윤 추구에만 치우친 대형 기획사라고 비판하고 미래의 새로운 한류 콘텐츠에 대한 논의를 하는 것은 당연히 필요한 현재의 일이다. 그러나 그러한 논의가 당위론적인 차원에 머무르지 않고 구체적 실현 가능성으로 발전하기 위해서 필자는 대학 교양 과정에서의 한류 논의를 주장했다. 한류 논의의 주체가 양적, 질적으로 지금보다 비약적인 성장을 하는 것이 미래의 한류 콘텐츠 생산 주체의 역할을 바르게 자리매김할 수 있는 기본적이면서도 근본적인 개선책이라고 생각하기 때문이다.

지금까지 한류를 분석하고 한류의 미래를 논의할 수 있는 학문적 성찰의 기초는 필자가 기독교 선교학에 있어서 해석학적 논의를 통하여 배운 내용에 의지한 것이다. 그러한 면에서 직접적은 아닐지 몰라도 한류 논의에 선교가 기여할 수 있는 바는 뚜렷하다. 반면에 이러한 연구의 결과와 그 피드백으로서 기독교 선교가 다시금 깨닫게 되는 부분도 있다. 한류가 빠지기 쉬운 오류처럼 기독교 선교는 타 문화권 안에서의 이해를 우리의 잘못된 이해를 바로잡는 동시에 우리의 이해의 지평을 넓혀주는 이해로 인지하고 있는가 하는 점이 그것이다. 오히려 일방적인 전달자 내지 개척자로 스스로를 인식하는 가운데 타 문화권의 문화를 우리로부터의 일방적인 수혜자로 인식하는 것이 지금까지 대부분의 한국 교회의 선교가 되풀이해 온 사역이 아닌가 하는 것이다. 학자들의 논의에서 지양해야 할 요소로 지적되지만 대부분의 한국 교회에서는 지향하는 요소인 양적 팽창과 시혜를 근간으로 하는 선교는 일부 학자들의 우려와 비판적인 견해에도 불구하고 오히려 그 비판의 길을 지향하는 상업적 이윤 추구, 한국 대중문화의 일방적인 전달, 그것을 통하여 애국심으로 포장된 문화 제국주의 등으로 변질된 길을 걸을 수 있는 한류의 문제와 무엇이 다른가? 실제로 타 문화권 안에서 이해된 한류가 한류의 부정할 수 없는 본질적 모습의 일부라고 한다면, 타 문화권 안에서 이해된 기독교도 한국의 기독교가 부정할 수 없는 한국 기독교의 본질적 모습의 일부이다. 한류의 미래를 위해서 타 문화권으로부터의 피드백의 수용이 필요불가결한 것이라면, 한국 교회와 선교의 미래를 위해서도 타 문화권으로부터의 피드백에 대한 성찰이 절실하다. 이러한 피드백에 대한 진지한 성찰만이 한국 기독교 선교는 물론 한류의 미래를 위한 불가결한 조건이다.

참고문헌

강철근.『한류 전문가 강철근의 한류 이야기』. 서울: 이채. 2006.

고정민. "한류 지속화를 위한 방안." http//:www.seri.org (삼성경제연구소).

김수이.「한류, 21세기 한국문화의 국가적 아젠다」, 김수이 편저,『한류와 21세기 문화비전』. 파주: 청동거울. 2006.

김영동.「선교와 문화인류학」, 한국선교신학회 엮음,『선교학개론』. 서울: 대한기독교서회. 2001.

몰트만, 위르겐/김균진 옮김.『신학의 방법과 형식 – 나의 신학 여정』. 서울: 대한기독교서회. 2001.

백원담.『동아시아의 문화 선택 한류』. 서울: 펜타그램. 2005.

순더마이어, 테오/채수일 옮김.『선교신학의 유형과 과제』. 서울: 대한기독교서회. 1999.

이동연.「한류 문화자본의 형성과 문화민족주의」, 김수이 편저,『한류와 21세기 문화비전』. 서울: 청동거울. 2006.

임재해.「문화자산으로서의 민속문화 유산의 경제적 가치 재인식」, 김수이 편저,『한류와 21세기 문화비전』. 파주: 청동거울. 2006.

조한혜정, 황상민, 이와부치코이치, 이동후, 김현미.『'한류'와 아시아의 대중문화』. 서울: 연세대학교 출판부. 2003/2005.

한국일.「복음과 문화」, 한국선교신학회,『선교학개론』. 서울: 대한기독교서회. 2001.

Küster, Volker. *Theologie im Kontext: Zugleich ein Versuch über die Minjungtheologie*. Nettetal. 1994.

Sundermeier, Theo. *Konvivenz und Differenz. Studien zu einer verstehenden Missionswissenschaft*. Verlag der Ev.-Luth. Mission. 1995.

시누아즈리(中流)를 통해 본
한류와 선교의 과제

김혜경 | 서강대학교

들어가는 말

포스트 르네상스post-Renaissance시대 예수회 선교사들을 통해 서양사회에 알려지기 시작한 중국과 중국문화에 대한 유럽인[1]들의 반응은 실로 대단한 것이었다.

중세 신학적 체계가 아직 남아 있던 서양사회에 '철학적 인간학'을 확산시킴으로써 계몽주의를 재촉하는 한편, 중국문화에 대한 유럽인들의 관심이 그들의 삶의 양식life style을 바꿀 만큼 신선한 바람(風)이었다. 이것은 예수회의 적응주의 선교의 틀 속에서 전개된 것으로서, 적응주의 선교는 서로를 알고 서로에 대한 이해를 토대로 상호 문화 교류를 전제로 하는

---

1) 본고에서는 데이비드 문젤로/김상규 옮김,『동양과 서양의 위대한 만남 1500-1800』(서울: 휴머니스트, 2005), 39에서 말하고 있듯이 1500-1800년 사이 300년 동안 중국이 유럽을 '극서'(極西, Far East, 遠西 또는 太西)와 'Western Land'(서쪽 땅, 西土)로 부른 것처럼 '서'(West)라는 말을 '유럽'과 동의어로 쓰기로 하겠다.

것이었다. 적응주의 선교는 선교의 대상이 되는 문화와 대화 하고, 그 문화의 범주 속에 들어가기 위해 언어·종교·관습 등을 알고자 노력하는 것에서부터 출발한다. 다시 말해서 그리스도교의 선교를 위해서는 선교의 대상자들에게 그리스도교를 알리는 것 못지않게 선포자에게 선교지의 문화를 알려야 하는 것을 포괄하는 것이다.[2] 예수회의 중국 선교를 지휘했던 발리냐노가 선교사들에게 중국어와 중국 문화를 배울 것을 독려하고 그에 따른 배려를 아끼지 않았던 것과 선교의 성패를 선교사들이 얼마만큼 중국어와 중국 문화를 알고 있는가에 두었던 것은 바로 이런 이유 때문이었다.[3] 또 다른 이유는 유럽인들 사이에서 중국에 대한 관심을 불러일으켜 선교의 당위성을 확보하고 선교활동에 대한 지원을 얻고자 하였다.

역사적으로 아시아에 대한 유럽의 관심은 몽골제국의 서진西進으로부터 시작되었다고 할 수 있다. 몽골에서 중앙아시아를 거쳐 유럽의 관문인 중동지역으로 이어진 비단길[4]은 두 대륙의 통로였다. 몽골을 통한 아시

---

2) 적응주의 선교와 관련해서는 김혜경, 『예수회의 적응주의 선교』(서울: 서강대출판부, 2012)를 참고 바란다. 아울러 적응주의를 통한 중국어 번역과 세계시민화에 대해서도 Lionel M. Jensen, *Manufacturing Confucianism* (Duke University Press, 1997) 참고 바란다.

3) "4명의 형제들에게 만다린어(官話)를 배워 쓰고 읽을 줄 알도록 하십시오. 관습은 물론 우리의 주님께서 기뻐하실 이 사업(선교)을 준비하기 위한 모든 것을 배우게 하십시오. 그 사람들에게 다른 일을 시켜 정신이 산만해지지 않게 하십시오. 해당 수도원의 장상도 그들에게 다른 일을 시켜 정신을 분산시키지 않도록 주의하십시오. 우리 중 몇 사람이라도 만다린어를 터득할 때까지는 아무도 중국 선교의 결과를 예측할 수 없습니다." Pasquale M. D'Elia S.I., *Fonti Ricciane, Storia dell'Introduzione del Cristianesimo in Cina*, vol I-III, (Roma: La Libreria dello Stato-1942-XX), LXXXIX, 각주 3; 김혜경, "16-17세기 동아시아 예수회의 선교 정책: 적응주의의 배경을 중심으로," 서강대학교 신학연구소, 「신학과 철학」 17(2010), 57에서 인용.

4) 실크로드의 역사와 개념에 관해서는 정수일, 『문명담론과 문명교류』, 한국문명교류연구소 학술총서 (파주: 살림, 2009), 79-94에서 자세히 언급하고 있다. 여기에서는 유라시아 대륙의 초원지대를 지나는 초원로(Steppe Road)라는 의미로 사용하겠다.

아 대륙을 향한 서양 선교사들의 선교 여정은 오래전부터 동방무역에 관심을 두었던 유럽의 상인들에 의해 몽골제국을 향한 중앙아시아의 길이 열리면서 시작되었다. 유럽인들의 본격적인 동진東進이 시작된 것이다.[5] 비록 그것이 일부 유럽인들에 의한 것이었지만 계속해서 동아시아 문화에 대한 유럽인들의 호기심을 자극하기에는 충분했다.

16세기 후반, 중국선교의 발판을 확보한 예수회 선교사들은 서양인들에게 본격적으로 중국을 알리는데 조금도 주저하지 않았다. 그들은 자신들이 중국선교를 위해 선택한 문서선교의 방식을 그대로 역逆으로 활용하여 중국의 서적을 서양으로 가져가거나,[6] 저술을 통해 중국 문화와 역사 · 철학 등을 소개하거나[7], 중국의 서적들을 번역하는[8] 등의 방식으로 서

---

[5] 이 시기에 상인으로는 베네치아 사람 니콜로와 마르코 폴로 형제(1265)가 있었고, 선교사로는 프란치스코 수도회의 몬테코르비노(1289)가 있었다. 폴로 형제는 쿠빌라이 칸 왕조가 있는 중국까지 들어가 그리스도교와 서방제국의 왕들에 대해 좋게 말을 했고, 쿠빌라이 칸은 그리스도교의 우수성을 자신의 백성들에게 가르쳐줄 것을 교황에게 요청하기까지 하였다. 마르코 폴로가 썼다는 『동방견문록』(Millione)에는 중국에서 보고 경험한 진기한 것들과 사건이 있고, 처음으로 '지팡구'(오늘날의 일본)라는 이름의 섬과 그곳에 사는 '하얀 동아시아인'에 대한 소개가 있었다.

[6] 1682년 쿠플레(Philippe Couplet, 1624 ~ 1692)가 400여 권의 중국책을 유럽으로 가져갔고, 1694년에 부베(Joachim Bouvet, 1656 ~ 1730)가 『통지』(通志), 『문헌통고』(文獻通考), 『영락대전』(永樂大典), 『고금도서집성』(古今圖書集成) 등 300여 권을 가져간 것을 들 수 있다. 김혜경, 『예수회의 적응주의 선교』(2012), 349.

[7] 마태오 리치의 『그리스도교와 예수회의 중국 진출기』 2권(델리아 신부에 의해 Fonti Ricciane로 불리움), 뒤 알드의 46권에 이르는 방대한 저작 『중화제국지』, 1687년에 파리에서는 쿠플레가 편집한 『중국 철학자 공자』(Confucius Sinarum Philosophus)가 있다. 이 중 『중국 철학자 공자』는 계몽주의 철학 시대의 대표적인 논쟁서가 되었다. 이 책은 전례논쟁의 중심에 서서 서양 사회에 커다란 충격을 준 중국 철학 소개서로서, 중국의 입장에서는 17세기 유가 철학을 서양에 소개한 가장 훌륭한 저서로 간주되지만, 서양에서는 자신의 문제를 자신과는 전혀 다른 중국이라는 거울에 비추어 치열하게 분석하고 논의하는 계기가 되었다. 이 책에서 쿠플레는 자신이 편찬한 『중화제국연대기』(Tabula Chronologica Monarchiae

양에서 중국을 알렸다.

그 덕분에 서양에서 중국과 중국문화에 대한 관심은 가히 중국문화 열풍(中流)이라고 할 만큼 뜨거웠다. 당시 프랑스어로 '시누아즈리'(中流, Chinoiserie)라고 불렸던 이 '흐름'은 유럽 내에서 일정 기간 동안 문화적으로 매우 강력한 하나의 흐름을 형성하여 유럽이 중국을 모방하고 따라하게 만들었다. 비록 그 열풍의 첫 번째 제공자였던 예수회는 역풍을 맞아 해산되는 상황까지 갔어도 유럽은 시대의 조류를 타고 계몽주의 운동을 확산시키는 하나의 단초가 되었다.

본고는 바로 여기, 계몽주의 시대 중국문화가 서구사회에서 일으켰던 열풍에 천착하여[9] 그것을 입체적으로 살펴보는 것은 물론 그리스도교의 선교와 관련하여 당시 서구사회에 수용된 중국의 종교관에서 특별히 쟁점이 되었던 것과 그것의 한계에 대해 고찰해 보기로 하겠다. 그런 다음에, 오늘날 세계 도처에서 선풍적인 바람을 몰고 있는 한류와 비교 분석해 봄으로써 한류가 세계화 시대에 어떤 의미를 지니는지, 그 속에 담긴 한국적

Sinicae)와 중국의 15개 성(省)과 115개 대도시를 표기한 지도를 부록으로 실었다. 쿠플레는 자신이 번역한 『논어』와 같은 중국고전들을 모두 편집하여 『중국 철학자 공자』에 실기도 하였다. 이 책은 한편으로는 17세기 예수회 선교사들의 유교경전과 동양문명에 대한 탐구 작업의 결정체라고 할 수 있으며, 다른 한편으로는 리치 이래 지속되어온 유교사상에 대한 적응주의적 이해의 완결편이라고 할 수 있다. Mungello David E./이향만 외 옮김, 『진기한 나라, 중국』 (파주: 나남, 2009), 401-417 참조; 김혜경, 『예수회의 적응주의 선교』 (2012), 350.

8) 1687년 쿠플레(Philippe Couplet, 1624-1692) 신부는 『논어』를 라틴어로 번역했고, 인토르세타(*Prospero Intorcetta*, 1626-1696)가 『대학』, 『중용』 등을 번역한 것을 들 수 있다. 김혜경, 『예수회의 적응주의 선교』 (2012), 350.

9) 주겸지/전홍석 옮김, 『중국이 만든 유럽의 근대, 근대 유럽의 중국문화 열풍』 (청계, 2003); John M. Hobson/정경옥 옮김, 『서구 문명은 동양에서 시작되었다』 (서울: 에코리브르, 2005); 데이비드 문젤로, 『동양과 서양의 위대한 만남 1500-1800』 (2005). 본고는 이 세 사람의 자료를 근거로 계몽주의 시대 중국문화 열풍에 대해서 고찰해 보기로 하겠다.

인 신앙관에 대해서 사회 실천적 차원의 민중 문화론, 인간관, 공동체관을 중심으로 살펴보기로 하겠다. 그리하여 21세기 한류의 지속성과 그리스 도교 선교의 비전에 대해서 고민해 보고자 한다.

계몽주의 시대 중국문화와 중국의 종교관이 서구사회에서 어떻게 작용했는지에 대한 연구는 현재 일부지역에서 반反 한류의 대두로 과도기를 맞고 있는 한류와 세계화의 시대에 선교의 기로에 서 있는 한국의 그리스 도교에 작은 하나의 이정표가 될 수 있을 것으로 본다. 한국인의 신앙 감각 (sensus fidei)을 통한 세계선교의 방법을 한류에 편승하여 그 가능성을 타진 해 보려는 것이다.

중류(中流, Chinoiserie)[10] 열풍

계몽주의 시대 중국문화의 열풍

계몽주의 시대에 중국문화가 서양에 진출하기 시작한 것은 대표적으로 책을 통해서였다. 선교사들을 통해 여러 방면으로 소개된 중국은 서양

---

10) 유럽의 동양문화에 대한 동경에서 생긴 용어로 '시누아즈리'(Chinoiserie)는 17~18세기 유럽의 상류층에서 유행한 중국식, 중국풍의 실내장식 및 가구·도기·직물·정원 설계 등의 양식이다. Emily Eerdmans, *The International Court Style: William & Mary and Queen Anne: 1689-1714, The Call of the Orient in Classic English Design and Antiques: Period Styles and Furniture; The Hyde Park Antiques Collection* (New York, Rizzoli International Publications, 2006), 22–25. 이후 같은 맥락에서 일어난 자포니즘(Japonism)은 19~20세기 초까지 서양에서 나타난 일본풍을 즐기고 선호하는 현상이었다. 그러나 계몽주의시대 시누아즈리만큼은 강렬하지 않았다. 시누아즈리는 예수회의 중국선교를 위해 선교지의 문화를 알리기 위한 상호선교의 맥락에서 시작되었다고 보기에 본고에서는 시누아즈리에 대해서만 논의해 보기로 하겠다.

사회에 계몽주의를 확인시키는 기능을 하였다. 신적인 것 대신에 '인간적'인 것을 가치 척도로 내세우면서 교회로 간주되는 타자의 지도 없이 자신의 지성을 사용하지 못하는 무능력의 미성숙 상태에서 벗어나 자신의 지성을 주체적으로 사용하고자 하는[11] 결단과 용기를 부추긴 것이다. 이런 계몽주의적 사유를 기저로 서구사회에서 중국문화의 열풍은 도처에서 타 올랐는데, 크게 세 가지 분야, 곧 철학 분야, 사회 분야, 문화와 예술 분야로 나누어 설명할 수 있을 것이다.

철학 분야에서 중국문화가 근대 유럽에 끼친 가장 큰 영향은 '이성'이라는 관념을 촉진하고 무신론 개념을 확산시키는 계기가 되었다는 데 있다. 아직 유럽에 남아 있던 신학적인 분위기에서 탈피하여 맹목적인 '신앙'에서 자연적 '이성'으로 이동하도록 하는 전환점이 된 것이다.[12] 유럽의 계몽주의는 중국 문화를 통해서 그들이 찾고 있던 이성주의를 찾아냈고, 중국 정치를 통해서 요동치는 유럽의 정치적인 국면을 극복할 수 있다고 생각하였다. 그들이 보기에 중국인은 순수한 이성을 지닌 민족이었고, 그래서 이제 막 '이성의 시대'에 접어든 유럽으로서는 중국이 거의 우상

---

11) Cfr. Immanuel Kant, *Beantwortung der Frage: Was ist Aufklärung?* In: Werke in sechs Bänden Hrsg. v. Wilhelm Weischedel Darmstadt 1998, Bd. VI. Schriften zur Anthropologie, Politik und Pädagogik, S. 53. 김혜경, 『예수회의 적응주의 선교』(2012), 314에서 인용.

12) 볼테르는 중국인들의 제례의식은 성상을 숭배하는 미신적 실천이나 기적을 팔아먹는 장사꾼이 없으며, 절기에 맞춰 황제가 주관하는 제례의식과 고인들에 대한 존경의 표현이 있을 따름이라고 주장하였다. 사회에 도덕적 질서를 부여하고 그것을 유지하는 데 성공한 유교는 유럽의 종교보다 훨씬 효과적인 체계였다. 볼테르에게는 위대한 그리스도교의 신학적 구조물이 그저 미신적 신앙, 현란한 예배의식, 부패한 제도에 불과했던 것이다. Clarke J. J./장세룡 옮김, 『동양은 어떻게 서양을 계몽했는가』(도서출판 우물이 있는 집, 2004), 73; 김혜경, 『예수회의 적응주의 선교』(2012), 350에서 인용.

이나 다를 바가 없었다. 당시 서구사회에서 사상가들로 중국 열풍에 일익을 담당한 인물로 볼테르(Franois-Marie Arouet, Voltaire, 1694~1778)와 몽테스키외(Charles-Louis de Montesquieu, 1689~1755)를 꼽을 수 있다. 철학가이면서 소설가요, 희곡작가요, 역사가였던 볼테르는 프랑스의 대표적인 '중국애호가'(sinophile)였다. 그는 자신이 고백하듯이 "중국에 가 본 적은 없으나 중국을 여행한 사람을 20명 이상 만나 보았고, 중국에 대해 언급한 모든 저작들을 다 읽어 본 것으로 생각한다"[13]고 할 정도로 중국에 큰 관심을 가지고 있었다. 그에게 있어 '동양(중국)은 서양의 모든 것이 기인하는 문명'이었다. 반면에 프랑스의 정치 철학자였던 몽테스키외는 대표적인 반反 중국파 사상가로 손꼽힌다. 그의 주저인『법의 정신』(De l'Esprit des lois, 1748)에는 중국에 관해 72회나 다루고 있는데[14], 대개 매우 부정적으로 언급하고 있다.[15] 몽테스키외가 중국을 부정적으로 보는 가장 이유는『법의 정신』제8편 제21장「'중국의 제국'에서」에 언급하고 있듯이 "중국은 전제주의 국가이다. 그 기초를 공포심에 두는 것이다"라고 함으로써 중국을 법의 지배가 없는 전제주의 국가라고 판단했기 때문이다.[16] 중국에 대한 사유가 이렇게 긍정적 혹은 부정적으로 교차되는 가운데, 유럽은 중국

---

13) Voltaire, *Dialogues et anecdotes philosophiques* (Paris: Garnier Frères, 1966), 264; 송태현, "볼테르와 중국: 전례논쟁에 대한 볼테르의 견해,"「외국문학연구」48(2012), 165에서 인용.

14) Pereira, Jacques. *Montesquieu et la Chine* (Paris: L'Harmattan, 2008), 10; Janvier, Marie-Hélène. "Montesquieu et la Chine: un scepticisme marqué 1721-1748," 6. http://www.celat.ulaval.ca/wp-content/uploads/2012/06/Article_CELAT_MHJANVIER_Montesquieu-et-la-Chine_un-scepticisme-marqueOK.pdf; 송태현, "몽테스키외의 중국관 비판,"「세계문학비교연구」40(2012), 162에서 인용.

15) 몽테스키외/하재홍 옮김,『법의 정신』(서울: 동서문화사, 2007). 대표적으로 제7편 제7장, 제12편 제8-10장, 제16편 제10-14장, 제19편 제10·13·17·19·20장 등을 들 수 있다.

16) 몽테스키외,『법의 정신』(2007), 149.

을 통해 '자기성찰'의 계기로 삼기도 하고, 자존감을 높이는 기회로 삼기도 하였다. 이들 중에는 중국을 너무나 동경한 나머지 유럽보다 중국에서 태어났더라면 하고 바라는 사람들도 있을 정도였다.[17]

사회 분야에서 중국문화가 근대 유럽에 끼친 영향은 광범위하게 전개되었다. 다도茶道, 벽지壁紙, 정원庭園과 같은 문화 분야에서부터 정치·경제 사상에 이르기까지 다양했다. 프랑스의 대표적인 중농주의자 프랑수아 케네는 정치·경제에 관한 일부 개념을 중국사상의 영향을 받았는데, 그가 프랑스어로 번역한 레세페르(laissez-faire, 불간섭주의)는 무위無爲에서 발견한 것이다.[18] 영국의 농업혁명과 산업혁명의 근저에도 중국의 영향을 꼽고 있다. 17세기 네덜란드에서 처음으로 개발된 것으로 추정되는 바스타스bastard 쟁기가 영국으로 전해져 철제 흙판이 달린 로더햄 쟁기로 발전했는데, 바스타드 쟁기의 모든 부품들이 사실은 중국에서 발견된 것으로 중국의 철제 흙판 쟁기를 그대로 모방한 것으로 알려졌다. 네덜란드의 회전식 풍구 역시 1700-1720년 경 네덜란드의 선원들이 중국에서 직접 유럽으로 가져갔고, 예정된 장소에 정확한 깊이로 씨를 뿌리는 조파기와 잡초를 제거하고 토양에 공기를 공급하는 중경기는 기계가 직접 유럽으로 가지는 않았어도 적어도 그런 기계가 있다는 개념이 알바레스 세메도의『위대하고 유명한 중국의 역사』(1655)와 제드로 텔의『마력 중경기를 이용한 경작』(1733)에서 '중국의 것'을 언급하고 있어 그의 영향을 받은 것으로 볼 수 있다. 또 중국의 윤작 기법도 영국의 중요한 농업 혁명의 하나로 보는데, 이것 역시 이미 중국에 있던 것으로서 그의 영향을 받았다고 볼 수 있

---

17) 볼테르를 비롯한 대표적인 친중국파 지식인들이 이런 부류에 속한다고 하겠다. 보와이에, 아르장스, 뒤 알드, 몽테뉴, 라이프니츠, 말브랑슈, 케네, 울프, 흄, 스미스 등이다.

18) John M. Hobson,『서구 문명은 동양에서 시작되었다』(2005), 254.

다.[19] 그 밖에도 증기기관, 석탄과 용광로, 철과 강철의 생산과 주물기술 등은 산업혁명의 토대가 된 것으로 보인다.[20]

그러나 뭐니 뭐니 해도 당시 유럽에서 프랑스의 루이 14세만큼 중국을 좋아하고 깊이 관심을 가진 인물은 없었을 것이다. 그는 중국 미술품 애호가로서 베르사유 궁전 안에 '중국 미술관'을 설립하고 자신은 중국식 의복을 입고 일부 모임에까지 나갈 만큼 열렬한 중국 열풍의 팬이었다. 그는 예수회 선교사 인토르체타를 비롯하여 쿠플레 등에게 명하여 중국의 고전인 『대학』, 『중용』, 『논어』를 라틴어로 번역하도록 했고, 그것을 파리에서 간행하게 함으로써 처음으로 프랑스 지식인 계층이 공자의 사상과 만날 수 있게 한 장본인이기도 했다. 루이 14세가 파견한 16명의 프랑스인 예수회 선교사들은 중국의 풍물을 연구하여 본국에 보고했고, 그것이 『예수회 역사 서간집』으로 파리에서 출간되면서 프랑스를 중심으로 한 유럽에 중국 붐을 일으키는 결정적인 계기가 되었다.

이런 분위기 속에서 유럽에 전파된 중국의 문화는 유럽인들의 생활 속으로 신속하게 전파되었다. 당시로서는 첨단의 하이테크 제품으로 손꼽혔던 도자기[21]와 중국식 정원 설계[22], 각종 장식품, 가구, 벽걸이 융단 등

---

19) 앞의 책, 260-267.

20) 앞의 책, 267-274.

21) 16세기까지 서양의 그림들을 통해서 알 수 있는 유럽 귀족들의 식탁에는 금속의 무거운 식기들이었다. 그런 것들에 비해 가볍고, 아름답게 채색된 그림이 그려져 있는 중국식 도자기는 중국이 유럽에 선사한 최고의 선물이었다. 기술적으로도 금속을 녹여 두들기기만 하면 만들어지던 금속제품과는 달리 도자기는 흙을 빚어 채색을 하고 구운 다음에 유약을 발라 다시 구워내며, 불의 온도와 가마의 형태에 따라서 예상하지 못한 색깔로 만들어져 나오는 도자기는 최고의 하이테크 제품이 아닐 수 없었다. 유럽인들은 도자기라는 새로운 타입의 그릇을 중국을 통해서 처음 접했기 때문에 영어에서는 아직도 도자기를 '차이나'라고 부르고 있다. 당시 중국 왕조는 도자기 수출로 막대한 부를 축적했고 그 대금으로 받은 멕시코산

으로 확산되었고, 바로크와 로코코 시대에도 계속해서 중국 미술 전반에
걸친 환상과 열광의 유행으로 이어졌고, 음악에서도 가령 고대 중국의 베
이징을 배경으로 한 푸치니(Giacomo Puccini, 1858-1924)의 오페라 투란도트
Turandot와 같은 이국적인 중국의 인기는 여전했다.

그러므로 중국 도자기에서부터 시작된 중국 문화의 서양 유입은 로마
시대부터 내려오던 비단과 같은 특정 품목의 유입과는 전혀 다른 차원의
것이었다. 로마시대에 수입되던 중국 비단은 당시 로마에서는 금과 같은
무게로 팔릴 정도로 값비싼 물품이었고, 그만큼 중국은 동경의 대상이 되
었다. 그러나 실크로드라는 육로를 통한 비단 수입은 제한된 양으로 인해
사실상 부유층의 전유물에 지나지 않았다. 하지만 15세기 대항해 시대 이

은을 이용하여 만리장성을 복원하기도 하였다. 그러나 민란으로 중국의 도자기 공장이 파
괴되자, 그 틈을 타서 일본이 도자기 수출에 뛰어들기 시작했고, 그 기회에 또 다른 동양의
문화가 서양으로 유입되는 계기가 되었다. 일본이 유럽으로 도자기를 수출하면서 목판화
로 찍어낸 그림이 프린트된 포장지를 사용하였는데, 그것이 계기가 되어 일본의 목판화가
서양에 알려지게 된 것이다. 이는 훗날 반 고흐의 그림에까지 영향을 미쳤다. 유현준, 『모
더니즘, 동서양 문화의 하이브리드』(도서출판 미세움, 2008), 76-78.

22) Humphry Repton, *Observation on the Theory and Practice of Landscape Gardening*
(Oxford: Phaidon, 1980), 25. 로마시대부터 내려오던 전형적인 서양식 정원은 그들의 철학
적 사고와 가치관이 담긴 기하학적이고 수학적인 완벽함을 추구하는 모습으로 네모의 구
획 안에 체스판을 연상케 하는 형태였다. 이런 경직성은 중국문화의 영향으로 깨어지기 시
작했다. 중국 철학이 담긴 중국식 정원은 마치 한자에서 '本'과 '末'자에서 '一'자가 놓인
위치에 따라서 의미가 완전히 달라지는 것처럼 사람의 위치에 따라서 언덕이 될 수도 있고
평지가 될 수도 있는 자연스런 것이었다. 노자는 "가장 위대한 직선은 곡선처럼 보이는 것
이며, 가장 위대한 사각형은 모서리가 없는 것이다. 가장 위대한 이미지는 형태가 없다"고
하였다. 노자철학은 중국인들의 정원에 곡선 사용을 촉진했고, 그것이 서양의 정원으로 옮
겨와 기하학적 직선을 깨고 자연스러운 곡선을 도입했으며 정원 내에 많은 보이드(빈 공간)
공간을 확보하는 것으로 발전하였다. 서양에서 보이드를 쓸모없는 것으로 치부할 때 중국
은 보이드의 가치를 높이 인정했던 것이다. 유현준, 『모더니즘, 동서양 문화의 하이브리
드』(2008), 82-84에서 인용.

후 해로를 통한 선박의 물류 유통은 중국의 물품을 대량으로 서양에 전파하는 계기가 되었고, 중국의 문화는 보다 저변으로 확산되면서 서양문화에 의미 있는 영향을 미치게 되었다.

서구사회에서 중국식 종교관의 쟁점

르네상스 이후 서구사회는 그리스-로마 고전을 연구함으로써 성경 밖에도 진리가 있다는 것을 인식하기 시작하였다. 이후 코페르니쿠스-브루노-갈릴레오로 이어지면서 고대와 중세의 우주관이 바뀌고, 이성이 부각되기 시작하였다. 중세의 절대적인 신학적 분위기에서 벗어나 인간 '이성'에 대한 신뢰와 그에 따른 사고를 하기 시작하였다. 신 중심적 세계관이 인간중심적인 세계관으로 전환되기 시작한 것이다.

이런 시기에 예수회 선교사들은 동양 선교를 준비하는 서양 선교사들에게 현지의 문화를 알리고, 유럽중심주의적인 사고가 팽배해 있던 유럽인들에게 타 문화에 대한 존중의 태도를 기르고, 더 나아가서는 선교활동의 당위성과 후원을 얻기 위해 중국과 중국문화를 서구사회에 소개하기 시작하였다. 17세기 초부터 시작된 본격적인 중국 소개는 많은 부분에서 유럽인들에게는 충격적인 것이었다. 특히 종교적인 측면에서 중국의 영향을 서양사회의 전통이 된 그리스도교의 입장에서는 커다란 하나의 도전이 아닐 수 없었다. 그리스도교 선교를 위한 수단으로 한 일이 선교지에서 보다는 유럽에서 자신들의 정체성을 흔들어 놓은 결과가 되었기 때문이다.

1687년 쿠플레(Philippe Couplet, 1624-1692) 신부가 출판한『중국철학자 공자』에는 예수회 선교사들이 번역한『논어』,『대학』,『중용』과『공자전』

과 『중국경서개론』 등을 부록으로 실으면서 책을 내는 목적을 '선교를 위한' 것임을 밝히고 있다. 책의 서문에는 이렇게 쓰여 있다.

"이 책의 목적은 사람 낚는 어부들(선교사)로 하여금 '보유론補儒論'이라는 수단을 활용해 중국인들을 그물 안으로 몰아넣는 일이고, 상인들(선교사)로 하여금 '보유론'이라는 전략을 통해 이교도들을 설복시켜 그리스도교라는 상품을 구매하도록 하는 데 있다."[23]

이러한 예수회 선교사들의 노력에도 불구하고 18세기에 들어와서 유럽의 사상계는 종교에 반대하고 철학을 옹호하며 비종교적인 공자와 그의 철학적 이성관이 점차 서양사상의 중심으로 파고들어가기 시작하였다. 그리하여 철학적 계몽Aufklärung 운동의 이론적 토대를 형성하였다. 이것은 거의 100년에 걸친 전례논쟁으로 더 많은 중국철학을 유럽으로 끌어들이는 절호의 기회가 된 탓도 있었다. '반 그리스도교', '반 신학', '반 종교'의 분위기를 형성함으로써 신학과는 분리된 철학의 시대를 주도했던 것이다. 그리하여 몇 가지 측면에서 종교관을 분명히 하였는데 그것은 먼저, 신학 속에서만이 철학이 가능하다는 원칙을 파괴하였다. 이성의 시대를 재촉함으로써 신학을 위한 수단으로서, 혹은 신을 이해하기 위한 도구

---

23) *Confucius Sinarum Philosophus Sive Scientia Sinensis Latina Exposita, Studio et opera Prosperi Intorcetta, Christiani Herdtrich, Francisicis Rougemont, Philippi Couplet, Patrum Societatis* (1687), Jussu Ludovici Magni Eximio Missionum Orientalium et Litterae Reipublicae bono e Bibilotheca Regia In Lucem Prodit. Adjecta Est Tabula Chronologica Sinicae Monarchiae Ab Huius Exordio Ad Haec Usque Tempora, Paris. 이와 관련하여 다음의 논문도 참고 바란다. 안재원, "쿠플레의 중국인 철학자 공자의 <서문>-Natura(性) 개념의 이해 문제를 사례로," 「인문논총」 68(2012), 87-120.

로서 이성(철학)에서 벗어나 신학과 철학을 분리시켰다. 예수회 선교사들이 중국에서 선교를 위한 적응주의가 종국에는 원시유학을 이해하도록 한 것과는 달리, 중국 철학은 서구에서 그리스도교의 분열에 영향을 미친 것이다.

그 다음으로, 중국식 종교관은 서구사회 반 종교운동의 조류를 부채질하였다. 볼테르는 종교에 비판적인 태도를 보이는 한편 이성을 대단히 옹호하였다. 그는 성경을 비롯하여 교황과 교계를 거침없이 비난하였다. 프랑스 대혁명 시대의 자코뱅Jacobin당이 정한 신교 강령에는 다음과 같이 적혀 있었다.

"오늘 이전에는 일체의 모든 것이 종교의 관할을 받았으나, 오늘 이후부터는 이성이 관할하는 시대가 되었다. 우리 동지들은 모두 백과전서파의 신도로서, 이성을 존중함을 물론 그것을 하나의 종교로 삼는다. 이제 이전의 종교시대는 이미 종말을 고하였다. 우리들은 이 철학적 종교, 이성의 광명을 통해 역사상 하나의 신기원을 열어갈 것이다."[24]

끝으로, 철학은 하느님에게 사형 판결을 내렸다. 프랑스 대혁명이 제왕과 귀족, 그리고 교회에 사형 판결을 내렸다면, 독일의 관념철학은 그리스도교의 하느님에게 사형 판결을 내렸다. 그 결과 중국은 18세기 유럽 정신문화의 탄생지가 되었다. 당시에도 서양에서는 희랍의 영향이 없었던 것은 아니나, 희랍이 유럽 본토의 역사적 산물이라면 중국은 뿌리 자체가 전혀 새로운 사조로서 그 영향력은 훨씬 컸다. 희랍 사조는 신에게로 돌아

---

24) John Theodore Merz/이은경 옮김『19세기 유럽사상사』(파주: 한길사, 2012), 379-380; 주겸지,『중국이 만든 유럽의 근대, 근대 유럽의 중국문화 열풍』(2003), 211에서 인용.

가게 했지만, 중국 사조는 신에게로부터 벗어나게 하였다. 즉 유가 문화는 근대 유럽에 '이성'이라는 관념의 형성을 촉진하고 무신론 개념을 확산시키는 계기가 되었던 것이다. 그 결과 계몽사상의 핵심적인 종교관이라고 할 수 있는

▸ 인간은 날 때부터 타락한 것은 아니다.

▸ 인생의 목적은 삶 그 자체, 즉 사후의 행복한 생활 대신 현세에서의 훌륭한 생활이다.

▸ 이성과 경험의 빛에만 따를 경우 인간은 지상에서 훌륭한 생활을 완성할 수 있다.

▸ 세상에서의 복된 생활을 위한 제일의 기본조건은 무지와 미신의 속박으로부터 인간정신을 해방시키는 것이고, 기존의 사회적 권위들로부터 오는 인위적 억압에서 인간의 육체를 해방시키는 것이다[25]

는 이론이 팽배해 졌다. 그리고 인간성의 보편적이고 불변하는 원리들은 이런 신조와 조화를 이루고 있다고 보았고, 이런 원리들은 '보통사람' 혹은 '중국사람'과 같은 곳에서도 찾아볼 수 있다고 생각하였다. 왜냐하면 그들에게서도 이성과 상식을 따르고 있는 성향을 보았기 때문이다.

선교의 관점에서 결국, 서양문화(서학)가 중국에서 얻은 것은 일부 지식인들 사이에서의 그리스도교에 대한 호의적인 반응 수준에 불과했으나, 중국문화가 서양에서 얻은 것은 지속적이고 보편적이며, 한 시대의 중요한 지점을 대변하는 핵심적인 '흐름'이었다. 즉, 선교의 수단으로서 서

---

25) 노먼 F. 캔토·사무엘 버너 편/진원숙 옮김, 『서양 근대사 1500-1815』(서울: 혜안, 2000), 350.

학은 중국에서 학문적인 기여는 했지만 하나의 문화적인 '흐름'을 형성하지는 못한 데 반해, 중국문화는 서구인의 삶의 다양한 부분으로 파고들어 영향을 미쳤던 것이다. 스페인 출신의 프란체스코회 상트 마리(Antonie de Sainte-Marie, 1602-1669) 수사는 자신의 저서 『중국의 선교』에서 "유교를 신봉하는 사람들은 신을 모르는 무신론자·유물론자이고, 그들의 사상은 자신들의 종교와도 결코 조화를 이룰 수 없다"[26]고 했던 것도 결국 중국문화의 영향이 그만큼 서양사회에 미친 영향이 크다는 점을 대변한다고 할 수 있다.

중류의 한계

중국문화에 대한 서양인들의 열광적인 반응은 또 다른 측면에서 부정적인 노선을 형성하게 만드는 동기가 되었다. 친親 중국파와 반反 중국파, 중도파 등의 등장으로 서양 사상계는 중국어를 만나면서 상형문자의 특성을 통해 보편언어에 대한 탐구, 『역경』의 이원적 상징주의, 중농주의 Physiocracy, 전례논쟁에 휩싸였고, '중국풍'에 대한 환상과 열광이 빨리 달아올랐던 만큼 식는 것도 빠르게 전개되었다. 일각에서는 17-18세기 중국에 대한 열광이 광범위하게 확산되기는 했지만 그것이 결코 보편적인 것은 아니었다고 주장하기도 하였다.[27]

중국풍, 중국숭배 경향, 중국애호주의로 대변되는 중류는 18세기 중

---

26) W. W. Davis, "China, the Confucian Ideal and the European Age of Enlightenment," *Journal of History of Ideas* 4(1983), 523-548.

27) Clarke J. J., 『동양은 어떻게 서양을 계몽했는가』(2004), 84.

반 폼페이 유적지가 발굴되면서 헬레니즘이 부활하고, 1773년 예수회가 해산되면서 중국을 서구에 소개해오던 든든한 후원자를 잃게 되자 "호기심이 사라져서 더 이상 자극을 주지 못하게 되었다."[28] 중국에 헌신적이었던 디드로와 엘베시우스도 열광주의를 철회하고, 중국인의 도덕적·종교적 실천들을 편향되고 비과학적인 것으로 간주했고(디드로), 중국의 전제주의를 계몽되지 않은 폭정(엘베시우스)으로 규정하였다. 그리고 프리드리히 그림과 루소, 콩도르세, 헤르더, 헤겔 등으로 이어져 한때 신선하고 자극적이었으며, 정치적인 유토피아로 간주되던 중국의 문화는 이제 냉담하고 무기력한 것이 되고 말았다.[29]

중류의 이런 홀대는 프랑스 대혁명 이후에 더욱 가속화 되었다. 비록 대혁명 이전 사상적인 측면에서 중국철학이 프랑스의 무신론, 유물론, 자연주의 등 혁명 사상에 영향을 주고, 문화적인 측면에서 중국의 자기, 칠기, 사직품, 풍경화, 조경 등이 프랑스인의 사치스러운 중국 취미를 조성했다고 해도, 그래서 '문화적 역사관'을 고집한다고 해도 대혁명을 기점으로 중국문화에 대한 득得보다는 실失에 대한 이론이 더욱 대두되었다.

---

28) Dawson, *The Chinese Chameleon: An Analysis of European Conception of Chinese Civilization* (Oxford: Oxford University Press, 1967), 132.

29) Clarke J. J.,『동양은 어떻게 서양을 계몽했는가』(2004), 84-85: 한편 중국문화의 영향으로 유럽의 문화사는 독일과 프랑스에서 구체적으로 다른 양상을 보였다. 독일의 라이프니츠와 볼프는 자연신교(自然神教)로, 프랑스의 백과전서파에게는 '무신론'(無神論)으로 받아들여졌다. 독일이 정신 혁명 쪽으로 기울었다면, 프랑스는 정치 혁명 쪽으로 기울었던 것이다. 독일 철학자들에게는 관념론적 철학에 집중하도록 했고, 프랑스에서는 혁명 사상가들에게 제왕과 귀족의 사형 판결을 도왔다. 독일에서 중국 사상을 '건설'에 이용했다면, 프랑스에서 중국 사상은 '파괴'에 이용한 것이라고 하겠다. 독일에서 중국문화의 인식은 대체로 '현실적'이었다고 한다면, 프랑스에는 '이상적'이었다고 할 수 있는 것이다. 주겸지,『중국이 만든 유럽의 근대, 근대 유럽의 중국문화 열풍』(2003), 296.

주겸지는 몽테스키외의『법의 정신』을 인용하여 그것을 크게 세 가지로 나누어서 설명하였다. 풍속의 폐해, 사치의 폐해, 전제專制의 폐해가 그것이다.

풍속의 경우 생업이 안정되어 있지 않아 먹고사는 문제를 해결하기 어려워 이익을 탐하는 마음이 심하고 남의 것을 빼앗으려는 생각이 강하다, 생활이 완전히 예禮에 의해 인도되고 있음에도 세계에서 가장 부정한 국민이다, 동방에 중국이라는 나라의 풍속과 예교는 예전부터 변하지 않는다는 등으로 그 폐해를 지적했다.[30] 사치의 경우 중국의 22개 왕조를 보면 처음에는 덕성, 조심, 경계심 등이 있었으나 점차 쾌락에 빠져 덕성을 잃고 궁전에 틀어박혀 정신은 약해지고 부패, 사치, 나태가 습관화 되어 수명이 짧아지고 가계家系가 쇠퇴하여 멸망에 이르렀다고 하였다. 그러면서 대관들이 고개를 쳐들고 내시內侍가 신뢰를 얻고 어린아이 외에는 옥좌에 올리지 않아 궁전은 제국 백성의 적이 되고, 궁전에서 무위도식하는 자가 일하는 국민을 파멸시킨다고 하였다.[31] 전제專制의 경우 중국의 법은 천자에게 경의를 갖지 않는 자는 누구든지 죽음으로 처벌되어야 한다고 규정하면서도 '경의를 갖지 않는' 것이 무엇을 의미하는지는 정해 놓지 않아 함부로 생명을 빼앗고 가족을 몰살시키는 구실이 되고 있다.[32] 또 아버지가 자식의 죄 때문에 문죄를 당하고(제6편 제20장), 환관이라는 존재가 주는 폐해(제15편 제19장)등도 전제의 폐해를 말해주는 장면이라고 했다.

대혁명의 여파로 유럽은 새로운 활력을 되찾고 다방면에서 진보를 거

---

30) 몽테스키외,『법의 정신』(2007), 제19편 10장 13·19·20장 참조; 주겸지,『중국이 만든 유럽의 근대, 근대 유럽의 중국문화 열풍』(2003), 323-324에서 인용.
31) 몽테스키외, 앞의 책, 제7편 7장; 주겸지, 앞의 책, 324-325.
32) 몽테스키외, 앞의 책, 제12편 7장; 주겸지, 앞의 책, 325.

듭하고 있는 것과는 달리, 중국은 여러 면에서 처음 소개될 때와 전혀 달라진 것이 없고, 그것은 정체된 모습[33], 그대로 쇠퇴하는 문명으로 간주되기에 충분했던 것이다. 인류가 끊임없이 진보하려는 욕망을 가진 존재임을 자각한 서구인의 눈에 중국은 자유가 결여된 사회, 전제주의 국가로 밖에 보이지 않았고, 결국 그것은 반 중류의 확산으로 이어져 서구사회에서 중류는 점차 설 자리를 잃고 말았다.

중류에 대한 이런 일방통행적인 평가에도 중류의 입장은 전혀 대변되지 못한 채 그렇게 식어가고야 말았다. 실제로 당시 중국은 중농정책(제8편 제21장), 구황정책(제13편 제15장), 근검정책(제7편 제6장)과 같은 문화적인 장점들도 많이 있었다. 그럼에도 불구하고 중국문화에 대한 서구의 질타에 적극 대응하지 못한 것은 중류가 가지는 최대의 한계였던 것이다. 중류의 주체가 중국문화에 호기심을 가졌던 서구사회였고, 그래서 그들에 의한 일시적이고 표면적인 '취향'에 따른 흐름이었지, 토착화나 현지화를 시도할 만큼 성숙한 흐름은 아니었던 것이다.

또한 중류가 서양인들 사이에서 커다란 호기심의 대상이 되고 있었던 것에 비해 중국인들의 서양 진출은 매우 드문 일이었다. 쿠플레를 따라 유럽으로 온 심복종沈福宗은 베르사유 궁전에서 루이 14세를 만나고 로마에서 교황 인노첸시우스 11세를 만났으며, 런던에서는 궁정 연회에 초대 되어 제임스 2세를 만나고 돌아갔다. 번수의(樊守義, 1682-1753)도 예수회 프로바나 신부를 따라 토리노와 로마를 다녀온 뒤 북경에 도착하여 황제를 알현하고 정식으로 예수회에 들어가 사제가 되었다. 호약망(胡若望, 1681-1726 이후?)은 예수회 푸케 신부의 한문 서적을 옮겨 적는 일을 도와줄

---

33) 김혜경, 『예수회의 적응주의 선교』(2012), 355-356.

사람으로 고용되어 마흔 살에 유럽으로 갔다가 정신병을 앓고 퇴원 후에 광동으로 돌아왔다. 이렇게 유럽을 찾은 중국인들은 1500-1800년 사이에 불과 200-300여 명에, 모두 남성들에 불과하였다.[34] 한 마디로 중류와는 거의 상관없이 다녀갔던 것이다. 문화 인력이나 디아스포라에 대한 생각은 전혀 미치지 못했던 것이다.

한류(韓流)

중류와 한류의 비교

중류의 탄생과 몰락은 오늘날 세계화의 물결에 편승하여 한창 꽃을 피우고 있는 한류에 많은 생각할 거리를 제공한다고 할 수 있다. 한류는 중류와는 달리 그리스도교와는 전혀 다른 맥락에서, 오히려 전통종교에 가까운 한국의 종교·문화적인 분위기 속에서 탄생하고 성장하였다. 그러다보니 종교적인 색채는 가능한 한 배재되거나 있어도 한국문화의 하나로 간주할 수 있을 만큼 종교적인 주장이나 특성이 깊이 관여되지 않았다. 중류가 그리스도교 선교의 맥락에서 적응주의 선교노선에서 탄생한 것과는 전혀 다른 측면이라고 하겠다.

한류의 바람은 동북아시아에서부터 시작되어 동남아시아를 거쳐 최근에는 북미, 남미, 유럽과 중동 지역으로 확산되고 있다. 장르도 TV 드라

---

34) 데이비드 문젤로, 『동양과 서양의 위대한 만남 1500-1800』 (2005), 139-146. 이들 마저도 교회와 관련된 일로 유럽에 갔다가 로마와 나폴리에만 잠시 머물렀을 뿐, 북유럽과 런던, 파리 같은 주요 도시에서는 중국인들의 모습을 거의 볼 수 없었다.

마, 영화, 음악(K-Pop과 클래식), 연예인, 한식에서 온라인게임과 애니메이션으로까지 확장되고 있다. IT 인프라가 세계 최고 수준인 기술을 적극 활용하여 '한국문화'로 통칭되는 언어, 음식, 예술, 사상, 종교에 대한 지속적인 콘텐츠를 개발하고 새로운 전파방식과 마케팅을 활용한 홍보방식을 도입하여 그 영역을 계속해서 넓히고 있는 것이다. 그리하여 일시적인 '반짝' 인기에 그칠 것이라는 우려를 불식시키고, 오히려 처음의 '한류 열풍'이라는 충격적인 분위기를 넘어서 지금도 계속해서 질적 성장을 거듭하여 평온하게 진행되고 있는 상황이다.[35)]

이런 배경에는 1990년대 급속한 IT기술의 개발로 세계적인 경쟁력을 갖춘 것, 과학기술의 발전으로 세계화를 성큼 앞당긴 것, 그리고 문화 분야의 우수한 인재들이 대거 유입된 것 등이 있었다. 정보통신의 발달은 초국가주의를 가속화하고 공간의 무화無化를 재촉하여 한류의 기반을 마련하였다. 그리고 2000년대의 후기자본주의와 신자유주의적인 시장 논리에 편승하여 본격적으로 세계문화 시장에 도전장을 내밀었다. 드라마, 영화, 음악 등의 우수한 작품들이 충분한 경쟁력을 갖추고 세계인의 정서에 파문을 일으킨 것이다.

이렇게 중류와 한류의 출생 배경은 전혀 달라도 그 근저에는 '문화'를 어떻게 유용하느냐의 문제가 깔려 있어, 선교와도 같은 맥락에 있다고 할 수 있다. 문화란 정치, 경제, 사회 등 여러 분야 중의 하나가 아니라, 사회 전반에 걸쳐 영향을 미칠 수 있는 토대가 되기 때문이다. 따라서 그 토대에 대한 인식을 새롭게 하고, 이를 어떻게 상품화하느냐가 한류의 과제라면, 그것을 복음선교의 수단으로 얼마만큼 잘 활용하느냐에 따라 미래 선교

---

35) 최혜실,『한류 문화와 동북아 공동체』(서울: 집문당, 2010), 52 참조.

의 성패도 달려있다고 할 수 있다. 수많은 말을 통한 설교보다 하나의 문화 활동에 감동을 받는 것이 현대인의 특성이고, 아무리 세계화로 문화적인 보편성이 확대되고 있다고 해도 그와 같은 양만큼 문화적인 특수성 또한 강조되고 있는 것이 현실이다. 이런 점에서 중류와 한류를 비교해 보는 것은 한류와 선교의 과제를 이야기하는데 전제가 될 것이다.

첫째, 중류가 책을 통해서 시작되었다면 한류는 영상을 통해서 시작되었다. 중류는 예수회 선교사들이 일본에서 사무라이(무관)가 인기를 누릴 때, 중국에서는 문관이 인기가 있다는 것을 알았고, 이에 문서선교 방식을 이용하여 중국의 쇄국정책으로 도달하지 못하는 중국어 문화권 전반으로 선교할 수 있는 토대를 마련하였다.36) 그리고 같은 방식으로 르네상스 시대 인쇄술의 발달로 책의 유포가 비교적 자유로워진 서양사회에도 중국의 학문을 소개하였다. 예수회의 동아시아 선교는 중국이 아니라 일본에서 먼저 시작되었고 문서선교 역시 일본에서 먼저 시작되었지만, 문자를 숭상하는 중국에서 성공을 거두었고, 그 덕분에 중국문화가 먼저 서양사회로 진출할 수가 있었다. 시누아즈리(중류)가 자포니즘(Japonism, 日流)보다 한 세기 앞선 이유이다. 당시를 '문자의 시대'라고 한다면 오늘날은 '영상의 시대'라 할 수 있다. 영상은 언어를 통한 의사소통(verbal language)에 약한 한국인들에게 가장 이상적인 소통 수단이기도 하다. 한국의 관습은 과묵한 것이 미덕이었고, 그러다보니 말하는 방법에 대한 교육이 적었다. 논리적인 언어소통 능력이 서양인에 비해 떨어진다는 평가도 받고 있다.37) 이런 상황에서 영상은 상호의사소통(cross-cultural communication)을

---

36) 문서선교와 관련해서는 다음의 논문을 참조하기 바란다. 김혜경, 「마태오 리치의 적응주의 선교와 서학서 중심의 문서선교의 상관성에 관한 고찰」, 한국선교신학회편, 『선교신학』27권 (경기: 올리브나무, 2011), 125-157.

할 수 있는 가장 좋은 수단이 되는 것이다.

둘째, 중류가 '이성'을 강조함으로써 반 종교적인 분위기를 고취시켜 유럽의 계몽주의 운동에 힘을 실어주고 신학이 아니라 이성만으로도 충분하다는 것을 사회일반으로 확산시켰다면, 한류는 세계화로 외톨이 현상을 겪고 있는 세계인에게 '감성'을 자극하여 공감지대를 형성하였다. 80년대 말-90년대 초 소련과 미국을 중심으로 이념의 대립각을 세우던 냉전체계가 무너지고 세계는 본격적인 세계화의 길로 들어섰다. 전쟁과 경쟁의 시대에서 벗어나 축제와 예술의 시대로 바뀌었다. 축제와 예술은 감성을 대표한다.38) 이것은 어느 민족에게나 있는 일종의 축제와 풍류, 낭만과 서정성을 자극하여 시대에 맞는 문화적인 꽃을 피우게 하였다.

셋째, 중류가 중국의 농업기술을 유럽에 전함으로써 영국과 독일의 농업 혁명을 일으키는 토대가 되었다면, 한류는 IT산업 기술을 개발하고 이용하며, 또 그것을 세계에 전하는 데 소홀히 하지 않았다. 현대세계는 양방향적이고 혼종적인 성향이 두드러지는 특성을 갖고 있다. 그래서 자국화된 방식으로 타 문화를 수용하고자 하는 문화적 지역화와 동시에 혼종화 형태를 보이는 문화적 지구화가 함께 이루어지고 있다. 2000년대 들어와서 동아시아에서 불고 있는 한류 열풍에는 한류 콘텐츠가 중국이나 일

---

37) 박명석, 『세계화와 동·서양 문화간 커뮤니케이션』(서울: 태학사, 2000), 234-235 참조. 예컨대 미국인이 자신을 싫어하는 사람에게 상대방을 이해시키려고 노력을 하고 자신의 입장을 부분적(partial communication style)으로나마 밝히려고 할 때, 한국인은 한 번 싫으면 아예 대화조차 하지 않으려는(total communication style) 것을 어렵지 않게 볼 수 있다. 앞의 책 241-280쪽에서는 같은 맥락에서 "비언어적 의사소통"에 관해 동서양의 차이와 문화적인 충격, 체계성과 비체계성, 국제관계와 가치체계 등으로 구분하여 자세히 설명하고 있다.

38) 박정진, 『'붉은악마'와 한국문화』(서울: 세진사, 2004), 48. 이 책에서 박정신은 정감의 문화를 '법의 문화'가 아니라 '상황문화'에 속한다고 강조하기도 한다. 같은 책 99-106 참조.

본에 비해 그 지역의 문화적 지역화에 적합하기 때문이라는 것이다.[39] 한류의 공간적인 확장이 이렇게 가능하게 된 것은 IT기술 개발에만 역점을 두는 것이 아니라 그것을 '표준화'하는 데에도 관심을 가졌기 때문이다. 한국적인 특수성을 세계적인 보편성으로 연계를 시킨 것이다.

넷째, 중류는 중국의 생활문화가 유럽으로 들어가 예술에 영향을 미쳤다면, 한류는 예술문화가 세계인의 가슴으로 파고들어가 생활에 영향을 미쳤다고 할 수 있다. 각종 TV 드라마와 춤을 동반한 역동적인 음악, 브레이크 댄스와 같이 한국인의 체형에 맞는 맞춤형의 춤, 세계 7대 건강음식으로 떠오른 김치를 위시한 한국음식 등은 이미 보급된 각종 채널을 통해 세계인의 생활 속으로 스며들 수 있는 요소를 충분히 갖추고 있었다.

다섯째, 중류가 가부장적인 남성성을 유럽에 고취시켰다면, 한류는 시대의 흐름에 따라 여성성과 여성 리더십을 부각시켜 주었다. TV 드라마와 걸그룹 주인공들의 다양한 분야에서의 활약은 보수성·전통성을 갖고 있는 한국의 이미지에 대한 파격과 동시에 여성의 감정과 사회활동이 통제나 제약을 받지 않는다는 점이 동남아시아와 이슬람 국가들에는 시사하는 바가 크다고 할 수 있다. 사극을 통해서 드러나듯이, 한국의 전통적인 사회에서조차 여성의 활약 혹은 캐리어 등이 있었다는 점도 적지 않은 메시지를 제공한다. 출세는 남자들만의 전유물이 아니라 여성들에게도 해당되며, 이는 오늘날의 여성 트렌드와 맞닿아 있어 더욱 현시성을 띤 것으로 보인다.

---

39) 정정숙, 『'한류'에 있어서의 인문학의 활용방안』(서울: 경제·인문사회연구원, 2007), xi.

한류 속의 신앙 감각

한민족은 예로부터 신神의 존재를 인정하고 멋(美)을 추구하는 민족이다. 축제(神明)를 통해 한恨의 응어리를 풀고 정情을 품고 다시 일상으로 돌아가곤 하였다.[40] 축제는 체념, 삭임, 풀이와 함께 희망의 동기를 부여하는 건강한 사회적 장치였다. 그리고 그것은 전통적인 종교행사로 자리를 잡기도 하였다. 신라의 풍류도風流道나 화랑도花郎道를 비롯한 각종 마당놀이와 농악, 굿 등은 이런 맥락에서 탄생한 것이다.

한국인의 신앙 감각(sensus fidei)은 인간의 복잡한 감정을 포괄하는 듯 매우 종합적인 측면을 지니고 있다. 한恨의 감정을 통해 '음'陰, '닫힘', '내적 수렴', '여성적인 평화와 조화의 문화'를 표현하는가 하면 신명神明의 감정을 통해 '양陽', '열림', '외적 지향', '남성적인 권력과 지배의 문화'를 표현하기도 한다. 그러면서도 그 속에서 서로 간 대립이 아니라 끊임없는 조화를 모색한다.

한류에서 통찰할 수 있는 신앙 감각은 전통적인 축제와 종교행사를 통해 표현한 한국을 대표하는 감정이 얼마나 종교성과 맞닿아 있는가를 모색하는데서 부터 출발한다. 그런 점에서 한국인의 대표적인 신앙 감각이라고 할 수 있는 한, 신명, 풍류의 저변에 흐르고 있는 감성적인 특성은 다시 한 번 한국인의 신앙 감각에서 우위를 차지한다고 할 수 있다. 그리고 그에 따라서 인간 존재의 근원에 대한 원형적 사고가 사회 실천적 차원의 민중 문화론과 인간관, 그리고 공동체관으로 드러난다고 하겠다. 이런 것들은 한국인의 사유와 행동방식에 지속적인 영향을 미치고 있는 것이다.

---

40) 박정진,『'붉은악마'와 한국문화』(2004), 198.

한국의 종교전통이 사회 실천적인 차원에서 민중 문화론으로 대두된 것이 결국 한류로 이어졌다고 볼 수도 있다. 집단적 의례 형식이 민중 운동으로 표출된 마당굿과 대동제는 한국 종교문화와 사회적 실천의 상관성을 드러내기도 하지만, 어떤 의미에서는 그것이 한류의 원형이라고 할 수 있기 때문이다. 대동제는 민주적이고 평등한 이상사회를 꿈꾸는 사람들의 집합적 의례이고, 굿은 민중의 조직이자, 놀이이며 소망체계인 동시에 억압을 깨는 투쟁의 방식이며 혁명적 에너지의 저수지라고 할 수 있다.[41] 그리고 그 근저에는 신명神明이 있다. 신명은 천지의 신령이 들어 흥겨워 주체할 수 없는 상태로서 맺힌 원한의 상태에서 풀린 자유의 상태로 전환하는 전환점이자 '풀림'(해방)이라는 고양된 생명 에너지이다. 억제되고 쌓인 생명력이 한꺼번에 터져 나와 솟는 새로운 창조적인 감정인 것이다. 따라서 신명은 개인과 집단적 차원에서의 억압구조를 해체하고, 저항과 극복을 통하여 참된 화해와 근원적인 해방에 이르는 주체적인 체험으로서 한의 절대적인 해체를 가능하게 하는 고도의 감정 상태가 된다. 이것은 관념적인 표현이 아니라, 몸의 움직임을 통한 구체적인 표현이고 모방이다. 그리고 이 표현과 모방은 모두 현세인 '지금 이곳'에서의 재수와 복을 받기 위한 것이다. 한류는 현대인들이 지향하는 현세적 부와 영화에 주목하고, 그것은 과거의 시각에서 볼 때 제화치병(除禍治病, 화를 없애고 병을 고침), 벽사진경(辟邪進慶, 사악한 것을 없애고 경사스런 일에 힘씀), 제액초복(除厄招福, 액을 없애고 복을 부름)과 다름없는 요소들이다. 한 마디로 한류 속에서는 종교적인 초월성이나 자기 초월적인 가치를 찾아보기가 힘들다. "노래와 춤으로써 하늘과 땅, 신령과 인간이 하나로 융합되어 새로운

---

41) 정수복, 『한국인의 문화적 문법』(파주: 생각의 나무, 2012), 294-295.

생명과 문화를 창조하는 원초적 종교현상"[42]이라고 할 만한 것들, 민중의 자발적인 종교욕구가 계속해서 분출하여 그것이 하나의 종교심을 형성하고 있는 것만 감지될 뿐이다. 한류가 지니고 있는 문화적인 원형 속에는 이러한 신명의 정신, 거기에서 터져 나오는 놀이와 의례가 함께 투영되고 있는 것이다.

한류에서 드러나는 인간관은 '한국적인 것'에 대한 욕망의 표상이기도 하다. 자본주의에 대한 맹신의 결과 발전을 향한 질주에서 인간은 언제나 배제되고 기계화된 문명사회에서 인간은 깊은 고독을 경험하였다. 한류 드라마가 주로 멜로에 치우치거나 멜로 부분을 상당히 많이 설정해 놓은 것과 그 속에서 소외된 존재로 살아왔던 여성의 존재론적인 측면이 부각되는 것은 여성으로 대변되는 현대인의 보편적 실존의 문제와 소외현상을 이야기 하고 있기 때문이다. '한국적인 인간'의 표상은 정情으로 대변된다. 한류 드라마에 등장하는 남성 주인공은 대개 남성과 여성의 속성을 모두 갖춘 다정다감한 존재들이다. 일본·중국·대만·홍콩과 같은 가부장적인 유교 문화권의 여성들 사이에서 한류 드라마가 특별한 인기를 얻었던 것은 프랑스의 정신분석학자 라캉(Jacques Lacan, 1901-1981)이 욕망(Desire) 이론에서 말한 것처럼 인간의 욕망이 "자궁의 충만한 경험"[43]을 다시 채워주지 못하는 현실에서 근원적인 결여를 드라마를 통해 대리 만족을 얻기 때문이다. 한류 드라마는 고난을 극복하고 이루어지는 지고지순한 사랑의 완성을 통해 도덕적이면서도 이상적인 인간관계와 세계관을 제시하고 있다. 가족의 신화가 해체되고 있는 현대 사회에서 중년 여성

---

42) 유동식은 무교를 이렇게 정의하였다. 유동식, 『한국무교의 역사와 구조』(서울: 연세대학교출판부, 1975), 347.

43) 자크 라캉/민승기 외 옮김, 『자크 자캉 욕망이론』(서울: 문예출판사, 1999), 266.

들의 잊힌 꿈을 불러일으키고[44], 권선징악이나 가족주의 등과 같은 구태하고 보수적인 도덕적 가치도 오늘날 그것의 부재로 인해 겪는 외톨이 현상으로 인해 사회적으로 많은 것을 시사하고 있기 때문이다.

나아가 감성코드 역시 이성을 통한 접근에 비해 훨씬 인간의 내면에 더 깊이 도달할 수가 있다. 감성이 종교적으로 표출되면, 상황이나 규범에 맞는 방식이나 행동 혹은 제의양식을 생각하는 것이 아니라, '무조건' 이행하려는 하나의 신념으로 표출되는 것처럼, 문화 역시 마찬가지다. 한류 드라마에 빠진 팬들의 열광과 그들의 촬영지 순례는 이런 맥락에서 이해할 수 있을 것이다. 감성코드는 한류의 내용에서 누군가의 극적인 희생에도 주목하게 만든다. <대장금>의 한상궁과 최근 세계적인 베스트셀러로 부상한 신경숙 작가의 『엄마를 부탁해』의 엄마는 '자기 무화無化'의 희생이 저변에 깔려 있다. 감동적인 하나의 사건이 집단적인 교감을 불러일으키게 되고, 그것이 공감대를 형성하면서 '타자'를 타자로 인식하는 것이 아니라 '우리'로 인식하게 되는 것이다.

공동체관도 한류 속에서 드러나는 한국적 신앙관의 한 모습이라고 할 수 있다. 서구의 개인주의는 모든 행동의 원천을 자기에서 출발하고, 그 결과 개체 의식을 발달시켰다면, 유교의 가부장적인 윤리는 행동의 결정이 개인을 중심으로 이루어지지 않고 가家를 중심으로 이루어지기 때문에 가족 중심적인 집단의식을 발달시켰다고 할 수 있다. 개체성은 개인의 주체성을 강조하기 때문에 언제나 '나'가 중심이 되지만, 공동체성은 '나'보다는 '우리'가 강조된다. 혹여 '나'를 내놓게 되더라도 자신을 낮추어 '저' 또는 '소인'으로 표현을 하였다. 이런 집단의식은 집의 구조와 식탁문화

---

44) 최혜실, 『한류 문화와 동북아 공동체』(서울: 집문당, 2010), 81.

등 삶의 모든 곳으로 파고들어 영향을 미쳤다.[45] 이런 원형적인 공동체 의식은 한류에서 K-Pop 그룹의 활약을 통해, 가족과 '관계(間)'의 중요성을 부각시키는 드라마와 영화, 문학 등을 통해 재현된다고 할 수 있다. 현대세계는 신자유주의가 초래한 양극화와 자본주의의 무한경쟁 속에서 개인의 이익과 자유를 극대화하며 질주하고 있다. 이런 속에서 대중은 경제적·윤리적으로 피폐해진 자신들의 삶을 되돌아보고 의지할 곳을 찾는다. 현대사회의 가장 큰 이슈가 되고 있는 평화와 정의문제, 생태·환경문제를 통해 인류가 공동운명 공동체임을 자각하게 되고 윤리적인 측면에서 '공동선'을 지향하게 되면서 건강하고 합리적인 공동체의 모델을 찾는다. 한류 속에 담긴 공동체 의식은 이런 점에서 보편적 가치들에 주목한다고 할 수 있다.

사회적 약자들에 대한 관심과 권선징악도 한류가 보여주고자 하는 종교적인 측면이라고 할 수 있다. 한류 드라마와 영화의 스토리 전개는 대개 사회적 약자들에 대한 배려나 권선징악에 초점이 맞추어져 있다. 비록 현실은 그와 정반대의 경우가 많더라도, 인간의 양심이 지시하는 자연법이나 한국인의 신앙심은 사회적 약자들을 향한 배려에 기뻐하는 마음, 권선징악이 당연한 귀결이라는 생각이 담겨있다.

통계상 한국은 인구수보다 종교 인구수가 더 많은 나라다. 그렇다고 해서 그만큼 종교적이냐는 질문에는 할 말이 없지만, 모든 종교에 우호적이라는 긍정적인 측면도 무시 못 할 부분이다. 한류 속에서 드러나는 종교관은 모든 종교를 혼합한 범종교적인 면과 전혀 종교적이지 않은 면을 동

---

45) 박명석, 『세계화와 동서양 문화간 커뮤니케이션』(서울: 태학사, 2000), 117-127 참조.

시에 지니고 있으면서도, 인간의 보편적 지침이라고 할 수 있는 양심법에 충실하다는 특성도 지니고 있다. 한류가 모든 국가와 민족을 초월하여 긍정적인 반응을 얻고 있는 데는 이런 특정 종교편향적인 면을 드러내지 않으면서도 인간의 기본적인 윤리의식과 모든 종교에서 가르치는 공통된 도덕심을 담고 있기 때문이기도 할 것이다.

한류와 그리스도교 선교 과제

21세기 한류를 통한 선교의 패러다임은 문화와의 관계 속에서 조명되어져야 할 것으로 보인다. 이를 위해서는 문화 적응주의 차원에서 전개된 중류와 문화 자본주의(Culture Capitalism)[46] 차원에서 전개되고 있는 한류를 통해 그리스도교의 선교가 어떤 문화 정책을 도입해야 하는지에 대해 진지하게 고민해 보아야 할 것이다. 여기에서 문화에 관한 전통적인 몇 가지 선교 원리는 우선적인 틀이 되어야 한다고 생각된다. 교환으로서의 선교, 적응으로서의 선교, 토착화로서의 선교가 그것이다. 왜냐하면 한류와 그리스도교 선교, 모두에게 있어 문화는 최우선적인 인식의 대상이자 과제이기 때문이다. 한류는 상품으로서, 그리스도교는 선교의 수단으로서 말이다.

'교환으로서의 선교'란 일방적인 것이 아니라, 주는 것과 받는 것이 조화를 이루어야 한다는 뜻이다. 다양한 물질적 차원과 정신적 가치들을 주

---

46) 프랑스의 사회학자 부르디외(Pierre Bourdieu)가 문화자본(Culture Capital)을 언급한 이래, 문화 자본주의에 관해서는 다음의 논문이 흥미롭다. 박영신, "문화 자본주의의 문화적 비극,"「현상과 인식」64(1995), 11-30 참조.

고받는 교환의 성격을 띤다는 것이다. 그리스도교의 본질이 사랑을 전하고 나눔을 실천하는 데 있다고 했을 때, 서로 다른 풍습과 문화 속에서 자란 사람들에 대한 선교적인 접근은 상호적이어야 하는 것이다. 과거 선교의 역사에서 서양 선교사들이 지녔던 문화적 편향(bias cultural)[47]은 가장 지양해야 하는 숙제가 되었다.

'적응으로서의 선교'는 선교활동의 종합적인 측면과 관련이 있다. '알리는 일'이 '외부로 향한 선교'(missio ad Extra)로서 복음을 선포proclamation하는 것이라면, '알아듣게 하는 일'은 '내부로 향한 선교'(missio ad Intra)로서 복음을 적응adaptation하는 일이라고 할 수 있다. 선포는 짧은 기간에 이루어지지만 적응은 오랜 기간을 요구한다. 하느님의 구원 섭리가 담겨있는 말씀이 각 민족들의 언어, 문화, 관습과 사상 등 제각기 다르고 다양한 조건을 지닌 이들에게 '알아듣도록' 설명하고 해석하는 과정이 적응이다. 적응의 과정은 주체를 끊임없이 쇄신시키는 특성을 지니고 있다.

'토착화로서의 선교'는 적응주의적 토착화 방식으로서, 복음의 본질은 고수하면서 신앙 표현의 방식이 각 문화에 따라 그들이 지닌 오랜 전통에 익숙한 방법으로 전달되는 것을 의미한다. 토착화의 근거는 그리스도의 육화에 있다. 형상이 없는 하느님이 인간과 만나 대화하기 위해 인간과 같은 모습으로 처지를 낮추어 인간이 알아들을 수 있는 언어로 하느님의

---

47) 문화적 편향에 관한 대표적인 논문으로 다음의 것을 참조하기 바란다. D. Pauleen, R. Evaristo, R.M. Davison, S. Ang, M. Alanis, and S. Klein, "Cultural Bias In Information Systems Research And Practice: Are You Coming From The Same Place I Am?" *Communications of AIS*, Volume 17, Article 17. 또 다음의 글에서도 언급하고 있다. Kluckhohn, C., Kelly, W.H., *The Concepts of Culture* (In: Linton, 1945); R. Linton ed., *The Science of Man in the World Crisis* (New York, Columbia University Press, 2007); Musatti, C, *Libertà e servitù dello spirito* (Torino, Boringhieri, 1971).

선교를 수행했던 것에서 현대선교의 원리가 내포되어 있는 것이다. 현대
선교의 원리는 이런 그리스도의 육화정신에 입각하여 문명의 이기理器들
을 이용하여 복음적 가치를 주어진 사회와 문화 속에서 실현하는 데 있다.
선교는 삼위일체적 사랑의 나눔이고, 인간적 가치의 교환이며, 진정한 인
간의 공동체성을 되찾아 주고, 인간성을 회복하는 운동이기 때문이다.

이런 전제에 따라 오늘날의 그리스도교 선교가 문화교류로서 계몽주
의 시대 중류를 시작으로 세계화 시대 한류가 세계도처에서 꽃을 피우고
있는 것을 보며 선교의 비전으로서 논의해볼 만한 몇 가지 점에 대해 필자
의 견해를 피력해 보고자 한다.

1. 계몽주의 시대 중국과 유럽의 문화교류를 통해 유럽은 자신의 종교
이자 문화가 된 그리스도교를 극복함으로써 근대를 향한 발판을 마련했
다면, 동양은 그리스도교를 수용함으로써 근대로 나가는 하나의 단초를
마련하였다고 할 수 있다. 이것은 어떤 식으로든 그리스도교가 문화적인
기능을 했다는 뜻이고, 동서양 문화교류에서 선교 기능이 긍정적이든 부
정적이든 일정부분 있었다는 것이기도 하다. 따라서 오늘날 한류와 선교
의 관점에서 그리스도교는 묵주 반지를 끼고 경기 출전에 앞서 성호를 긋
는 김연아 선수, 아프리카 남 수단에서 인간의 한계를 넘나드는 사랑을 보
여주고 떠난 고故 이태석 신부, 한국문학의 페미니즘을 확산시키고 있는
신경숙·공지영·최윤과 같은 작가들에 주목할 필요가 있다. 그리스도인
스포츠 스타와 국경을 초월한 사랑의 증거자와 새로운 감각과 소설기법
으로 새 바람을 일으키고 있는 신세대 작가들을 통해 또 다른 차원의 문화
교류의 가능성을 전망해 볼 수 있을 것이기 때문이다.

2. 한류를 통해 드러난 것은 한국인의 대외인식의 변화를 활용하는 것

이다. 최근까지만 해도 한국이 주로 의식하고 있던 외국이란 북반구에 '수평적'으로 뻗어있는 '잘 사는 외국', '한국보다 강한 자', '한국에 도움을 주는 선진국'이었다. 그러나 월남전 이후 이런 등식은 서서히 무너지기 시작했고, 이제는 '한국보다 못 사는 외국'에 대한 자각과 함께 대외적인 자의식이 강화되었다.[48] 이것은 특별히 아시아에 대한 새로운 인식과 함께 그간에 존재하는 문화적 거리를 좁히기 위한 노력으로 이어졌다. 선교의 차원에서 이제 아시아는 '시장으로서'만이 아니라 '지역으로서'도 깊이를 더하고, 문화소통의 맥락에서 아시아인의 공통된 문화적 가치의 중심에 존재하는 '거룩한 것에 대한 감각'을 새롭게 조명해야 할 것이다. 그래야 한류의 지속성과 가치도 힘을 얻을 수 있을 것이다.

3. 글로벌 시대를 살아가는 오늘날 '한국 속의 세계'[49]라고 할 수 있는 요소들은 대단히 많다. 과거에는 문명교류의 통로인 실크로드를 통하여 세계의 문화가 동양으로 흘러들어 왔지만, 오늘날에는 상징적인 개념으로서 '실크로드', 곧 인터넷과 다양한 정보매체를 통해 문화정보가 유입되고, 이 길을 따라 한류韓流가 세계로 나가고 있다. '한국 속의 세계'가 한국의 내재적 세계성이라면, '세계 속의 한국'을 상징하는 한류는 한국의 외연적 세계성이라고 할 수 있다. 이 두 세계성은 상호 보완 관계에 있으며 서로가 조화될 때 한류는 그 완숙함을 더해 갈 것이며, 선교도 '파견'과 '후원'이 같은 척도에서 활동의 힘을 받을 수 있을 것이다.

4. 한류가 담고 있는 감성지향에는 서구의 지성적·이성적·논리적·능

---

48) 박명석, 『세계화와 동서양 문화간 커뮤니케이션』 (2000), 198.

49) 정수일은 세계성이란 세계에 대한 앎을 추구하고 세계와 삶을 함께 함으로써 세계와의 일체감이나 공유성을 함양하는 정신으로서 항시 외연적 세계성과 내재적 세계성의 이중적 좌표에서 표출된다고 하였다. 정수일, 『문명담론과 문명교류』 (2009), 95.

동적인 면과는 다른 파토스pathos적인 정념情念이 다분히 내재되어 있다. 앨빈 토플러는 오늘날과 같은 정보화 사회에서는 "사회가 노인을 공경하고 정직하고 인정이 많은 사람을 필요로 한다. 사회는 병원에서 일할 사람을 필요로 하고 인식하는 능력뿐 아니라 감성적이며 애정을 가진 사람들을 필요로 한다. 우리는 그저 데이터와 컴퓨터만으로는 이런 사회를 유지할 수가 없다"[50]고 하였다. 한류를 교류와 연대의 동인으로 간주할 때, 현대 선교에서 한류 속에 내재된 감성을 통한 세계인의 공감대 형성은 보다 쉬운 하나의 선교방법론이 될 수 있을 것이다.

　5. 한류는 한국중심의 초국가주의적 정체성에 관한 문제이자 문화적 정체성의 중요성을 담보로 한 독특한 하나의 문화현상이다. 이런 점에서 코리안 디아스포라 담론은 다중적이고 유연성 있는 집단적 정체성을 가진, 지구적 지역화의 사례라고 할 수 있다. 이들은 초국가적이고 혼성된 집단으로서 선교의 일꾼으로 관심을 가져볼 만하다. 초민족-국가적 디아스포라는 민족-국가 없이는 존재가 불가능하다는 모순적인 현실을 안고 있다. 디아스포라는 대개 초국가성과 혼성성을 모두 갖고 있는 동시에[51] 국가와 민족의 특수성도 함께 지니고 있다. 디아스포라는 그 자체로 문화 인력이 되기도 하고, 침투된 문화가 지속적인 영향력을 발휘할 수 있게도 한다. 계몽주의 시대 중류가 서구사회에서 오래 지속될 수 없었던 것은 이런 디아스포라의 역할이 전혀 없었기 때문이다. 그러므로 한류의 지속성과 선교의 지속성은 디아스포라로 대변되는 현지화에 달려 있다고도 할

50) 앨빈 토플러, 「한겨레신문」 카툰과 함께 배우는 영어 코너에 앨빈 토플러(Elvin Toffler)와 한 신문사와의 인터뷰 기사: http://cafe.daum.net/song0626/2POs/596에서 인용
51) 박준규, 「<겨울연가>와 디아스포라적 정체성」, 김수이 편저, 『한류와 21세기 문화비전』(파주: 청동거울, 2006), 158-160.

수 있다.

6. 21세기 선교의 패러다임은 과거-현재-미래를 관통하는 통시적이고 공시적인 측면에서 보다 입체적인 형태로 진행되어야 할 것이다. 오늘날의 세계는 다양한 시대적인 상황에 직면해 있다. 인류가 공동의 관심사에 귀를 기울이고 공동운명체임을 자각하게 하는 지구촌화, 끊임없이 새로운 지식이 가치의 척도가 되고, 다원성·보편성·협동성으로 공존·공생이 모색되며, 시장은 공급자 중심에서 수요자 중심으로 전환되고 있다. 이런 상황에서 한류는 인류 공동의 보편적 가치인 정의와 평화를 실현하는 과제를 안고, 선교는 교회를 확장하는 개념으로서가 아니라 인류 공동의 가치를 실현한다는 개념으로서 활동을 전개하고 있다. 특히 교회는 배타주의에서 탈피하여 선교와 상황의 상관관계를 깊이 인식하는 가운데 선교의 패러다임을 성장에서 섬김으로, 선언 혹은 주장에서 만남과 대화로 전환하여 방식과 열정과 표현에서 지금까지와는 전혀 다른 '새로운' 복음화를 지향하고 있는 것이다.

나가는 말

틸리히(Paul Johannes Tillich, 1886-1965)는 "종교란 문화의 실체substance이고, 문화란 종교의 형태form"라고 하였다. 종교가 문화 '안'에서 생겨난다는 점에서 '문화가 종교의 형식'이며, 종교가 문화를 규제하고 이끈다는 점에서 '종교는 문화의 실체'라는 것이다. 문화는 가치를 창조하고 인간의 의미를 추구하는 수평적 차원이라면, 종교는 자기 초월적이고 존재론적인 물음을 통해 궁극적인 실재에 대해 고민하는 수직적인 차원에 있다.

계몽주의 시대와 세계화의 시대에 대중들의 가장 큰 공통점은 천국이나 지옥과 같은 미래의 드라마보다는 이 세상에서의 '행복추구'에 전념하는 모습이다. 특히 현대인들은 어떤 목표를 지향함에 있어 재미와 이익을 추구하며, 행복과 제1 웰빙을 지향하며, 나름대로의 가치와 배움을 선택한다.

선교의 수단으로 전래된 서학은 중체서용中體西用, 화혼양재和魂洋才, 동도서기東道西器로 "모든 수용되는 것은 수용자의 양식에 따라 수용된다"(Quidquid accipit, ad modum accipiens accipitur)라는 라틴어 격언을 연상하게 하는 반면에, 서구에서 중류는 전례논쟁으로 예수회를 해체시키고 계몽주의의 발전에 지대한 공헌을 했음에도 불구하고 결국 서서히 식고 자포니즘에 밀려 후퇴하고야 말았다.

오늘날 한류가 현대적 실크로드라고 할 수 있는 정보통신의 길을 통해 기존의 재료를 가공하여 콘텐츠가 만들어지고 그것이 세계로 전파된다고 했을 때, 한국적 그리스도교 역시 나아갈 방향을 그 속에서 모색해 볼 수 있지 않을까? 21세기 리더십에는 정서공유가 핵심이고, 그것이 없으면 사람의 마음을 얻기가 힘들다. 그것도 설득을 통해서가 아니라 트위터와 같은 짧고 간결한 문장으로, 혹은 UCC와 같은 영상을 통해서 말이다. 한때 월트 디즈니사의 애니메이션 시리즈처럼 '보고' 느끼던 감성에서 이제는 '함께' 느끼는 감성으로 진화한 것이다.

중류, 한류, 선교의 공통분모는 '문화'이다. 모두가 문화를 어떻게 얼마만큼 잘 활용하느냐의 문제, 소통과 공감을 통한 '문화적 리더십'에 관한 문제를 안고 있다고 본다. 중류는 서구의 문화 속으로 깊이 침투하지 못한 채 이국적인 신선함으로 커다란 호기심의 대상이 되었고, 그래서 서양사회가 자신을 성찰하는 계기가 되기는 했어도 중국문화의 현지화는 이루어지지 못했다. 한류가 이런 중류를 보며 깨달아야 할 것은 일시적인 현상이 되지 않기 위한 노력과 함께 지속적인 문화교류와 현지화의 전략이 필요하다는 것이다. 현지의 문화가 외래문화를 쉽게 수용할 때는 자신의 것과 유사한 부분이 있을 때 가능하고 그것의 지속성 여부는 전래되는 문화가 얼마만큼 수용문화화(현지화) 하느냐에 달려 있다고 본다. 이를 선교와 연관하여 생각해 보면, 새로운 텍스트를 수용함에 있어 컨텍스트는 다양하게 반응할 수 있다는 점을 명심할 필요가 있다. 컨텍스트의 정치적 · 역사적 상황은 선교 역사의 범주 안에서 고정된 하나의 주체와 객체가 아니라, 상호 긴밀하고 역동적인 관계 속에서 입체적인 특성을 나타내는 중요한 지점이 된다. 이것은 컨텍스트가 하나의 고정된 개념이 아니라, 변동 가능한 개념이고 그것은 텍스트의 표현에 따라 달라질 수 있다는 점을 시사한다. 토착화와 복음화의 역사는 텍스트와 컨텍스트가 얼마만큼 서로를 존중하고 이해하는 가운데 탄력적으로 움직였는가를 고찰하는 것이라고 할 수 있다.

그러므로 한류의 지속성 여부가 얼마나 한국적 특수성과 공감의 보편성을 지니고 있느냐는 문제와 선교의 기로에 선 그리스도교가 얼마나 복음에 충실하며 한국적인 특수성을 담은 선교방법론을 고민하고 있느냐는 문제는 같은 맥락에 있다고 할 수 있다. 그런 점에서 공자가 말한 "어디로 가려는지 알고 싶거든 어디서 왔는지 되돌아봐야 한다"(告諸往 而知來者)[52]는 말이 한류와 선교, 모두에게 하나의 이정표가 될 수 있을 것이다.

---

52) 『論語』, 『學而篇』.

참고문헌

김혜경. "16-17세기 동아시아 예수회의 선교 정책: 적응주의의 배경을 중심으로." 「신학과 철학」 17(2010). 서울: 서강대학교 신학연구소, 35-68.

_____. 「마태오 리치의 적응주의 선교와 서학서 중심의 문서선교의 상관성에 관한 고찰」, 한국선교신학회편, 『선교신학』 27집. 경기: 올리브나무, 2011, 125-157.

_____. 『예수회의 적응주의 선교』. 서울: 서강대출판부, 2012.

데이비드 문젤로/김상규 옮김. 『동양과 서양의 위대한 만남 1500-1800』. 서울: 휴머니스트, 2005.

라캉, 자크/민승기 외 옮김. 『자크 자캉 욕망이론』. 서울: 문예출판사, 1999.

몽테스키외/하재홍 옮김. 『법의 정신』. 서울: 동서문화사, 2007년

박명석. 『세계화와 동·서양 문화간 커뮤니케이션』. 서울: 태학사, 2000.

박정진. 『'붉은악마'와 한국문화』. 서울: 세진사, 2004.

박준규. 「〈겨울연가〉와 디아스포라적 정체성」, 김수이 편저, 『한류와 21세기 문화비전』. 파주: 청동거울, 2006.

유현준. 『모더니즘, 동서양 문화의 하이브리드』. 도서출판 미세움, 2008.

정수일. 한국문명교류연구소 학술총서, 『문명담론과 문명교류』. 파주: 살림, 2009.

정정숙. 『한류'에 있어서의 인문학의 활용방안』. 서울: 경제·인문사회연구원, 2007.

주겸지/전홍석 옮김. 『중국이 만든 유럽의 근대, 근대 유럽의 중국문화 열풍』. 서울: 청계, 2003.

최혜실. 『한류 문화와 동북아 공동체』. 서울: 집문당, 2010.

박영신. "문화 자본주의의 문화적 비극." 「현상과 인식」 64(1995), 11-30.

송태현. "몽테스키외의 중국관 비판." 「세계문학비교연구」 40(2012), 159-184.

송태현. "볼테르와 중국: 전례논쟁에 대한 볼테르의 견해." 한국외국어대학교 외국문학연구소, 「외국문학연구」 48(2012), 163-182.

안재원. "쿠플레의 중국인 철학자 공자의 〈서문〉-Natura(性) 개념의 이해 문제를 사례로." 「인문논총」 68(2012), 87-120.

캔토, 노먼 F.·버너, 사무엘/진원숙 옮김. 『서양 근대사 1500-1815』. 서울: 혜안, 2000.

Clarke J. J./장세룡 옮김. 『동양은 어떻게 서양을 계몽했는가』. 도서출판 우물이 있는 집, 2004.

Confucius Sinarum Philosophus Sive Scientia Sinensis Latina Exposita, Studio et opera Prosperi Intorcetta, Christiani Herdtrich, Francisicis Rougemont, Couplet, Philippi, Patrum Societatis (1687), Jussu Ludovici Magni Eximio Missionum Orientalium et Litterae Reipublicae bono e Bibilotheca Regia In Lucem Prodit. Adjecta Est Tabula Chronologica Sinicae Monarchiae Ab Huius Exordio Ad Haec Usque Tempora, Paris.

D. Pauleen, R. Evaristo, R.M. Davison, S. Ang, M. Alanis, and S. Klein. "Cultural Bias In

Information Systems Research And Practice: Are You Coming From The Same Place I Am?." *Communications of AIS*, Volume 17, Article 17.

Dawson. *The Chinese Chameleon: An Analysis of European Conception of Chinese Civilization*. Oxford: Oxford University Press, 1967.

Eerdmans, Emily. *The International Court Style: William & Mary and Queen Anne: 1689-1714, The Call of the Orient in Classic English Design and Antiques: Period Styles and Furniture; The Hyde Park Antiques Collection*. New York, Rizzoli International Publications, 2006.

Kant, Immanuel. *Beantwortung der Frage: Was ist Aufklärung?*. In: Werke in sechs Bänden Hrsg. v. Wilhelm Weischedel Darmstadt 1998, Bd. VI. Schriften zur Anthropologie, Politik und Pädagogik, S. 53.

Janvier, Marie-Hélène. "Montesquieu et la Chine: un scepticisme marqué 1721-1748." http://www.celat.ulaval.ca/wp-content/uploads/2012/06/ Article_CELAT _MHJANVIER_Montesquieu-et-la-Chine_un-scepticisme-marqueOK.pdf

Hobson, John M./정경옥 옮김. 『서구 문명은 동양에서 시작되었다』. 서울: 에코리브르, 2005.

Kluckhohn, C., Kelly, W.H. *The Concepts of Culture*. In: Linton, 1945.

Linton, R. ed.. *The Science of Man in the World Crisis*, New York: Columbia University Press, 2007.

Musatti, C.. *Libertà e servitù dello spirito*. Torino: Boringhieri, 1971.

Jensen, Lionel M. *Manufacturing Confucianism*, Duke University Press, 1997.

John Theodore Merz/이은경 옮김. 『19세기 유럽사상사: 과학적 사고』. 파주: 한길사, 2012.

Montesquieu, Charles-Louis de Secondat. *De l'Esprit des lois. Tome I*. Paris: Garniers Frères, 1961.

Mungello David E./이향만 외 옮김. 『진기한 나라, 중국』 서울: 나남, 2009.

Pasquale, M. D'Elia S.I.. *Fonti Ricciane, Storia dell'Introduzione del Cristianesimo in Cina*, vol I-III. Roma: La Libreria dello Stato-1942-XX.

Pereira, Jacques. *Montesquieu et la Chine*. Paris: L'Harmattan, 2008.

Repton, Humphry. *Observation on the Theory and Practice of Landscape Gardening*. Oxford: Phaidon, 1980.

Voltaire. *Dialogues et anecdotes philosophiques*. Paris: Garnier Frères, 1966.

Davis, W. W. "China, the Confucian Ideal and the European Age of Enlightenment." *Journal of History of Ideas* 4(1983).

『論語』.

한류와 선교의 상관관계

- 태국/미얀마와 남아공에 대한 비교 분석을 중심으로

김은혜 | 장로회신학대학교

들어가는 말: 한류, 대중문화 그리고 새로운 선교

21세기 문명의 대전환기에 선 한국교회는 2000년이 넘는 긴 기독교역사 속에서 특별한 시기를 살아가고 있다. 특별하다는 의미는 21세기는 이제까지 인류가 겪어보지 못한 변화의 속도를 가지고 정보기술과 미디어의 환경의 혁명적 변화로 인해 전혀 새로운 문화를 일상에서 매일 접하며 살아가고 있다는 것이다. 특별히 문화적 변화는 그 영역의 범위와 영향력을 가늠하기 어려운 정도로 급속하게 변화되어 간다. 이러한 문화 환경의 변화와 함께 다가온 대중사회와 국제사회는 매스미디어와 밀접한 관련을 가지고 다양한 문화적 특수성을 고려하면서도 동시에 동시대를 가로지르는 보편적 의사소통의 문법이 존재하고 있다. 이러한 시대정신을 읽어낼 수 있는 통찰력과 문화소통능력은 소통의 다양한 매체를 통해 전달되는 복음의 전파를 위한 한국교회 선교의 필수적 자세라고 할 수 있다.

한국교회는 현대교회가 직면하고 있는 이러한 문화적 도전들이 이전의 상황과 근본적으로 다른 양상을 보여주고 있음을 직시해야 한다.

오늘날 한국교회는 신문·방송·인터넷·트위터·페이스북·카카오톡 등 수많은 소통의 통로들이 존재하지만 고립된 섬처럼 세상에서 멀어져 있다. 교회와 문화 간의 소통과 공감의 결핍은 결과적으로 선교의 장애가 되어 한국교회의 성장둔화와 대사회적 영향력과 신뢰도의 하락이라는 어두운 그늘이 되었다. 특별히 현대사회에서 대중문화의 영향력은 지대하다. 대중문화란 문화가 이윤추구를 위해 생산과 소비구조를 갖추게 되면서 생겨난 새로운 문화 양상으로 다수의 사람들이 소비하고 향유하는 문화로서 산업사회 이후 대량소비와 대량생산이 가능해지면서 더욱 확산되었다.[1] 많은 학자들이 예전과 다르게 대중문화를 연구하고 관심을 가지는 이유는 대중문화는 자본의 이익을 위하여 의도적으로 대중의식의 형성과 조작이 가능하기 때문이다. 이렇게 대중문화는 거대한 문화자본과 정보통신기술 그리고 수많은 대중문화 기획자들을 통하여 현대인들의 의미체계를 적극적으로 구성하고 있다. 따라서 대중문화의 다양한 장르는 그리스도인들의 포함하여 현대인들의 가치관에 적극적인 영향을 미치고 사회 속에서 가장 영향력 있는 가치형성의 통로가 되었다. 더욱이 대중문화는 인간의 정신과 영혼에 감각을 동원한 수많은 이미지와 영상과 상징 등으로 직접적으로 의식하든 의식하지 못하든 막강한 영향력을 미치며 때로는 자극적인 문화 콘텐츠로 우리의 정신을 넘어 몸을 지배하고 있다.

이러한 문화상황 속에서 한류는 아시아를 넘어 세계를 매혹하는 21세

---

1) 김창남, 『대중문화의 이해』(파주: 한울, 1998), 24.

기의 새로운 문화 코드로 부상하면서 한국인의 문화적 자부심과 정체성을 고양시키는 기제로 작동하고 있다. 더불어 위기의 경제를 되살릴 대안으로 문화와 경제계를 넘어 정계까지 가세한 초유의 국가적 의제가 되었다. 한류는 불과 10년 전만 해도 아무도 예측하지 못한 '우연한 현상'에서, 지금은 정부와 기업, 문화계가 총출동해 반드시 성공시키고자 하는 '국가적 기획'이 되어 가는 듯하다. 한류가 대중문화 형식을 띤 단순한 오락으로서의 기능을 넘어 이제는 한류에 대한 우리의 시각과 자세의 변화를 가져오고 있다. 한류는 몇 가지 흐름으로 한국인들을 흥분에 빠뜨렸다. 첫째는 언어와 생김새가 다른 외국인이 한국의 드라마와 영화, 스타에 열광하는 것에 대한 신기함과 자부심, 둘째는 한류가 막대한 경제적 부가가치를 창출하는 것에 대한 놀라움과 기대감이다. 전자가 문화 자체와 관련된 것이라면, 후자는 문화가 창출하는 경제와 관계된 것이다. 한류는 문화와 경제를 단숨에 밀착시키면서 한국인에게 21세기의 새로운 경제 자산인 한국문화의 힘에 큰 관심을 갖게 했다.2) 반면에 한류를 문화제국주의적 관점 또는 미시경제학적 관점 등 총체적 유통 이데올로기 측면에서 전 방위적 문제를 안고 있는 것으로 보는 관점도 만만치 않다. 즉 반한류·혐한류·항한류 현상들과 함께 보다 자본주의적이고 상업주의적인 관점에서 접근하는 역逆한류도 한류를 위협하는 또 다른 징후가 되고 있다.3)

마지막으로 한국문화의 특징인 '한류'를 정확하게 알지 못하고 남의 눈으로 이해하며, 한갓 '서구문화 따라하기' 또는 '선진문화 흉내내기'의 식민지 근성으로 해석하거나, '천박한 B급 문화자본의 파생물'로 규정하는 것을 비판하는 입장이다. 이 관점은 문화정체성의 중요성을 강조하여

---

2) 김수이 편,『한류와 21세기 문화비전』(파주: 청동거울, 2006), 13.
3) 박장순,『한류, 신화가 미래다』(서울: 커뮤니케이션북스, 2007), 32.

민족문화의 전통과 한류의 민속학적 인식을 토대로 민족문화에 뿌리를 내린 한류열풍으로 문화의 세계화를 열어가야 한다고 주장한다. 즉 한류를 지속하려면 민족문화의 원형을 적극적으로 찾아 우리문화의 정체성을 확립하고 문화의 세기에 맞는 인간해방의 보편적 문화를 새롭게 형성하여야한다는 입장이다.[4]

최근 싸이는 마음을 사로잡는 공감과 울림을 통하여 전 세계인의 보편적 정서에 반응하면서 시대정신과 대중문화 간의 접촉을 완성도 있게 실현해내는 콘텐츠를 만들었다. 대중문화가 가지고 있는 시공간을 넘어서는 확산적 특징에 참여와 소통과 개방의 코드를 연결함으로 춤과 이미지와 단순한 노랫말로 대중적 공감을 획득하였다. 싸이는 음악은 단순히 귀로 듣는 즐거움이라는 금기를 과감히 깨고 연예인 같지 않은 몸을 가지고 온몸으로 즐기는 노래 <강남스타일>로 세계적 신드롬을 일으켰다. 이것은 논리적 신념과 지적 이데올로기를 단숨에 넘어서는 문화 공감의 코드로 보편적 정서를 자극하여 만들어내는 특수한 현상이다.

한국교회가 새로운 세대와 소통하기 위해서도 젊은이들이 향유하고 있는 새로운 대중문화에 대한 현상분석과 그에 대한 신학적 성찰은 중요하다. 신학은 이러한 대중문화의 시대에 한국사회의 주도적 기능을 하고 있는 주류문화의 대중적 가치를 복음적으로 성찰하고 대중문화가 구성해내는 의미체계를 읽어낼 수 있는 문화신학적 관점이 필요하다. 대선 이후 한국사회가 해결해야하는 특수한 사회적 현상으로 떠오르고 있는 세대 간의 갈등은 이러한 문화적 흐름에 대한 이해 없이 미래교회의 주역인 청년들과의 소통은 불가능하다. 이러한 문화적 상황에서 기독교적 가치

---

4) 임재해, "민족문화의 전통과 한류의 민속학적 인식," 문화신학회 발표논문 (2012. 4), 2.

체계가 한류의 거센 흐름과 대중문화의 지배 속에서 상호흡수, 타협, 때로는 심각하게 왜곡되기도 하기 때문에 대중문화에 대한 신학적 성찰과 선교적 대응이 중요하고 특별히 전 지구적으로 미치고 있는 한류문화현상에 한국교회가 어떻게 선교적으로 대응해야하고 대중문화의 특성과 형식을 통하여서 어떻게 기독교 생명문화를 확산시킬 수 있는지에 대한 연구는 중요한 신학적 작업이다.

최근 신학계 뿐 아니라 세계교회의 선교 영역에서 선교에 대한 새로운 미래를 준비하며 가장 중요하게 다루는 주제 중의 하나가 '문화'이다. 세계교회협의회는 2013년 한국 부산에서 열리는 WCC 10차 총회에 제출될 '선교와 전도 위원회'(CWME)의 에큐메니칼 선교의 확언을 세우기 위해 변화하는 문화적 상황에서 전도와 선교의 이해와 실천을 새롭게 정립하는 방향을 제시하는 중요한 문서를 제시하였다.

"하나님은 우리를 삼위일체 하나님의 생명을 수여하는 선교로 초대하시고, 새 하늘과 새 땅에 있는 모든 것을 향한 풍성한 생명의 비전을 증거할 힘을 주신다. 선교는 삼위일체 하나님의 마음과 모든 인간들과 피조물에 흘러가는 거룩한 삼위일체로 묶여 있는 사랑에서 시작된다. 아들을 세상으로 보내시는 선교사 하나님은 모든 하나님의 백성을 부르시고(요 20:21), 그들이 희망의 공동체가 되도록 능력을 주신다. 교회는 성령의 능력 안에서 생명을 경축하고 생명을 파괴하는 모든 힘에 저항하고 변혁하도록 하는 사명을 부여받았다."

21세기 선교의 핵심은 생명이다. 문화를 통한 시대적 사명 역시 생명선교이이어야 하며 문화적 선교는 생명과 닿아 있어야 한다는 말이다. 선교의 일차적 과제는 인간의 구원이며 사회 전 영역에서의 하나님 선교의 실현이다. 21세기 새로운 선교는 복음이 창조세계의 모든 영역과 우리 삶과 사회의 모든 측면에서의 좋은 소식이며 하나님의 선교를 우주적인 차원에서 인식하는 것과 하나님의 생명의 체계 안에서 상호 연결되어진 존재로서의 모든 생명 즉 온 세상(oikoumene)을 인식하는 것이 핵심적이다.[5] 따라서 선교적 관점에서 문화에 대한 이해는 바로 온 세상의 생명의 충만함을 가능하게 하고 세계의 전 영역에서 좋은 소식은 바로 모든 생명을 고양시키는 것으로 평가되어야 한다는 의미이다.

한국교회는 이제 문화를 선교의 도구로 사용하는 것을 넘어 문화를 하나님 선교의 현장으로 인식하고 보다 적극적인 선교와 문화의 관계를 성찰함으로 이 땅에 생명, 평화 그리고 정의의 하나님 나라의 가치를 실현해야하는 것이 시대적 사명이다. 특별히 본 논문은 최근에 한국 대중문화의 세계적 흐름을 타고 형성되어온 한류와 선교의 상관관계를 중심으로 한국교회의 새로운 선교적 이정표를 발견하고 한류를 통한 하나님 선교에 대한 문화적 도전을 분석·연구함으로 한국교회를 향하신 하나님의 뜻을 성찰하고자 연구했다. 또한 본 연구는 선교지에서 나타나는 한류의 다양한 문화현상과 개신교 선교 현장과의 상관관계를 연구하기 위하여 세 집단 간, 즉 선교사들과 이민자 그리고 현지인들을 대상으로 한 조사와 비교분석을 기초로 하고 있다. 특별히 선교현장에서 한류와 관련된 문화적 현

---

5) 제11차 초안(Draft 11) WCC CWME의 새로운 선교와 전도 선언문은 2012년 9월 경 WCC 중앙위원회에 채택되고 내년 WCC 10차 부산 총회에서 승인될 것이다. 이 선언문 초안은 2012년 3월 22-27일까지 마닐라에서 열린 CWME Pre-Assembly에서 토론하고 논의하기 위해 만든 초안으로 향후 수정 보완될 것으로 예상되나 지역교회와 선교현장에 있는 사역자들이 각자의 상황에서 이 문서를 숙고하고 얻은 통찰력이나 숙고를 통하여 함께 나누는 것을 목적으로 한다.

실을 성찰하고 향후 변화하는 문화 환경 속에서 선교의 새로운 방향을 모색하고자 한다. 더 나아가 최근 태국, 미얀마 등 아시아에서 일어나고 있는 한류의 영향력에 대한 이해 그리고 다소 한류의 영향력에서 멀어 보이는 남아공에서의 영향을 비교 분석함으로 한국 선교사들이 어떻게 한류에 대해 바르게 이해하고 선교적 차원에서 접목할 것인지를 연구할 것이다. 더 나아가 이러한 한류라는 문화적 환경 안에서 어떻게 한국교회가 더욱 적극적으로 하나님 선교에 응답해 나아갈 것인지에 대한 구체적 대안과 실천적 내용을 모색할 것이다.

한류와 선교 관련성에 대한 설문조사 결과보고와 분석6)의 의미

필자는 다양한 문화정의가 존재하고 학문적 영역에 따라서 나름대로의 특수한 문화정의가 있지만 최근 문화학에서 논의되고 있는 문화주의 (Culturalism) 정의를 선택하고자 한다. 문화주의에 영향을 준 문화의 사회적 정의는 문화는 특정한 삶의 표현이며 어떤 의미와 가치의 표현이다. 따라서 문화 분석을 통해 특정한 삶의 방식이나 특정한 문화에 내재되어 있는 혹은 표출되어진 의미와 가치를 명확히 하고 재구성할 수 있다는 것이다.7) 또한 지배적인 문화 속에 있는 가치와 의미가 기독교와 대립하거나

---

6) 본 설문지는 한국문화신학회에서 주관하는 '한류와 정의'에 대한 연구조사로서 선교지에서의 한류 문화 현상에 대한 조사를 통하여 한류와 기독교선교 간의 상관관계를 조사·분석함으로 다양한 선교현장에서 한류와 관련된 문화현실을 성찰하고 향후 기독교선교의 새로운 모델과 방향을 문화신학적 관점에서 연구하고자 한다.

7) 존 스토리/박이소 옮김, 『문화연구와 문화이론』(서울: 현실문화연구, 1999). 82.

양립할 수 없을 때 교회는 선교와 그리스도인들의 삶을 통하여 기독교문화를 형성하고 새로운 의미와 가치를 재구성해야 한다는 의미이다. 따라서 한류라고 하는 특수한 우리 시대의 문화현상을 선교와 관련하여 조사하고 그 문화 속에 내재해 있는 의미와 가치를 문화신학적 관점에서 분석함으로 어떻게 적극적으로 한국교회의 선교적 방향을 새롭게 모색하여 생명문화를 형성해 나아갈 수 있는지를 명확히 할 수 있다는 것이다.

특정한 문화에 대한 내용이나 형식의 배후에 자리한 세계관은 그 문화의 구성원에게 세상을 바라보는 체계나 관점을 제공한다. 문화인류학자인 기어츠는 인간은 불완전하나 문화를 통해서 인간은 자신을 완성시켜 나간다고 말했다.[8] 그러므로 문화는 인간과 구별되어진 창조물이 아니라 인간의 한 부분이라는 것이다. 복음이 문화와 구별되지만 복음은 문화 안에서 전파되고 언어와 상징과 의식 등의 문화적 매개를 통하여 복음을 전파하거나 수용할 수 있다. 이러한 의미에서 성(the sacred)과 속(the secular)은 분리된 무엇이 아니라 성은 속의 깊이의 차원으로 이해한 틸리히의 문화와 종교의 긴밀한 상호관계는 문화신학적으로 큰 의의가 있다. 따라서 그리스도인들이 세상의 문화와 교회의 문화를 성속의 이원론으로 이해하는 것을 극복하고 선교와 문화와의 적극적 만남을 통하여 다양한 의미와 가치체계로서 복음이 교회의 울타리를 넘어 세상 속에서 하나님의 현존을 증거 할 수 있는 능력으로 나타나야 한다. 이제 한류와 선교의 상관관계연구를 위한 설문지의 일반적 사항에 대한 결과를 살펴보겠다.

---

8) 클리퍼드 기어츠/문옥표 옮김, 『문화의 해석』 (서울: 까치글방, 1999), 52-53.

1. 일반적 사항에 관한 분석

1) 국적

한국국적의 선교사 및 이민자를 제외한 현지인의 경우, 남아공과 태국/미얀마가 각각 50.0%으로 나타났다.

응답자의 국적

변인		한국	남아공	태국/미얀마	계
선교사	빈도	68	0	0	68
	비율	100.0	.0	.0	100.0
현지인	빈도	0	51	51	102
	비율	.0	50.0	50.0	100.0
이민자	빈도	62	3	0	65
	비율	95.4	4.6	.0	100.0

2) 직업

한국 선교사를 제외하고 직업별 분포를 보면, 현지인의 경우는 학생이 55.6%으로 가장 높은 비율을 차지하고 있으며, 기타에 기록한 직업은 커뮤니티 보건요원(6명), 주부, 간호사, 목수, 부동산, 가정부, 안전요원, 중개자, 무직 등이다. 이민자의 경우는 기타가 36.9%로 주부(12명), 직장인, 무직 등이며, 이어 학생이 27.7%으로 나타났다.

3) 연령

연령별 분포를 보면, 선교사는 40대가 41.2%로 가장 높은 비율을 차지하고, 현지인은 20대가 64.9%, 이민자는 40대와 50대가 22.7%로 나타났다.

4) 종교

종교별 분포를 보면, 설문 참여자의 종교는 대부분 개신교이며, 현지인 중 불교가 5.9%, 천주교가 3.0%, 이슬람교가 2.0%로 나타났다.

2. 선교사, 이민자, 현지인 각 대상 간의 한류에 대한 이해 분석 결과

1) 한류의 목적에 대한 이해

한류의 목적을 어떻게 이해하고 있는지에 대한 대상별 분포를 보면, 선교사의 68.7%와 이민자의 51.6%는 '문화교류의 매체로서 다양한 문화적 소통'에 응답하였으며, 현지인은 '한국문화를 전파'한다는 응답이 54.3%로 가장 높게 나타났다. t 검정 결과[9]는 집단 간에 유의한 차이가 있는 것으로 나타났다.

대상에 따른 한류의 목적에 대한 이해

변인		한국문화를 전파	문화교류의 매체로서 다양한 문화적 소통	아시아문화가 전 지구적 영향력을 미치는 것	아시아를 뛰어넘는 문화적 우수성을 나타냄	단지 문화 산업의 확장이며 문화이익에 봉사	전체	x^2
선교사	빈도	3	46	4	10	4	67	
	비율	4.5	68.7	6.0	14.9	6.0	33.7	
현지인	빈도	38	6	14	1	11	70	95.28
	비율	54.3	8.6	20.6	1.5	16.2	35.2	(.00)
이민자	빈도	5	32	12	3	10	62	
	비율	8.1	51.6	19.4	4.8	16.1	31.2	
전체	빈도	46	84	30	14	25	199	
	비율	23.1	42.2	15.1	7.0	12.6	100.0	

그러나 현지인의 국적에 따라 남아공과 태국/미얀마를 비교한 t 검정 결과는 집단 간에 유의한 차이가 없는 것으로 나타났다. 위의 도표는 각

---

[9] t 검정 결과란 두 집단 간 평균을 비교하는 통계분석 기법으로 두 집단 간 평균 차이에 대한 통계적 유의성을 검증하는 방법이다. 즉 t 검정 결과가 유의하다는 것은 평균의 차이가 무시할 수 없을 정도로 의미 있게(크게) 나타났음을 말한다.

나라에서 동일한 문화현상인 한류에 대한 관점과 이해의 차이를 볼 수 있는 부분이다. 선교사의 대부분(68.7%)과 절반이 넘는 이민자(51.6%), 즉 한국인은 한류의 목적을 '문화교류의 매체로서 다양한 문화적 소통'에 응답하였으나 현지인은 '한국문화를 전파'한다는 응답이 54.3%로 가장 높게 나타났다. 따라서 한국인은 한류를 쌍방형 소통의 매체로 보려는 경향이 있으나 현지인들은 일방적 한국문화의 전파로 생각하고 있다는 점은 현지선교사들이 유의해야할 중요한 시각의 차이이다. 문화는 다른 문화들을 창조적으로 수용하고 독자적으로 변용함으로써 발전한다. 최근 인문학 부분의 한류연구의 많은 연구자들의 공동된 비판중의 하나는 '일방통행'은 문화 교류의 가장 부정적인 방식이며, 일방통행과 독주는 한류가 직면한 가장 위험한 요소의 하나로 보는 점이다. 그러므로 한류가 시류에 휩쓸리는 일회적 현상이 아니라 장기적으로 발하기 위해서는 한류를 수용하는 나라들과의 호혜적인 문화 교류 체제를 제도적으로 마련하는 일이 시급하다. 또한 한국 선교사들 역시 현지인들과의 한류를 이해하는 시각 차이를 인정하고 현지 문화에 대한 관심을 다각도로 모색하면서 문화 선교적 관점에서 현지의 지역문화에 대한 성숙한 성찰이 요구되는 결과이다.

2) 한류문화 중 가장 자주 접하는 분야

한류문화 중 가장 자주 접하는 분야에 대한 대상별 분포를 보면, 선교사는 한국드라마가 61.2%로 가장 높게 나타났으며, 현지인의 경우는 한국영화가 37.1%, 이민자의 경우는 한국노래가 47.0%로 가장 높게 나타났다. t 검정 결과는 집단 간에 유의한 차이가 있는 것으로 나타났으며 현지인의 경우 기타가 10.3%로 나타난 것은 다른 문화 유형에 대해 기술한 것이 아니라, 한류문화를 경험한 적이 없거나 잘 모르겠다는 응답이다. 한국 선교사와 이민자들이 드라마와 한국가요에 관심이 많은 것은 한국인의 보편적 정서와 유사한 것으로 한국에 대한 향수와 정서적 공감의 연대를 위하여 선호도를 갖는 것으로 이해된다.

대상에 따른 한류문화 중 가장 자주 접하는 분야

변인		한국 영화	한국 드라마	한국 노래 (K-Pop)	한국어	한국 음식	한국 패션	기타	전체	x^2
선교사	빈도	4	41	11	2	9	0	0	67	
	비율	6.0	61.2	16.4	3.0	13.4	.0	.0	29.1	
현지인	빈도	36	10	9	6	16	10	10	97	123.26
	비율	37.1	10.3	9.3	6.2	16.5	10.3	10.3	42.2	(.00)
이민자	빈도	1	22	31	4	8	0	0	66	
	비율	1.5	33.3	47.0	6.1	12.1	.0	.0	28.7	
전체	빈도	41	73	51	12	33	10	10	230	
	비율	17.8	31.7	22.2	5.2	14.3	4.3	4.3	100.0	

그러나 현지인의 경우 국적에 따라 한류문화 중 가장 자주 접하는 분야를 비교한 결과, 남아공(30.6%)과 태국/미얀마(43.8%) 모두 한국영화가 가장 높게 나타났고, 집단 간에 유의한 차이가 있는 것으로 나타났다. 영화는 21세기 가장 영향력 있는 예술형식이다. 영화는 20세기 놀라운 발전을 거쳐 21세기 현대사회의 대중적 예술의 한 양식으로 세계의 공용어가 될 만큼 보편적이다. 현대사회를 살아가는 다양한 모든 계층의 사람들은, 그들이 종교인이든 비종교인들이든 남녀노소를 막론하고 다양한 매체들 중에 가장 대중적으로 영화를 소비하고 본다. 특별히 현대 미디어 시대의 젊은이들은 어릴 적부터 할리우드 영화에 길들여진 영상세대이다. 한편의 잘 짜여진 영화는 한 사람의 인생을 바꾸는 영향력을 미치기도 하고, 세상과 소통하는 열린 창문이 되기도 하며, 다양한 도덕적 가치들을 성찰

하는 삶의 훌륭한 텍스트가 되기도 한다.

반면 한국 교회가 영적, 도덕적으로 그 영향력을 잃어가고 거센 영상 매체들을 통한 이미지 문화의 홍수 속에서 한국 기독교는 점점 매력적이지도 감동적이지도 못한 대중적 이미지로 전락하고 있다. 기독교 신앙이 세상에서 빛이 바래고 소통불능의 상태로 고착되어 세상으로부터 점점 고립되어 갈 때, 대중문화는 급속하게 성장하고 있음을 주목해야 한다.[10] 한국교회가 세상과의 소통에 실패하고 고립되면서, 삶의 구체적 문제들에 대하여 복음의 생명력을 잃고 교리적인 추상성에서 벗어나지 못할 때, 대중문화는 더 가까이 더 깊이 사람들의 일상에 파고든다. 21세기 새로운 대중문화의 시대에 다른 예술 양식처럼, 영화도 하나님에 관해 아는 것뿐 아니라 하나님을 실제로 경험하는 데에도 도움이 된다고 생각한다.[11]

현지인의 국적에 따른 한류문화 중 가장 자주 접하는 분야

변인		한국 영화	한국 드라마	한국 노래 (K-Pop)	한국어	한국 음식	한국 패션	기타	전체	x^2
남아공	빈도	15	3	1	4	10	8	8	49	16.90 (.01)
	비율	30.6	6.1	2.0	8.2	20.4	16.3	16.3	50.5	
태국/ 미얀마	빈도	21	7	8	2	6	2	2	48	
	비율	43.8	14.6	16.7	4.2	12.5	4.2	4.2	49.5	
전체	빈도	36	10	9	6	16	10	10	97	
	비율	37.1	10.3	9.3	6.2	16.5	10.3	10.3	100.0	

---

10) 로버트 존스톤/전의우 옮김, 『영화와 영성』(서울: IVP, 2003), 23. 미국 풀러 신학교에서 영화와 신학이라는 과목을 오랫동안 개설하고 영화를 적극적으로 신학교육에 적용하여온 존스톤은 교회가 노쇠하고 문화의 습격에 믿음을 잃어갈 때 영화는 성장한다고 말한다. 그는 <베겟>이라는 영화를 통하여 소명을 받고 스텐포드 졸업 후 신학을 전공하고 지난 30년 동안 풀러 신학교에서 가르치고 있다.

11) 앞의 책, 16-17.

3) 한국영화와 드라마를 보면서 호감을 느끼는 이유

한국영화와 드라마를 보면서 호감을 느끼는 이유에 대한 대상별 분포를 보면, '영화기술이 발달되고 세련된 연기 때문에'라는 응답이 선교사 25.0%, 현지인 31.3%, 이민자 33.9%로 비슷한 분포로 나타났다.

특별히 현지인의 국적에 따라 한국영화와 드라마를 보면서 호감을 느끼는 이유를 비교한 결과, 남아공은 '영화기술이 발달되고 세련된 연기 때문에'가 35.4%, 태국/미얀마는 '영화기술이 발달되고 세련된 연기 때문에'와 '가족 중심적이어서'가 27.5%로 가장 높게 나타났다. t 검정 결과는 집단 간에 유의한 차이가 있는 것으로 나타났는데 태국과 미얀마가 두 번째 높은 값으로 가족 중심적인 영화와 드라마를 선호하는 것은 남아공보다 태국과 미얀마는 한류에서 표현되고 있는 아시아의 가족가치의 중요성을 공감하고 가족 중심적 가치관을 공유하고 있기 때문이다. 이러한 점에서 아시아에서 한류의 영향이 더욱 지대한 것에 대한 원인들 중에 문화가치의 유사성 즉 유·불교 문화권에서의 가족가치의 중요성을 공유하

대상에 따른 한국영화와 드라마를 보면서 호감을 느끼는 이유

변인		내용이덜 폭력적 이어서	가족 중심적 이어서	내용이 도덕적이고 인간적 이어서	음악이 아름답고 배경이 좋아서	영화기술이 발달되고 세련된 연기 때문에	기타	전체	x^2
선교사	빈도	7	15	8	3	16	15	64	
	비율	10.9	23.4	12.5	4.7	25.0	23.4	28.4	
현지인	빈도	7	22	19	11	31	9	99	17.09 (.07)
	비율	7.1	22.2	19.2	11.1	31.3	9.1	44.0	
이민자	빈도	3	8	7	11	21	12	62	
	비율	4.8	12.9	11.3	17.7	33.9	19.4	27.6	
전체	빈도	17	45	34	25	68	36	225	
	비율	7.6	20.0	15.1	11.1	30.2	16.0	100.0	

현지인의 국적에 따른 한국영화와 드라마를 보면서 호감을 느끼는 이유

변인		내용이덜 폭력적 이어서	가족 중심적 이어서	내용이 도덕적이고 인간적 이어서	음악이 아름답고 배경이 좋아서	영화기술이 발달되고 세련된 연기 때문에	기타	전체	x^2
남아공	빈도	2	8	7	5	17	9	48	13.54
	비율	4.2	16.7	14.6	10.4	35.4	18.8	48.5	(.02)
태국/ 미얀마	빈도	5	14	12	6	14	0	51	
	비율	9.8	27.5	23.5	11.8	27.5	.0	51.5	
전체	빈도	7	22	19	11	31	9	99	
	비율	7.1	22.2	19.2	11.1	31.3	9.1	100.0	

고 있는 것도 그 원인으로 볼 수 있다. 이러한 문화적 공감대를 선교적 차원에서 이해하고 기독교의 진리를 전파한다면 아시아의 선교를 통해서도 그동안 지배하여 온 서구문화중심적인 기독교문화에 대한 아시아적 대안이 가능해질 것이라 생각한다.

4) 한국노래(K-Pop)를 좋아하는 이유

한국노래(K-Pop)를 좋아하는 이유에 대한 대상별 분포를 보면, 선교사와 이민자의 경우는 기타 란에 기록한 고향에 대한 향수나 한국인이라는 이유를 제외하고, '노래도 좋지만 춤이 흥겨워서'가 37.3%와 30.5%로 가장 높게 나타났으며, 현지인은 '가수의 외모가 매력적이고 멋있어서'가 34.7%로 나타났다. t 검정 결과는 집단 간에 유의한 차이가 있는 것으로 나타났다. 이러한 분석의 결과는 선교사들의 연령대가 40-50이 많은 분포를 보이지만 현지인은 대부분 20대 젊은이들이 많은 이유이기도 하다. 외모에 대한 관심이 역시 태국과 남아공에서도 동일하게 나타난다고 할 수 있다. 젊은 층의 외모에 대한 지나친 관심도 대중문화 확산에 따른 지대한 영향 중 하나임을 이러한 조사를 통해서도 볼 수 있다. 따라서 아시아

국가에서 선교활동을 하는 선교사들은 이러한 영향 하에 있는 젊은 층들과의 소통을 위해 외모에 대한 그들의 관심을 자연스럽게 이해하면서 아름다움에 대한 새로운 기독교적 가치를 심어줄 필요가 있다. 이러한 의미에서 선교사들은 문화적 상황을 선교의 도구 정도로 이해하는 것을 넘어서 전통적 개신교 신학이 지나치게 말씀 중심의 교리적 신학에 집중해온 역사를 성찰하면서 문화적이고 미학적인 관점에서의 최근의 다양한 신학적 성찰을 관심을 가져야할 필요가 있다.

대상에 따른 한국노래(K-Pop)를 좋아하는 이유

변인		노래를 호소력 있게 잘 불러서	노래도 좋지만 춤이 흥겨워서	경쟁적 노래대회가 재미있어서	가수의 외모가 매력적이고 멋있어서	기타	전체	x^2
선교사	빈도	13	22	1	1	22	59	
	비율	22.0	37.3	1.7	1.7	37.3	27.7	
현지인	빈도	24	15	15	33	8	95	56.82
	비율	25.3	15.8	15.8	34.7	8.4	44.6	(.00)
이민자	빈도	17	18	2	12	10	59	
	비율	28.8	30.5	3.4	20.3	16.9	27.7	
전체	빈도	54	55	18	46	40	213	
	비율	25.4	25.8	8.5	21.6	18.8	100.0	

5) 한국어를 배우게 된 이유(배운 경험이 있는 경우)

한국어를 배우게 된 이유에 대해 현지인은 '한국으로 여행가기 위해'가 53.5%로 가장 높게 나타났으며, t 검정 결과는 집단 간에 유의한 차이가 있는 것으로 나타났다. 국적에 따른 두 집단 비교에서도 '한국으로 여행가기 위해'가 남아공의 경우는 50.0%, 태국/미얀마는 56.9%로 나타났고, t 검정 결과는 집단 간에 유의한 차이가 없는 것으로 나타났다. 이러한 설문결과에 대한 분석을 토대로 한국 선교사들은 선교지에서 한국에 대한 그들의 관심과 여행을 하고 싶어 하는 젊은 층들의 요구, 그리고 한국에 대한 관심과 특별히 한국문화에 대한 아시아의 미래가 될 젊은 층들의 관심을 선교와 접목시킨다면 청년선교에 긍정적 결과를 가져올 수 있으리라 예상한다.

6) 한류가 단기간에 전 세계적으로 확산되는 원인에 대한 이해

한류가 단기간에 전 세계적으로 확산되는 원인에 대해 대상별로 어떻게 이해하고 있는지를 분석한 결과, 선교사의 44.8%와 이민자의 37.1%는 '한류 콘텐츠의 우수성', 현지인의 경우는 '대중매체 기술의 발전'(29.7%)과 '한국의 대외 발전도'(23.8%)로 응답하였다. 또한 t 검정 결과는 집단 간에 유의한 차이가 있는 것으로 나타났다. 이러한 결과에서도 한류의 확산으로 문화적 우수성으로 때론 우월감에 빠져있는 한국인들(선교사와 이민자)과 문화 자체의 우수성보다는 매체기술의 발전과 국가경쟁력의 향상에 따른 부수적 요인으로 보는 현지인들 사이의 차이를 보인다.

한편, 현지인의 국적에 따라 한류가 단기간에 전 세계적으로 확산되는 원인 이해에 대해 비교한 결과, 남아공은 '한류 콘텐츠의 우수성'이 26.0%로 가장 높게 나타났고, 태국/미얀마는 '대중매체기술의 발전'(39.2%), '한국의 대외 발전도'(33.3%) 순으로 나타났다. 앞의 설문분석은 주로 현지인과 한국인 사이의 유의한 부분이 대부분이었으나 이번 질문은 현지인들 사이의 차이를 보이는 특별한 경우다. 남아공에 비하여 태국/미얀마와 같은 가난한 아시아의 나라들은 한국의 경제적 성장에 많은 부러움을 가지고 있는 것이 아닌가 생각된다. 또한 이러한 결과분석을 토대로 한류는 단일한 문화현상이라기 보다는 한국의 국가적 위상의 성장과 함께 정치경제적으로 전 방위적인 관계 속에서 나타난 현상으로 볼 수 있는 것이다. 이러한 의미에서 경제적 가치를 창출하지 않는 한류가 순수한 문화적 소통으로 이러한 한류현상을 가능하게 하는 것은 사실 불가능한 일이다. 따라서 한류가 가지고 있는 문화산업의 특성과 그것이 창출하고 있는 건전한 가치의 분리 또는 결합을 어떻게 문화신학적 관점에서 해석할 것인가는 매우 중요한 선교신학의 과제가 되는 것이다.

7) 한류가 (동)아시아에서 큰 영향력을 미치는 원인에 대한 이해

대상에 따른 한류가 (동)아시아에서 큰 영향을 미치는 원인에 대한 이해

변인		문화적 유사성 때문	서구 대중문화에 대한 대안이 되기 때문	한류 콘텐츠의 우수성과 오락성 때문	한류의 대중매체 기술의 발전과 문화자본력 때문	화려한 삶의 양식과 부에 대한 부러움 때문	한국이 경제발전 모델로 인식되기 때문	기타	전체	x^2
선교사	빈도	16	3	33	7	2	4	1	66	
	비율	24.2	4.5	50.0	10.6	3.0	6.1	1.5	29.2	49.30
현지인	빈도	24	9	12	14	2	30	8	99	(.00)
	비율	24.2	9.1	12.1	14.1	2.0	30.3	8.1	43.8	
이민자	빈도	10	6	25	13	0	5	2	61	
	비율	16.4	9.8	41.0	21.3	.0	8.2	3.3	27.0	
전체	빈도	50	18	70	34	4	39	11	226	.23
	비율	22.1	8.0	31.0	15.0	1.8	17.3	4.9	100.0	

한류가 (동)아시아에서 큰 영향력을 미치는 원인에 대해 분석한 결과, 선교사의 50.0%와 이민자의 41.0%는 '한류 콘텐츠의 우수성과 오락성 때문'으로 보았으며, 현지인은 '한국이 경제발전 모델로 인식되기 때문'(30.3%)이라고 응답하였다. t 검정 결과는 집단 간에 유의한 차이가 있는 것으로 나타났다. 이러한 통계 역시 한류라는 문화현상과 경제적 측면의 관련성을 볼 수 있으며 더욱이 한류의 영향력에 대한 선교사와 현지인들의 시각의 차이를 깊이 성찰해야하는 유의미한 값이라고 생각한다.

현지인의 국적에 따라 한류가 (동)아시아에서 큰 영향력을 미치는 원인에 대해 분석한 결과, 남아공은 '한류 콘텐츠의 우수성과 오락성 때문'(22.9%)이며, 태국/미얀마는 '한국이 경제발전 모델로 인식되기 때문'(49.0%)이라는 응답이 가장 높게 나타났다. t 검정 결과는 집단 간에 유의한 차이가 있는 것으로 나타났다. 앞의 해석을 강화시켜주는 결과 값으로 한류의 경제적 가치가 얼마나 중요한지를 그리고 한국경제발전과 얼마나 깊은 관계를 가지고 있는지를 선교사들은 인식하고 이러한 한류의 현상과 물량주의 또는 물질중심주의가 주도하고 있는 부정적 한국교회의 문제가 결합된다면 선교의 목적이 너무 쉽게 왜곡될 수 있는 문화적 현장을 잘 이해할 필요가 있다.

현지인의 국적에 따른 한류가 (동)아시아에서 큰 영향을 미치는 원인에 대한 이해

변인		문화적 유사성 때문	서구 대중문화에 대한 대안이 되기 때문	한류 콘텐츠의 우수성과 오락성 때문	한류의 대중매체 기술의 발전과 문화자본력 때문	화려한 삶의 양식과 부에 대한 부러움 때문	한국이 경제발전 모델로 인식되기 때문	기타	전체	x^2
남아공	빈도	9	7	11	6	2	5	8	48	36.17 (.00)
	비율	18.8	14.6	22.9	12.5	4.2	10.4	16.7	48.5	
태국/ 미얀마	빈도	15	2	1	8	0	25	0	51	
	비율	29.4	3.9	2.0	15.7	.0	49.0	.0	51.5	
전체	빈도	24	9	12	14	2	30	8	99	
	비율	24.2	9.1	12.1	14.1	2.0	30.3	8.1	100.0	

8) 한류의 미래에 대한 견해

한류의 미래에 대해 분석한 결과, 선교사의 60.3%, 현지인의 60.6%, 이민자의 54.8%가 '지속적으로 영향력을 미침'에 비슷하게 응답한 것으로 나타났다. 한국의 한류에 대한 인문학적 연구자들의 입장과는 다르게 특이하게도 다양한 집단 간의 차이에도 불구하고 한류는 향후 지속적으로 영향을 미칠 것이라는 응답에 동일하게 가장 많은 분포를 보이고 있다. 이러한 보편적 기대와 한국교회의 선교적 사명이 어떻게 만나야하는지 연구가 더욱 필요한 부분이다.

대상에 따른 한류의 미래에 대한 견해

변인		지속적으로 영향력을 미침	정체되어 있음	세계적으로 더욱 확산	반한류가 시작되는 위기	전체	x^2
선교사	빈도	41	10	14	3	68	
	비율	60.3	14.7	20.6	4.4	30.4	
현지인	빈도	57	9	26	2	94	5.73
	비율	60.6	9.6	27.7	2.1	42.0	(.45)
이민자	빈도	34	4	22	2	62	
	비율	54.8	6.5	35.5	3.2	27.7	
전체	빈도	132	23	62	7	224	.08
	비율	58.9	10.3	27.7	3.1	100.0	

9) 한류문화의 콘텐츠(내용)에 대한 견해

한류문화의 콘텐츠(내용)에 대한 대상별 견해를 분석한 결과, 선교사의 54.4%와 이민자의 36.5%는 '콘텐츠 개발이 필요'하다고 응답하였으며, 현지인은 '현재에 만족'(36.0%), '콘텐츠 개발이 필요'(32.0%) 순으로 나타났다. t 검정 결과는 집단 간에 유의한 차이가 있는 것으로 나타났다.

현지인의 국적에 따라 한류문화의 콘텐츠(내용)에 대한 이해를 비교한 결과, 남아공은 '현재에 만족'(34.7%)하며, 태국/미얀마는 '콘텐츠 개발이 필요'(43.1%)하다는 응답이 가장 높게 나타났다. t 검정 결과는 집단 간에 유의한 차이가 있는 것으로 나타났다.

현지인의 국적에 따른 한류문화의 콘텐츠에 대한 견해

변인		현재에 만족	지역문화에 대한 고려가 필요	정서적으로 거부감이 있음	콘텐츠 개발이 필요	기타	전체	x^2
남아공	빈도	17	9	1	10	12	49	
	비율	34.7	18.4	2.0	20.4	24.5	49.0	17.83
태국/미얀마	빈도	19	7	3	22	0	51	(.00)
	비율	37.3	13.7	5.9	43.1	.0	51.0	
전체	빈도	36	16	4	32	12	100	
	비율	36.0	16.0	4.0	32.0	12.0	100.0	

10) 한류가 일시적 문화유행으로 끝나는 것이 아니라 지속해야 할 경우
보완되어야 할 부분

한류가 일시적 문화유행으로 끝나는 것이 아니라 지속해야 할 경우 보완되어야 할 부분에 대한 대상별 견해를 보면, 선교사의 33.3%, 현지인의 30.7%, 이민자의 30.2%가 '현지 지역문화와의 소통'에 응답한 것으로 나타났다. t 검정 결과는 집단 간에 유의한 차이가 있는 것으로 나타났다.

현지인의 국적에 따라 한류가 지속해야 할 경우 보완되어야 할 부분에 대한 분석 결과, 남아공은 '현지 지역문화와의 소통'(28.0%)을, 태국/미얀마는 '한국의 문화특수성과 세계의 문화보편성의 창조적 만남'(37.3%)을 가장 중요하게 인식하는 것으로 나타났다. t 검정 결과는 집단 간에 유의한 차이가 있는 것으로 나타났다. 이러한 모든 분석의 결과는 한류가 일방적 문화 전파가 아닌 상호적이고 호혜적 문화 교류로 발전해야하며 특별히 지역문화와의 적극적 소통이 요구된다고 볼 수 있다. 조한혜정은 아시아 문화 산업의 현실적 조건들을 파악하여, 체계적인 시스템을 구축하는 노력과 글로벌 문화 산업이라는 변화하는 흐름을 파악할 지식을 갖춰야 하고, 무엇보다도 '한류' 현상을 통해 역사적으로 습관화된 자문화 중심주의에서 벗어나, 이질적인 문화들과 '협상'하는 능력을 길러야 함을 주장하였다.[12] 한류는 아시아 국가 간에 이루어지는 새로운 문화 흐름을 보여주고 있다는 점에서 새로운 현상임에 틀림없다. 그러나 흥분하기에 앞서, 한국에서 만들어내고 있는 문화상품들이 어떠한 의미를 만들어내며, 유통되고 소비되고 있는지에 대한 타자들의 해석에 귀 기울이는 것이 무엇보다 중요한 듯하다.

---

12) 조한혜정 외, 『한류와 아시아의 대중문화』(서울: 연세대학교 출판부, 2003), 178.

변인		현지 지역 문화와의 소통	지역에 대한 공적책임 강조	경제적 부분의 가격 조정	대중문화에 집중되어있는 한류를 전통 문화와 순수 예술로 확대	한국의 문화 특수성과 세계의 문화 보편성의 창조적 만남	기타	전체	x^2
선교사	빈도	22	7	1	14	20	2	66	37.61
	비율	33.3	10.6	1.5	21.2	30.3	3.0	28.7	(.00)
현지인	빈도	31	19	9	3	29	10	101	
	비율	30.7	18.8	8.9	3.0	28.7	9.9	43.9	
이민자	빈도	19	3	6	18	17	0	63	
	비율	30.2	4.8	9.5	28.6	27.0	.0	27.4	.02
전체	빈도	72	29	16	35	66	12	230	
	비율	31.3	12.6	7.0	15.2	28.7	5.2	100.0	

문화적 교류가 상호맥락성을 갖춰야 한다는 의미는 여러 차원에서 이해되어졌다. 조한혜정은 현지조사 중 가장 많이 들었던 말들은 한국의 대중문화 종사자들이 갖고 있는 '조급성'과 '금전제일주의'에 대한 우려였다고 발표하였다.[13] 그럼에도 불구하고 다른 민족의 생활양식을 자신의 문화적 관점을 통해 볼 수밖에 없는 한계가 있다. 그렇다고 이 세상의 실재적 모습을 알아내기 위하여 자신의 안경을 벗어버릴 수는 없는 일이다. 이러한 의미에서 한류의 탈脫 국적화, 탈脫 한류화란 어찌 보면 허상에 불과하다. 타자에 대한 관심과 사랑, 그들이 원하는 바를 찾아내기 위한 주체로서의 끊임없는 노력만이 탈국적화, 탈한류화를 대신하는 도구가 될 것이고, 이렇게 해서 탄생한 글로컬한 문화가 한류 콘텐츠의 아이덴티티로 남게 될 것이다.[14] 그러므로 한국인의 정신문화 속에 내재해있는 전통과 원류의 특수성이 보편적 문화가치로 고양시키기 위한 과정에 대한 성숙한 자세와 타자와 타 문화권을 향한 열려진 생각이 요구된다.

---

13) 앞의 책, 177-78.

14) 박장순, 『한류, 신화가 미래다』(2007), 188-89.

11) 한류를 통해 이루어질 수 있는 문화체험에 대한 이해

한류를 통해 이루어질 수 있는 문화체험에 대해 분석한 결과, 선교사의 49.3%와 이민자의 47.6%는 '다양한 문화를 경험함으로 세계와 소통'에 응답한 것으로 나타났다. 현지인의 경우는 '젊은이들이 스트레스를 해소'한다는 응답이 35.4%로 가장 높게 나타났으며, t 검정 결과는 집단 간에 유의한 차이가 있는 것으로 나타났다. 한국인 선교사나 이민자들이 한류에 대해 긍정적으로 평가한데 비해 현지인들 특별히 젊은이들은 스트레스 해소의 오락적 기능으로 평가하는 부분은 지나친 의미의 부여의 한계를 보여준다고 하겠다. 또한 현지인의 국적에 따라 한류를 통해 이루어질 수 있는 문화체험에 대해 비교한 결과, 남아공의 28.3%와 태국/미얀마의 42.0%가 '젊은이들이 스트레스를 해소'를 가장 중요하게 인식한 것으로 나타났으며, t 검정 결과는 집단 간에 유의한 차이가 있는 것으로 나타났다.

3. 한류와 선교에 대한 공통문항 분석 결과

1) 한류가 한국 선교사들의 이미지에 긍정적 영향을 미치는 정도

한류가 한국 선교사들의 이미지에 긍정적 영향을 미치는 정도에 대해 선교사의 66.1%, 현지인의 93.1%, 이민자의 83.3%가 긍정적(매우 그렇다/그렇다)으로 응답하였다. t 검정 결과는 집단 간에 유의한 차이가 있는 것으로 나타났다. 세 집단은 한류의 긍정적 영향을 모두 높이 평가하고 있으며 특별이 현지인들이 가장 높은 값을 보인 부분에 대하여 왜 이러한 한류에 대한 신학적 연구가 필요한지를 설명해주는 의미 있는 결과이고, 이러한 긍정의 이미지를 부여하고 있는 한류의 문화현상에 대한 신학적 소통

과 선교적 환경을 어떻게 활용할 것인지 그리고 이러한 문화적 환경의 중요성을 지속 발전시키기 위한 기독교적 공헌도 구체적으로 제시하여야 할 것이다.

대상에 따른 한류가 한국 선교사의 이미지에 긍정적 영향을 미치는 정도

변인		매우 그렇다	그렇다	그렇지 않다	전혀 그렇지 않다	전체	x^2
선교사	빈도	3	40	17	5	65	
	비율	4.6	61.5	26.2	7.7	36.5	
현지인	빈도	31	63	3	4	101	36.47
	비율	30.7	62.4	3.0	4.0	56.7	(.00)
이민자	빈도	0	10	2	0	12	
	비율	.0	83.3	16.7	.0	6.7	
전체	빈도	34	113	22	9	178	
	비율	19.1	63.5	12.4	5.1	100.0	

현지인의 국적에 따라 두 집단을 비교하면, 남아공의 92.0%와 태국/미얀마의 94.1%가 긍정적(매우 그렇다/그렇다)으로 응답하였으며, t 검정 결과는 집단 간에 유의한 차이가 없는 것으로 나타났다.

2) 한류와 기독교 선교와의 관계에 대한 이해

한류와 기독교 선교와의 관계에 대해 분석한 결과, 선교사의 42.4%와 현지인의 51.3%가 '복음을 전달하는 유용한 도구'라고 응답하였으며, 이민자의 45.5%가 '복음전파에 도움이 되나 현지문화에 대한 이해가 더 필요'하다고 응답한 것으로 나타났다. 선교사와 현지인 모두 한류를 복음을 전달하는 유용한 도구로 답한 부분도 한류를 어떻게 적극적으로 활용할 것인지에 대한 구체적 방법의 개발과 노력이 필요한 부분이다.

대상에 따른 한류와 기독교 선교와의 관계에 대한 이해

변인		복음을 전달하는 유용한 문화적 환경	복음을 전달하는 유용한 도구	한국 선교사 이미지에 도움이 되는 정도	복음 전파에 도움이 되나 현지 문화에 대한 이해가 더 필요	오락적인 대중 문화로 복음 전파에 도움이 되지 않음	세속적 선정적 대중 문화로 복음 전파에 장애	기타	전체	x^2
선교사	빈도	4	28	7	17	9	0	1	66	
	비율	6.1	42.4	10.6	25.8	13.6	.0	1.5	43.1	
현지인	빈도	15	39	8	7	4	3	0	.76	25.96 (.01)
	비율	19.7	51.3	10.5	9.2	5.3	3.9	.0	49.7	
이민자	빈도	0	4	2	5	0	0	0	11	
	비율	.0	36.4	18.2	45.5	.0	.0	.0	7.2	
전체	빈도	19	71	17	29	13	3	1	153	.24
	비율	12.4	46.4	11.1	19.0	8.5	2.0	.7	100.0	

4. 한류와 선교에 대한 대상별 문항 분석 결과

1) 한류의 영향이 복음을 전파하는 데에 도움이 되는지에 대한 선교사들의 인식

한류의 영향이 복음을 전파하는 데에 도움이 되는지에 대한 선교사들의 인식을 분석한 결과, 64.7%가 긍정적(매우 그렇다/그렇다)으로 응답한 것으로 나타났다.

한류의 영향이 복음을 전파하는 데에 도움이 되는지에 대한 선교사들의 인식

문항	빈도	비율
매우 그렇다	4	6.2
그렇다	38	58.5
그렇지 않다	14	21.5
전혀 그렇지 않다	9	13.8
계	65	100.0

2) 한류의 영향이 복음을 수용하는 데 도움이 되는지에 대한 현지인들의 인식

한류의 영향이 복음을 수용하는 데에 도움이 되는지에 대한 현지인들의 인식을 분석한 결과, 남아공의 93.5%, 태국/미얀마의 98.1%가 긍정적(매우 그렇다/그렇다)으로 응답하였다. 아시아와 아프리카에서 동일하게 95%에 해당하는 현지인들이 복음을 수용하는데 한류가 도움이 되었다는 결과는 더욱 적극적으로 한류의 영향력을 평가하고 한국교회로 하여금 선교적 관점에서 긍정적으로 환경으로서 한류를 이해하고 복음과 문화의 역동적 관계에 대한 선교사들의 새로운 이해를 토대로 문화에 대한 지나친 이분법적인 신학적 태도나 서구문화중심적 사고를 극복하는 좋은 기회가 되기를 바란다.

한류의 영향이 복음을 수용하는 데에 도움이 되는지에 대한 현지인들의 인식

변인		매우 그렇다	그렇다	그렇지 않다	전혀 그렇지 않다	전체	x^2
남아공	빈도	20	23	1	2	46	5.68 (.13)
	비율	43.5	50.0	2.2	4.3	47.4	
태국/ 미얀마	빈도	14	36	1	0	51	
	비율	27.5	70.6	2.0	.0	52.6	
전체	빈도	34	59	2	2	97	
	비율	35.1	60.8	2.1	2.1	100.0	

3) 한류의 영향과 한국 선교사들의 선교활동이 관계가 있는지에 대한 현지인들의 인식

한류의 영향과 한국 선교사들의 선교활동이 관계가 있는지에 대한 현지인들의 인식을 분석한 결과, 남아공의 95.7%, 태국/미얀마의 92.2%가 긍정적(매우 그렇다/그렇다)으로 응답하였다.

한류의 영향과 한국 선교사들의 선교활동이 관계가 있는지에 대한 현지인들의 인식

변인		매우 그렇다	그렇다	그렇지 않다	전체	x^2
남아공	빈도	15	30	2	47	1.68
	비율	31.9	63.8	4.3	48.0	(.44)
태국/ 미얀마	빈도	11	36	4	51	
	비율	21.6	70.6	7.8	52.0	
전체	빈도	26	66	6	98	
	비율	26.5	67.3	6.1	100.0	

4) 현지인들의 한류에 대한 문화경험이 복음을 전파하는데 긍정적 영향
을 미치는 지에 대한 선교사들의 인식

현지인들의 한류에 대한 문화경험이 복음을 전파하는데 긍정적 영향
을 미치는 지에 대한 인식을 분석한 결과, 선교사들의 '75.7%'가 긍정적
(매우 그렇다/그렇다)으로 응답하였다.

현지인들의 한류에 대한 문화 경험이 복음을 전파하는데 긍정적 영향을 미치는 지에
대한 선교사들의 인식

문항	빈도	비율
매우 그렇다	3	4.5
그렇다	47	71.2
그렇지 않다	11	16.7
전혀 그렇지 않다	5	7.6
계	65	100.0

5) 한류에 대한 문화경험이 한국 선교사들과의 친밀성 형성에 영향을 주
었는지에 대한 현지인들의 인식

한류에 대한 문화경험이 한국 선교사들과의 친밀성 형성에 영향을 주었는지에 대한 현지인들의 인식

변인		매우 그렇다	그렇다	그렇지 않다	전혀 그렇지 않다	전체	x^2
남아공	빈도	21	26	1	2	50	14.20
	비율	42.0	52.0	2.0	4.0	51.0	(.00)
태국/ 미얀마	빈도	5	38	4	1	48	
	비율	10.4	79.2	8.3	2.1	49.0	
전체	빈도	26	64	5	3	98	
	비율	26.5	65.3	5.1	3.1	100.0	

한류에 대한 문화경험이 한국 선교사들과의 친밀성 형성에 영향을 주었는지에 대해 현지인들의 인식을 분석한 결과, 남아공의 94.0%, 태국/미얀마의 89.6%가 긍정적(매우 그렇다/그렇다)으로 응답하였다. t 검정 결과는 집단 간에 유의한 차이가 있는 것으로 나타났다. 한류와 한국 선교사들의 선교활동이 관계가 있다는 결과가 남아공과 타국/미얀마 모두 90%를 넘는 비율을 보여주고 있고 한류에 대한 문화경험이 복음을 전파하는데 긍정적 영향을 미치는 부분에 대한 비율도 75%에 달하는 결과는 선교와 한류가 얼마나 밀접한 관계가 있는지를 단적으로 보여주는 결과이다. 더나아가 한류에 대한 문화적 경험이 한국에서 복음을 전파하러 온 선교사들과의 관계형성에 도움이 되었다는 비율도 90%를 넘어서는 의미는 한류의 영향이 어떻게 선교에 직접적인 영향을 주고 있으며 문화적 접촉이 타자의 낯섦과 이질감을 극복하는데 중요한 방법이 됨을 보여주고 있다. 이러한 현지인들의 응답은 한류의 영향력이 얼마나 막강한지 그것이 선교와 얼마나 깊은 관계를 가지고 있는지를 보여주는 분명한 결과 값이다.

6) 한류의 경험이 복음을 수용하는 과정에서 도움이 된 부분에 대한 선교사들의 견해

한류의 경험이 복음을 수용하는 과정에서 도움이 된 부분에 대한 선교사들의 견해

문항	빈도	비율
한국 선교사들에 대한 좋은 감정에 영향을 줌	23	46.9
한국 선교사들이 전하는 기독교 복음에 관심을 갖게 함	2	4.1
복음을 잘 이해하는데 도움을 줌	2	4.1
한국 선교사들이 제안하는 활동에 참여하는 계기가 됨	6	12.2
한국 선교사들과 현지인들의 친밀한 관계에 도움이 됨	16	32.7
계	49	100.0

한류의 경험이 복음을 수용하는 과정에서 도움이 된 부분에 대한 선교

사들의 견해를 분석한 결과, '한국 선교사들에 대한 좋은 감정에 영향'을 주었다는 응답이 46.9%로 가장 높게 나타났다.

7) 한류의 경험이 복음을 수용하는 과정에서 도움이 된 부분에 대한 현지인들의 견해

한류의 경험이 복음을 수용하는 과정에서 도움이 된 부분에 대한 현지인들의 견해를 분석한 결과, 남아공의 경우는 '한국 선교사들이 전하는 기독교 복음에 관심을 갖게 함'(34.6%)과 '복음을 이해하는데 도움을 줌'(34.6%)이 가장 높게 나타났으며, '태국/미얀마'는 '한국 선교사들에 대한 좋은 감정에 영향을 줌'(42.0%)이 가장 높게 나타났다. 특별히 한류와 선교의 구체적 관계성을 설명할 수 있는 설문조사로서 복음에 대한 관심과 이해와 한국 선교사들에 관한 좋은 감정에까지 직접적이고 세세한 부분에 까지 상호영향이 있음을 보여주는 결과 값이다.

한류의 경험이 복음을 수용하는 과정에서 도움이 된 부분에 대한 현지인들의 견해

변인		한국 선교사들에 대한 좋은 감정에 영향을 줌	한국 선교사들이 전하는 기독교 복음에 관심을 갖게함	복음을 잘 이해하는데 도움을 줌	한국 선교사들이 제안하는 활동에 참여하는 계기가 됨	한국 선교사들과 현지인들의 친밀한 관계에 도움이 됨	전체	x^2
남아공	빈도	4	9	9	2	2	26	7.09 (.13)
	비율	15.4	34.6	34.6	7.7	7.7	34.2	
태국/미얀마	빈도	21	10	13	1	5	50	
	비율	42.0	20.0	26.0	2.0	10.0	65.8	
전체	빈도	25	19	22	3	7	76	
	비율	32.9	25.0	28.9	3.9	9.2	100.0	

8) 한류의 경험을 장애 요소로 보는 이유에 대한 선교사들의 견해

그러나 한류의 경험을 장애 요소로 보는 이유에 대한 선교사들의 견해를 분석한 결과도 있다, 선교사들은 한류를 '단순한 오락일 뿐 복음전파

에 직접적 관련을 맺기 어렵기 때문'(34.0%)이 가장 높게 나타났다.

한류의 경험을 장애요소로 보는 이유에 대한 선교사들의 견해

문항	빈도	비율
상호이해의 과정 없는 한류의 일방성 때문	6	12.8
한국의 우위성 및 문화적 열등감을 주기 때문	5	10.6
잘 사는 나라에서 온 선교사라는 이미지로 복음전파를 어렵게 하기 때문	1	2.1
지나친 소비주의와 선정적인 대중문화 위주이기 때문	14	29.8
단순한 오락일 뿐 복음전파에 직접적 관련을 맺기 어렵기 때문	16	34.0
기타	5	10.6
계	47	100.0

9) 한류의 경험을 장애요소로 보는 이유에 대한 현지인들의 견해

한류의 경험을 장애요소로 보는 이유에 대해 현지인들의 견해를 분석한 결과, 남아공의 18.0%와 태국/미얀마의 34.0%가 '상호이해의 과정이 없는 한류의 일방성 때문'에 응답한 것으로 나타났다. t 검정 결과는 집단 간에 유의한 차이가 있는 것으로 나타났다.

한류의 경험을 장애요소로 보는 이유에 대한 현지인들의 견해

변인		상호 이해의 과정 없는 한류의 일방성 때문	지나친 소비주의와 감각적 선정적 대중문화 위주이기 때문	단순한 오락 이기 때문	한국 문화의 우위성을 알리는 것이기 때문	경제적 효과를 극대화 시키기 위한 문화상품이기 때문	공격적 민족 주의를 확산 시키기 때문	기타	전체	x2
남아공	빈도	9	0	6	2	1	2	30	50	51.74 (.00)
	비율	18.0	.0	12.0	4.0	2.0	4.0	60.0	50.0	
태국/ 미얀마	빈도	17	9	10	7	7	0	0	50	
	비율	34.0	18.0	20.0	14.0	14.0	.0	.0	50.0	
전체	빈도	26	9	16	9	8	2	30	100	
	비율	26.0	9.0	16.0	9.0	8.0	2.0	30.0	100.0	

10) 한류가 아시아에서 특별히 주목받는 이유에 대한 선교사들의 견해

한류가 아시아에서 특별히 주목받는 이유에 대한 선교사들의 견해를 보

면, '아시아라는 비슷한 문화적 동질성 때문'(52.2%)이 가장 높게 나타났다.

한류가 아시아에서 특별히 주목받는 이유에 대한 선교사들의 견해

문항	빈도	비율
아시아라는 문화적 동질성 때문	35	52.2
지역적으로 가깝기 때문	5	7.5
서구문화의 이질성과는 다른 특징을 가지고 있기 때문	4	6.0
서구문화가 지나친 선정적인 반면에 한류는 교육적인 면이 있기 때문	1	1.5
아시아와 서구를 넘어서 문화적 공감을 주기 때문	18	26.9
기타	4	6.0
계	67	100.0

11) 한류가 아시아에서 특별히 주목받는 이유에 대한 현지인들의 견해

한류가 아시아에서 특별히 주목받는 이유에 대한 현지인들의 견해를 분석해 보면, 남아공의 25.5%, 태국/미얀마의 68.6%가 '아시아라는 문화적 동질성 때문'이라고 응답하였다. t 검정 결과는 집단 간에 유의한 차이가 있는 것으로 나타났다.

한류가 아시아에서 특별히 주목받는 이유에 대한 현지인들의 견해

변인		아시아라는 문화적 동질성 때문	지역적으로 가깝기 때문	서구문화의 이질성과는 다른 특징을 가지고 있기 때문	서구문화의 선정적 측면과 달리 한류는 교육적인 측면이 있기 때문	기타	전체	x^2
남아공	빈도	13	2	2	5	29	51	41.62
	비율	25.5	3.9	3.9	9.8	56.9	50.0	(.00)
태국/미얀마	빈도	35	6	3	7	0	51	
	비율	68.6	11.8	5.9	13.7	.0	50.0	
전체	빈도	48	8	5	12	29	102	
	비율	47.1	7.8	4.9	11.8	28.4	100.0	

12) 한류현상에 대한 선교사들의 인식

한류현상에 대한 선교사들의 인식을 분석해 보면, '한국의 이미지를

긍정적으로 변화시킴'(58.5%)이 가장 높게 나타났다.

한류현상에 대한 선교사들의 인식

문항	빈도	비율
서구문화를 수입하는데서 우리문화를 세계에 공급하는 것으로의 전환	10	15.4
한국의 이미지를 긍정적으로 변화시킴	38	58.5
문화적으로도 세계 전체적으로 인정받음	4	6.2
한국경제에 도움이 됨	6	9.2
잠시 반짝하는 향락산업의 일종일 뿐	4	6.2
기타	3	4.6
계	65	100.0

13) 한류가 일방적 문화가 아니라 상호소통하는 문화가 되기 위해 필요한 요소에 대한 선교사들의 견해

한류가 일방적 문화가 아니라 상호소통하는 문화가 되기 위해 필요한 요소에 대해 선교사의 51.5%가 '한류의 특수성을 더욱 개발하고 지구화 시대의 인류의 보편적 가치와 만나야 함'에 응답한 것으로 나타났다. 이러한 부분은 앞으로 한류의 방향성에 있어서 한국문화의 특수성과 세계 보편성이 어떻게 만나야 하는지 우리 모두의 과제이며 특별히 이러한 부분에 기독교 문화적 가치로서 기여할 바를 찾는 것도 중요하다. 한국문화의 특수성과 기독교의 보편적 가치가 만나고 기독교의 특수한 진리가 인류의 보편적 가치와 만날 수 있는 방법들이 문화라는 매개체를 통하여 다양하게 보편화 되어져야 하는 것이다.

한류의 지속적 발전과 긍정적 영향력을 확대하기 위하여 가장 시급한 것은 지역문화에 대한 이해와 소통이다. 『한류와 21세기 문화비전』에서 김수이는 향후 한류의 지속적 발전을 위하여 세 가지를 제안하였다. 첫째, 한류미학의 정립이다. 즉 그녀는 아시아인들이 한류에서 얻은 새롭고도

친근한 문화체험은 '항상심'과 낭만적 열정, 감상주의적 취향이 융합된 독특한 미적 체험이라고 분석한다. 또한 한류가 동아시아의 전통적인 미학관에 기반하여 이를 현대적으로 변용하고 있기는 하지만, 아직 독자적인 미학을 창출한 경지에 도달했다고 보기 어려우며 서양의 문화와 가치관을 흠모하면서도, 동양의 그것과 맞세워 이분법적으로 평가하는 이중적 태도도 한류가 생산적인 미학을 구축하기 위해서는 지양해야 할 점이라고 평가하였다.[15)]

둘째, 호혜적이고 상호적 문화 교류이다. 사실 하나의 문화가 다른 문화권으로 전파되는 과정에서 충돌과 저항이 일어나는 것은 자연스러운 현상이다. 그러나 왜곡된 정치적 해석에 따른 심리적 저항은 문화의 실체를 왜곡하고, 전파과정에 부정적인 영향을 끼친다. 이런 점에서 현재 한류가 중국과 일본, 베트남 등지에서 부딪히고 있는 저항은 문화적인 동시에 역사적인 관점에서 깊이 있게 성찰되어야 한다. 한류의 전파자인 한국과 피 전파자인 외국은 자국문화의 자생성을 바탕으로 호혜적인 문화교류의 동등한 파트너가 되어야 한다. 한류가 피 전파국의 문화를 잠식하고 위축시키는 방향으로 전개된다면, 이는 한류에 대한 반감과 거부를 촉발해 한류의 위세를 약화시키는 결과를 낳을 것이다. 한류도 다른 문화를 받아들여 끊임없이 새로운 변화의 동력으로 삼지 않는다면, 한류의 내실과 지속적인 발전을 기하기는 요원한 일일 것이다. 자생성과 모방성은 문명의 2대 속성인 동시에, 그 발생·발달의 2대 요소이기도 하며, 양자는 상보적 관계에 있다.[16)]

---

15) 김수이 편, 『한류와 21세기 문화비전』 (2006), 17-18.
16) 앞의 책, 21-22.

한류가 일방적 문화가 아니라 상호소통하는 문화가 되기 위해 필요한 요소에 대한
선교사들의 견해

문항	빈도	비율
한류의 특수성을 더욱 개발하고 지구화시대의 인류의 보편적 가치와 만나야 함	34	51.5
한류의 문화적 우위성을 강조하기보다 지역문화 발전을 위해 소통하는 자세가 필요	19	28.8
서구문화가 탈중심화 되어가는 과정에서 다양한 아시아의 우수한 문화 창조를 공동의 과제로 삼아야 함	7	10.6
대중문화의 흐름이 예측불가능하기 때문에 알 수 없음	5	7.6
기타	1	1.5
계	66	100.0

셋째, 전통문화 콘텐츠 개발과 동양정신의 부흥이다. 한류에 대한 강한 반발과 저항 속에서도 한류는 거침없는 질주를 계속하고 있다. "가장 민족적인 것이 가장 세계적인 것이다"라는 말은 한류의 경우에도 가감 없이 통용되는 진실이다. 한류의 발전을 위해 전통문화 콘텐츠를 개발해야 할 필요성은 단지 콘텐츠의 확충이라는 실용적 목적에 한정되지 않는다. 한국의 전통문화에 대한 재인식과 대화는 한류의 철학적·정신사적 맥락을 구성하는 일과 같은 선상에 놓이기 때문이다. 문화가 가지는 비고정적 특징을 인식하여 상호성을 기반한 한국문화의 특수성이 어떻게 인류의 보편적 정서와 가치와 조우하여 생명을 고양시키는 문화로 발전해 나아갈 것인가가 과제이다.

14) 향후 한류와 기독교 선교의 관계에 대한 선교사들의 견해

향후 한류와 기독교 선교의 관계에 대한 선교사들의 견해를 보면, '한류현상이 복음전파를 매개할 수는 있으나 본질적 요소는 아님'이 41.5%로 가장 높게 나타났다. 아래의 결과 값 중에서 한류라는 문화 현상에 대한 선교사들의 관점을 이해할 수 있는 부분이다. 여전히 복음과 문화 간의 상

관관계에 대한 이해보다는 본질주의에 기초한 분리적 관점에서 이해하고 있으며 이러한 결과는 한류에 대한 이해 뿐 아니라 복음과 문화의 관계에 대한 신학적 재정립이 필요한 부분이다. 또한 앞에서 한국 선교사들의 설문지 조사 분석에 따르면, 한류가 한국의 이미지를 긍정적으로 변화시키고 복음을 전달/수용하는 것과 현지인들과 선교사들의 친밀한 관계 형성에 도움이 된다는 의견이 지배적이나 궁극적으로는 비본질적이기 때문에 문화에 대한 비 적극성 때로는 적대적 관점을 갖게 되는 것이다. 이러한 이중적 태도는 복음과 문화 간의 역동적 관계에 대한 향후 다양한 신학적 논의들이 발전되어야하는 부분이다. 앞에서 한류가 단순한 오락일 뿐 복음전파에 직접적 관련성을 보기 어렵고 오히려 장애가 된다는 선교사들의 입장은 이러한 관점에서 가능해진 것이다. 그럼에도 불구하고 이번 설문지를 통해서 35.4%에 해당하는 선교사들이 대중문화의 영향력에 대해 인식하며 선교적 관점에서 이해하는 것은 중요한 시사점을 주는 것으로 보인다.

향후 한류와 기독교 선교의 관계에 대한 선교사들의 견해

문항	빈도	비율
한국 선교사들이 적극적으로 한류를 홍보하고 선교에 효과적으로 활용해야 함	7	10.8
대중문화의 영향력이 크기 때문에 대중문화와 선교의 적극적 관계를 모색해야 함	23	35.4
한류현상이 복음전파를 매개할 수는 있으나 본질적 요소는 아님	27	41.5
한류가 초기 선교과정에서는 도움이 될 수 있으나 구체적 신앙교육과는 큰 상관이 없을 것임	5	7.7
한국의 발전과 부에 대한 부러움으로 한국 선교사들에게 관심을 갖게 될 것임	2	3.1
기타	1	1.5
계	65	100.0

15) 한국 선교사들의 선교활동에서 한류가 어떻게 사용되기를 바라는 지
에 대한 현지인들의 견해

한국 선교사들의 선교활동에서 한류가 어떻게 사용되기를 바라는 지
에 대해 현지인들의 견해를 분석한 결과, 남아공의 44.0%와 태국/미얀마
의 56.9%가 '한류를 이끌고 있는 영화나 드라마를 상영하며 선교하는 방
법'에 응답한 것으로 나타났다. 이러한 결과는 현장 선교사들이 다양한
선교적 행사 혹은 프로그램으로 적용하여 적극적으로 활용할 필요가 있
다는 의미 있는 결과이다. 이 과제를 효과적으로 수행하기 위해서는 사람
들이 처한 문화적 환경을 이해할 필요가 있다. 왜냐하면 현대사회 문화의
영향력은 사람들의 생각, 신념, 그리고 삶의 방식과 기독교적 가치에 절대
적 영향을 미치고 있기 때문이다. 선교와 문화는 분리될 수 없으며 선교는
문화 없이 불가능하다. 특별히 다양한 사역의 현장에서 구체적인 선교사
역의 내용과 형식을 개발하고 지도해야 하는 선교사들과 교회지도자들
에게 문화관에 대한 이론적 연구와 새로운 대중문화와 선교의 상관관계
를 신학적으로 성찰하는 것은 중요하다. 이러한 의미에서 현대사회의 문
화적 상황에서 한국교회가 선교의 임무를 수행하는데 있어서 문화 형성
적 관점에서 기독교 생명문화의 창조적 사명을 규명하는 것은 중요하다.

나아가는 말: 제언과 과제

20세기까지 세계선교의 지형이 주로 서구교회와 서구선교사들 중심
으로 이루어졌다고 한다면 이제 그 중심축이 북반구에서 남반구로(from
the North to the South), 서에서 동으로(from the West to the East) 이동하고 있음을

어렵지 않게 인식할 수 있다. 라틴 아메리카의 신학자 사무엘 에스코바르 Samuel Escobar와 후스또 곤살레스Justo Gonzalez는 이 선교적 지형의 변화를 '선 교의 중심축이 북에서 남으로 이동'한다고 말했다.[17] 지난 선교 1세기 동 안 한국교회는 열정적인 선교의 동력화를 통하여 세계를 놀라게 하는 성 장과 발전을 거듭하였다. 뿐만 아니라 한국교회는 세계 선교에 매진하면 서 뜨거운 헌신과 열정을 통하여 세계 선교 지형을 변화시키는 데 큰 공헌 을 하였다. 이러한 20세기 중반 이후부터 시작된 새로운 선교 환경에서 세 계교회는 한국교회가 세계선교 현장에서 위치 지워진 중요한 역할과 그 책임성에 대하여 공감하고 있다. 한국교회는 동시에 한국사회 근대화와 급변하는 시대 속에서 그리스도의 복음에 담긴 변혁과 소통의 사명을 신 실하게 감당해왔다. 더욱이 선교 초기 한국교회는 새로운 세상에 대한 희 망의 등불이었으며 민족의 해방과 미래를 제시하는 길을 보여주었다. 한 국교회는 한국사회의 근대화와 민주화 그리고 인권의 실현에 앞장섰으 며 세계가 주목하는 놀라운 교회의 발전을 거듭하였다.

그러나 작금에 와서 한국교회는 교회 내적으로 성장의 정체와 대사회 적으로 공신력과 신뢰도의 하락으로 그 위기가 심화되어 가고 있다. 그러 나 더 큰 위기는 세상을 향한 교회의 영향력의 한계를 인식하는 것을 넘어 한국사회 속에서 고립되고 세상과 교회는 더 이상 서로의 소리에 귀를 닫 고 있는 소통과 공감부재의 현상이다. 김형석 연세대 명예교수는 "교권이 비대해지거나 강력하게 되면 교회를 유지·발전시키는 데는 도움이 되나

---

17) 홍인식, "2012년 CWME 성명의 한국교회 선교에 대한 의미," 장로회신학대학교 세계선교 원, 세계기독교미래포럼, 선교학술대회 발표문 (2012. 11), 31. 에스코바르는 이러한 현상을 '제3의 교회'의 등장이라 명명한다. 남미 페루 출신의 선교신학자인 그는 북에서 남으로의 변화를 라틴아메리카의 기독교인들을 통한 세계선교의 주도권이양으로 이해하기도 했다.

그리스도의 뜻과 그 정신과는 합치되기 어렵다"라고 했다. 기독교의 '진리'가 사회 안에서 소통되지 않는다는 말이다. 즉, 한국 그리스도교가 소통의 문제를 낳고 있는 것이다.[18] 결과적으로 이러한 현상은 한국사회와 세계 속에서 적극적 선교와 교회의 본질적 사명을 감당하는데 크나큰 장애와 어려움을 주고 있다.

인간은 문화적 존재로서 문화를 떠나서는 존재의 의미를 찾을 수 없을 뿐 아니라 기독교의 진리는 문화를 통해서 전달된다. 전통적으로 교회는 신도들 간의 소통(communication)에 관심을 가져왔다. 또한 믿지 않는 사람들에게 전도(communicate)하기 위해 고안된 다양한 활동에만 많은 힘을 쏟는 동안 교회와 크리스천은 그들이 살고 있는 문화 속에서 자유롭고 효과적인 소통을 유지·개발하기 위한 책임에 소홀했다. 즉 우리가 살고 있는 사회 안에서 자유롭게 대화할 수 있는 능력은 복음의 핵심적인 가치인 정의, 평화, 생명 그리고 인간의 존엄성을 보호하기 위한 기초적인 노력이다. 그러므로 상업화된 현대문화의 역기능을 최소화하기 위해 시민적 감시와 비판의 능력 그리고 항의 운동 등이 한국교회의 중요한 실천이 될 수 있지만, 무엇보다도 중요한 것은 건전한 문화양식의 회복과 그것에 대한 분별력이 필요한 것이다. 특별히 다양한 문화적 현상 중에 후기 근대사회의 문화적 특성은 대중문화와 순수 예술 간의 경계가 모호해지고 있다는 것이며, 그러한 대중문화의 영향력의 중요성이 다각도로 연구되고 있다.

현대사회의 문화의 지배적 형태인 대중문화는 미디어와 문화가 서로 분리할 수 없는 상호관계임을 보여주는 문화현상이다. 과거 근대사회에서는 미디어와 문화를 별개의 영역으로 간주하였지만 후기 근대사회에

---

18) 조맹기, "사회의 소통 문제가 위험수준인데 교회와 언론은 여전히 호형호제만을 외친다," 「사목정보」 4(2011), 58에서 재인용.

서는 미디어가 곧 문화를 형성하여 새로운 의미와 가치관을 생산한다. 오늘날 미디어가 모든 삶의 방식인 문화를 형성하는 중요한 역할을 담당하고 있음을 학계에서의 증폭되는 문화 담론이나 문화적 생산, 소비의 증대 현상에서 엿볼 수 있다. 대중문화는 우리의 삶과 사회에 강력한 영향을 미치며 매스미디어를 통해 전 방위적으로 생산, 유통, 소비된다.[19] 즉 한국 교회는 매스미디어를 단지 복음전파의 수단이나 교회홍보의 부차적인 도구로 제한시키는 전통적 문화관을, 이제 변화되는 후기 근대사회의 상황에 맞추어 미디어 문화라는 새로운 패러다임으로 전환해야 한다.[20] 교회와 세상의 관계의 재정립의 첫 걸음은 소통이다. 다양한 대중매체를 통해서 더욱 효과적으로 기독교의 가치가 자연스럽게 전하여 질 수 있다.

그러나 한국 대중문화의 특성을 살펴보면 상업적/획일적/선정적/외래적이며 지나치게 감각적/외설적이다. 또한 대중문화의 확산은 지나친 개인주의, 물량주의와 물질주의로 공동체를 붕괴시키고 전통적 가치의 약화시키고 있으며 종속성, 상업성, 소비주의, 허위욕구, 허위의식, 그리고 스타 숭배주의와 육체와 욕망의 상업화로 깊이 있는 내면의 가치를 추구할 수 없도록 세뇌시킨다. 따라서 한류 문화현상에 내재해 있는 대중문화의 부정적 한계를 인식해야 하나 동시에 교회가 세상을 섬기기 위하여 문화의 장을 배제할 수 없고 더군다나 일상의 생활이 되어버린 대중문화 영역은 중요한 선교의 현장이자 통로임을 인식하고 이러한 다중적 과제를 수행할 수 있는 새로운 문화선교 패러다임이 요구된다.

한국교회는 변화하는 세계 속에서 하나님의 선교를 수행하기 위하여

---

19) 김민수, "매스미디어 패러다임의 전환-홍보수단에서 미디어 문화로," 「신학전망」 128(2000), 90.

20) 앞의 책, 91-94.

대중문화와 매스미디어에 대한 새로운 문화선교 패러다임을 수용하고 적극적 연구와 성찰을 수행해야 한다. 대중문화에 대한 관심과 실천이 더욱 높아진 상황에서 교회도 변화의 물결을 탈수밖에 없다. 경제성장에 일정한 수준에 이르면 사람들의 관심은 삶의 양적 풍요에서 삶의 질적 수준으로 옮겨가게 마련이다. 문화에 대한 수준 높은 욕구와 문화생활의 향유를 가치 있는 삶으로 여기는 사회에는 문화가 경제를 이끌어가게 마련이다. 다시 말하면 "종전에는 경제가 삶의 기반이라면 앞으로는 문화가 삶의 기반이라는 것이며, 경제력이 문화를 선도하던 시대에서 이제는 문화의 힘이 경제를 선도하게 된다는 것이다."[21] 급증하는 문화적 관심에도 불구하고 최근의 한류는 문화가 아니라 문화산업이 살 길인 것처럼 착각하고 있는 가운데 그 문화산업 때문에 정작 문화가 축소되어 간다.[22] 즉 한 사회의 구성원들이 자신만의 문화 창조력을 잃는 것은 사실상 가장 중요한 민족적 문화자산을 잃는 것이나 다름없다. 따라서 민족문화가 발휘하는 문화 창조력과 그에 따라 생산되는 다양한 문화현상들은 그 자체로 우리 사회의 문화를 풍부하게 만들고 문화 경쟁력을 높일 뿐 아니라, 문화산업을 활성화하는 훌륭한 문화 콘텐츠를 제공하는 것이다. 그럼에도 불구하고 현실문화 속에 예술과 신앙 사이의 틈은 더욱 벌어지고, 대중문화와 교회의 접촉점을 찾기가 점점 더 어려워지고 있다.

이러한 변화 가운데 한류에 대한 신학적 성찰과 선교와의 관계성에 대한 연구는 시의적절하다. 대중문화의 세계적 흐름을 새롭게 선도하고 있는 한류에 대한 신학적 연구는 교회와 세계 그리고 복음과 문화 사이의 분리를 넘어서 선교의 핵심가치인 소통의 문제를 성찰하기 위한 중요한 신

---

21) 김수이 편,『한류와 21세기 문화비전』(2006), 36.
22) 앞의 책, 37-38.

학적 주제이다. 우리는 이렇게 교회가 자리하고 있는 상황에 대한 철저한 이해와 분석을 통하여 이 시대 속에서 살아 숨 쉬는 생명공동체로서의 교회의 정체성을 새롭게 하고 온 세상에 충만한 생명을 지향하는 교회의 사명을 수행하게 된다.

마지막으로 이번 한류와 선교의 상관관계에 대한 연구와 신학적 성찰을 통하여 얻게 된 몇 가지 중요한 시사점과 남겨진 과제들을 정리하며 글을 맺으려고 한다. 첫째, 본 연구는 설문의 대상인 세 그룹간의 다양한 차이에도 불구하고 한류가 한국 선교사들의 이미지에 긍정적 영향을 미치는 정도에 대한 결과는 세 집단이 동일하게 긍정적 영향을 모두 높이 평가하고 있다. 특별히 현지인들이 가장 높은 값을 보인 부분에서, 왜 이러한 한류에 대한 신학적 연구가 필요한지 그리고 문화변화가 선교와 얼마나 밀접한 관계가 있는지 설명해주는 의미 있는 결과를 보여주고 있다. 이러한 한국교회의 선교에 있어서 다양하게 긍정의 이미지를 부여하고 있는 한류의 문화현상을 복음선교에 어떻게 활용할 것인지 그리고 이러한 한류를 지속·발전시키기 위한 기독교적 방향과 구체적 방법들도 제시하여야 하는 책임감을 부여받게 되었다.

구체적으로 한류와 선교와의 관계에 대해 분석한 결과, 선교사의 42.4%와 현지인의 51.3%가 '복음을 전달하는 유용한 도구'라고 응답하였으며, 선교사와 현지인 모두 한류를 복음을 전달하는 유용한 도구로 이해하고 있다. 특별히 한류는 지속될 것이라는 한류의 미래에 대한 긍정적 반응과, 90%가 넘는 비율로 한류로 인해 한국선교에 대해 긍정적 이미지를 가지고 있으며 복음전달의 유용한 도구로 고려하고 있고 한류가 현지인들에게 복음을 전파하고 그들이 복음을 수용하는데 도움이 된다고 90% 넘게 답하였으며, 선교사들과의 친밀감을 형성하는 면에서도 90%

넘게 긍정적 영향을 준다고 하는 결과들은 한류가 선교와 얼마나 깊은 관계를 맺고 있는지를 인식하게 한다. 이러한 긍정적인 문화 환경을 적극적으로 성찰할 수 있는 문화신학의 이론적 기초위에 선교의 새로운 패러다임을 모색해야한다. 이러한 노력은 앞서 분석한대로 세계선교적 지형의 변화와 함께 동아시아와 한국교회를 향하신 하나님의 특별하신 사명을 감당해 나아가는데 한류문화의 발전을 적극적으로 활용하고 접목할 수 있는 준비가 될 것이다.

둘째, 이번 설문조사를 통하여 선교사들과 현지인들의 현저한 시각의 차이를 볼 수 있었다. 한국 선교사들은 문화 우월감과 한국문화의 우수성에 대한 자부심이 존재하는 반면에 현지인들은 문화 일방성에 대한 비판적 자세가 있고, 한류는 문화적 우수성이라기보다는 기술과 경제력에 의존한 영향력이라는 선교사들의 한류 이해와는 다른 현지인들의 판단은 두 집단 간의 냉엄한 현실이다. 한류의 수용자들은 일방적 수혜자가 아니라 잠재적 문화 창조자들이고 역사적 주체이다. 따라서 문화의 수용자들은 단순한 수용자가 아니라 문화의 주체자로 행동하고 있음을 인식하는 것이 중요하다. 한류는 서구중심의 문화 분석 틀에 구속되지 않고 한국과 동아시아에서의 문화 현상 전반에 영향을 미치는 연구로 탈규준화를 촉발시키는 동아시아와 아시아에서의 특수한 경험이다. 이러한 문화 환경에서 한국교회의 선교는 서구중심적인 선교 패러다임을 비판적으로 숙고하여 문화의 역동성에 대한 이해와 한류에 대한 새로운 문화연구에 기초한 대안적 선교 패러다임을 제시하여 아시아에서의 성숙한 문화선교의 역사를 형성함에 창조적 모델이 되어야한다.

특별히 초국적 혹은 전 지구적 미디어 문화 산업이 지배적인 후기 근대 사회는 '성찰적 근대성'의 심화라는 관점과 '후기 자본주의의 문화 논리에 따른 근대성과의 단절'이라는 두 가지 이중적 관점이 공존하고 있다. 소수의 초국적 미디어 기업들이 매스미디어의 세계화를 통해 전 세계의 정보와 지식을 통제하며 미디어를 이윤추구의 경제, 정치적 도구로 사용할 때 문화 종속의 위험성도 존재하게 된다. 이러한 상황에서 세계 어느 곳에 있든지 수용자는 단지 초국적 미디어 기업을 위한 수동적 소비자로 남게 된다. 반면에 다양성과 개인성을 특징으로 하는 탈근대성은 뉴미디어의 출현과 함께 '소비자 사회'를 이루면서 생산자와 소비자 간의 상호작용성을 확대시켜왔다. 즉 쌍방향 텔레비전, 시청자의 드라마나 광고 제작에의 참여, 인터넷을 이용한 정보생산, 저장, 분배 등은 근대사회가 지향해온 표준화, 대량화, 동시화, 권력집중의 원리를 분권화, 탈집중화, 탈대중화, 개인화와 같은 사회원리로 대체하게 되었다. 결과적으로 후기 근대사회는 근대성과 탈근대성의 동시성을 지니고 있어서 문화 소비자로 하여금 수동적 소비자이면서도 동시에 문화의 재생산자로 이중적 위상을 가능하게 하였다.23) 생산자와 소비자 그리고 선교사와 현지인들의 인식의 차이를 수용하면서 한국 선교사들은 지역문화에 대한 깊은 관심과 상호적이고 호혜적 문화교류를 증진시키고 그러한 과정을 통하여 복음이 전파될 수 있는 문화선교 형식과 내용을 개발해야한다. 따라서 문화의 상호작용의 과정에서 "수용은 곧 재창조다"라는 의미를 되새겨야한다.24) 이러한 문화적 패러다임의 변화 속에서 한국교회의 선교의 패러다임 역시 새로운 성찰과 모색이 필요하게 된다. 따라서 한류문화 현상과 선교의 관계를 적극적으로 해석하면서 한국의 가치와 동아시아의 보편가

---

23) 김민수, "매스미디어 패러다임의 전환—홍보수단에서 미디어 문화로," (2000), 89.
24) 구연상, "한류의 근원과 미래-문화자치성, 한류 연구의 방향," 세계생명문화포럼 특별세미나 (2005), 3.

치 그리고 한류의 특수성과 기독교의 보편적 가치를 접목시킨다면 한류의 지속성과 기독교의 가치를 전파하는데 중요한 이중적 역할을 할 것이다.

셋째, 향후 한류 연구는 한류의 뿌리, 원류 그리고 한국인의 민족적 문화에 대한 연구도 필요하지만 동시에 한류에 대한 다양한 모색이 현실 자본주의의 정치경제적 맥락 속에서 어떻게 실현되어져야 할지 대안을 가지지 못한다면 늘 변화하는 문화의 역동성과 공존하기 어려운 이론의 추상성에 머물고 말 것이다. 한류는 현실적으로 문화의 이동을 가로막는 경계들(국가 이념)은 점차 해체되어가는 대신 자본력의 수준에 따른 문화이동의 자유가 크게 증가하고 있는 변화를 통해서 가능해졌다. 한류현상은 한국문화가 전 지구적으로 확산되는 흐름으로 단순히 서구화 내지 미국화의 계승으로 폄하되거나 지역적 한계를 갖는 주변문화로 자리매김하는 것도 충분한 설명이 되지 않는다. 오히려 한류는 그 자체로 다문화와 혼종적 특징을 가지고 전 지구적 자본의 흐름 속에서 다른 문화와 경쟁하면서 급속히 성장해 온 '특수문화'이며 자본 기술적 '보편성과 대중성'을 기반으로 한 상품문화이다.[25] 즉 경제적 가치를 창출하지 않는 한류가 순수한 문화적 소통으로 이러한 한류현상을 가능하게 하는 것은 사실 불가능한 일이다.

이번 연구의 결과분석을 통하여서도 한류는 단일한 문화현상이라기보다는 한국의 국가적 위상과 정치경제적 성장과 정보통신 발전 그리고 후기산업사회의 특징 등 전 방위적인 관계 속에서 나타난 현상으로 볼 수 있는 것이다. 따라서 한류가 가지고 있는 문화자본의 확산에 따른 문화 종속성과 일방적 문화 전파라는 비판적 문제와 그러한 대중매체를 통하여

---

25) 앞의 논문, 4.

창출하고 있는 가치의 분리 또는 결합을 어떻게 문화신학적 관점에서 해석할 것인가는 매우 중요한 선교신학의 과제가 되는 것이다. 특별히 이번 연구결과는 아시아에서의 한류의 영향력이 문화의 우월성보다는 가난한 아시아 사람들의 문화 선호도가 경제적 발전과 대중문화 상품화의 기술과 얼마나 깊은 관계를 가지고 있는지를 보여주었다. 신학자들과 선교사들은 이러한 현실인식 위에 복음을 통하여 대항적 가치를 생산해 낼 수 있는 영성을 가지고 한류라는 대중문화의 다양한 사이 공간을 통하여 기독교적 가치가 드러나게 하는 전략을 다양하게 모색해야 한다. 이것에 대한 구체적 제안들은 이미 결과분석을 통하여 부분적으로 제시하였으므로 이곳에서는 생략하겠다.

한국 문화가 세계무대에 등장한 것은 한 세대가 채 되지 않는다. 그 동안 한국적 가치는 좁은 민족문화에서 세계화의 단계로 훌쩍 뛰어 올랐다. 한국 문화는 진정한 의미에서 글로컬(glocal, '세계적인 동시에 지역적인'이란 뜻으로 글로벌global과 로컬local의 합성어)한 것으로 만들고 있다.26) 한류라는 글로컬한 문화는 지역적 뿌리를 가진 동시에 전 인류를 위한 세계적 가치를 지니고 있다. 한국사회는 한류를 통하여 동아시아 지역의 나라와 각 지역마다 특수한 문화 전통과 문화생산 능력을 소유하고 있음을 배우고 있다. 그러나 동시에 이러한 소중한 문화자산을 미처 확인받기도 전에 마구잡이로 상품화되어 거대한 문화시장, 쇼핑몰 속에서 박제화 되거나, 시장 밖 뒷골목에서 조야한 모조품으로 헐값에 팔려가는 문화적, 사회적 몰락을 결코 외면해서는 안 될 것이다.27) 따라서 한류와 경제적 가치의 긴밀한 동맹관계를 거슬러 가기에 역부족인 것처럼 보이는, 물질중심주의와 물

---

26) 박장순, 『한류, 신화가 미래다』(2007), 88.

27) 백원담, 『동아시아의 문화선택 한류』(서울: 펜타그램, 2005), 18.

량주의의 상징이 되어버린 한국교회가 한류라는 대중문화 흐름 속에서 어떻게 기독교의 가치를 전파할 것인가는 우리 모두의 중대한 시대적이고 선교적 과제이다.

지난 20세기에 세계 각지에서 한국 선교사들의 놀라운 열정과 헌신으로 세계가 주목하는 선교의 역사를 이루었다. 그러나 한국교회는 이러한 경험에도 불구하고 현지 교회로부터 배척을 당하거나 현지 교회와의 불화로 오히려 복음전파의 장애가 되는 현실을 목도하고 있다. 한류와 선교의 상관관계 연구는 한류에 대한 선교사와 현지인들의 시각 차이 그리고 이민자들과 선교사들의 시각 차이와, 동시에 나타나는 한류에 대한 무한한 긍정과 한국교회를 향한 기대감, 마지막으로 한류라는 문화현상이 선교에 미치는 영향력에 주목하면서 21세기 급속하게 변화되어가는 문화 환경에서 한류와 선교의 만남을 어떻게 발전시켜 나아가야 할 지 모색하는 것이 선교의 중요한 과제임을 인식하는 계기가 되었다. 본 연구는 이제 한국교회의 선교가, 빠른 시간에 한국문화를 세계적으로 전파시킨 한류의 흐름 가운데서 그리고 다양한 문화들이 공존하고 혼종화된 타 문화권에서 일방적 선포나 독백적 전파를 극복하고 그 지역문화와 진정한 공감과 소통이 있어야함을 강조하였다. 즉 향후 한국교회의 선교는 이천년 만에 처음 경험하는 동아시아의 한류의 긍정적 문화 환경과 선교지의 지역문화와 상호관계 속에서 지역의 문화 주체자들의 소리를 경청하고, 말하기보다 듣기를 속히 하고 입보다 귀를 열어 겸손과 섬김의 자세로 공감과 경청의 태도로 기독교 생명문화를 적극적으로 형성해 나아갈 때, 복음은 변화하는 문화를 통하여 예수 그리스도를 전파할 것이다.

참고자료 1

1. 조사내용: 설문지는 ① 응답자의 일반적 사항, ② 한류에 대한 이해(공통문항), ③ 한류와 선교(공통문항) 및 한류와 선교(대상별 문항) 등 크게 세 부분으로 나뉘며, 세부 문항은 다음과 같다.

설문 조사 내용

영역	문항 내용	설문 대상	설문 번호
일반적 사항	(1) 국적	선/현/이	1
	(2) 직업	선/현/이	2
	(3) 연령	선/현/이	3
	(4) 종교	선/현/이	4
	(5) 이민년도(이민을 간 경우)	선/현/이	5
한류에 대한 이해 (공통)	(6) 한류의 목적에 대한 이해	선/현/이	6
	(7) 한류문화 중 가장 자주 접하는 분야	선/현/이	7
	(8) 한국영화나 드라마를 보면서 호감을 느끼는 이유	선/현/이	8
	(9) 한국노래(K-Pop)을 좋아하는 이유	선/현/이	9
	(10) 한국어를 배우게 된 이유(배운 경험이 있는 경우)	선/현/이	10
	(11) 한류가 단기간에 전 세계적으로 확산되는 원인에 대한 이해	선/현/이	12
	(12) 한류가 (동)아시아에서 가장 큰 영향력을 미치는 원인에 대한 이해	선/현/이	13
	(13) 한류의 미래에 대한 견해	선/현/이	14
	(14) 한류문화의 콘텐츠(내용)에 대한 견해	선/현/이	15
	(15) 한류가 일시적 문화유행으로 끝나는 것이 아니라 지속해야 할 경우 보완되어야 할 부분	선/현/이	16
	(16) 한류를 통해 이루어질 수 있는 문화체험에 대한 이해	선/현/이	17
한류와 선교 (공통)	(17) 한류가 한국 선교사들의 이미지에 긍정적 영향을 미치는 정도	선	20
		현/이	21
	(18) 한류와 기독교 선교와의 관계에 대한 이해	선	22
		현/이	23
한류와 선교 (대상별)	(19)-① 한류의 영향이 복음을 전파하는 데에 도움이 되는지에 대한 선교사들의 인식	선	18
	(19)-② 한류의 영향이 복음을 수용하는 데에 도움이 되는지에 대	현	18

	한 현지인들의 인식		
	(19)-③ 한류의 영향과 한국 선교사들의 선교활동이 관계가 있는 지에 대한 현지인들의 인식	현	19
	(20)-① 현지인들의 한류에 대한 문화경험이 복음을 전파하는데 긍정적 영향을 미치는 지에 대한 선교사들의 인식	선	19
	(20)-② 한류에 대한 문화경험이 한국 선교사들과의 친밀성 형성에 영향을 주었는지에 대한 현지인들의 인식	현	20
	(21)-① 한류의 경험이 복음을 수용하는 과정에서 도움이 된 부분에 대한 선교사 및 (21)-② 현지인들의 견해	선	21
		현	22
	(22)-① 한류의 경험을 장애요소로 보는 이유에 대한 선교사 및 (22)-② 현지인들의 견해	선	23
		현	24
	(23)-① 한류가 아시아에서 특별히 주목받는 이유에 대한 선교사 및 (23)-② 현지인들의 견해	선	24
		현	25
	(24) 한류현상에 대한 선교사들의 견해	선	25
	(25) 한류가 일방적 문화가 아니라 상호소통하는 문화가 되기 위해 필요한 요소에 대한 선교사들의 견해	선	26
	(26) 향후 한류와 기독교 선교의 관계에 대한 선교사들의 견해	선	27
	(27) 한국 선교사들의 선교활동에서 한류가 어떻게 사용되기를 바라는 지에 대한 현지인들의 견해	현	26

2. 조사방법 및 기간: 설문지는2 012년 8-10월에 걸쳐서 태국과 남아공에 계시는 두 분의 선교사의 도움으로 이메일과 우편을 통하여 이루어졌다. 설문참여자는 총 236명으로 선교사 68명(28.8%), 평신도 현지인 102명(43.2%), 평신도 이민자 66명(28.0%)이다. 수집된 자료는 SPSS 18.0을 사용하여 분석하였으며, 응답자의 일반사항에 따른 분포를 알아보기 위해 빈도분석을, 각 문항의 변인별(대상별, 나라별) 차이를 살펴보기 위해 교차분석을 실시하였다.

참고자료 2.(설문지)

※ 본 설문지는 선교사 대상 설문지입니다.

　주님의 평화가 함께 하시기를 기원합니다. 본 설문지는 한국문화신학회에서 주관하는 '한류와 정의'에 대한 연구조사로서 선교지에서의 한류 문화 현상에 대한 조사를 통하여 한류와 기독교선교 간의 상관관계를 조사·분석함으로 다양한 선교현장에서 한류와 관련된 문화현실을 성찰하고 향후 기독교선교의 새로운 모델과 방향을 문화신학적 관점에서 연구하고자 합니다. 더 나아가 최근 한류의 영향으로 일어나는 지역의 다양한 현상들을 분석함으로 한국의 선교사들이 더욱 적극적으로 하나님 선교에 응답하기 위한 구체적 대안과 실천적 내용을 모색하기 위함입니다.

　여러분들의 참여는 다양한 선교지에서 경험하는 한류현상에 대한 현장의 소리들을 통하여 이 시대에 하나님의 부르심에 응답하는 한국기독교선교에 큰 역할을 감당할 것입니다. 설문지는 철저히 익명으로 처리되며, 연구를 위한 자료 이외의 어떤 용도로도 사용하지 않을 것을 약속드립니다. 설문조사에 응해주신 여러분께 진심으로 감사드립니다.

설문지 문항

Ⅰ.기초질문(응답자의 배경)

　1. 당신의 국적은 어디입니까?
　　① 태국　　　　② 남아공　　　　③ 한국　　　　④ 기타 (　　)

　2. 귀하의 직업은 무엇입니까?
　　① 한국 선교사　② 학생　　　　③ 교사　　　　④ 상업인
　　⑤ 농업인　　　⑥ 기타 (적어주세요:　　　　　)

　3. 귀하의 출생연도는 언제입니까? (19 ＿＿＿ 년)

4. 귀하의 종교는 무엇입니까?
   ① 개신교   ② 불교   ③ 이슬람교   ④ 천주교   ⑤ 기타 (   )

5. 귀하께서 언제 이민 오셨습니까?(※ 이민자가 아닌 경우는 답할 필요 없음)
   (년) (예: 2001년)

II. 한류에 대한 이해(공통)

6. 귀하는 한류의 목적이 무엇이라고 생각하십니까?
   ① 한류는 한국문화를 전파하기 위함이다
   ② 한류는 문화교류의 매체로서 다양한 문화적 소통이다
   ③ 한류는 서구 문화 중심에서 벗어나 아시아 문화가 전 지구적 영향력을 가지는 것이다
   ④ 한류는 아시아에 속하나 아시아를 뛰어넘는 문화적 우수성을 나타내고 있다
   ⑤ 한류는 단지 문화산업의 확장이며 문화이익에 봉사하는 것이다

7. 한류문화 중에 가장 자주 접하는 분야는 무엇입니까? (한 가지만 선택해 주세요)
   ① 한국 영화   ② 한국 드라마   ③ 한국 노래(K-Pop) ④ 한국어
   ⑤ 한국 음식   ⑥ 한국 패션   ⑦ 기타(   )

8. 귀하가 한국영화와 드라마를 보면서 호감이 가는 이유는 무엇입니까?
   ① 내용이 덜 폭력적이어서
   ② 가족 중심적이어서
   ③ 내용이 도덕적이고 인간적이어서
   ④ 음악이 아름답고 배경이 좋아서
   ⑤ 영화 기술이 발달되고 세련된 연기 때문에
   ⑥ 기타 (   )

9. 귀하가 한국 K-Pop을 좋아하는 이유는 무엇입니까?
   ① 노래를 호소력 있게 잘 불러서   ② 노래도 좋지만 춤이 흥겨워서
   ③ 경쟁적 노래대회가 재미있어서   ④ 가수의 외모가 매력적이고 멋있어서
   ⑤ 기타 (   )

10. 귀하가 한국어를 배우신 경험이 있으시다면 이유는 무엇입니까?
    ① 드라마를 보기위하여   ② 한국 노래(K-Pop)를 배우기 위하여
    ③ 한국에 여행하고 싶어서   ④ 한국에 취업을 하기 위하여
    ⑤ 기타 (   )

11. 귀하가 한국음식을 좋아하신다면 그 이유는 무엇입니까?
    ① 한국음식이 맛이 있어서   ② 드라마에서 본 것을 경험하고 싶어서
    ③ 건강에 좋은 음식이어서   ④ 한류스타를 닮고 싶어서
    ⑤ 기타 (   )

12. 한류가 짧은 기간에 아시아를 넘어 세계적으로 확산되고 있는 원인이 무엇이라고 생각
    하십니까?
    ① 대중매체기술의 발전   ② 한류 콘텐츠의 우수성
    ③ 국가적 지원과 문화자본의 힘   ④ 한국의 대외 발전도
    ⑤ 기타 (   )

13. 한류가 왜 특별히 (동)아시아에서 가장 큰 영향력을 미치고 있다고 생각하십니까?
    ① 동아시아라는 문화적 유사성으로 인해서
    ② 서구 대중문화(할리우드 문화)에 대한 아시아적 대안이 되기 때문에
    ③ 한류 콘텐츠의 우수성과 뛰어난 오락성이 잘 갖추어져서
    ④ 한류의 대중매체기술의 발전과 문화자본의 능력 때문에
    ⑤ 화려한 삶의 양식과 부에 대한 부러움으로 인해서
    ⑥ 한국이 아시아의 경제발전모델로 인식되어서
    ⑦ 기타 (   )

14. 한류의 미래에 대한 귀하의 생각은 무엇입니까?
    ① 지속적으로 영향력을 미칠 것이다   ② 정체되어 있다
    ③ 세계적으로 더욱 확산될 것이다   ④ 반한류가 시작되는 위기이다

15. 한류문화의 콘텐츠(내용)에 대한 귀하의 생각은 무엇입니까?
    ① 현재에 만족한다   ② 지역문화에 대한 고려가 필요하다
    ③ 정서적으로 거부감이 있다 ④ 콘텐츠 개발이 필요하다
    ⑤ 기타 (   )

16. 한류가 일회적 문화유행으로 끝나는 것이 아니라 지속한다면 어떠한 부분이 보완되어
    야한다고 생각하십니까?
    ① 현지 지역문화와의 소통   ② 지역에 대한 공적 책임 강조
    ③ 경제적 부분의 가격 조정
    ④ 드라마와 음악 등 대중문화에 집중되어있는 한류를 전통문화와 순수예술 등으로 확대
    ⑤ 한국의 문화 특수성과 세계의 문화보편성의 창조적 만남
    ⑥ 기타 (   )

17. 한류를 통하여 어떠한 문화체험이 이루어집니까?
   ① 젊은이들이 스트레스를 해소한다
   ② 단순한 오락일 뿐이다
   ③ 한류문화체험을 통하여 새로운 가치관에 도전을 받는다
   ④ 많은 사람들의 삶의 질과 건강한 도덕성을 함양한다
   ⑤ 다양한 문화를 경험함으로 세계와 소통 한다
   ⑥ 기타 (   )

III. 한류와 선교

18. 최근 한류의 영향이 한국 선교사들이 복음을 현지인들에게 전파하는데 도움이 되었습니까?
   ① 매우 그렇다   ② 그렇다   ③ 그렇지 않다   ④ 전혀 그렇지 않다

19. 피선교지의 현지인들의 한류에 대한 문화경험이 복음을 전하는데 긍정적 영향을 미친다고 생각하십니까?
   ① 매우 그렇다   ② 그렇다   ③ 그렇지 않다   ④ 전혀 그렇지 않다

20. 한류가 한국 선교사들의 이미지에 긍정적 영향을 주었습니까?
   ① 매우 그렇다   ② 그렇다   ③ 그렇지 않다   ④ 전혀 그렇지 않다

21. 현지인들의 한류의 경험이 복음을 수용하는 과정에서 어떻게 도움이 되었습니까?
   ① 한류를 통한 문화경험이 한국인 선교사들에 대한 좋은 감정에 영향을 주었다
   ② 한류에 대한 경험이 한국인 선교사들이 전하는 기독교복음에 관심을 갖게 하였다
   ③ 한류에 대한 경험이 복음을 잘 이해하는데 도움을 주었다
   ④ 한류에 대한 경험이 한국 선교사들이 제안하는 활동에 참여하는 계기가 되었다
   ⑤ 한류가 한국 선교사들과 현지인들의 친밀한 관계에 도움이 되었다

22. 한류와 기독교 선교와의 관계를 어떻게 보십니까?
   ① 한류는 복음을 전달하는 유용한 문화적 환경이다
   ② 한류는 복음을 전달하는 유용한 도구가 될 수 있다
   ③ 한류는 한국 선교사들의 이미지에 도움이 되는 정도이다
   ④ 한류는 한국 선교사들의 복음 전파에 도움이 되기는 하나 오히려 현지문화에 대한 이해가 더 필요하다
   ⑤ 한류는 오락적인 대중문화로 한국 선교사들의 복음전파에 도움이 되지 않는다
   ⑥ 한류는 세속적이고 선정적인 대중문화로 한국 선교사들의 복음전파에 오히려 장애가 된다

23. 장애가 된다면 그 원인을 무엇이라고 생각하십니까?
   ① 복음과 문화는 상호 의사소통을 통해 상호이해의 과정이나 한류는 일방적이기 때문이다
   ② 한류는 피선교지의 현지인들에게 한국의 우위성과 자신의 문화적 열등감을 주기 때문이다
   ③ 잘 사는 나라에서 온 선교사라는 이미지로 복음전파를 더욱 어렵게 한다
   ④ 지나친 소비주의와 선정적인 대중문화 위주이기 때문이다
   ⑤ 단순한 오락일 뿐 복음전파에 직접적 관련을 맺기 어렵다
   ⑥ 한류를 통한 공격적 민족주의 혹은 자민족 중심주의를 강조하기 때문이다.
   ⑦ 기타 (   )

24. 한류가 아시아에서 특별히 주목을 받는 이유는 무엇이라 생각하십니까?
   ① 아시아라는 비슷한 문화적 동질성 때문이다
   ② 지역적으로 가깝기 때문이다
   ③ 서구문화의 이질성과는 다른 특징을 가지고 있기 때문이다
   ④ 서구문화가 지나친 선정적인 반면에 한류는 교육적인 면이 있다
   ⑤ 아시아와 서구를 넘어서 문화적 공감을 주기 때문이다
   ⑥ 기타 (   )

25. 한류현상에 대한 귀하의 생각은 무엇입니까?
   ① 서구(미국)문화를 수입하는데서 우리문화를 세계에 공급하는 것으로의 전환이다
   ② 한국의 이미지를 긍정적으로 변화시킨다
   ③ 문화적으로도 세계적으로 인정받는다
   ④ 한국경제에 도움이 된다
   ⑤ 잠시 반짝 하는 향략산업의 일종일 뿐이다
   ⑥ 기타 (   )

26. 한류가 일방적 문화가 아니라 상호 소통하는 문화가 되기 위하여 필요한 점은?
   ① 한류의 특수성을 더욱 개발하고 지구화시대의 인류의 보편적 가치와 만나야 한다
   ② 한류의 문화적 우위성을 강조하기보다 지역문화 발전을 위해 소통하는 자세가 필요하다
   ③ 서구문화가 탈중심화 되어가는 과정에서 다양한 아시아의 우수한 문화 창조를 공동의 과제로 삼아야 한다
   ④ 대중문화의 흐름이 예측불가능하기 때문에 알 수 없다
   ⑤ 기타 (   )

27. 향후 한류와 기독교 선교의 관계에 대하여 귀하의 생각은?
   ① 향후 한류가 지속적으로 확대된다면 한국 선교사들이 적극적으로 한류를 홍보하고 선교에 효과적으로 활용해야 한다
   ② 이제는 대중문화의 영향력이 지대하기 때문에 대중문화와 선교의 적극적인 관계를 모색해야 한다
   ③ 한류현상이 복음 전파의 매개일 수 는 있으나 본질적 요소는 아니다
   ④ 한류가 초기 선교과정에서는 도움이 될 수 있으나 향후 구체적 신앙교육에는 큰 상관이 없을 것이다
   ⑤ 한류가 지속된다면 한국의 발전과 부에 대한 부러움으로 한국 선교사들에게 관심을 갖게 될 것이다
   ⑥ 기타 (   )

※ 본 설문지는 **평신도(현지인 / 한국이민자)** 대상 설문지입니다.

설문지 문항

I. 기초질문(응답자의 배경)

1. 당신의 국적은 어디입니까?
   ① 태국　　② 남아공　　③ 한국　　④ 기타 (적어주세요:　　　　　　　)

2. 귀하의 직업은 무엇입니까?
   ① 한국 선교사　　② 학생　　③ 교사　　④ 상업인　　⑤ 농업인
   ⑥ 기타 (적어주세요:　　　　　)

3. 귀하의 출생연도는 언제입니까? (19 ＿＿＿ 년)

4. 귀하의 종교는 무엇입니까?
   ① 개신교　　② 불교　　③ 이슬람교　　④ 천주교　　⑤ 기타 (　　　　)

5. 귀하께서 언제 이민 오셨습니까?(※ 이민자가 아닌 경우는 답할 필요 없음)
   (　　　　　　년) (예: 2001년)

II. 한류에 대한 이해(공통)

6. 귀하는 한류의 목적이 무엇이라고 생각하십니까?
   ① 한류는 한국문화를 전파하기 위함이다
   ② 한류는 문화교류의 매체로서 다양한 문화적 소통이다
   ③ 한류는 서구 문화 중심에서 벗어나 아시아 문화가 전 지구적 영향력을 가지는 것이다
   ④ 한류는 아시아에 속하나 아시아를 뛰어넘는 문화적 우수성을 나타내고 있다
   ⑤ 한류는 단지 문화산업의 확장이며 문화이익에 봉사하는 것이다

7. 한류문화 중에 가장 자주 접하는 분야는 무엇입니까? (한 가지만 선택해 주세요)
   ① 한국 영화　　② 한국 드라마　　③ 한국 노래(K-Pop)　　④ 한국어
   ⑤ 한국 음식　　⑥ 한국 패션　　⑦ 기타 (　　　　　　　　　　)

8. 귀하가 한국영화와 드라마를 보면서 호감이 가는 이유는 무엇입니까?
   ① 내용이 덜 폭력적이어서
   ② 가족 중심적이어서
   ③ 내용이 도덕적이고 인간적이어서
   ④ 음악이 아름답고 배경이 좋아서
   ⑤ 영화 기술이 발달되고 세련된 연기 때문에
   ⑥ 기타 (   )

9. 귀하가 한국 K-Pop을 좋아하는 이유는 무엇입니까?
   ① 노래를 호소력 있게 잘 불러서   ② 노래도 좋지만 춤이 흥겨워서
   ③ 경쟁적 노래대회가 재미있어서   ④ 가수의 외모가 매력적이고 멋있어서
   ⑤ 기타 (   )

10. 귀하가 한국어를 배우신 경험이 있으시다면 이유는 무엇입니까?
   ① 드라마를 보기위하여   ② 한국 노래(K-Pop)를 배우기 위하여
   ③ 한국에 여행하고 싶어서   ④ 한국에 취업을 하기 위하여
   ⑤ 기타 (   )

11. 귀하가 한국음식을 좋아하신다면 그 이유는 무엇입니까?
   ① 한국음식이 맛이 있어서   ② 드라마에서 본 것을 경험하고 싶어서
   ③ 건강에 좋은 음식이어서   ④ 한류스타를 닮고 싶어서
   ⑤ 기타 (   )

12. 한류가 짧은 기간에 아시아를 넘어 세계적으로 확산되고 있는 원인이 무엇이라고 생각하십니까?
   ① 대중매체기술의 발전   ② 한류 콘텐츠의 우수성
   ③ 국가적 지원과 문화자본의 힘   ④ 한국의 대외 발전도
   ⑤ 기타 (   )

13. 한류가 왜 특별히 (동)아시아에서 가장 큰 영향력을 미치고 있다고 생각하십니까?
   ① 동아시아라는 문화적 유사성으로 인해서
   ② 서구 대중문화(할리우드 문화)에 대한 아시아적 대안이 되기 때문에
   ③ 한류 콘텐츠의 우수성과 뛰어난 오락성이 잘 갖추어져서
   ④ 한류의 대중매체기술의 발전과 문화자본의 능력 때문에
   ⑤ 화려한 삶의 양식과 부에 대한 부러움으로 인해서
   ⑥ 한국이 아시아의 경제발전모델로 인식되어서
   ⑦ 기타 (   )

14. 한류의 미래에 대한 귀하의 생각은 무엇입니까?
    ① 지속적으로 영향력을 미칠 것이다   ② 정체되어 있다
    ③ 세계적으로 더욱 확산될 것이다   ④ 반한류가 시작되는 위기이다

15. 한류문화의 콘텐츠(내용)에 대한 귀하의 생각은 무엇입니까?
    ① 현재에 만족한다   ② 지역문화에 대한 고려가 필요하다
    ③ 정서적으로 거부감이 있다 ④ 콘텐츠 개발이 필요하다
    ⑤ 기타 (   )

16. 한류가 일회적 문화유행으로 끝나는 것이 아니라 지속한다면 어떠한 부분이 보완되어
    야한다고 생각하십니까?
    ① 현지 지역문화와의 소통
    ② 지역에 대한 공적 책임 강조
    ③ 경제적 부분의 가격 조정
    ④ 드라마와 음악 등 대중문화에 집중되어있는 한류를 전통문화와 순수예술 등으로
       확대
    ⑤ 한국의 문화 특수성과 세계의 문화보편성의 창조적 만남
    ⑥ 기타 (   )

17. 한류를 통하여 어떠한 문화체험이 이루어집니까?
    ① 젊은이들이 스트레스를 해소한다
    ② 단순한 오락일 뿐이다
    ③ 한류문화체험을 통하여 새로운 가치관에 도전을 받는다
    ④ 많은 사람들의 삶의 질과 건강한 도덕성을 함양한다
    ⑤ 다양한 문화를 경험함으로 세계와 소통 한다
    ⑥ 기타 (   )

III. 한류와 선교 (현지인/이민자 대상)

18. 귀하께서 복음을 수용하는데 한류가 도움이 되었습니까?
    ① 매우 그렇다   ② 그렇다   ③ 그렇지 않다   ④ 전혀 그렇지 않다

19. 한류의 영향력과 한국 선교사들의 선교활동이 관계가 있다고 생각하십니까?
    ① 매우 그렇다   ② 그렇다   ③ 그렇지 않다   ④ 전혀 그렇지 않다

20. 한류에 대한 문화경험이 한국 선교사들과의 현지인들과의 친밀성 형성에 영향을 주었
    습니까?
    ① 매우 그렇다   ② 그렇다   ③ 그렇지 않다   ④ 전혀 그렇지 않다

21. 한류가 한국 선교사들의 이미지에 긍정적 영향을 주었다고 생각하십니까?
　　① 매우 그렇다　　② 그렇다　　③ 그렇지 않다　　④ 전혀 그렇지 않다

22. 한류의 경험이 복음을 수용하는 과정에서 어떻게 도움이 되었습니까?
　　① 한류를 통한 문화경험이 한국인 선교사들에 대한 좋은 감정에 영향을 주었다
　　② 한류에 대한 경험이 한국인 선교사들이 전하는 기독교복음에 관심을 갖게 하였다
　　③ 한류에 대한 경험이 복음을 이해하는데 도움을 주었다
　　④ 한류에 대한 경험이 한국 선교사들이 제안하는 활동에 참여하는 계기가 되었다
　　⑤ 한류와 한국 선교사들이 복음전도와는 관계가 없다

23. 한류와 기독교선교와의 관계를 어떻게 보십니까?
　　① 한류는 복음을 전달하는 유용한 문화적 환경이다
　　② 한류는 복음을 전달하는 유용한 도구가 될 수 있다
　　③ 한류는 한국 선교사들의 이미지에 도움이 되는 정도이다
　　④ 한류가 한국 선교사들의 복음 전파에 도움이 되기는 하나 오히려 선교사들의 현지
　　　 문화에 대한 이해가 더 중요하다
　　⑤ 한류는 오락적인 대중문화로 한국 선교사들의 복음전파에 도움이 되지 않는다
　　⑥ 한류는 세속적이고 선정적인 대중문화로 한국 선교사들의 복음전파에 오히려 장
　　　 애가 된다

24. 장애가 된다면 그 원인을 무엇이라고 생각하십니까?
　　① 복음과 문화는 상호소통을 통해 이해의 과정이지만 한류는 일방적이기 때문이다
　　② 지나친 소비주의와 감각적이고 선정적인 대중문화 위주이기 때문이다
　　③ 단순한 오락일 뿐 복음전파와 직접적 관련을 맺기 어렵다
　　④ 한류를 통해 한국문화의 우위성을 알리는 것이기 때문이다
　　⑤ 한류는 단지 경제적 효과를 극대화하기위한 문화상품에 불과하다
　　⑥ 한류를 통하여 공격적 민족주의를 확산시키기 때문이다.
　　⑦ 기타 (　　　　　　　　　　　　　　　　　　　)

25. 한류에 아시아 사람들이 특별히 열광하는 이유는 무엇이라 생각하십니까?
　　① 아시아라는 비슷한 문화적 동질성 때문에
　　② 지역적으로 가깝기 때문에
　　③ 서구문화의 이질성과는 다른 특징을 가지고 있어서
　　④ 서구문화가 지나친 선정적인 반면에 한류는 교육적인 면이 있기 때문에
　　⑤ 기타 (　　　　　　　　　　　　　　　　　　　)

26. 한국 선교사들의 선교활동을 통하여 한류가 어떻게 사용되기를 바랍니까?
　　① 한류를 이끌고 있는 영화나 드라마를 상영하며 선교하는 방법
　　② 한류문화의 시간을 사역지에서 마련하고 소개하는 방법
　　③ K-Pop으로 유명한 가수들의 노래를 가사를 바꾸어 부르는 방법
　　④ 선교지에서 한글교육을 하고 한류문화의 노래나 춤을 가르치는 방법

참고문헌

구연상. "한류의 근원과 미래-문화자치성, 한류 연구의 방향." 세계생명문화포럼 특별세미나 (2005).

기어츠, 클리퍼드/문옥표 옮김.『문화의 해석』. 서울: 까치글방, 1999.

김민수. "매스미디어 패러다임의 전환-홍보수단에서 미디어 문화로."「신학전망」, 128(2000. 3), 74-95.

김수이 편.『한류와 21세기 문화비전』. 서울: 청동거울, 2006.

김창남.『대중문화의 이해』. 파주: 한울, 1998.

박장순.『한류, 신화가 미래다』. 서울: 커뮤니케이션북스, 2007.

백원담.『동아시아의 문화선택 한류』. 서울: 펜타그램, 2005.

스토리, 존/박이소 옮김.『문화연구와 문화이론』. 서울: 현실문화연구, 1999.

임재해. "민족문화의 전통과 한류의 민속학적 인식." 문화신학회 발표논문, (2012. 4).

조맹기. "사회의 소통 문제가 위험수준인데 교회와 언론은 여전히 호형호제만을 외친다."「사목정보」, 4(2011), 57-60.

조한혜정 외.『한류와 아시아의 대중문화』. 서울: 연세대학교 출판부, 2003.

존스톤, 로버트/전의우 옮김.『영화와 영성』. 서울: IVP, 2003.

홍인식. "2012년 CWME 성명의 한국교회 선교에 대한 의미." 장로회신학대학교 세계선교원, 세계기독교미래포럼 선교학술대회 발표문, (2012. 11).

제 5 부

한류의 공간과
미디어 대중문화

영토, 공간, 한류 그리고 선교

- 문화융합의 공간으로서 한반도와 선교 전략

이충범 | 협성대학교

몬스터 한류의 출처 증명

한마디로 지독한 열풍이다. 유튜브^{YouTube} 조회 수가 2012년 10월 현재 이미 5억 회에 가깝고 이름만 들었던 빌보드^{Billboard} 핫 100의 순위가 4주째 2위다. 전 세계가 싸이^{Psy} 열풍에 휩싸여있다. 놀라운 것은 이런 지구적 열풍을 싸이 본인도 전혀 예상하지 못했다는 점이다. 예상하지 못한 이러한 상황은 사실 한류라고 하는 흐름이 생겼을 때도 마찬가지였다. 90년대 후반 한국 대중음악이 중국에서 인기를 끌기 시작할 때 대부분의 사람들은 일시적 현상으로 생각했었다.[1] 당시 그 누구도 한국 대중예술이 이렇게까지 전 세계적으로 사랑을 받을 줄 예상한 사람은 없었다. 그 후 <겨울연가>와 <대장금>이 중국, 일본, 아시아를 넘어서 세계를 강타할 때야 비로

---

1) 주창규, "한류의 역사적 성격과 동아시아의 서발터니티에 대한 시론: 신자유주의적 세계화를 역류하는 <대장금>의 사례 분석," 「한국민족문화」 28(2006), 287-324.

소 너도나도 한류현상에 상응하는 담론들을 생산해내기 시작하였다. 이렇듯 한류열풍은 어느 날 갑자기 예고 없이 불쑥 찾아온 괴물과 같은 현상이었다. 그리고 이제는 미국, 유럽, 일본의 대중문화를 대체하거나 동등한 위상 이상으로 성장한 문화의 모델로서 한류가 자리 잡아 가고 있다.

이 시점에서 어떤 요인이 한국의 대중문화가 이 시대에 동아시아를 뛰어 넘어 전 세계적으로 대중성을 확보할 수 있게 되었는가, 하는 물음들이 쏟아져 나왔다. 미시적으로는 다음과 같은 요인들이 제시되었다. 첫째, 한국의 경제적 위상의 변화를 꼽을 수 있다. 고도성장을 통해 세계 10위권의 경제대국으로 발돋움한 한국의 경제적 기반이 수준 높은 문화적 산물들을 생산해 내는데 인프라가 되었다는 것이다. 둘째, 미디어의 혁명과 문화 이동의 자유 향상이 한류의 근원적 요인이라는 것이다. 향상된 소통방식이 큰 자본을 투자하지 않고도 문화상품을 전 세계적으로 유포시킬 수 있었고 한국의 문화상품들도 과거보다 영역 밖으로 진출하기 용이해졌다는 것이다. 세 번째 요인으로 한국의 대중문화의 급속한 발전을 들기도 하며, 마지막으로 동아시아 국가들의 문화적 쇠퇴가 한국 대중문화 유포에 상대적 강점을 제공하였다고 보기도 한다.[2] 결국 총괄하면 한류의 요인은 한국의 대중문화가 미국이나 일본에 비해 문화적 할인율이 낮으면서도 그에 상응할만한 기술적, 질적 수준을 갖추었고, 한국경제의 성장으로 인한 인프라와 한국에 대한 높은 인지도가 한류의 요인이라는 것이다.

구조적이고 거시적이며 역사적인 측면에서 한류의 기원을 찾으려는 시도도 있다. 우선 한국은 고대로부터 주변문화와 견줄 수 없을 만큼 최고의 문화를 가지고 있었으며 이러한 문화의 우수성이 한류의 기원이라고

---

[2] 구연상, "한류의 근원과 미래: 문화자치성/한류연구의 방향," 「2005년 생명문화세미나자료집」 세계생명문화포럼 (2005).

보는 민족주의적 분석을 들 수 있다. 임재해는『후한서^{後漢書}』와『삼국지^{三國志}』를 분석하여 우리 고대문화의 핵심은 풍류와 예술적 취향이라고 보았으며 이러한 문화유전자가 지속적으로 유전되었고 시대에 따라 부침을 계속하다가 현재의 한류로 표출되고 있다고 보았다.3) 특히 그는 우리의 고대문화가 시베리아 문화에 뿌리를 두고 중국 문화의 영향을 받아 형성되었다고 보는 시각은 타자의 규정적 인식에 사로잡힌 결과이며 일제강점기에 형성된 식민사관의 폐해라고 보면서 고대에도 한류가 있었다고 진단하고 있다.4) 김지하 역시 한류는 전통적인 민족미학의 우수성이 대중문화를 통해 드러난 것으로 파악하고 있다.5) 이에 반하여 심광현은 한류열풍을 복합적 지구화 과정에서 나타나는 문화적 패권의 탈중심화, 문화적 혼종 현상의 증대, 글로벌-글로컬의 변증법적 과정에서 나타나는 문화적 혼종(hybridization)과 잡종성(heteronization)의 증대의 과정 중에 나타난 현상으로,6) 백원담은 서구 소비자본주의 대중문화의 파생물이자 모방으로서 설명하고 있다.7)

기실 위에 언급한 한류의 발생조건과 해석방식은 나름 모두 타당하고 정당하다. 그러나 어느 한 가지 요인도 한류의 물결을 정확하고 만족하게 설명하지 못할뿐더러 제시된 모든 요인들은 서로에게서 자유롭지 못하다. 왜냐하면 한 가지 요인이 또 다른 요인에게 서로 기대고 있기 때문이며

---

3) 임재해, "민족문화의 전통과 한류의 민속학적 인식," 문화신학회 월례세미나 발표원고 (2012. 03. 07).

4) 임재해 외,『고대에도 한류가 있었다』(서울: 지식산업사, 2007), 18.

5) 백원담,『동아시아의 문화선택, 한류』(서울: 펜타그램, 2005), 113.

6) 심광현, "한류의 미학적 특성과 문화정치적 의미,"「2005년 세계생명문화포럼 정기세미나 자료집」세계생명문화포럼 (2005),

7) 백원담,『동아시아의 문화선택, 한류』(2005).

따라서 한류의 발생조건 및 해석은 통합적으로 이해되어야만 한다. 특히 역사적인 측면에서 보면 한국문화의 우수성이 전면에 드러나지 않는다는 문제도 있다. 어느 누구도 싸이의 <강남스타일>이나 아이돌의 공연을 보면서 <난타>를 볼 때 느끼는 한국문화를 감지하지 못하기 때문이다. 또한 <대장금>을 통해 드러난 한국문화의 대량유포를 과연 지구화, 지역화, 문화융합, 소통과 미디어의 발달, 소비자본주의와 떼어서 설명할 수 있을까 하는 의문이 들지 않을 수 없다. 여하튼 이러한 한류의 원천과 근거를 찾는 물음을 통해 필자가 묻고 싶은 것은 그 타당성이 아니다. 이러한 물음의 관점 중에 '지리적 공간'이 생략되어 있다는 것이다.

한류라는 것이 그 어떤 곳에서 시작된 것이 아니라 '대한민국'이라는 지리적 공간 속에서 생성되었다. 그럼에도 불구하고 한류의 원천을 추급하면서 지리-공간적인 관점은 생략되었고 이렇게 탈공간화된 혹은 수직적이고 역사적인 관점만으로는 한류의 원천을 탐구하는데 한계에 직면할 수밖에 없다. 따라서 본 소고는 첫째, 한류의 원천에 관한 공간적인 물음이 가능한지 그 타당성을 검토함과 동시에 공간이 생산해내는 주체에 관하여 검토해보고 둘째, 영토와 공간을 통해 생산된 한국인의 주체와 한국문화의 특수성을 탐구한다. 셋째, 이러한 한국인의 주체와 문화의 특수성이 역사 속에서 어떻게 성공적으로 수행되었는지 간략하게 살펴볼 것이며 마지막으로 도출된 결론을 통하여 미래의 선교전략전술에 어떻게 적용하여야 할 것인가 궁리할 것이다.

가능성: 지리적 공간과 주체의 생산

나는 공간을 차지한다, 고로 존재한다 [8]

최근 사회과학분야에서 영토와 공간의 문제가 심도 있게 논의되고 있는 듯하다. 소자Edward Soja에 따르면 그간 서구의 근대 사회이론은 공간적 다중성, 다층성, 차별성, 공시성의 의미를 무시한 채 시간적 연속성을 바탕으로 한 인과관계와 역사의 선형적 흐름만을 강조하였다고 한다. 그럼으로 해서 근대사회이론은 특정 역사적 시간대에서 동질성을 지닌 사회적 존재의 시간적 변천에만 주목하는 탈공간화 된 역사주의에 포섭되어 공간에 대한 충분한 이론적 관심을 기울이지 않았다고 진단했다. 그리고 그 결과 지리적인 과정은 단지 우연적인 것으로만 간주되었고, 공간은 죽은 것, 고정된 것, 비변증법적인 것, 정지된 것으로 치부하였다.[9] 그러나 공간과 사회, 공간과 개인의 행태는 불가분의 관계에 있기 때문에 공간적 개념이 소거된 사회이론은 한계가 있다는 것이다.

환경과 사회, 환경과 개인, 그리고 개인의 행태는 앞서 상식적으로 불가분의 관계인 것만은 분명하다. 물론 개인에게 환경이란 형태적, 지각적, 조작적, 지리적 환경으로 나눌 수가 있는데 지리적 환경이란 우주를 포함한 개인의 외부를 포괄하는 공간 전체를 말한다.[10] 아리스토텔레스는 그의 정치학에서 추운 유럽지역에 사는 사람들은 기후로 인하여 활동적이

---

8) 박승규, "인문학으로서 지리학과 지리교육: 존재이유를 묻다,"「대한지리학회지」45(2010), 698-710에서 소제목을 차용하였음.

9) 에드워드 소자/이무용 외 옮김,『공간과 비판사회이론』(서울: 시각과 언어, 1997), 13.

10) 더글라스 포르투오스/송보영, 최형식 옮김,『환경과 행태: 계획 및 일상적인 도시생활』(서울: 신학사, 1986), 139.

고 용감하지만 사고와 기술이 부족하고 온난한 지역의 아시아 사람들은 지적이고 기술도 있지만 나태하고 용기가 없다고 보았다. 이 역시 환경 결정론의 단적인 표현이다.[11] 공간을 포함한 환경의 영향을 받은 개인의 분자적(molecular) 수준의 행태는 쿠르트 레윈Kurt Lewin의 환경함수로 표기하면 다음과 같은데 공간 및 환경은 개인의 행태를 규정하는 변수이다.[12]

$$B = f(P, E)$$

물론 몰적(molar) 수준의 행태는 분자적 부분들의 합 이상이면서 또한 분자적 수준의 행태와 상이한 방식의 행태일 수 있다. 그러나 중요한 것은 환경의 가장 중요한 요소인 공간에 관한 인식을 제외하고 인간의 분자적 행태는 물론 몰적 행태를 논하는 것은 불충분할 수밖에 없다. 따라서 최근 사회과학에서는 사회와 공간 사이의 내재적 연관성을 강조하는 사회-공간론적인 방법론이 강조되고 있다. 헬무트 베르킹Helmut Berking은 사회과학에서 이제까지 이루어졌던 '언어학적 전환'과 '문화적 전환'을 '지리학적 전환'으로 대체해야 한다고 주장한다.[13] 소자 역시 공간과 사회 간의 내적 연관성을 강조하는 '사회-공간 변증법'(socio-spatial dialectics)이란 개념을 제시하였는데 그에 따르면 공간과 사회를 분리해서 바라보지 말고 그 둘의 내적 연관성을 인지하면서 사회와 공간이 어떻게 서로 규정하고 매개하는지를 이해하는 사회-공간의 변증법이 필요하다는 것이다.[14]

---

11) 앞의 책, 142.
12) 앞의 책, 148. 행태(B), 개인(P), 환경(E).
13) 마르쿠스 슈뢰르/정인모, 배정희 옮김,『공간, 장소, 경계: 공간의 사회학 이론 정립을 위하여』(서울: 에코리브르, 2010), 25.
14) 에드워드 소자,『공간과 비판사회이론』(1997), 15.

한편 사회과학의 이러한 반성과 동일하게 지리학에서도 유사한 반성이 있는 듯하다. 지리학의 반성은 다음과 같이 박승규의 자기 고백적 성찰에서 단적으로 드러난다.

존재론에는 지리학이 없었고, 지리학은 존재론에 대해 무관심했다.[15]

전술하였듯이 이제까지 사회과학이나 인문과학에서 지리학을 배제하였다면 지리학은 인문학이나 사회과학에 대하여 무지했다는 것이다. 박승규에 따르면 존재(ex/istence)는 본래부터 자아 중심적인 특성을 갖고 있는 것이 아니라 관계를 향한 탈중심성을 가지고 있다는 것이다.[16] 인간이 지리적인 존재인 이유는 첫째, 자신을 나타내기 위하여 공간에 자신을 새겨놓고, 둘째, 그 새겨놓은 흔적을 통해 자신과 인간과 공동체를 이해하고 기억하며, 셋째, 자신이 새긴 것이 다른 의미체계 속에 받아들여질 때 새로운 새김을 가능케 하기 때문이다.[17] 따라서 지리학은 인간이 새겨놓은 것들을 통해 인간의 본질에 접근할 수 있게 한다. 또한 인간은 공간을 채우고, 인간이 채운 공간의 사물들은 개인과 공동체를 대변하며 공간을 채우는 방식과 배치를 통해 관계, 즉 사회를 이해하게 된다. 따라서 세계 내존재로서 인간은 구체적인 사물을 통해서 파악할 수 있는 지리적인 존재라는 것이다. 그럼에도 불구하고 이제까지 지리학은 존재론과 인문학 전반에 대하여 무관심하였던 것이다. 가령 지리학은 역사학과 불가분의 관계를 맺고 있는데, 서울의 지리학은 서울을 이해할 수 있는 여러 역사지

---

15) 박승규, "인문학으로서 지리학과 지리교육: 존재이유를 묻다" (2010), 698.
16) 박승규, 『일상의 지리학: 인간과 공간의 관계를 묻다』(서울: 책세상, 2011), 20.
17) 박승규, "인문학으로서 지리학과 지리교육: 존재이유를 묻다" (2010), 700-701.

층이 겹쳐서 존재한다. 이러한 역사지층 중에서 가장 두껍고 큰 의미지층이라면 조선개국, 일제 강점기, 그리고 한국동란 같은 지층이라고 말할 수 있다. 따라서 이제까지 지리학이 서울의 물리적 측면에서 고찰하였다면 이제부터 지리학은 역사학과 함께 물리적 측면에 대하여 고찰하여야 할 것이다.[18]

이제까지 사회이론 전반과 지리학은 양방향에서 유사한 고민을 했던 것이며 그 고민의 결과 두 학문이 중심으로 모아지고 있는 듯하다. 현대지리학의 이러한 고민은 지리학이라는 공간학문 자체가 자신의 핵심 범주인 공간에 대한 해명노력을 오랫동안 하지 않았다는 반성을 의미한다. 이를 하르트케Hartke는 단적으로 다음과 같이 표현한다.

현대 지리학이 다루는 것은 인간의 행동방식, 삶에 대한 요구와 기대가 낳은 공간적 결과다. 현대 지리학은 그럼으로써 통상적으로 공간으로부터 추상화된 '순수' 사회과학이 아니며 또한 공간을 오로지 그 물리적 측면에서 고찰하는 순수한 지리과학도 아니다.[19]

주체의 생산조건으로서의 공간

현대지리학이 공간에 새김을 통해 존재와 본질에 접근하고 이해하려고 한다면 본 논의에서는 반대로 공간과 영토를 통한 주체의 생산에 관심한다고 볼 수 있다. 이를 명확하기 위하여 다음 두 가지를 구별할 필요가 있다. 첫째, 여기에서 주체(subjectivity)란 근대철학에서 형성된 인식론적

---

18) 박승규, 『일상의 지리학: 인간과 공간의 관계를 묻다』(2011), 44.
19) 마르쿠스 슈뢰르, 『공간, 장소, 경계: 공간의 사회학 이론 정립을 위하여』(2011), 22.

실체의 개념을 의미하지 않는다. 여기서 주체란 규정된 규칙의 실천양식으로서의 담론구조 내에서 생산되는 특정하고 공시적이며 개연적인 생산물을 의미한다.[20] 그러므로 이 주체란 특정한 조건, 특히 특정한 공간적 배치를 통해 생산되어지고 구성되는 것을 의미한다. 가령 흑인이란 주체는 특정한 방식의 구조에서 노예가 될 수도 있고 노동자도 될 수가 있다. 이 경우 노예나 노동자는 생산되는 것이다.

두 번째, 주체의 형성과 주체의 생산은 구별된다. 주체의 형성은 분산되어 있는 어떤 요소들이 모여서 하나의 집합적이고 몰적인 주체를 이룰 때 사용하며 이에 반하여 주체의 생산은 전술하였듯이 개개인이 특정한 형태의 주체로 만들어지는 것을 의미한다.[21] 예를 들면 노동자 계급은 형성된다. 분산되어 있던 요소들이 모여 하나의 집합적 주체를 이룰 때 주체가 형성된다고 한다. 그러나 '흑인노동자'란 주체의 경우 앞서 파악했다시피 특정한 구조 내에서 특정한 형태로 만들어지는 것이다. 주체를 생산하는 조건은 여러 가지 있을 터 본 논의에서는 특정한 생활방식을 규정하는 '공간'에 의하여 특정한 형태의 주체가 생산되는 것만을 논한다.

공간과 주체의 생산에 대하여 필자의 경험은 이를 단적으로 웅변해준다고 할 수 있다. 필자는 미국생활을 통해 '한국에서 나서 한국에서 사는 사람'과 '한국에서 나서 미국에서 사는 사람'과 '미국에서 나서 미국에서 사는 한국사람'의 큰 차이를 경험하였다. 이들 모두 그 혈통은 한국인이지만 그들이 점하고 있던 공간의 차이로 인하여 문화, 성격, 태도, 세계관의 커다란 차이를 보이고 있다. 또한 '미국에서 사는 미국인'과도 큰 차이를 보인다. 물론 그 차이가 단지 공간적 차이 때문에 발생한 것은 아닐지라

---

20) 양운덕, 『미셸 푸코』(서울: 살림출판사, 2004), 10-11.
21) 이진경, 『근대적 주거공간의 탄생』(서울: 소명출판, 2002), 11-12.

도 공간은 이 차이를 생산해내는데 가장 결정적인 요인으로 작용한 것만은 부인할 수 없다.

배치: 반도적 특성과 창조의 핵심공간으로서의 한반도

리좀(rhizome)과 마진(margin)

현대사유에서 탈구축, 탈경계, 탈주 혹은 경계없음(borderless)이라는 개념이 화두이다. 경계는 울타리이다. 울타리는 그 어떤 흐름, 행위, 사유의 자기동일성을 보장하는 장치이며 또 그 흐름, 행위, 사유가 이탈하지 못하도록 막거나 고착화하는 장치로 작동한다. 전 지구적 자본주의가 일반화되고 문화의 전 지구화가 진행되고 있는 이 시점에 탈경계화는 시류라고 할 수 있다. 그러나 탈경계화가 단순히 주어져 있는 경계를 이탈하거나 넘어간다는 것만을 의미하지는 않는다.

철학적으로 이러한 개념은 중심이 없는 탈중심적 사유를 의미한다. 그리고 절대화되어 중심으로 간주되었던 모든 진리와 주체들은 실제로 철학적 사유의 장에서 추방하려는 시도이며, 모든 외부의 기준을 철회하려는 것이다. 가령 이제까지 보편이라는 개념은 폭력적인 기제로 작동하여 보편으로 간주되는 진리는 자신이 아닌 것, 다시 말해 보편의 타자를 배제하는 효과를 가져왔고 비 진리로 간주된 이 타자들은 폭력적 제거의 대상으로 삼아왔다. 이러한 중심적 사고에서 이탈하려는 것이 탈경계화 라고 할 수 있다.[22] 또한 물리적으로 이러한 탈경계화가 진행될 때 문화의 이동과 융합 그리고 혼종화는 필연적이며 이러한 작동을 통해 창조적인 문화 변용이 가능하게 된다.

우리 민족의 삶의 공간이었던 한반도는 말 그대로 반도이다. 반도의 사전적 의미는 삼면이 바다로 둘러싸인 대륙의 돌출부를 의미한다. 앞으로 보겠지만 반도는 그 지리학적 위치 상 탈경계와 탈구축의 장(場)이 된다. 따라서 반도는 대륙이라는 경계가 허물어지고 이탈되는 공간이기도 하다. 필자는 이러한 반도의 공간적 특성을 이해하기 위하여 질 들뢰즈 Gilles Deleuze와 이정용의 리좀과 마진을 원용하여 이해해보기로 한다. 들뢰즈와 가타리Felix Guattari가 제시한 철학적 개념으로서 리좀은 중심뿌리나 실뿌리와는 달리 중심체를 갖지 않는 구근球根과 같은 덩이줄기인 바 이들은 리좀의 몇 가지 원리를 제시한다.23)

이 글에서는 리좀의 접속의 원리, 이질성의 원리, 다양성의 원리를 통해 한반도의 공간적 특성을 이해하려고 한다. 들뢰즈와 가타리의 이 세 가지 원리는 한반도 공간에서 벌어진 물리적 현상으로서 이해하게 될 것이다. 북아메리카에 사는 소수민족의 상황을 예언자적으로 그려낸 이정용은 자신의 정체성을 마진marginality으로 이해하고, 그리스도는 마진 중의 마진(marginality par excellence)으로 설명한다.24) 그리고 그가 제시한 마진의 원리를 이 글에서는 통합성의 원리, 변용의 원리, 창조성의 원리로 명명하여 한반도 이해의 도구로 사용하고자 한다. 또한 들뢰즈의 물리적 현상과

---

22) 서용순, "탈경계의 주체성과 이방인의 문제: 레비나스, 데리다, 바디우를 중심으로," 「인문연구」 57(2009), 97-126.

23) 질 들뢰즈·펠릭스 가타리/김재인 옮김, 『천 개의 고원: 자본주의와 분열증2』 (서울: 새물결, 2001), 18-23.

24) Jung Young Lee, *Marginality: The Key to Multicultural Theology* (Minneapolis: Fortress Press, 1995), 85.

구별하여 이정용의 원리는 한반도 공간의 규범적 원리로 이해하려고 한다.

힘들의 교차점

리좀은 접속한다. 잔뿌리에 붙어 있는 리좀은 외부성exteriority과 접속하여 새로운 생산을 가능케 한다. 물론 들뢰즈에 의하면 외부성은 단순히 항term과 항이 접속하는 것이 아니라 잠재태의 장場이기도 하다.25) 그러나 식물의 내부의 힘은 지력과 리좀에서 만나게 된다. 마진 역시 외부와 접속한다. 마진은 중심center과 상대적인 개념인데 마진은 항상 중심을 향해 수용적이다.26) 또한 두 중심이 만나는 그 접점이 바로 마진이 된다. 따라서 마진은 두 중심의 힘들이 만나는 바로 그 지점이라고 할 수 있다.

한반도가 힘과 힘들이 만나는 공간이었음을 정치적으로 탁월하게 설명하고 있는 배기찬에 의하면 반도인 한국은 역사적으로 4가지 힘이 교차하는 공간이었다고 파악하고 있다. 일차적으로 중심적인 힘은 대륙세력과 해양세력이었다. 대륙세력은 만리장성을 기준으로 이남과 이북으로 나뉘는데 이남지역이 농경문화라면 이북은 유목문화를 가진 세력이었다. 만리장성 이북세력으로 몽골, 요, 금, 여진, 흉노, 러시아, 소련 등의 힘들이 그 영향을 미쳐왔다. 만리장성 이남세력은 가장 큰 영향을 주었는데 한漢족들이 세운 중국대륙의 왕조들이었고 현재 중국을 지칭한다.

이에 반하여 해양세력은 임진왜란 이후 발달한 일본세력과 해양을 통해 한반도에 세력을 뻗은 스페인, 영국, 네덜란드, 미국 등 서양세력이다.

---

25) Choong Bum Lee, *Breakthrough God: A Poststructural Reading of Medieval Mysticism of Mechthild von Magdeburg and Meister Eckhart* (New York: VDM Verlag, 2008), 44.
26) Jung Young Lee, *Marginality: The Key to Multicultural Theology* (1995), 30-31.

따라서 한반도는 해양세력과 대륙세력의 경계border에 위치하고 있으며 두 세력의 확장과 축소의 역학관계가 한반도의 정세를 결정하였다고 한다.27) 배기찬의 이러한 분석은 한반도가 역사 내내 대륙과 해양의 전쟁터로 활용되었다는 점, 얼마 전 미국과 일본의 핵심적인 관심사항인 한일군사협정을 체결하려 시도했던 점, 그리고 온 국민의 반대 속에서도 강정마을에 건설되는 해군기지 등을 보면 매우 정확한 분석이 아닐 수 없다.

이제까지 한국문화에 대한 전문가 집단의 연구방향은 대체적으로 매우 한 방향으로 경도되어 있다. 대부분의 연구가 한국문화의 우수성, 독자성, 특수성에 초점이 맞춰져 있는 것이 사실이다. 이러한 연구방향의 경도가 이해할 수 없는 바는 아니나 현재로서는 매우 과잉된 민족주의와 순혈주의에 입각한 연구들이었다고 아니할 수 없다. 이미 오래 전 김영민에 따르면 이러한 우리의 태도는 폐쇄적이고 열등감에 가득 찬 우리 것 지상주의인 '신 토속주의'적 태도로서 민족적 열등감의 표현이나 시대적 요청에 부응하지 못하는 자문화중심주의라 할 수 있다.28) 2000년대 첫 100년을 이미 시작한 이때 우리는 그럼에도 불구하고 매우 의미심장한 소리를 들을 수 있다.

전통미학을 살필 경우에도 중국의 영향과 우리 고유의 미적, 예술적 특성 간의 충돌과 경합의 문제가 존재하고 있다. 이렇게 보면 우리 근대문화는 전통문화, 서구문화, 동구문화만이 아니라 중국문화, 일본문화, 미국문화 등 6개의 패러다임이 각축을 벌이는 복잡한 역학 속에서 전개해 왔다고 할 수 있다. 이렇게 서로 이질적인 문화들이 혼종, 잡종화 현상이 100년간

---

27) 배기찬, 『코리아 다시 생존의 기로에 서다』(서울: 위즈덤하우스, 2005), 32-35.
28) 김영민, 『탈식민성과 우리 인문학의 글쓰기』(서울: 민음사, 1996), 245.

지속적으로 나타난 사회는 아마도 한국 밖에는 없을 것이다.29)

　위의 언술에 의하면 한국의 문화는 이미 여러 가지 문화의 접촉과 교차 속에서 발생되어 왔고 그리고 그 정도는 세계적으로 찾아보기 힘들만큼 다양한 힘들의 접촉과 혼재가 있었다는 것이다. 현대 문화이론의 전문가가 결정적으로 확인한 위의 언급은 아마도 한국 역사에 있어서 다양한 문화가 한반도라는 영토 안에서 접속, 착종, 변용되었다는 것을 암묵적으로 확인하고 있다고 할 수 있다.

힘들의 혼효점

　리좀의 또 다른 원리는 이질성의 원리이다. 이질성이란 정통 혹은 순수와 대비되는 말로서 동일성을 소거하고 접속 가능한 모든 것들의 집합적인 것 총체를 의미한다. 리좀은 이질성과 이질성들의 접속과 혼효(混淆, creole)를 의미한다. 마진도 이와 유사하다. 마진은 용어의 의미 그대로 접속의 말단이다. 말단은 외부성과 직접적으로 접속하는데 외부성과 중심은 극히 이질적이다. 역사적 예수는 스스로 마진이 되려고 했으며 광야에서 40일을 고행하면서 마진이 되었음을 확정하였다. 그리고 난 후 그가 만난 12제자들은 다양한 영역에서 활동하던 마진들이었다.30) 이미 마진이 되어버린 자신과 또 다른 마진들의 만남은 규정할 수 없고 중심이 없는 분자들의 만남이라고 할 수 있다. 따라서 리좀과 마진은 힘들의 교차이면서 이질성들의 접속이기도 하다.

---

29) 심광현, "한류의 미학적 특성과 문화정치적 의미" (2005).
30) Jung Young Lee, *Marginality: The Key to Multicultural Theology* (1995), 86.

이러한 특성은 한국인의 혈통 속에도 고스란히 반영되어 있다. 2006년 한국생명공학연구원 의약유전체연구센터 김영주 박사 연구팀의 연구결과는 매우 놀랍다. 이제까지 한국인들은 중국계 혹은 시베리아 대륙계라고 알려져 왔다. 그러나 이 연구결과에 따르면 한국인의 DNA염기서열은 중국인과 45.1%, 일본인과 45.5% 상이하다는 것이었다.[31] 이런 결과가 웅변적으로 증언하는 것은 한국인들은 매우 다양한 유전계통이 혼합되어 있다는 것이었다. 이러한 결과는 2010년 서울대 의대 서정선 교수팀이 시행했던 '아시안 게놈 로드 프로젝트'를 통해서도 확인되었다. 한국인들은 중국, 일본계는 물론 북방계, 남방계의 다양한 유전자들을 갖고 있는 것으로 확인되었다.[32]

한국문화에 있어서는 이렇게 이질적인 것들의 착종과 혼효의 사례는 한국종교의 지도가 단적으로 보여주고 있다. 한반도는 유, 불, 도 삼교가 마치 솥(鼎)의 세 발처럼 한국종교의 역사를 지배하였다고 하나[33] 사실 한반도에는 민족과 더불어 시종일관 운명을 같이한다는 의미의 민족종교라는 것이 원래부터 없었다.[34] 최준식은 종교란 사회 구성원들의 인간관이나 세계관 등과 같은 기본적 가치관의 형성을 구성하는 틀이라고 보면서 한 사회를 이해하기 위하서는 그 사회의 종교를 이해해야 한다고 보았다. 그러나 그는 한국사회는 유교적인 틀을 갖고 있으면서도 불교, 도교, 특히 무교적 특성을 진하게 갖고 있기에 한국사회는 한 종교로만 이해할 수 없음을 인식하였다.[35] 현재까지도 한 국가에서 이렇게 여러 종교가 갈

---

31) Yeong-Joo Kim, "Fine-Scale Map of Encyclopedia of DNA Elements Regions in the Korean Population," *Genetics* 174(2006), 491-497.

32) 「조선일보」, 2010. 01. 02.

33) 배종호, 『韓國儒學史』(서울: 연세대학교출판부, 1990), 21.

34) 유동식, 『한국종교와 기독교』(서울: 대한기독교서회, 2001), 11.

등 없이 유지되고 있는 국가는 한국이 유일하다. 이것은 한반도가 이질적 요소들의 총 집합소임을 웅변하고 있다. 그렇다면 종교문화 외에 일반문화는 어떠한가?

심광현은 한류 콘텐츠의 미학적 분석을 통하여 한국미학의 핵심을 '프랙탈흥의 생태미학'이라고 명명하였다. 이 프랙탈흥은 집단적이고 참여적인 과정에서 나타나는 역동적인 미감으로서 민속학자들이 꾸준히 주장했던 집단적으로 먹고-마시고-춤추는 방식의 삶의 패턴에서 잘 드러나고 있다고 볼 수 있다. 그리고 역사-지리적 전통 속에서 프랙탈흥은 면면히 한국인들의 내면에 내재되었으며 이 거대한 집합적 에너지가 최신 서구의 디지털 매체 기술과 결합하여 핵융합 같은 폭발을 일으키고 있는 것이 한류라고 보고 있다.[36] 다시 말하면 한류란 한국 고대사로부터 면면히 내려오던 집단적인 흥의 힘이 전혀 이질적인 서구의 디지털 문명과 접속하고 그 위에 착종하여 혼효된 결과라고 볼 수 있는 것이다.

프랙탈흥의 생태미학은 집단적 춤을 통해 잘 드러난다

35) 최준식, 『한국종교, 문화로 읽는다 1』(서울: 사계절, 2000), 4-5.
36) 심광현, "한류의 미학적 특성과 문화정치적 의미" (2005).

힘들의 변용점

수용은 곧 창조라는 말이 있다. 여러 힘들의 접속과 혼효는 새로운 힘들을 발생시킨다. 접속은 A와 B가 등위적으로 결합하여 A도 아니고 B도 아닌 제3의 것인 C를 만들어내는 결합을 의미한다. 따라서 접속은 두 항이 등가적으로 만나서 제3의 것, 새로운 무언가를 생성한다. 가령 새로운 창조로서의 리좀에 대하여 이해할 수 있는 것은 예부터 강장제로 활용되던 희귀한 약재인 복령茯苓을 들 수 있다. 복령은 죽은 소나무 뿌리에서 기생하여 자라나서 공 만한 크기로 자라는 균사체이다. 이러한 식물기생체가 들뢰즈와 가타리가 제시하는 대표적인 리좀인데 복령은 뿌리도 아니고 줄기도 아니며 소나무 뿌리도 아니고 흙도 아닌 죽은 소나무 뿌리와 흙이 만나 생산된 하나의 리좀이다. 다시 말하면 리좀은 소나무의 차원도 아니며, 흙 및 그 요소의 차원도 아니며, 소나무와 흙의 차원을 달리하는 생소한 다양체일 뿐이다. 따라서 리좀이란 접속 항들에 따라 그 차원과 성질을 완벽하게 달리하는 일종의 다양체이자 배치인 것이다.[37] 들뢰즈와 가타리의 배치의 문제에 대하여 동일한 주장을 우리는 이정용의 목소리에서 들을 수 있다.

이정용에 의하면 마지널리티의 핵심은 변용과 창조이다. 그리고 마진은 이 차원에서 권력의 핵심이 아니라 창조의 핵심으로 등장한다. 가령 예를 들어 잎사귀를 상상해보자. 잎사귀는 가운데 중심이 있고 이 중심은 매우 단단하며 굳건하다. 그리고 잎사귀의 가장자리는 부드러우며 약하다. 중심은 잎사귀 전체를 지배하고 힘을 지탱한다. 그러나 중심은 시간이 지

---

37) 질 들뢰즈·펠릭스 가타리, 『천 개의 고원: 자본주의와 분열증2』(2001), 21.

날수록 더욱 단단해질 뿐 생장하지 않는다. 잎사귀가 자라고 생장하는 곳은 중심이 아니라 바로 잎사귀 가장자리이다. 가장자리는 외부성(공기, 곤충, 물) 등과 만나 지속적으로 생장한다. 이것이 이정용에 있어서 마진의 창조성이다. 이를 그의 도식으로 나타내면 다음과 같다.[38]

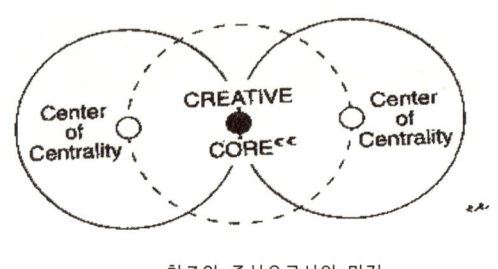

창조의 중심으로서의 마진

문화 간의 얽힘과 교차를 인정하는 문화상대주의에서는 상호문화성을 넘어서 교차속의 생성을 촉구하는 문화가 있다. 그리고 이 문화를 이해하였을 때 문화가 어떻게 교류하면서 동시에 변형·발전되는지를 이해하게 된다. 전술한 리좀과 마진의 문화변용과 창조성을 우리 역사 중에 드러난 문화 속에서 우리는 수없이 많은 예들을 찾아볼 수 있다. 그레이슨[James Grayson]은 다음과 같이 한국종교에 대하여 간파하고 있다.

유교는 중국에서 비롯된 철학적, 종교적 체계이지만 사회 전체가 완전히 유교화한 나라는 한국뿐이다. 한국의 종교 무대에 가장 최근에 등장한 기독교는 한국에서 극적으로 성장하였다. 현재 한국 인구의 약 5분의 1이 기독교인일 것으로 추산될 정도이다. 아시아에서 기독교가 과거 200년 동안

---

38) Jung Young Lee, *Marginality: The Key to Multicultural Theology* (1995), 98.

민족문화의 중요한 구성 요소로 성장한 나라는 한국뿐이다.39)

적어도 유교에 관하여 어디 이뿐이겠는가? 주자학으로 우리나라에 들어온 신유학은 중국에서조차 논란이 되지 않았던 이기론과 인물성동이론으로 발전하지 않았던가?40) 원효의 화쟁사상, 통불교로서의 한국불교, 한국 선禪의 특수성, 게다가 삼교통합의 신흥종교의 발생 등은 이러한 리좀과 마진으로서의 한국종교를 극적으로 드러내고 있다. 그런데 백원담은 다음과 같이 한류의 정체를 궁금해 하는 사람들에게 화두처럼 한마디를 던진다.

서구가 우리 몸속을 통과해서 형성된 문화, 그것이 파행적인 자본주의라고 할지라도 결과적으로 형성된 최첨단 대중문화가 한류로 부상하게 된 거죠.41)

한류를 지구적 거대 자본과 그 이동의 논리로 설명하던 백원담 역시 한반도와 그 민중을 관통하던 서구적 문화, 그리고 그것과 접속하고 그것을 착종하여 혼효하고 최종적으로 변용-창조하였던 한류의 정체에 대하여 인지하고 있다는 것이다. 좀 길지만 아주 오래 전에 필자가 어디에 끄적인 글 한 토막을 소개해본다.

과연 주자朱子와 주자류들, 예컨대 심성론, 사칠론, 거기서 더 나아가서 인

---

39) 제임스 그레이슨/강돈구 옮김, 『한국종교사』 (서울: 민족사, 1989), 16.
40) 윤사순, 『한국의 성리학과 실학』 (서울: 열음사, 1990), 44.
41) 주창규, "한류의 역사적 성격과 동아시아의 서발터니티에 대한 시론" (2006)에서 재인용.

물성동이론까지 확대, 심화된 조선 성리학은 '내용의 순일성'과 그 '방법의 철저성'이 있었는가? 그 순수성과 철저성은 혹시 중심에서 해석된 세계가 아니었을까? 그 머물러있던 중심, 흐르지 않는 물을 지키기 위한 이념이 혹시 삼봉三峰이 "불씨佛氏"의 말을 "잡변雜辯"으로 만들기 시작한 그때부터가 아니겠는가? 삼봉의 프로젝트가 작금의 현실, 즉 이기동 교수와 송영배 교수의 차이로 아직까지 계속되고 있는 것은 아닐까? 그렇다면 조선말의 주변부에서 벌어진 종교운동, 예컨대 동학, 증산, 그리고 정역의 다이내믹은 왜 유학과 충돌했고, 어떻게 이조 500년 동안 뿌리도 없던 그들이 엄청난 창조성과 대중성을 발휘할 수 있었던가? 그리고 퇴율과 고봉高峰의 이발理發, 기발氣發, 이기호발(互發), 공발公發보다 그들이 내세운 평등, 상, 화생, 개벽 같은 개념이 지금 우리에게 더 의미 있고 더 깊이 와닿는 이유는 무엇일까? 요즘 한국 노래를 듣거나 영화를 보면 신이 납니다. 세계에서 유일하게 인도와 더불어 자국 영화가 되는 나라를 만든 한국 영화인들이 자랑스럽지요. 라디오는 들어도 마찬가지입니다. 내가 자랄 때 90프로가 팝송 방송인데 요즘은 전부 가요 방송이더군요. 미국에서 자란 정통 랩퍼인 드렁큰 타이거는 언더그라운드에 머물러 있고 유학파 싸이가 방방 뜨는(?) 것을 보면 뭔가 감이 잡히는 것이 있습니다. 더 이상 뽕짝이나 황병기, 서편제가 '우리의 것'만은 아닌 것 같습니다. 친구가 이런 말을 합니다. "미국 놈들은 우리한테 원단만 달라고 하더라. 지네들만 풍요롭겠단 말이지 …"(2003, 12, 15)

위의 긴 인용구에서 필자가 하려고 하는 말은 매우 분명했다. 우리는 '순수한 우리 것'에 대한 환상을 가지고 있으며 그것에 한류의 핵심이라고 생각하려는 방향성을 가지고 있다. 그러나 순수한 주자학을 견지하려고 했던 성리학에서조차 그 순수성은 무참히 깨어지고 한국적 성리학을 창조하고 있었다는 것이다. 그리고 이러한 한국철학에 대한 논쟁은 1980년대 성균관대 이기동 교수와 서울대 송영배 교수의 논쟁에서 극명하게 드러났다. 이기동 교수는 한국철학이란 순수한 공맹의 사상이라고 믿었고, 송영배 교수는 서구철학의 틀로 동양사상을 해석할 수 있고 그렇게 해석되어 나온 결과를 한국철학이라고 할 수 있다고 주장했다. 필자의 생각은 당연히 송영배 교수와 일치한다. 그리고 한국사상은 대부분 외래의 것들이 한국의 기존사상과 접속하고 변용되어 새롭게 창조된 것들이 대부분이다.

선교전략과 콘텐츠

한류와 선교의 관계에 있어서 필자는 우선 선교는 새로운 기독교적 한류의 창출을 의미하는지 아니면 대중문화로서의 한류의 결과의 활용을 의미하는지 명확히 하려고 한다. 필자의 생각은 분명 새로운 기독교 문화로서의 한류의 창출이다. 그 구체적인 영역은 현재 언급하기 어려울지라도 다음과 같은 방향성은 지적할 수 있을 것 같다.

부드러운 힘

조지프 나이Joseph Nye는 패권국의 활용할 수 있는 두 가지 힘을 구별하였는데 첫째는 단단한 힘(hard power)이고 둘째는 부드러운 힘(soft power)이다. 단단한 힘은 자국의 권력이 바라고 원하는 것을 강제적으로 타국에게

하게 할 수 있는 힘으로 대표적으로 군사력이나 경제력을 들 수 있다. 아주 오랫동안 FTA이나 소고기 협상을 회피해왔던 한국이 이명박 정부 들어서 이 두 협정에 서명하고 말았는데 이 같은 경우에 미국은 단단한 힘을 사용한 것이라고 할 수 있다.

이와는 반대로 부드러운 힘은 수동적인 힘이지만 그 힘을 가지고 있는 자국이 바라는 것을 다른 나라들이 애원하게끔 만드는 힘을 의미한다.[42] 대표적으로 문화적 매력이 이에 속할 수 있다. 만약 세계의 젊은이들에게 현재 <강남스타일> 춤을 추지 말라고 애원한다고 해도 매일 유튜브에 봇물 터지듯 올라오는 새로운 패러디들의 행진을 멈출 수는 없을 것이다. 문화의 지배야말로 부드러운 힘의 매우 큰 영향력을 보여주는 것이라 아니 할 수 없다. 그리고 이 부드러운 힘은 리좀과 마진의 대표적인 특징 중 하나이다.

현재 한국의 해외선교는 내외적으로 매우 공격적이라는 평가를 많이 듣는다. 공격적 선교의 대표적인 폐해가 몇 해 전 우리사회를 뒤흔들었던 분당샘물교회 사건이다. 보는 이들이 불편해 하고 듣는 이들이 괴로워해도 '우리의 진리를 들어야만 한다'는 식의 선교방식은 조지프 나이가 분류한대로 단단한 힘을 가지고 선교에 임하는 것이다. 마찬가지로 선교자금의 대량투여 역시 단단한 힘을 발휘하는 것이다. 불교의 선교전략이 일반인이 의식할 수 없는 포교라면 기독교, 특히 개신교의 선교는 이와 정반대의 지점에 있다고 할 수 있다. 이 시점에서 한국 기독교의 선교는 부드러운 힘의 전략적 활용을 검토해야만 할 때이다.

다음과 같은 사례들을 부드러운 힘으로서의 선교전략으로 고려해볼

---

42) 조지프 나이/홍수원 옮김, 『제국의 패러독스』 (성남: 세종연구소, 2002), 25.

수 있을 것이다. 첫째, 소프트웨어로서의 개신교 콘텐츠를 사용하는 것이다. 최근 개신교 내에 수많은 대안학교들이 개교하여 운영되고 있다. 이러한 대안학교 중에서 대학입시나 외국유학을 위한 대안학교들, 즉 특목고나 외고를 대치하고 있는 대안학교를 제외하고 각 지역, 특정한 아동, 특정한 직업에 초점을 맞추어 기독교 교육철학을 구현하고 있는 실험적인 학교들이 있다. 가령 인천의 <푸른 꿈 비젼 스쿨>은 철저한 기독교 신앙에 입각하여 아동들을 교육하되 인문학적 소양을 갖추게 하는 특별한 교육을 실시하고 있는데, 이러한 학교가 대표적인 기관이 될 것이다. 이 외에도 농촌생활, 생태학습, 공동체의 삶 등을 교육하는 기독교 대안학교들이 있다. 이러한 대안학교의 이념, 철학, 조직, 운영, 교육과정은 선교를 위한 매우 훌륭한 부드러운 도구가 될 수 있다.

두 번째로 고려해볼 수 있는 것은 무형의 콘텐츠로서 특수한 영성을 들 수 있다. 물론 이러한 콘텐츠를 순복음교회와 조용기 목사의 영성을 통해 그동안 성공적인 실험을 마치고 큰 성과를 거두었다. 그러나 동시에 순복음 영성은 그 한계점도 노출하였다. 따라서 순복음 영성과 구별되는 한국적 영성을 개발하고 그 훈련의 방법을 개발하여 선교의 도구로 활용하여야 한다. 한국교회에서 얻은 영성이 서구나 가톨릭교회와 구별될 때 한류로서의 선교가 타당성을 가질 수 있을 것이다. 마지막으로 기독교 문화콘텐츠 사업에 대한 투자가 필요하다고 본다. 기존 기독교 문화콘텐츠는 거의 대부분 기성문화에 대한 모방의 수준을 벗어나지 못하였다. 특히 한국의 기독교 문화콘텐츠는 미국교회의 문화콘텐츠만을 모방하는 매우 편중된 경향을 보이고 있다. 따라서 미국 기독교 문화콘텐츠의 모방 수준을 벗어나서 한국 기독교 문화콘텐츠를 창출해내는 작업이 반드시 필요하며, 이를 위해서 미래적 안목을 가진 교회의 투자가 시급한 실정이다.

<대장금>이라는 드라마 하나가 한국의 문화를 이슬람권인 아랍에 알리고 아랍인들에게 한국인에 대한 관심을 불러 일으켰다. 그렇다면 이슬람권 선교를 통해 아랍인들에게 적대감을 증폭시키는 단단한 힘으로의 선교보다 부드러운 힘으로서의 감동적인 한국기독교 영화 한편이 이슬람권 선교에 더 큰 효과가 있을 것이다.

탈경계와 탈보수

탈경계가 지배하고 있다고 여겨지는 현대사회는 결코 사회와 세계의 일원화를 보증해주지 않는다. 따라서 시간이 지날수록 탈경계화는 탈규준화, 계급적 성차별주의, 인종주의, 소수자억압 등 대중의 해방을 자극할 것이다. 이를 통해 경계의 억압 안에서 발산될 수 없었던 억압의 외침들이 지속적으로 들려올 것이다. 따라서 탈경계화는 일종의 정치적 해방의 방식으로 진행될 것이다. 그리고 이러한 흐름에 반하는 통제는 지속적으로 저항을 받게 될 것이다. 최근 현 정부 들어서 신설되거나 확대된 인터넷 검열 및 실명제, CCTV의 확대, 외국인 통제, 민간인 사찰 등과 같이 탈경계에 대한 통제들이 강력한 저항을 받고 있는 이유가 여기에 있다.

전술했다시피 심광현은 한류의 세 가지 성공요인으로서 미국 대중문화를 통해 습득한 자유분방한 청년문화, 아래로부터의 민주화 운동, 역동적인 신체감각 등 삼위일체가 이루어낸 프랙탈한 홍이라고 분석하였다. 그런데 프랙탈한 역동성이 확산되고 이 에너지가 소통되려면 반드시 개방적인 교류의 장이 있어야만 한다. 바로 이 지점에서 한류는 중류 혹은 일류와 대비가 되는데 중국은 경제적으로 성공하고 있을 뿐 아니라 다양한 전통문화를 갖고 있으며 일본은 경제력, 개방성, 다양성 등 모두 갖추고 있음에도 불구하고 한국과 같은 아래로부터의 민주화 과정을 겪지 못하였다. 따라서 심광현에 의하면 아래로부터의 정치적 민주화 과정은 사회적 활력을 제공하고 문화의 흐름에 역동성을 제공한다.[43] 따라서 한국교회의 선교전략 경계를 강화시키는 요인을 제거하고 그 역 방향으로 가야만 한다.

이를 위하여 대표적으로 지적할 수 있는 것은 첫째 교리 중심의 선교정책의 수정이다. 주지하다시피 한국의 개신교가 처음 들어올 당시인 1884년 7월 4일 고종황제는 한국을 방문한 매클레이[Robert Maclay] 선교사에게 병원, 학교설립, 전신설치를 허락하였다.[44] 이미 천주교 박해를 경험한데다 갑신정변(그해 12월)을 기다리고 있던 당시 정국은 기독교와 외국인에 대하여 호의적이지 않았다. 그러나 병원, 학교, 서점 등을 설립하면서 선교를 시작한 한국선교는 상상할 수 없는 큰 결실을 얻었다. 이를 통해 알수 있는 것은 선교초기 교리와 교회설립이 가장 중요한 핵심적 사항이 아니라는 것이다. 오히려 이러한 전략은 초기 선교대상의 거부감을 더 증폭시킬 수 있다. 따라서 이러한 전략의 수정이 필요하다. 또 다른 전략으로서 선교지 문화에 대한 이해와 개방적 태도교육 역시 절실하다.

결론: K-Christianity[45]

결론은 한국-기독교(K-Christianity)이다. 정체성이란 '고유성+창의

---

43) 심광현, "한류의 미학적 특성과 문화정치적 의미" (2005).
44) 한국기독교사연구회, 『한국기독교의 역사 1』 (서울: 기독교문사, 1989), 179.
45) 이 용어는 본 저서에 함께 참여한 김수현 선생님으로부터 차용했음.

성'46)이라고 한다. 반도라는 공간적 영토에 살아왔던 한국인들에겐 반도적 특성이 고스란히 작동하고 있다. 그리고 이러한 반도적 특성은 잠재태로 존재하다가 한류라고 하는 분화구로 튀어 나왔다. 비록 우리나라의 교육이 이러한 반도인들의 특성을 억압하는, 가장 강력하게 억압하는 체계라고 할지라도 한국의 예술, 문화계는 세계의 그 어느 국가의 그들보다 앞서가고 있다. 이러한 때에 한류의 한 지류로서 선교는 당연히 드렁큰 타이거의 랩이 아니라 싸이의 <강남스타일>이 되어야만 한다. 아니 되어야만 하는 당위적이거나 규범적인 것이 아니라 그렇게 될 것이다. 문제는 억압의 강도이다.

한국교육이 세계에서 가장 강력하게 학생들의 창의력을 억압하고 있듯이, 한국정치가 21세기 탈경계의 시대에 민간인 사찰을 하고 인터넷 실명제를 하듯이, 아마도 한국교회가 선교로 뚫고 나오려는 성령의 힘들을 학교와 정부처럼 이렇게 재단하고 억압하지 않는지 되돌아보아야할 일이다. 눈앞의 실적과 결과에만 너무 치중한 나머지 더 큰 미래의 거대한 결실들을 간과하지 않는지 반성해봐야 할 것이다. 그리고 우리교회는 선교적 열망으로 끓고 있는 우리 한국교회의 힘과 이 힘을 통해 역사하시려는 성령의 힘을 결코 재단하거나 억압해서는 안 될 것이다. 반도적 신자들의 반도적 활동을 통해 한국교회가 세계 속에 스며들기 위해서는….

---

46) 탁석산, 『한국의 정체성』(서울: 책세상, 2000), 84-103 참조.

참고문헌

구연상. "한류의 근원과 미래: 문화자치성/한류연구의 방향." 2005년 세계생명문화포럼 정기
　　　세미나 자료집, 2005.

그레이슨, 제임스/강돈구 옮김. 『한국종교사』. 서울: 민족사, 1989.

김영민. 『탈식민성과 우리 인문학의 글쓰기』. 서울: 민음사, 1996.

나이, 조지프/홍수원 옮김. 『제국의 패러독스』. 성남: 세종연구소, 2002.

들뢰즈, 질·가타리, 펠릭스/김재인 옮김. 『천개의 고원: 자본주의와 분열증2』. 서울: 새물결, 2001.

슈뢰르, 마르쿠스/정인모, 배정희 옮김. 『공간, 장소, 경계』. 서울: 에코리브르, 2010.

박승규. "인문학으로서 지리학과 지리교육: 존재이유를 묻다." 「대한지리학회지」 45(2010).

＿＿＿. 『일상의 지리학: 인간과 공간의 관계를 묻다』. 서울: 책세상, 2011.

배기찬. 『코리아 다시 생존의 기로에 서다』. 서울: 위즈덤하우스, 2005.

백원담. 『동아시아의 문화선택, 한류』. 서울: 펜타그램, 2005.

배종호. 『韓國儒學史』. 서울: 연세대학교출판부, 1990.

서용순. "탈경계의 주체성과 이방인의 문제: 레비나스, 데리다, 바디우를 중심으로." 「인문연구」.
　　　57(2009), 97-126.

소자, 에드워드/이무용 외 옮김. 『공간과 비판사회이론』. 서울: 시각과 언어, 1997.

심광현. "한류의 미학적 특성과 문화정치적 의미." 2005년 세계생명문화포럼 정기세미나 자료집. 2005.

양운덕. 『미셸 푸코』. 서울: 살림출판사, 2004.

유동식. 『한국종교와 기독교』. 서울: 대한기독교서회, 2001.

윤사순. 『한국의 성리학과 실학』. 서울: 열음사, 1990.

이진경. 『근대적 주거공간의 탄생』. 서울: 소명출판, 2000.

임재해. "민족문화의 전통과 한류의 민속학적 인식." 문화신학회 월례세미나 발표원고, 2012. 03.07.

임재해 외. 『고대에도 한류가 있었다』. 서울: 지식산업사, 2007.

조긍호. 『한국인 이해의 개념틀』. 서울: 나남출판, 2003.

「조선일보」. 2010. 01. 02.

주창규. "한류의 역사적 성격과 동아시아의 서발터니티에 대한 시론: 신자유주의적 세계화를
　　　역류하는 〈대장금〉의 사례 분석." 「한국민족문화」. 28(2005). 287-324.

최준식. 『한국미, 그 자유분방함의 미학』. 파주: 효형출판, 2000.

＿＿＿. 『한국종교 문화로 읽는다1』. 서울: 사계절, 2000.

탁석산. 『한국의 정체성』. 서울: 책세상, 2000.

포르투오스, 더글라스/송보영·최형식 옮김. 『환경과 행태: 계획 및 일상적인 도시생활』. 서울: 신
　　　학사, 1986.

한국기독교사연구회. 『한국기독교의 역사 1』. 서울: 기독교문사, 1989.

Choong Bum, Lee. *Breakthrough God: A Poststructural Reading of Medieval Mysticism of Mechthild von Magdeburg and Meister Eckhart.* New York: VDM Verlag, 2008.

Jung Young, Lee. *Marginality: The Key to Multicultural Theology.* Minneapolis: Fortress Press, 1995.

Yeong-Joo, Kim. "Fine-Scale Map of Encyclopedia of DNA Elements Regions in the Korean Population." *Genetics,* v. 174(2006).

한류, 새로운 창조의 전환

- 한(恨)의 변형(transformation)에 관한 심리/상담적 접근

오화철 ㅣ 연세대학교

들어가며

"사람은 빛을 상상함으로써가 아니라, 자신의 어두운 마음을 직면함으로써 참다운 빛을 경험할 수 있다."(One does not become enlightened by imagining figures of light, but by making the darkness conscious)[1]

_ 칼 융-Carl Jung

한류에 대해서 필자는 한(恨)의 변형 가능성으로서의 상관관계적 방법론적인 입장에서 접근하고자 한다. 특별히 하인즈 코헛Heinz Kohut의 자기심리학, 한국의 도심리치료, 김지하의 흰그림자 이론 그리고 융의 그림자 이론을 중심으로 고찰해 보고자 한다.

---

[1] Carl G. Jung, "The Philosopical Tree", vol. 13 of *Collected Works*: Alchemical Studies (Princeton, NJ: Princeton University Press, 1945), para. 335.

본래 폴 틸리히의 신학적 방법론이었던 상관관계방법론method of correla-tion은 종교가 사회현상에서 일어나는 문제에 답을 줄 수 있고, 동시에 사회현상도 종교에 반응할 수 있다는 전제를 갖고 있다. 익히 알려진 것처럼, 한국인의 한이라는 정서는 외부의 억압에서 기인하는 부정적인 감정으로 이해되어 왔다. 한의 근본적인 원인을 외부 환경과 타인의 억압이 그 발생 원인이라는 점 때문에 한국인은 그동안 정치, 경제적 외부 환경 발달에 집중해 왔다. 그러나 한국인은 여전히 한의 변형에 어려움을 겪고 있다. 쉽게 말하면 우리의 한을 푸는데 환경적인 변화로는 충분하지 않다는 것이 증명되고 있다. 고통의 문제가 외부 상황의 변화만으로 해결되지 않는다는 사실이다.

현재 한국은 OECD 국가 중에서 가장 높은 자살률을 보이고 있고, 그 자살의 형태는 한국사회의 모든 연령대와 계층에 골고루 나타나고 있다. 초·중·고생, 청년, 중년, 노년에 이르기까지 사회적 지위에 관계없이 자살률이 높게 나타나고 있다.[2] 그런 점에서 필자는 여전히 한국인들이 또 다른 형태의 한을 경험하고 있다고 해석한다. 여전히 풀리지 않는 아픔과 고통이 한국인의 정신세계에 존재하고 있다는 것이다. 그 고통은 대를 이어서 부모에게서 자녀에게로 전수되고 있을 수도 있다. 이 시점에서 비록 한이라는 개념이 이미 우리 민족의 고유한 정서의 일부로 알려져 있지만, 이제는 한의 내재적 가치를 심리학적, 종교적인 관점에서 재조명함으로서, 한의 변형 가능성을 논의하는 것이 필요하다. 1970년대, 80년대의 신학자들은 한을 사회적, 정치적 억압의 산물로서 평가했다. 그래서 한이 많은 한민족은 우리 사회 구조와 정치, 경제 구조를 변화시켜야 한다고 믿어왔

---

2) 현재 한국사회는 높은 자살률, 이혼률과 함께 한부모가정상담, 탈북자상담, 외국인노동자상담, 장애인가정상담 등이 또한 중요한 상담적 과제로 떠오르고 있다.

다. 물론 필자는 민중신학이 말하고 있는 한의 정의에 동의하며, 사회적, 경제적 발전이 한 많은 민중의 삶을 변화시키는데 중요하다고 생각한다. 그러나 한 가지 더욱 중요하게 떠오르는 문제는 한 많은 민중들과 개인의 한을 심리학적, 종교적 고찰을 통해서 스스로 한을 풀어낼 수 있는 가능성이 있음을 발견하는 것이다. 그렇지 않으면 우리는 늘 외부 환경의 변화에 집중하면서 결국 높아지는 자살률과 우리 내부의 암울한 정신적 상황을 해결하지 못하는 비극을 반복할 수밖에 없기 때문이다. 그런 점에서 한을 좋은 에너지와 비전으로 승화하는 것은 한민족의 국운을 결정하는 중요한 일이라고 할 수 있다.[3)]

한류: 한의 변형에 대한 정신분석적 접근

1999년도 중국 언론에서 '한류'라는 말이 등장했다. 중국의 젊은이들이 한국의 대중문화에 매료되어서 생겨난 말이다. 어떤 면에서 한류는 한국인들의 긍지와 자부심을 회복시키고 높여주는 중요한 역할을 하고 있다. 주변 강대국으로부터 오랜 세월동안 외침을 받았던 우리 민족이 이제 주변국가로부터 우리의 독특한 문화와 정서로서 인정받는다는 것은 실로 획기적인 일이다. 역사학자들에 따라 다소 의견에 차이가 있지만, 우리는 적어도 1천 번 이상 주변국으로부터 공격과 외침을 당했고, 또 우리민족은 태고 적에 부여, 영고, 동맹이라는 세 부족이 삼일 낮밤으로 축제를 벌이며 놀던 독특한 놀이문화를 갖고 있다고 알려져 있다. 그 말은 집단적

---

3) Kim Chi-ha(김지하)'s lecture "Korean Wave and Life-Peace Culture(한류와 평화)" at Union Theological Seminary (New York) on March 25, 2006.

으로 함께 놀며 회복하는 문화가 우리의 정신세계 안에 존재했다는 것이다. 그러나 그 전통이 수많은 외침들 때문에 수천 년 동안 좌절되었고, 그것이 한으로 남아 우리 안에 자리잡게 되었다는 것이다. 본래 놀이를 즐기고 흥겨웠던 민족이 주변 강대국들의 억압으로 인해서 그 밝은 민족 심성이 억압을 당하게 되었다는 것이다. 그것이 한이 되어 주변국에 대한 적대감으로도 존재하지만, 풀지 못한 억눌린 정서는 우리 내부에서 서로에게 칼을 겨누는 비극을 가져오기도 했다.

그런 점에서 이제 한류는 우리 민족의 억압된 정서를 풀어헤치는 통로 역할을 하고 있다. 한류는 우리 민족문화의 고유한 가치를 발견하고 더 이상 고통 속에서 존재하는 한국인의 마음이 아닌, 높은 자존감과 신명을 회복하는 가능성을 드러내고 있다. 우리는 지난 2002년 월드컵을 통해서 수천 년 만에 많은 군중들이 함께 어우러져 공동체적인 축제를 즐겼으며 이 현상은 한국인의 한을 풀어내는 상징적인 축제가 되었다고 볼 수 있다.

자기심리학자self psychology인 하인즈 코헛Heinz Kohut은 집단적 자아Group self 라는 표현이 개인의 자아가 공동체의 자아와 깊은 연관이 있다고 분석한다.4) 그렇다면 한국을 하나의 민족으로 보고, 정신적인 면에서 서로 유기적으로 연결된 공동체로 보았을 때, 한 개인의 아픔이 공동체 전체에 쉽고 빠르게 전달될 수 있다고 볼 수 있다. 한을 품은 한 개인은 결국 한을 품은 공동체를 만들어낸다. 그런 점에서 한 많은 민중들은 공동체와 개인으로 존재하는 가운데 일종의 정서적 연대감을 갖는다고 볼 수 있다.

하인즈 코헛은 집단group에서 일어나는 모든 정신적 역동은 자기애적인 모티브가 중요한 역할을 한다고 본다. '자기애적'이라는 말은 본래 자

---

4) Heinz Kohut, ed. Paul H. Ornstein, Letter, July 24, 1980. The Search for the Self. Vol. 4. (Madison, CT: International Universities Press, 1980), 837.

신의 문제에 집중해서 사는 사람이다. 사실, 코헛은 자기애Narcissism에 대해서 획기적인 정신분석적 상담치료의 대안을 제시한 사람이다. 심리학의 창시자인 프로이트는 자기사랑이 강한 자기애적 환자는 치료가 불가능하다고 판단했다. 전통적인 정신분석의 방법은 주로 언어치료Talk Therapy였고, 그 언어치료의 핵심 방법은 자유연상Free Association과 저항Resistance을 분석하는 것이었다. 자유연상은 환자가 자유롭게 자신의 생각을 상담가에게 표현하면서 무의식에 내재해 있는 문제를 발견해가는 방법이라고 볼수 있으며, 저항은 환자가 최대한 자신의 이야기를 스스럼없이 얘기하도록 상담가가 편안한 분위기를 만들어주고, 환자의 저항에 따라 상담의 역동에 변화가 있는 것이다. 프로이트는 자기애적인 환자는 자신을 지독하게 사랑하고, 자신의 문제에 집중해 있기 때문에 자유연상과 저항이라는 방법론을 통한 상담이 어렵다고 판단했으며, 동시에 자기애적인 환자는 다른 환자와 달리 전이Transference가 발생하지 않는다고 보았다. 전이란, 환자가 상담가를 보고 과거의 지나간 기억과 경험들이 현재 상황에서 상담가와의 관계 속에서 재연되고 나타나는 것인데, 프로이트는 그런 전이현상이 자기애적인 환자에게서는 찾아보기 힘들다고 보았다.

그러나 하인즈 코헛은 자기애적인 환자도 나름대로의 자기애적인 전이를 발생하고 있다고 보았다. 이 말은 결국 자기애Narcissism를 비관적으로 볼 것이 아니라, 자기애(나르시시즘)도 인간의 정신과 인성 발달에 도움을 줄 수 있는 하나의 정신현상으로 보는 것을 의미한다. 어떤 점에서 한을 품은 사람은 자신의 문제에 깊이 천착해 있는 사람이다. 자신의 정신 에너지가 무의식적으로 한을 푸는 데 집중해 있다. 그것은 마치 물속에 배구공을 집어넣고 온 힘을 다해서 공을 물속에 머물게 하려고 하는 것과 같다. 공이 물 안에 있는 한, 공은 물 밖으로 나오지 않지만, 그 사람은 공을 잡는 일에 온 힘을 쏟아야 하고, 그 외의 다른 일은 하기 어렵다. 그러나 언젠가 인간의 체력이 소진 되면, 공은 물 밖으로 튀어나오게 된다.[5] 한의 문제가 그렇다. 한의 문제를 개인의 삶 안에서 혼자 해결해보려고 안간힘을 쓰지만, 결국 개인은 지치고, 문제는 드러나기 마련이다.

그 비근한 사례가 바로 위안부 문제이다. 1990년대 초반부터 조금씩 위안부 할머니들이 자신들의 아픔과 정체성을 드러내기 시작했다. 그것은 오랜 세월 한 많은 고통가운데 사람들에게 표출하기 쉽지 않은 정신적 고통이었다. 물론 1990년대 이전부터 한국의 여성운동가들이 위안부 할머니들에 대한 진상을 규명하고 실태조사를 하면서 사회적 인식이 높아졌고, 아직도 고통가운데 있는 그들에게 상담치료 서비스를 해주면서, 드디어 위안부 할머니들의 실상이 드러나기 시작했다. 위안부 할머니들의 한이 수면 위로 떠오른 것이다. 90년대 초부터 시작된 위안부 할머니들의 한이 어린 외침은 결국 일본정부의 진상규명과 사과를 요구하게 되었고, 드디어 한국정부와 일본정부 간에 위안부 문제 해결을 위한 대화를 갖게 하는 계기가 되었다. 필자는 최근의 일본 대지진 사태 당시 어느 위안부 출신 할머니가 어려운 결심을 하고 나와서 일본 대지진을 위해서 성금을 내는 것을 본 적이 있다. 정말 놀라운 일이었다. 자신을 괴롭히고 학대한 사람들을 위해서 도움의 손길을 펴는 그 모습을 통해서 이미 그 위안부 할머니의 한이 어떤 형태로 해결되고 변형되어가고 있다고 보였다. 그렇다. 우리가 외부 환경의 변화를 언제까지 기다릴 것이 아니라, 우리 안에 있는 한을 스스로 먼저 직면하고, 변형transformation하는 것이 중요하다. 위안부 경험을 고백했던 초창기의 수백 명의 위안부 할머니들이 이젠 하나둘 세상

---

5) 이 표현은 미국의 목회상담학자인 앤 올라노프(Ann Ulanov)가 억압의 방어기제를 사용하는 정신활동을 비유적으로 표현한 것이다.

을 떠나고 이제 극소수만이 남아서 여전히 일본 대사관 앞에서 시위를 하고 있다. 이 사실만 보아도, 우리는 외부의 환경 변화 보다 한 개인의 주체적인 결단이 한을 푸는 일에 있어서 얼마나 중요하고 급박한 일인지를 알 수 있다. 시간은 빠르게 지나가고 인생이 곧 끝나가는 데, 더 이상 외부 환경의 변화만을 기다리지 않고 주체적인 결정을 한 위안부할머니들의 모습에서 자기 주도적으로 한을 푸는 범례를 볼 수 있다.

어떤 면에서, 아직도 한국사회는 유교적인 전통이 강한 나라이다. 자신의 아픔과 고통을 누군가에게 공개한다는 것은 여전히 힘든 일이다. 많은 아시아 민족들처럼, 한국인에게도 여전히 체면을 지키고 부끄러움을 피하는 것이 삶의 중요한 덕목 중에 하나이다. 어떤 점에서 위안부 할머니들의 아픔은 우리 한민족이 가지고 있는 한 많은 아픔 중에 극히 일부에 지나지 않을 지도 모른다. 그러나 동시에 위안부 할머니들의 아픔은 우리 민족의 한을 상징하는 대표적인 사건이기도 하다.

하인즈 코헛은 다음과 같은 사실을 강조한다. "공동체 내부의 갈등을 해소하기 위해서는 지나간 역사에 대해서 공동체 구성원 간에 적절한 심리적 재이해가 필요하다." 이 말은 우리의 정신이 외부의 현실과 역사를 어떻게 받아들여야 하는지에 대해서 말해주고 있다. 아픔과 고통의 역사를 아픔과 고통의 역사로만 기억할 것이 아니라, 새로운 미래를 여는 힘과 에너지로 승화해야 함을 알려주는 심리학적인 교훈이 담겨있다. 그런 점에서 우리가 적enemy을 적으로 명명name하지 않고, 적을 동등한 상대방opponent으로 명명할 때 비로소 상호적인 이해와 협력을 추구할 수 있고, 동시에 서로가 진리와 화해를 향해서 나아갈 수 있을 것이다. 이것은 우리 심리 내부에서 적에 대한 이미지를 어떻게 갖느냐에 따라서 문제 해결의 방향이 전혀 달라질 수 있다는 것을 보여주고 있다.

실제로 위안부 할머니들이 먼저 일본정부에 손을 내밀고 비난보다 함께 이해하고 물질적인 보상보다는 화해와 사과를 요구한 것은 한국과 일본정부의 대화에 큰 영향을 준 것이 사실이다. 동시에 위안부 할머니가 자신들의 정체성을 밝혔을 때, 놀랍게도 일본과 한국에서 성적으로 학대당한 많은 젊은 여성들이 자신들의 어려움을 당당히 호소하게 되었고, 사회 전체가 이를 인정하고 받아들일 수 있는 폭넓은 인식의 계기가 마련되었다. 이런 위안부 할머니들의 결정은 빅터 프랭클 같은 실존주의 상담학자들이 말하는 역설적 의도Paradoxical Intention와도 깊은 관계가 있다.6) 유대인 수용소에서 죽음에 직면한 빅터 프랭클은 사람이 절대 위기와 고난 속에서 창밖의 별을 보며 인생을 돌아보고, 의미를 부여하면서 감사하고 죽음을 맞이하는 유대인들을 보았다고 고백하면서, 그는 고난에 대해서 역설적인 태도와 결정을 통해 의미를 창출할 수 있는 존재가 사람이며, 그 역설적 결단은 현실을 압도하는 인간의 정신적 힘이라고 말했다. 위안부 할머니들의 결정은 역설적이지만, 결국 많은 사람들의 마음속에 한을 풀 수 있는 희망과 가능성을 제시해주는 것이었다.

하인즈 코헛은 자신을 사랑하고 자신의 문제에 집중해 있는 환자를 치료하는 정신분석치료요법으로 네 가지 자기애적 전이를 설명하고 있다. 즉, 이상화전이Idealizing transference, 거울전이mirroring transference, 흡수전이merger transference, 쌍둥이전이twinship or alter-ego transference.7) 앞서 밝힌 바와 같이 전이는 환자가 상담가를 통해서 느끼는 정신역동으로서 아직 해결되지 않은 감정들이 상담가와의 관계를 통해서 재현되고 발생하는 환자의 무의식적/

---

6) Viktor Frankl, *Man's Search for Meaning* (New York: Simon & Shuster, 1984), 121.

7) Ronald R. Lee and J. Colby Martin, *Psychotherapy After Kohut: A Textbook of Self Psychology* (Hillsdale: The Analytic Press, 1991), 156.

의식적 정신 활동을 말한다. 하인즈 코헛이 이 네 가지 전이를 분석함으로써 자기애적 환자를 치료했던 것처럼, 한 많은 사람들도 이 네 가지 전이를 통해서 그 분석이 가능하다고 필자는 생각한다. 우선 한이 많은 사람(han-ridden person)은 상담가인 상대방을 쉽게 이상화할 수 있다(이상화전이). 자신의 정신적 결핍을 채우고자 하는 것이다. 거울전이는 상대방이 나의 모습을 잘 반영해주기를 바라는 욕구가 담겨있는 전이로서, 인정받고 싶은 결핍을 드러내는 좋은 예이다. 흡수전이는 환자가 이상화한 대상과 자신을 동일시해서 대상에게 완전히 몰입하는 경우가 된다. 마지막으로 쌍둥이전이는 상담가와 유사해지려는 욕구가 환자에게 있음을 시사한다. 이 네 가지는 한이 많은 사람들이 상담가와의 관계, 혹은 주변 사람들과의 관계에서 보여주는 정신적 역동현상으로 볼 수 있다. 이것을 하인즈 코헛은 통틀어 자기대상의 전이self object transference라고 명명했다.

근본적으로 하인즈 코헛은 자기대상 현상을 성인기에 어떤 대상을 통해서 유년기의 자기애적 결핍을 재방문하고 만족시키려는 환자자신의 자가치료적 정신현상이라고 해석하기도 한다. 코헛의 치료방법 중에 또 하나 중요한 개념은 변형적 내면화Transmuting Internalization이다. 상담가가 내담자의 아픔과 절망에 공감하는데 실패할 때, 상담가는 자신의 실수를 인정하는 가운데 계속해서 환자에게 공감empathy을 보여줌으로써, 환자 스스로 자기 구조가 강화되고 정신적으로 독립하는 과정을 일러 코헛은 '변형적 내면화'라고 부른다. 이 과정에서 환자는 최적의 좌절optimal frustration을 경험하게 되는데, 그 좌절은 환자 자신의 자기구조를 강화시켜 주는 적절한 수준의 좌절이 됨으로써, 도리어 환자가 자신의 문제를 독립적으로 해결할 수 있는 토대를 마련해준다고 코헛은 해석한다. 이 변형적 내면화Transmuting Internalization는 상담적이면서 윤리적인 함의를 갖고 있다.[8] 우선 그 어떤 상담가도 완벽할 수 없음을 전제하고 있으며, 그것은 마치 그 어떤 부모도 아이들 앞에서 완전하지 않은 것과 같다고 코헛은 설명한다. 그리고 상담가의 연약함이 도리어 환자의 정신세계를 독립성과 건강함으로 인도하는 하나의 요소가 될 수 있음을 시사하고 있다. 이 부분은 기독교적인 인간 이해와 맥을 같이하고 있다. 인간 앞에서 때때로 솔직하고, 인간적인 하나님의 모습을 통해서, 도리어 신앙인은 더 강인한 신앙생활에 몰입할 수 있는 것과 같은 이치다. 부모도 자녀 앞에서 늘 강한 모습만을 보이는 것이 아니라, 연약한 모습을 드러낼 때 자녀들의 독립성이 강화되는 것과 같다.

이것을 우리의 일상의 대화에 적용해보면 다음과 같이 말해볼 수 있다. "당신이 그렇게 힘든 줄 몰랐습니다. 내가 미처 이해하지 못 했어요"라고[9] 말할 때, 상대방은 위로받으면서도, 누구도 나 자신을 완벽하게 이해해주지 못하지만, 스스로 독립적으로 일어서야 한다는 강한 동기부여를 갖게 해준다는 것이다. 일상의 대화로 예를 들었지만, 실제 대화 가운데서 적용해보면, 상당히 적절하게 사용될 수 있다. 많은 경우 사람들은 상대방을 이해했다고 전제하고, 잘 안다고 말하면서 도리어 상처를 주는 경우가 많다. 어떤 점에서 한이 많은 사람의 정신건강을 위해서 우리는 그런 정신적 교류와 대화를 추구할 필요가 있다. 이런 대화법은 단순히 겸손을 지향하는 것이 아니라, 상대방의 고민에 분명한 방향direction을 주지 않고, 반대

---

8) 코헛의 자기심리학적 상담은 전통적인 상담기법이었던 저항(resistance)과 자유연상(free association)에서 공감(empathy)과 대리적 통찰(vicarious introspection)이라는 새로운 상담기법의 통찰을 제공하고 있다.

9) 실제로 자기심리학자였던 코헛이 내담자에게 실수를 했을 때 사과를 했는지 여부는 확실치 않다. 그러나, 코헛의 통찰은 상담자가 내담자에게 자신의 잘못을 인정할 때, 내담자 안의 자기구조가 강화되고, 내담자의 독립적인 문제해결의식이 증대한다고 믿었다.

로 무방향non-direction으로 반응함으로써, 상대방이 스스로 고민해서 방향을 정하도록 해주는 통찰이 전제되어 있다. 앞서 말한 프로이트의 전통적인 정신분석치료의 방법 중 자유연상과 저항분석을 통한 심리치료가 바로 방향을 제시하지 않는(non-directive) 방법론으로 볼 수 있다.

차라리 아픔과 고통가운데 있는 사람을 치료할 때는 말을 하지 않는 것도 좋은 방법이다. 말이 없는 것도 역시 무방향이기 때문이다. 필자는 예전에 병원에서 인턴 목회자로 사역할 때, 암 투병으로 조금 전에 남편이 사망한 어느 중년 백인 여인을 만난 적이 있다. 나도 모르게 얼마나 힘드냐고 하면서 네 마음을 이해한다고 말해버린 실수를 한 적이 있다. 나중에 병원 원목이신 수퍼바이저와 그 케이스를 놓고 토론하면서 큰 실수를 했다고 지적받은 경험이 있다. 요점은, 그 누구도 그 부인의 입장이 돼 보지 않는 한 그 아픔을 이해하지 못한다는 것이다. 우리가 할 수 있는 말이 있다면 차라리 "미안합니다"라는 말 한마디라고 수퍼바이저는 알려주었다. 아니면 차라리 침묵하고 그냥 옆에 있으면서 함께 해주는 것(supportive presence)이 좋다고 한다. 우리가 누군가를 이해한다고 말하는 것이 상대방에게 도리어 위로보다는 상처가 될 수 있다는 사실을 극명하게 보여주고 있다.

어떤 위안부 할머니들처럼 오랜 세월 아픔을 간직해 온 분들은 말보다는 누군가의 따뜻하고 애정 어린 시선이 필요하다. 한이 많은 한민족에게 정말 필요한 것은 물질적인 발달보다는, 정신적인 안정감과 충만함이 더 중요한 과제가 될 수 있다. 그럼 점에서 우리 개신교는 메시지를 통해서 방향을 정해주는 오랜 전통을 심각하게 돌아볼 필요가 있다. 말씀이 육신이 되어 우리에게 오신 예수 그리스도처럼, 우리의 말도 이젠 몸으로, 삶으로 나아가야 할 시점이다. 말에서 그치는 신앙은 도리어 사람들에게 아품과 상처를 가중시킬 수 있다. 분명한 답을 주는 설교는 자칫, 교회를 벗어나는 순간 신앙인들에게 더 큰 혼돈을 가져올 수 있다. 차라리, 고민하고 생각할 수 있는 능력과 자세를 신앙인들에게 심어주는 것이 필요하지 않을까? 종종 예수님께서 바리새인들과 대화하면서 답을 주기보다는, 답 대신에 질문으로 답을 하시는 이유가 거기에 있지 않을까?

한류: 우리 안에 답이 있다

프로이트에 이어 정신분석학의 정초를 놓은 융Carl Jung은 인간 정신에 대한 깊은 신뢰를 갖고 있는 정신과 의사였다. 그는 "정신이 우리 내부에서 태동하고 있다(Psyche is quickening in us)"라고 주장한다.10) 정신 자체가 스스로 치유와 회복을 향해서 노력하고 있다는 것이다. 그것은 마치 우리 몸에 상처가 나면 피가 나고, 시간이 지나면 피가 멎고 상처를 보호하려고 딱지가 앉는 것처럼, 인간의 정신도 스스로 보호하고 건강을 회복하려는 복원력이 있다는 것이다. 인간 정신이 갖고 있는 본래의 능력을 신뢰하자는 것이다. 필자는 많은 신앙인들이 하나님께 기도해서 응답받으면 감사하고, 때로 응답이 없거나 지체되면 좌절하는 경우를 볼 때가 있다. 어쩌면 우리 기독교의 가장 큰 과제는 하나님이 그렇게 소중하게 지어주신 우리의 몸과 정신을 신뢰하는 것이 아닐까 생각해본다. 하나님이 이미 사람을 지으실 때, 재능을 주시고, 삶을 살아가고 감당할 수 있는 능력과 방향을 우리 인생 가운데 심어주셨다. 이것에 우리가 혹시 무관심하다면, 자칫

---

10) Carl G. Jung, *Psychology and Religion: West and East,* vol. of 11 *of Collected Works* (Princeton, NJ: Princeton University Press/Bollingen Series XX, 1969b), para. 330.

우리는 세상이 주는 방향과 관심을 이루려고 하나님께 매달릴 수 있다.

현재 서양문화는 그 정점과 한계에 도달해 있다. 심리학과 상담학도 예외가 아니다. 그래서 일찍이 융도 서양의 사상이 동양적인 안목과 결합해야 온전한 성숙을 이룰 수 있다고 예언한 바 있다. 서양심리학과 동양사상의 결합으로 나타난 것이 바로 도심리치료tao-psychotherapy이다. 도Taoism는 한국의 전통문화인 유교와 불교에서 한국인의 심성에 영향을 미친 중요한 가치와 덕목들을 다시 한번 점검할 수 있는 채널을 열어주는 분야이고, 서양심리학은 한국인의 심성을 좀 더 과학적으로 접근할 수 있는 길을 보여주고 있다. 실제로 도심리치료에서 가장 강조하는 것은 명상meditation이다. 기도와 명상에 대해서는 다양한 해석이 있을 수 있지만, 무엇보다 명상은 기도와는 방향이 다르다. 사실 명상은 방향이 없다. 그러나 스스로를 반성하고 돌아보는 내재적인 가치가 있다. 서양의 심리학자들은 도심리치료의 가능성을 여기서 보고 있다. 상담가와 내담자의 일대일 관계를 벗어나서도, 혼자서 스스로의 정신을 돌아볼 수 있는 심리치료의 가능성을 도심리치료는 보여주고 있기 때문이다. 물론 서양심리학의 도움을 받아, 상담가의 분석적인 안내를 통해서, 내 안에 직면한 어두운 감정들과 정서들을 바라보는 것도 무척 중요한 작업이다. 도심리치료는 한을 핵심 감정nuclear feeling으로 명명한다.[11] 도심리치료의 창시자인 한국의 이동식 박사는 핵심감정을 "우리 가슴에 맺혀있는 그 어떤 느낌"으로 정의한다.[12] 핵심감정은 의식적이기도 하고, 무의식적이기도 하다. 마치 한의 정서가 우

---

11) 이동식, 『도심리치료입문』(서울: 한강수, 2008), 40-51.
12) 이동식의 '핵심감정'이란 개념은 하이데거의 sorge (care), Leon Saul의 '핵심적 감정형성', Seguin A의 '심리치료적 에로스'의 개념과 유사성을 보인다고 알려져 있다.

리가 의식하는 정서인 동시에, 무의식으로 우리의 삶을 좌우하는 것처럼 말이다. 우리가 어떤 힘든 감정을 다시 새롭게 명명(re-naming)할 수 있다는 것은 큰 의미가 있다. 그것은 새로운 대안을 창출할 수 있는 창조적인 문제 해결의 열쇠를 주기 때문이다. 이동식 박사의 도심리치료는 결정적으로 상담가의 인격이 결국 환자의 치료에 결정적인 영향을 끼친다고 말하고 있다. 그것은 마치 추운 겨울날 밖에서 떨고 있는 환자에게 따스한 햇살을 비춰주는 것과 같다고 이동식 박사는 말한다. 아무리 좋은 상담 훈련과 기술도 결국 상담가의 인격이 수반되어야 한다고 강조한다. 어떤 면에서 정말 환자를 사랑하는 상담가는 환자를 위해서 아낌없이 나눌 수 있는 희생 정신도 있어야 한다고 말한다. 정신분석의 창시자인 프로이트도 가난한 환자에게는 돈을 조금만 받고 상담해주고, 심지어는 상담이 끝나는 시점에 환자 주머니에 돈을 넣어주면서 힘을 내라고 했던 얘기는 이미 잘 알려진 사실이다. 상담가는 환자의 문제뿐 아니라 그 환자의 삶까지도 사랑하고 애정을 갖고 접근해야 한다는 것을 도심리치료는 강조한다.

2011년 연말에 세워진 서울 일본 대사관 앞의 "평화비" 동상은 아직도 우리에게 많은 메시지를 전해주고 있다. 저고리를 입은 작은 한국인 소녀가 맨발로 의자에 앉아 있고, 그 옆에 빈 의자가 있다. 그 모습은 여전히 많은 사람들의 관심과 사랑을 기다리는 어느 위안부 한국인 소녀의 모습을 상징하고 있다. 위안부 문제가 물질적 보상만으로 해결되는 것이 아니고, 우리 민족 전체의 한을 상징하고 있으며, 우리 모두가 함께 나서서 생각하고 고민해야 할 문제임을 잘 보여주고 있다. 누구에게나 직면하고 싶지 않은 기억, 감정, 사람들이 있다. 그러나 심리학자 융은 그림자shadow를 직면할 때, 인생의 참다운 성취를 이룰 수 있다고 강조한다. 7년 동안 독방에서 수감생활을 마치고, 융 정신분석가인 이부영 교수에게 심리치료를 받았던 김지하는 7년 동안의 고통스런 독방생활을 통해서 비로소 자신의 어두운 그림자를 직면할 수 있었다고 고백한다. 그래서 그는 흰그림자white shad-ow를 말한다. 그림자 안에 흰 부분은 창조적 가능성을 상징한다.

김지하는 우리 전통의 판소리에서 그 예를 찾기도 한다. 우리나라 각지에는 명창들이 참 많은데, 그들은 창을 들으면 곧바로 그 소리가 진짜인지 아닌지를 가려낼 수 있다고 한다. 그 기준이 바로 그림자라고 한다. 그노랫가락 가운데 부르는 이의 깊은 그림자가 느껴지면 그 소리가 비록 세련되지 못해도, 그 그림자는 그의 아픔과 상처가 담겨있고, 듣는 이로 하여금 깊은 감동을 느끼게 한다는 것이다. 반면 아무리 세련된 노래라도 그안에 그림자가 없으면 노래에 영향력이 없다고 한다. 김지하는 우리 민족문화 안에 그런 흰그림자가 존재한다고 믿는다. 물론 한 개인의 삶 가운데에도 그런 흰그림자가 있다. 그림자를 직면하고 대화할 때, 고통이 수반되지만, 그 그림자 안에 해결의 실마리가 있다고 주장한다. 전 세계를 여행하면서, 특히 동아시아를 여행하면서 김지하는 그의 저서 『예감』에서한의 본래 의미는 "영원한 푸른 하늘"이었음을 발견했다고 주장한다. 그렇다면 본래 한은 긍정적인 의미의 단어였는데, 우리 민족이 아픔을 겪으면서 어렵고 힘든 의미를 한이란 단어에 모두 투사해서 집어넣은 것이라고 볼 수 있다.13)

---

13) 김지하, 『예감』 (서울: 문학과 지성사, 2006), 90.

나가며

이 글은 한국인의 심성에 내재된 한의 변형transformation을 통해서 한류를 새로운 창조의 전환으로 주목하고 있다. 아울러 놀라운 속도의 외면적 성장에도 불구하고, 높은 자살률 통계가 보여주듯이, 한국사회는 한의 변형 과정에서 드러나는 어두운 이면을 보여주고 있다. 한은 한국인에게 부정적이고 파괴적인 성격의 감정으로 이해되어 왔지만, 한의 긍정적 승화를 통해서 한의 변형을 이룰 수 있다면, 한은 분명히 건설적인 감정이 될 수 있다. 첫째, 하인즈 코헛의 자기심리학적 입장에서 한을 이해할 때, 한을 가진 내담자가 좀 더 주체적으로 자신의 한을 이해할 수 있고, 이것은 단지 치료자와 내담자사이에 일어나는 상담에만 국한되는 것이 아니라, 집단적인 역동에서도 적용 가능할 것으로 바라본다. 둘째, 서양 정신분석학과 한국 유불선 전통과의 대화를 통해서 나타난 도심리치료의 입장에서는 한을 핵심감정으로 명명한다고 볼 수 있다. 또한 도심리치료는 한과 같은 핵심감정을 사람의 가슴에 맺혀있는 심리적인 부담으로 정의하고 있으며, 한의 변형에 대해서 명상적인 접근 과정을 시도하고 있다. 셋째, 김지하의 흰그림자 이론과 융Jung의 그림자 이론을 통해서, 발효과정이라는 개념을 가지고 한의 변형을 새롭게 이해할 수 있다. 한에 대한 심리상담적/종교적인 이해를 통해서, 고난을 겪는 사람들이 그들의 한을 긍정적으로 변형할 수 있는 가능성을 논하는 가운데, 한을 겪는 사람들이 한을 좀 더 주체적으로 접근할 때, 한을 가진 사람들의 정신세계에 내재해있는 신성함, 즉 변형을 성취할 수 있는 가능성을 발견할 수 있을 것이다. 그렇다면 이제 우리는 한의 본래 의미였던 원대한 하늘과 푸르름을 회복해야 될 때가 아니던가? 필자는 그 예가 바로 한류라고 생각한다. 김치가 발효되는

데 시간이 필요한 것처럼, 우리 민족이 그동안 겪은 아픔과 상처의 시간이 길었지만, 발효되어서 이제 열매를 맺는 시간이 오고 있는 것이다. 그런 점에서 한국인의 한은 더 이상 어둡고 힘든 감정으로만 이해될 것이 아니라, 회복과 비전을 향한 흥과 멋이 넘치는 에너지와 꿈으로서의 한류로 이해되고 변형되어야 할 것이다.

참고문헌

김지하.『미학』. 전집 3권. 서울: 실천사, 2002.

_____.『화두』. 서울: 화남, 2003.

_____.『흰그늘의 길 1』. 서울: 학고재, 2003.

_____.『흰그늘의 길 2』. 서울: 학고재, 2003.

_____.『예감』. 서울: 문학과 지성사, 2006..

이동식.『도심리치료입문』. 서울: 한강수, 2008.

천이두.『한의 구조 연구』. 서울: 문학과 지성사, 1993.

Frankl, Victor. *Man's Search for Meaning*. New York: Simon & Shuster, 1984.

Jung, C. G. "The Philosophical Tree." *Collected Works: Alchemical Studies*. Vol. 13.
        Princeton, NJ; Princeton University Press, 1945.

_____. *Psychology and Religion: West and East*. Vol. 11 of *Collected Works*.
        2nd edition.Translated by R. F. C. Hull. Bollingen Series. Princeton, NJ
        :Princeton University Press, 1954.

_____. "The Undiscovered Self." *Civilization in Transition*. Vol. 10 of *Collected
        Works*. Translated by R.F.C. Hull. London: Routledge & Kegan Paul, 1964.

_____. "Psychology and religion: West and East." *Collected Works* Vol. 11.
        Princeton, NJ; Princeton University Press/Bollingen Series XX, 1969b.

_____. *Psychology and Alchemy*. Vol. 12 of *Collected Works*. Translated by
        R.F.C Hull. London: Routledge & Kegan Paul, 1985.

Kohut, Heinz. *The Analysis of the Self*. NY: International Universities Press, 1971.

_____. *The Restoration of the Self*. NY: International Universities Press, 1977.

_____, ed. Paul H. Ornstein, Madison. Letter, July 24, 1980. *The Search for
        the Self*. Vol. 2. CT: International Universities Press, 1980.

_____. ed. Arnold Goldberg and Paul Stepansky. *How Does Analysis Cure?*.
        Chicago: University of Chicago Press, 1984.

Lee, Ronald R. & Martin J. Colby. *Psychotherapy After Kohut: A Textbook of Self
        Psychology*. Hillsdale: The Analytic Press, 1991.

Ornstein, Paul. *The Search for the Self : Selected Writings of Heinz Kohut* Vol. 2.
        NY: International Universities Press, c1990-91.

Tillich, Paul. *The Shaking of the Foundations*. New York: Charles Scribner's Sons, 1948.

_____. *Systematic Theology*. Vol. 1. Chicago: The University of Chicago Press, 1951.

한류로 신학하기

: 한류에 대한 비판적 이해와 대중문화를 통한 신비주의 신학

최대광 | 감리교신학대학교

들어가는 말

이 프로젝트의 대 주제인 '한류와 선교'는 어울릴 것 같지 않는 단어의 결합이다. 물론 선교를 어떻게 보는가에 따라, 그 이해를 달리할 것이다. 즉 선교를 '교회의 선교'로 보느냐, '하나님의 선교'로 보느냐에 따라, 완전히 다른 해석이 출현한다. WCC는 이미 오래 전부터 하나님의 선교를 선교의 모델로 받아들여 발전시켰지만, 한국 개신교는'교회의 선교'를 암묵적인 선교의 모델로 삼고 있으며, 이에 따라, 교회 밖의 구원을 전혀 인정하지 않는 보수주의가 주류를 형성하고 있다. 이렇게 되면, 교회 밖의 사람들을 교회 안의 신도로 만드는 것이 교회의 궁극적 선교의 사명이며, 여기에 '한류'가 결합된 '한류와 선교'가 됐을 때, 한류라는 문화 현상은 전도전략을 위한 수단이 될 것이다.

그렇지만, '하나님의 선교'라는 시각에서 '한류와 선교'를 이해한다

면, 한류라는 문화를 통해 전도를 한다거나, 이에 따라 교인수를 늘리고, 국내만이 아닌, 해외에 선교지를 확보하는 것이 교회의 궁극적 지향점이 될 수 없게 된다. 교회는 하나님 선교의 통로이기 때문에 한류라는 문화도, 교회와 같은 당신의 선교적 통로가 된다. 하나님의 선교를 받아들인다면, 교회와 함께 교회 밖에서 또한 한류라는 문화 안에서 활동하시는 하나님의 선교를 발견해 낼 수 있으며 이를 신앙의 성장과 함께 평화의 공동체를 만들고 실천하는 일이 선교신학적 사명이 될 수 있을 것이다.

이 글은 '하나님의 선교'라는 시각을 바탕으로 한류와 선교에 대해서 다룰 것이며, 한류라는 대중문화가 어떻게 선교와 신학의 상황(context)이 될 수 있으며, 그 방법은 어떤 것인지 토론할 것이다. 이를 위해, 이 글은, 2000년대에 들어서면서 나타난 한류라는 문화현상에 대한 언론과 글들에 대해서 비평적으로 접근하고, 한류이해의 유형을 분석할 것이다. 또한 교회의 선교 저편에 있는 '하나님의 선교'를 지지하면서, 교회와 등치적 위치에 있는 문화 안에서 활동하시는 하나님에 대한 이해와 이에 대한 접근방법, 그리고 대중문화를 비평하고 극복하는 방법으로 서양의 신비주의 전통을 재구성한 현대의 신비주의를 제안할 것이다.

몸말

한류의 정의와 한류에 대한 예찬적 해석과 한류에 대한 이해

한류란 정작 무엇일까? '한류'라는 단어는 우리의 창작품이 아니며, 대만의 "하일한류 夏日寒流"에서 연원했다고 한다.[1] 여름날의 차가운 흐름을 뜻하는 한류寒流는 한국의 대중문화가 대만으로 유입되는 현상을 삐딱한 시선으로 표현한 것이며, 이 한류寒流에서 한류韓流가 탄생한 것이다. 강철근은 한류를 "중국, 일본, 대만, 필리핀, 베트남 등 아시아 현지인들이 한국의 가요, TV 드라마, 영화 등 대중문화에 대한 관심과 선호가 증가하는 사회문화적 현상"[2]이라고 했다. 그러니까, 한류라는 개념은 한국이 창작한 것이 아니고 대만에서 유래한 것이고, 한국이 주도적으로 아시아 국가들의 관심을 증가시킨 것이 아니라, 아시아의 국가들이 한국에 대해서 관심을 갖게 된 것이라는 사실이다. 최근에 만들어진 말이고, 그것도 우리나라가 아닌 외국에서 만들어졌기 때문에, 당연히 이에 관한 이해와 해석이 혼란스러운 것이다. 그렇다면, 우리가 신문이나 방송 그리고 단행본에서 기록하고 있는 한류현상은 아시아 국가의 (일부)시민들이 보인 문화대응현상에 대한 '해석'이라고 볼 수 있을 것이다. 즉 우리는 이 '해석'의 모음을 접하고 있는 것이다. 그러니까, 우리는 한국의 대중문화가 생산되고 이것이 아시아 국가에 소비되는 과정을 보고 있지 못한 것이다. 그래서 우리는 한류현상을 보도한 신문과 서적에 의존할 수밖에 없고, 그렇기 때문에, 이 매체들에 대한 비평이 선행되어야 한다. 한류에 대한 문화학적 분석은 뒤에 다루겠지만, 대단히 커다란 문화학적 프로젝트로 진행되어야할 것이다. 한류의 보도에 의존한 이해는 다분히 한정적일 수밖에 없기 때문이다. 그렇다면 이 글은 한류현상에 대한 현장의 보도 위에 서 있지 않고, 이들에 대한 '비평' 위에 서 있을 것이고, 또한 이 비평위에 신학과 선교의 가능성에 관한 성찰이 될 것이다. 한류에 관한 비평은, 조한혜정의 글,

---

1) 장규수, 『한류와 스타시스템』(서울: 스토리하우스, 2011), 37; 김현미, 「대만속의 한국 대중문화」재인용.
2) 강철근, 『한류이야기』(서울: 이채, 2006), 56.

곧 한류열풍이 불기 시작했던 2001년에 신문과 칼럼에서 나타난 한류에 관계된 글들을 비평적으로 분석하고 있다. 이에 관해 접근해 보도록 하자.

한류담론에 대한 비판적 접근: 조한혜정

나는 정보의 바다에서 탄생한 생명체다

_ 오시이 마모루의 <공각 기동대> 중

조한혜정에 의하면, 한류열풍에 관한 논의는 "2001년 7,8,9월에 절정을 이루어, 당시는 마치 한국 문화가 아시아를 석권할 듯한 분위기마저 감돌았는데, 인터넷 기사 검색을 해 보면 당시 한국을 제외한 다른 해당 나라들에서는 이 현상에 대해 그렇게 대대적인 보도를 하고 있지는 않았다"[3]라고 말하고 있다. 국내의 매체들이 호들갑을 떨었던 이유는 물론 한류문화의 소비급증 때문이다. 조한혜정에 의하면, 2001년도 초기에 일었던 한류열풍을 풀어내는 방식은 특파원들을 중심으로 "아시아에 한국 댄스 음악과 드라마 열풍이 불고 있다"[4]라는 기사를 통해 서양의 인기 연예인들과 한국의 연예인들을 등치시켜 언급하면서, 한국적인 것에 대한 신화화를 가중시켰다라고 말한다:

1965년 비틀즈가 영국 황실로부터 작위를 받았다. 오늘날 한국에서 그러한 상을 주려 한다면 그 상이 가장 먼저 돌아갈 사람은 가수이자 배우인

---

3) 조한혜정, 「글로벌 지각 변동의 징후로 읽는 '한류열풍'」, 조한혜정 외, 『'한류'와 아시아의 대중문화』(서울: 연세대학교, 2003), 5.
4) 앞의 책, 6.

안재욱일 것이다. 안재욱은 나라를 위해 어느 정치가나 기업가 또는 외교
관이 해내지 못한 것을 해냈다. … 특히 한국 최고의 그룹인 HOT는 중국
수십만 10대들의 우상으로 떠올랐고, 한국 테크노의 '공주'로 불리는 이
정현은 중국과 홍콩에서 맨다린 버전으로 대단한 히트를 쳤다. 이런 한국
붐은 현지에 있는 기업들의 의도적인 마케팅의 결과이기도 하다. 예를 들
어, LG전자는 한국서 만든 텔레비전 드라마를 더빙 비용과 함께 기부하였
는데, 이런 전략이 한국 붐을 일으키는 데 일조를 했다.5)

　　이 신문 기사는 동경의 대상이던 비틀즈와 안재욱을 등치시키면서, 문
화는 대기업의 마케팅과 연결된 '산업'임을 강조하고 있다. 즉, 당시 유행
어처럼 돌고 있었던 "가장 한국적인 것이 가장 세계적인 것"이라는 민족
주의적 담론과 함께 대기업이 연합하면, 기업의 성장을 가지고 올 것이라
는 것이다. 이 당시부터 문화는 항상 산업과 연결된 담론이 된 것이다. 이
런 '환상' 속에서 "문화가 돈이 된다. 한류를 지속시키자"6)는 담론이 출현
하게 되었다고 한 것이다. 당시 김한길 문화관광부 장관은 <대한매일>과
의 인터뷰에서 "우리 문화의 해외진출을 적극 지원 하겠다"라고 하면서,
문화는 산업과 정치가의 정책을 포괄하는 시스템으로 작동하게 되었다
고 말하고 있다. 즉, 한류현상은 생산적 산업이며, 정치가의 인기와 명운
을 좌우하는 힘이 된다고 본 것이다. 김한길 장관은 "문화산업 부흥을 위
해 예산을 늘리고 중국 대도시에 '한류 체험관'을 지어 문화 전문 공무원'
을 상주시키고, 갖가지 문화교류 행사를 추진하겠다고 했다. 한류 열풍이
단순한 취향의 유행이 아니라 문화 상품 자체 수익과 함께 광고를 통해 상

---

5) 앞의 책, 7-8.「코리아 헤럴드」"Marketing Korean Pop Culture" 2001. 8. 31. 재인용.
6) 앞의 책, 9.

당한 경제적 가치를 창출할 가능성을 가졌음을 강조"[7]했다. 소설가 출신인 그가 문화를 산업과 연결시킨 '문화산업'이라는 말을 하고 있다. 산업은 곧 생산과 소비를 전제로 한 말이다. 물론 어떤 예술이라고 할지라도, 팔려야 생존하겠지만, 예술을 위한 예술(art for art sake) 혹은 문화를 위한 문화(culture for culture sake)를 모토로 한, 예술적 정신은, 판매를 목적으로 하는 대중문화와 갈등을 일으킬 수밖에 없는 것이다. 예술적 정신이나 혹은 그 안에 내재한 아름다움을 구원하기 위해서는 과도한 상업주의에 대한 비평과 비판이 우선되어야 하지만, 문제는 이런 '문화산업' 그 자체를 예술과 등치시켜 이해하는 낭만주의적 방식, 또한 여기에 민족주의를 결합하는 방식은 현상을 왜곡시킨다.

조한혜정은 스타와 기획사 그리고 몇몇 학자들과 국가가 결합된 "한류 문화산업"을 '해석'하는데 있어서는 낭만적 민족주의를 바탕으로 해석하는 담론이 주류를 이루고 있다고 말한다. 그는 매체와 단행본들이 한류를 해석하는 데 있어서, 커다랗게 3가지의 흐름이 있었다고 밝히고 있다. 첫째로는 "'한국인의 심성'론과 민족적 자존심 회복의 담론"[8]이고 둘째로는 "선진국 문화의 폭력과 선정성"[9]담론이다. 셋째로는 "일본 제국주의 역사와 관련된 반일감정"[10]이 한류를 촉발 시켰다고 보는 시각이다. 첫 번째와 두 번째의 흐름은 서로 얽혀 있으며, 세 번째의 것은 또한 두 번째와 연결되어 있다.

먼저, 첫 번째의 시각, 곧 "한국인의 심성론과 민족적 자존심의 회복

---

7) 앞의 책, 11.
8) 앞의 책, 13.
9) 앞의 책, 15.
10) 앞의 책, 17.

담론"은 유상철, 안혜리, 정현목, 김준술, 정강현이 공저한『한류의 비밀』에서 가장 또렷하게 드러나고 있다. 이 책은 과거와는 변화된 일본과 베트남과의 관계의 변화, 그러니까, 과거 식민지 모국이었던 일본과 적국이었던 베트남과의 관계가 전환된 것이 '소프트 파워' 곧 '문화'라는 "한국인의 강점"때문이라고 말하고 있다. 이들은 대단히 격앙된 언어로 한류에 관해서 다음과 같이 찬양하고 있다:

> 이 같은 한국사회 변화의 한가운데에 문화력이라고도 할 수 있는 '소프트 파워'가 자리 잡고 있다. 1980년대 중반 표현의 자유를 옥죄었던 고삐가 풀리면서 빠른 속도로 축적되기 시작한 힘이다. TV 드라마와 영화, 댄스 뮤직, 만화, 캐릭터, 온라인 게임, 디자인 등등… 이젠 한국인의 '끼'가 거칠 것 없이 세상을 휘젓고 있다. 처음엔 '대견하다'는 흐뭇한 눈길이 주어졌다. 우리 문화에 대한 자부심도 커졌다. '아하, 원래 우리는 춤 잘 추고, 노래 잘하는 동이東夷민족이지' 한국은 오감五感 공화국'이라는 말도 우리의 가슴을 뿌듯하게 했다.
> 한동안의 자부심 단계를 거쳐 우리의 사고영역도 한 발자국 더 확장됐다. 한민족의 '먹거리'산업으로서 21세기에는 반도체 같은 첨단 기술 분야와 함께 문화산업을 지목하게 된 것이다.[11]

위와 같은 민족적 본질주의의 찬양에는 이 책『한류의 비밀』의 부제가 "소프트 파워를 읽는 이어령과의 대화"에서 볼 수 있듯이, 이어령의 문화 비평적 범주 안에서 사고하는 글이다. 문화력 곧 '소프트파워'의 범주를

---

11) 유상철 외,『한류의 비밀』(서울: 생각의 나무, 2005), 20.

이어령은 다음과 같이 설명하고 있다.

> 흔히 동북아시아를 '한자문화권'이라고 부르듯이 우리는 2000년 가까이 중국문화권 안에서 살아왔고 근대에 와서는 100년 가까이 일본문화권의 영향 안에 있었다. 그런데 '한류'와 '합한족'이라는 새로운 한자말이 생겨나게 되었다는 것은 한국이 문화 수신국受信國에서 문화 발신국發信國으로 전환되었음을 알리는 신호다.
> 단순한 한류가 아니다. 세계의 역사가 '부국강병'의 하드 파워에서 '문화'의 소프트 파워로 옮겨가고 있는 현상에서 일어난 일이다. 군사력과 경제력에 뒤져 식민지 국으로 전락했던 한국이 이제는 아시아 지역에 아시아의 문화적 아이덴티티를 불러일으키는 주역으로 급부상하고 있는 것이다.[12]

즉, 이어령은 '문화'를 언어의 영향과 경제/군사력에 의한 지배 및 피지배적 현상으로 읽고 있다. 2000년간 중국의 문화지배와 일본의 식민지 배하에 있던 한국이 '소프트파워'를 앞세워 2100년간의 지배자들을 피지배자로 전복 하고 있다고 말하고 싶은 것이다. 즉, 한국인은 경제력, 군사력과 같은 부류의 힘(力)과는 반열이 다른 "소프트 파워(문화력)"라는 "평화주의적" 민족이라고 말하고 싶은 것이다. 위에서 말한 조한혜정의 두 번째 분석, 즉 선진국 문화의 폭력과 선정성은 한국인의 심성과 민족적 자존심에 연결되어 있는 것이다. 이런 신화적인 민족적 본질주의essentialism는 전혀 새로울 것이 없다. 이미 우리는 중고등학교를 다니면서 귀에 못이 박히도록 "한국인은 평화를 사랑하는 민족"이라는 소리를 들어왔기 때

---

12) 앞의 책, 17-18.

문이다. 이어령이 군사력과 경제력을 비판하며 "소프트파워"라는 신화적 언어 뒤에 숨어있는 "평화를 사랑하는 우리 민족"과 같은 담론과 같이, 선진국의 문화상품에 비해 한국의 것은 가족적이고 평화적이라고 해석하고 있는 것이다. 이 논의는, 1990년대 중 후반부터 당시 어근까지 유행했던 유교문화권, 더 나아가 "유교민주주의"가 활발하게 논의되는 시점과 겹치고 있다.

마지막으로 "일본 제국주의 역사와 관련된 반일감정"이 한류를 촉발시켰다고 보는 시각은 "평화를 사랑하는 한국인" 혹은 "평화를 사랑하는 피식민지국가"라는 담론을 숨기고 있다. 즉, 아시아 국가들이 보편적으로 일본에 피해를 입었기 때문에, 상대적으로 반감이 적은 한국의 대중문화가 아시아 국가들에게 팔리고 있다는 것이다. 일본에 대한 적대감은 분명히 존재하겠지만, 한류를 소비하는 젊은이들에 대한 문화적 이해가 없이, "논평하는 세대와 실제 그 문화를 향유하는 세대의 거리가 심하게 느껴지는 지점"[13]에 대해서 분석해야 한다고 지적하고 있다. 과거와는 달리, "새로운 세대" 곧 식민지시대를 경험하지 않았고, 대중문화에 개방적인 세대 신세대들에게는 별로 적용될 수 없는 논리라는 것이다. 한류를 '해석'하는 데 있어서, 문화산업과 정치권력과의 연관을 분석하지 않고, "서구와 일본과는 '다른' 평화롭고 착한 우리민족"이라는 가상의 민족적 본질주의를 주장하는 낭만적 담론만 반복되고 있을 뿐이다. 위에도 밝혔지만, 정치인들이나 문화생산자들은 한류를 민족적성에 관련된 본질주의적 현상이 아닌 '산업'이며 '상품'으로 정의하고 있다. 이에 관한 해석은 전혀 다른 곳을 건들이고 있다는 것이다.

---

13) 조한혜정, 「글로벌 지각 변동의 징후로 읽는 '한류열풍'」, 조한혜정 외, 『'한류'와 아시아의 대중문화』(2003), 18.

한류에 관한 언론과 서적의 낭만주의와 민족주의적 '해석'을 비평하면서 조한혜정은 이 한류현상의 '효과'에 관해서 관심하고 있다. 식민지와 전쟁, 독재와 기근의 문제로 근근하게 일하는 기계로 살아온 한국을 비롯한 아시아 국가들은 과거 식민모국에 대한 민족적 열등감을 내면화하고 정체화하고 있다. 그런데 이 한류의 현상은 탈식민지적 정체성을 출현시킬 잠재력을 가지고 있다는 것이다. 그는 "근대화란 모방의 역사"[14]라고 말한다. "지금 한국이 팔고 있는 문화제품은 '미국 상업 문화'의 '한국 버전'이고, 한류 열풍은 한국의 제조업 중심의 수출산업이 문화상품으로까지 단순히 확대된 것뿐이라는 주장"[15]을 받아 들여야 한다는 것이다. 그런데 이미 우리는 발터 벤야민이 파악했듯이 "기술복제시대"에 살고 있다. 영상예술은 시공간적으로 동시적이며 진품과 가품의 구별이 불가능하다. 이 모방의 문화생산에 관해 그는: "현대 대중문화를 논의할 때 우리는 더 이상 창조적 모방이나 '패러디'라는 말을 쓰지 않고 '혼성모방', '패스티쉬'라는 말을 쓴다. 더 이상 새로운 것의 출현을 기대하기 어려운 묘사와 복제의 시대에 살고 있는 것"[16]이라고 말하고 있다. 그렇지만 이런 모방이 "종속적 모방이 아닌 전복적 모방의 전략"[17]은 없는가 하면서 안타까움을 제기하고 있다. 즉, 모방의 역사와 식민지와 근대화의 과정에서 형성된 정체성을 모방을 통해 재구성하는 것, 이것이 서양과는 다른 아시아인들의 대안적 정체성이 될 수도 있다는 것이다. 즉, 우리는 지금 미국의 초국가적 문화산업을 모방하고 있지만, 또 앞으로 아시아의 국가들

---

14) 앞의책, 35.
15) 앞의책.
16) 앞의책, 37.
17) 앞의책, 41.

이 이 패턴을 모방하여 또 다른 문화산업을 만들어 나갈 것이다. 그렇지만, 이 과정과 흐름 위를 "부유하고 있는 자신을 발견"[18] 한다는 데리다의 말을 인용하면서, 이 흐름을 파악하고 이해할 새로운 연구자가 나와야 한다는 것이다.

<공각 기동대>에서 인형사라는 '해킹프로그램'은 다른 프로그램과의 수많은 교류를 통해 부유하는 자아를 깨닫는다. 인간에 의해 수동적으로 움직이는 프로그램이 아닌, 스스로 자율적으로 움직이는 생명체가 된 것이다. 그래서 스스로, "나는 정보의 바다에서 탄생한 생명체"라고 말하면서, 마네킹과 같은 의체에 들어가 사람과 같은 몸을 가진 생명체가 되려고 한다. 물론 실현 불가능한 상상이지만, '정체성'은 교류와 부유에 의해서 깨어난다는 것을 상징적으로 보여준 것이다. 조한혜정도, 모방과 교류를 통해 깨어난 정체성은 식민지적 정체성과 오리엔탈리즘을 넘어서는 탈영토화적 정체성이라는 가능성을 본 것이다. 즉, 한류라는 서구 문화산업의 모방이, 서구의 식민주의적 정체성을 벗어난 탈영토적 정체성을 탄생시킬지도 모른다는 것이다. 조한혜정의 글은 한류의 현상을 통해 우리의 숨겨진 내적 담론들이 표상화하는 형식을 비판하면서, 한류의 미래에 관해서 성찰하고 있다. 필자는 조한혜정이 한류현상은 서구의 산업화된 문화산업의 모방현상이며, 이는 곧 과거 식민지적 정체성을 극복할 전복적 정체성의 가능성이라는 정의를 받아들이면서, 이런 대중문화가 신학과 선교에 어떤 관련이 있으며, 이를 통한 신학하기와 선교하기는 어떤 형태가 되어야 할 것인가를 논의해 보려한다. 조한혜정이 데리다의 "부유하는 정체성"을 인용하며 이는 문화의 흐름을 파악하는 탈영토화적 정체성

---

18) 앞의 책, 42.

이라고 했듯, 중세의 신비가 빙엔의 힐데가르트는 "하나님의 숨결 위를 떠다니는 깃털(A feather on the breath of God)"이라는 표현을 했다. 문화 안에서 하나님의 숨결 위를 부유한다는 것은, 두 가지를 전제로 할 수 있을 것이다. 첫째, 인간의 인위성을 넘어선 하나님의 활동을 겸손히 받아들이는 것이고, 둘째, 문화산업에 대한 비평과 비판을 통해, 상업화에 갇힌 하나님의 활동을 밝혀내는 일이다.

한류로 신학하기: 방법론

현재 교회가 마주치고 있는 한류라는 문화와 파편화된 문화 안에서 선교와 신학은 어떻게 가능할까? 다양성의 문화가 폭발적으로 늘어나고, 끊임없이 새로운 정체성들이 생산되는 상태에서, 신학과 선교는 어떤 형태를 띠어야 할까? 이에 관한 방법론과 가능성은 무엇일까?

휴스턴의 성 토마스 신학교의 조직신학 교수 리차드 겔라데츠는 기술문화적 세계관과 문화 안에서 어떤 형태의 신학이 가능한지에 관해서 성찰하고 있다. 그는, 삼위일체의 모델을 통해 현재의 기술문화 안에 살고 있는 현대인들을 향한 선교의 모델을 제시한다: "초창기 교회일치를 위한 종교회의에서 삼위일체가 교리적으로 구체화되기 훨씬 전, 교회는 하나님께서는 사랑의 삶을 사는 인류와 역동적인 운동을 통해 만나신다는 살아있는 삼위일체적 신앙을 소유하고 있었다."[19] 즉, 겔라데츠의 관심사는 삼위에 대한 교리적 해석 곧 하나와 삼을 포섭하는 논리적 과정에 있었던 것이 아닌, 그 본 뜻 곧 '역동성'에 무게를 두고 있다. "하나님께서 우

---

19) Richard. R Gallardetz., *Transforming Our Days* (NY: Crossroad Pub. Co., 2000), 54.

리와 사랑의 관계를 가지고 계시는 것 보다 하나님 당신이 사랑의 관계다"[20]그래서 겔라테츠는 다음과 같은 범재신론적 모델을 제시한다.[21]:

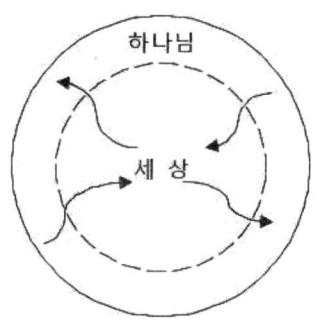

이 그림에 의하면, 우리를 포함한 세상은 하나님과 관계한다. 문화는 이미 인간의 눈과 삶에 반영된 것이기 때문에, 이런 '연관'은 하나님과 우리 그리고 우리와 세상과 연결되어 있는 커뮤니온적 존재를 보여주는 것이다. 겔라테츠는 여기서 "세상"과 "하나님"의 연관을 이야기하지, 교회와 세상, 혹은 교회와 하나님을 논하지 않는다. 관계 속에 나타나는 역동성은 하나님의 영역을 교회 안에 가두지 않으며, 하나님은 세상과 관계가 없다거나, 교회도 세상과 관계가 없는 것이 아닌, 세상과 하나님은 상호간에 열린 소통을 하고 있다. 이런 겔라테츠의 모델은, 인간을 넘어선 하나님의 활동이 어떻게 문화 안에 내재하는지 보여주고 있다.

즉, 겔라테츠의 삼위일체적 모델은, 신의 초월성에 초점을 두고, 이 초월적 절대성에 복종하는 전제적 모델이 아니라, 우리의 주변에 내재한 하나님을 찾아나가는 방식인 것이다. 그렇다면, 겔라테츠의 도표는 세상과

---

20) 앞의 책.
21) 앞의 책, 55.

하나님을 이해하는 방식, 곧 하나님의 활동과 인간의 문화와의 상호침투에 대한 성찰이다. 그런데, 겔라테츠의 도표에서 말하는 '세상'에 관해서는 좀 더 세분해야 할 필요가 있을 것이다. 초월하신 하나님을 우리는 알 수 없지만, 세상 안에서 문화와 어떤 방식으로 상호 교류하는지 좀 더 구체적으로 접근해야 할 필요가 있는 것이다.

영국의 문화학자 스튜어트 홀과 두 게이는 문화의 연구는 문화순환의 현상을 이해하는 것이라고 말하고 있다. 그들은 문화연구의 방법을 "문화의 순환Circuit of Culture"이라고 하면서 문화학의 파편적인 이론들을 하나로 묶어내고 있다.22)

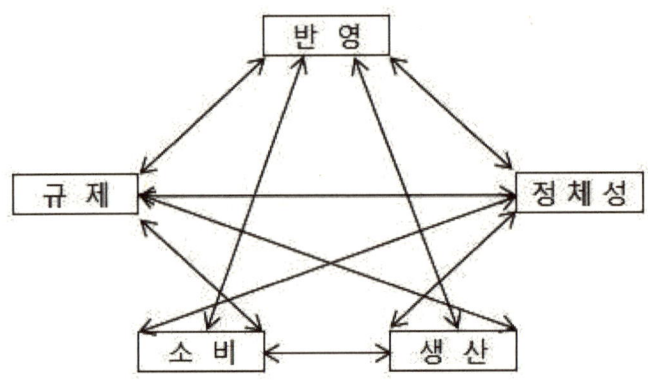

문화를 이해하는 방식에 따른 위와 같은 순환구조는 각각의 영역에 각각 한권의 책이 할당될 만큼 방대한 양이다. 그렇지만, 이 책의 시리즈 전

---

22) Hall, Stuart, Gay, Paul du and others, *Doing Cultural Studies: The Story of the Sony Walkman* (London: Sage Pub., 2000), 3.

체를 요약하면서 문화학의 방법론에 관해서 논의한 책,『문화연구: 소니의 워크맨 이야기』*Doing Cultural Studies: The Story of the Sony Walkman*』에서는 이에 관해 이렇게 말하고 있다:

표현(articulation)이라는 것은 두 개 이상의 다르거나 상이한 요소들을 연합하게 하는 결합의 형태이다. 이것은 필요하거나 결정적이거나 절대적인 것들의 결합이 아니라, 실존의 상황이나 상황의 상대성에 놓여 발생되는 연접이라는 것이다. 그래서 어떤 가공물이 함유하고 있는 의미를 하나의 절대적 현상 - 예를 들자면 생산의 과정 - 을 통해 이해하는 것 보다 표현이라고 하는 일종의 과정이 설명의 시초라고 이 책에서는 주장하고 있다.23)

문화의 순환에서 발생하는 분화나 각각의 요소들, 즉, 규제, 소비, 생산, 정체성, 반영 등은 서로의 결합을 통해, 끊임없이 변화하며, 다른 문화적 생산품(음악, 영화, 드라마 등등)의 출현은 생산자의 예측을 불허한다. 이런 이해를 받아들인다면, 문화란 상호작용이고, 일시적인 것이며, 이 일시적인 것의 연결점 속에 정체성이 끊임없이 재구성된다는 사실을 알 수 있다. 문화는 곧 "부유하는 흐름"을 만들고 정체성은 그 부유함 위에서 깨닫는 것이다.

스튜어트 홀은 이 책을 통해, 일본의 워크맨이라는 문화적 생산물이 '생산'이 어떤 과정을 통해서 이루어졌는지 소니의 기술력, 포디즘이 극단화된 일본의 공장시스템, 획기적인 경영의 법칙, 소니를 통한 미국과 일본의 관계를 분석한다. 물론 이것은 단지 워크맨을 만드는 소니만의 비평

---

23) 앞의 책.

이 아닌 현대의 자본주의 생산양식에 대한 비평이기도 하다. 소비의 분야로 들어가서, 소비자의 필요와 새로운 제품에 대한 욕망, 욕망에 대한 마케팅을 분석한다. 생산은 빈 허공에서 이루어지는 것이 아니라, 소비의 욕망이 생산을 만들어내는 방식을 연구하는 것이다. 이 역시 인간의 욕망을 데이터베이스화 해서 각각의 영역에 테크놀로지가 투입되어 소비하게 하는 방식을 연구하는 것이다. 규제의 영역에서는 워크맨이라는 제품이 어떻게 음악을 듣는 공간적 규제를 극복했으며, 공유해야 할 음악을 어떻게 개인화 시켰는지, 그래서 공적 공간과 사적 공간의 구분을 어떻게 해체시키고 재구성해내는지 살펴보고 있다. 물론 요즘에는 이보다 더 발달된 MP3와 스마트폰이 생겨나 통화, 음악, 영화, 스포츠, 텔레비전, 사전 등이 통합된 IT독점구조를 통해 공간성을 완전히 흩어놓고 있지만, 당시의 워크맨은 실로 획기적인 방식이었다. 이 책은, 또한, 공간의 반영 곧 워크맨이라는 '기표'의 의해서 만들어지는 '기의' 곧 다양한 해석은 어떤 것인지 분석한다. 소쉬르의 언어철학적 개념에 의해 나타난 다양한 뜻과 의미의 연쇄성, 기의와 기의가 결합된 새로운 신화의 생산에 대한 비평적 분석을 시도하는 것이다. 이를 통해 기의의 과정이 소비의 욕망과 연결되고, 워크맨의 생산 특히 '디자인'과 '성능'의 생산을 만들어 내어, 워크맨을 통한 소비자가 소유하는 정체성의 성립을 보여준다. 즉 워크맨과 같은 생산물을 사용하지 않은 사람과 사용하고 있는 사람이 가지고 있는 정체성의 차이에 관해서 알 수 있을 것이다. 이들이 워크맨을 들어 문화의 순환구조를 설명했지만, 이는 영화일수도 있고, 음악일수도 있으며, 소규모 집단의 컬트적 현상일수도 있다. 다양한 문화가 생산되면 소비하는 집단이 문화를 규제와 반영의 문화를 형성하면서, '다른' 이들과는 다른 문화를 만들어 낸다는 것이다. 그래서 이런 '일시적인 것'은 끊임없이 연결점을 갖게 되며 문화는 일시적이면서 동시에 또 다른 문화를 생산하는 연결점이 되는 것이다.

이런 문화의 순환과정을 겔라테츠의 삼위일체적 인식과 연결해서 생각해 본다면, 일시적이고, 상호작용하며, 변하고 다층적으로 연결된 대중문화에 내재한 하나님의 활동을 찾아야 한다는 것이다. 즉, 성서를 분석하고 비평하듯, 연구자는 문화를 분석하고 비평해야 한다. 이를 위한 비평과 분석을 하는 이유는, 우리가 은총Grace이신 그리스도와 하나님을 더듬어 찾을 수밖에 없기 때문이다(행 17:27). 다음 문단에서는 두 번째 주제, 곧 문화산업에 대한 비평과 비판을 통해, 상업화에 갇힌 하나님의 활동을 밝혀내는 일에 관해 논의해 볼 것이다.

한류로 신학하기: 대화, 대중문화와 현대의 신비주의 이해

막스베버는 근대 자본주의의 출현을 미국의 고전적 칼뱅주의자 벤자민 플랭클린이 노동생산의 극대화를 위해 시간을 배분하고 육체를 훈육하는 것에서 찾았다. 하나님의 예정된 구원은 물질축적이 그 증거가 될 수 있기 때문이다. 그는 플랭클린의 몇몇 어록을 통해서 근대적 자본주의의 탄생을 예고하는 암시를 발견하고 있다:

> 기억하라, 시간은 돈이라는 사실을. 인간은 노동에 의해서 하루에 십 실링을 벌 수 있고, 이 돈으로 해외에 나갈 수 있지만, 비록 육 펜스만을 소비하지만, 하루 반나절을 빈둥거리며 놀 수 있다면 결코 적은 비용을 사용했다 할 수 없다. 그는 오 실링을 써 버리거나, 길바닥에다 던져버린 것이기 때문이다 … 기억하라, 돈은 성장하고 생산적이라는 사실을 … 돈은 돈을 낳는

다. 그 돈의 자손은 더 많은 돈을 낳는다. 오 실링은 육 실링이 되며, 칠 실링이 되고, 거기서 파생된 삼 펜스가 생겨나는데, 결국 돈이 불어 백 파운드까지 되는 것이다. 돈이 많을수록 더 돈이 불게 된다. 그래서 자산은 더더욱 빨리 불어난다. ……. 기억하라, 고용주는 피고용주가 소유한 지갑의 주인이라는 것을. 고용주가 약속한 시간에 정확히 시간을 지켜 돈을 지불할 때, 어느 때건, 어느 상황에서건, 노동자가 저축할 수 있게 한다. 이 저축한 돈은 커다랗게 쓰일 수 있다. 산업주의와 검소함의 미덕이 보편화된 이 사회에서, 젊은이들을 양육함에 있어 거래의 정직함과 정확함보다 더 좋은 교육은 없다. 그래서 한 시간도 틀리지 말라.[24]

베버가 주목했던 것은, 더 많은 돈을 벌기 위한 신속함과 신중함, 그리고 정직함과 저축이다. 베버는 사업의 일반윤리를 말하는 것이 아니라, 여기에 '정신'spirit이 숨어 있다는 것이다. 시간을 쪼개고, 예측 가능한 시간에 돈을 지불하며, 이런 신뢰 안에서 노동자는 저축과 삶의 미래를 설계한다는 것이다. 중세와는 다른 이러한 삶의 방식은 사회 전반에 확산되었고, 바로 이것이 현대 자본주의의 출발점이라고 했던 것이다.

이러한 자본주의적 삶의 방식은 과거와는 다른 시간과 공간을 만들어 내었다. 즉 시간은 돈으로 환산할 수 있는 것이기 때문에, 노동시간과 휴식시간이 물질화되었고, 정직함이라는 보편적 미덕은 이 잘게 쪼개지고 물질화된 시간 안에 존재하는 미덕 곧 제 시간에 돈을 주고, 이 돈으로 미래를 설계하는 패턴이 된 것이다. 이 과정에서 베버가 말하는 젊은이 혹은 노동자가 훈육이 되면서 '자본주의적' 인간이 탄생한다는 것이다. 그래

---

24) Max Weber, *The Protestant Ethics and the Spirit of Capitalism* (New York: Scribner's Press, 1904), 49-50.

서 근대에는 훈육을 통한 생산성을 극대화하는 근대의 학문인 경영학과 경제학, 정치학 등이 탄생하게 된다.

이런 자본주의적 훈육의 형식 중 경영학을 적극적으로 교회의 상황에 적용한 것이 '교회성장학'이다. 잉여자본의 축적 대신 신도수의 축적, 이들의 이탈방지를 위한 관리의 영역까지 이 연구와 실천의 범주는 확대되어 있다. 교회는 시간을 배분하고 육체를 훈육(새벽부터 저녁까지의 예식)시키며, 경영적 방법과 문화매체와 영상을 통해 신자들을 환등상의 세계관으로 인도한다. 또한, 신도수를 늘리기 위한 교회의 집회와 신앙생활과 때로는 개인적 은총의 체험도 '상품화'되어 간증집회의 패키지로 등장한다. 겔라데츠는 기술시대의 문화와 영성에 관한 성찰을 하면서 다음과 같이 밝히고 있다:

> 기술적 도구는 물건을 상품화 한다. … 물건이 상품화하는 것은 우리 시대에 종교의 영역까지 확장되었다. 종교적 체험이 인간경험의 단순한 부분으로 다른 경험과 병치되어있는 에피소드식 영성은 오늘날의 은혜 패키지에 관해서 이야기할 뿐이다. 기술시대에, 영성가는 다이어트와 같은 방법을 통해 만나는 '기술자'로 전환된다. 이런 식으로 종교경험은 오늘날과 같은 기술시대에 다른 경험과 쉽게 병치되어 버리고 만다. 종교는 우리의 바쁜 삶에 맞추어져, 패키지로 제공되는 것이다.[25]

하루 종일 열리는 교회의 예배와 성경공부 그리고 문화강좌, 음향과 영상이 결합되어 설교와 섞여 나오는 방식, 교회는 초월적 존재와 만나는

---

25) Richard. R Gallardetz, *Transforming Our Days* (2000), 51-52.

예배의 장소가 아니라, 문화를 파는 거대한 극장과 같다. 신도를 관리하기 위해서는, 교회 안에 이들이 '머물러' 있어야 한다. 이들은 더 좋은 "종교문화" 소비의 장소로 떠날지 모르기 때문이다. 그래서 교회마다 카페가 등장하고, 매시간 다양한 문화 프로그램이 제공되고 이름을 바꾼 성경공부가 등장한다. 성지순례는 한국의 여행 산업의 패러다임을 재구성하여 바꾸는 거대한 산업으로 바뀌었다. 단기선교는 여행사와 비행기 회사의 주 수입원이다. "교회의 선교"가 교회성장학이라는 자본주의의 문화를 거쳐 나타난 교회의 현상에, 하나님의 존재는 신도수를 늘리고 관리하기 위한 담론적 존재다. 더 위대한 신은 성장의 비법이며, 관리의 기술이고, 설교에 있어 음향과 영상의 테크닉이다. 초월적 신의 자리는 인간의 인위성이 차지해 버렸다.

신의 자리에 인간을 놓아, 교세확장의 도구로 여기는 한, 이 자본주의적 환등상은 꾸준히 지속될 것이다. 이런 상품화가 진행되고 있는 교회에 하나님의 활동을 찾아낼 수는 없는 것일까? 회사와 같은 빌딩 식 교회, 목회를 '기획'하며 성도들을 훈육하는 회사와 같은 곳에서 내적 신앙을 찾아낼 수 있을까? 자본주의적 소비구조에 의해 형성된 일시적이며, 순간적이고, 이들이 또 다시 연결되어 상품화된 문화를 만들고, 이를 통해 정체성을 만들어내는 이 문화의 순환 고리에 교회가 있지만, 이를 재구성할 수 있을까?

발터 벤야민: 상품화된 문화를 해체하는 멜랑콜리

교회가 성장학에 매몰되어 교회안의 문화가 상품화되는 모습에 걱정하는 현대의 눈길들이 존재하듯, 20세기 상품화된 현대문화에 고민했던 발터 벤야민은 보들레르의 우울함을 근대의 아케이드를 해체하는 중요

한 수단으로 삼고 있다. 보들레르는 현대의 상품화된 문화를 폐허와 권태
로 파악하고 있다:

> 승냥이, 표범, 암사냥개
>
> 원숭이, 독섬섬이, 독수리, 뱀 따위,
>
> 우리의 악덕에 더러운 동물원에서
>
> 짖어대고, 노효하고, 으르렁대고 기어가는 괴물들,
>
> 그중에도 더욱 추악하고 간사하고 치사한 놈이 있어!
>
> 놈은 큰 몸짓도 고함도 없지만,
>
> 기꺼이 대지를 부숴 조각을 내고
>
> 하품하며 세계를 집어삼킬 것이니
>
> 그놈이 바로 <권태>! – 뜻없이 눈물 고인
>
> 눈으로, 놈은 담뱃대 물고 교수대를 꿈꾸지
>
> 그대는 알리 독자여, 이 까다로운 괴물을
>
> 위선의 독자여 – 내 형제여!26)

　승냥이, 표범, 암사냥개, 원숭이, 독섬섬이, 독수리, 뱀은 가톨릭에서
말하는 용서받지 못할 7가지 죄의 대응 동물이다. 그런데 이 7가지 죄악보
다 더 악랄한 것은, 상품화된 문화 안에서 이미 그 한계를 알아버린 인간의
'권태'다. 따분함인 것이다. 그렇지만, 보들레르의 이 시를 읽은 벤야민은
다음과 같은 희망의 가능성에 관해서 말하고 있다:

---

26) 보들레르/김붕구 옮김, 『악의 꽃』(서울: 민음사, 2012), 15-16.

'죽음의 냄새가 나는 목가'에서 결정적인 것은 하나의 사회적 기층, 현대적 기층이다. 현대(성)이야말로 그의 시의 기본음이다. 그는 우울로써 이상을 깨뜨린다. 그러나 이 현대(성)는 항상 근원의 역사를 인용한다. 여기에 그러한 인용이 이루어지는 것은 이 시대의 사회적 상황과 산물에 고유한 양의성이 존재하기 때문이다. 이러한 양의성은 이미지를 통해 변증법의 드러남, 정지 상태의 변증법의 법칙이다. 이러한 정지 상태가 유토피아이며 따라서 변증법적 이미지는 꿈의 이미지이다. 상품 그 자체, 즉 물신으로써의 상품이 이러한 이미지를 제시해준다. 집이면서 동시에 도로이기도 한 아케이드 또한 이러한 이미지를 제시해준다. 판매인과 상품을 한 몸에 겸하고 있는 매춘부도 마찬가지다.[27]

우울(멜랑콜리)는 보들레르가 사물을 보는 방식이다. 우울의 목적은 먼저 자신을 문화에서 분리해 나가는 것이다. 우울함은 집단에서 떨어져 나간 느낌이기 때문이다. 곧 세상에 속해 있으면서, 세상을 벗어나야 내가 소속된 문화들이 밝혀진다는 것이다. 우울해야, 친숙했던 나의 세계가 낯설게 느껴지고, 낯설게 느껴져야, 문화를 분석할 수 있다. 이 '벗어난' 상태에서, 현대의 상품화된 문화를 해체하고 오히려 그 상품의 "근원의 역사"를 추구하는 것이다. 그런데 현대는 근원의 역사와 상품이 양의적이다. 곧 근원의 역사와 상품들 사이에 혼재하는 것 사이에 잠시 스쳐 지나가는 진리 곧 섬광이 벤야민이 말하는 '정지상태의 변증법'이다. 우울은 상품과 허위의 문화적 외피를 벗겨내는 비평적 작업이며, 내면을 비우는 부정의 변증법인 것이다. 그는 다음과 같이 말하고 있다:

---

27) 발터 벤야민/조현준 옮김, 『아케이드 프로젝트 1』(서울: 새물결, 2005), 106.

새로운 것은 상품의 사용가치와는 독립된 질을 갖는다. 그것은 집단 무의식이 만들어낸 이미지들에게는 도저히 양보할 수 없는 가상의 근원이다. 패션이 지칠 줄 모르고, 대변하려는 허위의식의 정수이다. 이 새로운 것의 가상은 마치 한 거울이 다른 거울에 비치듯이 영원히 동일한 것의 가상으로 비쳐진다. 이러한 가상이 만들어낸 것이 바로 '문화사'라는 환(등)상으로, 이 속에서 부르주아지는 허위의식을 만끽한다. 스스로의 사명을 의심하기 시작하며, 더 이상 '유용성과 분리 불가능한 것'(보들레르)이 되지 않으려는 예술은 새로운 것을 최고의 가치로 삼아야 한다. 그러한 예술에서 새로운 것의 판정자는 속물이 된다. 28)

옷에 대한 사용가치를 배제한 패션은 새로움의 추구일 뿐이며, 이 속물의식은 자본주의적 환등상을 만들어 낸다. 그리고 이 환상 속에서 욕망하게 하고, 때로는 이 환상을 위해 경쟁하게 하며, 우월감과 열등감을 갖게 한다. 이런 우울/알레고리의 변증법을 노명우는 다음과 같이 묘사하고 있다:

벤야민은 알레고리에 대한 통찰은 "사물들의 무상성에 대한 통찰이며, 이들을 영원으로 구원하려는 욕망이다"라고 말했다. 알레고리적 통찰은 영원함에서 무상성을 발견하며, 무상함이 역설적이게도 영원히 반복됨을 인식한다. 즉 알레고리를 영원함과 무상성이라는 대립적인 힘들이 빚어내는 짜임관계의 형상이다.29)

---

28) 앞의 책, 107.
29) 노명우, 「벤야민의파사주 프로젝트와 모더니티의원역사」, 홍준기 엮음, 『발터벤야민: 모더니티와 도시』(서울: 라움, 2010), 31.

영원성과 무상성의 대립과 통찰 그리고 재구성 속에 정지상태의 변증법 곧 '섬광'이 떠오른다. 대중문화의 속물성을 비평할 때, 신성이 재구성되는 것이다. 상품은 값을 매기고 거래하지만, 은총의 순환은 값이 없다. 한류와 대중문화는 모든 가치와 의미, 종교와 영성까지도 '상품화'하여 폐허로 만들고 있지만, 신학은 거꾸로 이 상품화된 형태를 해체하고, 은총으로 재결합해 내야 하는 것이다. 그렇다면, 상품화된 문화 속에 '구원'을 꿈꾸었던 벤야민과 같이, 한류를 포함하여 상품화된 대중문화 속에 세속화된 교회가 구원될 수 있을까?

정지상태의 변증법과 신비주의: 한류로 신학하기

제비 뽑아 맛디아를 얻으니 그가 열한 사도의 수에 들어가니라.

(행 1: 26)

고대의 전통에서 나타난 신의 뜻은 인간의 영역을 넘어선 '우연'의 영역 안에서 작용하는 것이라고 생각했다. 가룟 유다가 예수의 열두 제자에서 탈락하자 제자들이 했던 행위는 제비를 뽑는 것이었다. 민주적 절차에 따른 합리적 토론이 인사를 결정하는 과정이었다면, 고대에는 신의 뜻은 인간의 사유영역과 추론을 벗어난 곳에 있다고 생각했기 때문이다. 현대인들은 제비뽑기나 주사위던지기를 이해할 때, '확률'이라는 눈으로 봤지만, 고대인들은 인위人爲를 넘어선 신의 영역으로 파악했던 것이다. 더 깊이 들어가 보면, 제비뽑기에 의해서 결정된 인사가 정당하다는 뜻이 아니라, 인간을 넘어선 하나님의 활동을 인정하자는 것이다.

케네스리치는 기독교의 뿌리인 아브라함 신앙의 이 독특한 형태를 다

음과 같이 말하고 있다:

히브리서 11:8은 그가 "어디로 가는지를 알지 못했지만, 떠나" 장막에서
살며 하나님의 도성을 바라보았다고 이야기한다. 그는 순례자가 방랑하
는 가운데 하나님을 알고 경험하게 되는 전통에서 중심인물이 된 것이다.
이방인의 신들은 한 영토에 안주하는 정적인 신인데 반해, 아브라함의 하
나님은 움직이는 하나님(deusmobilis), 곧 사람들을 불확실한 길을 걷도록
불러내고 그들보다 앞서 행하시는 하나님이었다.[30]

아브라함을 불러 불확실함으로 이끌었듯, 선교는 교회 안팎에서 이 물
신적으로 상품화된 문화적 요소들을 이해하고, 파악하고, 결합하는 것일
것이다. 신앙은 불확실성 속에 자신을 던지는 것이며, 이 불확실함의 컨텍
스트는 대중문화와 종교문화, 전통문화가 혼재되어 다층적 정체성을 낳
고 부유시키는 오늘날의 세상이다. 이 상황으로 신학과 교회는 부름을 받
은 것이고, 바로 이 상황에서 신학적 가능성을 모색해야 하며, 하나님의
숨결을 찾아내고, 영성적 삶의 형태와 이상을 추구해야 하는 것이다.

이런 예측불허의 논의와 다층적 정체성이 탄생할 때, 신학의 일은 각
각의 요소들에 관한 신학적 검토를 파악하는 일이다. 또한, 이런 비평적
작업은 관계하고 내재하시는 하나님의 현현의 섬광을 발견해 내는 일이
기도 하다. 덴버대학교에서 신문방송학을 가르치는 린 스코필드 클락은,
오늘날 미국에서 정치인들이나 광고 업주들이 종교 특히 기독교에 관한
언급을 많이 한다면서 이렇게 주장하고 있다:

---

30) 케네스 리치/홍병룡 옮김, 『하나님 체험』(서울: 청림출판, 2011), 64.

학자들이 이런 상황에 마주치게 될 때, 그들은 정치 안에서의 종교의 역할과 판매시장이 어떻게 신자들을 만들어 가고 있으며 문화 안에서 그들이 종교적 신념을 확신하고 있는지 연구해야 한다. 종교학과 신학에서 대중문화를 연구하는 것은 신앙공동체와 대체공동체가 상품에 의해 형성되고 연결되어 있는 방법을 확인하는 일이며, 이것이 소비로 형성된 공공생활에서 신앙인과 시민 그리고 소비자에게 의미를 주는 방법을 찾아내는 일이다.31)

미국의 경우 기독교적 가치나 상징이 영화로 구성되겠지만, 한류를 통해 소통되는 가치는 동양의 종교와 샤머니즘, 때로 기독교적 상징과 가치가 혼합된 형태가 어떤 방식으로 표현되는지를 연구하고, 기독교와 어떤 관련이 있는지 파악하는 일이다. 겔라데츠는, 이런 문화순환의 과정과 하나님의 영역은 서로 분리되지 않고 연결되어 있다고 말한바 있다. 그는 칼 라너의 글을 인용하면서, 이런 문화적 상황 안에서의 새로운 신비주의를 주장하고 있다:

칼 라너의 인간 실존에 관한 초월적 분석은 세속적 세계 안에서 하나님께서 에피소드와 같이 관여하시는 비본질적 신학을 거절하게 했다. 라너는 질문하고, 사랑하고, 희망하고 행동하는 인간영혼의 기본적 역동성 안에서 하나님은 항상 이미 거룩한 신비로 남아계신다고 말한다. 하나님께서는 인간 체험의 절대적 깊이요 무한한 심원이다. …… .라너는 기독교의 미래는 일상적 신앙인들로 하여금 신비의 현현을 매일 보여주는 능력에 달려

31) Lynn Schofield Clark, "Why Study Popular Culture?," Gordon Lynch, *Between Sacred and Profane: Researching Religion and Popular Culture* (London: Tauris, 2007), 10-11.

있다고 믿었다.[32]

　하나님의 심원은 일상을 벗어난 장소에 있는 것이 아니라, 일상의 체험 안에 있다고 했다. 곧 하나님의 문화 안의 내재를 통한 신비를 발견해 낼 수 있는 능력이 곧 신학의 방식이라는 것이다. 이를 두고, 겔라테츠는 현대의 비의학mystagogy 혹은 신비주의라고 말하고 있다. 신비주의란 '감추어진 것'을 찾아내는 것이다.

　신비주의자 가운데, 가장 많은 논의와 연구의 대상이 되고 있는 마이스터 엑카르트는 에베소서 4장 23절의 "오직 너희 심령이 새롭게 되어"를 구절로 한 설교에서, 이렇게 말하고 있다:

　　아우구스티누스는 이렇게 말합니다: 하느님은 영혼의 존재와 더불어 특정한 기능을 영혼의 가장 높은 지체로 만드셨는데, 그것을 일컬어 영이나 마음이라 부른다. 학자들은 이 기능을 일컬어 영적인 현상을 담거나 형태를 띤 이미지 – 관념 – 를 담는 그릇 내지는 성소라고 부릅니다. 이 기능은 영혼과 하느님 사이의 닮은 것이 자리하는 터전입니다. 한편으로 아버지는 자신의 신적인 존재 전부를 세 위격의 특징에 따라서 아들과 성령에게 주시되, 자신의 신성을 쏟아 부으십니다. … 영혼이 자신의 모든 이미지를 여의고, 단일한 하나를 볼 때, 영혼의 존재가 순수한 하나의 단일성 외에 아무것도 품지 않을 때, 영혼의 순수한 존재는 자기 속에서 쉬면서 순수하고 형상이 없는 하느님의 단일성을 수동적으로 발견할 수 있을 것입니다.[33]

---

32) Richard. R Gallardetz, *Transforming Our Days* (2000), 63.
33) 마이스터 엑카르트, 매튜 폭스 해제/김순현 옮김, 『마이스터 엑카르트는 이렇게 말했다』 (서울: 분도출판사, 2006), 268-269.

아우구스티누스나 고대 스콜라 철학에서는 삼위일체에 대응하는 삼위적 요소가 인간에게도 내재해 있다고 했다. 마이스터 엑카르트는 이 삼위 하나님에 대응하는 인간 영혼의 삼위는 "기억(성부), 지성(성자), 의지(성령)"[34]라고 했다. 그는 기억에는 영원성을, 지성에는 이미지와 표상을 버린 순수한 지식을, 의지에는 사랑이라는 금가락지를 끼울 때, 곧 영원을 기억하고 순수한 지성으로 하나님을 파악하고 사랑의 실천을 할 때, 하나님께서는 우리에게도 신성의 무한성을 부어주신다는 것이다. 엑카르트는 이에 관해서 이렇게 말한다: "여러분은 의당 영혼의 본질과 터에 머물러야 합니다. 하나님은 거기서만 다른 상에 의지하지 않은 채 자신의 단일한 존재로 여러분을 건드리십니다"[35]라고 했다. 모든 이미지를 버린 상태, 곧 순수한 없음에서 하나님의 신성이 우리에게 부어지고, 우리도 그 신성에 참여하는 '돌파'breakthrough가 이루어지는 것이다. 내 존재의 심연에 머무를 때, 하나님께서는 단일한 존재로 우리를 건드리신다. 곧 신성을 부어주시는 것이다. 엑카르트에 의하면, 그 은혜의 체험의 열매는 사랑 곧 자비심으로 표현된다:

> 자비가 하느님의 옷을 영혼에게 입히고, 영혼을 신성하게 치장한다는 것은 분명한 사실입니다. 이사야서는 이렇게 말합니다. "네가 먹을 것을 굶주린 자들에게 나누어 주고" – 이것은 육체적인 자비에 해당합니다. – "쪼들린 자의 배를 채워준다면" – 이것은 영적인 자비에 해당됩니다. – "너의 빛이 어둠에 떠올라 너의 어둠이 대낮같이 밝아 오리라. 야훼가 너를 줄곧 인도하여 메마른 곳에서도 배불리며 뼈 마디마디에 힘을 주리라.[36]

---

34) 앞의 책, 271-272.
35) 앞의 책, 438.

영혼의 심연에서 머물러 있다가 하나님의 신성과의 상호침투인 '돌파'가 이루어진 존재론적 상태가 가치론적으로 표현된 것이 곧 '자비'인 것이다. 곧 겔라테츠가 말하는 삼위의 문화 안 침투를 파악하기 위해서는, 기억을 통해 영원을 지향하며, 순수한 지성을 통해 모든 이미지를 여의고, 의지를 통한 사랑으로 돌파하며, 자비를 통해 실천해야 한다. 곧, 발터 벤야민은 멜랑콜리를 통해 현대 자본주의 문화와 거리를 두고, 정지상태의 변증법을 통해, 상품화된 문화와 영원 사이를 가로지르는 섬광을 체험했다. 이를 통해서 그는 문화를 재조립하려고 했던 것이다. 만일 우리가 엑카르트를 이용한다면, 부정을 통해 문화와 거리를 두고, 존재의 심연에 머물러 있어 섬광과 같은 신성에로의 돌파가 이루어진 후, 자비함으로 문화를 재조립하는 것이다. 상품으로 폐허화된 성지순례, 호텔 모양의 교회, 교인들을 머물러 있게 하려는 카페와 거리를 두는 현대의 금욕을 통해 존재 안에 머물면서, 상품화된 문화 안에 내재된 하나님의 활동과 만나는 것이다.

삼위의 문화침투를 인정하고, 한류의 드라마가 생산되며 소비되며, 규제가 생겨나고 사라지는 과정에서, 다차적 정체성이 만들어지는 그 '섬광'을 파악한다면, 현대의 자본주의적 문화생산과는 별도로 대단히 다양한 신학의 주제들이 생산될 수 있는 것이다. 겔라테츠는 문화와 거리를 두는 '부정'의 과정을 새로운 금욕주의[37]라고 말하고 있다. 곧 문화상품화를 향한 문화의 순환에 비판적으로 거리를 두고, 그 영성적 의미들을 찾아내어서, 이를 다시 신학적으로 재구성하는 일이다. 이렇게 되면, 자본주의의 소비와 소유욕망에 의해 만들어진 문화가 하나님의 활동영역으로

---

36) 앞의 책, 612.

37) Richard. R Gallardetz, *Transforming Our Days* (2000), 68.

재구성되면서, 영성적 의미들이 출현하게 된다. 신학은 문화의 모방과 모방을 통해 깨어난 정체성과 같이, 문화 비평과 신비주의적 내면의 비평, 곧 비움을 통해, 문화 안에서 신의 현존을 발견한다. 곧, 신의 사랑 안에 있는 자신의 정체가 깨어남을 확인하는 것이다.

조한혜정은 서구 드라마와 음악을 모방하는 가운데, 아시아가 문화를 상호개방하며 발생된 효과인 '한류'를 통해, 다층적 정체성에 관한 가능성에 기대를 가졌다. 한류드라마와 음악 예술 공연과 상품이 아시아 지역에 붐을 일으키고, 매체들은 "문화상품"이라는 자본주의적 상품성만을 강조하며, 민족주의를 부추기고 있지만, 이들 문화와의 거리 두기와 비평을 통해, 판매를 목적으로 한 "문화상품"이 해체되고, 한류를 해석하는 "우수민족"의 본질주의적 신화가 해체되며, 이 안에 내재해 있는 영성적 섬광과 파편들을 찾아내며, 이를 신학적으로 재구성하며, 영원 위를 부유하는 정체성이 깨어나는 것이 탈영토적 영성의 중심일 것이다. 오늘도 한류를 겨냥한 다양한 대중문화가 만들어지고 있지만, 생산자와 소비자도 모르는 내적 섬광, 곧 하나님의 활동도 그 안에서 숨 쉬고 있는 것이다.

나오는 말

이미 들어가는 말에서도 밝혔지만, 한류와 선교라는 두 단어는 어울릴 것 같으면서도 어울리지 않고, 그렇다고 완전히 관계가 없는 말이 아니다. 어쩌면 벤야민의 성찰처럼, 이 두 단어의 결합이 알레고리적일 수도 있다. 한류에 관한 해석은 일차적으로 방송과 매체 또는 이들 글을 기초로 한 단행본들이고, 선교 역시 성장을 목표로 하는 한국의 교회에서 '전도'를 표현하는 다른 말이다. 이 글에서는 이 두 단어를 비평적으로 접근했으며, 선교를 '하나님의 선교'로 이해했다. 한류를 교회부흥을 위한 문화 콘텐츠로 이해하기 보다는, 하나님의 선교 안에 존재하는 영역으로 보았고, 판매를 위해 생산하는 문화 콘텐츠인 한류를 극복하기 위해 스튜어트 홀과 겔라테츠의 도식을 받아들였다. 그래서 교회의 선교를 통해 하나님의 영역이 교회 안의 조직으로 축소되는 것을 반대하였다. 그래서 오히려 문화와 하나님의 영역은 상호작용하며, 신학은 상품화된 현대의 문화를 벗겨내고, 인간과 문화와 소통하시는 하나님을 찾아내는 일이라는 것을 겔라테츠와 벤야민의 글을 통해서 재구성하였다. 필자는 이 과정을 현대의 신비주의로 보았다. 신비주의란 본시 눈에 보이지 않는 것, 넘어섬에 관심을 갖는다. 이를 찾아내어 영적 통찰의 깊이를 더하고 이를 자유롭게 나누는 과정은 생산과 소비의 과정이 아닌, 은총과 나눔의 과정이라고 했다.

　이제 한류와 문화생산품에 거리를 두고 비평하고 분석하면서, 그 내적 섬광 혹은 하나님의 활동을 찾아내는 작업, 이를 토론하고 비판하고, 나누고 확산시키는 작업은 곧 '하나님의 선교의' 확산이 될 것이다. 이제 대중문화는 신학의 영역인 것이다.

참고문헌

강동완, 박정란.『한류, 북한을 흔들다』. 서울: 늘봄, 2011.

_____.『한류, 통일의 바람』. 서울: 명인, 2012.

구자형.『싸이 강남스타일』. 서울: 화영, 2012.

강철근.『한류이야기』. 서울: 이채, 2006.

리치, 케네스/홍병룡 옮김.『하나님 체험』. 서울: 청림출판, 2011.

마이스터 엑카르트, 매튜 폭스 해제/김순현 옮김.『마이스터 엑카르트는 이렇게 말했다』. 서울:분도출판사, 2006.

벤야민, 발터/조현준 옮김.『아케이드 프로젝트 1』. 서울: 새물결, 2005.

보들레르/김붕구 옮김.『악의 꽃』. 서울: 민음사, 2012.

유상철 외.『한류의 비밀』. 서울: 생각의 나무, 2005.

장규수.『한류와 스타시스템』. 서울: 스토리하우스, 2011.

조한혜정 외.『'한류'와 아시아의 대중문화』. 서울: 연세대학교, 2003.

홍준기 엮음.『발터벤야민: 모도니티와 도시』. 서울: 라움, 2010.

Gallardetz, Richard. R.. *Transforming Our Days*. NY: Crossroad Pub. Co., 2000.

Hall, Stuart, Gay, Paul du and others. *Doing Cultural Studies: The Story of the Sony Walkman*. London: Sage Pub., 2000.

Lynch, Gordon. *Between Sacred and Profane*. London: Tauris, 2007.

Weber, Max. *The Protestant Ethics and the Spirit of Capitalism*. New York: Scribner's Press, 1904.

미디어 문화와 한류,
그 그림자와 빛

: 한류 3.0과 선교

이한영 | 감리교신학대학교

한류와 선교

드라마에서 시작된 한류의 바람이 중동, 아프리카, 유럽, 남미에 이르렀고, 이제는 팝의 본고장인 미국의 빌보드 차트에 K-Pop 전용 순위 차트까지 생겨났다. 그리고 최근에는 싸이의 <강남스타일>이 영국 싱글 차트 1위, 빌보드 차트 7주 연속 2위에 올랐으며, 또한 유튜브에서 그 동영상이 8억 번 이상의 클릭으로 당시 최고기록이었던 저스틴 비버의 기록을 넘어서기도 했다.[1] 괄목할 만한 경제성장과 아래로부터의 민주화를 이루어

---

1) 2012년 11월 24일 오후 1시를 기준으로 8억 3백 76만뷰(기간 4개월)를 기록, 기존 1위였던 저스틴 비버의 8억 3백 65만 뷰(기간 33개월)를 넘어섰다.「한국경제」, 2012. 11. 24. 이후 기록갱신을 거듭, 10일 오전 14억 28만 5018건의 조회수를 기록했다고 한다.「서울경제」, 2013, 3, 10.

냈지만, 한때 일제시대, 한국전쟁, 독재시대를 거친 아시아의 작고 가난한 나라에서 만든 드라마, 영화, 노래, 연예오락 프로그램 등이 세계 곳곳에서 방영되고 반향을 일으키고 있으니, 그것이 민족적 자긍심의 발로이든 개인적인 꿈의 투영이든 아니면 그 무엇이든 많은 사람들이 그것을 자신의 일인 양 가슴 뿌듯하게 느끼는 것은 어쩌면 당연한 일일 지 모르겠다.

한류의 바람이 일어난 지도 10여년의 세월이 흘렀다. 한류를 곧 사라질 일시적인 유행의 바람으로 생각한 사람들도 많았지만, 한류는 아직까지는 현재진행형인 것처럼 보인다. 그리고 그동안에 다양한 입장에서 나름대로 이유 있는 근거와 논리를 통해 한류를 분석하고 해명하는 많은 서적들이 봇물처럼 쏟아져 나오기도 했다. 한류를 주도한 드라마나 영화에 대한 연구, 아시아 각국이나 세계 각국의 한류에 대한 인식과 반향에 대한 연구, 한류현상을 한국의 전통문화나 한국인의 고유한 심성에 두고 그 근원과 원형을 찾고자 하는 연구, 한류현상을 현대사상의 최신 개념이나 담론 등을 통해 이해하려는 연구 등이 그것이다.

그렇다면 한류에 대해 신학은 무엇을 말할 수 있을까? 신학이 시대의 반영이라면, 신학은 이 시대의 문화현상인 한류에 대해 어떤 말을 할 수 있을까? 이 글은 한류의 빛과 그림자를 함께 보고자 한다. 그리고 이것을 통해 앞으로의 한류와 선교에 대한 간단한 스케치를 해보고자 한다. 그리고 그것을 '한류 3.0과 선교'라고 불러 보았다. 더 나은 삶을 꿈꾼다면, 더 나은 미래의 가치를 지향한다면, 그것이 이전의 단계보다 한 걸음 더 나아가는 것이라고 한다면, 쩜영(*.0)으로 표현해도 좋을 것 같다. 하나님 나라를 향한 쩜영(*.0)의 행진들…. 그것이 다가올 그 나라에 가까이 가는 버전들의 이름들이기를 바란다. 세상살이에 힘들고 지친 사람들에게 매일 하루하루 더 나은 삶이 찾아오기를 소망한다. 우리 삶이 그 나라를 향한 버전

업의 인생들이 되었으면 좋겠다. 그것이 신학이 추구할 바요, 선교가 해야 할 일이 아닐까?

한류의 기반 TV, 웹 2.0 그리고 한류와 선교

1.0, 2.0, 3.0…

한류를 가능케 한 미디어는 TV와 인터넷이었다. 초창기의 한류 붐을 일으키고 주도했던 것은 드라마였고, 두 번째 한류의 붐을 일으키고 있는 것은 K-Pop이다. 즉 드라마는 TV를 통해서 그리고 K-Pop은 인터넷을 통해서 한류의 붐을 조성했다. 특히 K-Pop의 인기몰이에는 인터넷 유튜브의 힘이 컸다. 이렇게 보면, 한류도 미디어의 산물이다.

TV가 처음 등장했을 때는 어떠했을까? TV의 출현은 방송통신의 혁명이었으며 미디어 세계의 혁명이었다. 시청자들은 안방에 앉아서 방송국에서 송출하는 드라마, 뉴스, 다큐멘터리 등을 시청할 수 있게 되었다. TV는 정보전달에 있어서 전형적인 일방향성을 가진 매체이다. 시청자는 방송국에서 송출하는 정보를 그대로 보고 그대로 듣고 있어야 한다. 미디어와 권력의 상호관계에 대한 역사를 보면, 미디어의 일방향성이 끼치는 교육효과, 선전효과, 독점효과 등이 얼마나 큰 것인지를 잘 알 수 있다.[2]

---

[2] 빅터 버긴은 다수에게 통제력을 행사하도록 지정된 모든 소수집단을 '엘리트'라고 규정하고, 매스미디어 역시 헤게모니를 장악한 기업의 가치와 신념을 영속화하고 유포시키고 있으므로 엘리트주의가 장악하고 있는 공간으로 보았다. Victor Bergin, "Questions of Feminism: 25 Responses," *October 71* (1995), 25.

우리의 역사도 독재정권이 어떻게 미디어를 점령하고 어떻게 장악해왔는가 하는 것을 잘 보여주고 있다.[3] 우리는 검열의 시대를 살았다. 김창환의 <개구쟁이>가 천진난만한 아이들의 순수성을 보여주는 가사에도 불구하고, 사회질서를 문란하게 하고 청소년을 타락시킨다는 명목으로 금지곡이 되었고, 가수들은 앨범의 마지막 곡을 건전가요로 장식해야만 했던 시절을 보냈던 것이다. 정보전달매체로서의 TV가 갖고 있는 큰 장점에도 불구하고, 일방향성에는 이렇듯 큰 위험요소가 자리하고 있다. 권력과 욕망, 소유와 지배의 욕구와 결탁된 대화의 부재, 소통의 부재 때문이다. 시청자에게 있는 권리는 채널 선택권과 시청거부권뿐이다.

1.0 1.2 1.5 2.0 2.3 3.1 4.0 4.6 4.8 5.0 5.3 5.5 6.7 ⋯ 7.0 ⋯

위 숫자를 보면 무엇이 떠오를까?

학생들이 수학문제를 풀 때 흔히 보게 되는 숫자배열 같기도 하다. 그런데 뭔가 규칙을 찾아내려고 하니 참 어렵다. 하지만 요즘 청년들이라면 이 숫자를 보고 아마도 이런 생각을 하지 않을까? 무슨 프로그램이 새로 업그레이드 되었나?

---

3) 김환표, 『드라마, 한국을 말하다』(서울: 인물과 사상사, 2012)를 참고. 이 책은 한국 드라마의 빛과 그림자, 영과 욕을 함께 다룬 책이다. 그러나 이 책에서 언급하는 우리들의 역사는 우리가 반드시 되돌아보아야 하고 점검해야 할 과거와 현재의 역사이기도 하다. 그러한 것들로는 반공 드라마 시스템, 사투리 차별, 개발 이데올로기 전파, 드라마에 대한 외적 검열과 자율정화의 바람, 친정부 드라마와 막장 드라마 논란 등이 있다.

웹 1.0, 2.0, 3.0 UCC 1.0, 2.0

흔글 1.0, 2.0, 3.0, 4.0 ⋯ 포토샵 1.0, 2.0, 3.0 ⋯

메인보드 1.0, 2.0, 3.0 ⋯ USB 1.0, 2.0, 3.0

버전업이란 웹, 프로그램, 컴퓨터 기기 등이 기존의 버전보다 향상되고 새로워진 기능, 개념을 입고서 등장할 때 부르는 용어이다. 그리고 그것은 위와 같은 버전 '몇 쩜영(*.0)'으로 표현되고 있다. 그런데 이러한 표현은 매우 빠른 속도로 확산되고 퍼져나갔다. 그리고 단지 웹상이나 컴퓨터와 관련된 프로그램이나 기기들에만 국한되지 않고 매우 광범위한 영역에서 사용하게 되었다. 그래서 이제는 '마케팅 3.0', '플랜 3.0', '라이프 3.0' 등의 표현을 보아도 전혀 어색하지 않다.

더 나아가 아직은 미미한 수준이긴 하지만 '교회 2.0', '교회 3.0'[4], '선교 1.0', '선교 2.0' 등의 용어도 이미 몇몇 사람들에 의해서 사용되고 있기도 하다.

그러면 도대체 왜 이러한 표현을 사용하고 있는 것일까? 여러 가지 이유와 설명이 달릴 수 있겠지만, 1.0과 2.0, 2.0과 3.0 사이의 가장 큰 차이는 '변화'라고 생각한다. 즉 2.0은 1.0과 다른 무엇이 있고, 3.0은 2.0과 다른 무엇이 있다는 말이다.

---

4) 예를 들어, 닐 콜은 교회의 시대를 1.0에서 3.0으로 분류하고 이 시대의 바람직한 교회의 모델을 <교회 3.0> 비전으로 제시하기도 하였다. 그는 이 책에서 <교회 1.0>을 초대교회 시대로, <교회 2.0>을 중세부터 현대에 이르는 교회시대로, <교회 3.0>을 이 시대의 새로운 교회모델로 규정하고 있다. 그리고 그는 <교회 1.0>인 초대교회를 단순하고 가족적이지만 닫혀 있었던 시대로, <교회 2.0>인 중세에서 현대에 이른 교회를 조직화되고 제도화된 교회의 시대로 보는 한편, <교회 3.0>의 시대는 생명이 생명을 낳는 '유기체 교회'라고 규정하고 있다. 닐 콜/안정임 옮김, 『교회 3.0』(스텝스톤, 2012).

새로이 1.0이 출현한다면 그것은 혁명이고, 2.0이후의 출현은 1.0의 기반에 터한 새로운 변화인 것이다. 즉 전화의 등장은 전화의 혁명이지만, 무선전화의 등장은 전화의 혁명은 아니다. 컴퓨터의 등장은 혁명이지만, 386컴퓨터, 팬티엄 컴퓨터의 등장은 혁명은 아니다. 인터넷의 등장은 인터넷 혁명이고, 웹 1.0의 등장은 혁명이지만, 웹 2.0의 등장은 개혁이며 변화이다. 그리고 만일 1.0과 2.0 사이에 1.2와 1.5가 있다면, 그것은 작은 변화를 일컫는 것이다.

그런데 K-Pop 한류를 만드는데 공헌한 유튜브, UCC라는 인터넷 환경은 웹 2.0을 기반으로 형성된 것이다. 그러면 웹 2.0에 기반한 어떠한 환경이 그것을 가능케 했을까? 그것을 이해하기 위해 잠깐 웹 2.0의 의미에 대해 알아보자.

웹 2.0이 기존의 1.0과 다른 점은 '사용자 중심'이란 개념이다. 웹 1.0은 www로 시작되는 월드 와이드 웹 상태의 인터넷 기반을 일컬으며, 1994년부터 2004년까지의 대부분의 웹사이트가 이에 해당된다.5) 웹 1.0의 경우, 서비스 사업자가 일방적으로 제공하는 인터넷 환경이었다. 하지만 이제 웹 2.0의 등장은 사용자가 중심이 되는 인터넷 환경을 구축하게 하였다.6) 웹 1.0을 기반으로 한 인터넷의 등장은 업로드와 다운로드를 통해 서로에게 정보를 전달할 수 있는 양방향 통신을 가능케 한 혁명이었다. 그럼에도 불구하고 웹의 주도자는 사업자나 포털이었다. 댓글이나 자료를 올릴 수는 있었으나 사용자인 유저들은 인터네 사업자, 포털이 제공하

---

5) [웹 1.0] http://ko.wikipedia.org/wiki/%EC%9B%B9_1.0

6) 웹1.0을 가리키는 대표적인 서비스가 포털이라면 웹2.0은 플랫폼을 의미한다. 따라서 웹2.0에서는 사용자 편의를 위한 유저인터페이스(UI)가 가장 중요한 요소가 된다.

[웹 2.0] 네이버지식백과. 원문출처: 시사상식사전, pmg 지식엔진연구소, 2012. 위키페디아, 네이버 iN 등이 대표적인 웹 2.0의 산물이다.

는 정보를 일방적으로 전달받는 수용자의 입장이 여전히 강하다. 웹 2.0이 등장했어도 웹 1.0의 기반은 여전히 존재하고 있으므로 이러한 현상은 지금도 마찬가지다. 그런데 웹 2.0의 등장은 사용자 누구나가 제작자가 될 수 있으며 전 세계의 유저들과 소통하는 웹 세계의 주인공이 될 수 있는 기반을 마련해주었다. 그 가장 대표적인 예가 UCC[7]이다. 양방향성의 진보이다.

그리고 이것이 UCC와 유튜브를 낳는 기반이 되었고, 또한 이것이 K-Pop을 전 세계적으로 알리는 주역이 되었다. 실제로 전 세계 한류팬들을 대상으로 K-Pop을 접한 통로를 조사한 결과, 유튜브라는 대답이 압도적으로 많았다고 한다.[8] 만일 이것이 없었다면, 한류로서의 K-Pop, 특히 싸이의 뮤직비디오가 지금과 같은 파장을 일으킬 수 있었을까? 만일 그렇다고 해도, 그것은 지금보다 더딘 속도로 진행되었을 것이며, 또한 아시아의 범위를 탈피하기 힘들었을 것이다. K-Pop 스타들의 뮤직비디오를 무료로 실시간으로 전송하고 다운받을 수 있는 인터넷 환경과 유튜브 시스템이 한류, K-Pop의 힘과 함께 만들어낸 결과인 것이다.

세상은 변한다. 지금 우리가 살고 있는 시대는 배를 타고 기나긴 항해를 거쳐 칼과 문명의 이기와 성경을 들고 선교를 나섰던 때가 아니다. 지금은 비행기를 타고 길어도 하루 안에 도착할 수 있는 거리에 살고 있는 시대, 전 세계 어디서나 휴대전화 로밍 서비스로 통화할 수 있는 환경을 갖춘 시

---

7) UCC(User Created Contents 사용자 제작 콘텐츠)는 원래 콩글리쉬라고 한다. 그러나 그것이 오히려 미국이나 일본에서 사용되고 있는 비슷한 용어인 CGM(Consumer Generated Media 소비자 제작미디어)보다 더 낫다는 주장이 있다. 즉 수동적 주체인 소비자보다는 능동적 주체인 사용자의 측면을 더 강조하기 때문이란다. 정재윤 장진영, 『대한민국 UCC 트렌드: 네이버는 영원한 1등일까?』(서울: 새빛, 2007), 16;18.
8) 이재웅, 『콘텐츠가 미래다: 글로벌 코리아를 이끄는 힘』(서울: 새로운 제안, 2012), 217.

대, 스마트폰을 통해 모든 정보를 실시간으로 확인하고 주고받을 수 있는 시대, 페이스북, 싸이월드, 블로그를 통해 사용자가 정보제공의 주체자이면서 동시에 수용자가 되는 시대, UCC를 통해 사용자가 제작자가 되는 시대, 그리고 그 바탕 위에 저 지구의 한 촌 동네의 기타 연주자가 전 세계의 스타가 될 수 있는 시대에 살고 있다.

이상의 내용에서 한류와 선교가 배울 수 있는 점이 있다면 무엇일까?

첫째는 '양방향 소통'이다. 한류에 대해서도 여러 가지 현상분석을 내놓고 있지만, 지금까지의 한류가 참으로 한류문화를 접하는 수용자와의 양방향적 교류의 입장에 서 있었는가를 물어보아야 하지 않을까? 아니 지금은 물어야 하지 않겠는가? 선교도 제국주의 선교, 일방향적 선교를 넘어서 상호간의 양방향적 선교를 지향해야 하지 않을까? 정보전달자가 되어 한쪽의 신념과 가치를 일방적으로 이식시키거나 번역시키는 신학은 오늘날에는 더 이상 바람직하다고 볼 수 없다. 웹의 세계는 이제 1:1 통신을 넘어 1:다, 그리고 수없이 많은 다:다가 동시적이고 즉각적으로 연결되고 반응하는 소통의 장이 되었다. 한류도 선교도 신학도 여기서 벗어날 수 있는 예외가 될 수는 없을 것이다.

둘째, 가장 중요한 것은 역시 '변화와 혁신'일 것이다. 웹의 기반이 1.0에서 2.0으로 넘어가듯이 한류에도 버전 업이 필요한 듯 보인다. 뒤에서 보게 될 것처럼 이미 한류는 한 번의 침체기를 맞기도 했으며, 이제는 드라마가 한류의 주도자로서의 역할에서 물러나 있는 듯 한 양상을 보이고 있기도 하기 때문이다. 또한 K-Pop 위주의 지금의 한류 역시 여러 가지 면에서 그 한계점을 보이고 있기도 하기 때문이다. 신학도 선교도 마찬가지일 것이다. 그 시대가 요청하는 바가 변하고 상황이 달라져 간다면, 신학도 선교도 변화와 혁신을 하지 않으면 안 될 것이다. 문제는 그것이 무엇이냐하는 것을 빨리 파악해야 한다는 점이다.

셋째, 웹 2.0이 만든 '사용자 중심'의 개념, UCC와 유튜브의 사용자 제작이라는 새로운 개념도 신선하다. 일반적으로 우리는 선교의 주체자와 선교의 대상자를 나누는 이분법적인 사고 속에서 생각해 왔다. 그러나 이러한 사고방식에 입각해서 본다면, 이제부터 선교의 대상자는 더 이상 단순한 선교의 대상자에 머물지 않는다. 이제부터 그들은 선교의 대상자일 뿐만 아니라 동시에 선교의 주체자일 수도 있다는 인식의 전환, 발상의 전환을 가능하게 해주지 않을까? 마찬가지로 신학도 더 이상 신학자가 일방적으로 제공하는 신학에 머물 필요도 없다. 전문적이고 깊은 사유를 요구하는 영역은 여전히 신학자들의 영역으로 남겠지만, 이제는 누구나 신학을 할 수 있다는 열린 사고의 체계로 옮겨가야 하지 않을까?

넷째, 웹 2.0은 UCC, 유튜브 등 새로운 인터넷 환경이 가능하게 만들었다. 이것은 신학도 선교도 이러한 새로운 인터넷 환경에 적응해야 한다는 것이다. 홈피, 카페, 1인 블로그 등을 통해서도 가능하지만, 웹 2.0의 실질적인 파워를 발휘하고 있는 UCC, 유튜브를 통한 신학과 선교의 방안들도 많이 나와야 하지 않을까? 대중과 호흡할 수 있는 신학의 길, 선교의 길도 모색해야 하지 않을까?

이러한 관점에서 보면, 선교와 신학에도 혁신이 필요하며, 버전 업이 필요한 것처럼 보인다. 한류를 가능케 하는 기반이 된 웹 2.0의 변화는 선교와 신학에게 무엇을 가르쳐주고 있는가? 무엇보다도 '변화와 혁신'이다. 점영(.0)의 버전 업은 뭔가 바뀌어야 한다는 것을 전제로 하고 있다. 즉 변화가 필요하다는 말이다.

기독교는 예수 혁명 이후의 세대들이며 그리고 그 안에서 수많은 변화와 혁신을 거쳐 온 세대들의 버전들이다. 중요한 것은 버전의 이름 자체가 아니라, 이 시대에 맞는 변화와 혁신의 요소를 선교와 신학이 갖고 있는가 하는 점일 것이다. 변화하는 이 시대에 우리에게 필요한 변화와 혁신의 요소는 무엇인가? 또한 예수 1.0의 혁명적 최초 버전이 갖고 있는 요소 중 오늘날 우리에게도 여전히 유효한 것은 무엇인가? 무엇보다도 선교와 신학이 갖고 있는 새로운 버전의 비전은 과연 사람들에게 버전 업을 향한 소망을 줄 수 있으며, 버전업된 삶을 제공해줄 수 있을까?

한류 1.0에서 3.0까지: 드라마, K-Pop, K-culture

한류도 위와 같이 버전으로 표시할 수 있을까? 그렇든 아니든 한류는 이미 '한류 1.0, 2.0, 3.0' 등으로 분류하고 사용되고 있는 경우를 종종 보게 된다.

다음은 매일경제 한류본색 프로젝트팀의 글을 표로 만들어 제시해 본 것이다.[9]

버전, 시기	중심 문화	지역	연령층, 특성
한류 1.0(2004-)	배우, 드라마 중심	중국 동남아시아 위주	40, 50대가 스타에 열광
한류 2.0(2009-)	아이돌, 가요 중심	일본 중앙아시아로	10, 20대. 문화 콘텐츠에 관심
한류 3.0(2011-)	유통, 음식, 출판, 애니 등 산업분야 확산	유럽, 미국, 남미 등 전 세계적	한국문화 전반에 대한 호감

---

9) 매일경제 한류본색 프로젝트팀, 『한류본색』(서울: 매경출판, 2012), 27-31.

그리고 다음은 한국문화산업교류재단의 분류를 표로 만들어 본 것이다.[10]

단계, 시기	중심문화	지역	비고
1단계 한류생성기 (1997년-2000S초)	드라마, 댄스음악 중심	중국, 대만 등	1997년 중국에서 드라마 〈사랑이 뭐길래〉가 방영된 이후 한류가 3단계로 발전했다고 봄
2002-2003년 침체기			
2단계 한류심화기 (2000S초-2000S중)	한류 드라마가 부각	일본, 아시아, 세계	〈겨울연가〉 한류 부활, 배용준 신드롬 〈대장금〉 전 세계 한류 붐에 기여
3단계 한류진행기 (2000S중-현재)	K-Pop 중심	동남아, 일본, 세계	동남아시아에서 아이돌 가수 부각, 일본에 아이돌 그룹 진출
〈신한류〉	일본에서 아이돌 그룹(특히, 걸그룹)의 진출을 〈신한류〉라 부름 슈퍼주니어(중국), 동방신기(일본), 소녀시대, 2NE1, 빅뱅, 2PM, 카라 등		

위의 두 내용을 보면, 그 분류하는 방식에 따라 시기와 내용에 차이가 있음을 알 수 있다. 그러나 대체로 이 내용을 간단하게 요약하면 대체로 다음과 같다는 것을 알 수 있다.

▶ <한류 1.0>: 한류의 시발점이 되었던 드라마 중심의 한류현상이 일어났던 시기
▶ <한류 2.0>: K-Pop 중심의 아이돌 가수 중심의 한류현상이 일어났던 시기
▶ <한류 3.0>: 문학, 애니, 음식 등 문화콘텐츠 전반에 걸친 한류현상이 일어난 시기

이를 다시 말하면, K-드라마 중심의 한류, K-Pop 중심의 한류, K-Culture 중심의 한류라고 말할 수도 있을 것이다. 한류의 흐름에도 변

---

10) 한국문화산업교류재단, 『한류포에버: 일본편』 (서울: 한국문화산업교류재단, 2011), 14-16.

화가 왔다. 드라마 중심에서 K-Pop 중심으로의 변화는 유행의 트렌드 주체와 대상을 변화시켰다. 주 연령층도 40, 50대에서 10, 20대로 바뀌었다.

한류 2.0으로의 변화는 단순히 K-드라마에서 K-Pop으로의 무게중심의 이동만을 의미하지 않는다. 앞에서도 언급한 대로 한류 2.0은 웹 2.0을 기반으로 하고 있다. 드라마 중심의 한류 1.0의 경우에 한류의 수용자들은 방송국에서 임의로 선정한 한국의 TV 드라마를 아무런 선택권이 없이 시청했을 뿐이다. 채널 선택권은 있으나 프로그램에 대한 선택권은 없다. 그것도 대부분의 경우 정해진 시간 속에서 보아야 했다. 그런데 그것이 빅히트를 쳤다. 그리고 사회적 반향을 일으켰다. 그러나 한류 2.0의 경우는 좀 다르다. 유튜브에 기반을 두고 있는 K-Pop의 경우 선택권자는 유튜브 유저들이다. 그들은 자신들의 기호나 선호도에 따라 동영상을 클릭한다. 그리고 시청에 대해 정해진 시간이 없다. TV 앞이라는 제약도 없다. 한류 2.0의 팬들은 시공간에서 매우 자유롭다. 그리고 동영상에 대해 댓글을 통해 자신의 의견을 달수가 있으며 또한 다른 사람들과 공유할 수 있다.

한류 3.0은 무엇인가? 일단 이 글은 한류가 문화전반으로 확산되어 나타나는 한류현상을 3.0으로 보는 견해를 따르고자 한다. 한국 드라마의 높은 시청률로 시작된 한류현상은 단순히 미디어에 국한된 현상에만 그친 것이 아니라, 한류 유행의 외연을 확장시켰다. 그것은 화장품, 의류, 휴대폰, 자동차 등의 인기를 가져왔고 헤어스타일, 화장법, 액세서리, 전자제품, 성형수술의 붐과 소주나 막걸리 소비량의 증가를 가져왔다. 또한 한국어과의 인기, 한국 관광객 증가 등의 변화도 가져왔다. 더군다나 한류를 브랜드 가치로 여긴 정부나 기업이 적극적으로 나섬으로써 경제적 효과를 극대화하는 방안도 모색되었다.[11]

한류의 빛과 그림자 그리고 선교

한류 1.0과 2.0 이야기: 사람 사는 이야기, 흥의 이야기

중국에서의 한류 시작이라고 평가받는 <사랑이 뭐길래 愛情是什么>는 1997년 CCTV에서 방영되어 최고 시청률 15%를 달성했다. 참고로 당시의 외국 드라마 평균 시청률은 2%대였다. 그리고 시청자들의 빗발치는 재방송 요구에 1988년 재방송되었다.[12]

잘 나가던 드라마 중심의 한류가 침체되었던 시기, 일본에서 다시 한류의 붐을 일으켰던 드라마는 욘사마 붐을 일으킨 <겨울연가>였다. 이 드라마는 2003년 NHK 위성방송인 BS에서 방송되어 뜨거워 반응을 불러일으켰으며, 2004년 NHK 본방에서 방송되어 20.6%라는 경이적인 시청률을 기록하였다.[13]

왜 한류는 이렇듯 대 히트를 치게 되었을까? 이에 대해서는 이미 많은 책에서 다양한 원인에 대한 분석을 내놓고 있다. 주창윤은 문화적 근접성의 측면에서, 가족, 결혼, 세대 등 아시아인들의 문화적 공감대, 비현실적 순수한 사랑 이야기, 그리움과 순수로 규정되는 한국인들의 한恨의 정서, 따뜻한 가족관계 등을 그 성공요인으로 꼽고 있다.[14] 또는 가족중심의 가치관, 아시아 문화의 전통적 가치보존, 자극적이지 않은 스토리 라인, 단순한 스토리 라인에서 오는 극적이고 감성적인 힘, 한국인 특유한 '한恨'

---

11) 신윤화이한우 편,『동아시아의 한류』(용인: 전예원, 2006. 05), 11-19.
12) 박장순,『한류: 아시아 TV드라마 시장의 역사』(서울: 북북서, 2012), 80-82.
13) 한국문화산업교류재단,『한류포에버: 일본편』(2011), 31.
14) 경상대학교인문학연구소,『TV드라마와 한류』(서울: 박이정, 2007), 102-103.

의 정서 등을 꼽는 경우도 있다.15) 이밖에도 문화적 근접성, 잘 짜인 스토리와 높은 작품성, 미소년 미소녀의 등장, 제작기술,16) 이국적인 정서, 현대적 감각, 화려한 도시생활, 청춘남녀의 자유로운 사랑 이야기 등이 흥행의 요인이 되었다는 견해도 볼 수 있다.

그런데 필자의 눈에 띈 것은 무엇보다도 '서정적 스토리'이다. 한류 1.0의 중심 트렌드인 한류 드라마가 처음에 성공한 이유는 서정적 스토리에 더해서, 아름다운 풍경, 순수한 남녀 간의 사랑 등의 이야기가 함께 하고 있다는 것이다. 실제로, <겨울연가> 이후에 일본에서 히트한 한국 드라마는 <천국의 계단>(후지 TV, 2004년, 지상파 민방 11.7%) 등 서정적인 멜로드라마가 주류를 이루고 있었다.17) 비단 일본뿐만 아니다. 아시아에서 실시한 여론조사 결과를 보면, 한국 대중문화를 즐기는 이유에 대해서 한국 드라마가 일본이나 미국 드라마보다 '선정성이나 폭력성이 낮다'고 하는 항목이 84.7%의 매우 높은 공감비율을 차지했다. 이는 공감비율이 제일 높은 '유행을 따르고 있다'는 88.7%와 불과 4% 차이밖에 나지 않는다.18) 이처럼 한류 드라마가 성공한 이유는 선정성이나 폭력성이 아닌, 오락물이 아닌, 사람들이 살아가는 아름답고 따뜻한 이야기였다. 물론 그것은 비현실적인 순수한 사랑과 헌신, 잘생긴 선남선녀 주인공, 풍경화처럼

---

15) 해외문화홍보원 해외문화콘텐츠과 편, 『한류: K-Pop에서 K-Culture로』 (서울: 문화체육관광부 해외문화홍보원, 2012), 109-113.

16) 신윤화·이한우 편, 『동아시아의 한류』 (2006), 24-28.

17) 한국문화산업교류재단, 『한류포에버: 일본편』 (2011), 76-77. 이후에 히트한 주요 작품들로는 <대장금> (2004년10월-2005년 10월, NHK, BS2) (2005년 7월-2006년 11월, NHK), <미남이시네요> (2010.7-10, 후지 티비)가 있었다.

18) 한국관광공사, 『한류관광실태조사』 (서울: 한국관광공사, 2003), 15. 이는 미국의 대중문화의 폭력성과 비교한 것이며, 일본 문화의 폭력성과 비교했을 때의 비율은 83%이다. 참고로 문화적 근접성은 78.6%였다.

아름다운 배경 등 사람들의 꿈과 낭만을 자극한 측면이 있었기에 가능한 것이기도 했다.

이후의 한류 드라마는 서정적인 스토리의 이야기가 아니라, 다양한 장르의, 다양한 형태의 드라마가 수출되었다. <대장금>은 드라마 한류의 수준을 새로운 단계로 한 단계 끌어 올리는 중심적인 역할을 수행했다. 조선시대를 배경으로 하는 시대사극에서 여성 그것도 일개궁녀가 갖은 모략과 고난을 견뎌내어 임금의 주치의로 성공한다는 스토리는 2011년까지 90여 국에 수출되는 등 세계 곳곳에서 화제를 일으키며 한국문화를 알리는데 일조하였다. 뿐만 아니라 드라마 속에 나오는 한국의 건축, 음악, 의상, 음식, 의학 등에 대한 관심도 높아졌다. 그러나 한편으로 막장 드라마의 결정판이라고 비판을 받은 바 있는 <아내의 유혹>(2009년)이 중국, 대만 등에 수출되었고, 이후 중국에서 리메이크 되어 후난위성채널이 2011년 2월-3월에 걸쳐 중국판 <아내의 유혹(回家的誘惑)>을 방영하여 큰 인기를 끈 바도 있다.[19] 그러나 한국 드라마의 방송은 지금도 계속되고 있지만, 그 인기는 예전만 못하다. 한류 드라마의 유행은 서서히 내리막길을 걷고 있었다. 이렇게 서서히 식어가는 한류 드라마의 인기를 대신해서 새롭게 한류 2.0 세대를 이끌어간 것이 바로 K-Pop이다. 그렇다면 한류 2.0인 K-Pop은 어떠한가?

"2011년 6월 11일- 11일, 프랑스 파리에서 열린 K-Pop 콘서트는 온라인 예매 시작 15분 만에 7천석 전석이 매진되었다. 동방신기, 소녀시대, 슈퍼주니어, 샤이니, f(x) 등 5개 그룹의 공연에 유럽 각지에서 몰려든 1만 4000여 명의 한류 팬은 열광했다. 일본 오리콘 차트는 보아, 장근석, 소녀

---

19)「연합뉴스」, "중화TV, 추자현 주연 중국판 <아내의 유혹> 방송," 2013.02.26.

시대, 카라 등이 1위 또는 1, 2위를 다투고 있다."[20]

이것은 당시 프랑스 공연을 알리는 여러 기사들을 종합한 것이다. 이는 한류가 유럽 문화의 상징적 심장부인 프랑스 파리에서 공연이 열렸다는 데 의미가 있다. 싸이 역시 <강남스타일>이 빅 히트를 친 후, 2012년 11월 6일 프랑스 파리의 에펠탑 앞 트로카데로 광장에서 <강남스타일> 플래시몹에 참여해 2만 여명의 관중과 함께 말춤을 췄다.[21]

한류의 성공원인은 드라마 한류의 시작과는 그 성향이 매우 다르다. 주로 K-Pop을 즐기는 연령층들이 10, 20대를 중심으로 형성되어 있다는 점에서 더욱 그렇다. 그래서인지 K-Pop 중심의 한류의 성공원인으로는 주로 다음과 같은 것들이 언급될 수 있다.

▶ 노래와 관련된 것들: 가창력, 외모, 작곡, (가사무시) 댄스, 패션, 군무, 음악성 등
▶ 철저한 아이돌 육성 시스템과 엔터테인먼트 회사
▶ K-Pop을 가능하게 만들어 준 인터넷 환경: 유튜브, 페이스북 등 활용.[22]
▶ 현지화 전략: 현지인력, 자본의 참여. 현지에 맞는 음악 생산.[23]

K-Pop 중심의 한류 2.0이 드라마 중심의 한류 1.0과 확연히 다른 것은 K-Pop 한류는 매우 전략적이고 주도적이라는 점이다. K-Pop 아이돌 가

---

20) 「매일경제」, "유럽 한복판에서 울린 한류 함성," 2011.09.15.; 「이투데이」, [신년기획] "K-Pop, 어디까지 왔나," 2012.01.05.

21) 「SBS CNBC」, "싸이 에펠탑 플래시몹 2만여 관중과 말춤 '오빠 월드스타'," 2012. 11.06.

22) 「르 몽드」는 현재 유럽에 퍼지고 있는 한류의 배경으로 트위터, 페이스북 등 다양한 뉴미디어 매체를 지목했다. 「경향신문」, "프랑스 '르 몽드' '르 피가로', 한류 집중 소개! 파리 (프랑스)," 2011.06.10.

23) 현지를 노린 가수 영입의 예: 슈퍼주니어의 한경, f(x)의 빅토리아, 2PM의 닉쿤 등.

수의 육성은 처음부터 철저히 해외시장을 목표로 하고 있는 전략적 한류라는 점이다. 여기에는 철저한 기획, 아이돌 가수들의 육성과 투자, 사업자와 가수 사이의 엄격한 계약관계의 성립, 유튜브 등과의 전략적 계약과 적극적인 홍보체제, 해외시장 진출을 위한 외국회사들과의 전략적 제휴 등이 있었다.

위와 같은 드라마 중심의 한류 1.0과 K-Pop 중심의 한류 2.0을 나는 '사람 사는 이야기'와 '사람 노는 이야기'라고 말하고 싶다.

드라마란 <사람 사는 이야기>이다. '철수와 영희가 뽀뽀를 했대,' '누구네 집 아빠가 부장 승진을 했대,' '시집간 순이가 애를 낳았대,' '옆집 철수가 집을 나갔대,' '남편이 바람을 폈대' 등등의 이야기가 드라마의 이야기이며 우리가 사는 이야기이다. 여기에 희노애락이 있다. <겨울연가>, <가을동화>의 순수하고 지고지순한 사랑이야기부터 복수와 응징으로 무장한 <아내의 유혹>의 막장 드라마까지 모두 지지고 볶으며 살아가는 우리네 이야기이다. 시청자가 손가락질 하건 칭찬하건, 현실적이건 비현실적이건, 그것은 모두 우리네 사는 이야기의 반영이다. 또한 꿈이며 이상이며 실망이며 좌절이기도 하다.

한류 2.0을 주도하는 K-Pop은 '사람 노는 이야기'이다. "신명나게 놀아보자," "미친 듯이 놀아보자," "본격적으로 놀아보자," "다 잊고 놀아보자" 라는 공연장에서의 싸이의 말처럼, 노래는 놀이이다. 춤도 놀이이다. 싸이가 유행시킨 '말춤'도 많은 군중이 함께 추는 집단군무이다. 아폴론의 이성의 빛 속에 가려져 있던 디오니소스의 억눌려 있던 잠재된 욕망이 분출되는 순간이다. 여기엔 규율도, 제도도, 법, 계급도 없다. 싸이 말대로라면, 오직 B급밖에 없다. 여기서 B급이란 기성세대와 제도에 대한 일종의 저항적 상징이다. 즉 A급에 대한 저항인 것이다. 그리고 신명나는 광기와 흥이 있다. 실제로도 군중들에겐 아폴론 축제보다 디오니소스 축제가 더 인기가 있었다나! …

　사람 사는 이야기, 사람 노는 이야기! 우리에게 꼭 필요한 이야기들이 아닐까? 우리의 드라마는 아시아를 넘어서 세계인에게 사람 사는 이야기에 대해 들려주었다. 그것은 때로는 순수한 사랑 이야기를 통해서, 때로는 자수성가하는 성공 스토리를 통해서 세계인들의 가슴을 적시고 감동시켰다. 때로는 우리네 사는 모습을 보고 동경하기도 하고 선망하기도 하였다. 때로는 드라마에 나오는 가족해체, 갈등, 싸움, 폭력 등의 모습을 보고 손가락질도 하고 비난도 하였다. 다 우리네 사는 이야기다.

　우리의 K-Pop은 아시아, 세계의 청춘들에게 해방의 돌파구를 주었다. 재미와 흥을 주었다. 아이돌 그룹과 걸그룹을 바라보며 그들을 모방하고 흥내 내고 쫓아다녔다. 그러나 K-Pop은 드라마와 같은 사는 이야기가 없다. 드라마와 K-Pop은 어떤 면에서는 상대적이다. K-Pop은 스토리가 아니라 스토리 없는 감각영상이 더 중심을 이루고 있다.

　삶과 놂! 그래서 이 두 가지는 상극이 아니라 상보, 상생이 되어야 하지 않을까? 삶과 놂! 그런데 선교와 신학은 무엇을 말할 수 있을까? 적어도 선교와 신학은 우리네 삶에 대한 이야기를 말해야 할 것으로 보인다. 그동안의 신학이 삶에 대한 이야기를 하지 않은 것은 아니지만, 저 높은 추상의 세계에서 내려와 삶의 구체적인 자리에서 함께 할 수 있는 이야기 신학의 자리를 더 많이 만들어야 하지 않을까? 전문가만의 세계도 의미 있는 세계이지만, 평범한 사람들과 같이 호흡하며 같이 이야기할 수 있는 신학이 더욱 필요하지 않을까? 선교도 역시 이야기 선교가 되어야 하지 않을까? 선교를 통해 그들에게 삶의 이야기를 들려주어야 하지 않을까? 2000년 전의 삶의 이야기를 들려주고, 우리네 삶의 이야기를 들려주고, 그들의 삶의 이야기를 들어야 하지 않을까?

또한 선교와 신학은 높의 이야기를 말해야 하지 않을까? K-Pop 중심의 한류 2.0의 특성을 한마디로 이야기하라면 난 그것을 '재미와 흥'이라고 이야기하고 싶다. 삶의 희노애락을 이야기하는 한류 1.0과 달리, 한류 2.0은 다 잊고 노는 '재미와 흥'이다. 재미있는 삶, 흥겨운 삶! 모두가 꿈꾸는 삶이 아닌가?

오늘도 고단한 하루를 사는 사람들에게 재미와 흥은 먼 나라 이야기다. 당장의 끼니를 걱정하는 사람들에게 삶이 정말 흥이 나고, 신명나며, 재미가 있을까? 웃고 싶어도 웃어지지 않는 삶의 그늘에서 사는 사람들. 웃음으로 시작해도 울음으로 끝나는 인생들! 그럼에도 불구하고 예언자 1.0의 비전을 본다. 그들은 바로 이런 사람들을 위해, 이런 사람들의 이야기를 했다. 이런 면에서 예언서도 우리네 이야기책이다.

한류의 그림자, 선교의 그림자

민족주의적 색채, 민족주의적 대립

그러나 한류의 바람에도 불구하고, 반한류의 기조도 함께 생겨났다. 예를 들어, 일본에서는 2011년 한국 드라마방송을 많이 하는 후지 TV에 사람들이 몰려 시위를 하기도 했으며[24], 더욱 놀라운 것은 한류를 악의적으로 비난한 만화『혐한류』시리즈가 백 만권 가까이의 판매고를 올리기도 했다.[25] 더욱 놀라운 것은 일본의 유명 애니메이션의 내용을 가지고 패러디한 만화물로 여기에는 싸이의 <강남스타일>을 빗대어 싸이를 폭

---

24) MBC, <뉴스데스크>, 2011.08.08.
25) 山野車輪,『嫌韓流』(晋遊舍, 2005).

력배로 묘사하기도 하였다.[26]

혐한 감정에 뿌리를 두고 있는 일본과 달리 중국·홍콩·대만 등 중국어권 국가에서는 '한류에 대항하자'는 이른바 항한류抗韓流 기류가 형성된 바 있다. 항한류 움직임은 중국 드라마 제작자, 감독, 연예인 등을 중심으로 확산되었으며, 실제로 2004년 6월 중국의 드라마 제작자들은 당국에 한국가요와 드라마의 방영시간 제한을 요청했고, 중국 정부는 한국 드라마를 포함한 외국 프로그램의 프라임 타임대 방영 금지 등 방송규제 조치를 취하기도 했다.[27]

중국의 경우에도 동아시아 역사와 관련된 분쟁이나 민족주의로 해석되는 문화적 마찰이 나타난 경우들도 있다. 예를 들어, 중국인들은 공자 한국인 설, 단오절을 한국전통명절로 유네스코 문화유산에 등재한 사실, 인터넷 누리꾼들이 쓰촨 지진을 보고 즐거워했다는 등의 사실들을 접하고 강한 반발과 반한감정을 보이기도 했다.[28]

반대로, 한류 1.0을 이끌었던 드라마의 경우를 생각해보자. 한때 한국 드라마에 사극의 바람이 거세게 불었고, 이렇게 완성된 사극 중에서도 한류의 바람을 탄 것들도 있다. 지금도 모 채널에서 <마의>, <대풍수> 등의 사극이 절찬리에 방영되고 있으며, 한류의 바람을 몰고 온 <대장금>도 사극이다. 이후 <태조 왕건>, <해신>, <불멸의 이순신>, <서동요>, <신돈> 등이 방영되었으며, 2006년엔 <대조영>, <주몽>, <연개소문>, <황진이> 등이 방영되었고, 2007년엔 <태왕사신기>, <삼한지>, <고선지>,

26) 「헤럴드 뉴스」, 2012. 12. 25. 연예 스포츠면.
27) 「파이낸셜 뉴스」, "[中·日·홍콩 한류의 현장을 가다] 세계가 감동하는 문화콘텐츠로 '反한류' 넘자," 2005. 12. 30.
28) 최혜실, 『한류문화와 동북아공동체』 (파주: 집문당, 2010. 11), 53-4.

<대무신왕>, <세종대왕>, <이산 정조> 등이 방영되었다. 가히 사극 전성 시대라고 해도 과언이 아닐 것이다.

그러나 국내에서 좋은 반응을 얻었던 <불멸의 이순신>은 감정적 민족 주의에 갇혀 보편성을 얻지 못했으며, 고구려를 배경으로 한 <주몽>, <태왕사신기>, <연개소문>, <대조영> 등도 국내 소비용에 불과했으며 한류 영향에 긍정적이지 않았다는 평가도 있다. 물론 이 역사 드라마들이 방영될 당시의 시대적 상황을 본다면 이해 못할 바도 없다. 즉 이 시기는 바로 중국의 동북공정으로 민족감정이 고조되어 있던 시기였던 것이다. 그럼에도 불구하고, 한민족의 우월성을 강조하는 것은 아시아적 보편성과 공감대를 얻는 데에는 실패할 것이라는 비판의 목소리가 나온다.29)

반면, 아시아의 호응을 얻은 사극들도 있었다. <상도>, <허준>, <대장금> 등이 그것이다. 이러한 사실을 보면 한류 드라마는 한국이라는 땅에서 생산되고 발원된 것이라는 특수성과 지역성을 가지고 있더라도, 세계인들과 공감할 수 있는 보편성을 함께 갖고 있어야 할 것으로 생각된다. 세계인의 감성을 공유할 수 없다면, 결국 이 땅에서 살아가는 사람들의 많은 사람들의 공감도 얻지 못할 것이다. 따라서 아시아의 한 작은 나라에서 시작한 특수성은 동아시아의 보편성, 아시아의 보편성, 세계의 보편성으로 나아가야 할 것이다.

그러면 신학과 선교는 어떠한가? 서구의 신학이, 서구의 선교가 이 땅에 온 이래, 이 땅에서도 자생적, 자립적 신학을 위한 노력들이 있었다. 민족신학, 토착화신학, 민중신학 등이 그것이다. 신토불이처럼 우리의 삶과 상황에 맞는, 시대의 정신에 부합하는 신학을 만들고자 했던 것이다. 그러

---

29) 김헌식, 『대중문화심리읽기』(서울: 올력, 2007), 192-193.

나 그것마저도 우리의 전통을 맹목적으로 찬양하고 우리문화의 우월성을 주장하는 것이라면, 그것 역시 금세 사라지고 말 것이다. 토착화와 세계화는 양 날개와도 같다. 우리네 삶의 이야기가 그들의 삶의 이야기와 상통한다면, 그것은 민족주의와 탈민족주의의 논쟁을 넘는 새로운 지평을 열어주지 않을까 기대한다. 선교 역시 자민족의 날개를 달고 다른 세계로 가서, 그들에게 우리의 정신을 이식시키려 한다면, 그것은 또 다른 갈등을 불러일으킬 것이다.

문화자본과 상업적 전략

앞에서도 말한 바 있지만, 한류 2.0을 만드는 데 혁혁한 공을 세운 것은 유튜브이다. 그런데 유튜브의 이런 배경에는 구글의 정책이 있었다. 사실 구글은 인터넷 세계에서는 혁명적인 파괴자였으며 기존 통념의 파괴자였다. 웹 2.0이 사용자 중심의 환경이라는 것은 앞에서도 말한 바 있지만, 그럼에도 불구하고 어디까지나 주도권과 힘을 가지고 있는 것은 사용자가 아닌 웹 운영자이며 거대 포털 사이트다. 그러나 구글은 철저하게 사용자 중심의 서비스 정책을 채택했다. 그래서 구글에는 유료 서비스가 거의 보이지 않는다. 그런 구글이 유튜브를 인수했다. 유튜브도 마찬가지로 무료를 기반으로 하고 있다는 점에서 구글이 인수하기에 코드가 맞는 대상이기도 했다.[30] 그러나 무료란 어디까지나 유저(사용자)들 입장에서 볼 때 그렇다. 구글은 사용자가 아니라 광고주들로부터 수입을 얻는다. 그리고 구글은 엔터테인먼트 회사들과 전략적 제휴를 맺는다. 때로는 국가정책과 마찰을 빚기도 한다. 중국의 미디어 검열정책 때문에 구글의 중국철수

---

30) 정재윤·장진영, 『대한민국 UCC트렌드: 네이버는 영원한 1등일까?』(2007), 77-79.

사건도 있었다.

처음에 인터넷이 등장했을 때는 자유롭게 정보를 검색하고 공유할 수 있는 꿈의 공간, 사이버 공간 속에서 다채로운 토론과 참여가 가능한 사이버 민주주의의 실현 등 장밋빛 낙관론과 예찬론이 줄을 이었다. 그러나 사실 미디어의 역사를 보면, 미디어와 정치권력, 미디어와 기업이 얼마나 밀착된 관계를 이루어 왔는가를 잘 알 수 있다. 즉 우리는 미디어를 독점하고 미디어를 지배함으로써 대중을 지배하고 이용해왔던 역사의 길에 서 있었다. 이것은 쌍방향의 참여구조적인 인터넷 미디어 시대도 마찬가지다. 인터넷 세계 속에도 웹상의 권력은 여전히 존재한다. 그것은 인터넷을 감시하는 정부기관일 수도 있고, 사이트 운영자일 수도 있고, 거대자본일 수도 있다. 스마트폰이 세상에 편리함과 효용성을 가져다 주었지만, 거대 기업 삼성과 애플은 지금도 세계 곳곳에서 소송전을 벌이고 있다. 그것은 기업과 기업, 국가와 기업 간의 전쟁 일뿐만 아니라 사이버공간의 헤게모니를 장악한 세력들에 의해 유저들의 권리와 행위가 통제되고 있다는 것을 보여준다.

국내 제작사들은 유튜브와 제휴관계를 맺고 전략적인 홍보 전략을 세웠다.31) K-Pop 연예기획사, 특히 SM 엔터테인먼트는 전략적으로 유튜브를 이용해 큰 성공을 거두었다. 싸이의 성공도 마찬가지다. SM 엔터테인먼트는 전략적으로 소속가수들의 동영상을 올려 뛰어난 화질과 음향의 영상을 전 세계 누구나 무료로 볼 수 있게 했다. 고도의 상업전략이다. 그 결과는 엄청난 성공이었다. 그 엄청난 성공은 유튜브 측이 동영상 장르

---

31) 이재웅, 『콘텐츠가 미래다: 글로벌 코리아를 이끄는 힘』(2012), 218. 구글코리아가 최근 SM, YG, JYP 유튜브 동영상 조회수를 공개한 바에 따르면, 모두 합해 8억만 번에 이르렀다고 한다.

에 K-Pop을 추가했을 정도다. 이는 록, R&B, 팝의 장르에 K-Pop이 자리 잡은 예외적 사건이라고 한다.32)

한편, 연예 기획사와 관련된 일명 노예계약, 혹독한 아이돌 육성 시스템, 연예인 성상납 등이 사회적으로 큰 물의를 일으키기도 했다.33) 2009년 7월 31일, SM 엔터테인먼트 소속 동방신기의 멤버였던 김재중, 박유천, 김준수는 소속사를 상대로 "계약 내용이 부당하다"면서 전속계약 효력정지 가처분 신청 소송을 제기했다. 국내에서 연예인, 특히 가수가 되려면 철저한 시스템 속에서 살아남아야만 하며, 반대로 대형기획사들은 연습생들을 발굴하여 한 사람당 수억 원, 수년이 걸친 투자를 한다. 이에 대한 대가는 불리한 계약조건이다. 소위 노예계약에 의해서 청소년들의 우상인 아이돌은 자본의 맛에 길들여진 자본의 노예가 되어 간다. 지난 2009년에는 이른바 '장자연 리스트'로 인해 대한민국 사회가 발칵 뒤집혔다. 자살 이후 전 매니저에 의해 공개된 장자연의 자필 편지에는 기획사로부터 술 접대와 성상납 강요를 받는 등의 내용이 담겨 있었다. 이외에도 한 가요 기획사 대표는 소속 여자 연습생을 상습 성폭행해 구속되었으며, 여기에는 아이돌 가수도 관련되어 사회적으로 큰 충격을 주었다.34)

이러한 것들을 볼 때, 한류에 대한 문화비평가들의 다음과 같은 비판도 분명히 새겨들어야 할 점이기도 하다. 예를 들어, 김민수는 중국인들에게 한류는 "고도성장과 문화개방의 단계에서 싼값의 유사정서로 문화적 욕구를 충족시키기 위한 '하나의 배출구'"이자 "일시적인 현상일 뿐"이라고 혹평했다. 또한 문화비평가 이동연은 한류는 "산업적 국가자본주의

---

32) 매일경제 한류본색 프로젝트팀, 『한류본색』(2012), 60-61.
33) 「노컷뉴스」, "노예계약·성상납…한류 이면의 어두운 그림자," 2012.12.11.
34) 「일간스포츠」, "'연습생 성폭행' 기획사 대표, 아이돌에게도 범죄 지시," 2012.04.15.

의 산물"이자 "천박한 B급 문화자본의 파생물"이라고 했다. (싸이는 이에 비해서 자신을 B급이라고 했다). 또한 문화인류학자 김현미는 한류는 싸구려 상품이며, "아시아 일부지역의 문화공동화" 속에서 "새롭게 부상하는 욕망과 다양한 갈등을 가장 세속적인 자본주의적 욕망으로 포장해 내는 능력 덕분에 탄생"한 것이라고 했다.[35]

사실 대중문화 자체가 자본주의와 함께 형성되었다고 한다. 그리고 대중문화란 산업자본주의가 태동하기 시작했던 18세기 초반부터 형성된 문화이며 자본주의의 산물이라고 한다.[36] 그러나 우리는 테크놀로지(기술)의 발달과 권력의 관계에 대해 경고한 마르쿠제의 다음과 같은 말을 기억해야 한다: "테크놀로지는 조직화되고 영속화하는 사회관계들의 양식이자, 당대에 유행하는 사상 및 행동유형들의 자기선언으로서, 지배와 통제의 도구들로 종사할 수 있다."[37] 더군다나 후기산업사회(후기자본주의사회)의 소비문화, 대량복제문화, 대규모 연예기획문화 속에서 자본은 대중문화에 있어서 필수적인 요소로 자리 잡았다. 그러나 앞에서 보았듯이 그것이 국가이든, 기업이든, 거대 포털이든, 문화자본의 독점으로 인한 새로운 문화제국주의의 지배를 강화하는 측면이 되어서는 안 될 것이다.

신학과 선교에 있어서도 자본의 힘은 필요하다. 그것은 학문적 발전을 위해서도 선교의 현장을 위해서도 필요하다. 하지만 그것이 자본의 힘에 종속되는 한, 학문은 그 순수성을 잃어버리고 학문의 고유한 기능인 비판의식을 상실하게 될 것이다. 선교 또한 자본의 힘에 의해 휘둘리게 된다면,

---

35) 신윤환·이한우 편,『동아시아의 한류』(2006), 22에서 재인용.
36) 이동연,『대중문화연구와 문화비평』(서울: 문화과학사, 2002), 11.
37) Herbert Marcuse, ed. Andrew Arato and Gebhardt, "Some Social Implications of Modern Technology," *The Essential Frankfrurt School Leader* (New York: Continuum, 1985), 138.

선교가 목적으로 하는 하나님 나라 실현의 본래 목적을 잃어버리게 될 것이다. 공평과 정의, 평화와 사랑이 통치하는 나라는 당시의 종교가 본래의 목적을 잃고 부와 권력을 쌓고 부정의와 착취를 행하던 것에 대항하고 비판했던 예언자들의 이상과 뗄 수 없는 관계에 있다. 한류가 보여주고 있는 문화와 자본, 문화와 권력의 관계는 맘몬이 하나님과 동격이 되는 세상 속에서 선교와 신학이 지향해야 할 바가 무엇인가를 분명하게 가르쳐주고 있다 하겠다.

선정성과 폭력성

최근 몇 년 사이에는 웰빙 붐과 함께 우리 사회의 몸에 대한 관심이 부쩍 늘었다. 얼짱, 몸짱 열풍이 불기도 했다. 2003년 네이버가 선정한 인터넷 유행어 1위는 '얼짱'이었다. 또한 2000년대 들어 '동안'이라는 말이 유행했고, '연예인 쌩얼'은 2006년 인터넷 검색순위 4위를 차지하기도 했다. 사실 몸에 대한 관심은 그동안 영혼이나 정신을 중시하고 몸을 천대해온 역사를 돌이켜 본다면, 고무적인 일이다. 몸에 대한 관심은 몸 자체에 대한 것만이 아니라 몸을 둘러싼 여러 가지 현상들을 포함한다. 몸은 개인적 육체적 의미를 넘어 사회 문화적으로 규정된다. 문화, 정신, 노동, 놀이 등과 분리하여 설명할 수 없다는 점에서 몸은 주체의 형성 과정이며, 이데올로기의 구성과정이기도 하다.[38]

그러나 몸에 대한 소비문화는 몸의 이미지를 성적 상품으로 만들어 버린다. 매스 미디어나 인터넷 등에서 수 없이 떠다니는 선망의 대상으로서의 몸 이미지는 우리에게 아름다운 몸, 소중한 몸, 더 가치 있는 몸을 줄 수

---

38) 주창윤, 『대한민국 컬처코드: 문화코드를 알면 트렌드가 보인다』 (서울: 21세기북스, 2010), 106. 웰빙(108-113); 몸짱(110-113); 몸산업(112).

있다고 약속한다. 하지만 이제 몸의 이미지는 성적인 대상으로 바뀐다. 선망의 대상으로서의 몸은 성적 대상으로서의 몸의 이미지로 바뀌었다. 몸의 이미지는 욕망으로 바뀌며, 미디어 산업은 네티즌의 욕망을 산업화한다. 2003년에 일어난 누드 열풍은 이러한 욕망의 산업화, 상업화를 잘 보여주었던 대표적인 사례다. 성현아(2002년)와 권민중(2003년) 누드 화보가 상업적으로 성공하면서 많은 여자 연예인이 누드집을 발간했다. 김지현, 김완선, 베이비복스, 이지현, 이혜영, 고소영, 황혜영, 이본, 비키, 곽진영, 루루, 이사비, 이상아, 이장숙, 추자현 등 일일이 열거하기 어렵다. 누드 열풍은 성의 상품화라는 상업주의와 인터넷, 모바일이 함께 만들어낸 현상인 동시에 성에 대한 장벽이 점차 낮아지면서 수면 아래 있던 성의식이 한꺼번에 노출되는 과정에서 나타났다.[39]

이러한 추세는 비단 인터넷을 중심으로만 일어난 것이 아니었다. 이러한 현상은 소위 K-Pop의 주역인 걸그룹들에게서도 나타났다. 이전에는 문근영과 보아로 대표되던 소녀 감성이, 2000년대 중후반 이후 가요계를 중심으로 성애소녀라는 이미지로 확산되기 시작했다. 2000년대 중후반에 들어서면서 소녀들은 섹시함을 본격적으로 드러내기 시작했으며, 이 과정에서 삼촌 팬이라는 새로운 팬 집단이 등장하기도 했다. 브라운아이드걸스(2006), 소녀시대(2007), 원더걸스(2007), 카라(2007), 2NE1(2009), 애프터스쿨(2009), 포미닛(2009), 티아라(2009), f(x)(2009) 등 수적으로나 인기로나 남자그룹을 압도했다. 걸그룹들의 섹슈얼리티는 뮤직비디오, 춤, 의상 등으로 표출되었다.[40] 브라운아이드걸스의 '아브라카다브라 춤'이

---

39) 앞의 책, 115-122.
40) 소녀그룹 시크릿, 포이즌 등은 공영방송인 TV에서 소위 "쩍벌춤"을 췄다. 아이들은 소녀그룹들의 섹시춤을 섹시코드라는 이름으로 여과 없이 받아들이고 그것을 모방하고 있다.

나 2NE1의 뮤직비디오 '키스' 등은 소녀의 성적 이미지를 부각시켰다. 적어도 연예산업의 전략은 성공하고 있는 것으로 보인다. 여기에는 남성들의 숨겨진 욕망의 자극과 이에 대한 미디어 문화산업의 상업화가 있다. 이에 비해 적은 규모이기는 하지만 남성 아이돌 그룹의 경우도 있다. 소위 '짐승돌'의 탄생이다. 다른 점은 누나와 엄마들이 팬이라는 점이다. 짐승과 같은 야성미에 근육질 몸매 그리고 소년같은 귀엽고 애교스러운 모습들이 특징이다.[41]

이러한 남성중심의 상업적 선정성에 대한 지적은 김현미의 디지털 포르노그래피에 대한 분석에서도 그 시사점을 찾을 수 있다. 그녀는 문화산업의 성적인 폭력성에 대해 고발한다.[42] 특히, 그녀가 지적하고 있는 것은 성의 적나라함이 아닌, 여성에 대한 모독을 기준점으로 삼고 있다. 그녀는 그것이 더욱 문제가 되는 것은 남성의 폭력을 에로티시즘화하면서, 그것을 욕망의 자유로운 표현으로 미화하기 때문이라고 비판한다. 장필화는 "사이버공간은 그 자체로 해방적이거나 혹은 억압적인 공간이라기보다 성 평등적 정의를 소중히 여기는 남성과 여성들이 함께 만들어가야만 하는 우리의 또 하나의 현실"이라고 지적한다.[43] 김현미는 결론적으로 "'성적 상상력'이나 쾌락을 통해 살아있음을 느끼고 싶다면, 먼저 타자의 몸에 대한 겸허함과 경건함을 갖춰야 할 시대" 라고 주장한다.[44]

---

41) 주창윤, 『대한민국 컬처코드』 (2010), 130-135 참고; 「조선일보」, "소녀시대 공연 구매율 … 30대 이상 티켓 구매자 성별비율 남자 70%," 2010.01.28.
42) 김현미, 「디지털 포르노그래피: 폭력과 욕망 사이」, 조한혜정 외, 『인터넷과 아시아의 문화연구』 (서울: 연세대학교출판부, 2007), 265-297의 내용.
43) 장필화, 『사이버 포르노그라피와 성별 정치학』 (이화여자대학교출판부, 2002), 94.
44) 김현미, 「디지털 포르노그래피: 폭력과 욕망 사이」, 조한혜정 외, 『인터넷과 아시아의 문화연구』 (2007), 297.

다음은 폭력성 문제다. 앞에서 우리는 아시아인들이 한국의 대중문화를 선호하는 까닭으로 미국이나 일본의 드라마나 영화보다 덜 선정적이고 덜 폭력적이라는 여론조사 결과를 보았다. 그러나 실상 우리의 드라마나 영화도 폭력성에서 그다지 자유롭지 못하다.

드라마에서 선정성과 폭력성의 논란이 되고 있는 것은 소위 막장 드라마이다. 이 용어가 처음 나온 상황은 2007년 SBS TV 드라마 <조강지처클럽>이 큰 인기를 끌면서부터라고 한다. 그리고 이후에 나온 <아내의 유혹>, <천사의 유혹>, <두 아내>, <아내가 돌아왔다>, <황금물고기>, <욕망의 불꽃> 등이 대표적인 막장 드라마로 손꼽힌다. 막장 드라마 중에서는 사회적 파장을 불러일으키는 경우가 있는데, 실제로 입양아를 개구멍받이로 묘사한 드라마 <왕꽃선녀님>의 경우, 대규모 조기종영 시위가 일어나 작가가 하차하는 일이 발생했다.[45]

영화의 경우는 어떠한가? 2001년에 빅 히트를 쳤던 영화 <친구> 이후 한국 영화나 TV 드라마에 조폭 영화가 유행했다. <가문의 위기>(2002), <말죽거리 잔혹사>(2004), <두사부일체>(2005), <공공의 적>(2008) 등 일일이 열거하기 어려울 정도로 그 수가 많다. 이 중 대부분이 영화의 흥행에 따라 속편 또는 후편을 시리즈로 제작하여 성공을 거두었다.

사실 폭력물은 단순히 폭력 자체에 대한 이야기만은 아니다. 김헌식은 폭력적이나 대중의 각광을 받는 데는 이유 있는 대중심리가 있다고 본다. 여기에는 제도적인 질서나 권위에 대한 저항과 전복의 욕구가 있으며, 복잡한 법적 과정이나 장기간의 해결과정보다 단순명쾌한 해결 방법에 대한 욕구가 있다는 것이다.[46] 한때 홍콩영화나 이를 모방한 국내 무협영화

---

45) [막장드라마] http://ko.wikipedia.org/wiki/
46) 김헌식, 『대중문화심리읽기』(2007), 128.

가 인기를 끌던 시절이 있었다. 그 때에는 권선징악의 구도가 이분법적으로 분명했다. 착한 사람과 나쁜 사람. 착한 사람이 결국 악당을 혼내주고 물리치며 정의는 언제나 승리한다는 공식이다. 그러나 요즘에는 다르다. 국가나 기관, 법과 제도가 해결해주지 못하는 것을 폭력과 힘에 의해 해결하는 방식이다. 그렇다고 주인공들이 마냥 착한 사람도 아니다. 여기에는 거대 폭력에 억눌려 있던 민중들의 해방욕구가 이러한 식으로 터져 나오고 있다고 볼 여지가 있다. 따라서 이러한 종류의 폭력물은 사실상 통쾌한 복수극이다.

막장 드라마도 폭력적 영화도 모두 복수극이다. 이 시대의 민중들은 과연 누구에게 복수하고 싶었던 것일까? 누가 속 시원히 자신을 대신해서 복수해 줄 수 있을까? 이 시대의 대중들은 마냥 용서하고 화해만 하지 않는다. 그렇게 해서는 문제가 해결될 수 없을 뿐더러, 오히려 폭력을 휘두르는 자들을 합리화시켜주고 그들의 기만 살려줄 뿐이라는 것을 잘 알고 있기 때문일 것이다. 결국 폭력물의 선호는 폭력에 대한 또 다른 방식의 응징인 셈이다. 막장 드라마도 폭력 드라마도 순수할 수 없는 대중들의 집단적 위안이라고 할 수 있다. 대중들은 누군가 자신의 처지를 알아주고 대변해주고 어루만져주기를 원한다. 이것이 해결되지 못하면 그것은 폭력적 성향으로 나타난다.

그러나 폭력에 의한 폭력의 해결은 또 다른 폭력성을 낳을 것이다. 사실 대중들이 폭력물이나 선정물을 원하고 있을까? 제작자들이 막장드라마를 만드는 이유는 시청률 때문이라고 한다. 소위 '욕하면서 보는 드라마'이다. 이들 드라마에 대한 시청자들의 반응은 부정적이다. 그러나 시청률은 높다. 막장 드라마 나온 배경으로는 멜로드라마에 대한 시청자들의 피로도를 이야기한다. 막장 드라마 이전의 멜로드라마의 비율이 지나치게 높았다는 것이다. 그러나 드라마 작가들은 여전히 멜로드라마를 성공공식의 주류로 간주하고 있으며, 시청자들도 별반 다르지 않다고 한다.47) 참고로 일류가 유행했던 적이 있었다. 그러나 일본의 포스트 트렌디 드라마가 보여주었던 극단적인 선정성과 폭력성이 오히려 1990년대 아시아 드라마 시장에서 반일류反日流의 결정적인 동인이 되었다는 보고도 있다.48) 한마디로 말해, 드라마 시청자들은 가족애, 휴머니즘, 성공스토리, 해피엔딩을 더 좋아한다는 말이다. 시청률을 의식한 막장 드라마의 양산. 그러나 이러한 사실을 놓고 보면, 현재의 한국 드라마가 제작자들이 눈여겨보아야 할 대목이 아닌가 한다. 그러나 한편으로는 순수를 지향한 가슴 따뜻한 영화들도 있었다. <집으로>(2002), <웰컴투 동막골>(2005), <말아톤>(2005) 등과 같은 작품들이 많은 사람들로부터 사랑을 받았기 때문이다.

선교와 신학은 순수를 지향해야 하는 것이 맞다. 왜냐하면 진리를 추구해야 하고, 선을 행해야 하며, 사랑으로 하나가 되어야 하기 때문이다. 그러나 이 땅의 현실은 그렇지 못하다. 여전히 이 사회는 계급과 폭력, 지배와 억압, 부정의와 부조리가 판치고 있는 세상이기 때문이다. 따라서 선교와 신학은 이러한 사람들을 어루만져주어야 하며 이러한 사람들을 위한 것이어야 한다. 막장 드라마가 유행하고, 폭력영화가 유행하는 것은 이 시대 이 땅의 사람들에게 정의가 필요하다는 말이다. 그들은 정의롭지 못한 이 땅에서 통쾌한 복수를 꿈꾸고 있는 것이다. 그것은 우리 사회가 그들

---

47) 2005년 8월 31일자「PD저널」에 의하면, 2004년 9월 1일에서 2005년 8월 31일까지 방송된 방송 3사 드라마 장르의 멜로드라마 비율은 90%였다. 김환표,『드라마, 한국을 말하다』(2012), 295-297.
48) 박장순,『한류: 아시아 TV드라마 시장의 역사』(2006), 102.

에게 소망을 주지 못했고, 종교가 별다른 역할을 하지 못했다는 반증이다.

한류의 경보음, 한류의 피로도

아시아 각지 사람들에게 유행했고 참신하게 받아들여졌던 한류가 이제는 서서히 아시아 사람들로부터 피로도를 느끼게 하고 있다는 징후와 조사결과가 여러 곳에서 나오고 있다: "한마디로 한류열풍은 진정한 한국문화가 아니라 미국의 대중문화에 한국이라는 옷을 입힌 '얼치기 문화'라는 지적이 그것이다. … 가창력보다는 예쁜 얼굴에 댄스만 익힌 가수들이나 천편일률적으로 비슷비슷한 소재를 되풀이하는 한국의 드라마에 이미 식상하기 시작했다는 진단도 나왔다."49)

또한 해외 현지인들의 반응도 의외로 냉정하다는 보고도 있다. 매일경제가 한국문화산업교류재단과 함께 해외 9개국 현지인 3,600명을 대상으로 실시한 설문조사 결과는 다소 충격적이다.50) 우리는 한류가 전 세계인들의 마음을 흔들고 있다고 흥분하고 있으나 정작 한류를 받아들이고 있는 외국인들은 그렇지 않다. 응답자 10명 중 6명이 '한류는 5년이 못갈 것'이라고 대답했다. 한류 지속가능성을 떨어뜨리는 요인을 묻는 설문(중복응답)에 대해 외국인들은 '콘텐츠의 획일성(57%)'과 '지나친 상업성(49%)'을 가장 많이 꼽았다.

한류 2.0을 주도한 K-Pop도 실상을 보면, 너무나도 지역적으로 편중되어 있음을 보고는 말해주고 있다. 우리는 한류가 전 세계적으로 확산되

---

49)「일요신문」, "베트남 '한류'에 드리운 그림자," , 2002. 9. 8.

50) 이 조사는 2012년 2월 중국과 일본, 대만, 태국, 미국, 브라질, 프랑스, 영국, 러시아 등 9개국 현지인(각국 400명씩, 15세 이상 60세 미만)을 대상으로 실시됐다. 매일경제한류본색프로젝트팀,『한류본색』(2012), 117-119.

었다고 자부하지만, 실상을 자세히 뜯어보면 아시아를 벗어나지 못했다. 한국콘텐츠진흥원이 집계한 2010년 기준 음악산업 수출액 중 일본, 동남아, 중국에 대한 수출액이 8,222만 달러로 전체의 98.8%를 차지한다. 더 자세히 살펴보면 일본 의존도가 지나치게 높다. 오죽하면 일본에서 K-Pop 인기가 꺼지면, 음악 한류는 사라진다는 말이 있을까. 드라마의 경우 이미 한류 드라마 열풍이 꺾였고 한 차례 큰 고비를 맞이하기도 했다. 그 공백을 K-Pop이 메꾸어 한류는 제2의 도약기를 맞이했다. 하지만 K-Pop마저 사라진다면?

프랑스를 비롯한 유럽 각국의 주류 사회를 움직이려면 아직 멀었다. 유럽의 젊은이들이 K-Pop과 한국 영화, 드라마에 빠져들고 있지만 '그들만의 문화'에 한정돼 있다. 프랑스 대표 일간지 「르몽드」도 K-Pop 열풍에 담겨진 문제점을 꼬집었다. 2011년 6월 11일자에서 "음악을 수출품으로 만든 제작사의 기획으로 길러진 소년과 소녀들이 긍정적이며 역동적인 국가 이미지를 팔고자 하는 한국 정부의 대대적인 지원을 받고 있다"고 지적했다.[51]

장재윤 등은 "미국 물 좀 먹은 가사로 치장된 '표현의 자유' 속에 도대체 어떤 메시지를 담고 싶었던 것인지 도무지 종잡을 수 없다. 이런 곡을 우리는 '마스터베이션 송'이라고 한다."라고 직격탄을 날리기까지 했다.[52]

하지만 이러한 한류에 대한 암울한 전망은 오히려 한류가 한 단계 도약할 수 있는 반면교사의 비전을 보여주고 있는 것은 아닐까? 위기는 곧 기회다. 지속적인 콘텐츠의 개발, 탄탄한 스토리 구성, 겹치기 출연 등을 피

---

51) 파리 공연 현장과 한류 팬들의 반응, K-Pop의 경쟁력, 과제 등을 짚어봤다. 「매일경제」, 2011.09.15.
52) 정재윤·장진영, 『대한민국 UCC 트렌드: 네이버는 영원한 1등일까?』(2006), 216.

하는 연예인들의 발굴과 육성, 열악한 드라마 제작 현실에서의 탈피, 지나친 상업성 위주의 전략에서 음악성과 예술성을 겸비한 전략의 선택, 지역 편중성을 타파할 수 있는 보편성의 획득, 가창력과 실력이 있는 가수들의 선발 등이 이러한 예에 해당할 것이다.

무엇보다도 중요한 것은 현지화 전략도 좋지만 상대방 문화에 대한 이해와 배려가 선행되어야 한다는 점이다. 매일경제 국민보고대회 프로젝트 팀이 외교부와 함께 해외 86개 공관의 한류담당자를 대상으로 한 설문조사 결과, 37개 공관에서 다음과 같이 답했다고 하는데, 그것은 한마디로 상대방 문화에 대한 배려와 존중이 부족하다는 것이었다.[53]

나가는 말: 그럼에도 불구하고 한류의 빛, 선교

보다 완성된 한류 3.0이 있다면, 어떤 모습일까? 장재윤은 UCC의 새로운 모습을 기대하며 그의 책의 결론을 이렇게 맺었다.

UCC 2.0은 과연 어떤 모습일까? 현재의 UCC 1.0은 재미기반의 창의성이 주류를 이루고 있다고 볼 수 있다. 그렇다면 2.0은 반드시 '사회적 통념에 입각한 도덕성'이 그 기반이 되어야 한다고 주장하고 싶다. 기업도 사용자도 이제는 모두 정직하고 솔직해야 한다. … 재미와 도덕성이 상극일 이유

---

53) 매일경제 한류본색 프로젝트팀, 『한류본색』(2012), 145. 한류지속발전을 위한 과제는 문화존중이다(일본). 반한류 혐한류 관리도 병행해야 한다(중국). 상대문화권에 대한 이해가 필요하다(중동, 아프리카). 한국의 대중문화가 진출할 때는 선정적 또는 저속한 내용은 자제해야 한다(우즈베키스탄).

는 없다. 1.0에서 2.0으로의 버전 업은 단절이 아니라 진화가 되어야 한다. 2.0이란 명칭은 1.0의 문제점을 개선하고 새로운 변화를 모색했다는 뜻으로 붙여지는 하나의 완장이다. 2.0에서는 UCC의 음지에서 재미를 빌미로 자라나고 있는 무분별한 복제, 지나친 상업성, 소모적인 낚시질, 근거 없는 악플 등이 전적으로 억제되어야 한다. 이것들은 재미가 아니라 가학에 지나지 않기 때문이다.[54]

웹 2.0에 기반을 두고 있으며 재미에 기반한 UCC 1.0이 이제는 사회적 책임을 함께 통감하며 나아가야 한다는 말이다. 이러한 의미에서 본다면, 선교와 신학은 정의와 함께 해야 한다. 그러나 우리 선교신학의 역사는 '하나님의 선교'(Missio Dei), 문화순응화 선교(inculturation), 상황화 선교(context), 구원중재 선교 등 이미 정의에 대한 수많은 담론을 충분히 가지고 있다.[55] 그래서 또 다시 정의에 대해 이야기한다면, 그것은 선교에 있어서의 버전 업에 해당하는 작업은 아닐 것이다.

이러한 정의의 담론에 더해서 우리가 한류로부터 얻을 수 있는 것은 무엇일까? 앞에서 논의를 전개하면서 여러 이야기를 했으므로 여기에서는 흥과 재미, B급문화로부터의 배움에 대해 이야기하는 것으로 갈무리하도록 하자.

이 세대는 단순함과 재미를 추구한다. 그것은 즉각적인 흥이며 놀이이다. 이것은 한류의 문화현상이면서 또한 한류 2.0을 주도한 디지털 세대의 특징이기도 하다. 사이버 상의 대중들은 의미보다 재미를 추구하는 경향

---

54) 정재윤·장진영, 『대한민국 UCC 트렌드: 네이버는 영원한 1등일까?』 (2006), 262.
55) 노먼 토머스 편저/박영환·홍용표 옮김, 『선교신학: 초대교회에서 현대 패러다임까지』 (서울: 서로사랑, 2000). 현대선교 패러다임이 소개되고 있다.

이 있다. 사용자 대부분은 UCC가 혁명인지 진화인지 혹은 마케팅 수단인지 따위에는 별 관심이 없다. 그들에게는 '재미있고 싶다'는 욕구충족이 최우선과제일 뿐이다. 명심할 것은 'UCC 세상'을 돌아가게 하는 힘은 '논리'가 아니라 '놀이'라는 점이다. 싸이에 열광한 세계의 사이버 대중들은 싸이가 전하는 노래의 가사에는 전혀 흥미가 없다. 그들은 한국어로 노래 부르는 싸이의 뮤직비디오의 가사가 무슨 내용인지 전혀 모른다. 다만 흥겨운 음악과 재미있는 동영상에 열광하는 것이다. 실제로 해외 인터넷상의 반응들도 웃기고 코믹하다는 반응들이 많다. 재미를 추구하는 인터넷 문화의 의미가 과연 긍정적인 것일까? 여기에는 긍정적인 의미와 부정적인 의미가 동시에 상존한다. 하지만 삶에 지쳐 고단한 삶을 살아가는 사람들에게 그 순간에 흥을 돋우며 집단적인 군무를 추는 것은 모든 것을 잊고 그 순간을 즐길 수 있게 해줄 수 있다.

또한 K-Pop은 자본주의와 결탁한 B급 문화라는 비판을 받고 있으며, 그것이 일면 타당성이 있다. 그러나 역으로 보면, 그것은 B급 문화의 반란이다. 그것은 이성중심의 사회에 맞서 몸과 감각의 중요성을 말하고 있으며, 기성의 관습과 제도중심의 사회에 맞서서 일탈을 꿈꾼다. 성애의 표현도 선정성 논란을 떠나서 그동안 억압되어 왔던 성에 대한 가치관에 맞서고 있는 것이며, 더 나아가 기존의 연애관, 결혼관 등의 틀에 박힌 제도성에 저항하고 있는 것이기도 하다. 대중음악의 역사가 보여주듯이, 대중문화의 성격은 기본적으로 저항성을 가지고 있다. 60년대의 문명, 전쟁을 거부했던 히피문화, 때로는 자유연애와 마약 속으로 도피하기도 했던 사이키델릭 음악들이 그러했으며, 미국의 대표적인 대중음악이 그러했다. 그러한 문화조차도 자본과 상업성과 결탁한 것은 틀림없다. 마이너에서 메이저로 가는 순간 하류인생을 대표했던 흑인들의 힙합은 이곳에서는 따라하고 싶고 닮고 싶은 A급 메이저 문화로 탈바꿈하며, 힙합의 전사들은 부와 명예를 손에 거머쥔다. 그럼에도 불구하고 대중문화의 기본성격은 문화적 저항정신이다. 여기에는 긍과 부가 함께 있다. 우리는 그들의 일탈만을 볼 것이 아니라, 그들이 기성의 문화에 왜 저항하고 왜 비판했는가 하는 문화적 코드를 함께 읽어낼 필요가 있다.

이제 한류문화의 주도적 역할을 했던 드라마와 K-Pop을 넘어서 다른 대안을 찾아보는 시간을 갖도록 하자. 앞에서 한류 3.0은 한류가 음식, 뮤지컬, 출판 등 다양한 문화로 그 외연이 확산되는 것이라고 말했다. 그러한 예들에 대해서 생각해봄으로써 문화한류의 좀 더 깊은 의미를 찾아볼수 있지 않을까 한다.

싸이가 한국인 최초로 빌보드차트 2위를 차지했다는 것이 화제가 되었지만, 사실 클래식 부문에서는 이미 빌보드 앨범차트 1위에 올린 한국인이 있다. 그녀의 이름은 임정현이다. 최근에는 유튜브에서 림스키 코르사코프의 <왕벌의 비행>을 손가락이 보이지 않을 정도로 빨리 연주하는 장면이 화제가 되며 항간의 주목을 받은 바도 있다.56) 그러나 세간의 주목을 받기는 했으나 세상은 싸이처럼 그녀를 주목하지 않았다. 그 이유는 뭘까? 그것은 싸이만큼의 '대중성'과 '재미'가 없었기 때문이다. 사이버 공간들의 대중들은 의미보다는 재미를 요구한다. 하지만 임정현의 성공스토리는 문화한류가 반드시 재미만을 추구해야 한다는 것을 의미하지 않는다는 것을 보여주고 있다.

출판 쪽에서는 신경숙의 『엄마를 부탁해』(Please Look After Mom 2011.4)가 미국에서 번역되어 초판 10만부가 판매되었다. 이 소설은 「뉴욕타임

---

56) 「WIDE COVERAGE」, "임현정 '베토벤소나타전곡', 빌보드클래식차트1위 '기염'," 2012.06.01.

즈」베스트셀러 양장본 소설부문 14위를 차지했고 세계 31개국과 판권계약을 맺었다. 이 밖에도 공지영, 한 강, 김애란 작품들도 세계 여러 나라에서 번역 출판되었다.[57] 이것만으로 문학의 한류라고 말할 수 없겠지만, 문학의 한류 가능성을 엿볼 수 있게 했던 일이다. 그러나 아직은 가능성으로만 남아 있다고 해야겠다.

황선미의 동화『마당을 나온 암탉』은 책으로도 100만부 이상 팔렸으며, 영화로도 한국 애니메이션 최고 흥행기록이었던 100만 관객을 넘어 220만 관객을 동원한 작품이다. 또한 미국, 영국, 중국 등 총 46여 개국에 판매되었고, 시체스 국제영화제 등 해외 유수 영화제 수상의 영예를 안기도 했다. 최근 폴란드에서는 세계 각국의 책을 제치고 아동 청소년 부문 '2012년 최고의 책'으로 선정되기도 하였다.[58] 이 동화는 단지 어린이들만이 아니라 어른들도 의미 있게 볼 수 있는 세계 어디에 내놓아도 좋을 만큼의 높은 수준을 가지고 있다. 개별 작품의 성공이기 때문에 한류라고까지는 뭐해도 우리의 문학작품의 수준을 충분히 알게 해주는 작품이라 할 수 있다.

또한 흥행에는 비록 실패했으나 샐러리맨의 애환을 때로는 코믹하게 때로는 진지하게 다루었던 영화 <김씨 표류기>는 개인적으로 볼 때, 상당한 수준에 오른 걸작이라고 생각한다. 이렇듯 한국의 문화가 이전에 비해 그 수준이 훨씬 높아졌다고 하는 것은 소설, 동화, 영화, 음악 등을 통해서 보아도 알 수 있는 일이다. 그러나 중요한 것은 성공 스토리나 문화적 자부심에 희희낙락하기보다는 그것들이 담고 있는 내용들이 무엇이냐 하는 것을 진지하게 성찰해보아야 하는 것이라고 본다.

---

57) 매일경제한류본색프로젝트팀,『한류본색』(2012), 30-31.
58)「세계일보」, "『마당에서 나온 암탉』폴란드에서 '2012년 최고의 책' 선정," 2013.03.15.

TV 드라마를 중심으로 한 한류 1.0의 삶의 이야기, 재미와 흥과 놀이를 중심으로 한 한류 2.0의 놂의 이야기는 서로 별개의 이야기가 아니라 하나의 이야기로 어울려져야 한다고 생각한다. 삶에 대한 진지함과 삶에 대한 흥겨움이 한데 어우러지는 한편, 진지함에만 빠지면 삶이 고단하다. 재미에만 빠지면 의미를 상실한다.

그래서인지 필자는 자꾸 60년대의 저항의 음유시인 밥 딜런의 음악이 그립고, 7080세대의 음악이 그립다. 이 음악들이 그리운 것은 영상세대의 음악이며 감각의 음악인 한류 2.0의 K-Pop이 주는 허전함 때문이다. 한편으로는 K-Pop의 흥겨움에 취한 감각세대들이 부럽기도 하지만, 한편으로는 가사가 주는 의미의 상실이 아쉽기도 하다. K-Pop에도 왜 가사가 없겠냐만 그 시대의 그 서정적인 가사, 진지함이 주는 가사의 의미가 그립다는 말이다. 그런 의미에서 요즘 <슈퍼스타 K>, <K-Pop 스타> 등 오디션 프로그램에서 통기타를 들고 훌륭한 가창력과 음악성으로 승부하는 아이들을 보면 굉장히 반갑다. 물론 이것도 상업성이라고 하면 할 말이 없겠지만, 립싱크와 댄스로 점철된 줄 알았던 국내 가요계가 그렇지 않은 저력이 있다는 걸 보여주고 있기 때문이다.

그렇기에 한류는 아직 살아있다고 믿고 싶다. 진지함과 재미가 어우러짐 속에서 그리고 단지 드라마와 K-Pop만이 아닌 다양한 문화 속으로 확장되어 나감으로써 한류 3.0이 더욱 새로운 모습으로 활기차게 전개되는 모습을 기대해 본다. 신학도 선교도 탄탄한 스토리, 사회정의와 문화비판적 기능, 삶에 대한 진지한 이야기를 다루는 삶의 신학, 재미와 흥이 함께하는 놂의 신학의 날개를 달고 창공을 향해 쭈욱 비상하는 모습을 상상해 본다.

Imagine there's no Heaven.

It's easy if you try

No hell below us

Above us only sky

Imagine all the people

Living for today

Imagine there's no countries

It isn't hard to do

Nothing to kill or die for

And no religion too

Imagine all the people

Living life in peace

You may say that I'm a dreamer

But I'm not the only one

I hope someday you'll join us

And the world will be as one

Imagine no possessions

I wonder if you can

No need for greed or hunger

A brotherhood of man

Imagine all the people

Sharing all the world

You may say that I'm a dreamer

But I'm not the only one

I hope someday you'll join us

And the world will live as one.

- 존 레논, <Imagine>

참고문헌

경상대학교인문학연구소.『TV드라마와 한류』. 서울: 박이정, 2007.

「경향신문」. "프랑스「르 몽드」「르 피가로」, 한류 집중 소개! 파리(프랑스)." 2011.06.10.

김헌식.『대중문화심리읽기』. 서울: 울력, 2007.

김환표.『드라마, 한국을 말하다』. 서울: 인물과 사상사, 2012.

「노컷뉴스」. "노예계약·성상납…한류 이면의 어두운 그림자." [한류의 빛과 그림자② 불공정
  한 게임]. 2012.12.11.

매일경제 한류본색 프로젝트팀.『한류본색』. 서울: 매경출판, 2012.

「매일경제」. "유럽 한복판에서 울린 한류 함성." 2011.09.15.

「서울경제」. 2013.03.10.

「세계일보」. "『마당에서 나온 암탉』, 폴란드에서 '2012년 최고의 책' 선정." 2013.03.15.

신윤환이한우 편.『동아시아의 한류』. 용인: 전예원, 2006.

「IT동아」, 2012.05.01.

「WIDE COVERAGE」. "임현정 '베토벤 소나타 전곡', 빌보드 클래식 차트 1위 '기염'"
  2012.06.01.

「연합뉴스」. "중화TV, 추자현 주연 중국판 '아내의 유혹' 방송." 2013.02.26.

「이투데이」. "K-Pop, 어디까지 왔나." 2012.01.05.

이동연.『대중문화연구와 문화비평』. 서울: 문화과학사, 2002.

이동연.『문화부족의 사회: 히피에서 폐인까지』. 서울: 책세상, 2005.

이재웅.『콘텐츠가 미래다: 글로벌 코리아를 이끄는 힘』. 서울: 새로운 제안, 2012.

「일요신문」. "베트남 '한류'에 드리운 그림자." 2002.09.08. 538호.

「일간스포츠」, "'연습생 성폭행' 기획사 대표, 아이돌에게도 범죄 지시." 2012.04.15.

장필화.『사이버 포르노그라피와 성별 정치학』. 이화여자대학교출판부, 2002.

정재윤·장진영.『대한민국 UCC트렌드: 네이버는 영원한 1등일까?』. 서울: 새빛, 2007.

「조선일보」. "소녀시대 공연 구매율 … 30대 이상 티켓 구매자 성별비율 남자 70%."
  2010.01.28.

조한혜정 외.『인터넷과 아시아의 문화연구』. 서울: 연세대학교출판부, 2007.

주창윤.『대한민국 컬처코드: 문화코드를 알면 트렌드가 보인다』. 서울: 21세기북스, 2010.

최혜실.『한류문화와 동북아공동체』. 파주: 집문당, 2010.

「파이낸셜 뉴스」. "세계가 감동하는 문화콘텐츠로 '反한류' 넘자." [中·日·홍콩 한류의 현장을
  가다]. 2005.12.30.

콜, 닐/안정임 옮김.『교회 3.0』. 스텝스톤, 2012.

토머스, 노먼 편저/박영환 홍용표 옮김.『선교신학: 초대교회에서 현대 패러다임까지』. 서울:
　　　서로사랑, 2000.

한국문화산업교류재단.『한류포에버: 일본편』. 서울: 한국문화산업교류재단, 2011.

한국관광공사.『한류관광실태조사』. 서울: 한국관광공사, 2003.

「한국경제」. 2012.11.24.

「헤럴드 뉴스」. 2012.12.25.

해외문화홍보원해외문화콘텐츠과 편.『한류: K-Pop에서 K-Culture로』. 서울: 문화체육관
　　　광부 해외문화홍보원, 2012.

山野車輪.『嫌韓流』. 晋遊舍, 2005.

Bergin, Victor. "Questions of Feminism: 25 Responses." *October 71*. Winter, 1995.

Marcuse, Herbert. ed. Andrew Arato and Gebhardt. "Some Social Implications of
　　　Modern Technology." *The Essential Frankfrut School Reader*. NY:
　　　Continuum, 1985.